Medizinische Mikrobiologie

Medizinische Mikrobiologie

Verstehen – Lernen – Nachschlagen

Fritz H. Kayser, Kurt A. Bienz, Johannes Eckert,
Rolf M. Zinkernagel

9. überarbeitete und neugestaltete Auflage

173 farbige Abbildungen, 89 Tabellen

1998
Georg Thieme Verlag Stuttgart · New York

Die Deutsche Bibliothek – CIP-Einheitsaufnahme

Medizinische Mikrobiologie : verstehen, lernen, nachschlagen ; 89 Tabellen / Fritz H. Kayser ... - 9., überarb. und neugest. Aufl. - Stuttgart ; New York : Thieme, 1997

Zeichnungen:
Markus Voll, Fürstenfeldbruck

Umschlaggestaltung:
Renate Stockinger, Stuttgart

1. Auflage 1969
2. Auflage 1971
3. Auflage 1974
4. Auflage 1978
5. Auflage 1982
6. Auflage 1986
7. Auflage 1989
8. Auflage 1993

1. spanische Auflage 1974
2. spanische Auflage 1982
1. japanische Auflage 1980
1. griechische Auflage 1995
1. italienische Auflage 1996
1. türkische Auflage in Vorbereitung

Printed in Germany

Satz: Mitterweger Werksatz GmbH, 68723 Plankstadt
Druck und Buchbinderei: Universitätsdruckerei Stürtz AG, 97017 Würzburg

ISBN 3-13-444809-2 1 2 3 4 5 6

Wichtiger Hinweis: Wie jede andere Wissenschaft ist die Medizin ständigen Entwicklungen unterworfen. Forschung und klinische Erfahrung erweitern unsere Erkenntnisse, insbesondere was Behandlung und medikamentöse Therapie anbelangt. Soweit in diesem Werk eine Dosierung oder eine Applikation erwähnt wird, darf der Leser zwar darauf vertrauen, daß Autoren, Herausgeber und Verlag große Sorgfalt darauf verwandt haben, daß diese Angabe dem **Wissensstand bei Fertigstellung des Werkes** entspricht.

Für Angaben über Dosierungsanweisungen und Applikationsformen kann vom Verlag jedoch keine Gewähr übernommen werden. Jeder Benutzer ist angehalten, durch sorgfältige Prüfung der Beipackzettel der verwendeten Präparate und gegebenenfalls nach Konsultation eines Spezialisten festzustellen, ob die dort gegebene Empfehlung für Dosierungen oder die Beachtung von Kontraindikationen gegenüber der Angabe in diesem Buch abweicht. Eine solche Prüfung ist besonders wichtig bei selten verwendeten Präparaten oder solchen, die neu auf den Markt gebracht worden sind. **Jede Dosierung oder Applikation erfolgt auf eigene Gefahr des Benutzers.** Autoren und Verlag appellieren an jeden Benutzer, ihm etwa auffallende Ungenauigkeiten dem Verlag mitzuteilen.

Geschützte Warennamen (Warenzeichen) werden **nicht** besonders kenntlich gemacht. Aus dem Fehlen eines solchen Hinweises kann also nicht geschlossen werden, daß es sich um einen freien Warennamen handele.

Vorwort zur 9. Auflage

Unter dem Begriff Medizinische Mikrobiologie werden Fachgebiete zusammengefaßt, die von Jahr zu Jahr größere Eigenständigkeit erwerben: Die Immunologie, Bakteriologie, Virologie, Mykologie und Parasitologie haben sich schon längst zu unabhängigen Disziplinen gemausert. Wir schildern sie hier gemeinsam in einem einzigen Lehrbuch, weil sie alle etwas zu tun haben mit pathogenen Agenzien sowie mit der Reaktion des Wirtsorganismus gegen die Erreger.

Trotz der Triumphe der antimikrobiellen Chemotherapie, die die Medizin revolutioniert haben und wahrscheinlich die wichtigsten Entdeckungen der Medizin dieses Jahrhunderts darstellen, sind die Infektionskrankheiten beileibe nicht besiegt. Sie nehmen noch immer einen großen Teil der Zeit der Ärzte bei der Versorgung ihrer Patienten in Anspruch.

Das vorliegende Buch möchte – ebenso wie alle vorangegangenen Auflagen – den Studenten der Medizin, Zahnmedizin und Pharmazie das Grundlagenwissen auf dem Gebiet der Infektiologie vermitteln, das notwendig ist, um das Wesen und das Zustandekommen der Infektionskrankheiten zu verstehen. Hierfür ist es nicht nur erforderlich, die Erreger und Krankheiten zu beschreiben. Vielmehr müssen auch die Prinzipien der Physiologie und Genetik der Bakterien, die Grundlagen der antimikrobiellen Therapie, der molekularen Virologie und Parasitologie sowie der molekularen und zellulären Immunologie geschildert werden. Diese Grundlagen sind als intellektuelle Basis Voraussetzung für die klinische Infektiologie, also für Diagnose und Therapie dieser häufigen Krankheiten.

Entsprechend der Bedeutung für die Medizin und Infektiologie wurde der Teil Immunologie vergrößert, zum Teil Parasitologie wurde das Kapitel Ektoparasiten hinzugefügt.

Die Autoren danken allen Kollegen und Mitarbeitern, die mit Rat und Tat nicht geizten und auch einen Teil des klinischen Bildmaterials zur Verfügung stellten. Den Fachleuten des Thieme-Verlages danken wir für die vorbildliche Zusammenarbeit und für die Berücksichtigung unserer oft nicht leicht zu realisierenden Wünsche.

Zürich, im Herbst 1997

Im Namen der Autoren
Fritz H. Kayser

Anschriften

Bienz, K. A., Prof. Dr., Leiter der Abteilung Virologie, Institut für Med. Mikrobiologie der Universität, Petersplatz 10, CH-4003 Basel

Eckert, J., Prof. Dr. Dr. h.c., ehemaliger Direktor des Instituts für Parasitologie der Universität, Winterthurer Straße 266a, CH-8057 Zürich

Kayser, F. H., Prof. Dr., Leiter der Abteilung Experimentelle Med. Mikrobiologie, Institut für Med. Mikrobiologie der Universität, Postfach, CH-8028 Zürich

Zinkernagel, R. M., Prof. Dr., Institut für Experimentelle Immunologie, Universitätsspital Zürich, Schmelzbergstraße 12, CH-8091 Zürich

Auf einen Blick

Das Buch ist in sechs große Kapitelblöcke unterteilt. Das Farbleitsystem – nebenstehend im Überblick – ermöglicht Ihnen eine rasche Orientierung im Buch und den schnellen Zugriff auf das jeweils gewünschte Kapitel.

Alle Erreger werden in sehr strukturierter Weise beschrieben – wo immer möglich und sinnvoll in der folgenden Reihenfolge:

- Klassifikation
- Vorkommen
- Morphologie und Kultur
- Entwicklungszyklus
- Pathogenese und Krankheitsbild
- Diagnose
- Therapie
- Epidemiologie und Prophylaxe

Zusammenfassungen am Kapitelanfang oder zu Beginn eines Abschnitts dienen der raschen Information und geben einen Überblick über den folgenden Text. Dem Lernenden ermöglichen sie die schnelle Rekapitulation der wichtigsten Inhalte.

Kapitelblöcke im Überblick

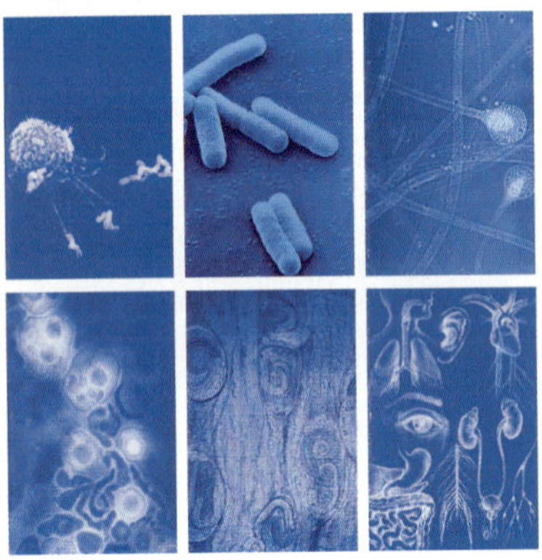

a Die zahlreichen **farbigen Abbildungen** erleichtern das Verständnis komplizierter Zusammenhänge oder geben einen einprägsamen Eindruck von der Morphologie der Erreger.
b Die **Überschrift** über jeder Abbildung informiert auf einen Blick über die „Essenz" der Darstellung.
c Die **ausführlichen Legenden** ermöglichen das Verständnis des Bildes auch ohne paralleles Nachlesen im Text.

Zusatzinformation

Vertiefendes und ergänzendes Wissen ist in Form von Boxen aus dem Haupttext ausgegliedert. Die Überschrift informiert in Kürze über den Inhalt der Box und ermöglicht Ihnen dadurch, im Vorfeld zu entscheiden, ob Sie sich mit dem jeweiligen Thema befassen möchten.

Abkürzungsverzeichnis

ABS: Antigenbindungsstelle
ABZ: Antigen binding cell; antigenbindende Zelle
ADA: Adenosindeaminase
ADCC: Antibody dependent cellular cytotoxicity; antikörperabhängige zelluläre (zellvermittelte) Zytotoxizität
ADE: Antibody dependent enhancement of viral infection
AE: Alveoläre Echinokokkose
AFC: Antibody forming cell
AIDS: Acquired immune deficiency syndrome; erworbenes Immunschwächesyndrom
ANA: Antinukleäre Antikörper
APO: Apoptosis antigen
APZ: Antigenpräsentierende Zelle
AZT: Azidothymidin
BAL: Bronchoalveoläre Lavage
BALT: bronchus-associated lymphoid tissue; bronchusassoziiertes lymphatisches Gewebe
BCG: Bacillus Calmette Guérin
BCGF: B cell-growth factor
Bcl2: B-cell-leukemia-2 antigen
BSE: Bovine spongiforme Enzephalopathie
CAH: Chronisch-aggressive Hepatitis
CAM: Cell adhesion molecules; Zelladhäsionsmoleküle
CAPD: Kontinuierliche ambulante Peritonealdialyse
CCC: Covalently closed circular
CDR: Complementarity determining regions
CEA: Karzinoembryonales Antigen
CFA: Kolonisationsfaktor
CJD: Creutzfeldt-Jakob-Erkrankung
CLIP: Class-II-inhibiting protein
CMI: Cell-mediated immunity
CMV: Zytomegalievirus
Con A: Concanavalin A
CPE: Zytopathischer Effekt
CPH: Chronisch-persistierende Hepatitis
CR: Cistronregion
CSF: Colony-stimulating factor
CTL: Zytotoxische $CD8^{+}$-T-Zelle
DAF: Decay accelerating factor
DAG: Diacylglycerol
DC: Dendritische Zelle
DHF: Dengue-hämorrhagisches Fieber
DHPG: Dihydroxypropoxymethylguanin
DNA: Desoxyribonukleinsäure
DNP: Dinitrophenol
ds: Doppelsträngige Nukleinsäure
DSS: Dengue-Schock-Syndrom
DTH: Delayed type hypersensitivity

DtxR: Diphtherietoxin-Regulator
EA: Early antigen
EAE: Experimentelle allergische Enzephalitis
EAF: EPEC adhesion factor
EBNA: Epstein-Barr-nukleäres Antigen
EBV: Epstein-Barr-Virus
EF: Elongationsfaktor/Epidemisches Fleckfieber
EHEC: Enterohämorrhagische *Escherichia coli*
EIA: Enzymimmunoassay
EIEC: Enteroinvasive *Escherichia coli*
EITB: Enzyme-linked Immunoelectrotransfer Blot
EK: Elementarkörperchen
ELISA: Enzyme-linked immunosorbent assay
EM: Elektronenmikroskop
EMC-Virus: Encephalomyocarditis-Virus
EPEC: Enteropathogene *Escherichia coli*
EPS: Extrazelluläre Polymersubstanz
ETEC: Enterotoxische *Escherichia coli*
FA: Freundsches Adjuvans
FACS: Fluorescent activated cell sorter; fluoreszenzaktivierter Zellsorter
FAS: F-Antigen
FcR: Fc-Rezeptor
FDC: Follikuläre dendritische Zelle
F-Faktor: Fertilitätsfaktor
FITC: Fluorescein-Isothiocyanat
α-FP: α-Fetoprotein
FSME: Frühsommer-Meningoenzephalitis
FTA-ABS: Fluoreszenz-Treponemen-Antikörper-Absorptionstest
GAE: Granulomatöse Amöben-Enzephalitis
gag: Gruppenspezifisches Antigen
GALT: gut-associated lymphoid tissue; gastrointestinal-assoziiertes lymphatisches Gewebe
GC: Guanin-Cytosin
GM-CSF: Granulocyte macrophage colony-stimulating factor
GP: Glykoprotein
GPDM: Glucose-6-Phosphat-Dehydrogenase-Mangel
GSS: Gerstmann-Sträussler-Scheinker-Syndrom
GVH: Graft-versus-host
H: Heavy chain
HA(H): Hämagglutinations (hemmung)
HAT: Hypoxanthin, Aminopterin, Thymidin
HB_s: Hepatitis-B surface-antigen
HBV: Hepatitis-B-Virus
HCC: Hepatozelluläres Karzinom
HCV: Hepatitis-C-Virus/Humanes Coronavirus
HDCV: Human diploid cell vaccine
HDV: Hepatitis-D-Virus
HEV: Hepatitis-E-Virus
HEV: High endothelial venules
Hfr: High frequency of recombination
HGE: Humane Granulozyten-Ehrlichiose
HGV: Hepatitis-G-Virus
HHV: Humanes Herpesvirus
Hib: Haemophilus influenza Serovar b
HIV: Human immunodeficiency virus

HPS: Hantavirus pulmonales Syndrom
HRF: Homology restriction factor
HRFS: Hämorrhagisches Fieber mit renalem Syndrom
HSP 70: Hitzeschockprotein 70
HSV: Herpes-simplex-Virus
HTLV: Human T-cell leukemia virus
HuCV: Humane Caliciviren
HUS: Hämolytisches Urämiesyndrom
HVG: Host-versus-graft
HWI: Harnwegsinfekt
■ IEP: Immunelektrophorese
IFN: Interferon
Ig: Immunglobulin
IHA: Indirekte Hämagglutination
(I)IF: (Indirekte) Immunofluoreszenz
IK: Initialkörperchen
IL: Interleukin
INH: Isoniazid
int: Integrase-Gen
IP_3: Inositoltrisphosphat
IPV: Inaktivierte Poliovakzine
IR: Intercistronregion/Inverted repeats
Ir-Gene: Immune-response-Gene
IS: Insertionssequenz
■ KBR: Komplementbindungsreaktion
KNS: Koagulasenegative Staphylokokken
K-Zellen: Killerzellen
■ L: Light chain
LA: Latexagglutation
LAK: Lymphokinaktivierte Killerzellen
LB: Leprabakterien
LCA: Leukocyte common antigen
LCM(V): Lymphozytäre Choriomeningitis (-virus)
LE: Lupus erythematodes
LFA: Lymphocyte function antigen
LGL: Large granular lymphocyte
LIF: Leukaemia inhibitory factor
LL: Lepromatöse Lepra
LM: Lichtmikroskopie
LMC: Larva migrans cutanea
LMV: Larva migrans visceralis
LOS: Lipooligosaccharid
LPS: Lipopolysaccharid
LT: Hitzelabiles Enterotoxin von *E. coli*
LTR: Long terminal repeats
■ MAC: Membranangriffskomplex
MAF: Makrophagenaktivierender Faktor
MALT: mucosa-associated lymphatic tissue; mukosa-assoziiertes lymphatisches Gewebe
MBK: Minimale bakterizide Konzentration
MBP: Major basic protein; basisches Myelinprotein
MCP: Membrane cofactor protein
M-CSF: Macrophage colony-stimulating factor
MF: Merthiolat-Formalin
Mf: Mikrofilarien
MHC: Major histocompatibility complex; Haupthistokompatibilitäts-Genkomplex
MHK: Minimale Hemmkonzentration
MIF: Migrations-Inhibitionsfaktoren
MLC: Mixed lymphocyte culture
MLR: Mixed lymphocyte reaction
MMR: Trivalente, attenuierte Masern/Mumps/Röteln-Vakzine

MMTV: Murines Mammary Tumor Virus
MOMP: Major outer membrane protein
MOTT: Mycobacteria other than tubercle bacilli
MZM: Marginalzonenmakrophagen
■ NANB-Heptatitiden: Non-A-non-B-Hepatitiden
NCVP: Nichtkapsid-Virusprotein
NE: Nephropathia epidemica
NFA: Nicht-Fimbrien-Adhäsine
NGU: Nicht-Gonokokken-Urethritis
NIDEP: Studie „Nosokomiale Infektionen in Deutschland – Erfassung und Prävention"
NK-Zellen: Natürliche Killerzellen
NTM: Nichttuberkulöse (atypische) Mykobakterien
NTR: Nichttranslatierte Region
■ OC: Open circular
OMP, Omp: Outer membrane protein; äußeres Membranprotein
OPV: Orale Poliovakzine
Osp: Outer surface proteins
■ P: Promotor
PAIR: Puncture-Aspiration-Injection-Reaspiration
PAM: Primäre Amöben-Meningoenzephalitis
PAP: Pyelonephritis-assoziierte Pili
PAS: Paraaminosalicylsäure/ Periodsäure-Schiff
PBL: Periphere Blutlymphozyten
PC: Phosphorylcholin
PCA: Passive kutane Anaphylaxie
PCR: Polymerase-Kettenreaktion
PEG: Polyethylenglykol
PFC, PFZ: Plaque forming cell
PHA: Phytohämagglutinin
PIP_2: Phosphatidylinositoldiphosphat
PKC: Proteinkinase C
PLC: Phospholipase C
PMA: Pokeweed Mitogen
PML: Progressive multifokale Leukoenzephalopathie
PMN: Polymorphkernige neutrophile Granulozyten
PNP: Purinnukleotidphosphorylase
PPD: Purified protein derivative
PRP: Polyribosylribitol-Phosphat
PrP: Prion-Protein
PSE: Pyrogene Streptokokken-Exotoxine
PWI: Postoperativer Wundinfekt
■ QBC: Quantitative Buffy Coat Method
■ R: Rötelnvakzine
RAST: Radioallergensorbenstest
REM: Rasterelektronenmikroskop
RES: Retikuloendotheliales System
RF: Rheumafaktor
RFFIT: Rapid fluorescent focus inhibition test
RH-Antigene: Rhesus-Antigene
RIA: Radioimmunassay
RIBA: Recombinant immunoblot assay
RIG: Rabiesimmunglobulin
RIST: Radioimmunosorbenstest
RMSF: Rocky Mountain spotted fever
RNA: Ribonukleinsäure
RNP: Ribonukleoprotein
RS: Respiratorischer Synzytialvirus
RT: Reverse Transkriptase
RTI: Infektion des tiefen Respirationstrakts
RVF: Rift-Valley-Fieber

SAF: Sodiumacetate acetic acid formalin
SALT: Skin-associated lymphatic tissue; Hautassoziiertes lymphatisches Gewebe
SCF: Stern cell factor
SCID: Severe combined immunodeficiency disease
SDS: Sodium(Na^+)-dodecylsulfat
SEA-E: Staphylokokken-Enterotoxine A-E
SEP: Primäre Sepsis
SEPEC: Sepsis-Pathovar von *Escherichia coli*
SFT: Sabin-Feldman-Test
SLE: Systemischer Lupus erythematodes
SRBC: Sheep red blood cells
SRSV: Small round-structured viruses
ss: Einzelsträngige Nukleinsäure
SSPE: Sklerosierende Panenzephalitis
ST: Hitzestabiles Enterotoxin von *E. coli*
STIKO: Ständige Impfkommission
sul: Sulfonamidresistenz-Gen
SV: Simian virus
TATA: Tumorassoziierte Transplantationsantigene
TB: Tuberkulosebakterien
Tc: Zytotoxische T-Zelle
TCGF: T-cell growth factor
TCP: Toxin coregulated pili
Td: Tetanustoxoid/Diphtherietoxoid (niedrige Dosis)
T-dep: T-Zell-abhängige Antigene
T-DTH: Delayed type hypersensitivity (T-Zelle)
TEM: Transmissionselektronenmikroskopie
T_H: T-Helferzelle
T-ind: T-Zell-unabhängige Antigene
TL: Tuberkuloide Lepra
TME: Transmissible mink encephalopathy
Tn: Transposition
TNF: Tumornekrosefaktor
TPHA: Treponema pallidum-Hämagglutinationstest
TPI-Test: Treponema pallidum-Immobilisationstest
Tra: Transfer
TSS: Toxischer-Schock-Syndrom
TSST-1: Toxischer-Schock-Syndrom-Toxin-1
TU: Tuberkulineinheiten
TZR: T-Zell-Rezeptor
UPEC: Uropathogene *Escherichia coli*
VaCa: Vakuolisierendes Zytotoxin
VCA: Virales Capsidantigen
VDRL: Venereal Disease Research Laboratory
VLA: Vascular adhesion molecule
VMP: Variable major protein
VOA: Variantenspezifisches Oberflächenantigen
VP: Virusprotein
VPg: Virus protein, genome-linked
VSV: Vesikuläres Stomatitisvirus
VTEC: Verozytoxinbildende *Escherichia coli*
VZV: Varizellen-/Zoster-Virus
WB: Western Blot
ZE: Zystische Echinokokkose

Inhaltsverzeichnis

I Grundlagen der medizinischen Mikrobiologie und Immunologie

II Bakteriologie

3 Allgemeine Bakteriologie ... 138

F. H. Kayser

4 Bakterien als Krankheitserreger 221

F. H. Kayser

IV Virologie

V Parasitologie

9 Protozoen 484
J. Eckert

10 Helminthen 557
J. Eckert

VI Infektionen der einzelnen Organsysteme

I
Grundlagen der medizinischen Mikrobiologie und Immunologie

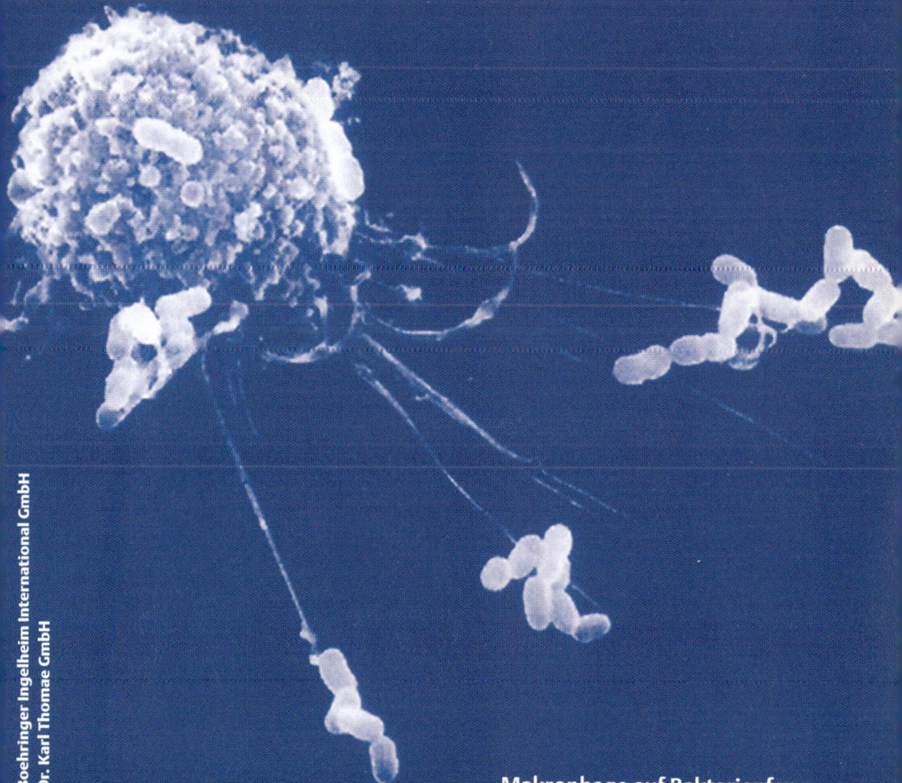

Makrophage auf Bakterienfang

1 Allgemeine Aspekte der medizinischen Mikrobiologie

F. H. Kayser

Infektionskrankheiten werden durch subzelluläre, infektiöse Objekte (Prione, Viroide, Viren), durch prokaryontische Bakterien, durch eukaryontische Pilze und Protozoen sowie durch metazoische Tiere, wie parasitisch lebende Würmer (Helminthen) und einige Arthropoden, hervorgerufen. Ein sicherer Beweis dafür, daß eine dieser Ursachen einer Infektion zugrunde liegt, ist dann gegeben, wenn die 3 Henle-Koch-Postulate erfüllt sind. Bei einer Reihe von Infektionen können aus technischen Gründen die Postulate in der durch R. Koch formulierten strengen Form nicht erfüllt werden, sondern nur in einer modifizierten Form.

Die Entwicklung der Infektionskrankheiten

Historisches

Infektionskrankheiten sind seit Jahrtausenden bekannt. Exakte Kenntnisse über ihre Ätiologie sind jedoch erst ungefähr 100 Jahre alt. In der hippokratischen Medizin wurde die Ursache von örtlich und zeitlich gehäuft auftretenden (d. h. epidemischen) Infektionen in „Veränderungen" der Luft, in den Miasmen, gesehen. Die Miasmenlehre, die sich noch als sprachliches Dokument in Begriffen wie Sumpffieber oder Malaria wiederfindet, blieb bis zum Ende des 19. Jahrhunderts vorherrschende Lehrmeinung, obwohl Bakterien schon im 17. Jahrhundert bekannt waren. Im Jahre 1683 beschrieb der holländische Tuchhändler A. van Leeuwenhoek die verschiedenen Formen von Mikroorganismen im Zahnbelag. Diese konnte er mit Hilfe eines selbstgebauten, aus einer einzigen Sammellinse mit sehr kleiner Brennweite bestehenden Mikroskopes sehen. Da jedoch in der damaligen Zeit die Lehre von der Urzeugung – der Entstehung von Leben aus toter organischer Materie – allgemein vertreten wurde, kam niemand auf den Gedanken, Bakterien, die man im Gewebe von an Infektionen Verstorbenen fand, als Ursache der tödlichen Krankheit anzusehen. Erst die Widerlegung der Doktrin von der Urzeugung durch Pasteur in der 2. Hälfte des 19. Jahrhunderts schaffte die Voraussetzung für ein Umdenken. Gegen Ende des 19. Jahrhunderts wurden bei zahlreichen, schon lange bekannten Krankheiten Mikroorganismen nachgewiesen und aufgrund der 1890 durch R. Koch formulierten Henle-Koch-Postulate für die Ätiologie der Krankheit verantwortlich gemacht.

Henle-Koch-Postulate

Die Postulate lauten, frei formuliert:

- Der Erreger muß unter Verhältnissen, die den pathologischen Veränderungen und dem klinischen Verlauf der Krankheit entsprechen, nachgewiesen werden.
- Mit Reinkulturen des Erregers muß eine identische (Mensch) oder ähnliche (Tier) Krankheit erzeugt werden können.
- Der Erreger darf bei anderen Krankheiten nicht als „zufälliger Schmarotzer" vorkommen.

Diese Postulate beweisen auch heute noch die Ursache einer Infektionskrankheit. Sind sie nicht erfüllt, schließt diese Tatsache einen gefundenen Erreger für die Ätiologie jedoch nicht aus. Vor allem bei vielen Infekten, die durch subzelluläre Objekte hervorgerufen werden, sind die Postulate nicht zu erfüllen.

Die Situation heute

Infektionskrankheiten waren während Jahrtausenden häufige und auch häufig den Tod verursachende Krankheiten des Menschen und standen deshalb im Mittelpunkt des Interesses der Medizin. Die Entwicklung von wirksamen präventiven und therapeutischen Maßnahmen hat dazu geführt, daß die großen Seuchen wie Pocken, Pest, Fleckfieber, Diphtherie und weitere in den letzten Jahrzehnten an Häufigkeit abgenommen haben oder ganz verschwunden sind und daß man viele Infektionskrankheiten behandeln kann. Das Interesse der Medizin an diesen Krankheiten nahm deshalb ab; man war der Meinung, daß man die Infektionskrankheiten „im Griff habe". Die Erfahrungen der letzten Jahre haben jedoch gezeigt, daß dem nicht so ist. Immer wieder wurden und werden neue, bisher unbekannte Erreger als Ursache von neuen Infektionskrankheiten gefunden. Und alte, schon lange bekannte Infektionskrankheiten treten in gewandelter Form wieder auf. Die Ursachen für diesen Wandel sind vielfältig. Zu nennen sind die Änderung der Verhaltensweisen, die Mobilität, und die Ernährungsgewohnheiten des modernen Menschen; die Einführung invasiver Methoden und aggressiver Therapien in der Medizin;

Tabelle 1.**1** Erreger von Infektionskrankheiten des Menschen

Subzelluläre biologische Objekte	**Prokaryontische Mikroorganismen**	**Eukaryontische Mikroorganismen**	**Einfache Tiere**
Prione (< 5 nm)	Chlamydien (0,3 – 1 µm)	Pilze (Hefen 5 – 10 µm; Größe von Schimmelpilzen nicht definierbar)	Helminthen (Würmer)
Viroide (< 5 nm)	Rickettsien (0,3 – 1 µm)	Protozoen (1 – 150 µm)	Arthropoden (Gliederfüßler)
Viren (20 – 200 nm)	Mykoplasmen		
	klassische Bakterien (1 – 5 µm)		

die Vernachlässigung von etablierten Maßnahmen zur Kontrolle der Infektionskrankheiten; aber auch die Fähigkeit der Erreger, sich aufgrund einer eindrücklichen genetischen Variabilität immer wieder an eine neue Situation optimal anzupassen. Wegen dieser sich immer wieder wandelnden Bedeutung der Infektionskrankheiten sind für alle in einem Medizinberuf tätigen Personen, vor allem aber für die Ärzte, Grundkenntnisse über die Erreger und das Zustandekommen der Infektionskrankheiten zwingend notwendig. Diese Grundlagen sind das Thema des vorliegenden Lehrbuches.

Tab. 1.**1** faßt die Ursachen von Infektionskrankheiten des Menschen zusammen.

Erreger von Infektionskrankheiten

Subzelluläre, infektiöse Objekte

- **Prione** (proteinaceous infectious particles). Es handelt sich mit großer Wahrscheinlichkeit um Proteinmoleküle, die bestimmte degenerative Erkrankungen des ZNS wie Jakob-Creutzfeldt-Krankheit, Kuru, Scrapie der Schafe oder bovine spongiforme Enzephalopathie (BSE) der Rinder verursachen.
- **Viroide.** Nackte Nukleinsäuren niedrigen Molekulargewichts (10^5 Da), die vor allem Krankheiten von Nutzpflanzen hervorrufen. Beim Menschen ist nur das Hepatitis-D-Agens (Delta-Agens) als Viroid bekannt (s. S. 438).

- **Viren.** (Einzahl: *das* Virus). Ultramikroskopische, obligate Zellparasiten, die
  - nur eine Art von Nukleinsäure, entweder DNA oder RNA, enthalten;
  - keine Enzymsysteme zur Energiegewinnung und keinen proteinsynthetisierenden Apparat aufweisen;
  - infizierte Wirtszellen zur Synthese von Viruspartikeln zwingen.

Prokaryontische und eukaryontische Mikroorganismen

Nach einem Vorschlag von Woese, der sich in den letzten Jahren immer mehr durchsetzt, kann die Welt des Lebendigen in die Domänen Bacteria, Archea und Eucarya eingeteilt werden. Jede dieser Domänen läßt sich in mehrere Reiche unterteilen. Pathogene Mikroorganismen finden sich in den Domänen Bacteria und Eucarya.

Bacteria, Archaea, Eucarya

Bacteria. Diese Domäne enthält das Reich der chemosynthetischen Eubakterien, zu denen die humanpathogenen Bakterien gerechnet werden. In anderen Reichen, wie z. B. in dem der photosynthetischen Zyanobakterien, finden sich keine Krankheitserreger. Es wird geschätzt, daß Hunderttausende von Bakterienarten auf der Erde existieren. Von diesen sind aber erst ungefähr 5500 gefunden und näher beschrieben.

Archaea. In dieser Domäne werden Lebewesen zusammengefaßt, die in extremen Umweltbereichen leben. Dazu zählen die thermophilen und hyperthermophilen, sowie die halophilen und die methanbildenden Mikroorganismen. Archaea wurden früher auch als Archäbakterien bezeichnet. Sie können als lebende Fossilien angesehen werden. Die thermophilen Archaea leben vor allem in heißen Feuchtbiotopen, z. B. in heißen, vulkanischen Quellen. Die noch nicht lange bekannten hyperthermophilen Archaea leben in einem Milieu, das Temperaturen von über 100 °C aufweist, in der Nähe der sog. rauchenden Schlote, aktive Vulkane in der Tiefe der Weltmeere.

Eucarya. Diese Domäne umfaßt alle Lebewesen, die einen echten Kern (Nukleus) aufweisen. Zu den Eucarya zählen auch die Reiche der Tiere (Animales) und der Pflanzen (Plantales). Eukaryontische, pathogene Mikroorganismen findet man unter den Pilzen und den Protozoen.

Tab. 1.**2** nennt einige wesentliche Unterschiede der prokaryontischen und eukaryontischen Krankheitserreger.

Tabelle 1.2 Eigenschaften von prokaryontischen (Eubakterien) und eukaryontischen (Pilze, Protozoen) Mikroorganismen

Eigenschaft	**Prokaryonten** (Bakterien)	**Eukaryonten** (Pilze, Protozoen)
Kernstruktur	nicht mit Proteinen bedecktes, zirkuläres DNA-Molekül	Komplex von DNA und basischen Proteinen
Lokalisation der Kernstruktur	als dichtes DNA-Knäuel im Zytoplasma. Keine Kernmembran. Nukleoid oder Kernäquivalent	im von einer Kernmembran umgebenen Nukleus
DNA	Nukleoid und Plasmide	im Kern und in Mitochondrien
Zytoplasma	keine Mitochondrien und kein endoplasmatisches Retikulum, 70S-Ribosomen	Mitochondrien und endoplasmatisches Retikulum. 80S-Ribosomen
Zellwand	meist starre Zellwand mit Mureinschicht. Ausnahme: Mykoplasmen	nur bei Pilzen vorhanden: Glucane, Mannane, Chitin, Chitoson, Cellulose
Größe, mittlerer Durchmesser	Chlamydien: 0,2 – 1 μm Rickettsien: 0,3 – 1 μm Andere Bakterien: 1 – 5 μm	Protozoen: 1 – 150 μm Hefen: 5 – 10 μm Schimmelpilze: nicht definierbar (Myzel)
Vermehrung	ungeschlechtlich durch einfache Querteilung	ungeschlechtlich und (meist) geschlechtlich

Bakterien

- **Klassische Bakterien.** Sie vermehren sich ungeschlechtlich, durch einfache Querteilung. Ein für die Eucarya typischer Kern kommt nicht vor. Von Ausnahmen abgesehen (Mykoplasmen), besitzen sie eine starre Zellwand.
- **Chlamydien.** Sie sind obligate Zellparasiten, die sich nur in bestimmten humanen Zellen vermehren können. Dabei durchlaufen sie einen Entwicklungszyklus. Die infektiöse, nicht vermehrungsfähige Form ist das 0,3 μm große Elementarkörperchen. Die nichtinfektiöse Form, die sich durch Querteilung vermehrt, stellt das Initialkörperchen (oder retikuläre Zelle) von 1 μm dar.
- **Rickettsien.** Sie sind stäbchenförmige bis kokkoide, sich durch Querteilung vermehrende, obligate Zellparasiten. Die Einzelzelle weist einen Durchmesser von 0,3 – 1 μm auf.

Mykoplasmen. Mykoplasmen sind Bakterien ohne starre Zellwand. Sie zeigen vielfältige Formen. Häufigste Grundform ist die kokkoide Zelle (0,3 – 0,8 µm). Daneben finden sich Fäden unterschiedlicher Länge.

Pilze und Protozoen

Pilze. Fungi (Mycophyta) sind Eukaryonten, die eine starre Zellwand und einen klassischen Zellkern haben sowie bewegungsunfähig sind. Sie enthalten keine photosynthetischen Pigmente und leben C-heterotroph, d. h. ernähren sich von verschiedenen organischen Nährsubstraten (im Gegensatz zu den C-autotrophen Pflanzen). Von den mehr als 50 000 Pilzarten sind nur ungefähr 300 als Infektionserreger des Menschen bekannt. Die meisten Pilzinfektionen entstehen nur bei geschwächter Infektabwehr des Wirtes.

Protozoen. Protozoen sind frei oder parasitisch lebende Mikroorganismen wechselnder Größe und Gestalt. Sie besitzen einen Chromosomen enthaltenden Zellkern und Organellen, wie Mitochondrien, endoplasmatisches Retikulum, Pseudopodien, Flagellen, Zilien, Kinetoplast usw. Die Übertragung vieler parasitischer Protozoen erfolgt durch Arthropoden, in denen sie sich vermehren und dabei auch einen Formwechsel durchmachen, der mit der Ausbildung eines infektiösen Stadiums endet.

Einfache Tiere

Helminthen. Parasitische Würmer gehören dem Tierreich an. Sie sind vielzellig und sehr differenziert strukturiert. Medizinische Bedeutung haben die *Trematoda* (Saugwürmer), *Cestoda* (Bandwürmer) sowie die *Nematoda* (Fadenwürmer).

Arthropoden. Gliederfüßler sind durch ein Chitinaußenskelett, die Körpergliederung, ihre Mundwerkzeuge und andere Merkmale gekennzeichnet. Medizinisch gesehen spielen sie als eigentliche Krankheitserreger nur eine untergeordnete Rolle (z. B. Milben als Ursache der Krätze). Sie sind aber häufig Vektoren, durch die Viren, Bakterien, Protozoen oder Würmer übertragen werden.

Gast-Wirt-Beziehungen

Die Faktoren, die das Entstehen, das klinische Bild, die Schwere und den Ausgang einer Infektionskrankheit bestimmen, umfassen komplexe Interaktionen zwischen dem Wirt und dem (ungebetenen) Gast. Diese können je nach Erreger oft recht unterschiedlich sein. Trotzdem lassen sich allgemeine Gesetzmäßigkeiten bei der Auseinandersetzung zwischen dem pathogenen Erreger mit seinen Aggressionsfaktoren und dem Wirt mit seiner Abwehr formulieren. Da man über die Grundlagen der Pathogenese bakterieller Infektionen die meisten Kenntnisse hat, werden im folgenden als Beispiel die Gast-Wirt-Beziehungen beim Zustandekommen bakterieller Infektionskrankheiten beschrieben.

Die **Determinanten der Pathogenität und Virulenz** der Bakterien können folgendermaßen zusammengefaßt werden:

- Adhärenz an Wirtszellen (Adhäsine).
- Invasion der anatomischen Barrieren des Wirts (Invasine) und Ausbreitung im Gewebe (Aggressine).
- Strategien gegenüber der unspezifischen Infektabwehr, unter denen die antiphagozytären Mechanismen besonders wichtig sind (Impedine).
- Strategien gegenüber der spezifischen Immunität, unter denen die Bildung von IgA-Proteasen (Impedine), die „molekulare Mimikry" sowie die Immunogenvariabilität hervorzuheben sind.
- Schädigung der Wirtsgewebe durch direkte Zytotoxizität der Bakterien sowie durch ihre Exotoxine und Exoenzyme (Aggressine).
- Schädigung durch die entzündliche Reaktion des Makroorganismus: Aktivierung von Komplement und Phagozytose; Induktion der Bildung von Zytokinen (Moduline).

Den Pathogenitätsfaktoren der Bakterien stehen die **Mechanismen der Abwehr** gegenüber:

- Die unspezifische Abwehr kann in mechanische, humorale sowie zelluläre Mechanismen gruppiert werden. Der Phagozytose kommt die größte Bedeutung zu.
- Die spezifische Abwehr beruht auf Antikörpern sowie auf spezifisch reagiblen T-Lymphozyten (s. Kap. Immunologie).

Bei der Abwehr kooperieren die verschiedenen Mechanismen miteinander. Defekte der Infektabwehr begünstigen das Entstehen von Infektionen. Angeborene, primäre Defekte sind selten. Erworbene, sekundäre Defekte dagegen sind häufig. Sie sind der Grund für Infektionen durch „fakultativ pathogene Mikroorganismen" (= Opportunisten).

Grundbegriffe der Infektionslehre

In den Tab. 1.**3** und 1.**4** sind die wichtigsten Grundbegriffe der Infektiologie aufgeführt und kurz erklärt.

Die Begriffe Pathogenität und Virulenz von Mikroorganismen sind unscharf definiert. Sie werden manchmal sogar synonym verwendet. Es wurde

Tabelle 1.**3** Grundbegriffe der Infektionslehre I (Erreger)

Begriff	**Erklärung**
Saprophyten	keine Krankheitserreger; ihr natürliches Habitat ist tote organische Materie
Parasiten	Mikroorganismen, die auf Kosten eines Wirts in diesem leben
– Kommensalen	normale Bewohner von Haut und Mukosa; die Gesamtheit der Kommensalen entspricht der Normalflora (s. Tab. 1.**7**, S. 23)
– pathogene Mikroorganismen	klassische Krankheitserreger
– Opportunisten oder fakultativ pathogene Mikroorganismen	können Krankheit bei abwehrgeschwächten Individuen verursachen, wenn die Situation für sie „opportun" ist; oft Keime der Normalflora; gelegentlich aus der Umwelt, von Tieren oder von Keimträgern stammend
Pathogenität	Fähigkeit einer Erregerspezies, Krankheit hervorzurufen
Virulenz	Ausmaß der krankheitserzeugenden Eigenschaft eines Stammes einer pathogenen Spezies
Inkubationszeit	Zeit zwischen Infektion und Auftreten von Krankheitssymptomen; charakteristisch für jede Krankheit; kann Stunden, Tage, Wochen, gelegentlich sogar Jahre betragen
Präpatenz	Begriff aus der Parasitologie: Zeit zwischen Infektion und Erscheinen der ersten Geschlechtsprodukte des Erregers, z. B. von Wurmeiern im Stuhl bei Helminthosen
Infektionsspektrum	Gesamtheit der „empfänglichen" Wirtsspezies, die von einem Erreger infiziert werden können
Infektionsdosis	minimale Anzahl von Mikroorganismen, die einen Infekt verursacht
Infektionsmodus	Art des Eindringens eines Erregers in einen Wirt

Tabelle 1.4 Grundbegriffe der Infektionslehre II (Wirt)

Begriff	Erklärung
Kontamination	Verunreinigung von Gegenständen, der Umwelt oder von Untersuchungsproben mit Mikroorganismen
Kolonisation (Besiedlung)	Anwesenheit von Mikroorganismen auf Haut oder Schleimhäuten; kein Eindringen ins Gewebe. Die Normalflora siedelt. Gelegentlich können auch pathogene Mikroorganismen kolonisieren
Infektion	Eindringen von Mikroorganismen in einen Wirtsorganismus, Vermehrung und Reaktion des Wirts
stumme Infektion	Infektion ohne klinische Symptome
Infektionskrankheit	Infektion mit klinischer Symptomatik
Manifestationswahrscheinlichkeit (%)	Häufigkeit der klinischen Manifestation einer Infektion in anfälligen Individuen
endogene Infektion	Infektion, die von kolonisierenden Mikroorganismen ausgeht
exogene Infektion	Infektion, die durch von außen in einen Wirt eindringende Mikroorganismen verursacht wird
nosokomiale Infektion	im Krankenhaus erworbene Infektion (Harnwegsinfekte; Infekte der Respirationsorgane; Wundinfekte; Sepsis)
Lokalinfektion	der Infekt bleibt auf die Eintrittspforte und die nähere Umgebung beschränkt
Allgemeininfektion	Lymphogene und/oder hämatogene Ausbreitung des Erregers vom Ort des Eindringens aus. Infektion von Organen, zu denen die Erreger eine spezifische Affinität (Organotropie) aufweisen. 3 Stadien: Inkubation – Generalisation – Organmanifestation
Sepsis	Systemerkrankung, die durch Mikroorganismen und/oder deren toxische Produkte verursacht wird. Oft lokaler Herd vorhanden, von dem aus Erreger bzw. toxische Produkte kontinuierlich oder in Schüben in die Blutbahn gelangen
transitorische Bakteriämie/Virämie/Parasitämie	kurze, vorübergehende Anwesenheit von Mikroorganismen in der Blutbahn
Superinfektion	Auftreten einer zweiten Infektion bei bestehender erster Infektion
rezidivierende Infektion	immer wieder auftretende Infekte mit demselben Erreger (= Rückfall, „relapse") oder einem anderen Keim (= Reinfektion)

Virulenz, Pathogenität, Empfänglichkeit, Anfälligkeit

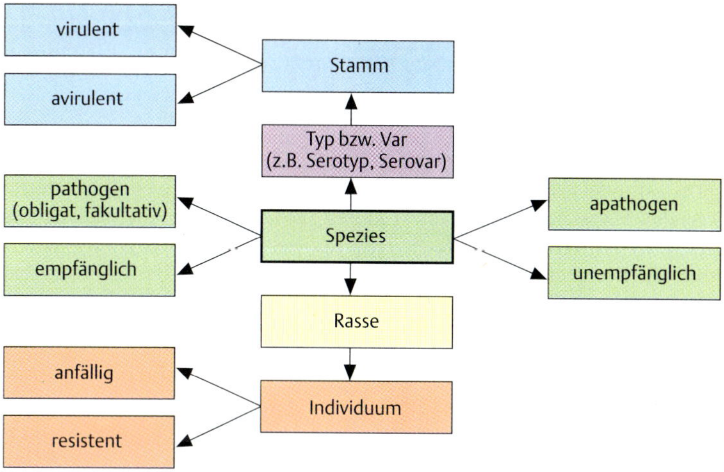

Abb. 1.1 Die Eigenschaften Pathogenität und Empfänglichkeit charakterisieren eine Erreger- bzw. Wirtsspezies. Der Begriff Virulenz bezieht sich auf einzelne Stämme einer pathogenen Erregerspezies, die Begriffe Anfälligkeit und Resistenz auf die jeweilige Disposition von Individuen einer empfänglichen Wirtsspezies.

vorgeschlagen, den Begriff **Pathogenität** einer Spezies zuzuordnen und das Ausmaß der krankmachenden Eigenschaft einer Population (Stamm) einer pathogenen Art als **Virulenz** zu bezeichnen (Abb. 1.1).

Den Begriffen Pathogenität und Virulenz beim Mikroorganismus stehen die Begriffe **Empfänglichkeit** der Wirtsspezies und **Anfälligkeit** des Einzelindividuums, die von hochanfällig bis resistent reichen kann, gegenüber.

Determinanten der bakteriellen Pathogenität und Virulenz

Über die Faktoren der Pathogenität und Virulenz der Mikroorganismen ist noch recht wenig bekannt. Am meisten Information hat man über die krankmachenden Mechanismen der Bakterien.

Die bakteriellen Komponenten, die am Zustandekommen von Krankheit beteiligt sein können, lassen sich in 5 Gruppen einteilen.

1. **Adhäsine**. Sie ermöglichen die spezifische Adhärenz an Zielzellen.
2. **Invasine**. Sie sind für die aktive Invasion in Zellen des Makroorganismus verantwortlich.

3. **Impedine.** Komponenten, die die Infektabwehr im Einzelfall ausschalten.
4. **Aggressine.** Zu diesen zählen Toxine und gewebsschädigende Enzyme.
5. **Moduline.** Substanzen, die die übermäßige Bildung von Zytokinen induzieren (Lipopolysaccharid der gramnegativen Bakterien; Superantigene; Mureinfragmente).

Adhärenz

Wenn pathogene Bakterien mit intaktem Oberflächengewebe (z. B. der Mukosa) des Menschen in Kontakt kommen, adhärieren sie über verschiedene Oberflächenstrukturen (Haftpili, Haftfimbrien, Haftproteine der äußeren Membran der gramnegativen Bakterien; Zellwand-assoziierte Proteine der grampositiven Bakterien) an Rezeptoren auf der Oberfläche der Zielzellen. Dieser Prozeß ist spezifisch, d. h., die Haftstruktur und der Rezeptor müssen zusammenpassen wie Schlüssel zu Schlüsselloch.

Invasion und Ausbreitung

- **Invasion.** Bakterien können passiv über Mikro- oder Makrotraumen der Haut und der Schleimhäute in den Wirt eindringen. Oft sind über eine intakte Mukosa eindringende Bakterien in der Lage, nach ihrer Adhärenz aktiv diese anatomische Barriere zu überwinden. Hierfür sind je nach Bakterienart unterschiedliche Prozesse verantwortlich:
  – Produktion gewebeschädigender Exoenzyme, die anatomische Barrieren zerstören;
  – Parasit-determinierte Endozytose, ausgelöst durch Invasine auf der Oberfläche der Bakterien. Durch diese wird das Zytoskelett der Epithelzelle veranlaßt, Pseudopodien auszubilden, die die Endozytose bewerkstelligen;
  – Phagozytose enteropathogener Bakterien durch M-Zellen der Darmmukosa (Zellen, die Stoffe aus dem Darmlumen durch Phagozytose aufnehmen können);
  – Translokation von makrophagenresistenten Bakterien mit Makrophagen nach ihrer Aufnahme durch M-Zellen in das lymphatische Gewebe des Darmtrakts.

- **Ausbreitung.**
  – Lokale Ausbreitung vom Ort des Eindringens aus, wobei gewebeschädigende Exoenzyme (Hyaluronidase, Kollagenase, Elastase, weitere Proteasen) den Weg bahnen;
  – Ausbreitung von Zelle zu Zelle. Intrazelluläre, durch Endozytose aufgenommene Bakterien veranlassen die Kondensierung von Aktin zu Filamenten. Diese ordnen sich an einem Ende der Bakterienzelle an und schieben die Bakterie in benachbarte Gewebezellen (typisch für Listerien und Shigellen);

– Bei Bakterien, die generalisierte Infektionen verursachen, erfolgt die Ausbreitung im Makroorganismus entweder lymphogen oder hämatogen. Die Bakterien gelangen dann in Organe, für die sie eine spezifische Tropie aufweisen.

Strategien gegen unspezifische Immunität

Die Etablierung von Bakterien in einem Wirt setzt voraus, daß sie Möglichkeiten haben die unspezifische Infektabwehr des Wirtes zu umgehen. Die wichtigsten Mechanismen pathogener Bakterien sind:

- **Antiphagozytose** (s. hierzu auch Abb. 1.**4**, S. 21)
  – *Kapsel.* Erschwert die Phagozytose. Möglicherweise blockieren Bestandteile der Kapsel die alternative Aktivierung von Komplement; dadurch Fehlen von C3b (= Ligand für den C3b-Rezeptor der Phagozyten) auf der Oberfläche bekapselter Bakterien. Beispiele: *Streptococcus pneumoniae, Haemophilus influenzae*;
  – *Phagozytentoxine.* Beispiele: Leucocidin von Staphylokokken; Streptolysine von Streptokokken; Exotoxin A von *Pseudomonas aeruginosa*;
  – *Hemmung der Fusion von Phagosom und Lysosom.* Beispiele: Tuberkulosebakterien, Gonokokken, *Chlamydia psittaci*;
  – *Hemmung des „oxidative burst“.* Keine Bildung von reaktiven O_2-Radikalen in Phagozyten. Beispiele: *Legionella pneumophila; Salmonella typhi.*

- **Serumresistenz.** Resistenz gramnegativer Bakterien gegenüber Komplement. Modifiziertes Lipopolysaccharid der äußeren Membran kann das Komplementsystem auf dem alternativen Weg nicht mehr aktivieren, so daß der Membran-Angriffs-Komplex (C5b6789), der die äußere Membran durchlöchert, nicht mehr gebildet und eingelagert wird (s. S. 86ff.).

- **Siderophore.** Siderophore (z. B. Enterobactin, Aerobactin) sind niedermolekulare Eisen-Carrier, die Fe^{3+} aktiv ins Zellinnere transportieren. Sie bilden mit Eisen Komplexe und entreißen so eisenhaltigen Proteinen (Transferrin, Lactoferrin) das Eisen. Der Transport erfolgt mit Hilfe eines komplexen Transportsystems, das in der Zytoplasmamembran, bei gramnegativen Bakterien auch in der äußeren Membran, lokalisiert ist. Bakterien benötigen für gutes Wachstum 10^{-5} mol/l freie Eisenionen. In den Körperflüssigkeiten sind aber nur ungefähr 10^{-20} mol/l frei vorhanden.

Strategien gegen spezifische Immunität

- **Immunotoleranz.**
  – *Pränatale Infektion.* Das Immunsystem erkennt bakterielle Immun-Antigene nicht als fremd.

Mechanismus der molekularen Variabilität des Pilins von Gonokokken

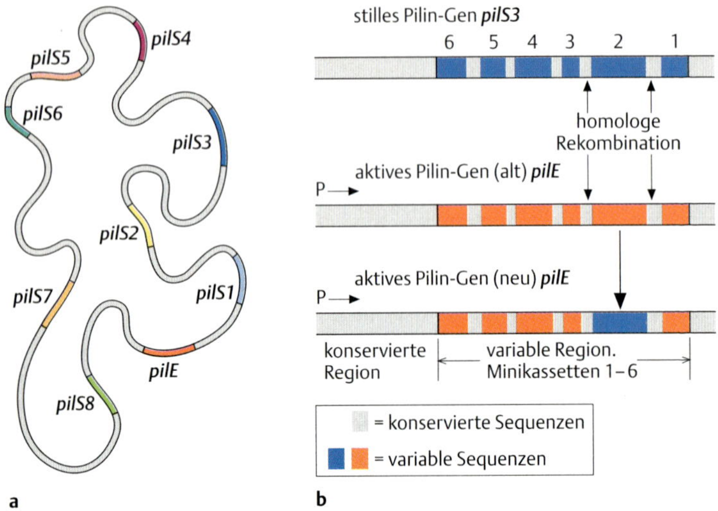

Abb. 1.**2** Haftpili von Gonokokken werden durch das Polypeptidmonomer Pilin aufgebaut. Die Mukosa-Immunität gegen Gonokokken beruht auf Antikörpern in den Sekreten der Urogenitalschleimhaut, die sich an den immundominanten Teil des Pilins heften und so die Adhärenz der Gonokokken an die Zielzellen blokkieren.

a Modell des Genoms der Gonokokken. Die Primärstruktur des Pilins wird durch das Expressionsgen *pilE* determiniert. Zusätzlich zu *pilE* weist das Gonokokkengenom noch zahlreiche weitere *pil*-Gene auf, die aber Defekte in der Promotorregion haben und deshalb „still" sind, d. h. nicht abgelesen werden (= *pilS1*, *pilS2*, *pilS3*, usw.).

b *pil*-Gene bestehen aus einer konservierten und einer variablen Region. Die variable Region aller *pil*-Gene hat Mosaikstruktur, d. h., sie ist aus Minikassetten aufgebaut. Die Minikassette 2 kodiert für den wichtigsten immundominanten Bereich des Pilins. Durch intrazelluläre homologe Rekombination zwischen konservierten Regionen stiller *pil*-Gene mit entsprechenden Sequenzen des Expressionsgens entstehen *pilE*-Gene, die veränderte Kassetten aufweisen. Diese kodieren für ein Pilin, das im immundominanten Teil geändert ist. Antikörper gegen das „alte" Pilin können nicht mehr an das „neue" Pilin binden.

– *Molekulare Mimikry.* Von molekularer Mimikry (Verbergetracht, Täuschungstracht) spricht man, wenn Bakterien auf der Oberfläche Moleküle aufweisen, die das Immunsystem nicht als fremd erkennt. Deshalb reagiert es auch nicht entsprechend. Beispiele sind die Hyaluronsäurekapsel von *Streptococcus pyogenes*, oder die Neuraminsäurekapseln von *Escherichia coli* K1 und *Neisseria meningitidis* Serotyp B.

- **Antigenvariation.** Einige Bakterien zeigen eine ausgeprägte Variabilität von Immunogenen (= Immunantigenen), die auf einer extremen genetischen Variabilität der die Antigenproteine kodierenden Strukturgene beruht. Dadurch entstehen während einer Infektion laufend Antigenvarianten, die zu den gegen das alte Antigen gerichteten Antikörpern nicht mehr „passen". Beispiele: Gonokokken können die Primärstruktur des Pilins der Haftpili mit großer Häufigkeit modifizieren (Abb. 1.**2**); die Rückfallfieber-Borrelien können die Struktur eines Haftproteins ihrer äußeren Membran (VPM = variable major protein) verändern. Dadurch kommt es zu den typischen „Rückfällen". Meningokokken können die Chemie des Kapselpolysaccharids verändern (= capsule switching).

- **IgA-Proteasen.** In Sekreten von Schleimhäuten kommen sekretorische Antikörper der Klasse $sIgA_1$ vor, die für die spezifische, lokale Immunität der Mukosa verantwortlich sind. Klassische Schleimhautparasiten wie z. B. Gonokokken, Meningokokken oder *Haemophilus influenzae* produzieren Proteasen, die diese Immunglobuline zerstören.

Krankheit

Die klinische Symptomatik einer bakteriellen Infektion beruht auf der Wirkung schädigender Noxen der Bakterien sowie auf den überschießenden Reaktionen der unspezifischen und spezifischen Abwehr. Die Abwehrreaktionen können demnach dem Wirt sowohl nützen als auch schaden. (Das „Gute" und das „Böse", s. Immunologie S. 98ff.)

- **Zytopathogene Wirkung.** Obligate Zellparasiten (Rickettsien, Chlamydien) können bei ihrer Vermehrung Wirtszellen abtöten.

- **Exotoxine.** Pathogene Bakterien sind in der Lage, eine Vielzahl von Toxinen zu produzieren, die in der Pathogenese bestimmter Infektionen die ausschließliche (z. B. Diphtherie, Cholera, Tetanus) oder eine wesentliche Rolle spielen. Ihre Einteilung und Nomenklatur berücksichtigt einerseits die Zelltypen, auf die sie wirken. **Zytotoxine** wirken toxisch auf eine Vielzahl von Wirtszellen; **Neurotoxine** wirken auf Neurone; **Enterotoxine** wirken auf Enterozyten. Andererseits beruht ihre Einteilung auf ihrer Struktur und ihrem Wirkungsmechanismus (Tab. 1.**5**).
  - *AB-Toxine*. Sie bestehen aus einem Anteil „B", der für die **B**indung an spezifische Rezeptoren auf der Oberfläche von Zielzellen zuständig ist, sowie aus dem Anteil „A" der die eigentliche Wirkkomponente darstellt. Nur Wirtszellen, die den betreffenden B-Rezeptor aufweisen, werden geschädigt.

Tabelle 1.**5** Beispiele bakterieller Toxine. Wirkungsmechanismus und Rolle für das Krankheitsbild

Toxin	**Zell-spezifität**	**Molekulare Wirkung**	**Rolle für Krankheitsbild**
AB-Toxine			
Diphtherie-Toxin *(Corynebacterium diphtheriae)*	viele Zellarten	ADP-Ribosyltransferase. Durch ADP-Ribosylierung Inaktivierung des ribosomalen Elongationsfaktors 2 bei der Proteinsynthese; Absterben der Zelle.	Absterben von Mukosazellen. Schäden in Herzmuskulatur, Niere, Nebenniere, Leber, motorischen Kopfnerven.
Cholera-Toxin *(Vibrio cholerae)*	Enterozyten	ADP-Ribosyltransferase. ADP-Ribosylierung des Proteins G_s, das die Aktivität der Adenylatcyclase reguliert. Dadurch permanente Aktivierung dieses Enzyms, was zu gesteigertem Gehalt an cAMP (= Second messenger) führt (s. Abb. 4.**21**, S. 297). Folge: vermehrte Sekretion von Elektrolyten.	massive wäßrige Diarrhoen; starker Elektrolyt- und Wasserverlust.
Tetanus-Toxin *(Clostridium tetani)*	Neurone (Synapsen)	Metallprotease. Proteolyse von Proteinkomponenten des Neuroexozytose-Apparates in Synapsen des Vorderhorns, die hemmende Impulse auf das motorische Endneuron übertragen.	gesteigerter Muskeltonus; Auftreten von Krämpfen der quergestreiften Muskulatur.
Membran-Toxine			
Alpha-Toxin *(Clostridium perfringens)*	viele Zellarten	Phospholipase	Lyse von Zellen; dadurch Gewebeschäden.
Listeriolysin *(Listeria monocytogenes)*	viele Zellarten	Einlagerung in Membranen; dadurch Porenbildung.	Zerstörung der Membran des Phagosoms; intrazelluläre Freisetzung phagozytierter Listerien.

Tabelle 1.5 *Fortsetzung: Beispiele bakterieller Toxine*

Toxin	Zell-spezifität	Molekulare Wirkung	Rolle für Krankheitsbild
Superantigen-Toxine			
Toxisches-Schock-Syndrom-Toxin (TSST-1) *(Staphylococcus aureus)*	T-Lymphozyten; Makrophagen	Stimulierung der Sekretion von Zytokinen in T-Zellen und Makrophagen.	Fieber; Exanthem; Blutdruckabfall.

- *Membrantoxine.* Diese zerstören biologische Membranen, entweder, indem sie sich in Membranen einlagern, wodurch Poren in der Membran entstehen, oder indem sie als Phospholipasen die Struktur von Membranen enzymatisch zerstören.
- *Superantigene* (s. S. 73). Sie stimulieren T-Lymphozyten und Makrophagen zur Produktion überschießender Mengen von Zytokinen, die schädlich sind.

Hydrolytische Exoenzyme. Proteasen (z. B. Kollagenase, Elastase, unspezifische Proteasen), Hyaluronidase, Neuraminidase (Syn. Sialidase), Lecithinase, oder DNAsen sind je nach Erreger mehr oder weniger an der Pathogenese der betreffenden Infektion beteiligt.

Zellwand. Eine wichtige Rolle für die klinische Symptomatik spielt das Endotoxin (Lipopolysaccharid) gramnegativer Bakterien. Einerseits kann es Komplement alternativ aktivieren und durch Freisetzen der chemotaktisch wirkenden Komponenten C3a und C5a die entzündliche Reaktion am Infektionsort in Gang setzen. Andererseits stimuliert es Makrophagen zur Bildung von endogenen Pyrogenen (Interleukin 1, Tumor-Nekrose-Faktor-α), wodurch zentral Fieber initiiert wird. Durch diese und weitere Zytokine, die vermehrt produziert werden, kommt es zu Blutdruckabfall, intravasaler Gerinnung, Aggregation von Thrombozyten und Granulopoesestimulation.

Vermehrte Produktion von Zytokinen durch Makrophagen wird weiterhin durch lösliche Mureinfragmente und – nur bei den grampositiven Bakterien – auch durch Teichonsäuren ausgelöst.

Entzündung. Sie ist das Resultat des Zusammenwirkens der unspezifischen und spezifischen Infektabwehr. Durch Aktivierung von Komplement auf dem klassischen oder auf dem alternativen Weg wandern Phagozyten an den Infektionsort. Es kommt zur eitrigen Gewebsnekrose. Die Entstehung der typischen Granulome und der verkäsenden Nekrose im

Verlauf der Tuberkulose ist eine Folge der überschießenden Reaktion des zellulären Immunsystems auf Immunantigene der Tuberkulosebakterien. Einzelheiten zum Thema Entzündung müssen den Lehrbüchern der Allgemeinen Pathologie entnommen werden.

Regulation der bakteriellen Virulenz

Viele pathogene Bakterien können außerhalb und innerhalb eines Wirtes leben, oder auch in verschiedenen Wirtsspezies. Dieses Leben in unterschiedlicher Umgebung verlangt eine wirksame Regulation der Virulenz, deren Ziel es ist, Virulenzfaktoren je nach Bedarf zur Verfügung zu stellen. 3 Regulationsmechanismen können unterschieden werden:

- **Änderungen der DNA.** Die Nukleotidsequenz von Virulenz-Determinanten wird geändert. Beispiele hierfür sind die weiter oben beschriebene Variabilität des Pilin-Gens der Gonokokken durch intrazelluläre Rekombination oder das An- und Abschalten von Genen bei der Phasenvariation der H-Antigene der Salmonellen durch Inversion einer Kontrollsequenz (s. S. 282).

- **Transkriptionelle Regulation.** Eine Kontrolle von Virulenzdeterminanten über die Transkription läuft im Prinzip genauso ab wie die Regulation von Stoffwechselgenen, nämlich durch **Repression** oder **Aktivierung.**
  - *Einfache Regulation.* Ein gut untersuchtes Beispiel stellt die Kontrolle des Diphtherietoxin-Gens dar. Eine bestimmte Konzentration von Eisen im Zytoplasma aktiviert das Regulatorprotein DtxR = Diphtherietoxin-Regulator). Der entstehende aktive Repressor verhindert durch Bindung an die Promotorregion die Transkription des Toxin-Gens. Auf gleiche Weise kann durch Regulatoren auch die Aktivierung von Virulenzgenen erfolgen.
  - *Komplexe Regulation, Virulenzregulon.* Oft werden mehrere Virulenzgene durch dasselbe Regulatorprotein an- oder abgeschaltet. Die Virulenzdeterminanten sind dabei entweder Bestandteil desselben Operons, oder sie sind an verschiedenen Stellen des Genoms lokalisiert. Wenn mehrere *Vir*-Gene Promotorregionen aufweisen, die auf das gleiche Regulatorprotein ansprechen, bilden diese ein sog. Virulenzregulon.

    Ein gut untersuchtes Beispiel der Regulation eines Virulenzregulons durch Aktivierung von Genen ist das Virulenzregulon von *Bordetella pertussis.* Dieses weist mehr als 20 Virulenzdeterminanten auf, die alle durch dasselbe Regulatorprotein Vir (Syn. BvgA) kontrolliert werden (Abb. 1.**3**).

Regulation bakterieller Virulenz: 2-Komponenten-Regulatorsystem

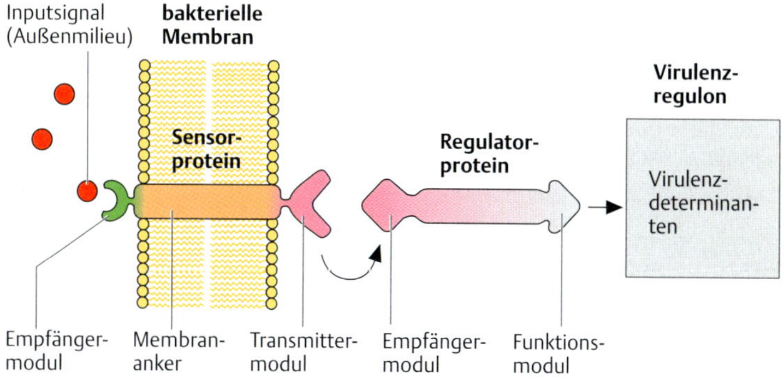

Abb. 1.**3** Ein in der Zytoplasmamembran eingebautes Sensorprotein empfängt durch das nach außen ragende Empfängermodul Signale, wodurch das Transmittermodul aktiviert wird. Die Signale aus dem Außenmilieu können verschiedenster Natur sein: pH-Wert, Temperatur, Osmolarität, Ca^{2+}, CO_2, stationäre Wachstumsphase, Hungerstreß etc. Das Transmittermodul verändert das Empfängermodul des Regulatorproteins, wodurch das Funktionsmodul des Regulators in einen aktiven Zustand versetzt wird und nun durch Bindung an die Promotorregionen verschiedene Virulenzdeterminanten, die in einem Virulenzregulon zusammengefaßt sind, reprimieren oder aktivieren kann. Häufig besteht die Aktivierung der entsprechenden Module von Sensor und Regulator in einer Phosphorylierung.

- **Posttranskriptionelle Regulation.** Bei dieser läuft die Kontrolle entweder über die mRNA oder über eine posttranslationelle Modifikation von Proteinen.

Infektabwehr

Ein Makroorganismus zeigt gegenüber Mikroorganismen Abwehrleistungen, die in der **spezifischen, erworbenen Immunität** und in der **unspezifischen, angeborenen Resistenz** zusammengefaßt werden (s. auch Kap. Immunologie, S. 43ff.)

Mechanismen der unspezifischen Infektabwehr

Tab. 1.**6** führt eine Auswahl der wichtigsten Mechanismen stichwortartig auf.

Tabelle 1.6 Die wichtigsten Mechanismen der unspezifischen Infektabwehr

a	**Mechanische Faktoren**
	anatomischer Aufbau der Haut und der Schleimhäute
	Schleimsekretion und Schleimfluß der Mukosa
	Ziliarbewegung des Flimmerepithels des tiefen Respirationstraktes
	Peristaltik des Darmtraktes
	Harnstrom im Urogenitaltrakt
b	**Humorale Faktoren**
	mikrobizide Wirkung des Säuremantels der Haut, der Milchsäure von Schweißdrüsen, der Salzsäure des Magens, von ungesättigten Fettsäuren der Talgdrüsen
	Lysozym im Speichel und in Tränenflüssigkeit; Spaltung von Murein der Bakterien
	Komplement (alternative Aktivierung)
	Akutphase-Proteine: C-reaktives Protein, Haptoglobin, Serumamyloid A, Fibrinogen, Transferrin (eisenbindendes Protein)
	Fibronektin (unspezifisches Opsonin); antivirales Interferon
	Mannose-Bindungsprotein: bindet an Mannose auf der Bakterienoberfläche; dadurch Änderung der Konfiguration und als Folge alternative Aktivierung von Komplement
c	**Zelluläre Faktoren**
	Normalflora von Haut und Schleimhäuten
	natürliche Killerzellen (große granulierte Lymphozyten; 0-Zellen)
	professionelle Phagozyten: Mikrophagen (neutrophile und eosinophile Granulozyten); mononukleäre Phagozyten (Makrophagen, Monozyten, etc.)

- **Abwehrdispositiv I.** Vor allem mechanische, aber auch einige humorale und zelluläre Faktoren bilden die erste Verteidigungslinie, mit der der Wirtsorganismus versucht, Mikroorganismen an der Kolonisierung von Haut und Schleimhäuten und der folgenden Invasion zu hindern.

- **Abwehrdispositiv II.** Die 2. Verteidigungslinie umfaßt humorale und zelluläre Faktoren der Abwehr im Blut und in den Geweben. Dabei kommt der Phagozytose durch professionelle Phagozyten die größte Bedeutung zu.

Phagozytose. Die „professionelle" Phagozytose wird durch die polymorphkernigen, neutrophilen und eosinophilen Granulozyten, die auch als Mikrophagen bezeichnet werden, sowie durch die mononukleären Phagozyten (Makrophagen) bewerkstelligt. Letztere haben auch noch wichtige Aufgaben bei der Antigenpräsentation (s. S. 62ff.).

Die Gesamtheit der Mikrophagen eines Erwachsenen beträgt ungefähr $2{,}5 \times 10^{12}$. Nur 5% davon befinden sich im Blut. Sie weisen eine Halbwertszeit von nur wenigen Stunden auf. Mikrophagen enthalten primäre und sekundäre Granula. Die ersteren sind die Lysosomen, in denen lysosomale Enzyme und kationische Peptide vorkommen. Mikro- und Makrophagen sind amöboid beweglich und zur chemotaktischen Wanderung fähig. Darunter versteht man die gerichtete Bewegung entlang eines Konzentrationsgradienten auf die Quelle chemotaktischer Substanzen hin. Diese Substanzen sind vor allem die Komplementkomponenten C3a und C5a. Weiterhin können Sekretionsprodukte von Lymphozyten oder Produkte von infizierten und geschädigten Zellen sowie die nur bei den Bakterien vorkommenden Formylpeptide (F-met-phe und F-met-leu-phe) chemotaktisch wirken.

Phagozytose von Bakterien

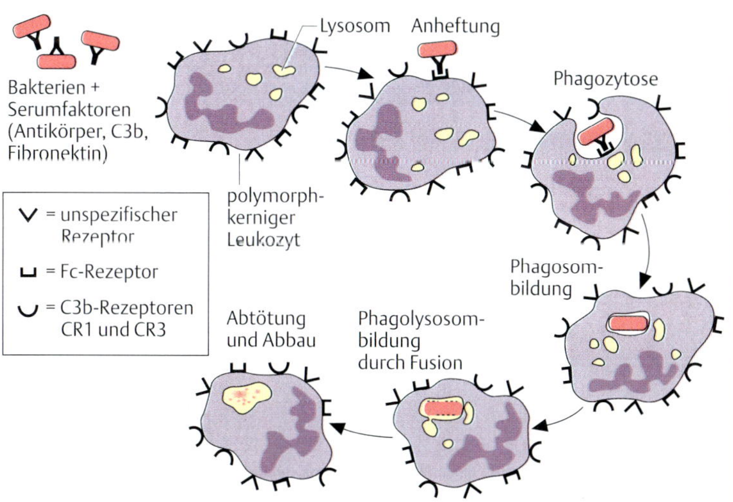

Abb. 1.4 Bekapselte Bakterien können nur dann wirksam phagozytiert werden, wenn auf ihrer Oberfläche Antikörper der Klasse IgG (= Fc-Ligand) oder die Komplementkomponente C3b oder beide lokalisiert sind. Die Fc- und C3b-Liganden passen zu entsprechenden Rezeptoren auf der Oberfläche der Phagozyten.

Phagozyten sind zur Aufnahme partikulärer Substanzen (Phagozytose) und gelöster Stoffe (Pinozytose) befähigt. Der Kontakt kommt über Rezeptoren auf der Membran der Phagozyten zustande (Abb. 1.**4**). Sobald Partikel an der Membran haften, werden sie durch Umfließen ins Innere aufgenommen und finden sich im Zytoplasma in einer von einer Membran umgebenden Vakuole, dem sog. Phagosom. Dieses fusioniert mit Lysosomen zum Phagolysosom. Die Abtötung der Bakterien erfolgt durch das Zusammenwirken verschiedener Faktoren der Lysosomen:

- *Sauerstoffunabhängige Mechanismen.* Niedriger pH-Wert; saure Hydrolasen; Lysozym; Proteasen; Defensine (kleine, kationische Peptide).
- *Sauerstoffabhängige Mechanismen.* Halogenisierung essentieller bakterieller Komponenten durch das H_2O_2-Myeloperoxidase-Halogen-System; Bildung hochreaktiver O_2-Radikale (= oxidative burst) wie Superoxid-Anion (O_2^-), Hydroxylradikal ($^{\bullet}OH$), „singlet oxygen" ($^1O_2$).

Mechanismen der spezifischen Infektabwehr

Die spezifische Immunität beruht auf Antikörpern und spezifisch reagiblen T-Lymphozyten. Sie wird im Laufe der Stimulierung des Immunsystems durch entsprechende mikrobielle Antigene erworben. Die humorale Immunität beruht auf Antitoxinen, Opsoninen, mikrobiziden Antikörpern, neutralisierenden Antikörpern usw. Die zelluläre Immunität beruht auf zytotoxischen T-Lymphozyten. Zu den Grundlagen der spezifischen Immunität s. Kap. 2.

Defekte der Infektabwehr

Störungen der spezifischen und unspezifischen Infektabwehr prädisponieren für Infektionen.

- **Primäre Defekte.** Angeborene Defekte des Komplement- und Phagozytosesystems oder B- und T-Lymphozyten-Defekte sind selten.

- **Sekundäre Defekte.** Sie sind erworben und häufig. Beispiele sind: Unterernährung; hohes und niedriges Alter; Stoffwechselstörungen (Diabetes, Alkoholismus); Autoimmunkrankheiten; Malignome (vor allem Lymphome und Leukämien); Infektionen des Immunsystems (HIV); schwere Grundleiden parenchymatöser Organe; Verletzungen der Haut oder Schleimhaut; immunsuppressive Therapie mit Corticosteroiden, Zytostatika und Immunsuppressiva; Radiotherapie.

Die Fortschritte der modernen Medizin haben dazu geführt, daß vermehrt Patienten mit sekundären Defekten der Abwehr in den Krankenhäusern behandelt werden. Diese sog. Problempatienten werden häufig durch opportunistische, für den Abwehrkompetenten eigentlich harmlose Bakterien infiziert. Die Erreger sind häufig gegen zahlreiche Antibiotika resistent, so daß eine Antibiotikatherapie von Infekten bei *Problempatienten*, verursacht durch *Problembakterien*, schwierig sein kann.

Normalflora

Kommensalen (s. Tab. 1.**3**, S. 9) werden in bestimmten Mikrobiotopen des Menschen regelmäßig angetroffen. Die Gesamtheit dieser Kommensalen stellt die normale Mikroflora dar. In Tab. 1.**7** sind die wichtigsten Mikroorganismen der Normalflora verschiedener Standorte aufgeführt.

Tabelle 1.**7** Mikrobielle Normalflora des Menschen

Mikroorganismen	**Mikrobiotope**				
	Haut	**Mundhöhle**	**Darm**	**Oberer Respirationstrakt**	**Genitaltrakt**
Staphylokokken	+++	+	+	++	++
Enterokokken			++		+
α-hämolytische Streptokokken	+	+++	+	+	+
Anaerobe Kokken		+	+		+
Pneumokokken		+		+	
Apathogene Neisserien		+		+	+
Apathogene Korynebakterien	++	+	+	+	+
Aerobe Sporenbildner	(+)				
Klostridien			+++		(+)
Aktinomyzeten		+++			+
Apathogene Mykobakterien	(+)			+	+
Enterobacteriaceae	(+)	(+)	+++	(+)	+
Pseudomonas			+		
Haemophilus		+		++	(+)
Bacteroidaceae		+++	+++	+++	+++
Spirochäten		++		+	(+)
Mykoplasmen		++	+	+	++
Pilze (Hefen)	++	+	+	+	+
Entamoeba, Giardia, Trichomonas			+		+

+++ = zahlreich, ++ = häufig, + = mäßig, (+) = gelegentlich

Am häufigsten werden Bakterien als Bestandteile der Normalflora angetroffen. Sie kommen in bunter Vielfalt vor allem auf den Schleimhäuten vor, am häufigsten im Gastrointestinaltrakt, in dem bisher mehr als 400 verschiedene Arten gefunden wurden. Im Duodenum kommen $10^1 - 10^5$, im Dünndarm $10^3 - 10^7$, im Dickdarm sogar $10^{10} - 10^{12}$ Bakterien pro Gramm Darminhalt vor. Über 99 % der Normalflora von Schleimhäuten besteht aus obligaten Anaerobiern, unter denen die der Familie *Bacteroidaceae* überwiegen. Obwohl ein Leben ohne Normalflora möglich ist (s. keimfreie Versuchstiere), die Keime der Normalflora also keine Symbionten im engeren Sinne sind, haben die Kommensalen für den Wirt doch auch positive Bedeutung. Zu nennen ist die kontinuierliche **Stimulation des Immunsystems** durch Keime der Normalflora, die über Mikrotraumen in den Wirt eindringen, sowie ihre Funktion als „Platzhalter". Diese Funktion wird auch als **Kolonisationsresistenz** bezeichnet. Die negative Wirkung der Normalflora besteht darin, daß sie in abwehrschwachen Patienten Infektionen verursachen kann.

Allgemeine Epidemiologie

Im Rahmen der medizinischen Mikrobiologie umfaßt die Epidemiologie die Lehre vom Auftreten, den Ursachen und der Verhütung der Infektionskrankheiten in der Bevölkerung. Infektionskrankheiten können in Abhängigkeit von Ort und Zeit sporadisch, epidemisch/pandemisch oder endemisch auftreten. Ihre Häufigkeit wird durch die Morbiditätsbegriffe Inzidenz und Prävalenz, die Sterblichkeit durch den Begriff Mortalität charakterisiert. Die Letalität ist ein Maß für die Gefährlichkeit einer Infektionskrankheit. Die wichtigsten Infektionsquellen sind die Erkrankten, die Ausscheider sowie die Keimträger. Von diesen Quellen können die Erreger direkt oder indirekt durch leblose Gegenstände oder durch Überträger auf Anfällige transferiert werden. Die Bekämpfung von Infektionskrankheiten in Bevölkerungskollektiven muß durch eine wirksame Gesetzgebung, die vor allem die Meldepflicht regelt, abgesichert sein. Die Kontrolle umfaßt expositionsprophylaktische Maßnahmen, wie Isolierung, Quarantäne, Desinfektion, Sterilisation oder Anwendung von Insektiziden, sowie die Dispositionsprophylaxe, zu der die aktive und passive Immunisierung und die Chemoprophylaxe zählen.

Begriffe der Epidemiologie

Die Epidemiologie befaßt sich mit der Untersuchung der Verteilung von Krankheiten, physiologischen Variablen und sozialen Krankheitsfolgen in menschlichen Bevölkerungsgruppen sowie mit den Faktoren, die diese Verteilung beeinflussen (WHO-Definition). Epidemiologie beschäftigt sich demnach mit gruppenmedizinischen Problemen. Für die Infektionskrankheiten gilt, daß sie sich in Abhängigkeit von der Pathogenität und Virulenz des Erregers, von Empfänglichkeit und Anfälligkeit der bedrohten Population einer Wirtsspezies sowie in Abhängigkeit von der Umwelt in charakteristischer Weise ausbreiten. In Tab. 1.**8** sind die wichtigsten epidemiologischen Begriffe kurz definiert.

Tabelle 1.**8** Epidemiologische Begriffe

Begriff	Erklärung
sporadisches Auftreten	vereinzeltes Auftreten einer Infektionskrankheit ohne zeitlichen und räumlichen Zusammenhang
endemisches Vorkommen	Vorkommen von Infektionskrankheiten in Bevölkerungskollektiven ohne zeitliche Begrenzung
Epidemie	örtlich und zeitlich gehäuftes Auftreten einer Infektionskrankheit
Tardivepidemie	zunehmende Zahl von Erkrankungsfällen über einen größeren Zeitraum hinweg
Explosivepidemie	plötzliches Auftreten zahlreicher Fälle
Pandemie	zeitlich gehäuftes Auftreten einer Infektionskrankheit ohne örtliche Begrenzung
Morbidität	Zahl der Erkrankten pro Bevölkerungskollektiv (z. B. 1000, 10 000, 100 000)
Inzidenz	Zahl der Neuerkrankungen pro Zeitperiode
Prävalenz	Zahl der Erkrankten zu einem bestimmten Zeitpunkt (Stichtag)
Mortalität	Zahl der an einer Krankheit Verstorbenen, bezogen auf ein Bevölkerungskollektiv
Letalität	Zahl der an einer Krankheit Verstorbenen, bezogen auf die Erkrankten
Manifestationsindex	Zahl Erkrankter pro Anzahl Infizierter
Inkubationszeit	Zeit von Infektion bis zum Auftreten erster Krankheitssymptome
Präpatenz	Zeit zwischen Infektion und dem Auftreten der ersten Geschlechtsprodukte eines Parasiten (z. B. der Wurmeier beim Vorliegen einer Helminthose)

Übertragung, Infektionsquellen

Übertragung

Erreger können von einer Infektionsquelle durch direkten Kontakt oder indirekt übertragen werden. In Tab. 1.**9** sind die Möglichkeiten bei der direkten und indirekten Übertragung aufgeführt.

Tabelle 1.**9** Übertragungsarten pathogener Mikroorganismen

Direkte Übertragung	Indirekte Übertragung
Fäkal-orale Übertragung (Schmierinfektion)	Übertragung durch Lebensmittel
Aerogene Übertragung (Tröpfcheninfektion)	Übertragung durch Trinkwasser
Genitale Übertragung (beim Geschlechtsverkehr)	Übertragung durch verschiedene, leblose, kontaminierte Gegenstände oder Flüssigkeiten
Übertragung über die Haut (selten)	Übertragung mit Vektoren (Arthropoden)
Diaplazentare Übertragung (während Gravidität)	Übertragung durch den Mensch (z. B. durch die Hände von Medizinalpersonal im Krankenhaus)
Perinatale Übertragung (während Geburt)	

Wenn ein Erreger von Mensch zu Mensch übertragen wird, liegt eine **homologe Infektkette** vor. Derartige Infektionskrankheiten werden als **Anthroponosen** bezeichnet. Wenn ein Erreger vom Wirbeltier auf den Menschen (gelegentlich auch umgekehrt) übertragen wird, liegt eine **heterologe Infektkette** vor. Diese Infektionen werden als **Zoonosen** (WHO-Definition) bezeichnet (Tab. 1.**10**).

Tabelle 1.**10** Beispiele von Zoonosen, verursacht durch Viren, Bakterien, Protozoen, Helminthen und Arthropoden

Zoonose	Erreger	Reservoirwirte	Übertragung
Virale Zoonosen			
Tollwut (Rabies)	Rhabdovirus	zahlreiche Tierarten	Biß erkrankter Tiere
Frühsommer-Meningoenzephalitis (FSME)	Flavivirus	wildlebende Tiere	Schildzecken

Tabelle 1.10 *Fortsetzung: Beispiele von Zoonosen*

Zoonose	Erreger	Reservoirwirte	Übertragung
Bakterielle Zoonosen			
Brucellose	*Brucella species*	Rind, Schwein, Ziege, Schaf, (Hund)	Kontakt mit Geweben oder Sekreten erkrankter Tiere; Milch und Milchprodukte
Lyme-Borreliose	*Borrelia burgdorferi*	wildlebende Nager; Rotwild; Rehwild	Schildzecken
Pest	*Yersinia pestis*	Nagetiere	Kontakt mit erkrankten Tieren; Biß des Rattenflohs
Q-Fieber	*Coxiella burnetii*	Schaf, Ziege, Rind	Staub; evtl. Milch oder Milchprodukte
enteritische Salmonellose	*Salmonella enterica* (enteritische Serovare)	Schwein, Rind, Geflügel	Fleisch, Milch, Eier
Zoonosen durch Protozoen			
Toxoplasmose	*Toxoplasma gondii*	Hauskatze, Schaf, Schwein, weitere Schlachttiere	postnatale Toxoplasmose: oral; pränatale Toxoplasmose: diaplazentar
Kryptosporidiose	*Cryptosporidium parvum*	Rind (Kalb), Haustiere	orale Aufnahme von Oozysten
Zoonosen durch Helminthen			
Echinokokkose	*Echinococcus granulosus* *Echinococcus multilocularis*	Hund, Wildkaniden Fuchs	orale Aufnahme der Eier
Taeniose	*Taenia saginata* *Taenia solium* *Taenia asiatica*	Rind, Büffel Schwein Schwein, Rind, Ziege	orale Aufnahme der Eier
Zoonosen durch Arthropoden			
Pseudoskabies	*Sarcoptes species*; Milbenarten von Haustieren	Hund, Katze, Meerschweinchen, Hauswiederkäuer, Schwein	Kontakt mit erkrankten Tieren

Weitere Zoonosen

(Einzelheiten s. in den entsprechenden Kapiteln)

Virale Zoonosen	Hanta- und andere Bunyavirus-Infektionen; Infektionen durch Alpha-, Flavi- und Arenaviren.
Bakterielle Zoonosen	Ehrlichiose; Erysipeloid; Kampylobakteriose; Katzen-Kratz-Krankheit; Leptospirose; Milzbrand (Anthrax); Ornithose; Pasteurellose; Pseudotuberkulose; Rattenbiß-Fieber; Rickettsiosen (verschiedene); Rückfallfieber-Borreliosen; Tularämie; *Vibrio parahaemolyticus*-Gastroenteritis; *Yersinia enterocolitica*-Gastroenteritis.
Zoonosen durch Protozoen	Afrikanische Trypanosomose (Schlafkrankheit); Amerikanische Trypanosomose (Chagas-Krankheit); Babesiose; Balantidiose; Cryptosporidiose; Giardose; Leishmaniose; Microsporidiose; Pneumozystiose; Sarkozystiose; Toxoplasmose.
Zoonosen durch Helminthen	Clonorchiose; Dikrozöliose; Diphyllobothriose; Echinokokkose; Fasciolose; Hymenolepiose; Larva migrans interna; Opisthorchiose; Paragonimose; Schistosomose (Bilharziose); Taeniose; Toxokarose; Trichinellose; Zerkariendermatitis, Zystizerkose.
Zoonosen durch Arthropoden	Flohbefall; Larva migrans externa; Milbenbefall; Sandflohbefall.

Infektionsquellen

Jede Infektion geht von einer Infektionsquelle aus (Tab. 1.**11**). Als **primäre Quelle** wird der Ort bezeichnet, an dem sich der Erreger aufhält und vermehrt. **Sekundäre Quellen** sind leblose Gegenstände oder Materialien und auch Drittpersonen, die bei der indirekten Übertragung von der primären Quelle auf Anfällige eine Rolle spielen.

Tabelle 1.**11** Primäre Infektionsquellen

Infektionsquelle	Erklärung
Kranker	wichtigste Quelle; in der Regel werden die Erreger durch das gleiche Organsystem ausgeschieden, durch das sie aufgenommen wurden; Ausnahmen existieren
Inkubationsausscheider	Ausscheidung während der Inkubationszeit; typisch für viele Viruskrankheiten

Tabelle 1.11 *Fortsetzung: Primäre Infektionsquellen*

Infektionsquelle	Erklärung
Rekonvaleszenz-ausscheider	Ausscheidung nach Überstehen der Krankheit; typisch für enteritische Salmonellosen
Dauerausscheider	Ausscheidung noch 3 oder mehr als 3 Monate (evtl. Jahre) nach Überstehen der Krankheit; typisch für typhöse Salmonellosen
Keimträger	tragen pathogene Keime auf Haut oder Schleimhäuten mit sich herum, ohne „infiziert" zu werden
Tiere	kranke oder gesunde Tiere, die pathogene Erreger ausscheiden
Umwelt	Erdboden, Pflanzen, Wasser; primäre Quelle von Mikroorganismen, deren natürlicher Lebensraum die genannten Biotope sind

Bekämpfung der Infektionskrankheiten

Gesetzliche Bestimmungen

Die Bekämpfung von Infektionskrankheiten und ihre Verhütung haben zum Teil große Eingriffe in die Privatsphäre des Einzelnen und wirtschaftliche Konsequenzen zur Folge. Deshalb müssen sie durch eine wirksame *Seuchengesetzgebung* abgesichert sein. Diese ist im Prinzip von Land zu Land gleich, kann aber im Detail variieren.

Im Zentrum der Gesetzgebung steht das *Meldewesen*. Im Prinzip erfolgen die Meldungen von der Peripherie her zentralwärts. Aufgetretene Infektionskrankheiten, aber auch Laborbefunde werden – nach Dringlichkeitskategorien – in gesundheitliche Landeszentren und, bei bestimmten Infektionskrankheiten, von dort der WHO gemeldet, so daß in kurzer Zeit eine globale Übersicht besteht. Diese Übersicht wird den Fachleuten in umgekehrter Richtung laufend mitgeteilt.

Die eigentliche Bekämpfung einer Epidemie zielt auf Unterbrechung der Infektkette ab, umfaßt also prophylaktische Maßnahmen.

Expositionsprophylaxe

Zur Expositionsprophylaxe gehört in erster Linie die *Isolierung* der Infektquelle, vor allem also des Kranken, soweit das je nach Infektionskrankheiten notwendig ist. Unter *Quarantäne* versteht man eine besondere Form der Isolierung von gesunden Kontaktpersonen ersten Grades. Hierbei handelt es sich um Personen, die mit einer Quelle in Kontakt gekommen sind. Die Quarantäne entspricht zeitlich der Inkubationszeit der betreffenden Infektionskrankheit. Als internationale *Quarantänekrankheiten* gelten Pest, Cholera, Gelbfieber und Pocken (International Health Regulations 1974).

Zu den expositionsprophylaktischen Maßnahmen zählen weiter *Desinfektion* und *Sterilisation* von Ausscheidungen und kontaminierten Gegenständen, Anwendung von Insektiziden und Pestiziden sowie Ausrottung tierischer Seuchenträger.

Dispositionsprophylaxe

Aktive Immunisierung. Bei der aktiven Immunisierung wird durch Verabfolgung von Impfstoffen (Vakzinen) das Immunsystem spezifisch zur Ausbildung einer Immunität angeregt. In Tab. 1.**12** sind die Gruppen von Impfstoffen aufgeführt, die zur aktiven Immunisierung eingesetzt werden. Tab. 1.**13** zeigt einen Impfkalender für Kinder und Jugendliche, der auf den Empfehlungen der ständigen Impfkommission (STIKO) in Deutschland beruht. Tab. 1.**14** faßt die Empfehlungen der STIKO für Auffrisch- und Nachholimpfungen sowie Impfungen bei spezieller Indikation zusammen. Die Impfkalender in Österreich und der Schweiz weichen nur in Details von diesen Vorschlägen ab. Spezielle Anmerkungen zu den Impfungen, wie Impfungen während der Gravidität oder bei Vorliegen von Grundkrankheiten, oder Vorschläge über die gleichzeitige Applikation verschiedener Impfstoffe usw. müssen in den Impfempfehlungen der jeweiligen Bundesgesundheitsministerien nachgelesen werden. Jede Impfung ist freiwillig; eine Impfpflicht existiert in keinem der Länder.

Passive Immunisierung. Bei dieser wird ein in einem anderen Wirt hergestellter Antikörper übertragen. Meist werden homologe, d. h. vom Menschen stammende Hyperimmunseren (von Rekonvaleszenten oder mehrfach geimpften Personen gewonnen) eingesetzt. Eine passiv erworbene Immunität ist zeitlich auf Wochen bis höchstens Monate beschränkt.

Chemoprophylaxe. Die prophylaktische Gabe von antiinfektiven Pharmaka bietet nur so lange Schutz, wie eine ausreichende Konzentration im Organismus vorhanden ist.

Tabelle 1.**12** Gruppen von Impfstoffen für die aktive Immunisierung

Impfstoffgruppe	Bemerkungen
abgetötete Erreger	Impfschutz oft nicht optimal. Mehrere Applikationen der Vakzine notwendig
lebende, in ihrer Virulenz abgeschwächte (attenuierte) Erreger	optimaler Impfschutz. Oft reicht einmalige Applikation aus, da eine Vermehrung der MO in der geimpften Person stattfindet und dadurch das Immunsystem optimal stimuliert wird. Anwendung bei Immunkompromittierten und in der Schwangerschaft (Ausnahmen) vermeiden
gereinigte mikrobielle Immunantigene	
– Proteine	häufig Rekombinanten-Antigene, d. h. gentechnologisch hergestellte Proteine. Bekanntestes Beispiel: Hepatitis-B-surface-(HBs)-Antigen
– Polysaccharide	chemisch gereinigte Kapselpolysaccharide von Pneumokokken, Meningokokken und *Haemophilus influenzae* Serotyp „b“ Problem: Es handelt sich um *T-Zell-unabhängige Antigene,* die erst bei Kindern älter als 2 Jahre die Antikörperproduktion stimulieren
– Konjugatimpfstoffe	Kopplung von Polysaccharid-Epitopen von Bakterienkapseln an Proteine, z. B. an Tetanustoxoid, Diphtherietoxoid, oder an Proteine der äußeren Membran von Meningokokken. Mit Konjugatimpfstoffen können auch Kinder unter 2 Jahren (ab 2 Monaten) gegen Polysaccharid-Epitope immunisiert werden
Toxoide	durch Formaldehydbehandlung entgiftete bakterielle Toxine, die aber noch als Immunogene funktionieren
Experimentelle Impfstoffe	Anti-Idiotyp-spezifische monoklonale Antikörper Vaccinia-Viren als Träger von Fremdgenen, die für Immunantigene kodieren DNA-Vaccine. Gereinigte DNA, die für virale Antigene (Proteine) kodiert und die in Plasmid-DNA oder in nicht replizierende virale Vektor-DNA integriert ist. Der Vektor muß genetische Elemente aufweisen, die die Expression des Inserts in Zellen verschiedener Gewebe (Epidermis, Muskelzelle) ermöglichen, z. B. einen transkriptionellen Promotor und RNA-prozessierende Elemente

Tabelle 1.**13** Impfkalender für Säuglinge, Kinder und Jugendliche (1997)

Alter (ungefähr)*	**Impfung**	**Bemerkungen**
Ab 3. Monat (Beginn)	1. DTaP-Hib	Kombinationsvakzine aus **D**iphtherietoxoid/**T**etanustoxoid/**P**ertussistoxoide (= **a**zelluläre Vakzine)–*Haemophilus* ***i****nfluenzae* Serotyp **b.** Die azelluläre Pertussisvakzine zeigt weniger Nebenwirkungen und vermittelt einen besseren Impfschutz als die alte Ganzkeimvakzine. Bei Hib handelt es sich um den Konjugatimpfstoff. DTP und Hib können auch getrennt appliziert werden
	1. HB_s	**H**epatitis-**B**-**s**urface-Antigen (Rekombinantenprotein)
	1. OPV	trivalente, attenuierte **o**rale **P**oliomyelitis-Lebend**v**akzine
Ab 4. Monat (Beginn)	2. DTaP-Hib	
Ab 5. Monat (Beginn)	3. DTaP-Hib	
	2. HB_S	
	2. OPV	
Ab 12. – 15. Monat	4. DTaP-Hib	
	3. HB_s	
	3. OPV	
	1. MMR	trivalente, attenuierte **M**asern/**M**umps/**R**öteln-Vakzine. Knaben und Mädchen
Ab 6. Jahr (Beginn)	1. Td	1. Auffrischimpfung mit bivalenter Vakzine aus **T**etanustoxoid/**D**iphtherietoxoid. d = Diphtherietoxoid mit verringerter Dosis (5 IE)
	2. MMR	
11. – 15. Jahr	2. Td	2. Auffrischimpfung
	R	**R**ötelnvakzine; alle Mädchen, auch wenn bereits geimpft
	4. OPV	
	HB_s	für ungeimpfte Jugendliche

* Notwendige Abweichungen von den Terminen sind möglich. Ziel muß es sein, unter Beachtung der Mindestabstände zwischen den Impfungen möglichst frühzeitig einen Impfschutz zu erreichen.

Tabelle 1.**14** Indikationsimpfungen (1997)

Impfung	**Impfstoff**	**Bemerkungen**
Cholera	abgetötete Cholerabakterien	2 Injektionen im Abstand von 1 – 4 Wochen; bei Reisen in Epidemiegebieten; nur mäßiger Impfschutz
Diphtherie	Erwachsenendosis des Toxoids, evtl. mit Tetanustoxoid kombiniert (= Td)	Auffrischimpfung alle 10 Jahre; bei Reisen in Epidemiegebieten
FSME	abgetötete Viren der Frühsommer-Meningoenzephalitis	2 Impfungen im Abstand von 1 – 3 Monaten; 3. Impfung 9 – 12 Monate nach der 2. Expositionell gefährdete Personen. Booster nach 3 – 5 Jahren
Gelbfieber	attenuierte Gelbfieberviren	einmalige Impfung bei Reisen in Endemiegebiete
Hepatitis A	inaktivierte Hepatitis-A-Viren (Kombinationsimpfstoff Hepatitis A und B erhältlich)	2 Impfungen im Abstand von 4 Wochen; 3. Impfung 6 – 12 Monate nach der 2.; bei Risikopersonen sowie bei Reisen in Länder mit hoher Durchseuchung
Hepatitis B	HB_s (Oberflächenprotein der HB-Viren)	bei erhöhtem Risiko; Grundimmunisierung, wenn nicht schon geimpft; Auffrischimpfung bei niedrigem Antikörpertiter
Influenza	inaktivierte Influenzaviren. Zusammensetzung des Impfstoffs aufgrund der aktuellen, von der WHO empfohlenen Antigenkombination	bei erhöhtem Risiko jährlich; bei Pandemie durch neuen Subtyp größere Bevölkerungskreise
Meningokokken	Kapselpolysaccharide	gefährdete Personen, z. B. Entwicklungshelfer in Epidemiegebieten (Meningitisgürtel in Afrika)
Pneumokokken	Kapselpolysaccharidvakzine der 23 häufigsten Serovare	Personen mit erhöhtem Risiko; Kinder erst ab 2. Lebensjahr
Polio	trivalente, orale attenuierte Vakzine	bei Reisen oder wenn letzte Impfung mehr als 10 Jahre zurück

Tabelle 1.**14** *Fortsetzung: Indikationsimpfungen (1997)*

Impfung	Impfstoff	Bemerkungen
Tetanus	Tetanustoxoid oder Td	Letzte Impfung mehr als 10 Jahre zurück; Kombinationsimpfung Td empfohlen
Tollwut	abgetötete Tollwutviren	präexpositionell bei speziellem Risiko; postexpositionell bei Kontakt (Biß) mit erkrankten Tieren
Tuberkulose	BCG (attenuierter Lebendimpfstoff)	Tuberkulin-negative Risikopersonen
Typhus abdominalis	attenuierte orale Bakterien (Typhoral) oder gereinigtes Virulenzantigen Vi (Typhim Vi)	bei Reisen in Endemiegebiete
Varizellen	attenuierter Lebendimpfstoff (VZ-Viren)	Risikokinder; Personal ohne Varizellen-Anamnese im Gesundheitsdienst und in Kinderbetreuenden Institutionen

Grundlagen der Sterilisation und Desinfektion

Unter Sterilisation versteht man die Abtötung oder Abtrennung aller Mikroorganismen und Viren, die sich in oder an einem Gegenstand oder Produkt befinden. Desinfektion bedeutet, einen Gegenstand, die Hände oder die Haut frei von Krankheitserregern zu machen. Die Asepsis umfaßt alle Maßnahmen, die eine Kontamination von Gegenständen oder Wunden verhindern. Zur antimikrobiellen Behandlung werden physikalische und chemische Mittel eingesetzt. Die Abtötung von Mikroorganismen durch diese Noxen erfolgt exponentiell. Ein Maß für die Wirksamkeit der Abtötung ist der D-Wert, der die Zeit für die Reduktion der Keimzahl um 90 % angibt. Mittel der Wahl zur Sterilisation sind heiße Luft (180 °C, 30 min; 160 °C, 180 min) oder gesättigter Wasserdampf (121 °C, 15 min, $2{,}02 \times 10^5$ Pa; 134 °C, 3 min, $3{,}03 \times 10^5$ Pa). Zur Strahlensterilisation werden Gammastrahlen oder energiereiche Elektronen verwendet. Die empfohlene Dosis beträgt $2{,}5 \times 10^4$ Gy.

Zur Desinfektion werden vorwiegend chemische Mittel eingesetzt. Die wichtigsten Desinfektionsmittel sind die Aldehyde (Formaldehyd), die Alkohole, die Phenole, die Halogene (J, Cl) und die oberflächenaktiven Substanzen (Detergentien).

Begriffe, Allgemeines

Begriffe

Unter **Sterilisation** versteht man die Abtötung sämtlicher Mikroorganismen und Viren oder ihre vollständige Abtrennung aus einem Material mit an Sicherheit grenzender Wahrscheinlichkeit.

Als **steril** gilt ein Gegenstand, der einem Sterilisationsverfahren unterworfen und anschließend kontaminationssicher verpackt wurde.

Abtötung der Prione und Archaea

Bei den in der Medizin üblichen Sterilisationsverfahren (s. weiter unten) werden die medizinisch bedeutsamen Mikroorganismen wie die Bakterien, Protozoen und Pilze, die Viren und die Helminthen einschließlich der Wurmeier sicher irreversibel geschädigt. Für die Inaktivierung der Prione jedoch sind weit extremere Verfahren notwendig. Zum Beispiel wird für ihre Inaktivierung eine Autoklavenbehandlung von 4,5 h bei 121 °C oder von 30 min bei 134 °C empfohlen. Weiterhin hat man in den letzten Jahren spezielle Formen hyperthermophiler Archaea (s. S. 5) kennengelernt, die Temperaturen von 100 °C und mehr zum Wachstum bevorzugen, und die eine Behandlung mit 121 °C im Autoklaven während 1 h tolerieren. Derartige extreme Formen des Lebens und auch die Prione sind in den Definitionen „Sterilisation" und „steril" nicht berücksichtigt.

Unter **Desinfektion** versteht man die gezielte antimikrobielle Behandlung mit dem Zweck, die Übertragung bestimmter Mikroorganismen zu verhindern. Man will durch Desinfektion erreichen, daß ein Gegenstand nicht mehr infizieren kann.

Im Begriff **Konservierung** werden alle Maßnahmen zur Verhütung eines mikrobiell verursachten Verderbens bei anfälligen Produkten (Pharmazeutika, Lebensmittel) zusammengefaßt.

Als **Dekontamination** bezeichnet man die Entfernung oder die Reduktion der Zahl von Mikroorganismen, die einen Gegenstand kontaminieren.

Unter **Asepsis** faßt man Maßnahmen zusammen, die verhindern sollen, daß Materialien oder Wunden mikrobiell kontaminiert werden.

Antisepsis bedeutet die Bekämpfung von Erregern in oder auf lebendem Gewebe, z. B. in einer Wunde, mit chemischen Mitteln.

Kinetik der Keimtötung

Die Abtötung von Mikroorganismen durch chemische oder physikalische Noxen verläuft als Reaktion erster Ordnung. Das heißt, daß kein Verfahren der Keimtötung alle Mikroorganismen einer Population schlagartig abtötet. Trägt man den Abtötungsgrad in Beziehung zur Einwirkung einer Noxe in

Absterbekinetik

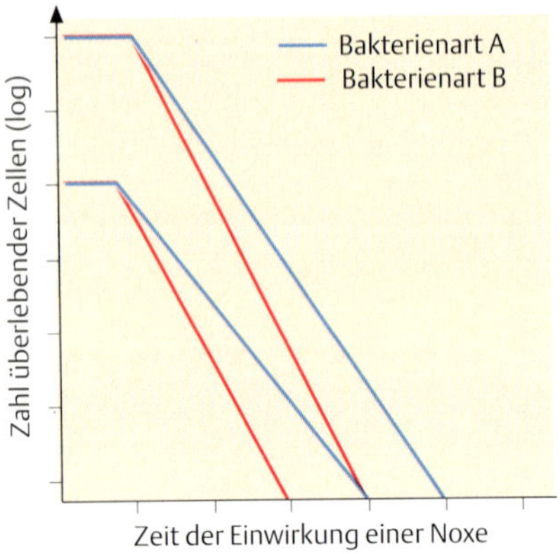

Abb. 1.**5** Die Absterberate kann von Bakterienart zu Bakterienart unterschiedlich sein. Je höher die Ausgangskonzentration einer Bakterienkultur ist, desto länger muß eine Noxe einwirken, um den gleichen Effekt zu erreichen.

ein halblogarithmisches Koordinatensystem ein, dann resultiert eine Gerade (Abb. 1.**5**).

Ausnahmen von dieser exponentiellen Abtötung sind sigmoidale oder asymptotische Abtötungskurven. Die Steilheit der Abtötungsgeraden ist von der Empfindlichkeit der Mikroorganismen gegenüber der Noxe und von ihrer Wirksamkeit abhängig. Mit Hitze wird eine sehr steile, mit ionisierenden Strahlen oder chemischen Desinfektionsmitteln eine flachere Gerade erzielt. Da die Zahl der Mikroorganismen, die ein Produkt kontaminieren (= *bioload, bioburden*), ebenfalls eine Rolle spielt, muß eine Noxe bei hohen Kennzahlen länger einwirken als bei niederen, um die gleiche Wirkung zu erzielen.

Bei den Standardverfahren zur Sterilisation begnügt man sich nicht damit, daß alle Mikroorganismen im Sterilisiergut abgetötet wurden, sondern erwartet darüber hinaus als Risikoabsicherung, daß theoretisch die Zahl lebender Keime pro sterilisierter Einheit gleich oder kleiner 10^{-6} ist.

Ein bequemer Index für die Wirksamkeit der Abtötung ist der D-Wert (dezimale Abtötungszeit), der die Zeit angibt, die zur Reduktion der Keimzahl um den Faktor 10 (= 90 % Abtötung) notwendig ist.

Bei chemischen Mitteln spielt die Konzentration (*c*) für die Abtötungskinetik eine große Rolle. Die Beziehung zwischen Zeit der Einwirkung (t) und c wird durch den *Verdünnungskoeffizienten (n)* charakterisiert. Es gilt die Beziehung $t \cdot c^n$ = konstant. Der Koeffizient *n* ist für jedes Mittel charakteristisch. Für Phenol beträgt er 5, d. h., bei einer Reduktion von *c* um die Hälfte muß die Zeit um das 32fache ansteigen, damit der gleiche Effekt erzielt wird.

Der *Temperaturkoeffizient* bestimmt den Einfluß der Temperatur auf die Wirkung chemischer Mittel. Mit steigender Temperatur nimmt die Wirkung zu, d. h. die Einwirkungszeit, die den gleichen Effekt erzielt, kann reduziert werden. Die Temperaturkoeffizienten müssen für jedes Mittel und jede Keimart experimentell bestimmt werden.

Wirkungsmechanismen

Die Abtötung von Mikroorganismen durch Hitze kommt durch eine irreversible Denaturierung von Proteinen (Enzymen) zustande. Ionisierende Strahlen führen zur Bildung reaktiver Gruppen, die chemische Reaktionen ermöglichen, in deren Verlauf DNA und Proteine betroffen werden. Unter UV-Licht entstehen strukturelle Veränderungen an der DNA (Thymindimere), die eine Replikation der DNA unmöglich machen. Durch Licht kann dieser Schaden bis zu einem gewissen Grad korrigiert werden (Photoreaktivierung). Die meisten chemischen Mittel führen zu einer irreversiblen Denaturierung von Proteinen: Alkohole, Phenole, Aldehyde, Schwermetalle, Oxidantien. Oberflächenaktive Verbindungen (amphotere und kationische) greifen an der Zytoplasmamembran an. Acridinderivate verbinden sich mit DNA und blockieren ihre Replikation sowie ihre Funktion (Transkription).

Physikalische Verfahren der Keimtötung

Hitze

Die Anwendung von Hitze zur Keimtötung ist einfach, billig und wirksam. Je nach dem Ziel werden verschiedene Verfahren eingesetzt.

- **Pasteurisation.** Hierbei handelt es sich um die antimikrobielle Behandlung flüssiger Lebensmittel (Milch).
  - Niederpasteurisation: 61,5 °C, 30 min; 71,0 °C, 15 s.
  - Hochpasteurisation: kurze (Sekunden) Einwirkung von 80 – 85 °C in kontinuierlichem Betrieb.
  - Uperisation: Durch Dampfinjektion wird in einem Druckkessel während 2,5 s auf 150 °C erhitzt.
- **Desinfektion.** Anwendung von Temperaturen unterhalb der für eine Sterilisation vorgegebenen Werte. Achtung: Auskochen von medizinischen Instrumenten, Nadeln, Spritzen usw. ist keine Sterilisation! Viele bakterielle Sporen werden nicht abgetötet.
- **Sterilisation mit trockener Hitze.** Die Richtwerte für Heißluftsterilisatoren betragen: 180 °C für 30 min, 160 °C für 180 min. Während dieser Zeiten muß das Sterilisiergut die betreffenden Temperaturen aufweisen.
- **Sterilisation mit feuchter Hitze.** Hierfür werden Autoklaven eingesetzt, die gesättigten, unter Druck stehenden Wasserdampf enthalten.

- 121 °C, 15 min, 1 Atmosphäre Überdruck (insgesamt 202 kPa).
- 134 °C, 3 min, 2 Atmosphären Überdruck (insgesamt 303 kPa).

Für den praktischen Betrieb müssen noch die Aufheiz- und Ausgleichszeit hinzugerechnet werden. Diese umfassen die Zeit bis zum Erreichen der Temperatur im Bereich der ungünstigsten Stelle des Sterilisierguts. Die Abkühlzeit ist bei der Sterilisation von Flüssigkeiten zur Vermeidung des Siedeverzugs notwendig.

Die gute keimtötende Wirkung des Wasserdampfes beruht auf seinem großen Gehalt an Wärme, die bei der Kondensation am kühleren Sterilisiergut auf dieses übergeht. Außerdem werden Proteine der Mikroorganismen in einem feuchten Milieu sehr viel leichter denaturiert als in wasserarmem Zustand.

Strahlen

- **Nichtionisierende Strahlen**. Zu diesen zählen die UV-Strahlen (280–200 nm). Diese werden von verschiedensten Stoffen sehr schnell absorbiert. UV-Strahlen werden deshalb nur zur Keimzahlreduktion der Raumluft (Operationsräume, Abfülleinrichtungen) und zur Desinfektion glatter Oberflächen verwendet.

- **Ionisierende Strahlen**. Zwei Strahlenarten werden eingesetzt.
  - Gammastrahlen sind elektromagnetische Wellen, die beim Kernzerfall (z. B. des Radioisotops ^{60}Co) entstehen).
  - Korpuskulärstrahlen bestehen aus Elektronen, die in Generatoren erzeugt und durch Beschleunigung energiereich gemacht wurden.

Anlagen zur Strahlensterilisation sind teuer. Sie werden großtechnisch zur Sterilisation von Verbandsmaterial, Nahtmaterial, medizinischen Kunststoffartikeln oder hitzeempfindlichen Pharmaka eingesetzt. Die notwendige Dosis richtet sich nach der Höhe der Kontamination der Produkte (= bioload, bioburden) sowie nach der Strahlenempfindlichkeit der Kontaminanten. In der Regel wird eine Dosis von 2,5 Mrd (SI-Einheit: $2{,}5 \times 10^4$ Gy) als ausreichend betrachtet.

Rad (rd, radiation absorbed dose) entspricht einer absorbierten Energie von 10^{-2} Joule (J)/kg. Die neue Einheit der Strahlendosis ist das Gray (Gy). 1 Gy = 1 J/kg = 100 rd.

Filtration

Flüssigkeiten oder Gase können durch Filtration entkeimt werden. Die meisten Filter halten lediglich Bakterien und Pilze zurück. Mit Ultrafeinfiltern können aber auch Viren und sogar große Moleküle weggefiltert werden. Bei den Flächenfiltern kommt die Rückhaltung durch Siebwirkung zustande. Am bekanntesten sind die Membranfilter, die aus organischen Kolloiden (z. B.

Celluloseester) bestehen. Diese lassen sich zu dünnen Filterschichten mit abstufbaren, kalibrierten Porengrößen verarbeiten. Bei den Tiefenfiltern erfolgt der Durchfluß durch eine Schicht von faserigem Material (z. B. Asbest). Ihre Wirkung basiert vornehmlich auf Adsorption.

Chemische Verfahren zur Keimtötung

Ethylenoxid. Bei der Sterilisation durch Ethylenoxid (C_2H_4O) handelt es sich um ein Verfahren, bei dem ein hochreaktionsfähiges Gas verwendet wird. Dieses ist eine giftige, stark schleimhautreizende, brennbare Substanz. Ethylenoxid kann bei niederen Temperaturen (20–60 °C) angewendet werden. Das Gas hat ein großes Penetrationsvermögen; es kann durch bestimmte Kunststoffolien dringen. Nachteilig ist, daß angetrocknete Mikroorganismen nicht abgetötet werden, so daß man eine relative Feuchte von 40–90 % in der Sterilisierkammer haben muß. Ethylenoxid löst sich in Kunststoff, Gummi und ähnlichen Materialien. Das Sterilisiergut muß deshalb längere Zeit zur Desorption ausgelagert werden.

Aldehyde. Unter diesen kommt dem *Formaldehyd* (HCHO) die größte Bedeutung zu. Dieser kann in speziellen Apparaturen zur Gassterilisation eingesetzt werden. Vorwiegend wird er jedoch zur Desinfektion verwendet. Formaldehyd ist ein wasserlösliches Gas. *Formalin* stellt eine 35 %ige Lösung des Gases in Wasser dar. Formaldehyd reizt die Schleimhäute; bei Hautkontakt können Entzündungen oder Ekzeme allergischer Natur auftreten. Formaldehyd hat ein breites Wirkungsspektrum. Dieses umfaßt Bakterien, Pilze und Viren. In höheren Konzentrationen werden auch Sporen abgetötet. In 0,5–5 %iger Lösung wird Formaldehyd zur Desinfektion von Flächen und Gegenständen eingesetzt. Zur Desinfektion von Räumen wurde früher Formaldehyd als Gas ($5\ g/m^3$) verwendet. Heute kommt diese Form der Raumdesinfektion kaum noch zur Anwendung. Der Wirkungsmechanismus von Formaldehyd beruht auf der Denaturierung von Proteinen.

Als weiterer zur Desinfektion verwendeter Aldehyd ist *Glutaraldehyd* zu nennen.

Alkohole. Für die Desinfektion kommen *Ethanol* (80 %), *Propanol* (60 %) und *Isopropanol* (70 %) zum Einsatz. Alkohole wirken gut gegen Bakterien und Pilze, weniger gut gegen Viren. Bakteriensporen werden nicht abgetötet. Hauptanwendungsgebiet ist die chirurgische und hygienische Haut- und Händedesinfektion, da Alkohole sehr rasch wirken und gut in die Haut penetrieren. Ein Nachteil ist die fehlende Depotwirkung. Alkohole denaturieren Proteine.

Phenole. Phenol (Carbolsäure) wurde von Lister in die Medizin eingeführt, kommt als solches jedoch nicht mehr zum Einsatz.

Weite Verbreitung haben jedoch mit organischen Gruppen und/oder mit Halogenen substituierte (alkylierte, arylierte, halogenierte) Phenolderivate gefunden. Sporen und Viren werden durch alle Phenole nicht sehr gut angegriffen. Phenole denaturieren Proteine. Sie werden nur mäßig durch organische Materialien gebunden, so daß sie auch zur Desinfektion von Ausscheidungen verwendet werden können.

Halogene. Als Desinfektionsmittel kommen Chlor und Jod bzw. Derivate dieser Halogene in Frage. Chlor und Jod wirken auf alle Mikroorganismen einschließlich der Sporen abtötend.

Chlor denaturiert einerseits Proteine durch Verbindungen mit freien Aminogruppen; andererseits entsteht in wäßrigen Lösungen unterchlorige Säure (HOCl), die in HCl und 1/2 O_2 zerfällt und damit als starkes Oxidans wirkt. Chlor wird zur Desinfektion von Trinkwasser und Badewasser eingesetzt (bis 0,5 mg/l). Chlorkalk kann zur Grobdesinfektion von Ausscheidungen verwendet werden. Chloramine sind organische Chlorverbindungen, die in wäßriger Lösung Chlor abspalten. Sie werden zur Scheuer-, Wäsche- und zur Desinfektion von Ausscheidungen verwendet.

Jod besitzt ähnliche Eigenschaften wie Chlor. Die wichtigsten Präparate stellen Lösungen von Jod und Jodkali in Alkohol dar (Jodtinktur), die zur Desinfektion von Haut und kleineren Wunden verwendet werden. Jodophore sind Präparate, bei denen Jod an oberflächenaktive Verbindungen (z. B. an Polyvinyl-Pyrrolidon) gebunden ist. Jodophore reizen die Haut weniger als reines Jod, sind aber auch weniger wirksam als dieses.

Oxidationsmittel. Zu dieser Gruppe gehören Ozon, Wasserstoffperoxid, Kaliumpermanganat, Peressigsäure. Sie wirken dadurch, daß Sauerstoff abgespalten wird. Die meisten werden als milde Antiseptika zur Desinfektion von Schleimhäuten, Haut oder Wunden eingesetzt. Ozon wird auch zur Desinfektion des Trinkwassers verwendet.

Oberflächenaktive Substanzen. Zu diesen werden anionische, kationische, amphotere und nichtionische Detergentien gezählt. Von diesen sind vor allem die kationischen und die amphoteren Verbindungen wirksam (Abb. 1.**6**).

Oberflächenaktive Desinfektionsmittel

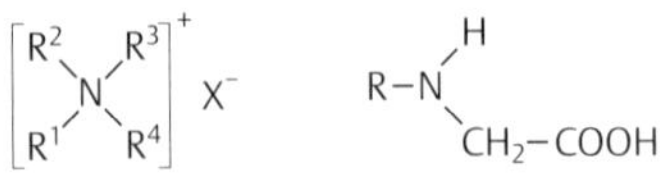

a b

Abb. 1.**6** Quarternäre Ammoniumverbindungen (a) und amphotere Substanzen (b) stören die Struktur und Funktion mikrobieller Membranen.

Die bakterizide Wirkung dieser Substanzen ist mäßig. Sie wirken überhaupt nicht gegen Tuberkulosebakterien (Ausnahme: Amphotenside), Sporen und unbehüllte Viren. Gegen grampositive Bakterien sind sie gut wirksam, schlechter gegen gramnegative Stäbchen. Vorteile sind ihre geringe Toxizität, ihre Geruchslosigkeit, ihre gute Hautverträglichkeit und die Reinigungswirkung.

Praktische Desinfektionsverfahren

Die **chirurgische Händedesinfektion** bezweckt die weitgehende Entkeimung der Hände des Operateurs. Sie erfolgt nach gründlichem Händewaschen. Am geeignetsten sind alkoholische Präparate, die jedoch keine Sporizidie und keine Langzeitwirkung aufweisen. Alkohole werden deshalb oft mit anderen Desinfektionsmitteln (z. B. quarternäre Ammoniumverbindungen) kombiniert. Auch Jodophore werden verwendet.

Die **hygienische Händedesinfektion** soll mit pathogenen Keimen kontaminierte Hände entkeimen. Auch hier sind Alkohole die Mittel der Wahl.

Für die **Desinfektion der Haut** vor chirurgischen Eingriffen oder Injektionen eignen sich Alkohole und/oder Jodverbindungen.

Die **Desinfektion von Ausscheidungen** (Stuhl, Sputum, Urin usw.) kann mit Mitteln vorgenommen werden, die stark riechen. Sporen müssen nicht abgetötet werden. Geeignet sind Phenolpräparate. Falls notwendig, können Abwässer aus Krankenhäusern thermisch (80 – 100 °C) desinfiziert werden.

Flächendesinfektion ist eine wichtige Aufgabe in Krankenhäusern. Sie sollte mit Reinigung verbunden werden können. Geeignet sind Aldehyd- oder auch Phenolderivate, kombiniert mit Tensiden.

Instrumentendesinfektion kommt nur zur Anwendung, wenn Instrumente ohne Verletzungen von Haut oder Schleimhäuten eingesetzt werden (z. B. zahnärztliche Instrumente für das Arbeiten an der Hartsubstanz). In Frage kommen Präparate mit einem gleichzeitigen Reinigungseffekt.

Wäschedesinfektion kann chemisch oder kombiniert mit Hitze durchgeführt werden. In Frage kommen Phenol-, Aldehyd- oder Chlorderivate, ebenso oberflächenaktive Verbindungen. Bevorzugt wird die Desinfektion während des Waschvorgangs.

Zur **Desinfektion von Trinkwasser und Badewasser** wird im allgemeinen Chlor verwendet, das aufgrund seiner leichten Dosierbarkeit, schnellen Wirkung und seines breiten Spektrums geeignet ist. Es soll im Wasser in einer Konzentration von 0,1 – 0,3 mg/l (Trinkwasser) bzw. um 0,5 mg/l (Badewasser) vorliegen.

Als **Schlußdesinfektion** bezeichnet man die Desinfektion eines Raumes samt Einrichtung nach Ablauf der Pflege eines Infektionskranken. Früher wurde die Verdampfung oder Vernebelung von Formaldehyd (5 g/m^3) angewendet. Die Einwirkungszeit muß 6 Stunden betragen. Diese Form der Schlußdesinfektion wird heute mehr und mehr durch vereinfachte Schlußdesinfektion mittels Flächen- und Sprühdesinfektion mit formaldehydhaltigen Mitteln abgelöst.

Desinfektion im Krankenhaus stellt ein wichtiges Mittel zur Bekämpfung des Infektionshospitalismus dar. Die Durchführung im Einzelfall muß detailliert schriftlich festgelegt werden. Für behördlich angeordnete Maßnahmen im Sinne des Bundesseuchengesetzes (BRD) sind die vom Bundesgesundheitsamt geprüften Mittel und Verfahren (11. Liste, 1990) einzusetzen. Desinfektionsmittel und Verfahren sind ebenfalls aufgeführt in der 3. Auflage der VII. Liste der nach den Richtlinien für die Prüfung chemischer Desinfektionsmittel geprüften und von der Deutschen Gesellschaft für Hygiene und Mikrobiologie als wirksam befundenen Desinfektionsverfahren, Stand 1992 (mhp-Verlag, Friedrichstr. 10, D-55124 Mainz).

2 Grundlagen der Immunologie

R. M. Zinkernagel

Einführung

Bei der Immunität unterscheidet man **angeborene Resistenz** von adaptiver oder **erworbener Resistenz.** Die spezifische Immunabwehr ergänzt die wichtigen natürlichen **unspezifischen Resistenzmechanismen** (physikalische Barrieren, Granulozyten, Makrophagen, chemische Barrieren (Lysozyme etc.). Die **spezifische Immunabwehr** ergibt sich aus der Kombination wenig spezifischer Mechanismen (Aktivierung von Makrophagen, Komplement, Nekrosefaktoren) und früher, wenig spezifischer Erkennung (natürliche Killerzellen, γδ-T-Zellen) mit nachfolgender hochspezifischer Erkennung (Antikörper und αβ-T-Zellen).

Viele Komponenten, die bei der spezifischen Immunabwehr eine Rolle spielen, tragen auch zur unspezifischen natürlichen Abwehr bei (natürliche Antikörper, Komplement, Interleukine, Interferone, Makrophagen, natürliche Killerzellen).

Immunität im engeren Sinn ist die erworbene Resistenz (Feiung) vor Infektionskrankheiten. Wer einmal Masern durchgemacht hat, wird kein zweites Mal erkranken und ist also immun gegen Masern. Das mit dem Masernvirus eng verwandte Virus der Hundestaupe dagegen verursacht beim Menschen überhaupt nie eine Krankheit. Der Mensch ist also von Anfang an resistent (**angeborene Resistenz**) gegen viele Mikroorganismen, gegen menschenpathogene Mikroorganismen kann er Immunität erwerben (**adaptive oder erworbene Immunität** (Abb. 2.1). Die adaptive Immunität führt jedoch nicht nur zur Feiung, also zur Immunität im engeren Sinn, sondern sie kann auch an der Pathogenese vieler Krankheiten beteiligt sein. Unter Immunpathologie, **Autoimmunität** und **Allergie** versteht man eine Gruppe von Immunphänomenen, bei denen die krankmachenden Folgen im Vordergrund stehen. Die Unfähigkeit, eine Immunantwort in die Wege zu leiten, wird mit dem Begriff immunologische **Toleranz** umschrieben. Die Unterdrückung einer Immunantwort bezeichnet man als **Immunsuppression**, das Phänomen, daß T-Zel-

Die Komponenten der Infektionsabwehr

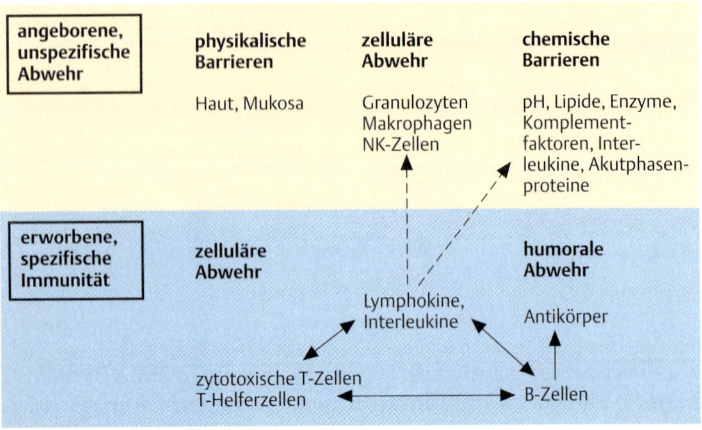

Abb. 2.1 Man unterscheidet zwischen dem angeborenen Abwehrsystem, das unspezifische physikalische, zelluläre und chemische Mechanismen umfaßt, und dem erworbenen Abwehrsystem. Letzteres läßt sich ebenfalls in zelluläre (T-Zell-Antwort) und humorale Komponenten (Antikörper) unterteilen. Die spezifischen T-Zellen und Antikörper rekrutieren und konzentrieren unspezifische Effektormechanismen spezifisch dort, wo Antigen vorkommt.

len oder B-Zellen mit ihren Rezeptoren zwar noch vorhanden sind aber keine erkennbare Funktion ausüben, als **Anergie**.

Auf einen bestimmten immunologischen Reiz hin erfolgt eine Immunantwort. Diese wird ausgelöst durch die Begegnung mit einem Stoff, der **Antigen** genannt wird, wenn er durch Immunrezeptoren erkannt werden kann, oder **Immunogen**, wenn er eine Immunantwort induzieren kann. Erkannt wird das Antigen durch einen sterisch passenden Immunrezeptor über Bereiche von etwa 12–15 Aminosäureresten oder einigen Zuckermolekülen. Diese Bereiche nennt man bei den Antigenen **Epitop**, bei den Immunrezeptoren **Antigenbindungsstellen** (ABS).

Immunabwehr wurde zuerst anhand von Infektionskrankheiten studiert, wie z. B. Antikörperantworten gegen Diphtherie, Hautreaktionen gegen Tuberkulin und Serodiagnostik der Lues. Weil die erkannten Antigene schlecht charakterisiert werden konnten, hat man über mehr als 60 Jahre an ihrer Stelle Antigene von roten Blutkörperchen und künstlich synthetisierte chemische Verbindungen oder leicht erhältliche Proteine verwendet. Erst mit den enormen Fortschritten in der Bakteriologie, Virologie, Parasitologie, Biochemie, Molekularbiologie und experimentellen Embryologie der letzten 20–30 Jahre konnte die Immunabwehr gegen Infektionen neu, intensiv und mit großem Gewinn studiert werden. Dieses Immunologie-Kapitel in einem Kurzlehrbuch über Mikrobiologie versucht, das **Immunsystem** im wesentlichen als **Abwehr gegen Infektionen** zu verstehen und seine Stärken und Schwächen aufzuzeigen, so wie sie für das Verständnis von Krankheitsentstehung und -verhinderung wichtig sind.

Der immunologische Apparat

Das Immunsystem besteht aus Einzelzellen, die mobil sind (T- und B-Lymphozyten, antigenpräsentierende Zellen in verschiedenen Geweben). Diese Zellen reifen in **primären lymphatischen Organen:** im Thymus (T-Zellen) und im Knochenmark (B-Zellen). Sie treffen sich in einer geordneten Art und Weise in spezialisierten, hochorganisierten **sekundären lymphatischen Organen** (Lymphknoten, Milz, Mukosa-assoziierte lymphatische Organe [MALT]). Ihre gestaffelten Interaktionen führen durch kontaktabhängige und über verschiedene Faktoren vermittelte Signale zu einer antigenspezifischen Aktivierung von B- und/oder T-Zellen.

Zellgebundene **B-Zell-Rezeptoren** und **gelöste Antikörper** erkennen dreidimensionale Strukturen von komplexen, gefalteten Proteinen und Kohlenwasserstoffen. Die Anregung von IgM-Antworten gegen hochorganisierte, kristallähnliche, repetitiv angeordnete identische Determinanten erfolgt über direkte Kreuzvernetzung der B-Zell-Rezeptoren und ist sehr effizient: sie ist T-Hilfe-unabhängig. Im Gegensatz dazu ist die Antikörperantwort gegen monomere oder oligomere Antigene wenig effizient und strikt T-Hilfe-abhängig. Dies gilt sowohl für Fremd- als auch für Eigenantigene. Der Wechsel zu anderen Ig-Klassen ist im allgemeinen von T-Hilfe abhängig.

T-Zellen sind spezifisch für Peptide, die von MHC-Molekülen auf der Zelloberfläche präsentiert werden. T-Zellen werden scheinbar ausschließlich in organisierten lymphatischen Organen zur Antwort aktiviert. Naive T-Zellen zirkulieren im Blut, in der Milz und durch andere lymphatische Gewebe, aber sie können diese Kompartimente nur verlassen und in periphere nichtlymphatische Gewebe und Organe auswandern, wenn sie aktiviert sind. Die im Thymus, auf mobilen lymphohämopoietischen Zellen und in lymphatischen Geweben ausgedrückten Selbstantigene induzieren eine Elimination der T-Zellen (sog. negative Selektion). Antigene, die nur in der Peripherie, d. h. außerhalb von Thymus und peripheren sekundären lymphatischen Organen exprimiert werden, werden von T-Zellen ignoriert; gegen solche Selbstantigene existieren also potentiell autoreaktive T-Zellen. T-Zellen reagieren gegen Peptide, die neu ins Immunsystem bzw. in die organisierten lymphatischen Gewebe gelangen. Neue Antigene müssen zuerst lokalisiert vorliegen, bevor sie sich systemisch verteilen, und müssen mindestens während ein paar Tagen im lymphatischen Gewebe vorhanden sein, damit eine Antwort zustande kommt. Wenn ein Selbstantigen, das normalerweise nicht im lymphatischen Gewebe vorkommt, durch Zerstörung während chronischen peripheren Infektionen oder aus anderen Gründen, neu in das organisierte lymphatische Gewebe gelangt, kann gegen dieses bisher ignorierte Selbstantigen eine Autoimmunantwort induziert werden. Wichtig ist, daß die Induktion von T-Zellen allein oft nicht für eine schützende Immunität gegen ein Pathogen ausreicht. Hierzu ist jeweils eine gewisse Menge an bereits aktivierten T-Zellen nötig.

Das immunologische System des Menschen ist ein diffus verteiltes Organ aus ca. 10^{12} Einzelzellen, vor allem Lymphozyten, mit einem Gesamtgewicht von ca. 1 kg. Die Lymphozyten differenzieren aus Stammzellen des Knochenmarks und werden ständig erneuert, während gleichzeitig dauernd Zellen in großer Zahl zugrunde gehen (s. Abb. 2.**17**, S. 90). Diese Zellen zirkulieren über den Blutkreislauf und die Lymphe. Sie treten in hochregulierten Kontakt mit nichtlymphoiden und lymphoiden Zellen im Thymus, in der Milz, den Lymphknoten, Haut und Schleimhaut.

Primäre lymphatische Organe sind das **Knochenmark** und der **Thymus**; hier differenzieren sich B- und T-Zellen. Sie sind die Bildungs- und Reifungsstätten der Lymphozyten und enthalten im Normalfall auch unreife Zellformen. In der frühen Ontogenese findet die Lymphohämatopoese im Dottersack und dann vor allem in der fetalen Leber statt.

Sekundäre lymphatische Organe enthalten in der Regel keine unreifen Zellen. Sie umfassen **Lymphknoten** und die **Milz**, die von einer Kapsel umgeben sind; dazu kommen die Strukturen ohne Kapsel: Haut-(Skin-), Mukosa-, Gastrointestinal- und Bronchus-assoziierte lymphatische Gewebe (**SALT, MALT, GALT** und **BALT**).

Primäre und sekundäre Lymphorgane machen ca. 1 – 2 % des Körpergewichts aus. In ihnen befinden sich ca. 10^{12} Lymphozyten, und jede Minute werden ca. 10^{7} neue Lymphozyten gebildet. Untereinander und mit den anderen Zellen kommunizieren sie über Adhäsionsmoleküle, akzessorische Moleküle (CD-Antigene, s. Tab. 2.**13**, S. 127ff.), sowie Zytokine und Botenstoffe, die an spezifische Rezeptoren anderer Zellen andocken und dort Signale auslösen. Man unterscheidet zwei Haupttypen von Lymphozyten: die **B-Zellen** und die **T-Zellen** (Tab. 2.**1**, Abb. 2.**2**). Morphologisch sehen diese einander ähnlich, aber sie durchlaufen unterschiedliche Reifungsschritte, haben unterschiedliche Funktionen, Rezeptoren und Oberflächenmarker. Sie zeigen verschiedene

Tabelle 2.**1** Verteilung von Lymphozyten und anderen Zellen der Immunabwehr in verschiedenen Organen (%)

	B	T	NK, LAK, ADCC	APZ
Peripheres Blut	10–15	70–80	5–10	< 1
Lymphe	5	95–100	?	?
Ductus thoracicus	5–10	90–95	?	?
Thymus	1	95–100	?	0
Knochenmark	15–20	10–15	?	0
Milz	40–50	40–60	20–30	1
Lymphknoten, Tonsillen etc.	20–30	70–80	5–8	1

NK: Natürliche Killerzellen, LAK: lymphokinaktivierte Killerzellen, ADCC: antikörperabhängige zelluläre Zytotoxizität, APZ: antigenpräsentierende Zellen

Antwortmuster auf Zytokine und bevölkern präferentiell unterschiedliche Kompartimente der lymphatischen Organe. Die Abkürzungen **T** und **B** beziehen sich auf die Organe **Thymus** und die **Bursa Fabricii** der Vögel. Die Säuger besitzen keine Bursa, aber entsprechende Lymphozyten sind funktionell und aufgrund ihrer bevorzugten anatomischen Lokalisation in den Lymphknoten von den im Thymus reifenden klar abgrenzbar (Tab. 2.**1**). Diese Zellen haben die Bezeichnung B beibehalten. Sie reifen in der fetalen Leber und im fetalen und adulten Knochenmark (**b**one marrow).

Das System der B-Zellen

Die B-Zellen können als **Plasmazellen** ihre immunologischen Rezeptoren in die umgebende Flüssigkeit (Serum, Mukus, Zerebrospinalflüssigkeit etc.) sezernieren. Wegen dieser Abgabe der Rezeptoren an die „Humores" des Körpers nennt man diesen Zweig der Immunität auch **humorale Immunität**. Die B-Zell-Rezeptoren sind chemisch gesehen Globuline und heißen sinngemäß Immunglobuline (Ig) (Abb. 2.**3**). Es gibt verschiedene Klassen und Subklassen von Immunglobulinen und eine Unzahl verschiedener Spezifitäten, aber im Prinzip sind alle gleich konstruiert (Abb. 2.**3a**).

Struktur der Immunglobuline

Jedes **Immunglobulinmonomer** besitzt die gleiche Grundkonfiguration: Es besteht aus zwei identischen leichten Ketten (light chain, L) und zwei identi-

Reifung von B- und T-Zellen

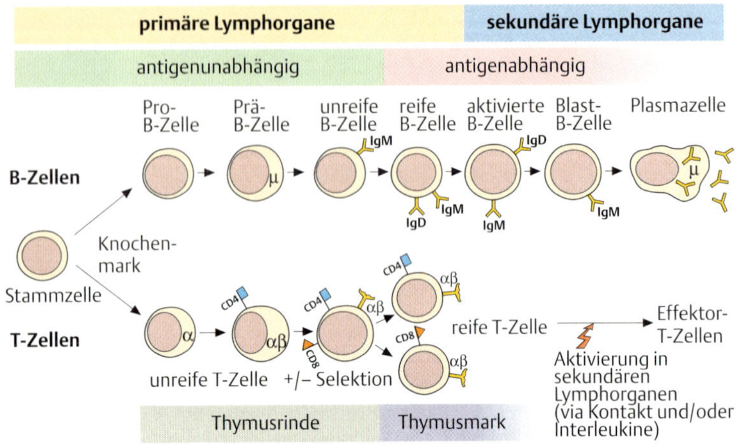

Abb. 2.**2** Alle lymphatischen Zellen stammen von pluripotenten Stammzellen im Knochenmark ab. Diese entwickeln sich, je nach der Umgebung, in der die Differenzierung stattfindet, zu B- und T-Zellen. Im Knochenmark verbleibende Stammzellen entwickeln sich über mehrere antigenunabhängige Stadien zu reifen **B-Zellen**. Durch Antigenkontakt in sekundären lymphatischen Organen können diese aktiviert und schließlich zu antikörperbildenden Plasmazellen werden.
T-Zellen reifen im Thymus: Nachdem in der Rinde potentiell autoreaktive T-Zellen deletiert wurden, reifen die verbleibenden Zellen im Mark heran. Von dort gelangen sie in die peripheren sekundären Lymphorgane, wo sie durch Antigenkontakt und Interleukine aktiviert werden können.

schen schweren Ketten (heavy chain, H). Die leichten Ketten erscheinen in zwei Versionen: **Lambda** (λ) oder **Kappa** (κ). Die schweren Ketten existieren in *5 Hauptvarianten:* μ, δ, γ, α, ε. Je nachdem, welche schwere Kette im Spiel ist, heißen die entsprechenden Immunglobulinklassen **IgM, IgD, IgG, IgA** oder **IgE** (Abb. 2.**3b**). Bei den Immunglobulinen IgA und IgM kann die Monomer-Grundstruktur verdoppelt bzw. verfünffacht (als Dimere bzw. Pentamere) auftreten. Für Zusammensetzung, Molekulargewichte und Serumkonzentrationen der verschiedenen Immunglobulinklassen siehe Tab. 2.**2**.

Die **Domänenstruktur** der Immunglobuline sei am Beispiel des IgG erläutert: An jedem Immunglobulinmonomer kann man Domänen unterscheiden, gebildet aus einem ca. 110 Aminosäuren langen Abschnitt einer Polypeptidkette. Jede leichte Kette besitzt zwei solcher Domänen, jede schwere γ-Kette vier bis fünf. Untersucht man die Aminosäuresequenzen vieler Immunglobu-

Tabelle 2.2 Eigenschaften der verschiedenen Immunglobulinklassen

	IgM	**IgD**	**IgG**	**IgE**	**IgA**
Svedberg-Einheit	19 S	7 S	7 S	8 S	7 S, 9 S, 11 S
Molekulargewicht	900 kD	185 kD	150 kD	200 kD	160 kD
Zahl der Grundeinheit	5	1	1	1	1, 2, 3
H-Kette (konstante Domänen)	μ (4)	δ (3)	γ (3)	ε (4)	α (3)
L-Kette		←	κ oder λ		→
Antigenbindungsstellen (ABS)	10	2	2	2	2, 4, 6
Konzentration im normalen Serum (g/l)	0,5 – 2	0 – 0,4	8 – 16	0,02 – 0,50	1,4 – 4
% der Ig	6	0 – 1	80	0,002	13
Halbwertszeit (Tage)	5	3	21	2	6
C-Aktivierung:					
klassisch	+	–	+	–	–
alternativ	–	–	–	–	+
Plazentapassage	–	–	+	+	–
Bindung an Mastzellen und Basophile	–	–	–	+	–
Bindung an Makrophagen, Granulozyten und Plättchen	–	–	(+)	–	(+)
Subklassen	–	–	+ (4)	–	+ (2)

IgG-Subklassen	**IgG1**	**IgG2**	**IgG3**	**IgG4**
% des totalen IgG	60 – 70	14 – 20	4 – 8	2 – 6
Reaktion mit Staph. Protein A	+	+	–	+
Plazentapassage	+	(+)	+	+
C-Aktivierung	+++	++	++++	(+)
Bindung an Monozyten/ Makrophagen	+++	+	+++	(+)
Blockiert IgE-Bindung	(–)	–	–	+
Halbwertszeit (Tage)	21 – 23	21 – 23	7 – 9	21 – 23

line der gleichen Klasse, so erkennt man, daß in der N-terminalen Domäne der leichten (V_L) wie der schweren (V_H) Kette eine große Variabilität der Sequenz herrscht (**variable Domäne** V), während die übrigen Domänen eine weitgehend konstante Zusammensetzung aufweisen (**konstante Domänen** C_L bzw. C_{H1}, C_{H2}, C_{H3} und evtl. C_{H4}). Die leichten Ketten sind mit den schweren Ketten und die schweren Ketten untereinander durch Disulfidbrücken verbunden, ferner besteht innerhalb jeder Domäne eine Disulfidbrücke.

Die dreidimensionale Gestalt des Moleküls erinnert an den Buchstaben Y, wobei die beiden kurzen Arme, **Fab** genannt, von je 4 Domänen gebildet werden (V_L, C_L, V_H, C_{H1}). Der Stiel, genannt **Fc**, wird nur aus konstanten Domänen der schweren Ketten (C_{H2} und C_{H3}, evtl. C_{H4}) gebildet. Die schematische Darstellung in Abb. 2.**3** ist insofern irreführend, als in Wirklichkeit die beiden variablen Domänen der leichten und der schweren Kette innig ineinander verschränkt sind. Die Bindungsstelle – die entscheidende Struktur, die mit dem Epitop reagieren kann – wird von den variablen Domänen beider Ketten gebildet. Da die beiden leichten Ketten und die schweren Ketten jeweils untereinander (auch in ihren variablen Domänen) identisch sind, besitzt jedes Immunglobulinmonomer zwei identische **Antigenbindungsstellen (ABS)** am Ende der beiden kurzen Arme des Y. Die Kontaktstellen werden von etwa *12–15 Aminosäuren* des Antikörpers gebildet, und das erkannte Gebiet ist ca. *5–800* A^2 groß (Tab. 2.**3**).

Abb. 2.**3** **a** Immunglobulinmonomer. Oben das intakte Monomer aus zwei L- und zwei H-Ketten mit angedeuteten S–S-Brücken, variablen N-terminalen Domänen und Antigenbindungsstelle (ABS). Durch Reduktion der S–S-Brücken und Denaturierung zerfällt das Monomer in die einzelnen Polypeptidketten (unten): Die ABS geht verloren. Papainverdauung liefert je zwei monovalente Fab-Fragmente und ein Fc-Fragment (links). Bei Pepsinverdauung (rechts) wird das Fc-Stück aufgelöst; die Fab-Fragmente werden immer noch durch S–S-Brücken zusammengehalten. Das $F(ab')_2$-Stück ist bivalent (zwei identische ABS). Fv-Fragmente sind molekularbiologisch rekombinant hergestellte, einkettige antigenbindende Strukturen. Sie bestehen aus den variablen Teilen der H- und L-Kette, die über ein künstliches Verbindungspeptid kovalent verbunden sind.
b Die verschiedenen Immunglobulinklassen. IgM, IgD, IgG, IgE und IgA unterscheiden sich durch die schwere Kette μ, δ, γ, ε bzw. α. IgA (α-Kette) bilden Dimere, zusammengehalten durch eine J-Kette (joining chain); das S-Stück dient zum Transport durch epitheliale Zellen. IgM (β-Kette) bilden Pentamere mit 10 identischen ABS; auch hier sind die Monomere durch J-Ketten miteinander verbunden. Die leichten Ketten (λ und κ) werden von allen Klassen benutzt. ▶

Diversität der variablen Domänen der Immunglobuline

Wie löst die Natur das Problem, auf möglichst sparsame Weise eine Vielzahl von Aminosäuresequenzen im variablen Teil der beiden Ketten zu realisieren, damit eine genügend große **Vielfalt von Spezifitäten** zur Verfügung steht? Die genetische Information zur Bildung einer Kette ist zunächst auf mehrere ziemlich weit auseinanderliegende Genabschnitte (**V-, D- und J-Abschnitte**)

Grundstruktur der Immunglobuline

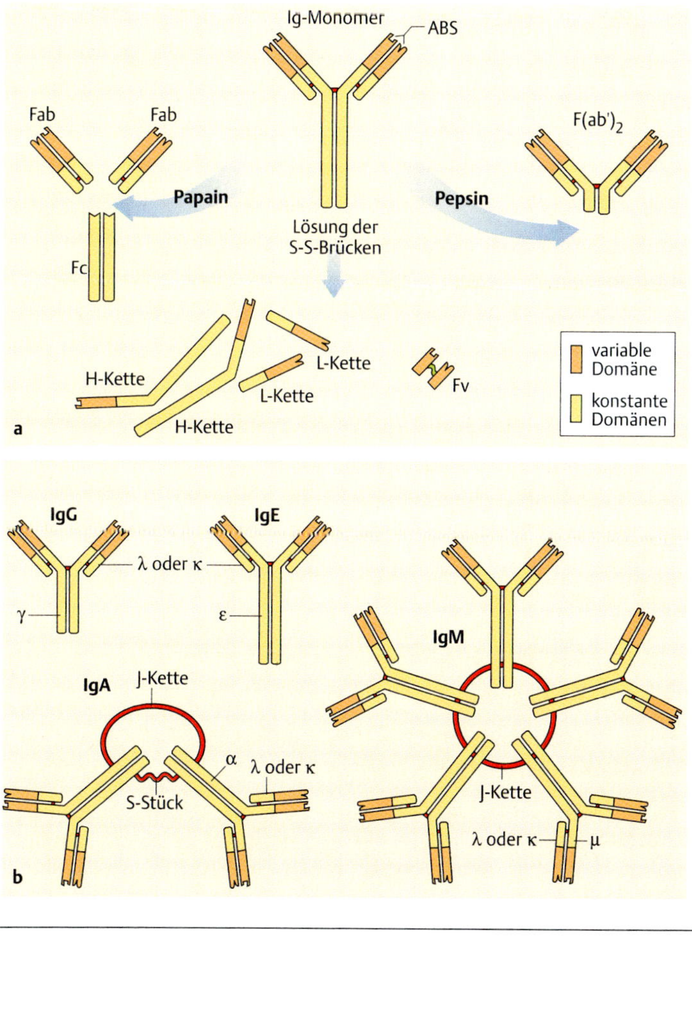

verteilt, von denen jeder in mehreren Varianten vorliegt (Abb. 2.**4**, Tab. 2.**4**). Im Zuge der B-Zell-Reifung kommt es zu einer Neuordnung (engl. **rearrangement**) dieser Genabschnitte. In den reifen B-Zellen liegt dann ein Gen vor, das aus je einer Variante jedes Genabschnittes zusammengefügt ist. Auf ähnliche Weise entsteht auch die Diversität der T-Zell-Rezeptoren (s. S. 58).

In Abb. 2.**4** ist das Prinzip am Beispiel einer H-Kette für Antikörper und der α-Kette der T-Zell-Rezeptoren erklärt.

Die Immunglobulindiversität wird also ermöglicht durch:

- multiple V-Gene in der Keimbahn,
- V-J- und V-D-J-Rekombinationen,
- Zusammenbau der leichten und schweren Ketten,
- Ungenauigkeiten bei der Rekombination und Einfügung von zusätzlichen Nukleotiden (N-Zusätze)
- somatische Punktmutationen.

Theoretisch ergibt das **mehr als 10^{12}** Möglichkeiten; das biologisch einsetzbare Repertoire umfaßt aber wahrscheinlich nur etwa **10^4** verschiedene Spezifitäten.

Abb. 2.**4** **a Schwere Kette des menschlichen IgG.** Die Genabschnitte für den variablen Teil der H-Kette heißen V (variabel), D (diversity) und J (joining). Die mit μ, δ, γ, ε und α bezeichneten Abschnitte kodieren für die konstante Region und bestimmen die Immunglobulinklasse. Den V-Abschnitt gibt es in mehreren hundert, D in mehr als einem Dutzend und J in einigen Versionen. Nach dem Zufallsprinzip wird ein V-Abschnitt mit einem D-Abschnitt und einem J-Abschnitt zu einem Informationsstrang (V-D-J) vereinigt, der für den variablen Teil der H-Kette kodiert. Diese rearrangierte DNA wird zum primären RNA-Transkript abgelesen. Aus diesem Transkript werden die nichtkodierenden Zwischenabschnitte (Introns) herausgespleißt, und die dadurch entstehende mRNA wird in das Proteinprodukt übersetzt.
b α-Kette des T-Zell-Rezeptors der Maus. Für die α-, β- und γ-Kette des T-Zell-Rezeptors existieren ebenfalls verschiedene V-, D- und J-Genabschnitte. Die entsprechenden Gene für die δ-Kette befinden sich auf der DNA zwischen den Loci für die α-Kette. ▶

Rearrangement der B- und T-Zell-Rezeptorgene

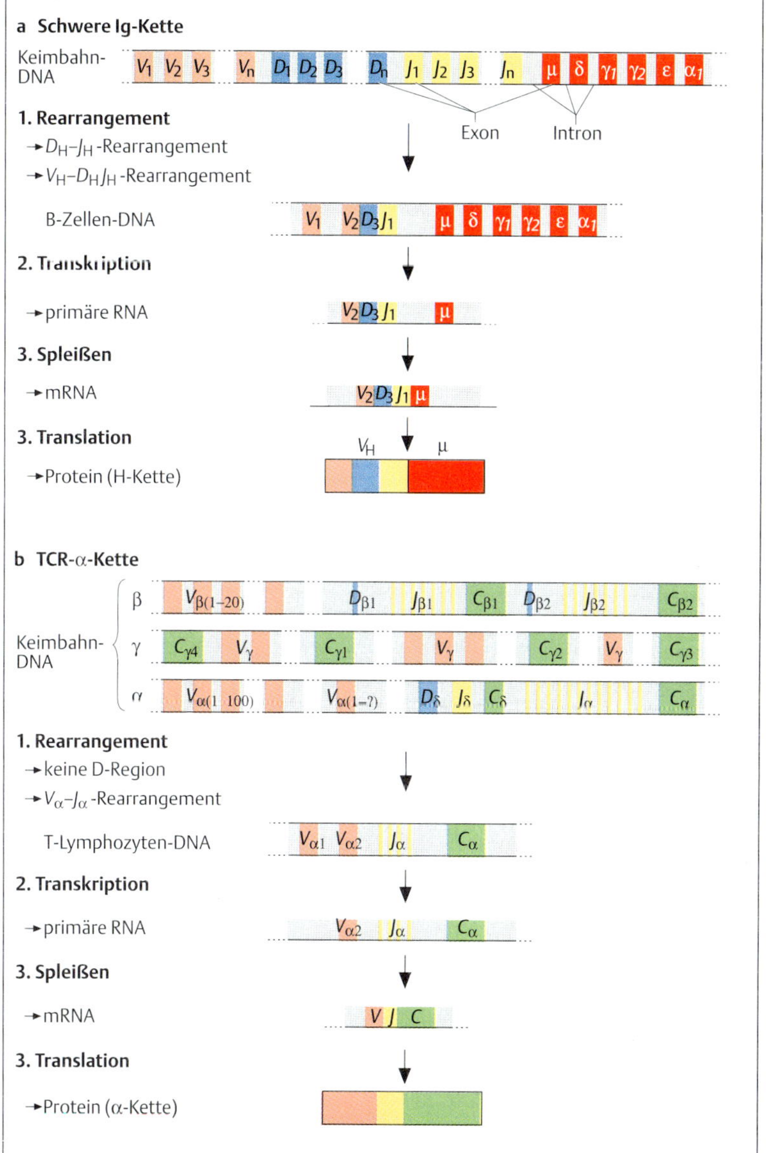

Tabelle 2.3 Antigenerkennung bei B- und T-Zellen

	B-Lymphozyten	T-Helferzelle ($CD4^+$)	Zytotoxische T-Zelle (CTL; $CD8^+$)
Erkennungsstruktur der B- bzw. T-Zelle	Oberflächen-Ig (BZR)	TZR	TZR
erkannte Epitope	konformationelle Epitope (keine MHC-Restriktion)	nur lineare Epitope (10 – 15 Aminosäuren)	nur lineare Epitope (8 – 10 Aminosäuren)
Art des Antigens	Eiweiße/Kohlenhydrate	nur Peptide	nur Peptide
Antigenpräsentation	nicht notwendig	über MHC-Klasse-II-Strukturen	über MHC-Klasse-I-Strukturen
Effektoren	Antikörper (+/– Komplement)	Signale via Kontakt (T-B-Hilfe) oder über Zytokine	Zytotoxizität via Kontakt (Perforin, Granzyme) oder über Zytokine

Tabelle 2.4 Organisation der genetischen Regionen für die humanen Immunglobuline und die T-Zell-Rezeptoren (TCR)

	Immunoglobuline		TCRαβ		TCRγδ	
	H	L	α	β	γ	δ
V-Segmente	100 – 200	90 – 100	50 – 100	75 – 100	9	6
D-Segmente	30	–	–	2	–	3
J-Segmente	6	5	60 – 80	13	5	3
N-Zusätze	V-D, D-J	V-J	V-J	V-D, D-J	V-J	V-D_1, D_1-D_2, D_2-D_3, D_3-J
mögliche Kombinationen für V (H + L)	15000		8000		54	
theoretische obere Grenze aller Kombinationen	> 10^{12}		> 10^{12}		> 10^{12}	

Die verschiedenen Immunglobulinklassen

Switch. Im Verlauf der Immunantwort kann die gleiche VDJ-Kombination nacheinander mit unterschiedlich gespleißten, gleichen – mit oder ohne Transmembranteil – oder mit verschiedenen, für die konstante Region kodierenden Genen (Abb. 2.**4a**) verknüpft werden (sogenannter „switch"). Dabei entstehen die bereits genannten Immunglobulinklassen (Tab. 2.**2**).

Variabilitätstypen. In den konstanten Teilen der Immunglobuline kommen genetisch verankerte, nach den Mendel-Gesetzen vererbte Unterschiede vor, genannt **Allotypen**. Demgegenüber bezeichnet man Unterschiede innerhalb der variablen Teile als **Idiotypen**. Letztere bestimmen die Spezifität der Antigenbindungsstelle und sind gewöhnlich für individuelle B-Zell-Klone spezifisch.

Funktionen. Die verschiedenen Antikörperklassen sind auf unterschiedliche Funktionen spezialisiert. IgM und IgD sind in ihrer transmembranären Form die Rezeptoren der B-Zellen, wobei die Funktion von **IgD** noch unklar ist. Die **IgM** werden bei der primären Immunantwort als erste ausgeschüttet, und zwar als Pentamere; sie können die Plazentaschranke nicht passieren. Die **IgG**, im Serum am reichlichsten vertreten, erreichen nach sekundärer Stimulation besonders hohe Titer. Sie treten durch die Plazenta und verleihen dem Neugeborenen einen passiven Schutz gegen jene Krankheitserreger, gegen die seine Mutter immun ist. Unter unglücklichen Umständen können solche Antikörper das Kind auch schädigen, dann nämlich, wenn sie gegen Epitope des Kindes gerichtet sind, gegen welche die Mutter immunologisch reagiert hat (häufigstes Beispiel: Rhesusinkompatibilität). **IgA** treten in hoher Konzentration in den Sekreten auf (Speichel, Darminhalt, Bronchial- und Nasensekret, Milch), wo sie strategisch günstig gelegen sind, um Infektionserreger gleich an der Eintrittspforte abzufangen (Abb. 2.**5**). Die **IgE**-Antikörper lagern sich an Basophile und Mastzellen an. Gerät ein Antigen an eine mit den entsprechenden IgE beladene Mastzelle, so kommt es zur Degranulierung der Zelle unter Freisetzung hochaktiver biogener Amine (Histamin, Kinine). IgE werden auch in größerer Menge bei Befall durch Parasiten gebildet und spielen dort wahrscheinlich eine wichtige schützende Rolle.

B-Zell-Epitope und B-Zell-Vermehrung

Ist einmal in einer B-Zelle die Neuordnung der Ig-Gene erfolgt, wird das entsprechende Protein als Oberflächenrezeptor exprimiert und gleichzeitig eine weitere Umordnung unterbunden. Es wird somit fast immer nur eine ABS oder **eine Spezifität** auf einer Zelle ausgedrückt und damit auch bei bezüglich des Allotyps heterozygoten Individuen nur ein Allotyp; dieses Phänomen

Mukosa-assoziiertes Immunsystem (MALT) und „Homing"

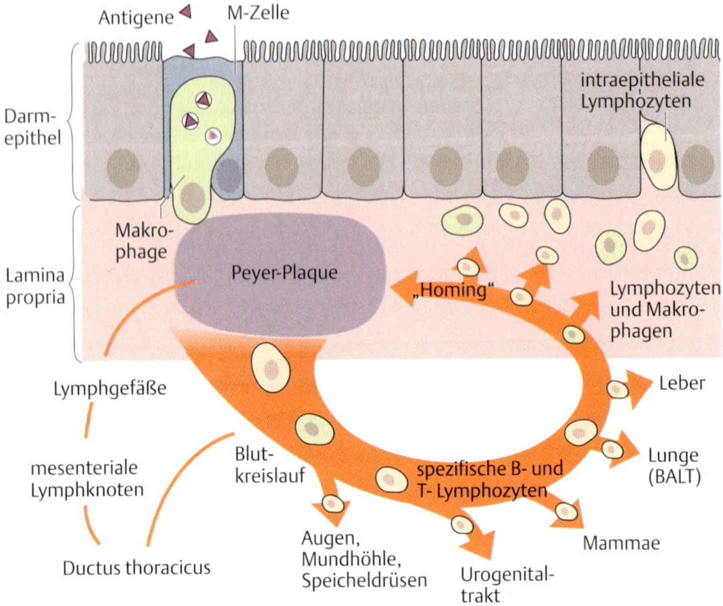

Abb. 2.**5** An Schleimhäuten auftretende Antigene werden durch spezialisierte APZ (M-Zellen in der Darmwand oder Lungenmakrophagen in der Lunge) aufgenommen und im Peyer-Plaque oder lokalen Lymphknoten präsentiert. Dies fördert wahrscheinlich die T-Zell-abhängige Aktivierung von IgA-produzierenden B-Zellen. Diese B-Zellen werden über spezielle Adhäsionsmoleküle und wegen lokalen Antigendepots präferentiell in die ursprünglich befallene Mukosaregion zurück rekrutiert („Homing"), wodurch eine Art geographische Spezifität der Abwehr entsteht.

heißt **allelische Exklusion**. Solange die B-Zellen nicht proliferieren, bleibt jede durch Neuordnung der Gene erzeugte Spezifität auf wenige Zellen beschränkt. Um eine nachweisbare Wirkung entfalten zu können, muß eine Spezifität gewaltig expandiert werden, was durch **klonale Vermehrung** erreicht wird. Die klonale Proliferation nach Kontakt mit einem Antigen mündet nach einigen Teilungsschritten in die Differenzierung der B-Zelle zu **Plasmazellen**, die den spezifischen Rezeptor nun als Antikörper in die Umgebung entlassen.

Antigenstruktur. Man unterscheidet einerseits Antigene, die B-Zellen unabhängig von jeglicher T-Zell-Hilfe zur Antikörpersekretion stimulieren, und solche, die hierfür zusätzliche Signale von T-Zellen benötigen:

- **T-unabhängige Antigene vom Typ 1 (TI_1).** *Parakristalline*, zweidimensionale, identische, im Abstand von ca. 5 – 10 nm *repetitiv angeordnete* Epitope (z. B. auf Viren, Bakterien und Parasiten) oder Lipopolysaccharide (LPS). Diese Anordnung verursacht *optimale Kreuzvernetzung* der Ig-Rezeptoren und/oder komplementiert eine suboptimale Kreuzvernetzung mit einem Aktivierungssignal via LPS.
- **T-unabhängige Antigene vom Typ 2 (TI_2).** Sie sind *weniger streng geordnet*, meist flexibel oder mobil, und vernetzen Ig-Rezeptoren z. T. auch, aber in geringerem Maße als TI_1. Sie benötigen wenig und nicht direkt assoziierte T-Hilfe für eine B-Zell-Antwort (z. B. Hapten-Ficoll-Antigene oder virale Glykoproteine auf infizierten Zelloberflächen).
- **T-Hilfe-abhängige Antigene.** *Monomere* (meist lösliche) Antigene, die *keine Kreuzvernetzung* von Ig verursachen und eine B-Zell-Proliferation nur induzieren können, wenn *T-Hilfe* über Kontakt nötige Zusatzsignale auslöst (s. auch B-Zell-Toleranz, S. 71f.).

Die Rezeptoren auf den B-Zellen und die frei in Lösung schwimmenden Antikörper erkennen in der Regel Epitope, die sich auf der Oberfläche des nativen Antigens befinden. Wenn es sich um Proteine handelt, sind Abschnitte von Polypeptidketten beteiligt, die im denaturierten, gestreckten Zustand der Ketten weit voneinander entfernt liegen. Erst durch die Faltung des Antigens in seiner nativen Konfiguration bildet sich ein **konformationelles** oder **strukturelles Epitop**. Im Innern des Antigens versteckte, meist durch zusammenhängende Abschnitte einer Polypeptidkette gebildete Epitope, sog. **sequentielle** oder **lineare Epitope**, sind für B-Zellen und Antikörper meist unzugänglich, solange das Antigenmolekül oder das infektiöse Agens in nativer Konfiguration bleibt, und deshalb kaum von biologischer Bedeutung. Die Rolle der linearen Epitope wird weiter unten bei der T-Zell-vermittelten Immunität behandelt. B-Zellen erkennen auch häufig Zuckermoleküle spezifisch anhand ihrer Verknüpfungen auf der Oberfläche von infektiösen Keimen. T-Zellen können Zuckermoleküle dagegen wahrscheinlich nicht erkennen, außer vielleicht die $\gamma\delta$-T-Zellen (S. 67).

Proliferation. Wie oben erwähnt, genügt im allgemeinen der Kontakt eines oder weniger B-Zell-Rezeptoren mit dem passenden Epitop nicht, um die Proliferation der B-Zellen auszulösen. Es sind dafür weitere T-Zell-vermittelte Signale nötig.

Bei der Neuanordnung von genetischem Material und der Proliferation – Vorgängen, die ständig millionenfach stattfinden – können gelegentlich Fehler passieren; zusätzlich können Onkogene aktiviert werden. Auf diese Weise können **B-Zell-Lymphome** und **B-Zell-Leukämien** entstehen. Da der Fehler in einer einzigen Zelle passiert, sind solche Tumoren *monoklonal.* Die unkontrollierte Proliferation differenzierter B-Zellen, der Plasmazellen, führt zu **monoklonalen Plasmazelltumoren**, multiples Myelom oder Plasmozytom genannt. Manchmal werden von Myelomen die leichten Ketten des monoklonalen Immunoglobulins im Überschuß gebildet und erscheinen im Urin als **Bence-Jones-Protein**. Bence-Jones-Proteine waren die ersten einer chemischen Analyse zugänglichen Bestandteile von Immunglobulinen und lieferten wichtige Aufschlüsse über deren Aufbau.

Monoklonale Antikörper

Im Verlauf einer normalen Immunantwort reagieren und proliferieren in der Regel mehrere Klone von Zellen, die zu verschiedenen Epitopen eines Antigens unterschiedlich gut passende ABS tragen. Eine solche Immunantwort ist also **polyklonal**. Man kann aus einer polyklonalen Immunantwort experimentell eine einzelne Zelle heraussieben und durch Fusion mit einer unsterblichen, proliferationsfähigen Plasmazell-Tumorzelle ein Hybridom erzeugen, welches nun das Immunglobulin der ursprünglichen Zelle in beliebiger Menge und in chemisch einheitlicher Form produziert. Auf diese Weise stellt man **monoklonale Antikörper** her (Abb. 2.**6**). Sie sind wichtige Werkzeuge in der experimentellen Immunologie, in der Diagnostik und für die Therapie. Viele monoklonale Antikörper werden zur Zeit noch in Mäuse- oder Rattenzellen hergestellt und sind somit, bezogen auf den Menschen, xenogenetisch. Um die damit verbundenen Abstoßungsprobleme zu umgehen, versucht man, Antikörper entweder mit Hilfe menschlicher Zellen herzustellen oder murine Antikörper zu „humanisieren", indem man die variablen Domänen muriner Antikörper an konstante Domänen menschlicher Antikörper anhängt.

Das System der T-Zellen

T-Zell-Rezeptoren und akzessorische Moleküle

Die T-Zellen tragen, genau wie die B-Zellen, Rezeptoren, die spezifische Bindungen mit sterisch passenden Epitopen eingehen können. Die Vielfalt der **T-Zell-Rezeptoren** entsteht ebenfalls durch Rearrangement von V-, D- und J-Segmenten (Abb. 2.**4b**). Diese Rezeptoren werden allerdings niemals sezerniert, sondern bleiben immer membranständig.

Jeder T-Zell-Rezeptor besteht aus **zwei transmembranären Ketten**, α und β bzw. γ und δ. Diese sind nicht zu verwechseln mit entsprechend benannten schweren Ketten der Ig. Beide Ketten bestehen aus zwei extrazellulären Domänen mit einem transmembranären Verankerungsteil und kurzen intra-

Herstellung von monoklonalen Antikörpern

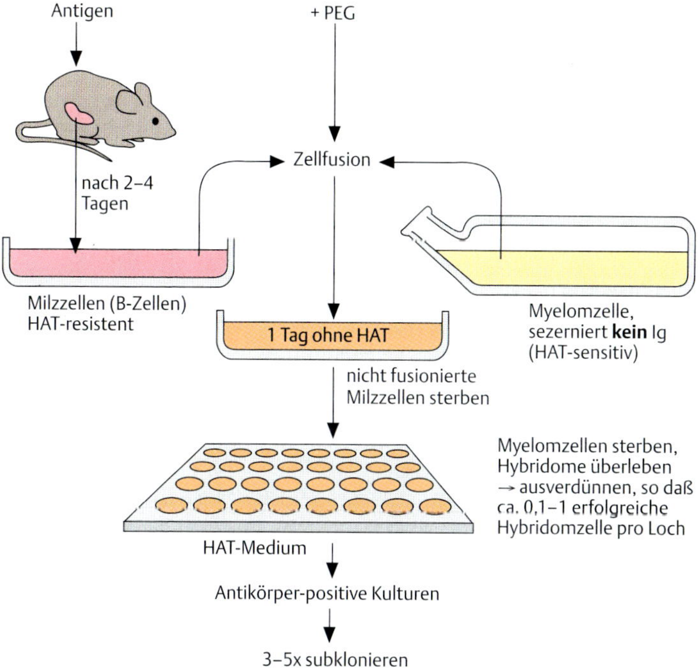

Abb. 2.**6** Die Herstellung monoklonaler Antikörper erfolgt mit Hilfe von Zellinien, die durch Fusion eines B-Lymphozyten mit einer Myelomzelle erhalten wurden: Man immunisiert Mäuse mit dem Antigen und verabreicht 2–4 Tage vor der Fusion das Antigen nochmals intravenös. Die entnommenen Milzzellen werden mittels Polyethylenglykol (PEG) mit einer Myeloma-Zellinie fusioniert. Nicht fusionierte Milzzellen sterben innerhalb eines Tages ab. Danach wird die Kultur in ein selektives HAT-Medium (Hypoxanthin, Aminopterin und Thymidin) versetzt. Aminopterin blockiert einen wichtigen Stoffwechselweg, den Milzzellen jedoch mit Hilfe der Intermediärmetabolite Hypoxanthin und Thymidin über eine Nebenreaktion nachvollziehen können, die Myelomzellen dagegen aufgrund eines Stoffwechseldefekts nicht. Durch Fusion einer Milzzelle mit einer Myelomzelle wird letztere wieder HAT-resistent, so daß nach einigen Tagen in Kultur nur noch die erfolgreich fusionierten Zellen überleben. Nun wird die Zellkultur so weit verdünnt, daß sich in jedem Napf idealerweise nur noch ein Hybridom befindet. Jeder Ansatz wird auf das Vorhandensein des gewünschten Antikörpers getestet. Im positiven Fall werden die Hybridomzellen zur Sicherheit noch mehrmals subkloniert, wobei immer wieder die Spezifität der produzierten Antikörper kontrolliert wird.

zellulären Fortsätzen. Wie bei Ig sind die endständigen Domänen variabel ($V\alpha$, $V\beta$) und bilden gemeinsam die Bindungsstelle (s. Abb. 2.**10**, S. 66). Diese Rezeptoren sind mit anderen Polypeptiden auf der T-Zell-Oberfläche assoziiert: mit dem mehrkettigen **CD3-Komplex** und, je nach Differenzierung, mit dem **CD4-** und dem **CD8-Molekül**. CD steht für „cluster of differentiation" oder „cluster determinant". Es handelt sich um Differenzierungsantigene, die durch Gruppen (Cluster) von monoklonalen Antikörpern definiert worden sind. (Eine Zusammenfassung der wichtigsten CD-Antigene gibt Tab. 2.**13**, S. 127ff.).

T-Zell-Spezifität und Haupthistokompatibilitäts-Genkomplex

T-Zell-Rezeptoren sind nicht imstande, freie oder als Bestandteil von Antigen umherschwimmende Epitope zu erkennen. Ein T-Zell-Rezeptor erkennt „sein" Epitop nur, wenn es ihm eingebettet in einer besonders gestalteten molekularen Rinne vorgeführt wird (sog. **T-Zell-Restriktion oder MHC-Restriktion**). Diese Rinne befindet sich in einem sog. **MHC-Molekül** („major histocompatibility complex-" oder Haupthistokompatibilitäts-Molekül). Der Hauptkompatibilitäts-Genkomplex (MHC) kodiert für die starken Histokompatibilitäts- oder Transplantationsantigene (HLA-Moleküle, „human leucocyte antigen"; Abb. 2.**7**).

MHC-Moleküle wurden ursprünglich entdeckt als Zelloberflächenstrukturen, die immunologische Zell- und Gewebeabstoßung bei Transfusionen oder Transplantationen verursachen. Die eigentliche Funktion als Präsentiermoleküle von Peptiden wurde erst in den 70er Jahren entdeckt: Damals erkannte man beim Testen von Virus-spezifischen zytotoxischen T-Zellen, daß

Der MHC-Genkomplex

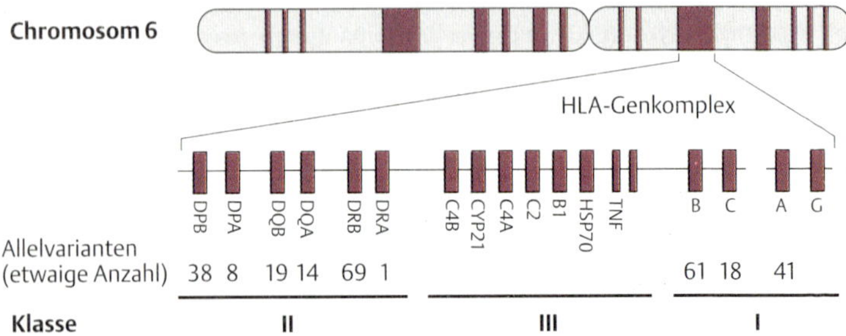

Abb. 2.**7** Der Haupthistokompatibilitäts-Genkomplex des Menschen (HLA-Gene) befindet sich auf Chromosom 6. Man unterscheidet 3 Klassen von MHC-Molekülen.

Proteinstruktur von MHC-Klasse-I-Molekülen

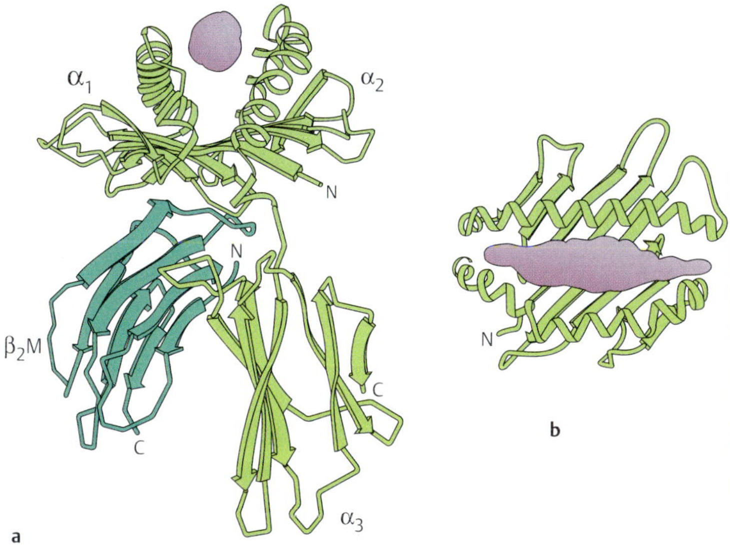

Abb. 2.**8** **a** Seitenansicht, **b** Aufsicht. Violett eingezeichnet ist das präsentierte Peptid. α_1, α_2 und α_3 sind die 3 Domänen der schweren Kette. Das β_2-Mikroglobulin (β_2M) fungiert als leichte Kette, ist jedoch nicht kovalent mit der schweren Kette verbunden.

immune T-Zellen infizierte Zellen meistens nur zerstören können, wenn beide vom gleichen Patienten oder von MHC-identischen Mäusen stammen.

MHC-Klassen. Im MHC kodierte Moleküle teilt man in 3 Gruppen ein:

- **MHC-Klasse-I-Moleküle.** Sie bestehen aus einer schweren α-Kette mit *3 Ig-artigen polymorphen Domänen* (> 100 – 1000 Allele) und einem nicht membranständigen, löslichen, *eindomänigen β2-Mikroglobulin* (β2M, nur wenige Allele). Die α-Kette bildet eine Grube für die Präsentation von Antigenpeptiden (Abb. 2.**8**). Die menschlichen HLA-A, -B, -C-Moleküle werden *auf allen Zellen* in unterschiedlicher Dichte exprimiert (relative Dichte auf Fibroblasten und Leberzellen 1 ×, Lymphknoten 100 ×, Neuronen 0,1 ×). Vor allem auf *lymphohämopoietischen Zellen* kommen zusätzlich wenig polymorphe, sog. nicht-klassische Klasse-I-Antigene mit Differenzierungsfunktion vor.

- **MHC-Klasse-II-Moleküle.** Zwei unterschiedliche, polymorphe, *2-domänige Transmembranketten* (α, β), die zusammen die Antigenpräsentiergrube bilden. Sie kommen vor allem auf *lymphohämatopoietischen Zellen*, auf *Antigenpräsentierzellen (APZ), Makrophagen* usw. vor (s. Abb. 2.**10a**), können aber beim Menschen (nicht jedoch bei der Maus!) auch auf epithelialen, neuroendokrinen und T-Zellen gefunden werden. Die Produkte der 3 menschlichen HLA-DP-, -DQ-, -DR-Genregionen können sich auch aus zwei Loci kombinieren. Dies gibt zusätzliche Vielfalt für die Peptidpräsentation.

- **MHC-Klasse-III-Moleküle.** Nicht eigentliche MHC-Antigene, die aber im MHC-Komplex kodiert werden: Komplement(C)-Komponenten C4, C2, Interleukine (IL, TNF), das Hitzeschockprotein 70 (HSP70) und andere Produkte, die für die Peptidpräsentation wichtig sind.

Funktion der MHC-Moleküle. MHC-Klasse-I und -II sind vor allem Präsentationsmoleküle (Abb. 2.**8** – 2.**10**). Diesen beiden Klassen von MHC-Molekülen sind zwei unterschiedliche Hauptaufgaben zugeordnet:

- **Zellinterne Antigene**, die zu Peptiden gespalten worden sind, werden i. d. R. über den endogenen Weg der Antigenprozessierung mit **MHC-Klasse-I-Molekülen** assoziiert (Abb. 2.**9** links).

- **Exogen aufgenommene Antigene** werden in Phagolysosomen zu Peptiden verarbeitet und i. d. R. in **MHC-Klasse-II-Molekülen** wieder auf der Zelloberfläche präsentiert (Abb. 2.**9** rechts). Dabei wird im Phagolysosom das Fragment der sog. invarianten Kette (CLIP, class-III-inhibiting protein) durch ein Antigenfragment ersetzt. CLIP blockiert normalerweise die Peptidbindungsstelle des MHC-Klasse-II-Dimers, damit sie nicht durch andere zellinterne Peptide besetzt wird.

In die Präsentationsgrube von MHC-Klasse-I-Molekülen passen Peptide mit einer Länge von etwa 8 – 10 (meistens 9) Aminosäuren, in die von MHC-Klasse-II 9 – 15 (meistens 10 – 12) Aminosäuren.

T-Zellen können nur die Kombinationen MHC-Klasse-I plus endogenes lineares Peptid (z. B. virales Peptid) oder MHC-Klasse-II plus exogenes lineares Peptid (z. B. bakterielles Toxinpeptid) erkennen (Tab. 2.**3**). Im Gegensatz zu Antikörpern, die nichtlineare, komplexe dreidimensionale Strukturen erkennen, ist die Erkennung durch T-Zellen deshalb *strikt auf Zelloberflächenveränderungen beschränkt.*

T-Zell-Spezifität. T-Zell-Erkennung umfaßt also zwei Arten von Spezifitäten: Erstens binden **MHC-Präsentationsmoleküle** Peptide mit einer gewissen Spezifität, die durch die Form der Grube und die vorgegebenen Ankerpositionen der Peptide gegeben ist. Zweitens wird diese MHC-Peptid-Kombina-

Präsentation endogener und exogener Antigene

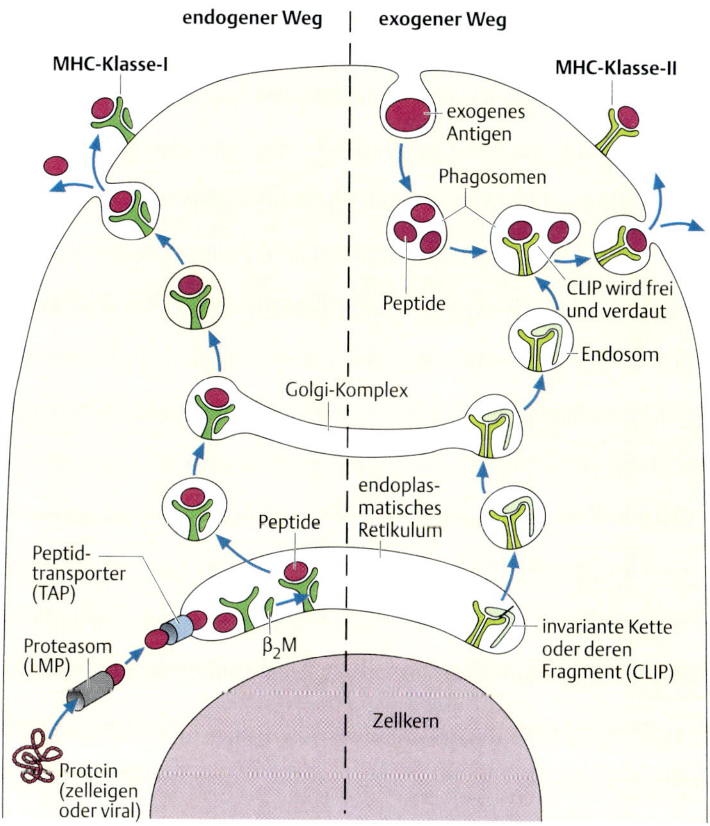

Abb. 2.**9** **In der Zelle synthetisierte, endogene Antigenpeptide** (links) werden im endoplasmatischen Retikulum an MHC-Klasse-I-Moleküle gebunden und auf der Zelloberfläche präsentiert. **Exogen aufgenommene Antigene** (rechts) werden zunächst in Phagosomen zu Peptiden gespalten. Das Phagosom verschmilzt mit einem Endosom, das MHC-Klasse-II-Moleküle enthält, deren Bindungsstelle bis dahin durch ein sog. CLIP-Fragment geschützt ist.

tion von **spezifischen T-Zell-Rezeptoren** (TZR) erkannt, wofür eine minimale Bindungstärke notwendig ist. Deshalb sind mit dem HLA assoziierte Krankheiten vor allem durch die Qualität der Peptidpräsentation, aber auch durch das TZR-Repertoire bestimmt.

Die Struktur der MHC-Rinne bewirkt eine Vorselektion jener Peptide, die überhaupt als T-Zell-Epitope präsentiert und deshalb erkannt werden können. Somit funktionieren nicht bei allen Individuen die gleichen Peptide als T-Zell-Epitope. Trotzdem gibt es häufig erkannte Peptid-MHC-Kombinationen: So besitzen bei uns etwa 50% der Bevölkerung das HLA-A2-Antigen, z.T. aber in Untervarianten.

Antigenpräsentierende Zellen (APZ). APZ sind Zellen des lymphohämatopoietischen Systems, die Peptide auf MHC-Moleküle laden und den T-Zellen so präsentieren, daß diese zur Antwort angeregt werden. Die komplexen Mechanismen sind zum Teil noch unklar. Im **Thymus und Knochenmark** funktionieren *Stromazellen* (d.h. dendritische Zellen, sog. Ammenzellen (nurse cells), im Thymus wahrscheinlich auch *Epithelzellen* als APZ. In den **peripheren sekundären Lymphorganen** sind folgende Zellen APZ:

- *zirkulierende Monozyten*;
- im Gewebe *sessile Makrophagen*, Astrozyten im Zentralnervensystem;
- wanderungsfähige *dendritische Zellen* aus dem Knochenmark: Sie kommen als Langerhans-Zellen der Haut vor, als „veiled cells" (Schleierzellen) während des Antigentransfers in den afferenten Lymphgefäßen, als interdigitierende Zellen in der Milz und im Lymphknoten, als interstitielle dendritische Zellen oder als M-Zellen des MALT;
- *follikulär-dendritische Zellen* (FDC) in den Keimzentren der sekundären Lymphorgane, die wahrscheinlich nicht aus dem Knochenmark herstammen;
- *B-Lymphozyten*, die während der T-B-Kooperation den T-Helferzellen als APZ dienen.

Konsequenzen der MHC-Vielfalt. Weil jedes Individuum (außer eineiige Zwillinge oder Inzuchtmäuse desselben Stammes) sich bezüglich der Kombination von polymorphen MHC-Antigenen und zelleigenen Peptiden vom andern unterscheidet, ergeben sich von Individuum zu Individuum mehrere durch MHC- und nicht-MHC-Moleküle bestimmte Unterschiede. Die als Präsentierstruktur für die T-Zell-Erkennung essentiellen MHC-Moleküle variieren von Individuum zu Individuum sehr stark und sind daher das Ziel der T-Zellen eines Empfängers von Zell und Organtransplantaten (**Transplantatabstoßung**). Die „Transplantationsantigene" tragen also eigentlich einen falschen Namen, weil ihre wirkliche Funktion erst nachträglich entdeckt worden ist. Die Transplantaterkennung reflektiert wahrscheinlich Kreuzreaktivitäten der T-Zell-Rezeptoren zwischen den wirtseigenen MHC-Antigenen plus Peptid einerseits und den fremden Transplantationsantigenen plus fremden Peptiden andererseits (z. B. kreuzreagiert der T-Zell-Rezeptor für HLA-A2 + Peptid X mit HLA-A13 + Peptid Y).

Reifung der T-Zellen: positive und negative Selektion

Die Reifung der T-Zellen findet hauptsächlich im **Thymus** statt; sie ist schematisch in Abb. 2.**2** (S. 48) dargestellt. T-Zellen erkennen Selbst-MHC-Antigene, die Fremdpeptide präsentieren, sie reagieren aber auch gegen Fremd-MHC, die unbekannte Peptide präsentieren (s. o.). Da die MHC-kodierten Präsentiermoleküle sehr polymorph sind und auch mutieren, kann das **TZR-Repertoire nicht fix vorbestimmt** sein; es wird vielmehr während der Thymozytenreifung positiv selektioniert. Dies wurde mit Versuchsmäusen ohne Thymus (und deshalb ohne T-Zellen) anhand von MHC-Klasse-I-Molekülen a und b gezeigt. Die Implantation eines Thymus mit MHC-Klasse-Ia (ohne b) ließ in diesen Mäusen T-Zellen reifen, die nur MHC-Klasse-Ia plus Peptide, nicht aber MHC-Klasse-Ib plus andere Peptide erkennen konnten. Die vom Zufall gesteuerten Vorgänge, welche zur Rearrangierung des T-Zell-Rezeptors führen, erzeugen in der Mehrzahl der Fälle unbrauchbare $\alpha\beta$- oder $\gamma\delta$-Rezeptor-Kombinationen. Bevorzugt am Leben erhalten und vermehrt werden T-Zellen mit Rezeptoren, welche die aus dem riesigen Polymorphismus im Individuum gewählten und ausgedrückten Formen der MHC-Moleküle gut wahrnehmen. Von diesen T-Zellen werden allerdings jene deletiert, die Selbstpeptide zusammen mit eigenen Transplantationsmolekülen mit hoher Affinität erkennen. Zur optimalen und effizienten Gestaltung des T-Zell-Repertoires müssen T-Zellen deshalb einerseits **positiv selektioniert** werden, damit sie präferentiell die eigenen präsentierenden Transplantationsantigene plus Peptide erkennen; andererseits müssen die gegen Selbst-MHC plus Selbstpeptid reagierenden T-Zellen **negativ selektioniert**, d. h. deletiert werden. Ob positive Selektion generell über niedrige Bindungsstärke geschieht und negative Selektion die höchsten Affinitäten, nämlich die selbstreagierenden T-Zell-Bindungen, eliminiert und so nur die mittleren Bindungsstärken übrig bleiben ist noch unklar. Die verbleibenden T-Zellen mit mittlerer Affinität sind jene, die dann gegen Fremdpeptide, präsentiert in Selbst-MHC-Molekülen, korrekt reagieren. Neben einer enormen Proliferation von unreifen Thymozyten gehen jedenfalls ständig große Zahlen von Thymozyten unter (Apoptose, Zusammenfassung in Abb. 2.**17**, S. 90). Allgemein gilt, daß Reifung und **Überleben von Lymphozyten auf ständige, repetitive Signalisierung via Transmembranmoleküle angewiesen** sind; ein Aufhören dieser Signale bedeutet meistens den Zelltod.

Interaktionen bei der Antigenerkennung durch T-Zellen

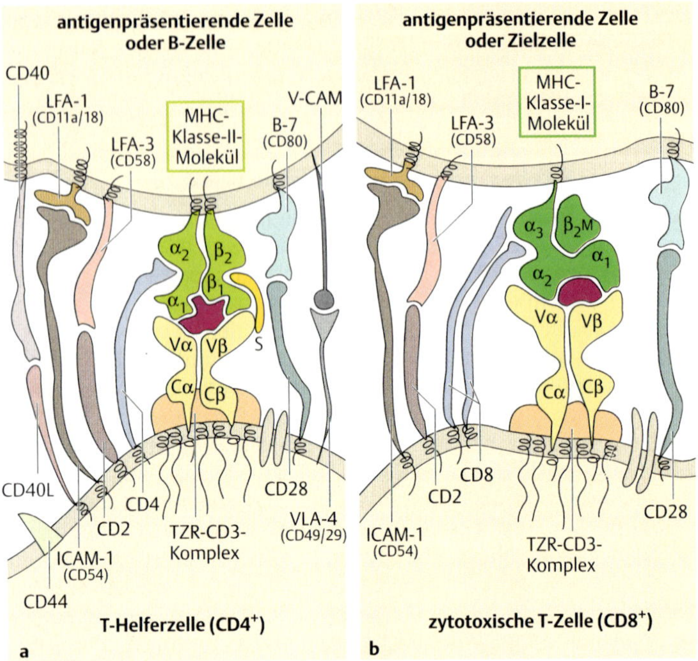

Abb. 2.**10** **a** Die Interaktion zwischen APZ oder B-Zellen und CD4⁺-T-Zellen (T-Helferzellen) erfolgt über MHC-Klasse-II-Moleküle (Heterodimer). **b** Die Interaktion zwischen CD8⁺-T-Zellen (zytotoxischen T-Zellen) und ihren Zielzellen erfolgt über MHC-Klasse-I-Moleküle. Das präsentierte Peptid ist jeweils violett dargestellt. S bezeichnet ein Superantigen, so genannt, weil es durch Bindung an konstante Teile der MHC- und TZR-Ketten viele verschiedene T-Helferzellen aktivieren kann.

T-Zell-Subpopulationen

CD4⁺-T-Zellen. Sie werden auch **T-Helferzellen** genannt, wegen ihrer wichtigen Funktion bei der **T-B-Kooperation** (Abb. 2.**10a**). Dieser Name ist nicht falsch, gibt aber nur einen Teil der vielen Funktionen dieser T-Zellen an. CD4⁺-Zellen produzieren selber oder induzieren die *Produktion von Interleukinen*, dadurch aktivieren sie Makrophagen und haben regulierende Wirkung auf andere Lymphozyten (s. S. 77 f.). Sie sind *in vivo* aber *nicht zellzerstörend*, auch wenn dies zum Teil *in vitro* nachgewiesen werden konnte.

CD8⁺-T-Zellen. Sie werden **zytotoxische T-Zellen** genannt, weil sie histoinkompatible, virusinfizierte oder sonst veränderte Zielzellen in vitro, aber auch in vivo *zerstören* können (Abb. 2.**10b**). Auch dieser Name gibt die Funktionen der CD8⁺-T-Zellen nur teilweise wieder, denn sie üben über *Interleukinfreisetzung* und Induktion auch viele andere *nichtlytische Funktionen* aus. Der Name Suppressor-T-Zellen oder CD8⁺-Suppressor-T-Zellen soll nicht verwendet werden, weil er irreführend ist. Ursprünglich wurde er als Gegenstück zu den oben erwähnten T-Helferzellen geprägt. Die suppressive Wirkung von CD8⁺-T-Zellen ist aber nur in ganz wenigen Beispielen glaubhaft dokumentiert worden. Der Name täuscht deshalb eine Funktion vor, die eigentlich kaum existiert. Ganz allgemein ist eine neutrale Bezeichnung wie CD4⁺-T-Zellen oder CD8⁺-T-Zellen am sinnvollsten und deshalb vorzuziehen.

γδ-T-Zellen. Der γδ-T-Zell-Rezeptor ist wie das homologe αβ-Heterodimer mit dem **CD3-Komplex** auf der Zelloberfläche assoziiert. Auch die Organisation der Gene für die γ- und δ-Ketten ähnelt derjenigen der α- und β-Ketten. Es gibt jedoch einige wichtige Unterschiede. Der Genkomplex, der für die δ-Ketten kodiert, befindet sich vollständig innerhalb des Genkomplexes für die α-Kette der T-Zell-Rezeptoren zwischen den V- und J-Gensegmenten. Deshalb zerstört jede Neuordnung der α-Kettengene die Gene für die δ-Ketten. Für die γ- und δ-Gene gibt es viel weniger V-Regionen als für die α- und β-Ketten des T-Zell-Rezeptors. Allerdings gleicht die erhöhte Verbindungsvariabilität der δ-Ketten möglicherweise die geringere Zahl von V-Regionen aus; nahezu die gesamte Variabilität innerhalb des γδ-Rezeptors konzentriert sich also auf die Verbindungsregion. Die Aminosäuren, die dort kodiert werden, liegen im Zentrum der vermuteten Bindungsstelle.

T-Zellen mit γδ-Rezeptoren erkennen bestimmte *Klasse-I-artige Genprodukte*. In peripheren Lymphgeweben exprimieren nur wenige T-Zellen den γδ- und CD3-Korezeptor. In der Mukosa und Submukosa besitzen jedoch die meisten T-Zellen γδ-Rezeptoren; sie weisen aber eine sehr eingeschränkte Variabilität auf.

γδ-T-Zellen exprimieren entweder kein CD4 oder CD8 oder nur zwei α- aber keine β-Kette des CD8-Moleküls. Obwohl man vermutet, daß die γδ-T-Zellen für frühe, wenig spezifische Abwehr der Haut und in den Schleimhäuten verantwortlich sein könnten, sind ihre Spezifitäten und Effektorfunktionen noch weitgehend unklar.

Immunologische Toleranz

T-Zell-Toleranz, gemessen als fehlende Immunreaktivität, kann auf mehreren Faktoren beruhen: 1. negative Selektion im Thymus (Deletion); 2. Selbst- oder Fremdantigen liegen in sekundären Lymphorganen für eine zu kurze Zeit oder nicht in genügender Quantität vor; 3. übermäßige, erschöpfende Induktion von T-Zellen durch zuviel und überall vorhandenes Antigen. Möglicherweise können T-Zellen auch durch partielle oder inkomplette Induktion vorübergehend „anerg" werden. Im allgemeinen sind selbstreaktive (autoimmune) **B-Zellen** immer vorhanden, da sie nicht negativ selektioniert werden. Ausnahmen können B-Zellen sein, die spezifisch für membrangebundene Selbstdeterminanten sind und die zum Teil deletiert werden. Gegen solche Antigene, die repetitiv in einem festen Abstand von etwa 10 nm angeordnet sind, reagieren B-Zellen prompt. Gegen lösliche, monomere Antigene reagieren sie jedoch nur, wenn gekoppelte T-Hilfe vorliegt. Die B-Zell-Toleranz ist also in hohem Maße eine Folge der fehlenden Antigenordnung und der T-Zell-Toleranz.

Unter immunologischer Toleranz verstehen wir das Konzept, daß das Immunsystem gegenüber Eigenstrukturen in der Regel nicht reagiert, gegen fremde Antigene aber wohl. Gemessen wird Toleranz über Abwesenheit von immunologischer Reaktion.

Toleranz bei T-Zellen

Man unterscheidet die **zentrale Toleranz**, die im Thymus geschieht und auf *negativer Selektion* (Deletion) von sich entwickelnden T-Zellen gegen im Thymus exprimierte Selbstantigene beruht, von der sog. **peripheren Toleranz**. Bei letzterer werden T-Zellen an einer Reaktion gegen Eigenantigen gehindert, auch wenn sie im Thymus nicht deletiert worden sind. Es sind folgende Mechanismen postuliert und zum Teil auch gezeigt worden, die zu Areaktivität von T-Zellen in der Peripherie führen (Tab. 2.**5**):

- **Indifferenz oder Ignoranz von T-Zellen.** Sowohl vom Wirt kodierte als auch fremde Antigene, die nur in der Peripherie in epithelialen, mesenchymalen oder neuroektodermalen Zellen und Geweben vorkommen, nicht oder nur in ungenügender Menge von APZ transportiert und so nie oder nur ungenügend in organisierte lymphatische Organe gelangen, werden von T- und B-Zellen ignoriert. Die meisten Eigenantigene, die nicht im Serum und nicht auf/in lymphohämatopoietischen Zellen vorkommen, gehören in die Kategorie der ignorierten, potentiell aber immu-

Tabelle 2.5 Abhängigkeit der T-Zell-Antwort von der Lokalisation, der Menge und der zeitlichen Präsenz des Antigens

Lokalisation	Antigen Menge	zeitliche Präsenz	T-Zell-Antwort
Thymus	wenig – viel	immer	negative Selektion durch Deletion
Blut, Milz, Lymphknoten (sekundäre lymphatische Organe)	wenig wenig	kurz (1 Tag) lang (7 Tage)	keine Induktion Induktion
	viel viel	kurz lang	keine Induktion erschöpfende Induktion/Deletion, (Anergie?)
peripheres nichtlymphatisches Gewebe	viel oder wenig	immer oder kurz	Ignoranz, Indifferenz, (Anergie?)

nogenen Selbstantigene. Gewisse Viren und deren Antigene nutzen dies zu ihren Gunsten aus; z. B. werden Tollwutviren, solange sie nur in Axonen sind, oder Papillomaviren, wenn sie ausschließlich in Keratinozyten vorkommen (Warzen), vom Immunsystem ignoriert und unbehelligt gelassen. Der Hauptgrund dafür, daß viele Selbst- und einige Fremdantigene von T-Zellen ignoriert werden, liegt darin, daß *Immunantworten nur in der Milz und in Lymphknoten induziert* werden können und daß nicht aktivierte T-Zellen *nicht in die Peripherie auswandern*. Es wird auch postuliert, daß T- und B-Zellen, die solche Antigene in der Peripherie antreffen, anergisiert oder inaktiviert werden, vor allem weil dort die sog. zweiten oder Kosignale fehlen. Die Hinweise darauf sind aber zur Zeit noch sehr indirekt. Experimente zur „Indifferenz" von T-Zellen sind in dem Kasten auf S. 70f. zusammengefaßt. Wahrscheinlich werden sehr viele Selbstantigene auf die beschriebene Weise vom Immunsystem ignoriert. Zugleich bilden diese Selbstantigene eine potentielle Quelle für Autoimmunität.

- **Komplette, erschöpfende T-Zell-Induktion.** Wenn ein Antigen – unabhängig davon ob es eigen oder fremd ist – auf *sehr vielen APZ und peripheren Zellen* ausgedrückt ist, werden alle T-Zellen mit dem passenden TZR so effizient induziert, daß sie zu kurzlebigen Effektorzellen werden, die nur 2 bis 4 Tage überleben. Diese Phase der Induktion könnte auch der postulierten Anergie entsprechen (s. o.); demnach wäre Anergie, d. h. die Unfähigkeit, in vitro auf Antigenstimuli zu reagieren, darauf zurückzuführen, daß diese Zellen bereits auf dem Weg zur Apoptose (Zelltod, s. Abb. 2.**17**, S. 90) sind. Nachdem alle enddifferenzierten Effektor-T-Zellen gestorben sind, bleibt keine Reaktivität mehr übrig. Neu reifende Thymozyten werden zum Teil schon im Thymus negativ selektioniert, wenn das fremde Antigen auch dorthin gelangt (z. B. bei chronischen Infektionen mit nicht-zytopathogenen Viren), oder sie werden in sekundären Organen ständig in kleineren Zahlen induziert und erschöpft.

Erschöpfende T-Zell-Induktion kommt wahrscheinlich gegen das Hepatitis-B-Virus oder gegen HIV vor und ist bei der Maus experimentell aufgezeigt worden am Beispiel des Virus für lymphozytäre Choriomeningitis. Aber auch die erfolgreiche Etablierung eines Chimärismus bei Lebertransplantationen, wo sich dank der zeitlich relativ begrenzten Immunsuppression viele dendritische Zellen im Rezipienten ansiedeln können und dabei die spezifisch gegen die fremden MHC-Moleküle reagierenden T-Zellen des Rezipienten verschwinden, scheint auf dem gleichen Prinzip zu beruhen.

Zwei wichtige Experimente zur Induktion der Immunantwort

APZ transportieren Antigene über die Lymphbahn zu zentralen lymphatischen Organen. *Hautlappenexperiment.* Zum Nachweis, daß Antigene von peripheren Antigenkontaktorten (z. B. Haut) zuerst auf APZ *über die Lymphgefäße* in den lokalen Lymphknoten gelangen müssen, damit eine Immunantwort induziert wird, wurde ein Hautlappen bei einem Meerschweinchen so präpariert, daß die Gefäße (Lymphgefäß, Vene und Arterie) zur Versorgung erhalten blieben.

Wenn nun dieses Hautstück mit einem Hautkontaktantigen sensibilisiert wird, reagiert das Tier bei einer zweiten Behandlung seiner übrigen Haut mit einer beschleunigten Zweitreaktion. Wird allerdings vor der ersten Sensibilisierung das aus dem präparierten Hautlappen führende Lymphgefäß unterbrochen oder der lokale drainierende Lymphknoten zerstört, so bleibt diese typische Sekundärantwort aus, d. h., es können *keine T-Zellen induziert* werden. Durch direkte Sensibilisierung an einer anderen Hautstelle kann die Zweitreaktion überall ausgelöst werden, also auch bei unterbrochenem Lymphgefäß oder zerstörtem Lymphknoten. Dies bedeutet, daß *induzierte Lymphozyten* den Ort des Antigenkontakts *über die Blutbahn* erreichen.

Die meisten Selbstantigene werden von $CD8^+$-Zellen ignoriert. *Transgene Maus mit viralem Glykoprotein-Gen.* Als Analogon zu vielen Selbstantigenen, die in peripheren nichtlymphatischen Organen und Zellen vorhanden sind, hat man Mäusen das Gen für das Glykoprotein (GP) eines Virus eingebaut, und zwar unter einem regulierenden Gen, so daß es nur in den insulinproduzierenden Zellen des Pankreas exprimiert wird. Dieses künstlich eingebrachte „Selbstantigen" wird vom Immunsystem des Wirts ignoriert, denn es entsteht keine Immunantwort, keine Autoimmunität und kein Diabetes. Wird diese transgene Maus aber via APS und lympathische Organe mit dem Virus infiziert, so generiert sie Anti-Virus-GP-spezifische zytotoxische T-Zellen, die die Inselzellen zerstören und Diabetes verursachen. ▶

Fortsetzung: **Zwei wichtige Experimente ...**

Dieses Modell zeigt, daß viele Selbstantigene vom Immunsystem nicht beachtet werden, weil sie sich außerhalb des lymphatischen Systems befinden. Wenn aber solche Antigene in geeigneter Form ins Immunsystem gelangen (hier über die Infektion von APZ), entwickelt der Organismus eine Autoimmunantwort.

Zusammenfassend ist Areaktivität von T-Zellen erreichbar durch *negative Selektion im Thymus*, durch *übermäßige Induktion in der Peripherie* oder aber durch *Sequestration* des Antigens außerhalb von lymphatischen Organen unter Verhinderung der Aufnahme in APZ. Bei den ersten beiden Mechanismen ist die Persistenz des Antigens im lymphatischen Gewebe wichtigste Voraussetzung, beim dritten ist entsprechende Absenz wichtig. Die Rolle des zweiten oder Kosignals in diesen Prozessen muß noch geklärt werden.

Toleranz bei B-Zellen

Im Gegensatz zur klassischen zentralen T-Zell-Toleranz bzw. Areaktivität werden B-Zellen gegen Selbstantigene in der Regel *nicht negativ selektioniert* (Tab. 2.**6**). Die B-Zell-Regeneration im Knochenmark ist sehr intensiv, und die Prozesse der Antigenselektion bei diesem Vorgang sind noch wenig erforscht. Obwohl negative Selektion von B-Zellen im Knochenmark für membranständige MHC-Moleküle experimentell nachgewiesen worden ist, gilt dies für andere membranständige Antigene und für die meisten löslichen Selbstantigene offenbar nicht. Diese selbstspezifischen, potentiell selbstreaktiven B-Zellen werden in der Regel deshalb nicht zu einer Immunantwort angeregt, weil die nötige T-Hilfe im Thymus deletiert worden ist. B-Zell- und Antikörpertoleranz wird also im wesentlichen über die *fehlende T-Hilfe* kontrolliert. Daß einige antigene Strukturen und Anordnungen B-Zellen ohne T-Hilfe induzieren können, zeigt, daß autoreaktive B-Zellen meistens vorhanden sind und über optimal Ig-kreuzvernetzende parakristallin-multimere Antigene zu entsprechenden IgM-Autoantikörperantworten angeregt werden können. Da jedoch Selbstantigene den B-Zellen üblicherweise *nicht* in den dafür nötigen zweidimensionalen, *repetitiven und parakristallin angeordneten Mustern* zugänglich sind, werden solche IgM-Autoantikörperantworten nicht induziert. Interessant ist allerdings, daß DNA und Kollagen, die oft an chronischen Autoantikörperantworten beteiligt sind, repetitive Antigenstrukturen aufweisen. Solche sind in entzündlichen Läsionen den B-Zellen zugänglich und könnten deshalb Autoantikörperantworten induzieren. Für eine chronische Autoantikörperantwort vom IgG-Typ ist jedoch immer T-Hilfe nötig, die über Koppe-

Tabelle 2.**6** B-Zellen unterscheiden nicht zwischen eigen und fremd, sondern vor allem zwischen repetitiven (meist fremden) und monomeren (meist eigenen) Antigenen

Antigen			**B-Zellen vorhanden**	**IgM-Antwort** T-Zell-unabhängig	T-Hilfe vorhanden	T-Zell-abhängig
auf Zellmembranen im Knochenmark	hohe Konzentration	eigen	–	–	–	–
	niedrige Konzentration	eigen	+[1]	+[1]	–	+[1]
monomeres Antigen	hohe Konzentration	eigen	+[1]	nicht anwendbar	–	–
	niedrige Konzentration	fremd	+	nicht anwendbar	+	+
repetitiv, identisch		eigen (sehr selten)[2]	+	(+)[2]	(+)	(+)
5–10 nm entfernt, parakristallin		fremd („immer" infektiös)	+	+	+	++

[1] B-Zellen sind vorhanden und werden angeregt, wenn das Antigen repetitiv und parakristallin angeordnet ist (T-Helfer-unabhängig Typ I). B-Zell-Antworten werden gegen wenig organisierte oder monomere Antigene nicht direkt induziert; es ist dann indirekte (T-Helfer-unabhängig Typ II) oder konventionell-verknüpfte T-Hilfe nötig.

[2] Solche Selbstantigene sind B-Zellen normalerweise nicht zugänglich; in Läsionen können aber Kollagene, Grundsubstanz des Knorpels, Acetylcholinrezeptoren usw. möglicherweise solche B-Zell-Antworten anregen, wodurch eine Autoimmunantwort begünstigt wird.

lung von entsprechenden MHC-Klasse-II-assoziierten Peptiden, die von T-Zellen erkannt werden können, erbracht werden muß. Dabei sind wahrscheinlich oft infektiöse Keime beteiligt (Klebsiellen, Yersinien bei Rheumaerkrankungen, Coxsackie-Virus-Infektionen bei Diabetes oder chronische parasitäre Infektionen).

Mechanismen und Typen von Immunantworten

Die Effektorfunktionen des Immunsystems umfassen einerseits Antikörper und komplementabhängige Mechanismen in Körperflüssigkeiten und andererseits gewebegebundene T-Zell- und Monozyten/Makrophagen-abhängige Effektormechanismen. Einige T-Zell-Antworten werden durch freigesetzte lösliche Mediatoren (Zytokine) ausgeführt, die über die Grenzen von einzelnen Zell-Zell-Kontakten hinaus auf viele umliegende Zellen wirken können. Andere T-Zell-Effektormechanismen werden präzise über Zell-Zell-Kontakte vermittelt, z. B. die perforinabhängige Zell-Lyse oder die Induktion von Signalen, die die B-Zell-Differenzierung einleiten.

T-Zell-Aktivierung

T-Zell-Antworten in ihren Abhängigkeiten von Antigenlokalisation, Menge und Zeit sind in Tab. 2.**5** (S. 69) zusammengefaßt. Die Stimulation der T-Zelle über TZR, über akzessorische Moleküle oder Adhäsionsmoleküle aktiviert verschiedene Tyrosinkinasen (Abb. 2.**11**) und ermöglicht über mehrere Stufen der Signalübertragung eine strenge und differenzierte Regulation. *Zur Aktivierung über TZR (Signal 1) ist meistens noch ein zweites Signal (Signal 2 = Kostimulation) notwendig.* Wichtige costimulatorische Signale werden bei der T-B-Kooperation über B7 (B7.1 und B7.2) auf APZ oder B-Zellen und deren Liganden auf T-Zellen (CD28, CTLA-4) vermittelt oder über den CD40-CD40-Liganden.

Superantigene

Einige Produkte von Bakterien, möglicherweise auch von Viren, können in Verbindung mit MHC-Klasse-II-Molekülen viele verschiedene $CD4^+$-T-Zellen effizient stimulieren. Dies geschieht oft über *Bindung an konstante Teile* bestimmter Vβ-, möglicherweise aber auch Vα-Ketten, also relativ unspezifisch (s. Abb. 2.**10a**, S. 66). Man unterscheidet exogene und endogene Superantigene. **Exogene Superantigene** sind vor allem Toxine von *Bakterien (Staphylokokken*-Enterotoxine A–E (SEA, SEB usw.), Toxic Shock Syndrom Toxin (TSST), Toxine von *Streptococcus pyogenes*, aber auch bestimmte Retroviren. **Endogene Superantigene** sind Bestandteile endogener Retroviren, die bei der Maus nachgewiesen worden sind und sich wie Superantigene verhalten (z. B. Murines Mammary Tumor Virus, MMTV). Die Superantigene spielen für die T-Zellen eine ähnliche funktionelle Rolle wie die Lipopolysaccharide (LPS) von Bakterien für die B-Zellen: LPS aktivieren B-Zellen ebenfalls polyklonal, aber nicht über den Ig-Rezeptor, sondern über LPS-Rezeptoren (s. u.).

T-Zell-Aktivierung

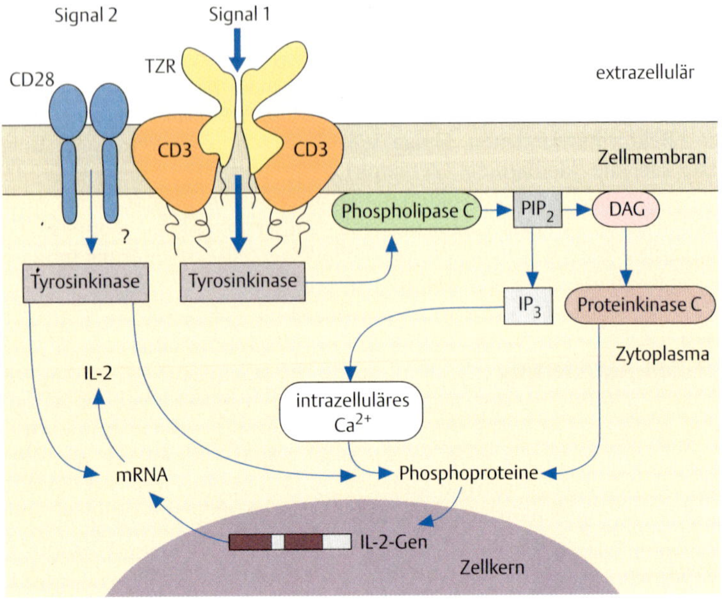

Abb. 2.**11** Mehrere Stufen der Signalübertragung sowie die meist notwendige Kostimulation (Signal 2) ermöglichen eine differenzierte Regulation der T-Zell-Aktivierung: Die Stimulation der T-Zelle über den T-Zell-Rezeptor (TZR; Signal 1) aktiviert eine Tyrosinkinase, die ihrerseits die Phospholipase C (PLC) aktiviert. PLC spaltet Phosphatidylinositoldiphosphat (PIP_2) in Inositoltriphosphat (IP_3) und Diacylglycerol (DAG). IP_3 setzt Ca^{2+} aus intrazellulären Speichern frei, DAG aktiviert die Proteinkinase C (PKC). Ca^{2+} sowie die PKC induzieren und aktivieren Phosphoproteine, die im Zellkern für die IL-2-Gentranskription notwendig sind. Erfolgt die Aktivierung nur über den TZR, wird nur sehr wenig IL-2 produziert. Für eine ausreichende IL-2-Produktion sind oft zusätzliche Signale (Kostimulation, z. B. über CD28) notwendig. Durch CD28-Stimulation werden Tyrosinkinasen aktiviert, die sowohl die Transkription unterstützen als auch die mRNA für IL-2 posttranskriptionell stabilisieren.

Aufbau von Lymphknoten und Keimzentren

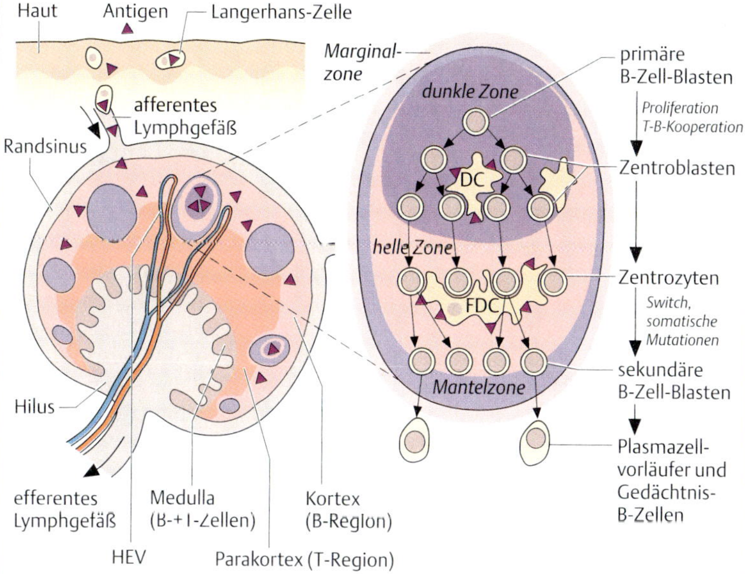

Abb. 2.**12** Antigenpräsentierende Zellen (z. B. Langerhans-Zellen aus der Haut, die lokal Antigen aufgenommen haben) sowie Antigene gelangen über afferente Lymphgefäße in den Lymphknoten (links). In der Marginalzone nehmen Marginalzonenmakrophagen (MZM) Antigen aus dem Blut auf. Jeder Lymphknoten besitzt eine eigene arterielle und venöse Blutgefäßversorgung. Aus den Blutgefäßen gelangen T- und B-Zellen über spezialisierte Venolen mit hohem Endothel (high endothelial venules, HEV) in den Parakortex; hier finden sich v. a. T-Zellen. Der Kortex enthält Ansammlungen von B-Zellen (sog. Primärfollikel). Im Kortex antigenstimulierter Lymphknoten entwickeln sich Sekundärfollikel mit sog. Keimzentren (rechts); hier findet eine aktive Proliferation von B-Zellen statt. Die Differenzierung der B-Zellen beginnt mit der Proliferation der primären B-Zell-Blasten in der dunklen Zone, wo eine intensive Interaktion mit antigenpräsentierenden dendritischen Zellen (DC) stattfindet. In der hellen Zone erfolgen anschließend der Antikörperswitch und somatische Mutationen. FDC (follikuläre dendritische Zellen) stimulieren dabei die B-Zellen und erhalten das Antikörpergedächtnis. Die sekundären B-Zell-Blasten können sich entweder zu Plasmazellen oder zu sog. Gedächtnis-B-Zellen entwickeln. Lymphozyten verlassen den Lymphknoten i.d.R. nur über efferente Lymphgefäße.

T-Helferzellen und T-B-Kooperation

Reife T-Zellen, die CD4 exprimieren, werden als T-Helferzellen oder T_H-Zellen bezeichnet (s. a. S. 66f.). Damit wird ihre wichtigste Funktion, die Kooperation mit B-Zellen, hervorgehoben. Fremdantigene, die als dreidimensionale Strukturen von B-Zellen erkannt werden, enthalten auch lineare Peptide. Diese werden in einer **ersten Phase** der T-Helferzell-Antwort von APZ aufgenommen, über den exogenen Weg prozessiert und auf **MHC-Klasse-II-Molekülen** präsentiert, so daß sie von T-Helferzellen erkannt werden (s. Abb. 2.**9**, S. 63 u. Abb. 2.**13**). Als die MHC-Restriktion noch nicht erkannt war, verwendete man für B-Zell-Epitope den Ausdruck **Hapten**, und den Teil des Moleküls, der das T-Zell-Epitop lieferte, nannte man **Träger** (englisch: carrier). Die Antigen transportierenden APZ müssen die *organisierten sekundären lymphatischen Organe* erreichen (Abb. 2.**12**), denn nur in diesen strikt geordneten kompartimentalisierten Organen kann der richtige Kontakt zwischen Lymphozyten und APZ stattfinden und eine Anregung der T-Helferzellen erfolgen. Interleukine (IL) IL-1, IL-2, IL-4, IFNγ und verschiedene andere Faktoren spielen dabei eine große Rolle.

In einer **zweiten Phase** (Abb. 2.**13**) erkennt die *aktivierte T-Helferzelle* auf der **B-Zelle** die gleiche MHC-Klasse-II-Peptidkombination wie auf der APZ.

Lymphozyten und APZ bei der primären Immunantwort

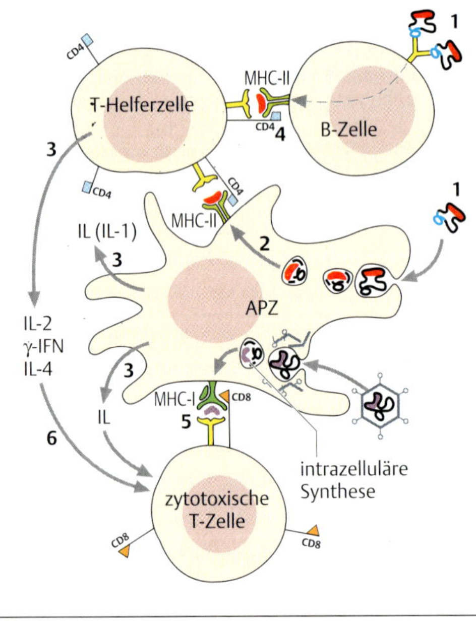

Die B-Zelle hat das Antigen über ihren Ig-Oberflächenrezeptor als konformationelles Epitop erkannt, hat es aufgenommen und prozessiert und präsentiert Teile als lineare Peptide in MHC-Klasse-II-Molekülen auf ihrer Oberfläche, so daß sie für T-Helferzellen erkennbar sind. Über diesen Kontakt und die Interaktion über CD4, CD40 und CD28 (s. Abb. 2.**10**, S. 66) findet eine Signaltransmission auf die B-Zelle statt, die den Switch von IgM zu IgG oder anderen Ig-Klassen, somatische Mutation und wahrscheinlich auch das Überleben der B-Zelle als sogenannte Gedächtnis-B-Zelle auslöst.

Subpopulationen von T-Helferzellen

Aufgrund der vorwiegenden IL-Muster von T-Helferzellen unterscheiden wir 2 Subpopulationen (Abb. 2.**14**). Infektionen allgemein, vor allem durch intrazelluläre Parasiten, induzieren natürliche Killerzellen (NK) und eine starke **T-Helfer-1(T_{H1})-Antwort**. Diese ist charakterisiert durch *frühe Interferon(IFN)-γ-Produktion*, erhöhte Phagozytentätigkeit und Elimination des Antigens durch IFN-γ-aktivierte Makrophagen, sowie durch *IgG_2-Produktion*, Bildung

◀ Abb. 2.**13** Zur Vereinfachung betrachten wir ein Antigen (**1**), das nur ein einziges B-Epitop und ein einziges T-Epitop aufweist. Das strukturelle B-Epitop (blau) befindet sich auf der Oberfläche des Antigens, das sequenzielle T-Epitop (rot) ist z. B. in seinem Innern versteckt. Eine antigenpräsentierende Zelle (APZ) oder ein Makrophage nimmt unspezifisch das Antigen auf und baut es ab. Das so freigesetzte T-Epitop wird auf MHC-II-Moleküle geladen und auf der Oberfläche präsentiert (**2**). Eine T-Helferzelle erkennt spezifisch das T-Epitop auf dem MHC-II-Molekül. Dieser Erkennungsvorgang aktiviert die APZ (bzw. die Makrophagen), die daraufhin Interleukine produzieren (**3**). Diese regen ihrerseits die T-Zelle zur Proliferation an (IL-1) und fördern die Sekretion weiterer Botenstoffe (IL-2, γ-IFN, IL-4 usw.). Eine B-Zelle, die mit ihren Oberflächen-Ig das B-Epitop auf dem intakten Antigen erkannt und aufgenommen hat, präsentiert – genau wie die APZ – ebenfalls das T-Epitop aus dem Innern des Antigens auf ihrem MHC-II (**4**). Dadurch kommt eine direkte Interaktion zwischen T-Helferzelle und spezifischer B-Zelle zustande, die wiederum zu Proliferation, Differenzierung und Umschalten der B-Zelle von IgM zu anderen Ig-Klassen (Switch) führt. Diese entwickelt sich zu einem antikörperbildenden Plasmazellklon. Die Antikörperbindungsstelle des gebildeten Antikörpers paßt zum B-Epitop auf dem intakten Antigen. Die Induktion von zytotoxischen Effektorzellen über MHC-I-Moleküle auf der APZ (bzw. dem Makrophagen) ist im unteren Teil dargestellt (**5**). Den zytotoxischen T-Zell-Vorläufern kommt dabei i.d.R. keine kontaktvermittelte T-Hilfe zuteil, sondern sie werden über Interleukine (v. a. IL-2) unterstützt (**6**). (Der Einfachheit halber wurde auf die Darstellung der CD3- und CD4- Komplexe sowie der Interleukine 1 – 16 verzichtet; für Details der Antikörperpräsentation s. Abb. 2.9)

Subpopulationen von T-Helferzellen

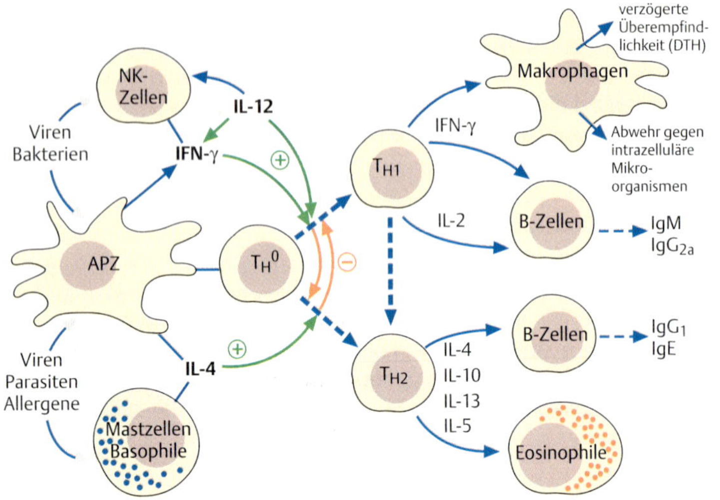

Abb. 2.**14** Anhand der freigesetzten Interleukine unterscheidet man zwischen T_{H1}- und T_{H2}-Zellen, die aus einer T_{H0} hervorgehen. T_{H1}-Zellen werden durch IL-12 und IFN-γ aktiviert und durch IL-4 gehemmt, bei T_{H2}-Zellen ist es umgekehrt. Viren und (besonders intrazelluläre) Bakterien induzieren über Aktivierung von natürlichen Killerzellen eine T_{H1}-Antwort, Allergene und Parasiten dagegen über IL-4 eine T_{H2}-Antwort.

von komplementbindenden, *opsonisierenden Antikörpern* (s. Komplementsystem, S. 86ff.) und durch zytotoxische T-Zell-Antworten. IL-12 fungiert dabei als wichtigster *Förderer der T_{H1}-Zellen und hemmt T_{H2}-Zellen.*

Wurm- und viele andere Parasitenerkrankungen führen früh zu IL-4-Freisetzung und damit zur **T_{H2}-Antwort.**. T_{H2}-Zellen rekrutieren eosinophile Granulozyten, induzieren *IgG1 und IgE.* Allergiker und Atopiker leiden unter einer übermäßigen pathologischen T_{H2}-Antwortbereitschaft. *IL-4 fördert die T_{H2}-Antwort und hemmt die T_{H1}-Zellen.*

T-unabhängige B-Zell-Antworten

B-Zellen erkennen Antigene über den Ig-Rezeptor. Ist das Antigen ein Monomer oder Oligomer und liegt es in löslicher Form vor, werden B-Zellen nur induziert, wenn der oben beschriebene Prozeß der T-B-Kooperation funktioniert. Viele infektiöse Keime tragen jedoch auf ihrer Oberfläche zusätzlich

Antigene mit polyklonalen Aktivierungseigenschaften und/oder kristallähnliche identische Determinanten, die sich oft in linearer oder zweidimensionaler *regelmäßiger Anordnung* im Abstand von 5–10 nm wiederholen. Diese parakristallin geordneten Antigene können B-Zellen über *maximale Kreuzvernetzung der Ig-Rezeptoren* zu einer Antwort anregen, ohne daß kontaktabhängige T-Hilfe nötig wäre. Diese B-Zell-Antworten sind meistens nur vom **IgM-Typ**, da ein Switch zu anderen Klassen ohne T-Hilfe entweder nicht möglich oder sehr ineffizient ist und nur für kurze Zeit erfolgt. Die IgM-Antwort ist relativ kurzlebig, kann aber trotzdem enorm effizient sein. Beispiele sind IgM-Antworten gegen viele virale Hüllenantigene, insbesondere gegen solche, die auf ihrer Oberfläche den Antikörpern zugängliche („schützende") Determinanten tragen und gegen Oberflächenantigene von Bakterien (z. B. Lipopolysaccharide, LPS) und Parasiten. Diese T-unabhängigen B-Zell-Antworten lassen vermuten, daß die B-Zell-Antworten vielleicht doch nicht phylogenetisch später den zellulären Immunantworten nachgefolgt sind, sondern daß sie durchaus zur gleichen Zeit wie die T-Zell-Antworten oder sogar früher entstanden sein könnten.

Zytotoxische T-Zellen

Reife $CD8^+$-T-Zellen erkennen Peptide meistens endogener Herkunft, die also von der Zelle selbst oder von intrazellulären Parasiten synthetisiert wurden, immer in Assoziation mit **MHC-Klasse-I**. Helferzellen sind für die Induktion von zytotoxischen $CD8^+$-T-Zellen oft nicht nötig. Sind der antigene Stimulus und die begleitende Entzündung minimal, kann es jedoch sein, daß die von T-Helferzellen sezernierten IL-Mengen nicht ausreichen; die Induktion von $CD8^+$-T-Zellen ist dann vermindert. $CD8^+$-T-Zellen können entweder über *Kontakt und Perforinfreisetzung* zytotoxisch wirken, oder sie können über *Interleukinfreisetzung* (vor allem IFN-γ) nicht-zytotoxische Effektorfunktionen vermitteln (Abb. 2.**15**). Die Rolle von **Perforin** bei der **kontaktabhängigen direkten Zytolyse** durch natürliche Killerzellen (NK) und durch zytotoxische T-Zellen (s. a. Abb. 2.**17**, S. 90) ist an Knockout-Mausmutanten untersucht worden: Bei den Mäusen hat man das Perforin-Gen über homologe Rekombination ausgeschaltet, so daß die Tiere kein Perforin mehr bilden konnten. Vor allem *nicht-zytopathogene Viren, Tumoren, transformierte Zellen,* aber auch hochvirulente zytopathische Viren (z. B. Pockenviren) werden in hohem Maße über perforinabhängige Zell-Lyse kontrolliert. Die **nichtzytolytischen Effektormechanismen** von $CD8^+$-Zellen, vor allem die Freisetzung von IFN-γ, spielen eine große Rolle bei der Kontrolle von *zytopathischen Viren und intrazellulären Bakterien.* An der Freisetzung von intrazellulären Mikroorganismen und Parasiten (z. B. Leishmanien) aus somatischen Zellen, die nur MHC-Klasse-I exprimieren, können zusätzlich aber auch zytolytische Effektormechanismen beteiligt sein.

Antivirale Protektion durch T-Zellen

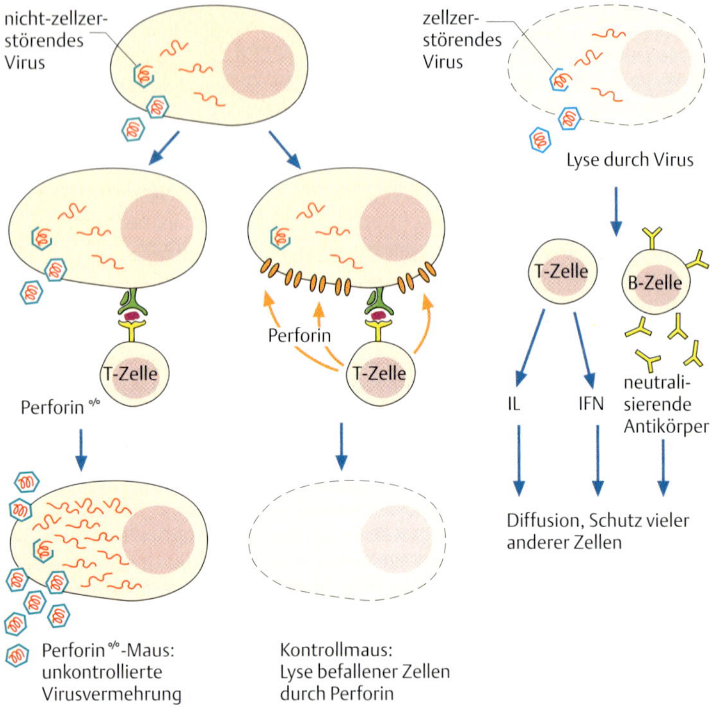

Abb. 2.**15** Manche Viren zerstören die infizierten Wirtszellen (rechts), andere zerstören sie nicht (links). Neben diesen beiden Extremen existieren Zwischenformen. Zytotoxische T-Zellen können frisch infizierte Zellen durch direkten Kontakt mit Hilfe von Perforin zerstören und so die Virusreplikation stoppen (Mitte). Dabei bestimmt das Gleichgewicht zwischen dem Schutz vor der Virusvermehrung und dem Schaden durch die Zellzerstörung, ob das Resultat klinisch günstig oder ungünstig ist. Bei Perforin-Knockout-Mäusen (Perforin$^{0/0}$) können die T-Zellen kein Perforin herstellen und somit befallene Wirtszellen nicht zerstören. Nicht-zytopathische Viren werden dann ungehindert weiter produziert. Gegen die relativ schnell replizierenden zytopathischen Viren sind lösliche antivirale Interleukine (v. a. IFN-γ und TNF-α) und neutralisierende Antikörper effizienter als zytolytisch wirkende T-Zellen, da sie durch Diffusion mehr Zellen erreichen als die T-Zellen selbst.

Zytokine (Interleukine) und Adhäsion

Zytokine sind biologisch aktive Hormone, meistens Glykoproteine, die auf Zellen mit entsprechenden Rezeptoren verschiedenste biologische Effekte ausüben (Tab. 2.**7**). Je nach Ursprung des Zytokins werden zum Teil auch folgende Begriffe verwendet: **Monokine** für Interleukine, die von Makrophagen/Monozyten gebildet werden, **Lymphokine** für solche, die von Lymphozyten gebildet werden. Der Begriff **Interleukine** wird für Zytokine verwendet, die hauptsächlich Zellinteraktionen beeinflussen. Alle Zytokine sind zellregulatorische Eiweiße mit Molekulargewicht unter 60 000 (meist unter 25 000). Sie werden lokal produziert, haben sehr *kurze Halbwertszeiten* (Sekunden bis Minuten), sind in *pikomolaren Konzentrationen* wirksam, wirken *parakrin* (in der Nähe des Produktionsortes) und oft *autokrin* (auf die produzierende Zelle), interagieren mit hochspezifischen Zellrezeptoren und induzieren zellspezifische oder allgemeinere Effekte (Freisetzung von Mediatoren, Expression von Differenzierungsmolekülen, Regulation der Expression bestimmter Zelloberflächenmoleküle). Zytokine haben meistens *pleiotope Wirkung*, d. h. sie entfalten mehrere gleiche oder unterschiedliche Wirkungen auf eine oder mehrere Zellarten. Bezüglich ihrer Funktionen können Zytokine wie folgt zusammengefaßt werden:

- entzündungsfördernd: IL-1, IL-6, IL-8, TNF-α, TGF-β;
- entzündungshemmend: IL-10, IL-13, TGF-β;
- hämatopoiesefördernd: G-CSF, M-CSF, GM-CSF, IL-3, IL-5, IL-7;
- immunregulatorisch: IL-2, IL-4, IL-10, IL-12, IL-13, IL-15, IFN-γ, TGF-β;
- antiinfektiös: IFN-α, -β, -γ (Viren), TNF-α (Bakterien);
- antiproliferativ: IFN-γ, TNF-α, TGF-β.

Adhäsionsmoleküle spielen bei Zellkontakten und Zellinteraktionen oft eine wesentliche Rolle. Eine lymphohämatopoietische Zelle tritt mit einer anderen in Kontakt, wenn sich auf der einen Zelle ein Oberflächenmolekül befindet, welches mit einem Liganden auf der anderen interagieren kann. Das Resultat kann ein Zellsignal sein, das zu Differenzierungsschritten und zu Funktionsänderungen der angesprochenen Zelle führt. Adhäsionsproteine sind meist aus mehreren Ketten zusammengesetzt, die in verschiedenen Kombinationen verschiedene Wirkungen haben können. Oft sind Kaskaden von Interaktionen für eine Enddifferenzierung nötig. Man unterscheidet Adhäsionsmoleküle (cell adhesion molecules) der Ig-Superfamilie (z.B. I-CAM, V-CAM, CD2), der Integrinfamilie (lymphocyte function antigen, LFA 1), der Selektinfamilie, der Cadherinfamilie und verschiedener anderer Familien. Selektine und Integrine spielen aber auch bei der Interaktion zwischen Leukozyten und Gefäßwänden eine wichtige Rolle.

Verzögerte Überempfindlichkeitsreaktion der Haut

Das typische Beispiel einer verzögerten immunologischen Überempfindlichkeit (**delayed type hypersensitivity, DTH**) ist die **Tuberkulinreaktion** (Mantoux-Probe beim Menschen). Diese Reaktion wurde schon in den 40er Jahren als eine der ersten zellvermittelten spezifischen Immunreaktionen beim Meerschweinchen identifiziert. Sie ist typisch und spezifisch für MHC-Klasse-II-Antigene und ist $CD4^+$-T-Zell-abhängig. In einigen Fällen kann auch eine DTH über $CD8^+$-T-Zellen nachgewiesen werden, vor allem bei aktiven Virusinfektionen. Eine DTH stellt man am einfachsten durch Einbringen eines diagnostischen, vom Keim abstammenden Proteins in die Haut fest. Sie entwickelt sich aber nur, wenn ständig aktivierte T-Zellen im Wirt vorhanden sind, denn nur diese können innerhalb 24–48 Stunden in die Haut emigrieren, wo diagnostisches Antigen vorliegt. Sind keine aktivierten T-Zellen vorhanden, nimmt die Reaktivierung in den lokalen Lymphknoten und die Emigration mehr Zeit in Anspruch; die geringe Menge diagnostischen Peptids oder Proteins ist dann bereits verdaut und nicht mehr am Ort der Injektion vorhanden, so daß keine lokale Reaktion mehr entsteht.

Eine positiv ausfallende verzögerte Überempfindlichkeitsreaktion zeigt aktivierte Gedächtnis-T-Zellen an. Das Fehlen einer solchen Reaktion bedeutet entweder, daß der Wirt noch nie Kontakt mit diesem Antigen hatte, oder daß er keine aktivierten T-Zellen mehr besitzt. Bei Tuberkulose kann also bei negativem Hauttest entweder kein Antigen oder Granulom mehr vorhanden sein, oder aber die systemische Immunreaktion ist so heftig und im Körper über viele Herde verstreut, daß die diagnostische Menge an Proteinen nicht genügend T-Zellen anlocken und deshalb nicht meßbar wahrgenommen werden kann (z. B. kann bei einer Landouzy-Sepsis oder bei Miliar-Tuberkulose die Mantoux-Probe negativ ausfallen). Diagnostisch wird die verzögerte Überempfindlichkeitsreaktion bei **Tuberkulose** (Mantoux), **Lepra** (Lepromin) und **Boeck-Sarkoidose** (Kveim-Test) genutzt. Bei Immunsuppression können diese Hautreaktionen verschwinden, auch bei Masern oder bei AIDS.

Antikörperabhängige zelluläre Immunität und natürliche Killerzellen

Über Fc-Rezeptoren können Lymphozyten Antikörper der Klasse IgG unspezifisch binden und mit Hilfe dieser erworbenen Rezeptoren dann spezifische Ziele (z.B. infizierte oder transformierte Zellen) angreifen. Eine solche **antikörperabhängige zellvermittelte Zytotoxizität (ADCC)** ist *in vitro* nachgewiesen worden, ihre *In-vivo*-Funktion ist jedoch unklar. Bei der ADCC können auch **natürliche Killerzellen (NK-Zellen)** eine Rolle spielen. NK-Zellen scheinen weitgehend thymusunabhängig zu entstehen, können sehr früh ohne einen spezifischen Rezeptor IFN-γ produzieren und deshalb die IFN-γ-orientierte T_{H1}-Immunantwort früh mitbestimmen. Sie reagieren gegen Zellen, die

Tabelle 2.7 Die wichtigsten immunologischen Zytokine, deren Rezeptoren und Funktionen

	Zytokine/Zytokinrezeptoren		
Zytokine	**Rezeptor**	**Produziert von**	**Funktionen**
Interleukine			
IL-2 (T-Zell-Wachstumsfaktor)	CD25 (α) CD122 (β), γc	T-Zellen	Proliferation der T-Zellen
IL-3 (multicolony stimulating factor)	CD123, βc	T-Zellen, Epithelzellen des Thymus	synergistische Wirkung bei der Hämatopoese
IL-4 (BCGF-1, BSF-1)	CD124, γc	T-Zellen, Mastzellen	B-Zell-Aktivierung, Wechsel zu IgE
IL-5 (BCGF-2)	CD125, βc	T-Zellen, Mastzellen	Wachstum und Differenzierung der eosinophilen Zellen
IL-6 (IFN-β_2, BSF-2, BCDF)	CD126, CD_w130	T-Zellen, Makrophagen	Wachstum und Differenzierung von T-und B-Zellen, Immunantwort der akuten Phase
IL-7	CD_w127, γc	Knochenmarkstroma	Wachstum von Prä-B- und Prä-T-Zellen
IL-9	IL-9R, γc	T-Zellen	Wirkung auf Mastzellen
IL-11	IL-11R, CD_w130	Stromafibroblasten	synergistische Wirkung mit IL-3 und IL-4 bei der Hämatopoese
IL-13	IL-13R, γc	T-Zellen	Wachstum und Differenzierung der B-Zellen, hemmt die Produktion inflammatorischer Zytokine durch Makrophagen
IL-15	IL-15R, γc	T-Zellen, Plazenta, Muskelzellen	IL-2-ähnlich
GM-CSF *(granulocyte macrophage colony stimulating family)*	CD_w116, βc	Makrophagen, T-Zellen	stimuliert Wachstum und Differenzierung der myelomonozytischen Linie
LIF *(leukaemia inhibitory factor)*	LIFR, CD_w130	Knochenmarkstroma, Fibroblasten	erhalten embryonale Stammzellen; wie IL-6, IL-11

2

Tabelle 2.7 *Fortsetzung: Die wichtigsten immunologischen Zytokine...*

	Zytokine/Zytokinrezeptoren		
Zytokine	**Rezeptor**	**Produziert von**	**Funktionen**
Interferone			
IFN-γ	CD119	T-Zellen, natürliche Killerzellen	Aktivierung der Makrophagen, erhöhte MHC-Expression, antiviral
IFN-α	CD118	Leukozyten	antiviral, erhöhte MHC-Klasse-I-Expression
IFN-β	CD118	Fibroblasten	antiviral, erhöhte MHC-Klasse-I-Expression
Immunglobulinsuperfamilie			
B7.1 (CD80)	CD28 (Promoter; CTLA-4 (Inhibitor)	antigenpräsentierende Zellen	Kostimulierung von T-Zell-Antworten
B7.2 (B70)	CD28; CTLA-4	antigenpräsentierende Zellen	Kostimulierung von T-Zell-Antworten
TNF-Familie			
TNF-α (Cachexin)	p55, p75, CD120a, CD120b	Makrophagen, natürliche Killerzellen	lokale Entzündungen, Endothelaktivierung
TNF-β (Lymphotoxin, LT, LT-α)	p55, p75, CD120a, CD120b	T-Zellen, B-Zellen	Abtöten, Endothelaktivierung
LT-β		T-Zellen, B-Zellen	unbekannt
CD40-Ligand (CD40-L)	CD40	T-Zellen, Mastzellen	B-Zell-Aktivierung, Klassenwechsel
Fas-Ligand	CD95 (Fas)	T-Zellen	Apoptose, Ca^{2+}-unabhängige Zytotoxizität
andere			
IL-8 (NAP-1)	IL-8RA IL-8RB	Makrophagen, Lymphozyten, Hepatozyten	chemotaktisches Molekül für neutrophile Zellen und T-Zellen
Rantes		T-Zellen, Blutplättchen	chemischer Lockstoff für Monozyten, T-Zellen, eosinophile Zellen

Tabelle 2.7 *Fortsetzung: Die wichtigsten immunologischen Zytokine...*

Zytokine	Rezeptor	Zytokine/Zytokinrezeptoren Produziert von	Funktionen
TGF-β (transforming growth factor β)		Chondrozyten, Monozyten, T-Zellen	hemmt das Zellwachstum, entzündungshemmend, hemmt IL-1 u. TNF-α, Switchfaktor für IgA
IL-1α	CD_w121a	Makrophagen, Epithelzellen, (tote Zellen?)	Fieber, T-Zell-Aktivierung, Makrophagenaktivierung
IL-1β	CD_w121a	Makrophagen, Epithelzellen, (tote Zellen?)	Fieber, T-Zell-Aktivierung, Makrophagenaktivierung
IL-10		T-Helferzellen, (Maus v. a. T_{H2}) Makrophagen, Epstein-Barr-Virus	wirksamer Inhibitor für Makrophagenfunktionen, hemmt Entzündungsreaktionen
IL-12		B-Zellen, Makrophagen	aktiviert natürliche Killerzellen, induziert die Differenzierung von CD4-T-Zellen zu T_{H1}-ähnlichen Zellen, fördert IFN_{γ}-Produktion

keine MHC-Klasse-I besitzen, und werden inaktiviert, wenn sie auf MHC-Moleküle treffen. Die Erkennung geschieht über neuartige (offenbar nicht klonal exprimierte) Rezeptoren. NK-Zellen spielen wahrscheinlich in der *frühen Abwehrphase* bei infektiösen Krankheiten eine wichtige Rolle, die aber noch zu definieren ist (viral induziertes IFN-α und -β fördert die NK-Induktion). Daneben scheinen sie auch bei *Transplantationsreaktionen,* vor allem gegen Stammzellen, eine abstoßende Wirkung zu haben.

Humorale antikörperabhängige Effektormechanismen

Die Immunantwort dient letztlich der Inaktivierung (Neutralisation) und der Entfernung von Fremdstoffen, Mikroorganismen, Viren, der Abstoßung fremder Zellen und der Verhinderung der Vermehrung veränderter Zellen (Tumoren). Bei diesen Effektorfunktionen werden Systeme und Mechanismen einbezogen, die an sich unspezifisch sind und erst durch die Immunerkennung auf ein besonderes Ziel gerichtet werden. Immunglobuline opsonisieren z. B. Pneumokokken, die dank ihrer Polysaccharidkapsel Phagozyten in hohem Maße widerstehen können. Durch die **Opsonisierung** der Pneumokokken, also das Umhüllen mit Protein, wird deren Phagozytose durch Granulozyten effizient gesteigert. Viele Zellen, insbesondere Phagozyten (interessanterweise auch einige Bakterien wie Staphylokokken), tragen auf ihrer Oberfläche Rezeptoren für die verschiedenen Ig-Klassen und -Subklassen. Mastzellen und basophile Granulozyten, die gegen das Allergen gerichtete IgE-Moleküle tragen, degranulieren nach Bindung des Allergens und setzen pharmakologisch aktive biogene Amine (z. B. Histamin) frei. Diese lösen die für allergische Reaktionen typischen physiologisch-klinischen Grundphänomene aus (s. a. Typ I–IV, S. 104ff.).

Das Komplementsystem

Das Komplementsystem (C-System, Abb. 2.**16**) ist ein Verband von Plasmaproteinen und zellulären Rezeptoren mit folgenden wichtigen **Aufgaben:**

- **Opsonisierung** von infektiösen Keimen und anderen Fremdsubstanzen zur effizienten Entfernung der Erreger. Durch gebundene Komplementfaktoren wird die Bindung an phagozytierende Zellen, die Aktivierung von Entzündungszellen, *Chemotaxis,* die Freisetzung von Entzündungsmediatoren, die direkte bakteriozide Wirkung sowie die *Zell-Lyse* (Abb. 2.**17**, S. 90) verbessert.

Abb. 2.**16** Der klassische Aktivierungsweg wird durch Antigen-Antikörper-Komplexe ausgelöst, der alternative durch Bestandteile mikrobieller Erreger. Beiden gemeinsam ist die Bildung einer C3-Konvertase, die C3 zu C3a und C3b spaltet. C3b bildet mit der C3-Konvertase zusammen die C5-Konvertase. Das von dieser gebildete C5b lagert sich mit den Komplementfaktoren 6–9 zum Membranangriffskomplex (MAC) zusammen. Die Zerfallsprodukte von C3b werden von Rezeptoren auf B-Lymphozyten erkannt und fördern die Bildung von Antikörpern sowie die Phagozytose der Erreger. Die Spaltprodukte C3a und C4a wirken chemotaktisch und stimulieren die Bildung von Adhäsionsmolekülen.
Zur Nomenklatur: Die Komponenten des alternativen Weges werden mit Großbuchstaben bezeichnet (B, D, H, I; P für Properdin), die des klassischen Weges und der terminalen Lyse mit C und einer arabischen Zahl (1–9). Fragmente von Komponenten werden mit Kleinbuchstaben bezeichnet, wobei das erste abgespaltene, meist kleinmolekulare Stück a heißt (z. B. C3a), der zurückbleibende, gebundene Teil b (z. B. C3b), das nächste abgespaltene Stück c usw. Oft bilden mehrere Moleküle Komplexe; für deren Bezeichnung werden die einzelnen Komponenten aneinandergehängt und meist mit einem Strich überschrieben. ▶

- **Förderung der Löslichkeit** von sonst unlöslichen Antigen-Antikörper-Komplexen, Förderung des **Transports** von Immunkomplexen, deren Elimination und deren **Abbau.**
- **Regulation der Immunantwort** durch Einflußnahme auf Lymphozyten.

Bis heute sind mehr als 20 Proteine des Komplementsystems identifiziert worden, die sich in Aktivierungs- und Kontrollproteine aufteilen lassen. Sie machen etwa 5 % des gesamten Plasmaeiweißes aus, d. h. 3 – 4 g pro Liter. Dabei ist C3 nicht nur mengenmäßig das wichtigste Komplementprotein,

Das Komplementsystem: klassische und alternative Aktivierung

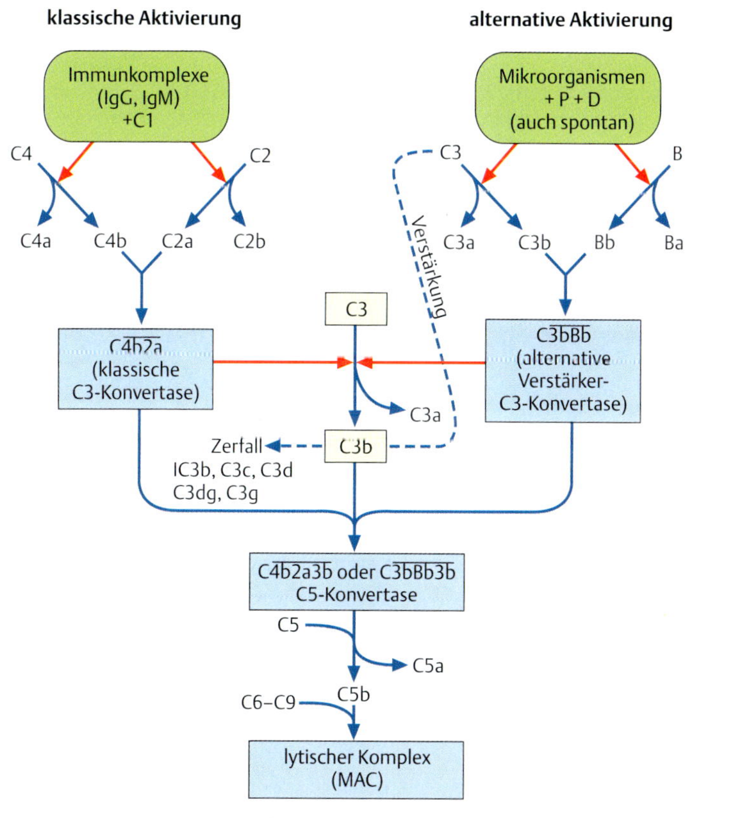

sondern auch die Drehscheibe der Komplementaktivierung. Man unterscheidet zwischen der antikörperinduzierten „klassischen" Komplementaktivierung und der direkten „alternativen" Aktivierung über C3 (Abb. 2.**16**). Bei der **klassischen Aktivierung** wird C1q von *mindestens zwei Antigen-Antikörper-Immunkomplexen* gebunden, C4 und C2 lagern sich an. Alle drei gemeinsam bilden die C3-Konvertase, die C3 spaltet. Da für die C1q-Bindung und -Aktivierung mindestens zwei IgFc notwendig sind, ist das pentamere IgM als C-Aktivator besonders wirksam.

Bei der **alternativen Aktivierung** wird C3 *direkt über Produkte von Mikroorganismen, Endotoxine, Polysaccharide* oder auch *aggregiertes IgA* gespalten. Das entstehende C3b wird durch die Faktoren B und D aktiviert und wirkt dann selbst als C3-Konvertase. Die nachfolgende Bildung des **lytisch wirkenden Komplexes C5 – C9** (C5 – 9) ist für die klassische und alternative Aktivierung identisch, ist aber häufig nicht essentiell für die Wirkung, da die freigesetzten Chemotaxine und Opsonine für die Neutralisation und die Elimination oft wesentlicher sind. Einige Viren können das Komplementsystem auch ohne Antikörper durch direkte Bindung von C1q aktivieren. Dies scheint vor allem für Retroviren (inklusive HIV) zu gelten. Ohne strenge Kontrolle würde dauernd Komplement aktiviert und es käme zur Lyse, z. B. von Erythrozyten.

Kontrollproteine des Komplementsystems

Folgende regulatorische Proteine des Komplementsystems sind bis jetzt charakterisiert worden:

C1-Inhibitor verhindert die klassische Komplementaktivierung.

DAF (decay accelerating factor) verhindert auf der Zelloberfläche die Assoziation von C3b mit Faktor B oder die Assoziation von C4b mit C2. Zum Teil Auflösung von bereits existierenden Komplexen. Kontrolle von klassischen und alternativen C-Aktivitäten.

MCP (membrane cofactor protein) verstärkt die Aktivität des Faktors, der C3b zu iC3b abbaut. Ähnlich wirken auch Faktor H sowie CR1 (Komplementrezeptor 1).

HRF (homology restriction factor). Synonyma: MAC-inhibiting protein, C8-binding protein. HRF schützt Zellen vor der C5 – 9-vermittelten Lyse. Bei Patienten mit paroxysmaler nächtlicher Hämoglobinurie fehlt dieses Protein.

CD59. Synonyma: HRF20, membrane attack complex-inhibitierender Faktor, Protektin. Es handelt sich um ein in der Zelloberfläche verankertes Glykolipid, das die Anlagerung von C9 an den Komplex C5b – 8 und damit die Lyse verhindert.

Die wichtigsten **biologischen Wirkungen** von Komplementkomponenten sind:

- **C3b.** Opsonisierung von Mikroorganismen und anderen Antigenen, entweder direkt oder als Immunkomplexe. Die „C-markierten" Mikroorganismen binden dann an die Rezeptoren (R) z. B. von Makrophagen oder Erythrozyten (CR1) oder von B-Zellen (CR2).
- **C3a und C5a** können die Degranulation von Basophilen und Mastzellen verstärken und werden deshalb als **Anaphylatoxine** bezeichnet. Die ausgeschütteten vasoaktiven Amine (z. B. Histamin) erhöhen die Gefäßpermeabilität, induzieren die Kontraktion der glatten Muskulatur und stimulieren den Arachidonsäure-Metabolismus. C5a bewirkt die chemotaktische Rekrutierung von Granulozyten und Monozyten, fördert deren Aggregation, stimuliert den oxidativen Burst und fördert die Freisetzung des plättchenaktivierenden Faktors.
- **„Frühe" C-Faktoren, insbesondere C4.** Interaktion mit Immunkomplexen zur Hemmung der Immunkomplexausfällung.
- **Terminale Komponenten (C5–9).** Sie bilden zusammen den sog. „membrane attack complex", der die Lyse von Mikroorganismen und anderen Zellen bewirkt.
- **Allgemeine regulierende Einflüsse** von C auf B-Zell-Antworten, vor allem via CR1 und CR2.

Immunologischer Zelltod

Abb. 2.**17** faßt die bisher bekannten Mechanismen des Zelltodes bei immunologischen Zellinteraktionen und Differenzierungsvorgängen zusammen.

Immunologisches Gedächtnis

Das immunologische Gedächtnis ist zum Teil definiert durch eine erhöhte Anzahl von spezifischen B- oder T-Zellen, wie sie üblicherweise in vitro oder über adoptive Transferexperimente evaluiert werden. Vollständiger wird immunologisches Gedächtnis von **B-Zellen** als die Fähigkeit umschrieben, mittels erhöhten Antikörperkonzentrationen schützende Immunität zu vermitteln. Erhöhte Frequenzen spezifischer B- und T-Lymphozyten scheinen nur einen begrenzten Schutz zu gewährleisten. Oft sind **antigenabhängig aktivierte B- und T-Zellen** notwendig, die ständig Antikörper produzieren oder sofort für T-Effektorfunktionen bereit sind und – weil sie aktiviert sind – auch durch periphere Gewebe wandern können.

Immunologischer Zelltod

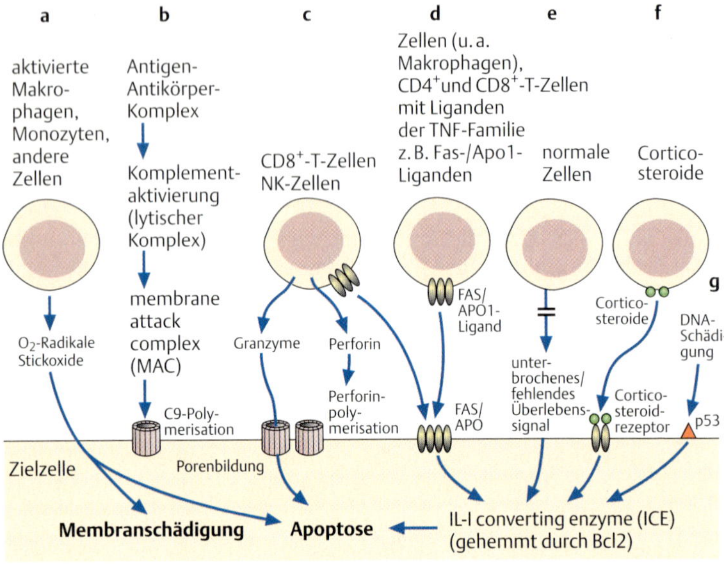

Abb. 2.**17** Sauerstoffradikale und Stickoxide (**a**), der über Komplementaktivierung entstehende MAC (**b**) und Perforin (**c**) führen über Membranschäden zum Zelltod. Die Bindung von FAS/APO über seinen Liganden (**d**), eine fehlende Signalisierung über verschiedene Rezeptoren (**e**), Corticosteroide, die an Rezeptoren und intrazelluläre Strukturen binden (**f**) sowie DNA-Schäden (**g**) führen durch Änderungen in der Signalkaskade zur Apoptose. (FAS = F-Antigen; APO = apoptosis antigen; TNF = tumor necrosis factor; Bcl2 = B-cell-leukemia-2 antigen [ein Protein, das Apoptose hemmt].)

Wenn ein Wirt ein gleiches Antigen zum zweitenmal antrifft, ist die Immunantwort meistens beschleunigt und verstärkt. Man unterscheidet diese **sekundäre Immunantwort** von der **Primärantwort**. Ob diese Unterschiede durch eine erhöhte Anzahl von B- oder T-Zellen allein und/oder durch neuerworbene Gedächtnisqualitäten oder Aktivierung durch Antigen erzeugt werden, ist noch unklar (Tab. 2.**8**).

Es gibt keine Oberflächenmarker, die eine eindeutige Unterscheidung von immunologischen Gedächtnis-T- und B-Zellen und „naiven" (d. h. nie vorher aktivierten) Zellen erlauben. Immunologisches Gedächtnis korreliert mit einer erhöhten Anzahl von spezifischen Vorläufer-T- und -B-Zellen. Die Aufrechterhaltung dieser erhöhten Zellzahl nach der Immunisierung ist offenbar

Tabelle 2.8 Charakteristika des T- und B-Zell-Gedächtnisses

	Gedächtnis-T-Zellen		Gedächtnis-B-Zellen	
	ruhende	aktivierte	ruhende	aktivierte
Lokalisation und Migration	Blut, Milz, Lymphknoten	Blut, Milz, Lymphknoten und solide Gewebe	Blut, Milz, Lymphknoten	Keimzentren lokaler Lymphknoten, Knochenmark
Funktion	sekundäre T-Zell-Antwort	sofortige Zielzell-Lyse und Interleukin-Freisetzung	sekundäre B-Zell-Antwort	ständige IgG-Antwort
nötige Zeitdauer für schützende Antwort	langsam	schnell	langsam	sofort
Vermehrung und Ort der Vermehrung	in sekundären lymphatischen Organen	nur in sekundären lymphatischen Organen mit Antigenresten	Blut, Milz	Keimzentren mit Antigen-IgG-Komplexen
Antigenabhängigkeit	nein	ja	nein	ja

von einer Antigenpersistenz weitgehend unabhängig. Die Vorläuferzellen werden aber nur durch Antigenreste aktiviert oder reaktiviert, und nur *aktivierte T-Zellen* können gegen Reinfektionen außerhalb von lymphatischen Organen, z. B. in den soliden peripheren Organen, sofort schützen. Ebenso können nur *aktivierte B-Zellen* zu *Plasmazellen* reifen und erhöhte protektive Antikörpertiter im Blut unterhalten. Gedächtnis-T- und B-Zellen als solche vermitteln in der Regel nur geringe schützende Immunität. Dagegen sind antigenabhängig aktivierte, migrierende T-Zellen sowie antikörpersezernierende B-Zellen in der Lage, Immunität und Resistenz gegen Reinfektion sehr effizient zu gewährleisten. Das **B-Zell- und Antikörpergedächtnis** wird von Antigen-IgG-Komplexen auf *follikulärdendritischen Zellen* in Keimzentren unterhalten. Persistierende Infektionen (z. B. Tuberkulose, Hepatitis-B-Virus, HIV), Antigendepots in Adjuvantien, periodische Reexposition, lange Halbwertszeiten von peptidbeladenen MHC-Molekülen, möglicherweise auch kreuzreagierende Antigene können **Gedächtnis-T-Zellen** restimulieren und aktiviert halten. Aus diesem Grund sind aktivierte Gedächtnis-T- oder -B-Zellen nicht grundsätzlich von primär aktivierten T- und B-Zellen unterscheidbar.

B-Zell-Gedächtnis

Es ist wichtig, zwischen *in vitro* nachweisbaren Charakteristika von Gedächtnis-T- und -B-Zellen und den *in vivo* wichtigen Merkmalen einer verbesserten Immunabwehrlage zu unterscheiden. Obwohl nach einer Primärantwort erhöhte Zahlen von Gedächtnis-B-Zellen *in vitro* oder in Zellübertragungsexperimenten bei Mäusen durchaus nachgewiesen werden können, ist damit noch keine Protektion gewährleistet, z. B. gegen Reinfektion durch ein Virus. Dafür ist ein erhöhter Titer an protektiven Antikörpern im Wirt notwendig.

Warum ist immunologisches Gedächtnis überhaupt nötig?

Wenn der Wirt eine erste Infektion überlebt, hat sein Immunsystem ja bereits bewiesen, daß es mit dieser Infektion fertig wird. Selbst wenn man einräumt, daß eine bessere Immunabwehrlage durchaus einen evolutionären Vorteil mit sich bringt – vor allem während der Schwangerschaft –, muß immunologisches Gedächtnis auch entwicklungsgeschichtlich verstanden werden: 1. Wegen der MHC-Restriktion der T-Zell-Erkennung ist eine Übertragung von immunologischer Erfahrung von der Mutter auf die Nachkommen nicht möglich, da die Histoinkompatibilität eine Abstoßungsreaktion induzieren könnte. Aus diesem Grund ist auch eine Reifung der T-Zellen des Kindes offenbar erst relativ spät während der Entwicklung möglich, bei der Maus sogar erst zur Zeit der Geburt. Deshalb fehlt die aktive Immunabwehr bei Neugeborenen weitgehend (Abb. 2.**18**). Bis das T-Zell-System, die T-B-Kooperation und damit die Antikörperantwort überhaupt funktionell werden, benötigen neugeborene Mäuse etwa 3–4 Wochen, Menschen etwa 2–6 Monate. Während dieser Periode ist ein passiver Immunschutz essentiell. Er wird durch die Übertragung von protektiven, vor allem IgG-Antikörpern von der Mutter auf das Kind gewährleistet. Diese Übertragung geschieht während der Schwangerschaft über die Plazenta und z. T. später auch über die Muttermilch. Bei Kühen z. B. erfolgt sie exklusiv und für das Überleben essentiell über die kolostrale Milch während der ersten 24 Stunden nach der Geburt; fetales Kälberserum enthält deshalb keine Ig! Wie kann ein umfassender übertragbarer antikörpervermittelter Schutz gewährleistet werden? Da Mäuse während der 3 Wochen oder Mütter während der 270 Tage der Schwangerschaft in der Regel nicht alle wesentlichen Infektionen durchmachen und deshalb die nötigen verschiedenen Antikörper in dieser Zeit nicht akkumuliert werden könnten, ist immunologisches Gedächtnis notwendig. Dieses repräsentiert die akkumulierte immunologische Lebens-(Infektions-)Erfahrung im Serum der Mutter. Die weiblichen Geschlechtshormone begünstigen zudem die Ig-Synthese zusätzlich; dies korreliert auch mit dem allgemein erhöhten weiblichen Risiko für Autoantikörperkrankheiten (z. B. Lupus). ▶

Fortsetzung: **Warum ist immunologisches Gedächtnis überhaupt nötig?**

2. Fortpflanzung hängt ab von relativ guter Gesundheit und Ernährung der Mutter, die durch immer wiederkehrende schwere Infekte gefährdet würden. Die erhöhte Frequenz von spezifischen Vorläufer-B- und T-Zellen vermittelt eine verbesserte Abwehrlage gegen solche Infekte. Dieser relative Schutz steht im Gegensatz zum absoluten Schutz, wie er für das Überleben eines immuninkompetenten Neugeborenen nötig ist.

T-Zell-Gedächtnis

Ähnlich wie für Antikörper scheint auch für eine verbesserte Abwehr gegen intrazelluläre Infektionserreger – vor allem Viren und intrazelluläre Bakterien – nicht nur die erhöhte Anzahl der spezifischen T-Zellen, sondern vor allem ihr *Aktivitätszustand* für immunologisches Gedächtnis und den Immunschutz ausschlaggebend zu sein. Es muß allerdings wieder betont werden, daß für eine auf immunologischem Gedächtnis beruhende Immunität gegen die meisten Bakterien, bakteriellen Toxine und Viren Antikörper verantwortlich sind! *Gedächtnis-T-Zellen* sind trotzdem von Bedeutung bei der *Kontrolle von Infektionen*, bei Persistenz von und Reinfektionen mit *nichtzytopathogenen Viren*, etwa bei Hepatitis-B-Virus- und HIV-Infektionen (s. auch S. 101). Zumindest bei der Maus konnte gezeigt werden, daß erhöhte

Verlauf der Ig-Serumkonzentrationen

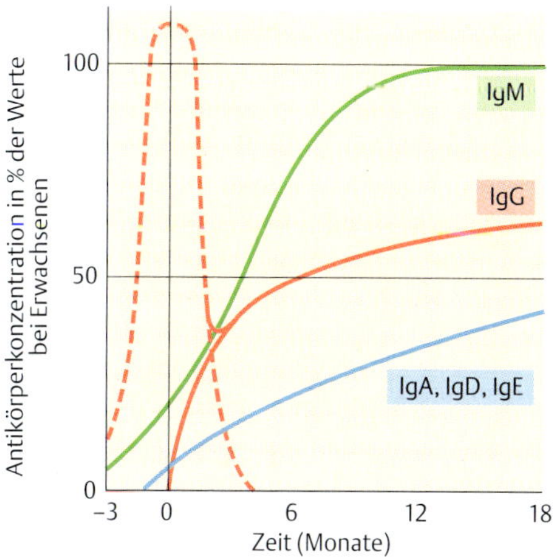

Abb. 2.**18** Das Neugeborene beginnt erst um den Zeitpunkt seiner Geburt mit einer nennenswerten Synthese von Immunglobulinen (durchgezogene Linien). Bis etwa 3 Monate nach der Geburt bilden somit IgG von der Mutter (gestrichelt) den Hauptschutz.

Zahlen von spezifischen T-Zellen allein den Wirt oft nicht gegen immunpathologische Konsequenzen der abwehrenden $CD8^+$-T-Zell-Antwort schützen können. Für Immunität müssen diese T-Zellen in einem aktivierten Zustand vorliegen. Die ständige Aktivierung einer kontrollierten T-Zell-Antwort durch minimale Infektionsherde wurde in den 60er Jahren als **Infektionsimmunität** für die lebenslange und in der Regel effiziente Immunkontrolle gegen *Tuberkulose* postuliert und nachgewiesen. Ähnliches gilt auch für die zellvermittelte Abwehr gegen Lepra, Salmonellen und viele Parasitenerkrankungen. Dies macht verständlich, warum es bei einer *Abschwächung des Immunsystems,* sei es durch Zytostatika, Alter oder als Folge einer HIV-Infektion, zu einem *Aufflammen* einer bis anhin kontrollierten minimalen Infektion kommt. Nur bei dieser Infektionsimmunität (z. B. Tuberkulose und Lepra) kann die verzögerte Hautreaktion (DTH, s. S. 82 und 110) diagnostisch angewendet werden, denn die Infektion aktiviert ständig die dafür nötigen T-Zellen.

Immunabwehr gegen Infektionen und Tumorimmunität

Schutz gegen Infektionen wird 1. durch unspezifische Abwehrmechanismen (Interferone, NK-Zellen), 2. durch spezifische Immunität mittels Antikörper und T-Zellen über freigesetzte Zytokine oder 3. durch Kontakt via Perforin oder Signalinduktion vermittelt. Zellzerstörende Viren werden über lösliche Faktoren (Antikörper, Interleukine), nicht-zellzerstörende Viren und Tumoren eher über Perforine und Zytolyse kontrolliert. Vor allem bei nichtzellzerstörenden Infektionen können zytotoxische Immunantworten Krankheit verursachen. Infektiöse Keime und Immunabwehr stehen in einem evolutionären Gleichgewicht, das sich ständig weiterentwickelt; so kennt man bereits viele Beispiele von Ausweichmechanismen von Erregern und Tumoren gegenüber dem Immunsystem.

Alle Immunabwehrmechanismen (s. Abb. 2.**1**, S. 44) sind wichtig gegen Infektionen: Natürliche, humorale Mechanismen (Antikörper, Komplement und Interleukine) und zelluläre Mechanismen (Phagozyten, natürliche Killerzellen, T-Zellen) in verschiedenen Kombinationen werden gegen unterschiedliche infektiöse Keime in verschiedenen Phasen der Infektion mit unterschiedlicher Gewichtung eingesetzt. Obwohl jede zu große Vereinfachung auch hier falsch ist, können trotzdem anhand von gewissen Modellinfektionen – vor allem bei der Maus – aber auch anhand der klinischen Erfahrung mit Patienten mit Immundefekten – einige allgemeine Regeln formuliert werden (Abb. 2.**19**).

Allgemeine Abläufe von Infektionen

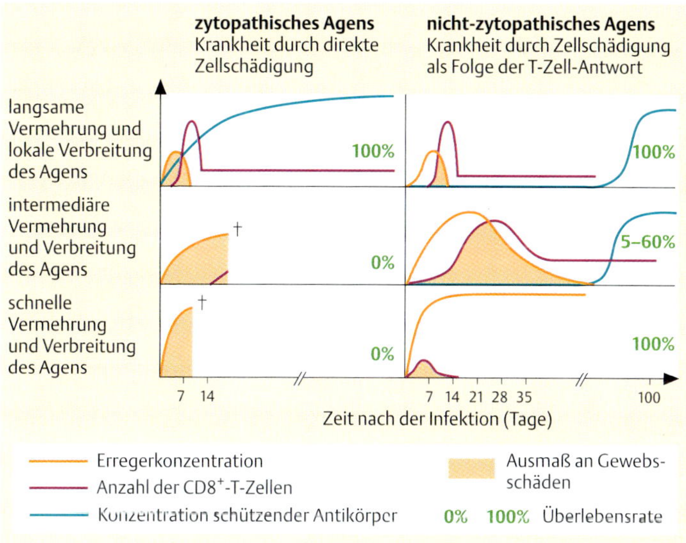

Abb. 2.**19** Die Überlebensrate hängt sowohl von der Geschwindigkeit der Vermehrung und der Verbreitung des Agens als auch von der Intensität der zytotoxischen T-Zell-Antwort ab. Infektionen mit zytopathischen Erregern können nur bei langsamer Vermehrung und lokaler Verbreitung des Erregers kontrolliert werden, andernfalls enden sie i.d.R. tödlich. Bei nicht-zytopathischen Erregern ist die zyto toxische T-Zell-Reaktion die kritische Größe. Bei langsamer Vermehrung des Erregers wird dieser schnell ausgerottet, bei schneller Vermehrung und weiter Verbreitung kommt die T-Zell-Antwort zum Erliegen. In beiden Fällen ist die Überlebensrate hoch. Bei intermediärer Vermehrung und Verbreitung kann die T-Zell-Antwort große Schäden verursachen, so daß die Überlebenswahrscheinlichkeit sinkt. Durch Schwächung der Immunabwehr kann bei ursprünglich günstiger Ausgangslage trotz gleichbleibendem Erreger ein ungünstiges Virus-Wirts-Gleichgewicht entstehen.

Allgemeine Regeln der Infektionsabwehr

- **Unspezifische Abwehr** (ganz wichtig ist z. B. IFN-α/β) und natürliche Immunität durch natürliche (d. h. nicht absichtlich und spezifisch induzierte) Antikörper (s. a. S. 107), die direkte Komplementaktivierung, NK-Zellen und Phagozyten spielen bei allen Infektionen eine sehr wichtige, z. T. aber noch wenig erforschte Rolle.

- **Antikörper** sind gegen akute Bakterieninfektionen, gegen bakterielle Toxine, gegen Reinfektion durch Viren, zum Teil auch gegen akute zytopathogene virale Erstinfektionen (z. B. bei Tollwut und Influenza) ausschlaggebend. Zudem tragen Antikörper wahrscheinlich bei chronischen Parasitenerkrankungen wesentlich zu einem tragbaren Gleichgewicht zwischen Wirt und Parasit bei. IgA ist der wichtigste Abwehrmechanismus auf Schleimhäuten (Abb. 2.**5**, S. 56).

- **Perforinabhängige Zytotoxizität bei CD8$^+$-T-Zellen** ist wichtig vor allem gegen nicht-zytopathogene Viren, gegen chronisch intrazelluläre Bakterien zu deren Freisetzung und gegen intrazelluläre Stadien von Parasiten.

- **Nichtlytische T-Zell-Antworten** schützen via Interleukine (vor allem IFN-γ, TNF-α) durch verbesserte Verdauung und Zerstörung von intrazellulären Bakterien und Parasiten (z. B. Listerien, Leishmanien usw.), aber auch z. T. gegen komplexe Viren (z. B. Pockenviren) (Abb. 2.**15**). Infektiöse Keime scheinen schon innerhalb von Stunden Interleukine zu induzieren, z. B. IFN-γ, IL-12 oder IL-4, die die T-Zell-Antwort früh in eine sog. Typ-1- oder Typ-2-Richtung bringen (s. S. 77f.).

- **IgE-vermittelte Abwehr** ist neben IgA wahrscheinlich bei Magen-Darm-Parasiten wichtig (verbesserte Ausstoßung). Die Details sind noch weitgehend unbekannt, bei der Schistosomen-Modellinfektion wurden aber IgE-abhängige basophile und eosinophile Phagozytenprozesse beschrieben.

- **Ausweichstrategien.** Infektiöse Keime haben unterschiedliche Strategien entwickelt, wie sie der Immunantwort z. T. ausweichen können.

Immuneffektormechanismen gegen Bakterien

Extrazelluläre Bakterien. Kohlenhydrathaltige Kapseln erhöhen die Resistenz der Bakterien gegen effiziente Phagozytose (v. a. durch Granulozyten); hochrepetitive Kohlenhydrat-Oberflächenantigene induzieren jedoch effizient B-Zellen ohne T-Hilfe, z. T. unterstützt durch Lipopolysaccharide (LPS). *Kohlenhydrate induzieren keine T-Hilfe!* IgM-Antworten sind effizient zur Kontrolle von Bakterien im Blut, genügen aber meistens nicht gegen Toxine. Hier sind IgG von großer Bedeutung, da sie in das Gewebe diffundieren können.

Intrazelluläre Bakterien. Sie werden durch T-Zellen kontrolliert (v. a. IFN-γ- und TNF-α-Effekte auf Makrophagen), z. T. auch durch CD8$^+$-T-Zellen, die intrazelluläre Bakterien durch zytotoxische Zellzerstörung freisetzen können.

Ausweichmechanismen von Erregern und Beispiele

Einfluß auf das Komplementsystem. Einige Erreger verhindern, daß Komplementfaktoren an ihre Oberfläche binden:
- Verhinderung der C4b-Bindung: Herpesviren, Pockenviren;
- Verhinderung der C3b-Bindung: Herpes-simplex-Virus (imitiert DAF [s. S. 88), Trypanosomen.

Verstecken in nichtlymphatischen Organen. Insbesondere Viren können durch ausschließlichen Aufenthalt in peripheren Zellen und Organen außerhalb von lymphatischen Geweben der Entdeckung entgehen.
- Papillomaviren: infizieren Keratinozyten.

Modulation und Herunterregulation der Oberflächenantigene. Insbesondere Viren können durch Mutation oder Herunterregulation von T- oder B-Zell-Epitopen der Immunabwehr entgehen.
- Influenzaviren: Antigenshift durch Rearrangierung von Genelementen oder Drift durch Mutation des Hämagglutinins;
- Gonokokken: Rekombination von Pili-Genen;
- *Schistosoma:* Mutation von Hüllenproteinen sowie Verstecken durch Einhüllen mit Wirts-MHC-Antigenen.

Interferenz mit Phagozytose und Verdauung.
- *Mycobacterium tuberculosis* benutzt CR1, CR2 oder Fibronectin als Rezeptor für den Zelleintritt; sie induzieren in Makrophagen keinen oxidativen Burst.
- Bestandteile der bakteriellen Zellwand erschweren die Fusion von Phagosom und Lysosom und sind verdauungsresistent.
- Zusätzliche Resistenz verleihen Hitzeschockproteine (Hsp 60 und 70) oder die Superoxiddismutase.

Einfluß auf Lymphozyten und Immunsuppression.
- Direkte Zerstörung von Lymphozyten oder negative Effekte auf deren Funktion;
- Induktion immunpathologischer T-Zell-Antworten;
- Induktion von immunsuppressiv wirkenden Autoantikörpern.

Einfluß auf Selektion, Induktion und Deletion von T-Zellen.
- Negative Selektion von T-Zellen: Sind virale Antigene im Thymus vorhanden, werden entsprechende T-Zellen deletiert.
- Erschöpfende Induktion und Deletion peripherer T-Zellen: Bei überwältigender peripherer Virusinfektion werden alle entsprechenden T-Zellen deletiert (HBV, HCV).

Interferenz mit Zytokinen, Zytokin- und Chemotaxinrezeptoren (R) usw. Zahlreiche Viren bilden Substanzen, die Rezeptoren für humorale Komponenten des Abwehrsystems blockieren oder hemmen.
- IL-1β-R, TNF-α-R, IFN-γ-R: Herpesviren, Pockenviren;
- Chemotaxinrezeptor: Cytomegalievirus;

▶

Fortsetzung: **Ausweichmechanismen von Erregern und Beispiele**

- IL-10-R: Epstein-Barr-Virus produziert B-Zell-Rezeptorfaktor I, der an den IL-10-R bindet und so die Aktivierung von T_{H2}-Zellen verhindert;
- Hemmung der Interleukinproduktion durch verschiedene Viren.

MHC-Verminderung. Herunterregulierung der MHC-Klasse-I- und/oder Klasse-II-Expression.

- Adenovirus: E19-Protein bewirkt eine verminderte Expression von MHC-Klasse-I auf infizierten Zellen;
- murines Cytomegalievirus: verhindert Emigration von MHC-Klasse-I zum Golgi-Apparat.

Immunschutz und Immunpathologie

Schützende und schädliche Folgen einer Immunreaktion sind eine Frage des Gleichgewichts zwischen Ausbreitung der Infektion und Stärke der Immunantwort. Wie die meisten biologischen Systeme ist auch die Immunabwehr gegen Infektionen optimiert, aber nur in 95–98 %, nie in 100 % der Fälle. Z. B. ist die Immunzerstörung von virusinfizierten Wirtzellen während der Eklipsphase einer Virusinfektion eine Möglichkeit, die Virusreplikation zu verhindern (Abb. 2.**15**). Aus dieser Sicht sind **lytische CD8^{+}-T-Zell-Antworten** vorteilhaft. Wird ein *zytopathogenes Virus* nicht sehr früh an der weiteren Vermehrung gehindert, stirbt der Wirt. Wird ein *nicht-zytopathogenes Virus* nicht sofort kontrolliert, entsteht primär zwar keine schwerere Erkrankung, die verzögerte, mit der Zeit aber effektive zytotoxische Antwort kann dann allerdings die Zerstörung von sehr vielen infizierten Wirtszellen und damit mehr Krankheit verursachen (Tab. 2.**9** und 2.**10**). Weil die Infektion durch solche nicht-zytopathogene Viren das Leben des Wirtes an und für sich nicht in Gefahr bringt, ist es dann paradoxerweise die Immunantwort, die durch Zerstörung von Wirtsgewebe und damit Pathologie und Krankheit verursacht.

Die Hepatitis-B-Virusinfektion beim Menschen (Tab. 2.**10**) und die LCMV-Infektion (lymphozytäre Choriomeningitis) der Maus sind gut studierte Beispiele dieser negativen Konsequenz einer protektiven Immunantwort. Ähnlich verhält es sich bei der zellulären Immunabwehr gegen die eigentlich auch wenig pathogenen, fakultativ intrazellulären Tuberkulose- und Leprabakterien (Tab. 2.**9**). Eine gute Immunabwehr bringt die Infektion früh unter Kontrolle, der immunologisch bedingte Zell- oder Gewebeschaden, der für die Elimination dieser Keime nötig ist, wird gering ausfallen und deshalb keine schweren pathologischen und klinischen Folgen haben. Wenn diese Keime sich relativ weit ausbreiten können, kommt es jedoch zu chronischen immunpathologischen Zell- und Gewebezerstörungen, wie sie bei der Hepa-

Tabelle 2.9 Gleichgewicht zwischen Infektion und Wirtsimmunität: Auswirkung auf die Krankheit

Infektiöser Keim	**Zytopathogenität der Keime**	**Effizienz der Immunantwort** *früher Beginn*	*später Beginn*	*keine Immunreaktion*
extrazelluläre Bakterien				
Meningokokken, Staphylokokken	hoch	Gesundung	Tod	Tod
fakultativ intrazelluläre Bakterien				
Listeria	hoch	Gesundung	Tod	Tod
Tuberkulosebakterien	mäßig	Gesundung	immunpathologische Entzündung	Miliartuberkulose (früher Tod) Landouzy-Sepsis (sehr früher Tod)
Leprabakterien	sehr niedrig	Gesundung	tuberkuloide Lepra	lepromatöse Lepra (später Tod)
Viren				
Pockenvirus	hoch	Gesundung	Tod	Tod (früh)
LCMV (lymphozytäre Choriomeningitis)	sehr niedrig	Gesundung	immunpathologische Krankheit	gesunder Träger
Hepatitis-B-Virus	sehr niedrig	Gesundung	aggressive Hepatitis	Träger (sehr spät Leberkarzinom)
HIV	niedrig (?)	Gesundung	AIDS	gesunder Träger (?)

2

Tabelle 2.9 *Fortsetzung: Gleichgewicht zwischen Infektion und Immunität...*

Infektiöser Keim	**Zytopathogenität der Keime**	**Effizienz der Immunantwort** *früher Beginn*	*später Beginn*	*keine Immunreaktion*
nichterkannte und unbekannte Keime, Viren, Bakterien und endogene Viren	niedrig	?	Autoimmunität	„gesunder" Träger (obwohl infektiöses Agens nicht bekannt)
klinische Symptome		keine	chronische Krankheit	variable Krankheitssymptome, z. T. erst nach langer Zeit, oder keine Symptome

Tabelle 2.10 **Hepatitis-B-Virus-(HBV-)Infektion.** Zusammenhang zwischen Antigenpräsentation durch MHC-Moleküle, T-Zell-Antwort, Infektionsverlauf und Krankheitsbild. Eine Abnahme der Immunkompetenz oder eine Zunahme der HBV-Vermehrung verschieben das Gleichgewicht nach unten, Impfung verschiebt es nach oben.

Präsentation von HBV-Antigenen durch MHC	T-Zell-Antwort	Infektionskinetik	klinischer Phänotyp
+++	*früh*	HBV-Vermehrung wird gestoppt	akute Hepatitis mit oder ohne Ikterus, da nur geringer Leberzellschaden
+/-	*spät*	HBV-Vermehrung wird zu spät gestoppt. Leberzell-Lyse durch $CD8^+$-T-Zellen	akute bis chronische aggressive Hepatitis
–	*keine*	HBV-Vermehrung wird nicht gestoppt, aber auch keine Immunpathologie	gesunder HBV-Träger (spät Leberzellkarzinom)

titis B als *chronisch oder akut-aggressive Hepatitis*, bei der Lepra als *tuberkuloide Form* imponiert. Wenn eine sich außerordentlich schnell ausbreitende Infektion zur Erschöpfung der T-Zell-Antwort führt oder wenn keine immunpathologische Schutzantwort erzeugt wird (völliges Fehlen einer Abwehrreaktion), werden die infizierten Wirte zu Trägern. Hepatitis-B-Träger oder an lepromatöser Lepra Erkrankte sind eindrückliche Beispiele dieses Zustands, der nur in wenig- und nicht-zytopathischen Infektionen auftritt.

Immunpathologische Schäden und AIDS

Könnten immunpathologische Schäden durch T-Zell-Immunantworten bei AIDS eine Rolle spielen?
Gegenwärtig wird meist angenommen, daß das verursachende HI-Virus die infizierten T-Helferzellen *zerstört,* doch ist in vivo dafür kein klarer Beweis vorhanden. Die T-Helferzellen verschwinden zwar, aber es ist nicht klar, wie und weshalb. Tierexperimente mit Viren, die dem HIV ähnlich sind, haben noch eine zweite Möglichkeit der AIDS-Krankheitsentstehung aufgezeigt:
Angenommen, HIV sei *nicht zellzerstörend:* Wenn das Virus Makrophagen, dendritische Zellen und/oder T-Helferzellen infiziert, entsteht zunächst keine Krankheit. Bald jedoch werden die virusinfizierten Makrophagen und T-Helferzellen durch spezifisch reagierende zytotoxische $CD8^+$-T-Zellen vernichtet. Vielleicht werden sogar spezifische B-Zellen infiziert und daher ebenfalls von $CD8^+$-T-Zellen zerstört. Diese Zellzerstörung geschieht allerdings meist langsam, weil die Immunantwort auch die Vermehrung des Virus verhindert, langfristig wird jedoch das Immunsystem geschädigt und geschwächt. Paradoxerweise hilft also die immunologisch bedingte Zellzerstörung dem Virus, im Wirt lange zu überleben und übertragen zu werden. Dies wäre aus der Sicht des Virus eine erstaunliche und äußerst geschickte Strategie mit nach meist langer Zeit jedoch tragischen Folgen für den Wirt. Wenn es gelingt, die Vermehrung von HIV zu bremsen oder gar auszuschalten, kann das Virus weniger Lymphozyten infizieren und es werden weniger Zellen durch die zytotoxische T-Zell-Antwort zerstört. Eine Verhinderung oder Reduktion der HIV-Vermehrung – pharmakologisch oder sehr früh durch Stärkung der immunologischen Abwehr – ist also, auch wenn HIV nicht zytotoxisch ist, günstig und erstrebenswert.

Beeinflussung der Immunabwehrlage durch Schutzimpfung

Impfungen bringen Schutz vor Krankheiten, verhindern aber meistens die Reinfektion nicht komplett. Entweder über eine limitierte Infektion mit attenuierten Keimen oder über eine Immunisierung mit abgetöteten Keimen oder Toxoiden erzeugt die Impfung eine sehr *milde Infektion oder Krankheit,* um den Wirt gegen eine Reinfektion zu schützen. Die in den 70er Jahren erfolgreiche Ausmerzung der Pocken ist der größte Erfolg der Impfgeschichte. Allerdings bieten Impfungen niemals eine absolute Sicherheit, sondern verbessern lediglich die Überlebenschance von Impflingen um das 10 – 10 000fache. Eine besondere Situation zeigt sich dabei bei Infektionen mit nicht-zytopathischen Keimen, wo die Krankheit ja eine Folge der Immunabwehr ist (s. o.). Unter speziellen Bedingungen können durch Impfung die Gleichgewichte zwischen Immunabwehr und Infektion bei einer Kleinzahl von Impflingen so ungünstig verändert werden, daß die Impfung zur *Verstärkung der Krankheit* führen kann. Beispiele hierfür sind Impfungen mit inaktivierten Vakzinen gegen das Respiratory Syncytial Virus in den 60er Jahren sowie Erfahrungen mit bestimmten sog. Untereinheit-Vakzinen und rekombinanten Impfstoffen gegen nicht-zytopathogene Virusinfektionen in seltenen Modellsituationen. Allgemein muß nochmals betont werden, daß die meisten, wenn nicht alle bis jetzt erfolgreich angewandten Impfungen den *Schutz über Antikörper* vermitteln. Dies gilt insbesondere für die in Tab. 1.**13** (S. 32) aufgeführten klassischen Schutzimpfungen bei Kindern und auch zur oben entwickelten Hypothese, daß Antikörper als lösliches, von der Mutter übertragbares immunologisches Erbe für den Schutz des Neugeborenen während der imminkompetenten Frühphase nach der Geburt verantwortlich sind. Wie schon in Zusammenhang mit dem immunologischen Gedächtnis diskutiert worden ist, scheinen Gedächtnis-T-Zellen vor allem für den Immunschutz des Wirtes selber wesentlich zu sein, wo Antigenpersistenz über die sog. Infektionsimmunität effizient kontrolliert wird (z. B. Tuberkulose, HIV). Zusätzlich garantiert die erhöhte Frequenz von T- und B-Zellen aber auch Schutz gegen wiederholte Infektionen und ist damit Voraussetzung für erfolgreiche Fortpflanzung.

Tumorimmunität

Über die Immunkontrolle gegen Tumoren ist immer noch relativ wenig bekannt. Auch wenn gewisse Tumoren definierte tumorassoziierte oder tumorspezifische Antigene tragen, genügt dies offensichtlich meist nicht für eine Immunabwehr. Daneben besteht das Problem der Tumordiagnose: Die Präsenz von Tumoren wird zwar gelegentlich funktionell oder immunologisch nachgewiesen, aber der Tumor wird nicht gefunden, weil übliche Untersuchungen meistens erst Tumoren der Größe von etwa 10^9 Zellen entdecken können; das entspricht 1 ml oder 1 cm^3 Tumorgewebe.

Wachstumsort, Wachstumsrate, Vaskularisation bzw. fehlende Vaskularisation, Nekrose und damit Phagozytose von zerfallendem Tumorgewebe sind für die Immunabwehr wichtig. Dabei ist offensichtlich, daß in allen Fällen, wo die Immunüberwachung gegen Tumoren erfolgreich ist, wir die Tumoren gar nicht sehen; leider sind klinisch relevante Tumoren aber erfolgreiche Tumoren.

Es gibt folgende Hinweise für eine **Rolle der Immunabwehr bei der Tumorkontrolle:**

- Mehr als 85 % aller Tumoren sind *Karzinome und Sarkome*, d. h. nicht lymphohämatopoietische Tumoren, die in der Peripherie, also außerhalb von organisierten lymphatischen Geweben, entstehen. Diese Tumoren werden initial ganz allgemein *vom Immunsystem ignoriert.*
- *Lymphohämatopoietische Tumoren* zeigen oft immunologisch besonderes Verhalten, indem ihre *antigenpräsentierende Funktionen abgeschwächt*, ihre MHC-Konzentrationen ungewöhnlich niedrig sind oder indem akzessorische Moleküle und Signale oft fehlen.
- *Immunsuppressionen*, sei es über Anti-Lymphozyten-Seren, Zytostatika, γ-Bestrahlung, UV-Bestrahlung oder Infektionen, fördern im allgemeinen das Tumorwachstum, insbesondere das von lymphohämatopoietischen Tumoren. Weniger oder nicht beeinflußt werden Karzinome und Sarkome. Experimentelle Karzinogene sind oft auch immunsuppressiv.
- Wird der große Primärtumor chirurgisch entfernt, können Metastasen im Lymphknoten verschwinden oder aber auch rasch auswachsen. Auch müssen selbst Tumorzellen im Blut oder in den Lymphbahnen nicht notwendigerweise zu Metastasen führen.
- Tumorzellen zeigen oft *Modulationen im MHC* und von tumorassoziierten Antigenen, z. B. fehlen manchen Tumoren MHC-Klasse-I-Moleküle, evtl. sogar nur dasjenige, das ein spezifisches tumorassoziiertes Peptid präsentieren kann (z. B. Kolonadenokarzinome). Aber auch durch das Heruntermodulieren von tumorassoziierten Antigenen können Tumoren der Immunüberwachung entgehen (z. B. MHC-Klasse-I-Verminderung durch das E19-Protein der Adenoviren).
- Die Immunantwort kann ausbleiben, weil Tumoren Differenzierungsantigene exprimieren, gegenüber denen der Wirt *immunologisch tolerant* ist (z. B. karzinoembryonales Antigen [CEA], T-Zell-Leukämie-Antigen).
- Eine *Blockade des retikuloendothelialen Systems* kann zur Förderung von lymphohämopoietischen Tumoren führen. Z. B. können chronische parasitäre Infektionen wie Malaria plus EBV-Infektion zum Burkitt-Lymphom, einem B-Zell-Malignom, führen.

Die krankmachende Immunreaktion

Immunabwehr kann Krankheit verursachen: **Typ I**: allergische IgE-abhängige Erkrankungen. **Typ II**: Antikörperantworten gegen Zellmembranen, Blutgruppenantigene oder andere Autoantigene. **Typ III**: Immunkomplexkrankheiten; übermäßige Antigen-Antikörper-Komplexe lagern sich an Basalmembranen ab und verursachen über Komplementaktivierung und Entzündungsreaktionen oft chronische Krankheiten. **Typ IV**: zelluläre Immunpathologie als Folge übermäßiger T-Zell-Abwehr bei sonst wenig pathogenen bis apathogenen Infektionen oder gegen fremde Organtransplantate.

Typ I: Anaphylaxie über IgE

Diese **Soforttyp-Reaktion** entwickelt sich beim allergisch sensibilisierten Individuum in wenigen Minuten. Lokalisiert äußert sich eine solche IgE-vermittelte Anaphylaxie als *Quaddel* in der Haut, als *Durchfall* bei der Nahrungsmittelallergie, als *Rhinitis* oder *Asthma* bei der Pollenallergie und generalisiert als *anaphylaktischer Schock*. IgE-Reaktionen werden meistens *in vitro* über RIA (Radioimmunassay), RIST (Radioimmunosorbenstest) oder RAST (Radioallergensorbenstest) gemessen (s. Abb. 2.**26** u. Abb. 2.**27**, S. 123f.). Häufige Ursachen für IgE-Allergien beim Menschen sind Pollen, Tierhaare, Hausstaub (Milben), Insektenstiche, Penizilline und Nahrungsmittel.

IgE, mit dem Fc-Teil an *Basophile* und *Mastzellen* gebunden, verursacht durch spezifische Bindung des Allergens eine Degranulierung und Freisetzung von biogenen Aminen (z. B. Histamin). Diese beeinflussen die glatte Muskulatur: Kontraktion vor allem in der Lunge (Bronchokonstriktion), Kontraktion postkapillärer Venolen, aber Erweiterung der Arteriolen. Eine Degranulation der Mastzellen und Basophilen kann auch über andere Mechanismen als die Vernetzung von spezifischen zellständigen IgE-Antikörpern erfolgen, z. B. über die Komplementfaktoren C3a und C5a oder über direkte pharmakologische Auslösung („Pseudoallergie"!).

Beispiele allergischer Krankheiten sind lokale allergische Rhinitis und Konjunktivitis, allergisches Asthma bronchiale, systemischer anaphylaktischer Schock, Insektenallergien, Hausstaub-, Milben- und Nahrungsmittelallergien, Urtikaria und Angioödeme.

Atopiker sind übermäßig an Allergien leidende Individuen. Die **Atopie** ist genetisch bedingt: > 50 % Risiko, wenn beide Eltern allergisch sind; etwa 30 % wenn nur ein Elternteil allergisch ist, etwa 10 – 15 % in der allgemeinen Bevölkerung. Atopie korreliert mit hoher IgE-Bildung. Unter dem Begriff **Desensibilisierung** faßt man Versuche zusammen, über wiederholte Infektionen oder orale Verabreichung von Allergenen eine Umstimmung einer T_{H2}-Antwort in eine T_{H1}-Antwort zu erzwingen (s. Abb. 2.**14**, S. 78). Ob dabei eine vermehrte IgG- statt IgE-Antikörperbildung eine große Rolle spielt, ist zur Zeit umstritten.

IgE hat wahrscheinlich eine wichtige biologische Funktion, und die sog. allergischen Reaktionen sind aus dieser Sicht wohl nur unerwünschte Nebenwirkungen. Wie IgE bei Parasiteninfektionen protektiv wirkt (z. B. mit eosinophilen Granulozyten), ist noch wenig erforscht; es scheint jedoch bei der Ausstoßung von Darmparasiten eine wichtige Rolle zu spielen.

Typ II: Humorale Immunreaktion vom zytotoxischen Typ

Es handelt sich um krankmachende Immunreaktionen, die durch **IgM- oder IgG-Antikörper** gegen *Antigene auf Zellmembranen* (auch virale Produkte oder Haptene) oder *Gewebskomponenten* verursacht werden. Mediatoren sind meist Komponenten des Komplementsystems und Verdauungsenzyme der Granulozyten. Die wichtigsten Krankheiten, die auf einer Immunreaktion vom zytotoxischen Typ beruhen, sind in Tab. 2.**11** zusammengefaßt.

Autoantikörper-Antworten

Autoantikörper können zytostimulierend oder -blockierend sein. Autoantikörper sind oft gegen *Hormonrezeptoren* gerichtet: Thyreotoxikose bei Morbus Basedow via Autoantikörper, die den TSH-Rezeptor stimulieren, blockierende Anti-Acetylcholinrezeptor-Antikörper bei Myasthenia gravis. Weitere Krankheiten durch Antikörper gegen *Hormone* und andere Eigenstrukturen sind: Hashimoto-Thyreoiditis durch Anti-Thyreoglobulin- und Anti-Mitochondrien-Autoantikörper, perniziöse Anämie (Anti-Intrinsischer Faktor), Pemphigus vulgaris (Anti-Desmosomen), Guillain-Barré (aufsteigende Paralyse durch Anti-Myelin-Antikörper?), Sklerodermie durch Anti-Kollagen-Antikörper. Zu den Immunpathologien, wo Autoantikörper eine Rolle spielen, zählen auch die *Transplantatabstoßung* via Endothelschäden, v. a. auch bei Xenotransplantaten wichtig, und die *Tumorabstoßung* via Antikörper gegen tumorassoziierte Antigene auf neoplastischen Zellen.

Allgemein muß aber betont werden, daß der Nachweis von Autoantikörpern nicht unbedingt mit pathologischen Veränderungen oder Krankheit einhergeht. Es ist immer noch weitgehend unklar, wie Autoantikörperantworten induziert werden. Wie im Zusammenhang mit der Zell-Toleranz schon diskutiert worden ist, kann ohne T-Hilfe keine solche Antwort entstehen. Deshalb sucht man intensiv nach **Mechanismen, die T-Hilfe mit autoreaktiven B-Zellen verknüpfen**; einige Möglichkeiten sind in Tab. 2.**12** zusammengefaßt.

Tabelle 2.11 Beispiel von antikörperbedingten Typ-II-Immunpathologien

Antikörper	Autoimmun- oder Immunpathologie
Anti-Zellmembran	– Rhesus-Inkompatibilität – Bluttransfusionskomplikationen – autoimmune hämolytische Anämie – Agranulozytose
Anti-Basalmembran	– Goodpasture-Syndrom
Anti-Kollagen	– Sklerodermie – Pemphigoid
Anti-Desmosomen	– Pemphigus vulgaris
Anti-Rezeptoren	– Anti-Acetylcholinrezeptoren: Myasthenia gravis – Anti-TSH-Rezeptoren: Morbus Basedow
Anti-Hormone	– Anti-Thyroideahormon (Thyreoiditis Hashimoto) – Anti-Intrinsischer Faktor (perniziöse Anämie)
Anti-Medikamente	– chemische Gruppen (Haptene) an Zelloberfläche gebunden (Zell-Lyse, Agranulozytose)
Anti-Ig	– rheumatoide Arthritis (IgM-anti-IgG-Rheumafaktor) – Kryoglobulinämie
Anti-Zellkomponenten	– Anti-DNA (Lupus erythematodes, LE) – Anti-Mitochondrien (LE, Thyreoiditis Hashimoto)

Anti-Blutgruppen-Antikörperreaktionen

AB0-System. Diese B-Zell-Epitope sind *Zuckergruppierungen in den Membranen der roten Blutkörperchen.* Man unterscheidet vier klassische Blutgruppen, die durch ein Gen mit 3 Allelen determiniert werden, das die Glykosylierung steuert. Unter der Einwirkung des 0-Allels wird nur ein Grundgerüst (H-Substanz) gebildet, dessen terminale Zucker Galactose und Fucose sind. Das Allel A veranlaßt die Anhängung von N-Acetyl-Galactosamin, das Allel B die von Galactose an dieses Grundgerüst. Dadurch entstehen Epitope, die in der Natur, namentlich als *Bestandteile von Darmbakterien*, weit verbreitet sind. Individuen, die das Allel A tragen, sind gegenüber dem durch A diktierten Epitop tolerant, Individuen mit dem Allel B entsprechend gegenüber dem B-Epitop. Individuen, die beide Allele tragen (Genformel AB), sind gegenüber beiden Epitopen tolerant, während solche, die homozygot bezüglich 0 sind, weder gegenüber A noch gegenüber B Toleranz zeigen. Nach der Geburt wird der Darmkanal mit Bakterien besiedelt, die reichlich mit A- und B-ähnlichen Epitopen versehen sind. Im Laufe der ersten Lebensmonate

Tabelle 2.**12.** Möglichkeiten der Autoantikörperinduktion

Mögliche Mechanismen	Verursacht durch
polyklonale B-Zell-Aktivierung	Lipopolysaccharide, Viren, chronische Parasiteninfektion
molekulare Mimikry	Antikörper gegen Masernviren kreuzreagieren möglicherweise mit basischem Myelinprotein (MBP), solche gegen SV40-Antigene mit Gluten, Antikörper gegen Coxsackieviren mit Herzmuskelzellen
Freilegen von verborgenen Eigenantigenen	zytopathische Effekte von Infektionserregern
Adjuvanseffekte	Bei Granulombildungen und chronischen Entzündungsreaktionen kann es zur Bildung von lymphatischem Gewebe in peripheren Organen kommen, z. B. Thyreoiditis Hashimoto
Brechen von Toleranz	durch Koppelung von T-Hilfe-Epitopen an Eigenantigene; möglich vor allem im Zusammenhang mit Virusinfektionen von Zellen

bilden daraufhin Menschen der Blutgruppe 0 (homozygot bezüglich dem Allel 0) sowohl Anti-A- als auch Anti-B-Antikörper, Menschen der Blutgruppe A (Genformel A0 oder AA) nur Anti-B, Menschen der Blutgruppe B (Genformel B0 oder BB) nur Anti-A und Menschen der Blutgruppe AB weder Anti-A noch Anti-B.

Diese sog. „natürlichen" Antikörper (man meint damit Antikörper, die ohne erkennbare Immunisierung gebildet werden) sind IgM; ein Switch zu IgG findet normalerweise nicht statt, wahrscheinlich mangels fremder T-Zell-Epitope. Die Anwesenheit der Blutgruppenantikörper stellt eine Gefahr bei der Bluttransfusion dar, weshalb vor jeder Transfusion die Blutgruppenzugehörigkeit von Spender und Empfänger festgestellt werden muß. Dabei sind die *Antikörper im Donorblut weniger wichtig*, da sie ausverdünnt werden; der 00 Genotyp ist deshalb ein universeller Donor. IgM-Antikörper gegen Blutgruppen sind für den Fetus ungefährlich, weil sie die Plazentaschranke nicht passieren können.

Rhesus-System. Es handelt sich hier ebenfalls um genetisch determinierte Epitope auf den roten Blutkörperchen, gegen die aber in der Regel keine „natürlichen" Antikörper auftreten. Erst aufgrund einer *Immunisierung* (durch Bluttransfusion oder Schwangerschaft) werden IgM- und IgG-Antikörper induziert. Unter der Geburt treten oft kleinere Mengen von kindlichem Blut in den mütterlichen Kreislauf. Sind auf den Blutkörperchen des Kindes väterliche Epitope vorhanden, die der Mutter fehlen, so bewirkt dieser Blutübertritt eine Immunisierung. Falls dabei Antikörper der Klasse IgG entstehen, können diese eine *spätere Schwangerschaft* gefährden, sofern das Kind wiederum die gleichen Epitope trägt. Das Krankheitsbild heißt Morbus haemolyticus neonatorum oder Erythroblastosis fetalis.

Ist eine Immunisierung einmal eingetreten und muß aus genetischen Gründen mit der *Gefährdung künftiger Schwangerschaften* gerechnet werden, so lassen sich spätere Kinder durch aufwendige Maßnahmen, z. B. künstliche Entbindung und Austauschtransfusion, retten. Ist die Gefahr einer Rhesusimmunisierung am Ende einer Schwangerschaft erkannt, so läßt sich durch *passive Zufuhr* entsprechender, gegen die kindlichen Epitope gerichteter Antikörper unmittelbar nach der Entbindung eine Immunisierung der Mutter verhindern. Diese spezifische Immunsuppression ist ein empirischer Erfolg der Immunologie; ihr genauer Mechanismus ist noch nicht restlos geklärt.

Weitere Blutgruppensysteme. Neben den bisher erwähnten gibt es noch mehrere andere Blutgruppensysteme, gegen die Antikörper vorkommen können, welche Transfusionen gefährden. Eine wichtige Sicherung zur Vermeidung von Transfusionszwischenfällen bildet die Kreuzprobe. Unmittelbar vor einer geplanten Transfusion wird Serum des prospektiven Empfängers mit Erythrozyten des prospektiven Donors und umgekehrt Serum des Donors mit Erythrozyten des Empfängers gemischt. In beiden Mischungen darf keine Agglutination eintreten. Da einige Serumantikörper zwar an Erythrozyten binden und diese opsonisieren können, jedoch nicht zur Agglutination in der Lage sind, gibt man zusätzlich noch Anti-Menschenimmunglobulin-Serum hinzu, um diese Antikörper zu vernetzen. Auch dann darf keine Agglutination eintreten.

Typ III: Durch Immunkomplexe verursachte Krankheiten

Immunkomplexkrankheiten werden durch Ablagerung von **kleinen, löslichen Antigen-Antikörper-Komplexen** im Gewebe verursacht. Hauptmerkmal ist die *Entzündung*, bei der Komplement involviert ist. Normalerweise werden große, d. h. in Äquivalenz gebildete Antigen-Komplexe durch Phagozyten des retikuloendothelialen Systems problemlos entfernt. Gelegentlich jedoch – besonders bei *persistierenden bakteriellen, viralen oder Umweltantigenen* (z. B. Pilzsporen, pflanzliche oder tierische Materialien) oder bei *Autoimmunkrankheiten* gegenüber Selbstantigenen (DNA, Hormone, Kollagen, IgG), bei denen kontinuierlich Auto-Antikörper gegen körpereigene Antigene gebildet werden – werden immer und überall Antigen-Antikörper-

Komplexe abgelagert, vorwiegend an sekretorisch aktiven Membranen und in kleineren Gefäßen. Dies geschieht vor allem in infizierten Organen, Nieren, Gelenken, Arterien, Haut, Lungen und im Plexus chorioideus des Gehirns. Die hervorgerufenen Entzündungen verursachen dort lokale Gewebeschäden. Vor allem die Aktivierung von Komplement durch diese Komplexe führt zur Bildung von inflammatorischen C-Komponenten (C3a und C5a). Diese *Anaphylatoxine* setzen aus Gewebemastzellen und Basophilen vasoaktive Amine frei, was die vaskuläre Permeabilität erhöht (s. a. S. 98). Zusätzliche chemotaktische Aktivitäten locken *Granulozyten* an, die versuchen, die Komplexe zu phagozytieren. Wenn diese Phagozyten zugrunde gehen, werden ihre lysosomalen, hydrolytischen Enzyme freigesetzt, was zu Gewebeschäden führt. Dadurch entstehen chronische Entzündungsreaktionen mit langwierigen Verläufen.

Man unterscheidet zwei Gruppen von Immunkomplex-Pathogenesen.

- **Immunkomplexe im Antigenüberschuß.** Die akute Form führt zur *Serumkrankheit*, die chronische Form zu Arthritiden oder Glomerulonephritiden. Die eigentliche Serumkrankheit wird heute kaum mehr angetroffen. Sie war eine Folge der Serumtherapie in der Vorantibiotikazeit: Die Inokulation von Pferdeantikörpern gegen humanpathogene Keime oder bakterielle Toxine induzierte die Bildung von menschlichen Antikörpern gegen das Pferdeserum. Da aus therapeutischen Überlegungen relativ viel Pferdeserum gegeben wurde, bildeten sich Antigen-Antikörper-Komplexe, zum Teil eben im Antigenüberschuß. Dies führte dann gelegentlich zu chronisch verlaufenden Schockzuständen.
- **Immunkomplexe im Antikörperüberschuß.** Die sog. *Arthus Reaktion* entsteht, wenn ein Individuum über lange Zeit wiederholt kleinen Mengen eines Antigens ausgesetzt ist, wobei sich Komplexe im Antikörperüberschuß bilden. Bei einer weiteren Exposition, vor allem in der Haut, löst dies eine typische Reaktion mit Ödem und Erythem, eventuell mit Nekrose aus, die ihr Maximum nach 3 – 8 Stunden erreicht, nach 48 Stunden aber schon wieder verschwunden ist. Reaktionen vom Arthus-Typ können als *Berufskrankheiten* auftreten, immer dann, wenn ein Individuum einem Umweltantigen wiederholt und kontinuierlich ausgesetzt ist: Farmerlunge (thermophile *Actinomyces* in schimmeligem Heu), Vogel- und Taubenzüchterlunge (Serumprotein im Staub getrockneter Faeces dieser Vögel), Käserlunge (Sporen von Penicillium casei), Kürschnerlunge (Proteine der Pelzhaare), Malzarbeiterlunge (Sporen von Schimmelpilzen).

Typ IV: Überempfindlichkeit oder zellvermittelte Überempfindlichkeit vom Spättyp

Meistens beträgt die Zeitspanne zwischen Gabe des Antigens und der Krankheitsmanifestation 48–72 Stunden, wie dies für die sog. zelluläre Überempfindlichkeitsreaktion in der Haut (DTH) schon dargestellt worden ist (S. 82). Wie bei den antikörperabhängigen Überreaktionen vom Typ I–III ist auch die Typ-IV-Reaktion eine krankmachende Reaktion, die sich *nur im Ausmaß und den Konsequenzen, nicht aber in den Details der Wirkungsmechanismen von schützenden Immunantworten unterscheidet.* Insbesondere am Beispiel der Typ-IV-Reaktion (z. B. aggressive Hepatitis beim Menschen oder lymphozytäre Choriomeningitis der Maus) läßt sich die unklare Abgrenzung zwischen Autoimmunkrankheiten und Immunpathologie vom Typ IV aufzeigen: Wenn der verursachende infektiöse Keim bekannt ist, spricht man von einer Typ-IV-Reaktion, ist er nicht bekannt, imponiert die gleiche Krankheit als „Autoimmunkrankheit". Da viele Beispiele der Typ-IV-Reaktion in verschiedenen Kapiteln schon besprochen worden sind, sei auf diese hingewiesen (DTH [S. 82], Immunschutz und Immunpathologie [Tab. 2.**9** und 2.**10**, S. 66], Transplantationsimmunologie [s. unten] und Autoimmunität [S. 68ff.]).

Transplantationsimmunität

Die Transplantatabstoßung ist innerhalb der Spezies im wesentlichen eine Konsequenz der MHC-restringierten T-Zell-Erkennung. Zwischen den Spezies ist sie zusätzlich durch Antikörper und Unverträglichkeiten der Komplementinaktivierungsmechanismen bedingt. Möglichkeiten, die Abstoßung zu vermindern oder zu verhindern, sind: Immunsuppression, Toleranzinduktion durch Zellchimärismus sowie Sequestrierung weg vom Immunsystem des transplantierten Organs.

Die *starken* Transplantationsantigene sind im *MHC-Komplex kodiert* (s. S. 60f.), die *schwachen* entsprechen MHC-präsentierten allelen Unterschieden von *nicht-MHC-kodierten Proteinen bzw. Peptiden des Wirtes.* Man unterscheidet die Wirt-anti-Transplantat-(**host-versus-graft; HVG**)-Reaktion des Empfängers gegen ein genetisch unterschiedliches Gewebe oder Organ von der Transplantat-anti-Wirt (**graft-versus-host-, GVH-**)Reaktion.

GVH-Reaktion. Sie entsteht, wenn *immunologisch aktivierbare Spender-T-Zellen* auf einen allogenen Empfänger übertragen werden, der sie nicht abstoßen kann (z. B. bei einer Knochenmarktransplantation in einen immuninkompetenten oder -supprimierten Empfänger). Ziel der Immunreaktion der transplantierten T-Zellen sind die MHC-Klasse-I- und -Klasse-II-Moleküle des Empfängers. Die Transplantationsantigene des Empfängers präsentieren zusätzlich allelisch unterschiedliche Empfänger-Selbstpeptide, und diese können von Spender-T-Zellen als schwache Transplantationsantigene erkannt werden. (Die Möglichkeit, daß auch starke Empfänger-Transplantationsantigene von APZ des Spenders aufgenommen und prozessiert werden, besteht zwar, hat aber funktionell kaum Konsequenzen, da diese Antigenkonfiguration auf den Zellen des Empfängergewebes als solche nicht vorkommt.) Schwache Histokompatibilitätsantigene, d. h. alle Varianten von Peptiden, die in der Kombination mit an sich histokompatiblen MHC-Molekülen als fremd erkannt werden, spielen vor allem bei Knochenmarktransplantationen eine Rolle. Identität auch bezüglich schwacher Transplantationsantigene kommt nur bei eineiigen Zwillingen oder zwischen Mitgliedern eines Tier-Inzuchtstammes vor. Die *Vielzahl der alloreaktiven T-Zellen* ist durch die Kreuzreaktivität einerseits und durch die enorme Vielfalt an unterschiedlichen Kombinationen von MHC-Molekülen und zelleigenen Peptiden zu erklären. Dazu muß betont werden, daß allogenetische MHC-Antigene auf APZ und Lymphozyten (den sog. passenger leukocytes) besonders immunogen sind. Die gleichen fremden Transplantationsantigene, auf Fibroblasten oder auf epithelialen oder neuroendokrinen Zellen exprimiert, sind kaum immunogen, wenn sie lokales lymphatisches Gewebe nicht erreichen können.

Um eine GVH bei Knochenmarktransplantation zu vermeiden, müssen die immunokompetenten T-Zellen im übertragenen Knochenmark eliminiert werden. Dies kann über Anti-T-Zell-Antikörper, Anti-Lymphozyten-Antiseren und Komplement oder über Sortieren mit magnetischen spezifischen Antikörpern bewerkstelligt werden. Es hat sich aber erwiesen, daß ein komplettes Eliminieren der reifen T-Zellen für das Angehen des Knochenmarktransplantats ungünstig ist. Zudem ist dadurch die bei Leukämie erwünschte Antitumorwirkung des Transplantats oft geschwächt. Wahrscheinlich induzieren die übertragenen wenigen T-Zellen im Knochenmark eine subklinische GVH-Reaktion, wodurch sie einerseits die Abstoßung durch den Empfänger verhindern und andererseits Leukämiezellen des Empfängers zerstören können und so ein Wiederaufkommen des Tumors verhindern.

Anwendung von Knochenmarktransplantationen heute

- Rekonstitution von Immundefekten auf der Seite von B- und T-Zellen,
- Rekonstitution von anderen lymphohämopoietischen Defekten,
- Gentherapie durch Einbringen von korrigierenden Genen über lymphohämopoietische Stammzellen,
- Therapie von Leukämien durch letale Ausräumung der Tumorgewebe und Rekonstitution durch autologe oder fremde histokompatible gereinigte Stammzellen.

2

HVG-Reaktionen, d. h. Immunantworten des Empfängers gegen übertragene Zellen oder Organe, spielen keine Rolle bei Autotransplantaten, z. B. Transplantationen von Haut von einer Körperstelle auf eine andere des gleichen Individuums. Das gleiche gilt für Transplantate zwischen eineiigen Zwillingen oder zwischen genetisch identischen Tieren (**syngene Transplantate**). Transplantate zwischen Nicht-Verwandten oder nicht-ingezüchteten Tieren gleicher Art oder von einem Tier einer Inzuchtlinie auf ein Tier einer anderen Inzuchtlinie der gleichen Art (**allogene Transplantate**) sowie Transplantate zwischen Individuen, die verschiedenen Arten angehören (**xenogene Transplantate**), werden immunologisch abgestoßen. Wegen der MHC-Restriktion der T-Zellen ist die zelluläre Abstoßung innerhalb der Spezies sogar stärker als zwischen verschiedenen Spezies. Zwischen verschiedenen Spezies entstehen aber zusätzliche Komplikationen bei der Transplantation: Natürliche *kreuzreaktive Antikörper* und das *Fehlen der Komplementinaktivierung* durch antikomplementäre Faktoren (die oft Spezies-inkompatibel sind und deshalb bei xenogenen Transplantaten wegfallen) führen meistens zu hyperakuten Abstoßungen in Minuten oder Stunden bis wenigen Tagen, also bevor überhaupt spezifische Immunantworten induziert worden sind.

Bei der Transplantatabstoßung (Transplantationsverwerfung) unterscheidet man:

- **Hyperakute Verwerfung** innerhalb von Minuten bis Stunden durch präformierte Antikörper des Empfängers, die mit Antigen auf dem Endothel reagieren. Dadurch Koagulation, Thrombosen, Infarkte mit ausgedehnten Nekrosen.
- **Akute Verwerfung** innerhalb von Tagen bis Wochen. T-Lymphozyten-Infiltrate treten perivaskulär und prominent auf. Durch Immunsuppression kann die akute Verwerfung verhindert werden.
- **Chronische Verwerfung** nach Monaten bis Jahren. Zellulär und humoral vermittelt. Obliterierende vaskuläre Intimaproliferation, toxische und Immunkomplex-Glomerulonephritis, Vaskulitiden.

Antigenität und Immunogenität von MHC in Organtransplantaten

Eine Schilddrüse von Donor „a“, frisch transplantiert unter die Nierenkapsel einer MHC(H-2)-inkompatiblen Rezipientenmaus „b“, wird nach 7–9 Tagen akut abgestoßen. Kultiviert man das Organ zuerst unter Bedingungen, die die wanderungsfähigen APZ und Leukozyten töten, und transplantiert es dann, wird das Transplantat „a“ vom Rezipienten „b“ permanent akzeptiert. Werden nach 100 Tagen frische Milzzellen (APZ) von einem Donor „a“ in den Rezipienten „b“ transfundiert, wird das bis dahin (> 100 Tage) akzeptierte Transplantat „a“ akut in 10 Tagen abgestoßen. ▶

Fortsetzung: **Antigenität und Immunogenität von MHC**

Dieses Experiment zeigt, daß nicht die MHC-Antigene als solche stark immunogen sind, sondern nur, wenn sie sich auf migrationsfähigen lymphohämatopoietischen Zellen befinden. Die Möglichkeit, fremde Gewebezellen oder kleine Organe zu übertragen, ohne die Immunabwehr zu wecken, wird heute mit Inselzellen und neuronalen Zellen bei (Parkinsonismus) in der Klinik ausprobiert.

Meßmethoden. Wichtige Methoden zum Verfolgen einer HVG oder GVH sind Biopsien und histologische Beurteilung, Beurteilung der Blutzellen sowie die gemischte Lymphozytenreaktion *in vitro*.

Immundefekte und Modulation der Immunantwort

Immundefekte werden häufig erworben durch Therapie, Virusinfekte oder hohes Alter. Selten sind sie angeboren (z. B. findet man vorübergehende partielle Immundefekte, die vor allem IgA-Antworten betreffen). **Immunmodulation** wird versucht mit Interleukinen, monoklonalen Antikörpern gegen Lymphozytenoberflächenmoleküle oder mit antigenen Peptiden. **Immunstimulation** erreicht man über Adjuvanzien oder gentechnische Einfügung von kostimulatorischen Molekülen in Tumorzellen. Eine **Immunsuppression** versucht man über Pharmaka generell zu induzieren oder spezifisch über Zellchimärismus, Antikörper, Interleukine oder lösliche Interleukinrezeptoren sowie über Toleranzinduktion mit Proteinen oder Peptiden.

Immundefekte

Die wichtigsten und häufigsten Immundefekte sind *erworben*, z. B. iatrogen (Zytostatika, Cortison, Bestrahlung usw.), altersbedingt oder durch Virusinfektion (v. a. HIV). *Angeborene Defekte* sind selten; Beispiele sind: X-Chromosom-gebundener B-Zell-Defekt nach Bruton, Thymushypoplasie nach DiGeorge, kombinierte T-und B-Zell-Defizienz bei MHC-Defekten (Syndrom der nackten Lymphozyten) und Enzymdefekten (Adenosindeaminase [ADA]- oder Purinnukleotidphosphorylase[PNP]-Mangel). Diese Defekte können z. T. durch Rekonstitution mit Stammzellen (Thymustransplantate, Gentherapie) behoben werden (z. B. war die Gentherapie bei ADA-Defizienz eine der ersten erfolgreichen Anwendungen der Gentherapie). Relativ häufiger sind selektive, relative bis absolute IgA-Mängel, die z. T. in der Kleinkindphase prominenter sind als später. Betroffene Kinder sind gegenüber Infektionen mit *Hae-*

mophilus influenzae, Pneumokokken und Meningokokken empfänglicher. Allgemeine *Folgen von Immundefekten* sind rekurrierende und ungewöhnliche Infekte, Ekzeme und Diarrhö.

Immunregulation

Dies ist immer noch ein schwieriges Kapitel der Immunologie. Antigene sind der wichtigste positive Regulator; wenn sie komplett entfernt sind, entfällt die Stimulation. Interferon-γ (IFN-γ) für T_{H1} und IL-4 für T_{H2} sind als Regulatoren wichtig und etabliert, andere IL-abhängige Regulationen werden jetzt definiert. Herunterregulierende spezifische *$CD8^+$-T-Suppressorzellen* sind früher postuliert worden, quasi als Gleichgewicht für aufregulierende $CD4^+$-T-Zellen. Solche $CD8^+$-T-Zellen sind aber nicht überzeugend nachgewiesen worden. Der viel verwendete Ausdruck der $CD8^+$-T-Suppressorzelle sollte deshalb vermieden werden, denn er ist irreführend. Zytotoxische $CD8^+$-T-Zellen können aber in relativ seltenen Fällen durch Lyse von infizierten APZ oder B-Zellen regulativ wirken (s. auch S. 101). Daß $CD4^+$-T-Zellen ähnlich direkt wirken können, ist unwahrscheinlich. Regulationen über *idiotypische/antiidiotypische Antikörpernetzwerke* (d. h. Antikörper gegen die ABS von Antikörpern), die auch TZR einbeziehen, sind hypothetisch geblieben. Diese attraktiven, aber meistens täuschenden theoretischen Konzepte sollten deshalb auch nicht mehr zur Erklärung von komplexen Vorgängen herangezogen werden. In einzelnen Fällen können zwar unter forcierten experimentellen Bedingungen entsprechende antiidiotypische oder anti-TZR-Peptid-spezifische Regelkreise konstruiert werden, das heißt aber noch lange nicht, daß diese Regelkreise das Immunsystem als Ganzes regulieren.

Immunstimulation

In der Infektions- und Tumorbekämpfung versucht man, mit Hilfe von Thymushormonen (Thymopoietin, Pentapeptide), Leukozytenextrakten und Interferonen eine Verbesserung der Immunstimulation zu erreichen. Als *Adjuvantien* werden Derivate von Mikroorganismen und synthetische Analoga eingesetzt, z. B. BCG, *Corynebacterium parvum*-Teile und Peptidoglykane (z. B. Muramylpeptid). Auch Bestandteile von Streptokokken und Streptomyces sowie Eluate und Fraktionen von Bakteriengemischen (z. B. Bronchovaccom) finden Verwendung. Damit verwandt ist das synthetische Levamisol.

Neuere Strategien der Immunmanipulation zielen darauf ab, die Antigenpräsentation zu verbessern. Es werden entweder *Interleukine* oder *kostimulatorische Moleküle* wie B7 oder CD40 über Transfektion in Tumorzellen gebracht. Durch Herstellen von Hybridantikörpern, z. B. Koppelung von anti-CD3 und Tumorantigen-spezifischen Antikörpern, versucht man, Antigenerkennung und Phagozytose zu verbessern. Systemisches (oft mit toxischen Problemen verbunden) oder gezieltes Einbringen von GM-CSF, TNF und IL-2, von IFN-γ oder IFN-β, von Zellen, die Zytokine sezernieren oder von polyklonalen T- und B-Zell-Stimulatoren ist in Modellversuchen auch schon erfolgreich ausprobiert worden. Man hofft, über lokale chronische oder akute Infektionen eine direkte Infektion von Tumorzellen und deren zytolytischen Zerfall zu erreichen. Die dadurch forcierte Phagozytose und Aufnahme durch APZ soll Tumorimmunität induzieren oder amplifizieren.

Immunsuppression

Zur Hemmung der Immunreaktion gibt es verschiedene Möglichkeiten:

- **Generelle Immunsuppression:** Cortison (Hemmung der Entzündungszellen), Zytostatika (Endoxan und Imuran: Hemmung der Zellteilung) und spezifischere Immunsuppressiva, z. B. Cyclosporin A, FK503, Rapamycin (Hemmung der Signaltransduktion in T-Zellen).
- **Immunsuppression durch Antikörper, lösliche Zytokinrezeptoren, Depletion von T-Zellen oder T-Zell-Subpopulationen** (anti-CD4, anti-CD8, anti-CD3, anti-Thy1 usw.). Gabe von monoklonalen Antikörpern gegen Adhäsionsmoleküle, gegen akzessorische Moleküle, gegen Zytokine, gegen Zytokinrezeptoren. Gabe von löslichen Zytokinrezeptoren oder von löslichem CTLA4, welches B7.1 und B7.2 (wichtige Costimulatoren, s. S. 73) blockiert.
- **Spezifische Toleranzinduktion oder „Negativimpfung".** Überwältigende deletierende T-Zell-Aktivierung durch systemische Gabe großer Mengen von Peptiden oder Proteinen. Möglicherweise kann dies auch über den oralen Weg erreicht werden.
- **Verhinderung der Induktion einer Antikörperantwort durch komplettes Neutralisieren und Eliminieren des Antigens.** Beispiel: Rhesusprophylaxe mit Hyperimmunserum.

Adoptive Immuntherapie

T-Zell-Effektorklone oder -Populationen des Patienten werden *in vitro* mittels Antigenstimulation vermehrt (**lymphokinaktivierte Killerzelle, LAK-Zellen**) und dann zurücktransfundiert. Diese Methode wird heute z. T. gegen Cytomegalievirus und Epstein-Barr-Virus bei Knochenmarktransplantationen angewendet. Die LAK-Zell-Therapie kann aber auch mit weniger spezifischen NK-artigen Zellen erfolgen; hierzu werden Patientenlymphozyten ohne Antigenstimulation mittels IL-2 vermehrt.

Toxische Antikörper sind monoklonale Antikörper, an die Toxine gekoppelt sind. Sie werden als spezifische Transporter des Toxins benutzt und entweder direkt verabreicht oder mit Liposomen, die verankerte Antikörper tragen und ein Toxin oder Zytostatikum enthalten.

Immunologische Testmethoden

Antigen- und Antikörperbestimmungen

Immunpräzipitation in Flüssigkeiten und Gelmedien

Eine maximale Präzipitation entsteht, wenn beide Reaktionspartner in annähernd *äquivalentem Verhältnis* vorliegen. Bei Antikörperüberschuß ergeben sich wenig Präzipitate, sind Antigen und Antikörper etwa äquivalent, resultiert ein maximaler Niederschlag, bei Antigenüberschuß bilden sich wiederum kaum Präzipitate (Abb. 2.**20**).

Immunpräzipitation

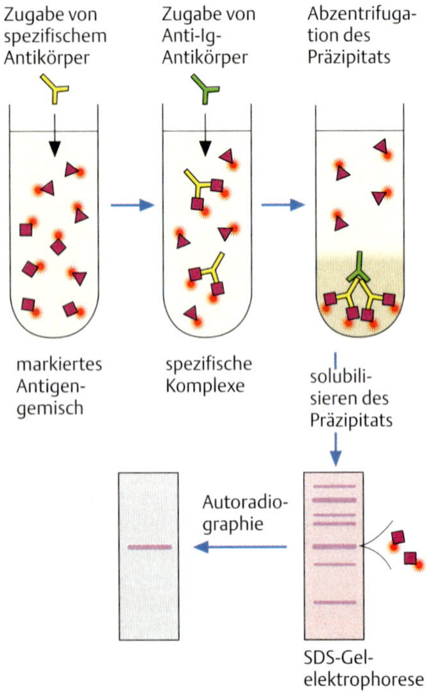

Abb. 2.**20** Zur Bestimmung des erkannten Antigens wird einem radioaktiv oder anders markierten Antigengemisch ein spezifischer Antikörper zugegeben. Mit Hilfe kopräzipitierender Reagenzien (z. B. Antiimmunglobulinantikörper) werden die Immunkomplexe präzipitiert. Das Präzipitat wird gründlich gewaschen, um ungebundenes markiertes Antigen zu entfernen, und anschließend wieder gelöst (z. B. mit SDS) und die Komponenten im SDS-Gel aufgetrennt. Durch Autoradiographie läßt sich das markierte Antigen sichtbar machen.

Doppeldiffusion in Agargel nach Ouchterlony. Sie erlaubt eine *qualitative* Beurteilung, ob ein gegebener Antikörper bzw. ein Antigen vorliegt oder nicht und in welchem Verwandtschaftsgrad diese zueinander stehen. Weiterhin gibt die Technik Informationen darüber, ob verschiedene antigene Determinanten auf dem gleichen Antigen lokalisiert sind oder ob verschiedene Antikörper an das gleiche Antigen binden (Abb. 2.**21**).

Radiale Immunodiffusion nach Manchini. Sie ermöglicht eine *quantitative* Bestimmung von Antigen anhand einer zuvor ermittelten Standardkurve (Abb. 2.**22**).

Nephelometrie. Bei dieser sehr schnellen Methode mißt man durch Streulichtmessung die Trübung, die durch Präzipitation entstanden ist.

Immunpräzipitation kombiniert mit Elektrophorese

Antigene werden in Agargel durch Anlegen einer elektrischen Ladung getrennt. Sie bewegen sich dabei bis zur Position ihres isoelektrischen Punktes.

Doppeldiffusion nach Ouchterlony

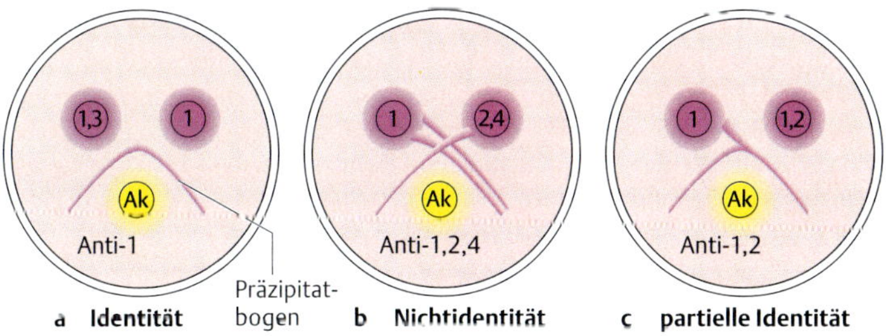

Abb. 2.**21** Diese Technik erlaubt die Zuordnung von Antigenen (violett) zu einem bestimmten Testantikörper (gelb) oder umgekehrt. Die in Vertiefungen im Gel pipettierten Antikörper und Antigene diffundieren durch das Gel (die Nummern bezeichnen vorhandene Epitope). Wo sie aufeinandertreffen, bilden sich bei erfolgter Immunkomplexbildung Präzipitatbögen. **a** Die Antikörper präzipitieren identische Epitope (nämlich jeweils Epitop 1) der beiden Antigene, und es entstehen zusammenfließende, sich in ihrer Wanderung gegenseitig hemmende Präzipitatbögen. Bei **b** bilden sich drei unabhängige Präzipitatbögen, d. h., die Antikörper unterscheiden drei verschiedene Epitope. **c** Das Epitop 1 beider Antigenproben bildet einen zusammenfließenden Präzipitatbogen. Anti-2 wird in seiner Reaktion mit dem Epitop 2 dadurch nicht behindert; er wandert über die konfluierende Linie hinaus in das Gebiet, wo er mit freiem Antigen 1,2 präzipitiert und einen Sporn bildet.

Radiale Immundiffusion nach Manchini

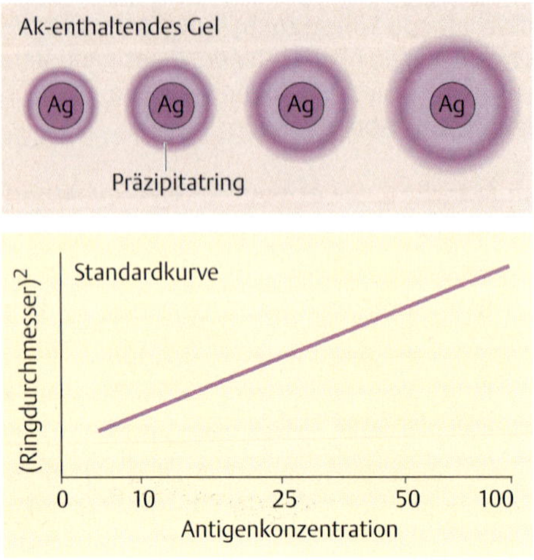

Abb. 2.**22** Quantitative Bestimmung eines Antigens mit einem monospezifischen Antiserum. Dieses wird mit Agar gemischt und in eine Platte gegossen. Dann pipettiert man das Antigen in verschiedenen Konzentrationen in eingestanzte Vertiefungen. Antigen-Antikörper-Komplexe präzipitieren in Form eines Ringes um die Vertiefung, dessen Durchmesser proportional zur Antigenkonzentration ist. So erhält man eine Standardkurve, mit deren Hilfe unbekannte Testantigene quantifiziert werden können. In analoger Weise lassen sich auch Antikörper quantifizieren, indem man Antigene in das Gel mischt.

Man kann nun in einem zweiten Schritt Antikörper durch dieses Gel laufen lassen – entweder ohne Anwendung eines elektrischen Feldes oder ebenfalls im elektrischen Feld, und entweder in der gleichen Richtung wie die Antigene oder vertikal dazu.

Immunelektrophorese nach Grabar und Williams. Zunächst werden Serumproteine in einem dünnen Agargel elektrisch aufgetrennt. Nun ritzt man neben die aufgetrennte Probe, parallel zur Laufrichtung und über die gesamte Laufstrecke, eine Rinne in den Agar, in die man Antiserum gibt. Die Antikörper diffundieren ins Gel; wo sie mit ihren Antigenen zusammentreffen, bilden sich Präzipitationslinien, die gefärbt und beurteilt werden können. Diese ältere Methode wird für die Bestimmung von Paraproteinen, monoklonalen Immunglobulinen usw. immer noch benutzt.

Western-Blotting

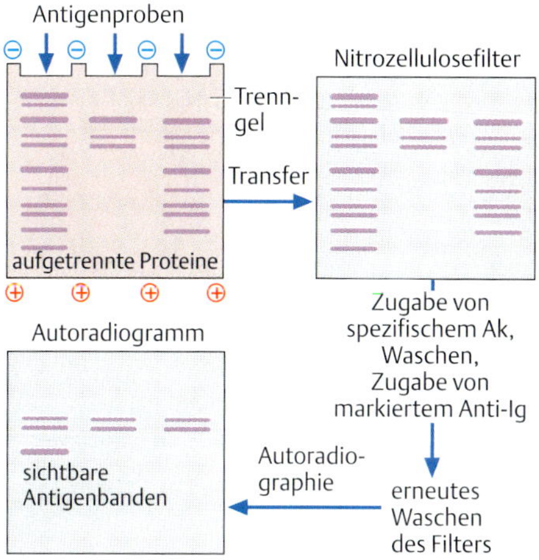

Abb. 2.**23** Die im Gel aufgetrennten Antigenproben werden auf Nitrozellulose übertragen. Anschließend wird mit Serumalbumin oder irrelevanten Proteinen, die mit keinem der verwendeten Antikörper kreuzreagieren, ein unspezifisches Binden der Antikörper an den Filter verhindert. Nun gibt man Antikörper gegen die gesuchten Antigene hinzu. Nach Bildung der Immunkomplexe wäscht man ungebundene Antikörper gründlich aus und markiert die gebundenen mit Hilfe von Antiimmunglobulinantikörpern. Diese lassen sich durch Autoradiographie sichtbar machen.

Western Blotting. Diese Methode umfaßt eine Elektrophorese von Proteinen in einem Gel, gekoppelt mit einer Detektion durch Antikörper. Die aufgetrennten Proteine werden auf Nitrozellulose übertragen und dort mit Hilfe von spezifischen Antikörpern nachgewiesen (Abb. 2.**23**). Wegen der Denaturierung der aufgetrennten Proteine binden monoklonale Antikörper selten, komplexe Seren funktionieren dagegen meist gut.

Agglutination und Komplementbindungsreaktion

Agglutinationsmethode. Antikörper agglutinieren antigenbeladene Partikel (Abb. 2.**24**), und umgekehrt kann Antigen antikörperbeladene Partikel agglutinieren. Anwendung: Agglutination von Bakterien, von Erythrozyten (z. B. Blutgruppenbestimmungen).

Hämagglutination

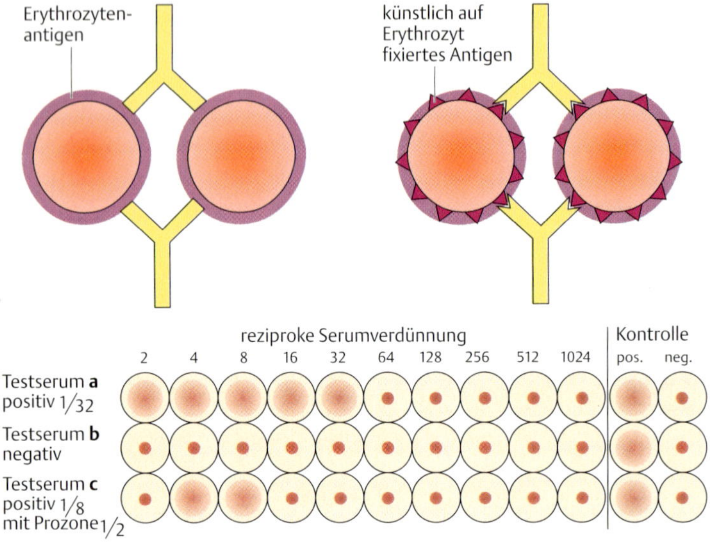

Abb. 2.**24** Der Hämagglutinationstest macht sich die Tatsache zunutze, daß sich Erythrozyten, die durch Antikörper kreuzvernetzt wurden, mattenartig auf dem Boden der Näpfe einer Mikrotiterplatte absetzen (Testseren **a** und **c**), während nicht agglutinierte Erythrozyten sich in der Spitze der Näpfe ansammeln und nur ein kleines Pellet bilden (Testserum **b**). Zunächst pipettiert man die Testseren in der angegebenen Verdünnung in die Näpfe, dann gibt man die Erythrozytensuspension hinzu. Eine unspezifische Agglutination wird durch ein zugesetztes Protein verhindert. Der Test kann zum einen mit natürlichen Erythrozytenantigenen durchgeführt werden (oben links), man kann jedoch auch andere Antigene auf der Erythrozytenoberfläche fixieren und die Agglutination verfolgen (oben rechts). Zum sog. „Prozonenphänomen" kommt es durch blockierende Mechanismen in zu wenig verdünnten Seren.

- **Indirekte Hämagglutination.** Ein Antigen wird auf der Oberfläche von Erythrozyten fixiert. Spezifische Antikörper agglutinieren diese antigenbeladenen Erythrozyten.

- **Hämagglutinations-Hemmtest.** Man mißt die Hemmung der Hämagglutination zwischen antigenbeladenen Erythrozyten und Antiserum durch eine antigenhaltige Probe. Dieser Test wird häufig auch zur Quantifizierung von Antikörpern gegen hämagglutinierende Viren (v. a. Influenza- und Parainfluenzaviren) verwendet.

- **Antiglobulinteste nach Coombs.** *Direkter Coombs-Test* für die Entdekkung von bereits an Erythrozyten gebundenen Antikörpern, oder *indirekte Coombs-Test* für den Nachweis von Antikörpern, die zuerst mit Erythrozyten oder antigenen Partikeln inkubiert werden; wenn die Antikörper binden, können sie mit Anti-Ig-Antikörpern über Agglutination nachgewiesen werden. Antigene können außer an Erythrozyten auch an andere Partikel (z. B. Latex) adsorbiert werden.

Komplementbindungsreaktion (KBR). Die KBR ist eine früher viel angewendete Methode, die den Verbrauch einer gegebenen Aktivität an Komplement durch zugegebene Antigen-Antikörper-Komplexe mißt. Heute wird diese Methode seltener verwendet und ist durch Immunsorbenstests (RIA, ELISA, RAST, s. u.) abgelöst worden.

Direkte und indirekte Immunfluoreszenz

Direkte Immunfluoreszenz. Mit Hilfe der Immunfluoreszenz kann nachgewiesen werden, ob und wo in Patientenzellen oder auf Patientengewebe in vivo Antikörper, Komplement und andere Immunfaktoren oder Virus-, Pilz- oder Bakterienbestandteile deponiert sind. Gewebeschnitte oder Zellpräparationen werden hierzu mit spezifischen Antikörpern (Antiseren) behandelt, die mit einem Fluorochrom markiert sind (Abb. 2.**25a**). Hat eine Antigen-Antikörper-Reaktion stattgefunden, läßt sich dies durch Betrachten der Präparate in einem Fluoreszenzmikroskop feststellen. Das Fluorchrom absorbiert Licht einer bestimmten Wellenlänge (z. B. UV-Licht) und emittiert die Lichtenergie als Licht anderer Wellenlänge. Am häufigsten wird das Fluorchrom Fluorescein-Isothiocyanat (FITC) eingesetzt, das UV-Licht absorbiert und als grünes Licht emittiert (Achtung: bleicht rasch aus!).

Indirekte Immunfluoreszenz und Enzymhistologie. Der spezifische „erste" Antikörper kann auch unmarkiert sein. Gebildete Antigen-Antikörper-Komplexe werden dann mit einem markierten „zweiten" sog. Anti-Antikörper nachgewiesen (Abb. 2.**25b**). Anstelle von Fluorchromen verwendet man heute für Gewebeschnitte oft enzymmarkierte Antikörper. Das Enzym katalysiert die Umwandlung einer farblosen Substanz in einen Farbstoff; dieses Farbpräzipitat erlaubt eine direkte lichtmikroskopische Betrachtung und bleicht kaum aus.

Durch indirekte Immunfluoreszenz wird z. B. qualitativ und quantitativ nachgewiesen, ob in einem Patientenserum Antikörper gegen mikrobielle Antigene oder auch Autoantikörper gegen Gewebsantigene vorkommen. Beim quantitativen Nachweis fixiert man das entsprechende Antigen auf einem Objektträger. Die Patientenprobe wird mit dem Faktor 2 mehrfach verdünnt und zu dem Antigen gegeben. Eine stattgefundene Antigen-Antikörper-Reaktion macht man anschließend mit einem markierten Anti-Antikörper sichtbar.

Direkte und indirekte Immunfluoreszenz

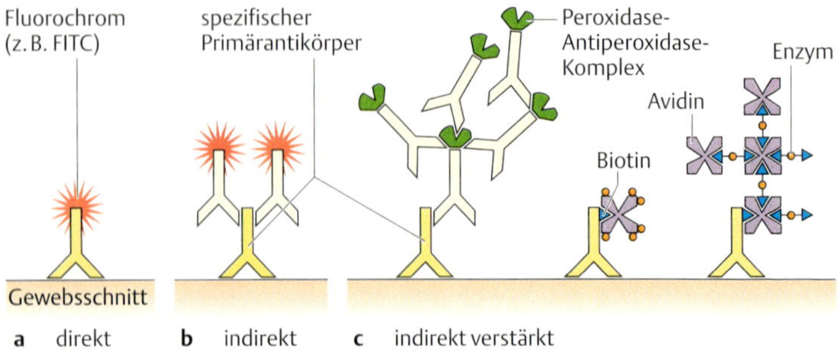

Abb. 2.**25** Die Immunfluoreszenz eignet sich insbesondere zum Nachweis von Antigenen im Gewebe (Immunhistologie). Bei der direkten Immunfluoreszenz (**a**) ist der spezifische Primärantikörper mit einem Fluorochrom markiert. Von indirekter Immunfluoreszenz spricht man, wenn nicht der Primärantikörper, sondern ein an diesen bindender Sekundärantikörper nachgewiesen wird (**b**). Dies kann ebenfalls durch direkte Fluoreszenzmarkierung geschehen. Meist wird auf diese Weise bereits eine gewisse Verstärkung erzielt. Eine größere Verstärkung läßt sich erzielen, indem man vorgeformte Komplexe aus Sekundärantikörper und Enzym verwendet (**c**): Beim Peroxidase-Verfahren ist das Nachweisenzym direkt am Sekundärantikörper gebunden (Peroxidase katalysiert eine Farbreaktion), beim Biotin-Avidin-Verfahren werden die Nachweisenzyme entweder an Biotin oder Avidin gekoppelt.

Eine Verstärkung der immunhistologischen Anfärbung läßt sich vor allem mit zwei Methoden erreichen:

- Der direkt verwendete Antikörper oder der nachzuweisende zweite Antikörper wird mit **Peroxidase** markiert. Nach der Antigen-Antikörper-Reaktion gibt man vorgebildete große Peroxidase-Anti-Peroxidase-Komplexe zu den Gewebeschnitten hinzu; diese können sich an die bereits spezifisch gebundenen, peroxidasemarkierten Antikörper anlagern und das Signal wesentlich verstärken.
- Ähnlich können in der ersten Stufe biotinylierte Antikörper verwendet werden. Das Vitamin **Biotin** wird mit sehr hoher Affinität durch Avidin – ein basisches Glykoprotein – gebunden. Verschiedene an Avidin gekoppelte Farbstoffe oder Enzyme ermöglichen so verschiedene Farbreaktionen. Am Gewebeschnitt kann die Reaktion verstärkt werden, indem man vorgeformte Biotin-Avidin-Peroxidase-Komplexe dazugibt, die an die biotingekoppelten, schon gebundenen Antikörper binden.

Radioimmunologische und enzymimmunologische Tests

Der Radioimmunoassay (RIA) und der Enzymimmunoassay (EIA), auch als ELISA (enzyme-linked immunosorbent assay) bezeichnet, werden heute sehr breit für die Bestimmung von Antigenen und Antikörpern angewendet. Alle Absorbens-Teste beinhalten die Immobilisierung von Antigen oder Antikörpern an bestimmten Kunststoffen (daher der Name!). Die untere Meßgrenze liegt bei wenigen Nanogramm. Auf diesen Verfahren beruhen heute die gesamte Hepatitis-Serologie, die HIV-Bestimmungen, Bestimmungen von

Radioimmunosorbens-Test (RIST)

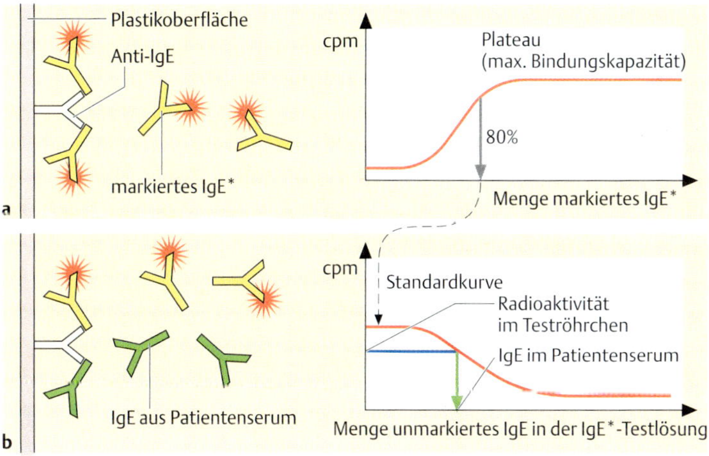

Abb. 2.**26** Der RIST ist ein kompetitiver Radioimmunassay (RIA) zur quantitativen Bestimmung von Antikörpern einer Ig-Klasse (in diesem Beispiel Gesamt-IgE) in einem Patientenserum. Man läßt Anti-IgE-Antikörper an der Festphase (Plastikoberfläche) adsorbieren. Anschließend ermittelt man mit Hilfe definierter Konzentrationen an radioaktiv markiertem IgE (IgE*) zunächst die maximale Bindungskapazität dieser Antikörper (**a**). Der eigentliche Test (**b**) wird mit der IgE*-Konzentration durchgeführt, die eine 80 %ige Sättigung der fixierten Antikörper bewirkt: Man gibt die IgE*-Testlösung zu den fixierten Anti-IgE-Antikörpern und pipettiert anschließend das Patientenserum hinzu. Je mehr IgE das Serum enthält, desto mehr IgE* wird von den fixierten Antikörpern verdrängt und desto geringer ist damit später die Radioaktivität im Teströhrchen. Mit Hilfe einer zuvor erstellten Standardkurve – diese erhält man durch fortlaufende „Verdünnung“ der IgE*-Testlösung mit unmarkiertem IgE – läßt sich auf die IgE-Konzentration im Patientenserum zurückschließen.

Radioallergosorbens-Test (RAST)

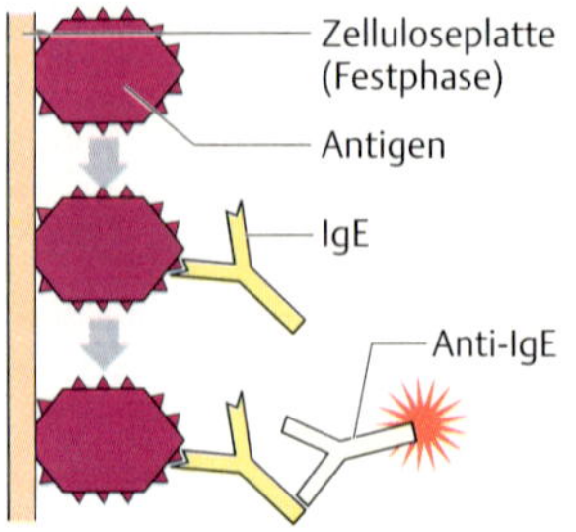

Abb. 2.**27** Der Test dient dem hochempfindlichen Nachweis von IgE in Patientenserum. Antigen wird kovalent an eine Zelluloseplatte (Festphase) gebunden. Eventuell im Serum vorhandenes IgE bindet an die Antigene und wird anschließend mittels radioaktiv markierter Anti-IgE-Antikörper nachgewiesen.

Autoantikörpern, Lymphokinen, Zytokinen usw. Die Assays können alle in einer direkten Form (verschiedene Sandwichkombinationen von Antigen, Antikörper und Anti-Antikörpern) und als Kompetitionsassays durchgeführt werden. Abb. 2.**26** illustriert die quantitative Bestimmung von IgE, Abb. 2.**27** das Vorgehen zum Nachweis von spezifischen IgE in Patientenserum. Analog kann auch zur Bestimmung von spezifischen antikörperbindenden Zellen oder zytokinfreisetzenden T-Zellen verfahren werden.

Abb. 2.**28** Dieses Gerät erlaubt die Analyse von Zellen mittels fluoreszierender Antikörper gegen Oberflächenantigene. Inkubiert man periphere Blutlymphozyten (PBL) mit monoklonalen Antikörpern gegen CD4 bzw. CD8, so ergibt sich die in **a** gezeigte Verteilung der Fluoreszenzintensität. Die Darstellung in **b** zeigt, daß man mit anti-CD4 und anti-CD8 unterschiedliche Zellpopulationen markieren kann. So lassen sich die prozentualen Anteile der Subpopulationen an der Gesamtpopulation bestimmen. Diese Tatsache nutzen auch das fluoreszenzaktivierte Zellanalysegerät und Zellsorter aus (**c**). Durch Vibration wird der Zellstrom in feine Tröpfchen verteilt, die je nach Fluoreszenzanalyse und Sortiervorgabe unmittelbar vor dem Abriß aufgeladen werden und im Idealfall nur eine Zelle enthalten. Mit Hilfe eines Laserstrahls werden verschiedene Parameter dieser Zelle gemessen und das betreffende Tröpfchen sofort durch die Ablenkungsplatten in das richtige Gefäß umgeleitet. ▶

In-vitro-Reaktionen der zellulären Immunität

Isolierung von Lymphozyten

Die Verfahren zum Messen der zellulären Immunität sind experimentell weit aufwendiger als Antigen-Antikörper-Bestimmungen. Zunächst müssen menschliche Lymphozyten aus dem Blut isoliert werden. Das ist durch

Fluoreszenzaktiviertes Zellanalysegerät und Zellsorter (FACS)

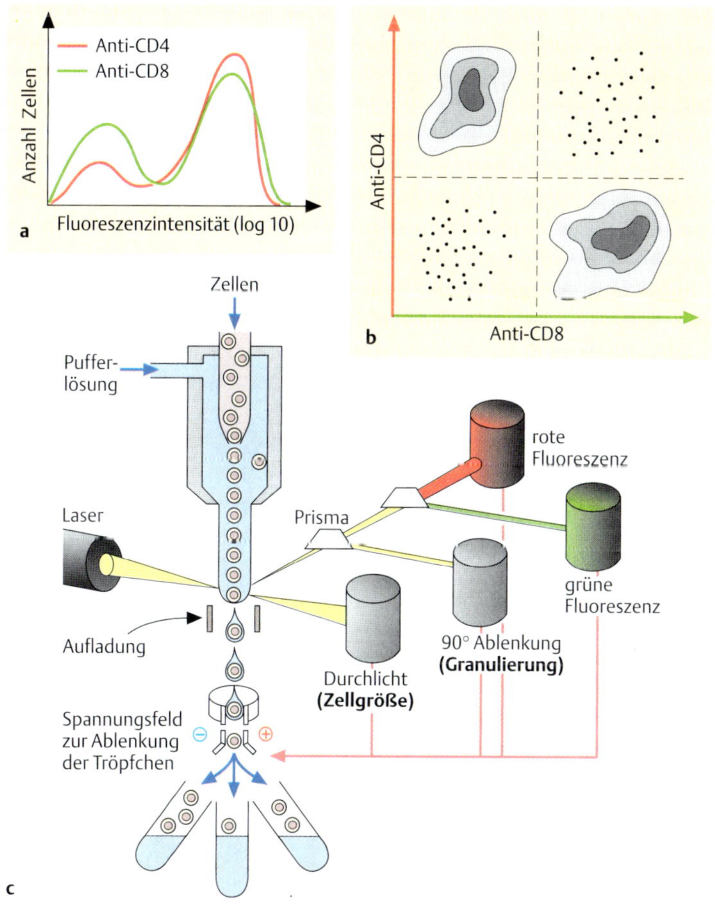

Dichtezentrifugation über einen Ficoll-Gradienten möglich. Bestimmte Lymphozytenpopulationen können mit magnetischen Perlen oder Schaferythrozyten, die mit spezifischen Antikörpern beladen sind, gebunden werden und dann mit Hilfe eines Magneten oder über einen Ficoll-Gradienten gereinigt werden. Hierzu setzt man heute auch häufig den fluoreszenzaktivierten Zellsorter ein (FACS, Abb. 2.**28**): Monoklonale, mit verschiedenen Fluorochromen markierte Antikörper, die gegen Zelloberflächenantigene (CD4, CD8 usw.) gerichtet sind, werden mit gereinigten Blutlymphozyten inkubiert. Nach Inkubation und mehreren Waschvorgängen werden die mit Antikörpern beladenen Lymphozyten vom Gerät identifiziert, gezählt und, falls notwendig, über einen magnetischen Puls aussortiert.

Lymphozyten-Funktionsteste

Mit verschiedenen Verfahren können bestimmte Funktionen der isolierten Lymphozytenpopulationen gemessen werden:

- Bestimmung der *Anzahl von antikörperproduzierenden Zellen*, z. B. Hämolyse-Plaque-Test: Durch Zugabe von antigengekoppelten Erythrozyten läßt sich die Antikörperbildung testen. In der Umgebung von antikörpersezernierenden Zellen sind die Erythrozyten mit Antikörpern umhüllt und können durch Komplement lysiert werden. Statt Erythrozyten werden heute oft ELISA-Verfahren verwendet.

- Messung der *Freisetzungskapazität von Zytokinen* oder Nachweis der mRNA.

- *Lymphozytenstimulationstest*: Isolierte Lymphozyten werden mit Antigen in einem Kulturmedium inkubiert. Durch Messung des ^{3}H-Thymidin-Einbaus, der Interleukinfreisetzung oder über einen pH-Umschlag kann festgestellt werden, ob antigenspezifische Lymphozyten vorliegen oder ob polyklonale T-Zell-Antworten (Concanavalin A [ConA], Phytohämagglutinin [PHA] oder B-Zell-Antworten (Lipopolysaccharide [LPS], Pokeweek Mitogen [PMA]) ausgelöst wurden.

- Gemischte Lymphozytenreaktionen zur Messung der *Alloreaktivität* (Proliferation, Zytotoxizität), vor allem zwischen Rezipient und Donor von Organ- oder Knochenmarktransplantaten. Der Test beruht darauf, daß T-Lymphozyten durch fremde MHC-Klasse-II-Antigene zur Proliferation stimuliert werden.

- Chromfreisetzungstest zur Messung der *zellzerstörenden Aktivität* vorwiegend von $CD8^+$-T-Zellen: Zielzellen werden mit ^{51}Cr inkubiert, das in die Zellen aufgenommen wird. Anschließend werden sie mit Effektorzellen kultiviert. Durch Lyse der Zielzellen gelangt das Chrom ins Kulturmedium, wo es quantitativ bestimmt werden kann.

Tabelle 2.**13** Wichtige CD-Antigene

Bezeichnung (Alternativen)	**Zellen, die das Antigen exprimieren**	**Funktionen**
CD1	kortikale Thymozyten, Langerhans-Zellen, dendritische Zellen, B-Zellen, Darmepithel	MHC-Klasse-I-ähnliches Molekül, assoziiert mit β_2-Mikroglobulin; hat möglicherweise eine besondere Bedeutung bei der Antigenpräsentation
CD2 (LFA-2)	T-Zellen, Thymozyten, natürliche Killerzellen	Adhäsionsmolekül, das an CD58 (LFA-3) bindet; kann T-Zellen aktivieren
CD3 (T3)	Thymozyten, T-Zellen	assoziiert mit dem Antigenrezeptor von T-Zellen; notwendig für die Oberflächenexpression des T-Zell-Rezeptors und die Signalvermittlung über diesen Rezeptor
CD4 (T4, L3T4)	einige Gruppen von Thymozyten, T-Helferzellen und inflammatorische T-Zellen (etwa zwei Drittel der peripheren T-Zellen), Monozyten, Makrophagen	Korezeptor für MHC-Klasse-II-Moleküle; bindet Signalmoleküle an der zytoplasmatischen Seite der Membran; Rezeptor für gp 120 von HIV-1 und HIV-2
CD5 (T1, Ly1)	Thymozyten, T-Zellen, eine Untergruppe von B-Zellen	bindet an CD72
CD8 (T8, Lyt2,3)	einige Gruppen von Thymozyten, zytotoxische T-Zellen (etwa ein Drittel der peripheren T-Zellen)	Korezeptor für MHC-Klasse-I-Moleküle; bindet Signalmoleküle an der zytoplasmatischen Seite der Membran
CD10	B- und T-Vorläuferzellen, Zellen des Knochenmarkstroma	Zink-Metallproteinase; Marker für akute lymphatische Leukämie der Prä-B-Zellen
CD11a (α-Kette)	Lymphozyten, Granulozyten, Monozyten und Makrophagen	α-Untereinheit des β_2-Integrins LFA-1 (assoziiert mit CD18); bindet an CD54(ICAM-1), ICAM-2 und ICAM-3
CD19	B-Zellen	bildet einen Komplex mit CD21 (CR2) und CD81 (TAPA-1); Korezeptor für B-Zellen

Tabelle 2.**13** *Fortsetzung: Wichtige CD-Antigene*

Bezeichnung (Alternativen)	**Zellen, die das Antigen exprimieren**	**Funktionen**
CD21 (CR2)	reife B-Zellen, follikuläre dendritische Zellen	Rezeptor für die Komplementkomponente C3d und das Epstein-Barr-Virus; bildet zusammen mit CD19 und CD81 einen Korezeptor für B-Zellen
CD22	reife B-Zellen	Adhäsion von B-Zellen an Monozyten und T-Zellen
CD23 (FcεRII)	reife B-Zellen, aktivierte Makrophagen, eosinophile Zellen, follikuläre dendritische Zellen, Blutplättchen	niedrigaffiner Rezeptor für IgE; Ligand für den CD19; CD21; CD81-Korezeptor
CD25 (Tac)	aktivierte T-Zellen, B-Zellen und Monozyten	α-Kette des IL-2-Rezeptors; assoziiert mit CD122 und der IL-2Rγ-Kette
CD26	aktivierte B- und T-Zellen, Makrophagen	Protease; möglicherweise am Eintritt von HIV in die Wirtszelle beteiligt
CD28 (Tp44)	Untergruppen von T-Zellen, aktivierte B-Zellen	Aktivierung naiver T-Zellen; Rezeptor für kostimulierendes Signal (Signal 2), bindet CD80 (B7.1) und B7.2
CD29	Leukozyten	β_1-Untereinheit der γ_1-Integrine, assoziiert im VLA-1-Integrin mit CD49a
CD34	hämatopoetische Vorläuferzellen, Kapillarendothel	Ligand für CD62L (L-Selektin)
CD35 (CR1)	Erythrozyten, B-Zellen, Monozyten, neutrophile und eosinophile Zellen, follikuläre dendritische Zellen	Komplementrezeptor 1; bindet C3b und C4b; vermittelt die Phagozytose
CD38	frühe B- und T-Zellen, aktivierte T-Zellen, B-Zellen der Keimzentren, Plasmazellen	unbekannt
CD39	aktivierte B-Zellen, aktivierte natürliche Killerzellen, Makrophagen, dendritische Zellen	unbekannt; vermittelt möglicherweise die Adhäsion von B-Zellen

Tabelle 2.**13** *Fortsetzung: Wichtige CD-Antigene*

Bezeichnung (Alternativen)	**Zellen, die das Antigen exprimieren**	**Funktionen**
CD40	B-Zellen, Monozyten, dendritische Zellen	Rezeptor für kostimulierendes Signal für B-Zellen; bindet den CD40-Liganden (CD40L)
CD40-L	aktivierte CD4-T-Zellen	Ligand für CD40
CD44 (Pgp-1)	Leukozyten, Erythrozyten	bindet Hyaluronsäure; vermittelt die Adhäsion der Leukozyten
CD45, RO, RA, RB (leukocyte common antigen, LCA), T200, B220	Leukozyten	Tyrosinphosphatase; erhöht die Signalvermittlung über den Antigenrezeptor von B- und T-Zellen; durch alternatives Spleißen entstehen viele Isoformen (s. u.)
CD54	hämatopoetische und nichthämatopoietische Zellen	interzelluläres Adhäsionsmolekül (ICAM-1); bindet das CD11a/CD18-Integrin (LFA-1) und das CD11b/CD18-Integrin (Mac-1); Rezeptor für Rhinoviren
CD55 (DAF)	hämatopoetische und nicht-hämatopoetische Zelle	decay accelerating factor (DAF); bindet C3b; zerlegt die C3/C5-Konvertase
CD62E (ELAM-1, E-Selektin)	Endothel	endothelium leukocyte adhesion molecule (ELAM); bindet Sialyl-Lewis-x; vermittelt das Entlangrollen der neutrophilen Zellen am Endothel
CD64 (FcγRI)	Monozyten, Makrophagen	hochaffiner Rezeptor für IgG
CD80 (B7.1)	Untergruppe von B-Zellen	Kostimulator; Ligand für CD28 und CTLA-4
CD88	polymorphkernige Leukozyten, Makrophagen, Mastzellen	Rezeptor für die Komplementkomponente C5a
CD89	Monozyten, Makrophagen, Granulozyten, neutrophile Zellen, Untergruppen von B- und T-Zellen	IgA-Rezeptor?

Tabelle 2.**13** *Fortsetzung: Wichtige CD-Antigene*

Bezeichnung (Alternativen)	**Zellen, die das Antigen exprimieren**	**Funktionen**
CD95 (Apo-1, Fas)	eine Vielzahl von Zellinien; In-vivo-Verteilung ?	bindet TNF-ähnlichen Fas-Liganden; induziert Apoptose
CD102 (ICAM-2)	ruhende Lymphozyten, Monozyten, Endothelzellen (dort am stärksten)	bindet CD11a/CD18 (LFA-1), aber nicht CD11b/CD18 (Mac-1)
CD106 (VCAM-1)	Endothelzellen	Adhäsionsmolekül; Ligand für VLA-4 (vascular adhesion molecule)
CD115	Monozyten, Makrophagen	Rezeptor für den „macrophage colony stimulating factor" (M-CSF)
CD116	Monozyten, neutrophile und eosinophile Zellen, Endothel	α-Kette des Rezeptors für den „granulocyte macrophage colony stimulating factor" (GM-CSF)
CD117	hämatopoetische Vorläuferzellen	Rezeptor für den „stem cell factor" (SCF)
CD118	weit verbreitet	Rezeptor für Interferon-αβ
CD119	Makrophagen, Monozyten, B-Zellen, Endothel	Rezeptor für Interferon-γ
CD120a	hämatopoetische und nichthämatopoetische Zellen, am stärksten auf Epithelzellen	TNF-Rezeptor; bindet sowohl TNF-α als auch TNF-β

Vokabular und Kurzdefinitionen

ABS: Antigenbindungsstelle (ABS) des Antikörpers.

ABZ (antigen binding cell): Antigenbindende Zelle.

ADCC (antibody-dependent cell-mediated cytotoxicity): Antikörperabhängige, zellvermittelte Zytotoxizität.

Adjuvans: Eine Substanz, die unspezifisch die Immunantwort gegen ein Antigen verstärkt.

AFC (antibody forming cell): Antikörperbildende Zelle. Entspricht funktionell der Plasmazelle.

Affinität: Maß für die Bindungsstärke zwischen einer antigenen Determinante (Epitop) und einem Antikörper-Bindungsort (Paratop).

Affinitätsreifung: Erhöhung der durchschnittlichen Antikörperaffinität während einer sekundären Immunantwort.

Allele: Unterschiede eines bestimmten Genlocus innerhalb einer Spezies.

Allergie: Veränderte Reaktionslage beim Zweitkontakt mit einem Antigen; heute versteht man darunter Überempfindlichkeit vom Typ I.

Allogen: Genetischer Unterschied innerhalb einer Spezies.

Allotransplantat: Transplantiertes allogenes Gewebe.

Allotyp: Unterschied eines Proteinproduktes, v.a. des Ig, das von einem anderen Individuum derselben Spezies als Antigen erkannt wird.

Alternativer Weg: Aktivierung des Komplementsystems über C3 und weitere Faktoren an einer aktivierenden Oberfläche, aber nicht über C1q.

ANA (antinukleäre Antikörper): Autoantikörper gegen DNA in Zellkernen.

Anaphylatoxine: Komplementpeptide (C3a und C5a), die eine Mastzelldegranulation bewirken.

Anaphylaxie: Antigenspezifische, primär IgE-vermittelte Immunreaktion.

Antigene: Moleküle, meist komplex gefaltet, die von Antikörpern erkannt werden können.

Antikörper: Spezifisch an ein Antigen bindendes Molekül.

APZ: Antigenpräsentierende Zelle.

Atopie: Die klinische Manifestation der Überempfindlichkeitsreaktion vom Typ I (mit Ekzem, Asthma und Rhinitis).

Autolog: Von ein und demselben Individuum (oder Inzuchtstamm) stammend.

Autosomen: Alle Chromosomen ausschließlich der X- oder Y-Geschlechtschromosomen.

Avidität: Die funktionelle Bindungsstärke eines Antikörpers mit seinem Antigen; abhängig von Affinität und Valenzen.

BCG (Bacillus Calmette Guérin): attenuiertes *Mycobacterium tuberculosis*.

BCGF: B cell growth factor.

Bence-Jones-Protein: Freie Ig-Leichtketten in Serum und Urin von Patienten mit multiplem Myelom.

Bursa fabricii: Lymphoepitheliales Organ an der Kloake von Vögeln; Ort der Reifung von B-Zellen.

C: Komplement, (C1 – 9).

C3b-Inaktivator: Ein Faktor des Komplementsystems, Faktor I genannt.

Capping: Die Aggregation von Oberflächenmolekülen auf der Zellmembran.

Carrier: Teil eines Moleküls, das bei der Immunantwort von T-Zellen erkannt wird.

CD-Marker: Cluster determinant, charakteristisch für definierbare Lymphozyten-Subpopulationen.

C-Domäne: Konstanter Teil des Ig.

CDR (complementarity determining regions): Hypervariable Regionen der Antikörper.

Chimären: Das Vorhandensein von Zellen aus genetisch verschiedenen Individuen in einem Organismus.

CLIP (class-II-inhibiting protein): Blockiert MHC-Klasse-II, bevor es das Phagolysosom erreicht.

CMI (cell-mediated immunity): Zellvermittelte Immunität.

Cobra Venom Factor: Eine Komplementkomponente bei der Kobra; Enzymaktivität entspricht dem C3b bei Säugern.

Combining Site: Antikörper-Haftstelle bzw. Bindungsregion/-stelle (ABS).

Con A (Concanavalin A): Ein T-Zell-Mitogen.

CSF: Colony-stimulating factor oder Zerebrospinalflüssigkeit.

CTL: Zytotoxische $CD8^{+}$-T-Zelle.

Cyclophosphamid: Eine zytotoxische Substanz, die häufig zur Immunsuppression verwendet wird.

Cyclosporin: Immunsuppressivum, zur Verminderung von Abstoßungsreaktionen.

Dendritische Zellen: Vom Knochenmark abstammende, professionelle APZ. Dendritische Zellen sind mobil; sie bringen Antigen in lymphatische Organe. (In der Haut nennt man sie Langerhans-Zellen, auf ihrem Weg in die Lymphknoten „Schleierzellen", im Lymphknoten „interdigitierende Zellen".)

Desensibilisierung: Wiederholte Gabe kleiner Mengen eines Antigens, auf das der Wirt allergisch reagiert, mit dem Ziel IgE- in IgG-Reaktionen zu verändern.

DiGeorge-Syndrom: Angeborene Thymushypoplasie.

DNP (Dinitrophenol): Ein häufig verwendetes kleines Hapten.

Domäne: Peptidregion mit einer stabilen Tertiärstruktur. Sowohl MHC-Klasse-I- als auch -Klasse-II-Moleküle weisen verschiedene Domänen auf.

DTH (delayed type hypersensitivity): Verzögerte zelluläre Typ-IV-Reaktion.

EAE: Experimentelle allergische Enzephalitis.

ELISA (enzyme-linked-immunosorbent assay): Quantitative Nachweismethode für Antigene oder Antikörper, die auf Koppelung mit einem Enzym beruht.

Endotoxine: Bakterielle Toxine, vor allem Lipopolysaccharide (LPS) von gramnegativen Bakterien.

Epitop: Eine einzelne Region eines Antigens, an die sich die Bindungsstelle des Antikörpers bindet.

Epstein-Barr-Virus: Ein Herpesvirus, für das menschliche B-Zellen einen speziellen Rezeptor (EBV-R) besitzen und das B-Zellen transformieren kann.

Exon: Ein proteinkodierendes Gensegment.

Fab: Fragment des Antikörpermoleküls (nach Trypsinbehandlung), das die Antigenbindungsstelle enthält. Besteht aus einer leichten Kette und den 2 ersten Domänen der schweren Kette.

FACS: Fluorescent activated cell sorter.

Fc: Über den Fc-Teil binden Antikörper an zelluläre Rezeptoren (FcR) und an die C1q-Komplementkomponente.

FcR: Fc-Rezeptor.

α-FP: α-Fetoprotein.

Freundsches Adjuvans (FA): Eine Wasser-in-Öl-Emulsion. Komplettes FA enthält (im Gegensatz zum inkompletten FA abgetötetes *Mycobacterium tuberculosis*.

GALT (Gut-associated lymphoid tissue): Darmassoziiertes lymphatisches Gewebe.

Gammaglobuline: Serumfraktion, die bei

Elektrophorese am schnellsten zur Anode wandert. Enthält alle 5 Klassen der Immunglobuline.

Geldiffusionstest: Immunpräzipitationstest: Antigen und Antikörper diffundieren in einem Agargel aufeinander zu, in der Äquivalenzzone bildet sich ein anfärbbares Präzipitat (Ouchterlony-Test).

GVH (Graft-versus-host-Reaktion): Abstoßungsreaktion transplantierter Zellen gegen das Wirtsgewebe.

H-2: Der Haupthistokompatibilitätskomplex der Maus.

Haplotyp: Ein Satz von genetischen Determinanten auf einem einzelnen Chromosom.

Hapten: Ein kleines Molekül, das die Funktion eines Epitops übernehmen kann, für sich allein jedoch keine Antikörperantwort hervorruft.

Helferzellen: Subklasse von T-Zellen, kooperieren mit B-Zellen; sind jeweils spezifisch für ein Peptid, das in MHC-Klasse-II-Molekülen präsentiert wird.

Hereditäres Angioödem: Folge eines angeborenen C1-Inhibitor-Mangels.

Heterolog: Zu einer anderen Spezies gehörend.

HEV (high endothelial venule): Für den Lymphozytenaustritt aus dem Lymphknoten spezialisiertes Gefäß.

High Responder: Auf ein bestimmtes Antigen mit einer starken Immunantwort reagierendes Individuum (bzw. Inzuchtstamm).

Hinge-Region: Teil der schweren Kette eines Immunglobulins zwischen der Fc- und der Fab-Region.

Histokompatibilität: Ermöglicht die Akzeptanz von Transplantaten.

HLA: Der Haupthistokompatibilitätskomplex (MHC) des Menschen.

Homolog: Zur selben Spezies gehörend.

Humoral: In extrazellulären Körperflüssigkeiten (Serum, Lymphe) vorhanden.

HVG (Host-versus-graft-Reaktion): Abstoßungsreaktion eines Transplantat-Empfängers gegen das Transplantatgewebe.

Hybridom: In vitro hybridisierte Zell-Linie aus zwei Zelltypen (meist Lymphozyten), wobei ein Zelltyp aus einem Tumor stammt.

Hypervariable Region: Die 3 variabelsten Stellen der V-Domänen von Immunglobulinen und T-Zell-Rezeptoren.

Idiotyp: Die antigene Eigenschaft der V-Region eines Antikörpers.

IFN (Interferone): Substanzen, die an der unspezifischen Abwehr insbesondere viraler Infektionen beteiligt sind. Sie werden von verschiedenen Zelltypen gebildet und schützen Zellen vor Virusreplikation.

IL (Interleukine): Signalträger zwischen den Zellen des Immunsystems und anderen Zellen.

Immunfluoreszenz: Sichtbarmachung bestimmter Antigene durch Koppelung an einen fluoreszenzmarkierten Antikörper.

Immunkomplex: Produkt einer Antigen-Antikörper-Reaktion; kann auch Komponenten des Komplementsystems enthalten.

Immunkonglutinine: Autoantikörper gegen Komplementkomponenten.

Immunität: Aktiv oder passiv erzeugter immunologischer Schutz gegen Krankheitserreger und andere Antigene.

Immunogen: Alles, was eine spezifische Immunantwort auslöst.

Immunologisches Gedächtnis: Fähigkeit, nach Zweitkontakt mit demselben Antigen immunologisch rascher und heftiger zu reagieren.

Immunparalyse: Durch eine Überdosis von Antigen erzeugte (vorübergehende) Unfähigkeit zur spezifischen Immunantwort.

Intron: Ein nichtkodierendes Gensegment zwischen zwei Exons eines Gens.

Ir-Gene (Immune-response-Gene): Alter Name für MHC-Gene. Kodieren MHC-Moleküle, die über die Präsentation von Peptiden die Stärke einer Immunantwort direkt bestimmen.

Isolog: Von identischer genetischer Konstitution.

Isotyp: Die im Genom verankerten „isotypischen" Varianten bestimmter Proteine sind bei allen Individuen einer Spezies gleich (z.B. Immunglobulinklassen).

J-Gene (joining genes): Ein Satz von Gensegmenten in den genetischen Loci von H- und L-Ketten der Immunglobuline und der Ketten der T-Zell-Rezeptoren.

KBR: Komplementbindungsreaktion.

Keimbahn: Genetisches Material der Keimzellen. Mutationen in der Keimbahn werden – im Gegensatz zu somatischen Mutationen – auf die Nachkommen vererbt.

Komplementsystem: Eine Gruppe von Serumproteinen, die in Kaskaden meistens über Antikörper, z.T. aber auch von infektiösen Keimen direkt aktiviert werden. Es spielt eine wichtige Rolle bei Entzündung, Chemotaxis, Zell-Lyse und Phagozytose.

Kryoglobulin: Antikörper oder Immunkomplexe, die bei 4°C präzipitieren.

Kupffer-Sternzellen: Phagozytierende Zellen in den Sinusoiden der Leber.

K-Zellen (Killerzellen): Eine Gruppe von Fc-Rezeptoren tragenden Lymphozyten, die ihre Zielzellen über die antikörperabhängige, zellvermittelte Zytotoxizität (ADCC) zerstören.

LAK: Durch Lymphozyten aktivierte Killerzellen (Lymphozyten).

LCM: Lymphozytäre Choriomeningitis; eine abakterielle virale Meningitis.

LGL (large granular lymphocyte): großer granulärer Lymphozyt.

Low Responder: auf ein bestimmtes Antigen mit einer schwachen Immunantwort reagierendes Individuum (bzw. Inzuchtstamm).

LPS (Lipopolysaccharid): Bestandteil der Zellwand einiger gramnegativer Bakterien; wirkt als B-Zell-Mitogen.

MAF: Makrophagenaktivierender Faktor: identisch mit Interferon γ.

MALT (mucosa-associated lymphoid tissue): Schleimhautassoziiertes lymphatisches Gewebe.

MBP (major basic protein): Wird bei Parasiteninfektionen aus Eosinophilen freigesetzt.

MHC (major histocompatibility complex): Haupthistokompatibilitäts-Genkomplex. Der Genkomplex kodiert die wichtigsten Transplantationsantigene (HLA-Antigene). MHC-Klasse-I-Moleküle sind mit β2-Mikroglobulin assoziiert, Klasse-II-Moleküle bestehen aus zwei nichtkovalent verbundenen Transmembranmolekülen. Die eigentliche Funktion von MHC-I und -II ist die Präsentation von Antigen auf der Zelloberfläche. Klasse-III-Moleküle sind Komplementkomponenten, Interleukine u.a.

MHC-Restriktion: Tatsache, daß die Interaktion zwischen Lymphozyten und anderen Zellen via TZR durch den MHC bestimmt wird.

MIF (Migrations-Inhibitionsfaktoren): Von Lymphozyten freigesetzte Peptide, durch die die Beweglichkeit von Makrophagen eingeschränkt wird.

β_2-Mikroglobulin: Proteinbestandteil der MHC-Klasse-I-Moleküle.

Mitogen: Eine Substanz, die Zellen (hauptsächlich Lymphozyten) zur Teilung anregt.

MLC (mixed lymphocyte culture): Gemischte Lymphozytenkultur. In-vitro-Methode zum Nachweis der Stimulierbarkeit von Lymphozyten, gemessen als alloreaktive zytotoxische T-Zell-Reaktivität.

MLR (mixed lymphocyte reaction): Gemischte Lymphozytenreaktion, gemessen als Proliferation.

Monoklonal: Aus einem einzigen Zellklon entstanden, z.B. monoklonale Antikörper.

Myelom: Ein Lymphom der B-Zell-Reihe; meist Antikörper-produzierend.

Nacktmaus: Spontane Mutante. Diese Tiere besitzen kein Fell und keinen Thymus.

NK-Zellen: Natürliche Killerzellen. Nicht MHC-restringierte, lymphoide Zellen, die einige virusinfizierte Zielzellen und Tumorzellen erkennen und abtöten können.

NZB/W: Mäusestämme, die als Tiermodell zur Erforschung des systemischen Lupus erythematodes herangezogen werden.

Opsonisierung: Umhüllung eines infektiösen Keimes mit Proteinen: Opsonine (z.B. Antikörper und C3b) fördern die Phagozytose des Erregers.

Paratop: Der Teil des Antikörpermoleküls, über den die Bindung an eine Determinante (Epitop) des Antigens erfolgt; Antigenbindungsstelle (ABS) des Antikörpers.

PC (Phosphorylcholin): Ein gebräuchliches Hapten, das sich auf der Oberfläche einiger Mikroorganismen findet.

PCA (passive kutane Anaphylaxie): Klassische Nachweisreaktion von antigenspezifischem IgE.

PFC, PFZ (plaque forming cell): Antikörperbildende Zelle, die im Hämolyse-Plaque-Test identifiziert werden kann.

PHA (Phytohämagglutinin): Ein T-Zell-Mitogen.

Plasmazelle: Vollständig ausdifferenzierte antikörperbildende B-Zelle.

PMN: Polymorphkernige neutrophile Granulozyten.

Pokeweed-Mitogen: Ein B-Zell-Mitogen.

Polyklonal: Aus mehreren Zellklonen entstanden, z.B. polyklonale Antikörper.

Prägung („Priming"): Nach dem ersten Kontakt mit einem entsprechenden Antigen ist die immunkompetente Zelle sensibilisiert oder „geprägt" (oft wird das Wortgebilde „geprimed" verwendet).

Primäre lymphatische Organe: Thymus, Bursa Fabricii, Knochenmark.

Primärreaktion: Reaktion nach erstem Kontakt mit Antigen (siehe Prägung, Sekundärreaktion).

Prozonenphänomen: Bei großer Konzentration der zu testenden Substanzen ist keine Reaktion meßbar.

Pseudoallele: Tandemvarianten eines Gens, die nichthomologe Positionen auf dem Chromosom besetzen (z.B. C4).

Pseudogen: Gene mit Strukturen, die zwar homolog zu anderen Genen sind, jedoch nicht exprimiert werden können.

Reagin: Historischer Ausdruck für IgE.

Rearrangement: Neuordnung von genetischer Information in somatischen B- und T-Zellen.

Rekombination: Neuordnung genetischer Information während der Meiose.

Retikuloendotheliales System (RES): Im bindegewebigen Stützgerüst der Leber, Milz, Lymphknoten und anderer Organe verteilte phagozytierende Zellen (Sinusendothel-Zellen, Kupffer-Sternzellen, Histiozyten).

Rhesus (Rh)-Antigene: Antigene Proteine auf der Oberfläche der Erythrozyten von 85% der Menschen.

Rheumafaktoren (RF): Autoantikörper, meist IgM, aber auch IgG und IgA, die spezifisch gegen körpereigene IgG-Moleküle gerichtet sind.

SCID (severe combined immunodeficiency disease): Schwere kombinierte Immundefekte. Kongenitale Defizienz sowohl des humoralen als auch des zellulären Immunsystems, da keine funktionellen T- oder B-Zellen vorhanden sind. Tiermodell ist die SCID-Maus (spontane Mutante).

Secretory piece: Ein von Epithelzellen stammendes Polypeptid, das mit IgA assoziiert ist; ermöglicht dessen Transport durch Membranen.

Sekundärreaktion: Immunreaktion nach einem zweiten Kontakt mit demselben Antigen.

Serumkrankheit: Entzündliche Typ-III-Reaktion nach wiederholter Infektion eines Fremdproteins.

SLE: Systemischer Lupus erythematodes.

Somatische Mutation/Rekombination: Gen-Rearrangements, die nicht in Zellen der Keimbahn, sondern in somatischen Zellen stattfinden, weshalb die neu kombinierte DNA nicht vererbt wird.

Splenomegalie: Milzvergrößerung, kommt bei verschiedenen Parasiteninfektionen vor und kann auch als Maß für eine GHV-Reaktion herangezogen werden.

SRBC (sheep red blood cells): Schaferythrozyten.

Stripping: Ablösen von Antigendeterminanten von den Zielzellen durch Antikörper.

Suppressorzelle: Eine postulierte antigenspezifische T-Zell-Subpopulation, die Immunantworten von anderen T- oder B-Zellen abschwächen kann. Suppression kann auch unspezifisch sein.

Syngen: Tiere eines Inzuchtstammes oder eineiige Zwillinge sind syngen, wenn alle Autosomenpaare der Individuen identisch sind.

TATA: Tumorassoziierte Transplantationsantigene.

Tc: Zytotoxische T-Zelle ($CD8^+$-T-Zelle).

TCGF (T-cell growth factor): T-Zell-Wachstumsfaktor; ist mit dem Interleukin 2 (IL-2) identisch.

T-dep, T-ind: T-Zell-abhängige bzw. T-Zell-unabhängige Antigene. Eine Antikörperantwort auf T-dep-Antigene kann nur stattfinden, wenn gleichzeitig die (MHC-restringierte) Hilfe durch T-Zellen vorhanden ist.

T-DTH: T-Zelle, die bei der verzögerten Überempfindlichkeitsreaktion (delayed type hypersensitivity) eine Rolle spielt.

TGF: Transformierender Wachstumsfaktor.

T_H: T-Helferzellen ($CD4^+$-T-Zelle; s. bei Helferzelle).

THY: Ein Oberflächenantigen auf murinen T-Zellen; es gibt mehrere allotypische Varianten von THY.

TNF: Tumornekrosefaktor.

Toleranz: Zustand einer spezifischen immunologischen Nichtreaktivität.

Transformation: Morphologische Veränderungen in einem Lymphozyten bei Beginn der Zellteilung.

Transplantationsantigene: s. MHC

Wiskott-Aldrich-Syndrom: Geschlechtsgebundener, vererbter rezessiver und kombinierter Immundefekt, bei dem IgM-Antikörperbildung und zelluläre Immunreaktionen vermindert sind.

Zytophil: Mit einer Affinität, an Zellen zu binden.

Zytostatisch: Die Zellvermehrung hemmend.

Zytotoxisch: Für die Zielzelle tödlich.

II
Bakteriologie

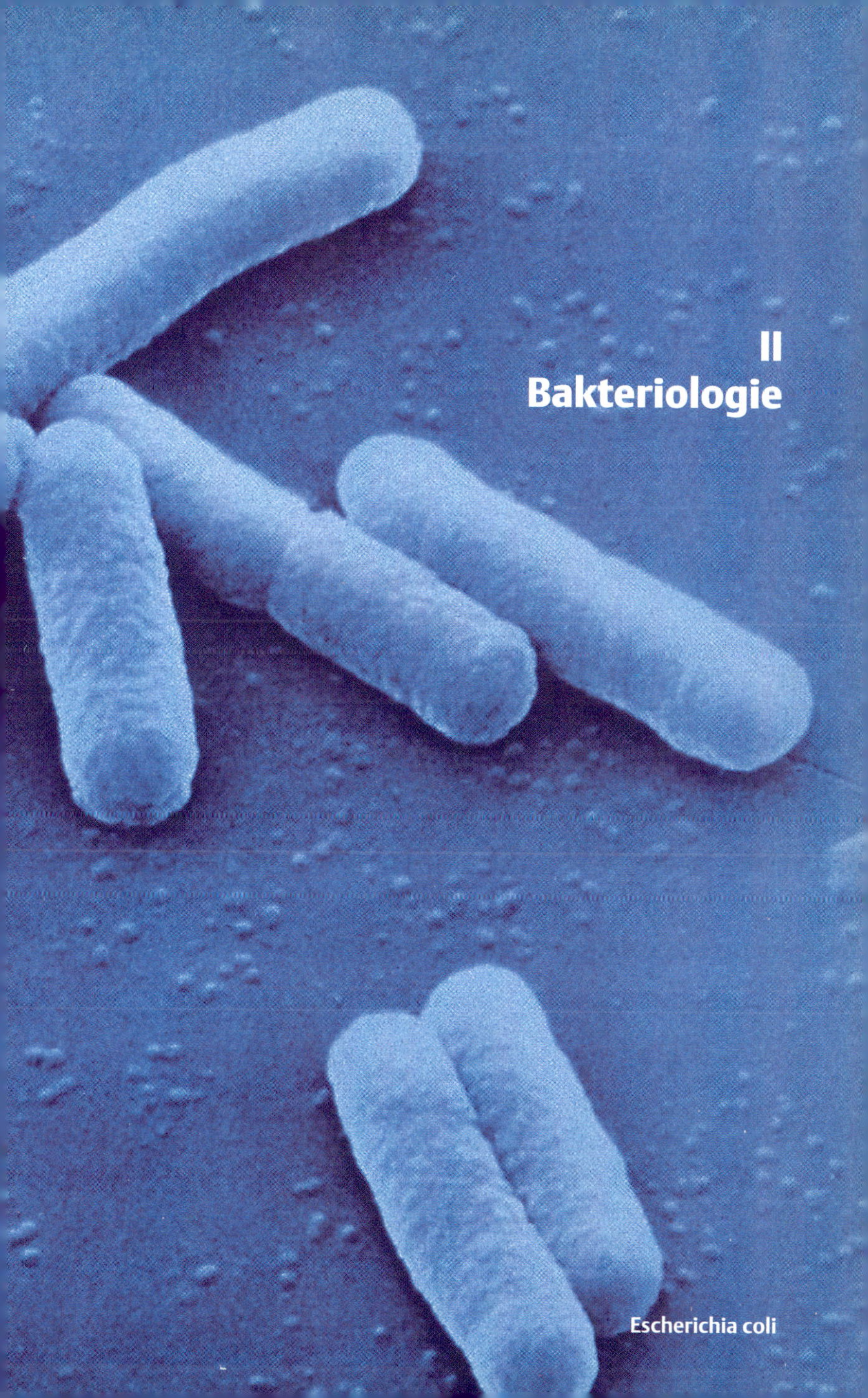

Escherichia coli

3 Allgemeine Bakteriologie

F. H. Kayser

Morphologie und Feinstruktur der Bakterien

■ Bakterienzellen sind zwischen 0,3–5 µm klein. Drei **Grundformen** kommen vor: Kokken, gerade Stäbchen und einfach oder spiralig gekrümmte Stäbchen. Das **Nukleoid** besteht aus einem nicht von einer Membran umgebenen, zirkulären, sehr dünnen und langen DNA-Molekülfaden. Nichtessentielle genetische Strukturen sind die **Plasmide**. In die **Zytoplasmamembran** sind zahlreiche Proteine wie Permeasen, Zellwandsynthese-Enzyme, Sekretionsproteine, Sensorproteine und, bei aeroben Bakterien, Enzyme der Atmungskette eingelagert. Auf die Membran folgt die **Zellwand**, deren wichtigstes Bauelement das als Stützkorsett funktionierende Murein ist. Bei gramnegativen Bakterien findet sich als Bestandteil dieser Wand eine mit Poren durchsetzte äußere Membran, in die außen das für die Pathogenese gramnegativer Infektionen wichtige Lipopolysaccharid eingebaut ist. Die Zellwand der grampositiven Bakterien weist keine äußere Membran auf. Ihr Murein ist dicker und sie enthält (Lipo-)Teichonsäuren sowie wandassoziierte Proteine, die in der Pathogenese grampositiver Infekte eine Rolle spielen. Viele Bakterien besitzen eine aus Polysacchariden aufgebaute **Kapsel**, die sie vor der Phagozytose schützt. Adhärenz an Wirtszellen wird durch **Haftfimbrien/-pili** ermöglicht. Bewegliche Bakterien besitzen **Geißeln**. Fremdkörperassoziierte Infektionen werden durch Bakterien hervorgerufen, die sich an inerte Oberflächen anheften und einen **Biofilm** ausbilden können. Einige Bakterien bilden **Sporen**, die als Dauerformen gegenüber chemischen und physikalischen Noxen hohe Resistenz aufweisen. ■

Form der Bakterien

Bakterien unterscheiden sich von anderen einzelligen Mikroorganismen durch ihren Zellaufbau und ihre Größe. Diese variiert von 0,3–5 µm. Für die optische Darstellung müssen 500- bis 1000fache Vergrößerungen einge-

Morphologie von Bakterien

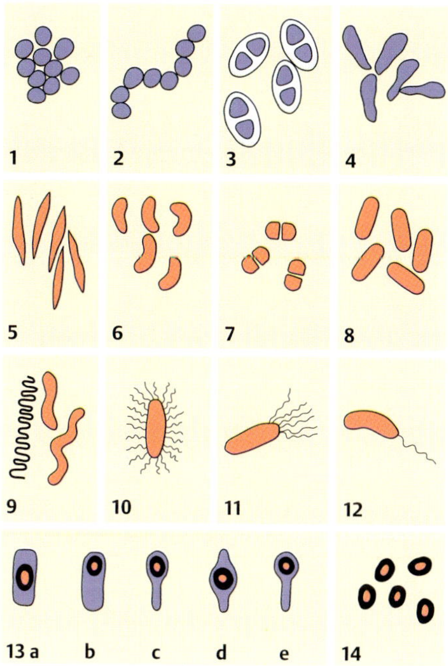

Abb. 3.1

1. Grampositive Kokken in Haufen oder Trauben (Staphylokokken)
2. Grampositive Kokken in gewundenen Ketten (Streptokokken)
3. Grampositive Kokken mit Kapsel (Pneumokokken)
4. Grampositive, keulenförmige, pleomorphe Stäbchen (Korynebakterien)
5. Gramnegative Stäbchen mit zugespitzten Enden (Fusobakterien)
6. Gramnegative, einfach gekrümmte Stäbchen (Vibrionen)
7. Gramnegative, semmelförmige Diplokokken (Neisserien)
8. Gramnegative, gerade Stäbchen mit abgerundeten Enden (Kolibakterien)
9. Spiralig gekrümmte Stäbchen (Spirillen) und gramnegative, gekrümmte Stäbchen (Helicobacter)
10. Peritriche Begeißelung
11. Lophotriche Begeißelung
12. Monotriche Begeißelung
13. Sporenbildende Zellen der Gattungen *Bacillus* und *Clostridium* (Sporenfärbung).
    a) Sporenbildung zentral, ohne Auftreibung der vegetativen Zelle
    b) Sporenbildung terminal, ohne Auftreibung
    c) Sporenbildung terminal, mit Auftreibung
    d) Sporenbildung zentral, mit Auftreibung
    e) Sporenbildung terminal, mit Auftreibung
14. Freie Sporen (Sporenfärbung)

Tabelle 3.**1** Morphologische Charakteristika von Bakterien (Beispiele s. Abb.3.**1**)

Bakterienformen	Bemerkungen
Kokken	Lagerung in Haufen (Abb. 3.**2**), Trauben, Ketten, Pärchen (Diplo), Paketen
Gerade Stäbchen	gleichmäßig dick, abgerundete Enden (Abb. 3.**3**), zugespitzte Enden, Keulenform
Gekrümmte Stäbchen	einfache, spiralige (Abb. 3.**4**), schraubenförmige Krümmung
Mykoplasmen	Bakterien ohne starre Zellwand: kokkoide Zellen, lange Fäden
Chlamydien	zwei Formen: kugelige/ovale Elementarkörper (300 nm); kugelige/ovale Initialkörper (1000 nm)
Rickettsien	kurze, kokkoide Stäbchen (0,3–1 μm)

setzt werden, die gerade noch im Bereich der mit dem Lichtmikroskop zu erzielenden „förderlichen Vergrößerung" und des „Auflösungsvermögens" liegen. Objekte in der Größenordnung der Bakterien sind jedoch wenig kontrastreich. Optische Methoden zur Steigerung des Kontrastes sind die Phasenkontrast- und die Dunkelfeldmikroskopie. Beide erlauben Lebendbeobachtung von Zellen. Chemische Verfahren stellen die Färbungen dar, bei denen die Bakterien abgetötet werden.

- **Einfachfärbungen.** Dabei wird ein einziger Farbstoff, z. B. Methylenblau, verwendet.
- **Differenzierungsfärbungen.** Dabei wird mit 2 Farbstoffen gefärbt, die unterschiedliche Affinität zu verschiedenen Bakterien aufweisen. Die wichtigste Differenzierungsfärbung ist die Gram-Färbung. Grampositive Bakterien sind blauviolett angefärbt, gramnegative rot (Methodik s. S. 205).

3 Grundformen werden bei Bakterien gefunden: die Kugel, das gerade und das gekrümmte Stäbchen.

Feinstrukturen der Bakterien

Nukleoid (Kernäquivalent) und Plasmide

Bei Prokaryonten besteht der „Zellkern" aus nackter, im Zytoplasma lokalisierter, nicht von einer Membran umgebener, stark verknäuelter DNA (Abb. 3.**5**). Diese besteht bei *E. coli* (wahrscheinlich bei allen Bakterien) aus einem einzigen zirkulären Molekül. Das Genom von *E. coli* ist aus $4{,}65 \cdot 10^6$ Basenpaaren (bp) zusammengesetzt und hat ein Molekulargewicht

Kokken

Abb. 3.**2** Kokken sind kugelige Bakterien. Wenn sie wie hier, in Haufen gelagert sind, handelt es sich zumeist um Staphylokokken (REM).

Stäbchenbakterien

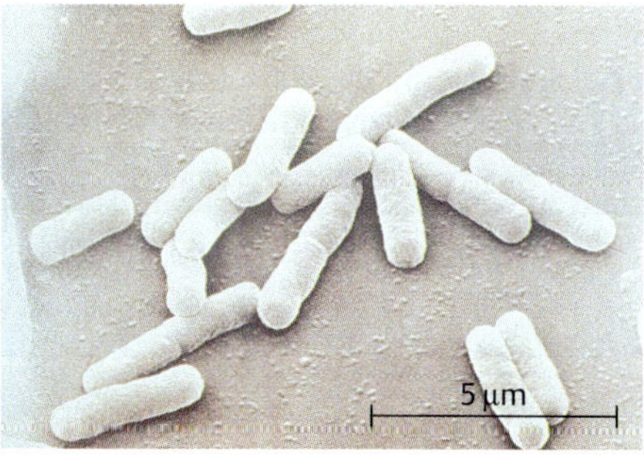

Abb. 3.**3** Die hier gezeigten geraden Stäbchen mit abgerundeten Enden sind Kolibakterien (REM).

Spirillen

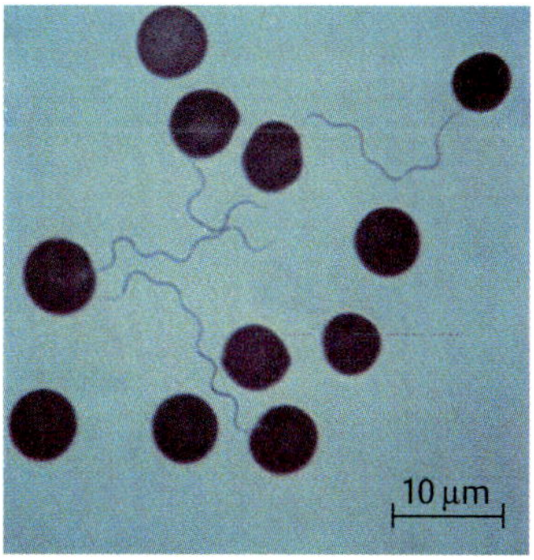

Abb. 3.**4** Spirillen, in diesem Fall Borrelien, sind spiralig gekrümmte Bakterien (LM, Giemsa-Färbung).

Bakterien während der Zellteilung

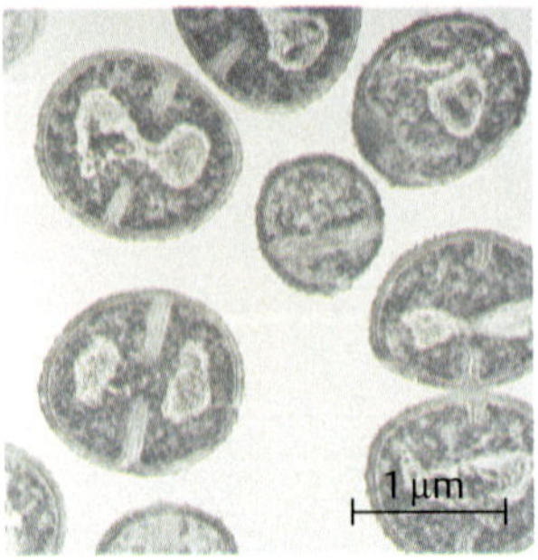

Abb. 3.**5** Das Nukleoid (Kernäquivalent) von Bakterien besteht aus einem verknäuelten, zirkulären DNA-Molekül ohne Kernmembran. TEM von Staphylokokken.

von 2,5 $\times$ 10^9 Da. Die Länge dieser DNA beträgt ungefähr 1 mm. Auf ihr sind 5000 Gene lokalisiert.

Nichtessentielle genetische Strukturen sind die Plasmide, sich autonom vermehrende, 100- bis 1000mal kleinere, zirkuläre, verdrillte DNA-Moleküle (Abb. 3.**6**). Plasmide von humanpathogenen Bakterien weisen oft wichtige, den Phänotyp der Trägerzelle bestimmende Gene auf (Resistenzgene, Virulenzgene) (Abb. 3.**7**).

Topologie der DNA in der Bakterienzelle

Die nach rechts gewundene DNA-Doppelhelix (1 Windung/10 Basenpaare) ist zusätzlich nach links um die Helixachse verdrillt (1 Windung/15 Helixwindungen). Diese Vertwistung ist aus Platzgründen und auch aus energetischen Gründen notwendig. Nur vertwistete DNA kann repliziert und transkribiert werden. Die Verdrillung wird durch ein nur bei den Bakterien vorkommendes Enzym, die DNA-Gyrase, bewerkstelligt. Eine wichtige Gruppe von Antiinfektiva, die 4-Chinolone, inaktivieren irreversibel dieses Enzym. Da es nur bei den Bakterien vorkommt, weisen 4-Chinolone selektive Toxizität auf, d. h. schädigen selektiv Bakterien und nicht den Makroorganismus.

Zytoplasma

Das Zytoplasma enthält eine große Zahl gelöster nieder- und hochmolekularer Stoffe, RNA und ungefähr 20000 Ribosomen/Zelle. Bakterielle Ribosomen bestehen aus einem 30S- und einem 50S-Teil, die zum 70S-Ribosom zusammengesetzt sind. Bakterielle Ribosomen sind die Strukturen der Proteinsynthese. Im Zytoplasma sind weiterhin oft Reservestoffe (Glykogendepots, polymerisierte Metaphosphate, Lipide) lokalisiert.

Plasmide

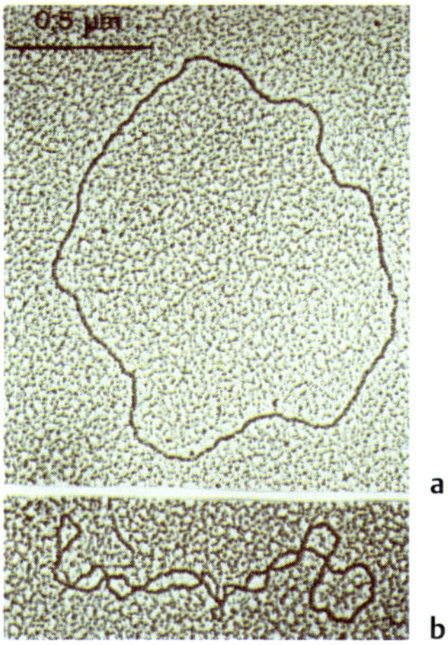

Abb. 3.**6** **a** Offene, zirkuläre Form (OC = open circular). Sie entsteht durch einen Bruch in einem der beiden Nukleinsäurestränge.
b Vertwistete, native Form (CCC = covalently closed circular) (TEM).

Grundbauplan der Bakterien

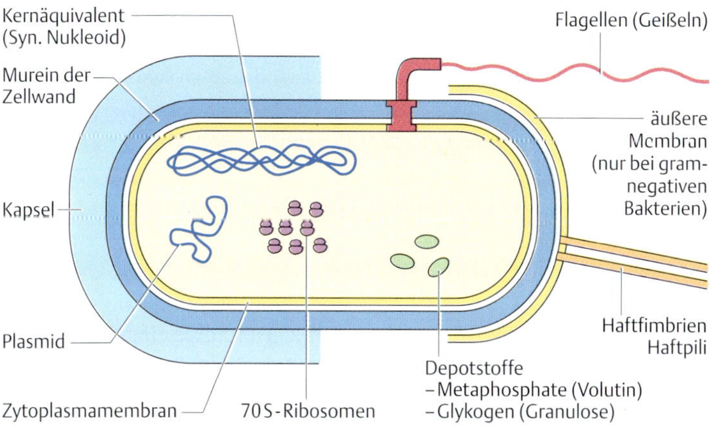

Abb. 3.**7** Alle Bakterien sind nach demselben Grundbauplan aufgebaut (nicht maßstabgetreu).

Die wichtigsten Zytoplasmamembran-Proteine der Bakterien

Permeasen	Aktiver Transport von Nährstoffen von außen nach innen entgegen einem Konzentrationsgefälle.
Biosynthese-Enzyme	Für Biosynthese der Zellwand, z. B.des Mureins (s. dort) notwendig. Die Enzyme zur Endbiosynthese des Mureins sind zum Großteil mit den „Penicillin-Bindeproteinen" (PBPs) identisch.
Transferproteine	Ermöglichen Translokation und Sekretion von Proteinen durch die Membran. Diese werden im Zytoplasma als Präproteine synthetisiert. Sie tragen eine hydrophobe Signalsequenz von 20–40 Aminosäuren, mit der sie sich an die Transferproteine binden, wodurch die Translokation initiiert wird. Die Signalsequenz wird später durch eine membrangebundene Peptidase abgespalten.
Sensorproteine (auch Signalproteine)	Übertragen Information aus der Umgebung der Zelle ins Innere. Eine sog. Empfängerdomäne ragt nach außen, eine Transmitterdomäne nach innen. Durch Bindung von Signalmolekülen an das Empfängermodul wird die Aktivität des Transmitters reguliert. In 2-Komponenten-Systemen überträgt das Transmittermodul die Information auf ein Regulatorprotein, dessen Funktionsmodul dadurch aktiviert wird. Dieser Teil des Regulators kann sich dann an spezifische Gensequenzen binden und die Aktivität eines oder mehrerer Gene an- oder abschalten.
Enzyme der Atmungskette	Kommen bei aerob stoffwechselnden Bakterien vor. Die aerobe Respiration entspricht im Prinzip der Zellatmung von Eukaryonten.

Zytoplasmamembran

Diese ist eine typische biologische Elementarmembran, die aus einer Phospholipiddoppelschicht besteht, in die zahlreiche Proteine eingebaut sind. Die wichtigsten Membranproteine sind die Permeasen, Enzyme für die Biosynthese der Zellwand, Transferproteine für die Sekretion extrazellulärer Proteine, Sensor- bzw. Signalproteine und Enzyme der Atmungskette.

Bei grampositiven Bakterien werden im Elektronenmikroskop die Mesosomen als mit der Membran verbundene Strukturen beobachtet. Ihre Funktion und Rolle ist unklar. Möglicherweise sind es auch nur Artefakte.

Zellwand

Die komplexe Zellwand hat die Aufgaben, den Protoplasten vor äußeren Noxen zu schützen, die osmotische Druckdifferenz zwischen innen und außen abzufangen (Innendruck manchmal 500–2000 kPa), der Zelle die äußere Form zu geben und die Kommunikation mit der Außenwelt zu ermöglichen.

Murein (Syn. Peptidoglykan). Das wichtigste Bauelement der Wand ist das Murein, ein netzartiges (= Sacculum), die gesamte Zelle einhüllendes Polymer. Es besteht aus Polysaccharidketten, die durch Peptide quervernetzt sind (Abb. 3.**8** u. 3.**9**).

Zellwand der grampositiven Bakterien (Abb. 3.**10**). Das Mureinnetz kann bis zu 40 Schichten dick sein (15–80 nm dick) und 30% der Trockenmasse der Zellwand ausmachen. Die Membran-Lipoteichonsäuren sind in der Zytoplasmamembran verankert, während die Zellwand-Teichonsäuren mit dem Murein kovalent verknüpft sind. Die genaue physiologische Rolle der Teichonsäuren ist nicht bekannt. Möglicherweise stellen sie Regulatoren der Aktivität von Autolysinen, die für Wachstum und Querteilung der Zelle notwendig sind, dar. Im Makroorganismus können Teichonsäuren das Komplementsystem auf dem alternativen Weg aktivieren und Makrophagen zur Sekretion von Zytokinen anregen. Beispiele zellwandassoziierter Proteine sind das Protein A, der „Clumping factor" und das Fibronektin-Bindeprotein von *Staphy-*

Mureinbaustein

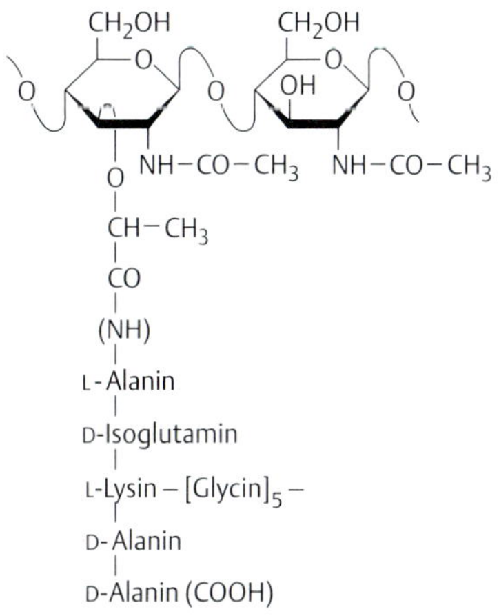

Abb. 3.**8** Das Murein (Syn. Peptidoglykan) der Zellwand ist aus zahlreichen identischen Untereinheiten zusammengesetzt. Beim Zusammenbau wird das endständige D-Alanin abgespalten. Nur bei Staphylokokken ist zwischen benachbarten Peptiden eine aus 5 Glycinen bestehende Interpeptidbrücke eingebaut.

Struktur des Mureins

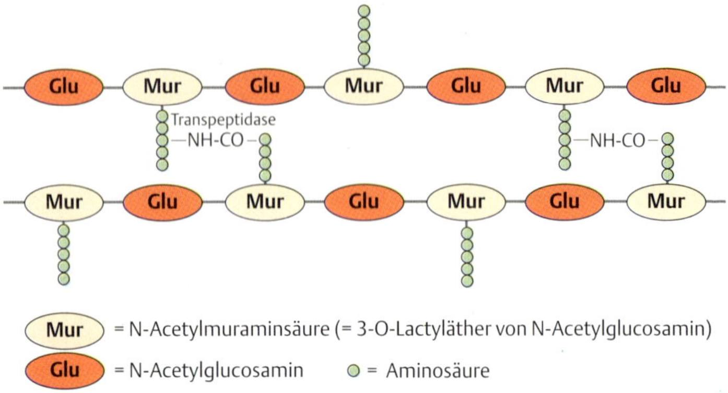

Abb. 3.**9** Lösliche Mureinfragmente gramnegativer und grampositiver Bakterien können durch Bindung an den CD14-Rezeptor von Makrophagen diese zur überschießenden Bildung und Sekretion von Zytokinen anregen. Zytokine verursachen die klinische Symptomatik (s. unter Lipoid A, S. 147) der Sepsis bzw. des septischen Schocksyndroms.

lococcus aureus, oder das M-Protein von *Streptococcus pyogenes*. Derartige weit über das Murein hinausragende Proteine sind mit einer Zellwandanker-Region kovalent mit dem Peptidanteil des Mureins verbunden. Zellwandassoziierte Proteine stellen häufig Pathogenitätsdeterminanten dar (spezifische Adhärenz; Phagozytoseschutz).

Zellwand der gramnegativen Bakterien. Das Murein ist nur ungefähr 2 nm dick und nur zu 10% an der Trockenmasse der Wand beteiligt (Abb. 3.**11**). Wichtiges Strukturelement ist die äußere Membran, in der zahlreiche Proteine vorkommen (50% der Masse) und in der auch das medizinisch wichtige Lipopolysaccharid lokalisiert ist.

Äußere Membranproteine.

- OmpA (Omp = outer membrane protein) und das Mureinlipoprotein verknüpfen die äußere Membran mit dem Murein.
- Die Porine formen wassergefüllte Kanäle, durch die hydrophile, niedermolekulare Substanzen in den periplasmatischen Raum gelangen können.
- Mit der äußeren Membran assoziierte Proteine können spezifische Haftstrukturen sein, über die sich die Bakterien an Rezeptoren von Wirtszellen anheften.

Zellwand grampositiver Bakterien

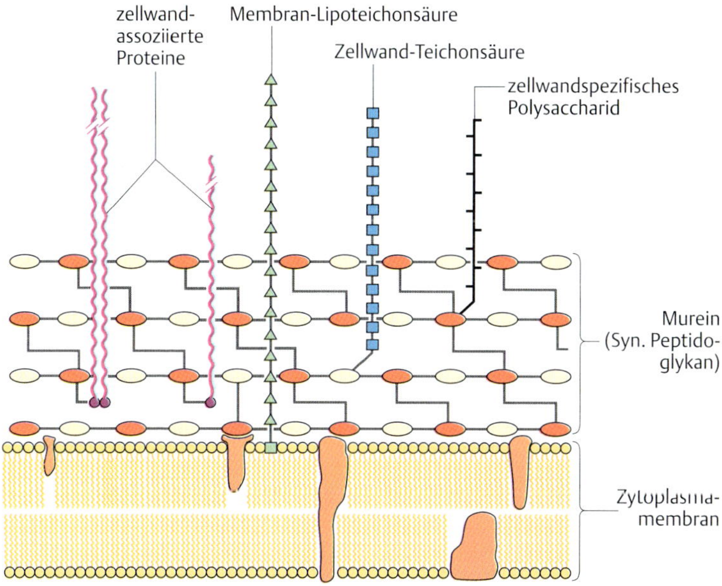

Abb. 3.**10** Charakteristisch ist die Dicke der Mureinschicht, die im Murein verankerten Proteine und Teichonsäuren sowie die mit einem lipophilen Anker in der Membran befestigte Lipoteichonsäure (nicht maßstabgetreu).

- Eine Reihe von Omps sind Transportproteine. Beispiele dafür sind die Proteine LamB für Maltosetransport oder FepA für Transport des Siderophors Fe^{3+}-Enterochelin (s. auch S. 13).

Lipopolysaccharid (LPS). Dieser auch als Endotoxin bezeichnete Molekülkomplex besteht aus dem Lipoid A, dem „Core"-Polysaccharid und der O-spezifischen Polysaccharidkette (Abb. 3.**12**).

- **Lipoid A** ist für die toxische Wirkung verantwortlich. Als freie Substanz oder eingebunden in den Komplex LPS stimuliert es die Bildung und Sekretion von Zytokinen, die klinisch die Endotoxinsymptomatik bedingen, durch Makrophagen. Interleukin 1 sowie der Tumornekrosefaktor (TNF-α) induzieren eine gesteigerte Synthese von Prostaglandin E_2 im Hypothalamus, wodurch der „Thermostat" im Temperaturzentrum auf eine höhere Temperatur eingestellt wird und Fieber resultiert. Weitere direkte und indirekte Folgen der Endotoxinwirkung sind Granulopoesestimulation,

Zellwand gramnegativer Bakterien

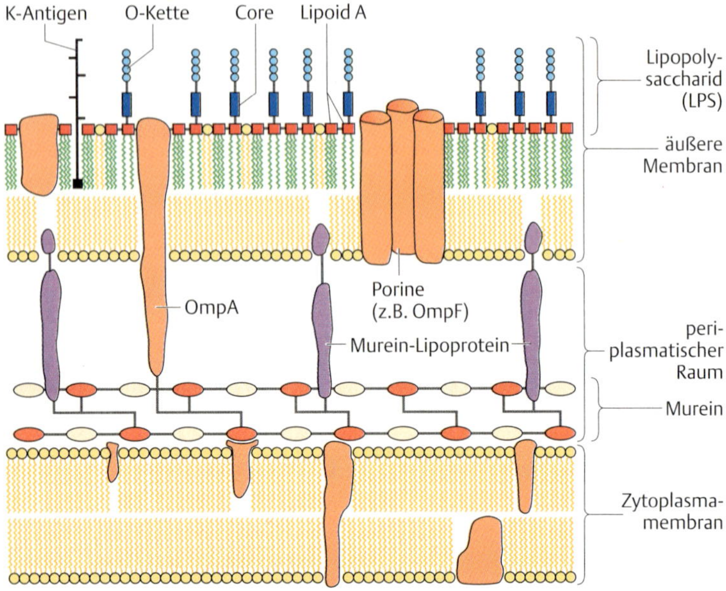

Abb. 3.**11** Charakteristisch ist die dünne Mureinschicht sowie die mit dem Murein über Proteine (OmpA, Murein-Lipoprotein) verbundene äußere Membran. In dieser sind zahlreiche Proteine lokalisiert. Die äußere Schicht dieser Membran setzt sich aus eng aneinanderliegenden Lipopolysaccharid-Komplexen zusammen (s. Abb. 3.**12**).

Aggregation und Degeneration von Thrombozyten, intravasale Gerinnung durch Aktivierung von Faktor VII, Blutdruckabfall, Kachexie. LPS kann auch das Komplementsystem auf dem alternativen Weg aktivieren. Wird viel Endotoxin frei, so kann es zum septischen Schock (Endotoxinschock) kommen. Endotoxin wird bei der Dampfsterilisation nicht inaktiviert. Bei der Herstellung parenteraler Pharmaka müssen deshalb endotoxin-(pyrogen-)freie Ausgangsstoffe verwendet werden.
Die **O-spezifische Polysaccharidkette** ist das sog. O-Antigen. Aufgrund ihrer chemischen Feinstruktur resultiert eine große Zahl von Antigenvarianten, die zur Typisierung (z. B. zur Feindiskriminierung der Salmonellen) verwendet werden (s. S. 281).

Lipopolysaccharid-Komplex

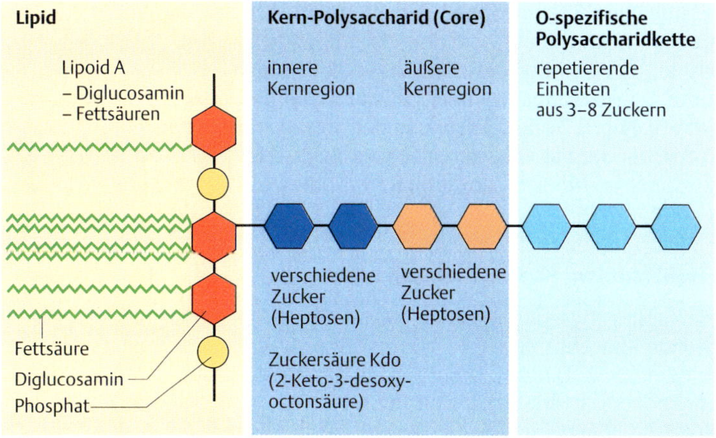

Abb. 3.**12** Der dreiteilige Lipopolysaccharid-Komplex (LPS) gramnegativer Bakterien ist über den Lipidanteil in der äußeren Membran verankert.

L-Formen (L = Lister-Institut). Als L-Formen werden Bakterien bezeichnet, die Mureindefekte aufweisen. Sie können durch Einwirkung von Betalactam-Antibiotika entstehen. L-Formen sind gegenüber osmotischen Einflüssen sehr instabil. Gegen Betalactam-Antibiotika weisen sie komplette Resistenz auf, da Betalactame die Biosynthese des Mureins blockieren. Die klinische Bedeutung der L-Formen ist unklar. Eventuell können sie nach Absetzen einer Betalactam-Therapie in die normale Bakterienform revertieren und damit einen Rückfall verursachen.

Kapsel

Viele pathogene Bakterien synthetisieren mit Hilfe extrazellulärer Enzyme ein Polymer, das sich in einer Schicht um die Zelle anordnet und Kapsel genannt wird. **Die Kapsel schützt Bakterien vor der Phagozytose.** Bei den meisten Bakterien besteht die Kapsel aus Polysaccharid. Aufgrund der chemischen Feinstruktur des Polysaccharides lassen sich Bakterien einer Spezies in Kapselserovare(-typen) unterteilen.

Geißeln

Mit Hilfe von Geißeln können sich Bakterien aktiv fortbewegen. Die Geißeln sind aus linearen Proteinen, den Flagellinen, aufgebaut. Sie können monotrich, lophotrich oder peritrich angeordnet sein (s. Abb. 3.**1**). Geißeln sind über einen Halteapparat in der Zellwand und der Zytoplasmamembran verankert (s. Abb. 3.**7** und 3.**13**) und in der Lage, wie ein Propeller um ihre Achse zu rotieren. Bei *Enterobacteriaceae* werden Geißel-Antigene als H-Antigene bezeichnet und dienen, zusammen mit den O-Antigenen, der Einteilung in Serovare.

Haftfimbrien, Konjugationspili

Viele pathogene, gramnegative Bakterien weisen dünne, aus Protein bestehende Mikrofibrillen (0,1 – 1,5 nm dünn, 4 – 8 nm lang) auf, die Haftfimbrien oder (Syn.) Haftpili. Diese sind in der äußeren Membran der Zellwand verankert und ragen radiär von der Oberfläche weg. Mit Hilfe dieser Haftstrukturen können sich Bakterien spezifisch (Ligand-Rezeptor, Schlüssel zu Schlüsselloch) an Rezeptoren von Wirtszellen anheften.

Konjugationspili (Syn. Sexualpili) bei gramnegativen Bakterien sind für den Prozeß der Konjugation und damit für den Transfer konjugativer Plasmide notwendig (s. S. 168).

Beispiele von Haftfimbrien gramnegativer Bakterien

PAP (Syn. P-Fimbrien)	**P**yelonephritis-**a**ssoziierte **P**ili. Binden an Rezeptoren des Uroepithels sowie an das Blutgruppenantigen „P" (deshalb P-Fimbrien). Die spezifischen Rezeptoren für diese Fimbrien kommen gehäuft auf der Oberfläche des Uroepithels vor. PAP charakterisieren die Uropathovar(ietät) von *Escherichia coli*, die spontane Harnwegsinfekte bei Patienten, die keine Obstruktion der Harnwege aufweisen, verursacht.
CFA-1, CFA-2	Kolonisationsfaktoren. Fimbrien, die für eine spezifische Bindung enteropathogener Kolibakterien an Enterozyten verantwortlich sind.
Haftpili von Gonokokken	Ermöglichen ein spezifisches Anheften von Gonokokken an Mukosazellen des Urogenitalepithels.

Biofilm

Bestimmte humanpathogene Bakterien weisen die Eigenschaft auf, sich auf inerten Oberflächen anzuheften, sich dort zu vermehren und eine extra-

Bakteriengeißeln

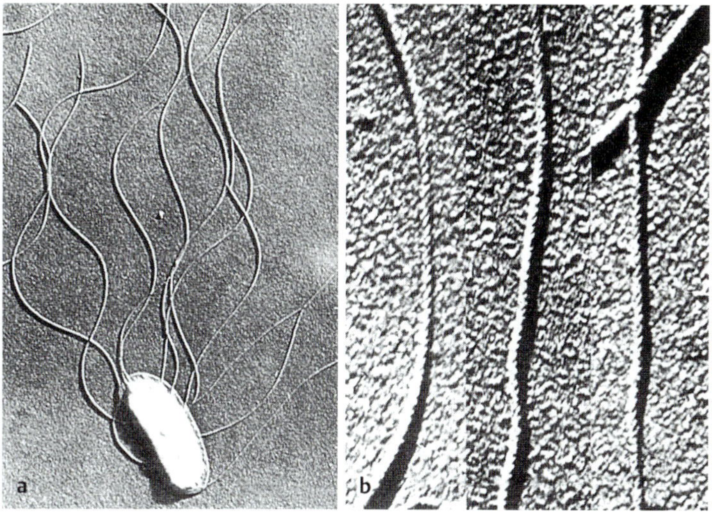

Abb. 3.**13** **a** Begeißelte Bakterienzelle (REM, 13000fach). **b** Helikaler Aufbau von Bakteriengeißeln (REM, 77000fach).

zelluläre Polymersubstanz (= EPS) zu produzieren, in die eingebettet sie gelagert sind. Diese Beläge können erhebliche Dicke (mm) erreichen. In der Tiefe dieser Biofilme befindliche Bakterien sind weitgehend vor dem Immunsystem und vor Antibiotika geschützt. Da die sezernierten Adhäsionssubstanzen häufig Glykoside sind, spricht man auch von der Glykokalix (= Schale aus Glykosiden) der Bakterien.

Beispiele von medizinisch wichtigen Biofilmen

- Fremdkörper wie Endoprothesen, Katheter, Herzschrittmacher, Shuntventile usw. werden nach Implantation durch Matrixproteine des Makroorganismus wie Fibrinogen, Fibronektin, Vitronektin oder Laminin überzogen. Staphylokokken besitzen auf ihrer Oberfläche Proteine – z. B. den Clumping factor, der an Fibrinogen bindet, oder das Fibronektin-Bindeprotein –, mit denen sie sich an die entsprechenden Proteine spezifisch binden können. Diese adhärierten Bakterien vermehren sich und sezernieren einen Schleim, der die Matrix des Biofilms auf dem Fremdkörper darstellt. Derartige Biofilme stellen Infektionsherde dar.

▶

Fortsetzung: **Beispiele von medizinisch wichtigen Biofilmen**

- Bestimmte orale Streptokokken (*S. mutans*) können sich an Proteine, die den Zahnschmelz überziehen, binden und in der Folge ausschließlich aus Saccharose eine aus Glucan bestehende Matrix bilden. An diese können wiederum andere Bakterien adhärieren. Es entsteht der Zahnbelag (Abb. 3.**14**), die Voraussetzung für die Zerstörung des Zahnschmelzes und die Ausbildung der Zahnkaries (s. S. 235f.).

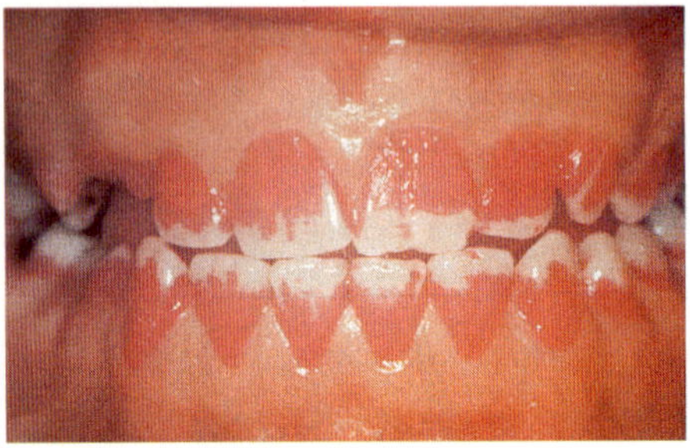

Abb. 3.**14** **Zahnbelag** läßt sich durch Anfärbung mit Erythrosin sichtbar machen.

Bakteriensporen

Bakterielle Sporen sind reine Dauerformen. Sie entstehen aus einer „vegetativen“ Zelle ohne Assimilation neuer Nährstoffe. Sie sind kugelig bis oval, weisen eine dicke Sporenwand auf und zeigen hohe Resistenz gegen chemische und physikalische Noxen. Unter den humanpathogenen Bakterien sind nur die Gattungen *Clostridium* und *Bacillus* Sporenbildner. Von medizinischem Interesse ist vor allem die Hitzeresistenz der Sporen, die hohe Temperaturen bei der Hitzesterilisation erfordert. Als Ursachen der Hitzeresistenz kommen in Frage die dicke Sporenwand, die Wasserarmut der Spore, die die Denaturierung von Proteinen erschwert, sowie eine Quervernetzung der Proteine durch das Calciumsalz der Pyridin-2,6-Dicarboxylsäure, die ebenfalls eine Denaturierung erschwert. Gerät eine Spore in ein günstiges Milieu (Nährmedium, Temperatur, osmotischer Druck etc.), erfolgt die Umwandlung der Spore in die vegetative Form. Nur in dieser Form können sich Sporenbildner vermehren.

Physiologie des Stoffwechsels und des Wachstums der Bakterien

Humanpathogene Bakterien sind chemosynthetische, organotrophe Bakterien. Sie gewinnen ihre Energie aus dem Abbau von organischen Nährstoffen und verwenden die chemische Energie zur Neusynthese und für sekundäre Aktivitäten. Die Oxidation von Nährsubstraten kann auf dem Wege der Respiration oder Fermentation erfolgen. Bei der Respiration ist O_2 der Elektronen- und Protonenakzeptor, bei der Fermentation ein organisches Molekül. Aufgrund des Verhaltens gegenüber O_2 werden humanpathogene Bakterien in fakultative Anaerobier, obligate Aerobier, obligate Anaerobier und aerotolerante Anaerobier eingeteilt. Zur Kultivierung von Bakterien verwendet man Nährbouillon oder Nähragar. Nähragar enthält die reaktionsträge Agarose, die bei 100 °C flüssig wird und bei 45 °C vom flüssigen in den Gelzustand übergeht. In der diagnostischen Bakteriologie werden häufig Selektivmedien und Indikatormedien eingesetzt.

Bakterien vermehren sich durch einfache Querteilung. Die für eine Teilung notwendige Zeit wird Generationszeit genannt. Für schnell wachsende Bakterien beträgt diese in vitro 15–30 min. In vivo ist sie bedeutend länger. Die Gesetzmäßigkeiten bei der Vermehrung in Nährbouillon werden durch die normale Wachstumskurve mit den Phasen Lag, exponentielles Wachstum, stationäres Wachstum sowie Absterben charakterisiert.

Bakterienstoffwechsel

Überblick über die Stoffwechselformen

Als Stoffwechsel bezeichnet man die Gesamtheit der chemischen Reaktionen, die in Bakterienzellen ablaufen. Diese können schematisch in die anabolen (synthetischen), energieverbrauchenden Reaktionen sowie die katabolen, energieliefernden Reaktionen unterteilt werden. Bei den anabolen, endergonischen Reaktionen kann die notwendige Energie in Form von Licht oder als chemische Energie verwendet werden. Je nachdem unterscheidet man photosynthetische oder chemosynthetische Bakterien. Die katabolen Reaktionen liefern Energie sowie die Grundbausteine für die Synthese bakterienspezifischer Moleküle. Sind die Nährstoffe der Bakterien anorganischer Natur, spricht man von lithotrophen, sind sie organischer Natur, von organotrophen Bakterien.

Humanpathogene Bakterien sind immer chemosynthetische, organotrophe Bakterien.

Katabole Reaktionen

Die Verarbeitung organischer Nährsubstrate erfolgt über eine vielfältige Reihe enzymatischer Prozesse, die schematisch in 4 Phasen unterteilt werden können.

Verdauung. Spaltung der Nährsubstrate außerhalb der Zelle in kleine Moleküle durch bakterielle Exoenzyme. Diese stellen manchmal wichtige Pathogenitätsfaktoren dar.

Aufnahme. Diese kann durch passive Diffusion oder, häufiger, spezifisch mittels aktiven Transports durch die Membran(en) hindurch erfolgen. Dabei spielen Permeasen der Zytoplasmamembran eine wichtige Rolle.

Vorbereitung zur Oxidation. Abspaltung von Carboxyl- oder Aminogruppen, Phosphorylierungen usw.

Oxidation. Diese ist definiert als Entzug von Elektronen und H_2-Ionen. Eine oxidierte Substanz wird demnach auch als H_2-Donator bezeichnet. Als H_2-Akzeptor bezeichnet man die Substanz, die den Wasserstoff aufnimmt. Nach dem endgültigen H_2-Akzeptor unterscheidet man 2 Grundformen der Oxidation (Abb. 3.**15**).

- **Respiration oder Atmung.** Sauerstoff ist H_2-Akzeptor. Bei der anaeroben Respiration dient O_2 als Bestandteil eines anorganischen Salzes als H_2-Akzeptor.
- **Fermentation oder Gärung.** Eine organische Verbindung dient als H_2-Akzeptor.

Wesentlicher Unterschied zwischen Fermentation und Respiration ist die Energieausbeute, die bei Respiration um den Faktor 10 größer sein kann als bei Fermentation eines Nährsubstrates. Fermentationen bei Mikroorganismen werden nach dem entstehenden Endprodukt bezeichnet, z. B. alkoholische Gärung, Buttersäuregärung usw.

Die bei der Oxidation freigesetzte Energie wird als chemische Energie gespeichert, entweder als Thioester (z. B. Acetyl-CoA) oder in Form organischer Phosphate (z. B. ATP).

Rolle des Sauerstoffs. 3 Arten der Aktivierung von Sauerstoff sind bekannt.

- Übertragung von 4 e^- auf O_2, wobei 2 Sauerstoffionen (2 O^{2-}) entstehen.
- Übertragung von 2 e^- auf O_2, wobei 1 Peroxid-Anion (1 O_2^{2-}) entsteht.
- Übertragung von 1 e^- auf O_2, wobei 1 Superoxid-Anion (1 O_2^-) entsteht.

Oxidationswege der Bakterien

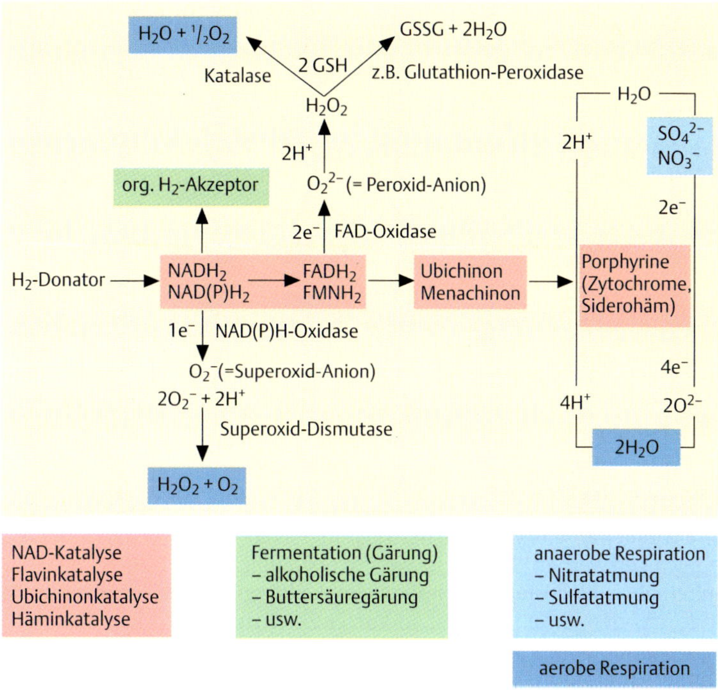

Abb. 3.**15** Bei der Oxidation von organischen Nährsubstraten werden Protonen (H^+) und Elektronen (e^-) über Redoxkatalysatoren in einer mehr oder weniger langen Kette übertragen. Wenn der endgültige e^--Akzeptor freier Sauerstoff ist, handelt es sich um aerobe Atmung. Von anaerober Atmung spricht man, wenn e^- auf anorganisch gebundenen Sauerstoff übertragen werden. Fermentation bedeutet Übertragung von H^+ und e^- auf einen organischen Akzeptor.

Wasserstoffperoxid sowie das hochreaktive Superoxid-Anion müssen sofort weiter umgesetzt werden, da sie äußerst giftig sind (s. Abb. 3.**15**).

Hinsichtlich ihres Verhaltens gegenüber O_2 unterscheidet man:

- **Fakultative Anaerobier.** Das sind Bakterien, die Nährsubstrate sowohl veratmen als auch vergären können.
- **Obligate Aerobier.** Sie können sich nur bei Anwesenheit von O_2 vermehren.

- **Obligate Anaerobier.** Diese Bakterien sterben bei Anwesenheit von O_2 ab. Warum das so ist, ist nicht vollständig geklärt. Einige obligate Anaerobier besitzen keine Superoxid-Dismutase, die das hochgiftige Superoxidanion in das Peroxid-Anion überführt, andere weisen keine Peroxidasen auf, die Peroxid-Anion entgiften. Molekularer O_2 kann auch eine direkte toxische Wirkung auf bestimmte lebenswichtige Enzyme haben.
- **Aerotolerante Anaerobier.** Diese oxidieren Nährsubstrate ohne Benützen von elementarem Sauerstoff, können diesen aber, im Gegensatz zu den obligaten Anaerobiern, tolerieren.

Grundmechanismen des katabolen Stoffwechsels. Das Prinzip der Einheit in der Biochemie besagt, daß das Leben auf der Erde prinzipiell gleich ist. Demzufolge entspricht der katabole Intermediärstoffwechsel der Bakterien weitgehend dem der eukaryontischen Zellen. Die genauen Wege des Intermediärstoffwechsels der Bakterien können hier nicht geschildert werden, sondern müssen in den Lehrbüchern der allgemeinen Mikrobiologie nachgelesen werden.

Anabole Reaktionen

Auf Einzelheiten biosynthetischer Leistungen der Bakterien kann hier nicht eingegangen werden. Sie sind insgesamt erstaunlich. Einige Bakterien (*E. coli*) können aus einfachsten Nährstoffen alle die komplizierten organischen Moleküle, aus denen sie bestehen, in kurzer Zeit synthetisieren. In der technischen Mikrobiologie werden diese Leistungen ausgenutzt. Antibiotika, bestimmte Aminosäuren oder Vitamine werden mit Hilfe der Bakterien gewonnen. Es gibt Bakterien, die in der Lage sind, aliphatische Kohlenwasserstoffe als Energiequelle zu verwenden. Derartige Bakterien können Paraffin, ja sogar Rohöl als Energiequelle gebrauchen. Die metabolischen Leistungen dieser Bakterien versucht man zur Bekämpfung der Ölpest der Gewässer auszunutzen. Andererseits wird mit Erfolg versucht, diese Leistungen zur Bekämpfung des Hungers heranzuziehen. Bakterien und Pilze werden mit aliphatischen Kohlenwasserstoffen, die C-Quelle und Energielieferant sind, kultiviert, dann anschließend geerntet und zu einem Proteinpulver (Einzellerprotein) verarbeitet. Die Erzeugung von Biomasse durch Kultivierung von Bakterien in Nährmedien auf Methanolbasis wird ebenfalls angewendet.

Regulation des Stoffwechsels

Bakterien können ihren Stoffwechsel sehr wirksam regulieren. Die Regulation sorgt dafür, daß jede einzelne Reaktion mit anderen Aktivitäten sowie mit dem Nährstoffangebot möglichst ökonomisch und sinnreich abläuft. Sie kann einerseits über eine Steuerung der Aktivität vorhandener Enzyme erfolgen. Viele Enzyme sind allosterische Proteine und können durch Endprodukte von Stoffwechselwegen gehemmt oder aktiviert werden. Sehr wirtschaftlich ist eine Regulation über die Kontrolle der Synthese von Enzymen auf der Stufe der Transkription oder Translation. Darüber wird im Abschnitt Molekulare Grundlagen der Bakteriengenetik (S. 162ff.) berichtet.

Wachstum und Kultur der Bakterien

Ernährung

Unter einer Bakterienkultur versteht man die Vermehrung von Bakterien in einem geeigneten Nährsubstrat. Ein Nährmedium (Tab. 3.**2**), in dem chemosynthetische, organotrophe Bakterien kultiviert werden sollen, muß organische Energiequellen (H_2-Donatoren) und H_2-Akzeptoren enthalten. Weiterhin sind eine Kohlenstoff- und eine Stickstoffquelle zur Synthese der bakterienspezifischen Verbindungen sowie Mineralien wie Schwefel, Phosphor, Calcium, Magnesium und als Aktivatoren von Enzymen wichtige Spurenmineralien notwendig. Einige Bakterien benötigen darüber hinaus „Wachstumsfaktoren", d. h. organische Verbindungen, die sie nicht selber synthetisieren können. Je nach Bakterienart muß ein Nährmedium einen bestimmten Gehalt an O_2 und CO_2 sowie einen bestimmten pH-Wert und osmotischen Druck aufweisen.

Wachstum und Zelltod

Bakterien vermehren sich ohne Ablauf sexueller Vorgänge durch einfache Querteilung. Ihre Zahl (N) wächst logarithmisch an ($N = 2^G$). Die Zeit, die

Tabelle 3.**2** Nährmedien zur Kultivierung von Bakterien

Nährmedium	Beschreibung
Nährbouillon	flüssiges, komplexes Nährmedium
Nähragar	komplexes Nährmedium, das das Polysaccharid Agarose (1,5–2%) enthält. Nähragar wird beim Erhitzen auf 100 °C flüssig und geht erst wieder bei 45 °C in den Gelzustand über. Agarose wird durch Bakterien nicht abgebaut
Selektivmedien	enthalten Hemmstoffe, die nur das Wachstum bestimmter Bakterien zulassen
Indikatormedien	zeigen bestimmte Stoffwechselleistungen an
synthetische Medien	chemisch genau definierte Medien

Normale Wachstumskurve einer Bakterienkultur

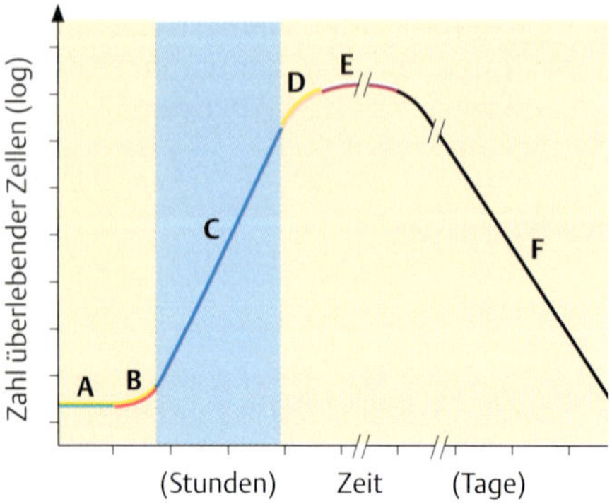

Abb. 3.**16**
A= Lagphase,
B = Beschleunigungsphase,
C = exponentielle Phase (Logphase),
D = Verzögerungsphase,
E = stationäre Phase,
F = Absterbephase.

für einen Vermehrungszyklus (G) notwendig ist, wird als Generationszeit (g) bezeichnet. Diese kann von Art zu Art stark variieren. Für schnell wachsende Bakterien beträgt sie bei Kultivierung in vitro 15 – 30 min. Bei Vermehrung derselben Bakterien in vivo kann sie Stunden betragen. Obligate Anaerobier wachsen auch in vitro bedeutend langsamer als Aerobier. Tuberkulosebakterien weisen in vitro eine Generationszeit von 8 – 12 Stunden auf. Natürlich ist die Generationszeit auch vom Gehalt des Mediums an Nährstoffen abhängig.

Impft man Bakterien, deren Stoffwechsel ruht, in eine Nährbouillon und bestimmt zu verschiedenen Zeiten ihre Zahl, so erhält man nach Eintragen der Ergebnisse in ein halblogarithmisches Koordinatensystem die sog. **normale Wachstumskurve** der Bakterien (Abb. 3.**16**). Die Lagphase (A) ist charakterisiert durch eine Zunahme von Bakterienmasse pro Volumeneinheit, jedoch keine Zunahme der Zellzahl. Während dieser Phase paßt sich der Stoffwechsel an die Bedingungen des Nährmediums an. In der exponentiellen Phase (C) nimmt die Zellzahl bis zu ungefähr 10^9/ml logarithmisch zu. Dann erfolgt Verlangsamung des Wachstums, Übergang in die stationäre Phase (E) durch Erschöpfung der Nährstoffe und Anhäufung toxischer Stoffwechselprodukte. Schließlich setzen Absterbevorgänge ein (F). Die Generationszeit kann nur während der Phase C bestimmt werden, entweder graphisch oder durch 2 Messungen der Zellzahl (N) zu verschiedenen Zeiten und Anwendung der Formel

$$g = \frac{t_2 - t_1}{\log_2 N_2 - \log_2 N_1}$$

Bakterienzellzahl und Bakterienmasse

Koloniezählverfahren. Die Zahl lebender Zellen in einer Kultur oder einem Material wird mit dem Koloniezählverfahren ermittelt. Die Proben werden logarithmisch mit dem Verdünnungsfaktor 10 verdünnt. Beim Gußplattenverfahren werden je Verdünnung 1 ml mit flüssigem Agar gemischt und zu einer Platte gegossen. Beim Oberflächenverfahren werden je 0,1 ml der Verdünnungen auf der Oberfläche eines Nähragars ausplattiert. Nach Bebrüten entwickeln sich Kolonien. Ihre Zahl, multipliziert mit dem Verdünnungsfaktor, ergibt die Zellzahl.
Bakterienmasse. Diese kann durch Wägen (Trockengewicht oder Naßgewicht) bestimmt werden. Am einfachsten wird die Masse durch Adsorptionsmessung in einem Photometer ermittelt. Während der Phase C der Wachstumskurve laufen die Zunahme der Masse und die der Zellzahl parallel.

3

Molekulare Grundlagen der Bakteriengenetik

In Bakterien kommen 2 genetische Strukturen vor: das **Chromosom** und die **Plasmide.** Beide Strukturen bestehen aus einer einzigen, zirkulären, um die Helixachse nach links verdrillten DNA-Doppelhelix. Die **Replikation** dieser DNA-Moleküle startet jeweils an einem einzigen Ursprungspunkt (origin of replication) und ist „semikonservativ", d. h., ein Einzelstrang ist jeweils in den beiden entstehenden Doppelsträngen konserviert. **Bakterielle Gene** kodieren für Polypeptide. Nichtkodierende Zwischensequenzen (Introns) wie bei den Eukaryonten gibt es nur ausnahmsweise. Bestimmte bakterielle Gene weisen Mosaikstruktur auf. Die **Transkription** läuft mit den Phasen Promotorerkennung, Elongation und Termination ab. Viele mRNAs der Bakterien sind polycistronisch, sie enthalten die Information für mehrere Polypeptide. Die **Translation** erfolgt an den 70S-Ribosomen. Start und Stopp der Polypeptidsynthese wird durch spezielle Kodons der mRNA angezeigt. Viele Gene, die für funktionell zusammenhängende Polypeptide kodieren, sind an einer Stelle des Chromosoms oder der Plasmide in einem Operon zusammengefaßt. Der wichtigste Mechanismus der Regulation besteht in einer negativen oder positiven Kontrolle der Initiation der Transkription. Diese kann einzeln lokalisierte Gene betreffen, die Gene eines Operons oder Gene, die in einem Regulon zusammengefaßt werden.

Struktur der bakteriellen DNA

Die genetische Information der Bakterien ist im Chromosom und in Plasmiden gespeichert. Chromosom und Plasmide bestehen aus jeweils einer einzigen, nach rechts gewundenen DNA-Doppelhelix, die noch um die Helixachse nach links verdrillt ist (S. 141 ff. und Abb. 3.**17**). Selten kommen Plasmide vor, die aus linearer DNA bestehen. Die spezielle DNA-Topologie ist aus Platzgründen notwendig und ermöglicht funktionelle Aktivitäten wie Replikation, Transkription und Rekombination. Einige Gene weisen Mosaikstruktur auf. Sie sind aus Minikassetten zusammengesetzt, die durch zwischen den Kassetten liegende konservierte DNA-Sequenzen verbunden werden (s. Abb. 1.**2**, S. 14).

Chromosom. Das Chromosom entspricht dem Nukleoid (S. 140). Das Chromosom von *E. coli* ist aus $4{,}65 \cdot 10^6$ Basenpaaren (bp) zusammengesetzt. Es weist ungefähr 5000 chromosomale Gene auf. Bakterielle Gene kodieren für Polypeptide. Gen und Genprodukt sind kolinear. Nichtkodierende Zwischensequenzen (Introns), wie sie bei eukaryontischen Genen die Regel sind, kommen nicht oder nur ausnahmsweise vor. Das Chromosom mehrerer pathogener Bakterien (*Escherichia coli, Haemophilus influenzae, Mycobacterium tuberculosis*) wurde mittlerweile vollständig sequenziert.

Resistenzplasmid von *Escherichia coli*

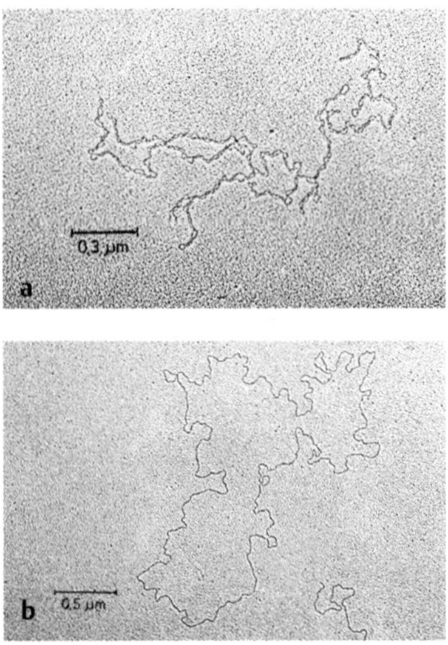

Abb. 3.**17** **a** „Covalently closed circle“ (CCC) oder „supercoil“ oder „supertwist“.
b „Open circle“. Diese offene Form ist ein Artefakt: Es kommt durch einen Bruch („nick“) in einem Strang der DNA-Doppelhelix zustande.

Plasmide. Plasmide sind autonome, im Zytoplasma lokalisierte DNA-Moleküle unterschiedlicher Größe ($3 \cdot 10^3 - 4{,}5 \cdot 10^5$ bp). Große Plasmide kommen in der Regel in den Zellen in 1 – 2 Kopien, kleine in 10 – 40 – 100 Kopien vor. Plasmide sind für das Überleben der Zelle nicht essentiell. Viele Plasmide tragen Gene, die für bestimmte phänotypische Eigenschaften ihrer Wirtszelle kodieren. Für die medizinische Bakteriologie sind bedeutsam:

- **Virulenzplasmide.** Sie tragen Determinanten der bakteriellen Virulenz, z. B. Enterotoxingene oder Hämolysingene.
- **Resistenzplasmide.** Sie weisen genetische Information für Resistenz gegen Antiinfektiva auf. R-Plasmide können mehrere R-Gene gleichzeitig tragen. Es sind auch Plasmide beschrieben worden, die sowohl Virulenz- als auch Resistenzgene tragen.

Replikation der DNA

Die identische Reduplikation der DNA wird als semikonservativ bezeichnet, weil sich der DNA-Doppelstrang bei der Replikation öffnet und jeder Einzelstrang als Matritze für die Synthese des komplementären Stranges dient. Damit ist in jedem der beiden neuen Doppelstränge ein alter Strang „konserviert“. Die Verdoppelung jedes DNA-Moleküls (Replikons) beginnt an einem einzigen Startpunkt, dem sog. „origin of replication“. Sie verläuft kontinuierlich, während des gesamten Teilungszyklus.

Transkription und Translation

- **Transkription.** Umschrift der Nukleotide des Sinnstranges der DNA in mRNA. Die Nukleotidfolge von Genen liegt als kontinuierliche Sequenz vor und wird „kolinear“ in mRNA überschrieben. Ausnahmen von der Kolinearität existieren. Die Transkription kann in die Phasen „Promotorerkennung“, „Elongation“ und „Termination“ unterteilt werden. Der Promotorbereich entspricht der Stelle der Anfangsbindung der RNA-Polymerase auf der DNA. Gene, die für Proteine kodieren, die funktionell zusammengehören, z. B. einen bestimmten Stoffwechselschritt katalysieren, sind oft an einer Stelle des Chromosoms oder eines Plasmids hintereinander angeordnet. Eine derartige DNA-Sequenz wird als *Operon* bezeichnet (Abb. 3.**18**). Die mRNA, die bei der Transkription eines Operons synthetisiert wird, ist polycistronisch, d. h. enthält die Information mehrerer Gene. Die Informationsbereiche sind durch Intercistronbereiche getrennt. Beginn und Ende eines Cistrons wird durch Start- und Stop-Kodons der mRNA angezeigt.

Bakterielles Operon und Regulatorgen

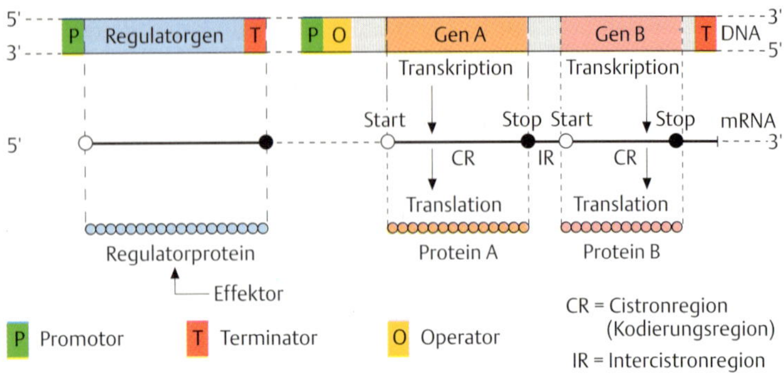

Abb. 3.**18** Unter einem Operon versteht man eine zusammenhängend transkribierte DNA-Sequenz, die in der Regel mehrere Strukturgene aufweist. Diese kodieren für Proteine, die funktionell zusammengehören. Die Transkription eines Operons wird oft durch das Produkt eines Regulatorgens, das an anderer Stelle des Chromosoms lokalisiert ist, aktiviert oder reprimiert.

- **Translation.** Übersetzung der Nukleotidschrift der mRNA in die Aminosäureschrift von Polypeptiden an den 70S Ribosomen (Abb. 3.**19**). Im Prinzip unterscheidet sich die bakterielle Translation nicht von der Translation bei Eukaryonten. Die zuständigen Enzyme und Faktoren weisen aber strukturelle Unterschiede auf, so daß sie durch eine Reihe von Antibiotika selektiv blockiert werden können (S. 191ff.).

Regulation der Gen-Expression

Bakterien sind in der Lage, sich optimal an die Bedingungen der Umwelt anzupassen. Eine ganze Reihe von Regulationsmechanismen sind bekannt, wie posttranslationelle Regulation, Regulation auf der Stufe der Translation oder die Termination der Transkription. Auf Einzelheiten kann hier nicht eingegangen werden. Am wichtigsten ist die Regulation der Initiation der Transkription über Aktivierung oder Repression des Vorganges, die in dieser Form bei Eukaryonten nicht existiert. Dabei kann ein einzelnes Gen oder mehrere Gene, die an einem Ort der DNA in einem **Operon** zusammengefaßt sind, betroffen sein (s. Abb. 3.**18**). Am besten untersucht ist die transkriptionelle Regulation von katabolen und anabolen Operons durch einen Repressor.

Translation

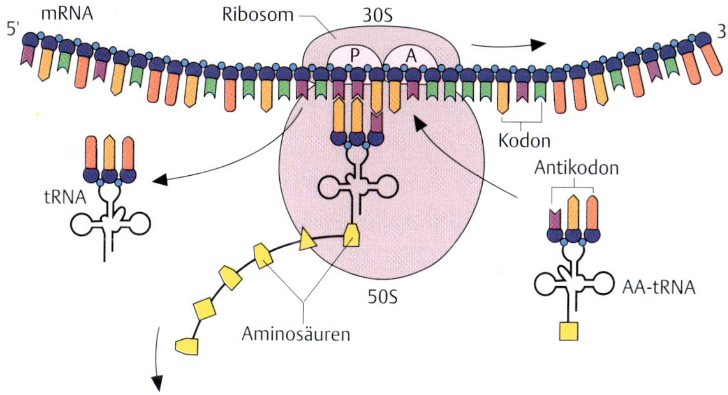

Abb. 3.**19** Die Translation umfaßt die Übersetzung einer linearen Basensequenz in die Folge von Aminosäuren eines Peptids. Der hochkomplexe Vorgang kann vereinfacht durch 2 Schritte beschrieben werden.
1. Spezifische Wechselwirkung eines Kodons der mRNA mit dem Antikodon der mit einer Aminosäure beladenen tRNA (= Aminoacyl-tRNA).
2. Ausbildung der Peptidbindung zwischen den Aminosäuren auf benachbart gelegenen AA-tRNAs.

Transkriptionelle Regulation eines Operons durch einen Repressor

- **Katabole Operons** weisen Gene auf, die für Enzyme des katabolen Stoffwechsels kodieren, **anabole Operons** determinieren Enzyme des anabolen Stoffwechsels.
- **Regulatorgen.** Kodiert für ein Repressorprotein, das ins Zytoplasma abgegeben wird und das die Transkription durch Bindung an den Operator eines Operons reprimieren kann.
- **Effektoren.** Niedermolekulare Signalmoleküle aus der Umgebung der Bakterienzelle. Können den Repressor über einen Allosterieeffekt aktivieren oder inaktivieren.
- **Induktion eines katabolen Operons.** Das Effektormolekül ist ein Nährsubstrat, das durch die Produkte der Operon-Gene abgebaut wird (z. B. Lactose). Lactose inaktiviert den Repressor, so daß die Gene für β-Galaktosidase und β-Galactosidpermease des Lactoseoperons transkribiert werden. Normalerweise werden diese durch Verbindung des Repressors mit dem Operator nicht abgelesen. Erst wenn das Nährsubstrat vorhanden ist, muß die Zelle die notwendigen katabolen Enzyme produzieren.

Fortsetzung: **Regulation eines Operons durch einen Repressor**

- **Repression eines anabolen Operons.** Das Signalmolekül ist das Endprodukt eines anabolen Stoffwechselprozesses, z. B. eine Aminosäure. Ist diese im Medium vorhanden, muß die Zelle die anabolen Enzyme zur Herstellung der Aminosäure nicht synthetisieren, weil sie diese aus dem Medium verwendet. In einem derartigen Falle wird das Regulatorprotein durch Verbindung mit dem Effektor zum aktiven Repressor.

Auch mehrere Gene, die nicht Teil eines Operons sind, sondern sich an verschiedenen Orten der DNA befinden, können durch ein und dasselbe Regulatorprotein aktiviert oder reprimiert werden. Derartige Gene werden in dem funktionellen Begriff des **Regulons** zusammengefaßt. Bei der transkriptionellen Aktivierung mehrerer Gene können **Sigmafaktoren** involviert sein. Diese Untereinheiten der RNA-Polymerase erlauben dem Enzym die Erkennung einer bestimmten Klasse Promotoren von verschiedenen Genen.

Genetische Variabilität der Bakterien

- Änderungen der DNA von Bakterien beruht auf spontanen **Mutationen** in einzelnen Genen und auf Rekombinationsprozessen, die zu neuen Genen oder Gen-Kombinationen führen. Aufgrund der molekularen Mechanismen werden **Rekombinationen** bei Bakterien in die homologe Rekombination, die ortspezifische Rekombination und die Transposition unterteilt. Vor allem die beiden letzteren Mechanismen liegen der starken Mobilität vieler Gene zugrunde und haben wesentlich zur Evolution bei den Bakterien beigetragen.

Obwohl es sexuelle Vererbung bei den Bakterien nicht gibt, existieren Mechanismen des interzellulären Transfers von Erbgut. Diese werden mit dem Begriff Parasexualität bezeichnet. Als **Transformation** wird der Transfer von chemisch weitgehend reiner DNA von einer Donor- in eine Rezeptorzelle verstanden. Bei der **Transduktion** dienen Bakteriophagen als Vehikel für den Transport von DNA. Die **Konjugation** beinhaltet den Transfer von DNA durch Zell-zu-Zell-Kontakt. Sie wird durch konjugative Plasmide und konjugative Transposons ermöglicht und kann in hoher Frequenz und auch zwischen Partnern, die unterschiedlichen Arten, Gattungen und Familien angehören, erfolgen. Der Transfer betrifft in erster Linie die konjugativen Elemente selber. Von medizinisch großer Bedeutung sind konjugative Strukturen, die Resistenz- und/oder Virulenzgene tragen.

Eine wichtige Rolle bei der Beschränkung des Genaustausches zwischen unterschiedlichen Taxa spielen **Restriktion** und **Modifikation.** Die Restriktion beruht auf der Wirkung von Restriktions-Endonukleasen, die Fremd-DNA sequenzspezifisch schneiden. Diese Enzyme sind unerläßliche Hilfsmittel der Gentechnologie.

Molekulare Mechanismen der genetischen Variabilität

Spontane und induzierte Mutation

Im Jahre 1943 gelang mit Hilfe des Fluktuationstests (Luria und Delbrück) der Beweis, daß Änderungen von Eigenschaften von Bakterienpopulationen die Folge von seltenen, ungerichteten Mutationen in Genen einzelner Zellen sind, die dann selektiert werden. Derartige Mutationen können ein einzelnes Nukleotid betreffen (= **Punktmutationen**) oder im Verlust von Nukleotiden bestehen (= **Deletionen**). Die Häufigkeit der Mutation wird in der **Mutationsrate** ausgedrückt, die als Wahrscheinlichkeit der Mutation in 1 Gen pro Zellteilung definiert wird. Die Rate variiert je nach Gen und liegt in der Größenordnung von $10^{-6}-10^{-10}$. Mutationsraten können durch mutagene Agentien wie Radioaktivität, UV-Strahlen, alkylierende Chemikalien und weitere stark gesteigert werden.

Rekombination

Als Rekombination werden Prozesse bezeichnet, die zur Umstrukturierung von DNA, zur Bildung neuer Gene oder Genkombinationen führen.

Homologe (auch generalisierte) Rekombination. DNA wird präzis zwischen korrespondierenden Sequenzen ausgetauscht. An dem komplizierten Bruch-Reunion-Prozeß sind mehrere Enzyme beteiligt. Das wichtigste ist das RecA-Enzym, ein weiteres die RecBC-Nuklease. Ein Beispiel einer homologen Rekombination, die zum Austausch von Minikassetten zwischen zwei Genen führt, zeigt Abb. 1.**2** (S. 14).

Ortspezifische Rekombination. Integration oder Exzision einer Sequenz in oder aus eine(r) Empfänger-DNA. Dabei muß nur eine Folge von wenigen Nukleotiden der Integrations-DNA mit dem Rekombinationsort der Rezeptor-DNA homolog sein. Dieser Prozeß liegt z. B. der Integration von Bakteriophagen-Genomen zugrunde (S. 178f.). Auch die Integration mehrerer Determinanten der Antibiotikaresistenz in ein Integron kann nach diesem Prozeß ablaufen (Abb. 3.**20**). Resistenz-Integrons sind häufig Bestandteil transponierbarer DNA.

Ortsspezifische Rekombination (Integron)

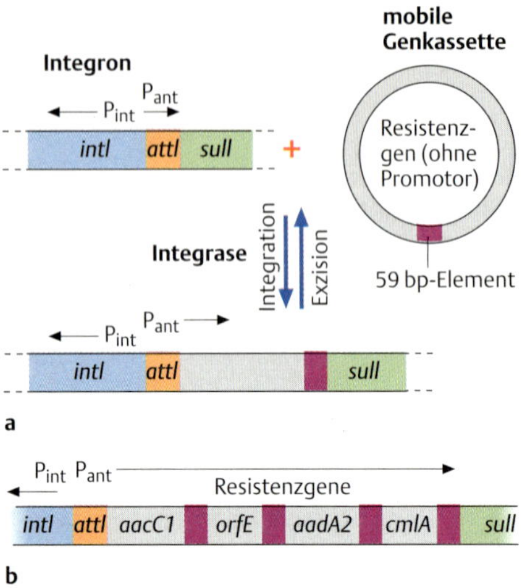

Abb. 3.**20** **a** Integration bzw. Exzision einer zirkulären Genkassette in bzw. aus einem Integron. Als Integron bezeichnet man eine genetische Struktur, die die Determinanten eines ortsspezifischen Rekombinationssystems aufweist. Dieses ist in der Lage, Gene von mobilen Genkassetten zu fangen oder zu mobilisieren. Außerdem stellt es den Promotor für die Transkription der Kassettengene, die selbst keinen Promotor besitzen, zur Verfügung. Die Kassetten können frei in zirkularisierter Form oder als integrierte Form vorliegen.

intI Integrase-Gen. Kodiert für die ortsspezifische Integrase (*int* → Integrase).
attI Erkennungssequenz für die Integrase. Ort der Rekombination (*att* → attachment).
P_{ant} Promotor für die integrierte Genkassette (P → Promotor).
P_{int} Promotor für das Integrase-Gen.
sulI Gen für Sulfonamidresistenz (*sul* → Sulfonamid).
59bp Integrase-spezifischer Rekombinationsort der Kassette.

b Modell des Integrons 4 (In4), das 3 Resistenzgene sowie einen offenen Leserahmen (*orfE*) unbekannter Funktion aufweist. In4 ist durch sukzessive Integration mehrerer Resistenzgene am Ort *attI* entstanden.

Transposition. Sie wird auch als illegitime Rekombination bezeichnet. Die Transposition läuft auch ohne Homologie zwischen der Donor- und Empfänger-DNA ab. Durch diesen Vorgang können DNA-Sequenzen entweder an anderen Stellen des gleichen DNA-Moleküls oder auch in ein anderes Replikon

Transponierbare DNA-Elemente

- **Insertions-Sequenzen (IS-Elemente,** Abb. 3.**21**). Diese einfachsten transponierbaren DNA-Sequenzen werden an den Enden durch identische, aber in gegenläufiger Nukleotidfolge angeordnete „inverted repeats (IR)" begrenzt, die 10 bis 40 Nukleotide umfassen. Sie rahmen einen Abschnitt ein, der für das Enzym Transposase kodiert. Erkennungsstrukturen für dieses Enzym sind aus 5–9 bp bestehende Nukleotidfolgen, die beim Prozeß der Integration dupliziert werden, die sog. „direct repeats".
- **Tn3- Transposons** (Abb. 3.**21b**). Diese enthalten neben dem Transposase-Gen **tnpA** die Regulatorsequenz **tnpR** und die Sequenz **res**, die eine Resolvase determiniert. Tn3-Transposons werden bei der Transposition redupliziert, so daß eine Kopie am ursprünglichen Ort verbleibt, während die andere an der neuen Stelle integriert wird.
- **Zusammengesetzte (composite) Transposons** (Abb. 3.**21c**). Sie bestehen aus 2 IS-Elementen, die eine verschieden große, für die Transposition nicht notwendige Sequenz, z. B. ein Resistenzgen, einrahmen.
- **Konjugative Transposons** (Abb. 3.**21d**). Diese genetischen Elemente weisen Bereiche auf, die für Faktoren kodieren, die für den Transfer (Tra) sowie für die Transposition (Tn) verantwortlich sind. Konjugative Transposons wurden vor allem bei grampositiven Kokken und bei gramnegativen Anaerobiern (*Bacteroides*) gefunden.

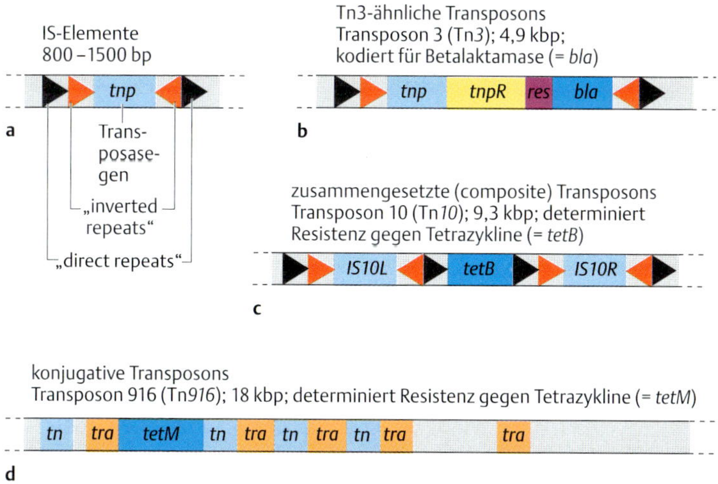

Abb. 3.**21** Erklärung der einzelnen Strukturen und Abkürzungen im Text.

integriert werden. Ebenso wie die ortspezifische Rekombination spielte und spielt auch die Transposition eine große Rolle bei der Evolution der Mehrfachresistenz.

Interzelluläre Mechanismen der genetischen Variabilität

Obwohl bei Bakterien sexuelle Vererbung nicht existiert, können sie doch auch DNA zwischen verschiedenen Partnern transferieren. Die Mechanismen dieses Transfers werden im Begriff der **Parasexualität** zusammengefaßt. Dabei wird genetische Information immer unilateral von einer Donorzelle in eine Rezeptorzelle transferiert.

Transformation

Übertragung von „nackter" DNA. Im Jahre 1928 zeigte Griffith, daß die Kapselbildung zwischen verschiedenen Pneumokokken transferiert werden kann. 1944 wurde durch Avery bewiesen, daß das transformierende Prinzip DNA ist. Transformation kommt vor allem bei den Gattungen *Streptococcus, Neisseria* und *Haemophilus* vor.

Transduktion

Übertragung von DNA von einem Donor auf einen Rezeptor mit Hilfe von Bakteriophagen, die den Transport übernehmen (Abb. 3.**22**). Transduktion wurde vor allem bei Staphylokokken beobachtet.

Bakteriophagen sind die Viren der Bakterien (S. 176ff.). Während ihrer Vermehrung kann es passieren, daß DNA-Sequenzen der Bakterienzelle anstelle des ganzen oder von Teilen des Phagengenoms in den Phagenkopf eingebaut werden. Derartige Phagenpartikel sind defekt. Sie können zwar noch an Rezeptorzellen andocken und ihre DNA injizieren, aber die infizierte Zelle kann keine neuen Phagen produzieren und wird nicht mehr zerstört.

Konjugation

Unter Konjugation versteht man die Übertragung von DNA von einem Donor auf einen Rezeptor durch einen Paarungsprozeß, der durch direkten Zell-zu-Zell-Kontakt zustande kommt. Konjugation wird durch 2 genetische Elemente ermöglicht: die konjugativen Plasmide und die konjugativen Transposons. Bei der Konjugation werden in erster Linie die konjugativen Elemente selbst transferiert. Durch diese können aber auch chromosomale Gene oder sonst nichttransferierbare Plasmide mobilisiert werden. Konjugation kommt häufig bei gramnegativen Stäbchen (*Enterobacteriaceae*), bei Staphylokokken und bei Enterokokken vor. Am besten untersucht ist sie bei den *Enterobacteriaceae.*

Der F-Faktor von *Escherichia coli*. Dieser ist der Prototyp eines konjugativen Plasmids. Der Faktor besitzt die sog. *tra*-Gene, die für die Ausbildung von

Transduktion

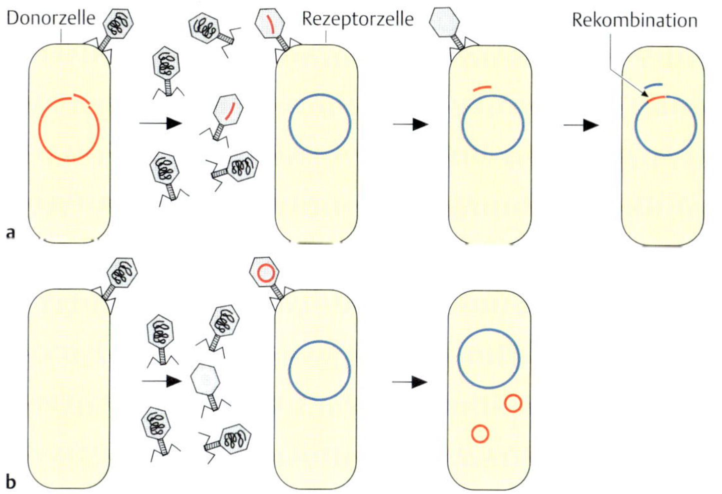

Abb. 3.**22** Transduktion einer chromosomalen DNA-Sequenz (**a**) und eines Plasmids (**b**).

Sexualpili an der Oberfläche von F^{+}-Zellen sowie für den Transfervorgang zuständig sind. Der Transfer des konjugativen Plasmids läuft mit den in Abb. 3.**23** schematisch dargestellten Schritten ab.

Durch gelegentliche Integration des F-Faktors in das Chromosom werden diesem die konjugativen Eigenschaften des F-Faktors aufgeprägt. Durch die Integration entsteht gewissermaßen ein riesengroßes, konjugatives Element, so daß nach dem gleichen Mechanismus auch chromosomale Gene transferiert werden können. Zellen, die einen integrierten F-Faktor aufweisen, werden deshalb Hfr-Zellen („high frequency of recombination") genannt.

Konjugative Resistenz- und Virulenzplasmide. Von medizinisch großer Bedeutung sind konjugative Plasmide, die zusätzlich zu den *tra*-Genen Determinanten aufweisen, die für Antibiotikaresistenz und/oder Virulenz kodieren. Aufgrund von 3 Eigenschaften konjugativer Plasmide können sich diese Determinanten sehr effizient horizontal zwischen verschiedenen Bakterien ausbreiten:

- **Hohe Frequenz des Transfers.** Wegen des Mechanismus „Transfer/Replikation" wird jede Rezeptorzelle, die ein konjugatives Plasmid erhalten

Konjugation

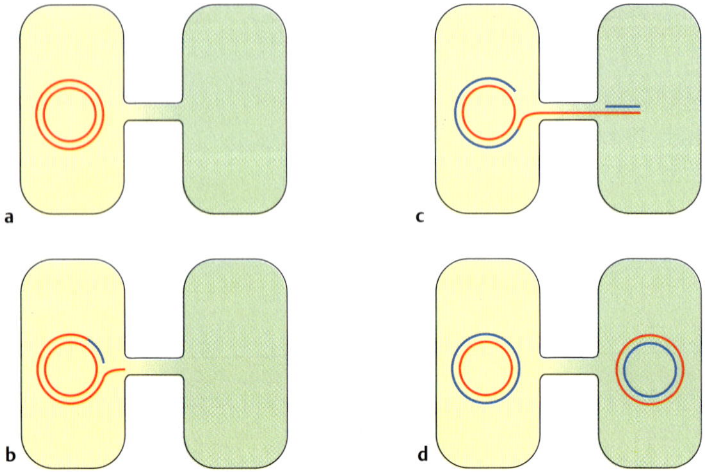

Abb. 3.**23** Transfer-/Replikations-Vorgang eines konjugativen Plasmids.
a Paarbildung: Zusammentreffen von 2 Bakterienzellen. Für diesen Schritt sind Sexualpili notwendig. Auf die Paarbildung muß nicht immer Konjugation folgen.
b Effektive Paarbildung: Bildung einer spezifischen Konjugationsbrücke zwischen Donor- und Rezeptorzelle.
c Plasmidmobilisierung und Transfer: Durch eine Endonuklease wird ein Einzelstrang der zirkulären DNA-Doppelspirale an einer bestimmten Stelle gespalten (**b**). Der Einzelstrang tritt mit der „Führungsregion" in die Rezeptorzelle ein.
d Synthese: Der transferierte Einzelstrang sowie der zurückbleibende DNA-Strang werden durch Synthese komplementärer DNA wieder zu Doppelsträngen. Die jetzt Plasmid-positive Empfängerzelle wird Transkonjugante genannt.

hat, automatisch zu einer Donorzelle. Außerdem kann jede plasmidpositive Zelle das Plasmid mehrmals auf Rezeptorzellen übertragen.

- **Breiter Wirtsbereich.** Viele konjugative Plasmide können zwischen verschiedenen Arten, Gattungen, ja sogar Familien transferiert werden.

- **Multiple Determinanten.** Viele konjugative Plasmide weisen mehrere, den Phänotyp der Trägerzelle determinierende Gene auf. Mehrfachresistenzplasmide können Resistenzmarker gegen 8, 9 oder sogar 10 verschiedene Antibiotika tragen.

Konjugative Transposons. Es handelt sich um DNA-Elemente, die in der Regel in das bakterielle Chromosom integriert sind. Sie kommen vor allem bei grampositiven Kokken vor, sind aber auch schon bei gramnegativen Bakterien (*Bacteroides*) gefunden worden. Konjugative Transposons können Determinanten für Antibiotikaresistenz tragen und so zu einem horizontalen Transfer der Resistenz beitragen. Beim Transfer wird zuerst das Transposon aus dem Chromosom ausgeschnitten, zirkularisiert, ein Einzelstrang der Doppelspirale wird geschnitten und der linearisierte Einzelstrang – in Analogie zum F-Faktor – in die Rezeptorzelle transferiert. Konjugative Transposons sind auch in der Lage, nichtkonjugative Plasmide zu mobilisieren. Das Transposon liefert dabei die Paarungssituation, die dann durch das Plasmid für den Transfer ausgenützt wird.

Restriktion, Modifikation und Gen-Klonierungen

Die obige Schilderung der Mechanismen genetischer Variabilität könnte den Eindruck aufkommen lassen, daß Gene zwischen verschiedenen Bakterienarten frei hin und her pendeln können und damit die Speziesgrenzen bei Bakterien nicht existieren. Das ist jedoch nicht so. Damit dieser genetische Austausch beschränkt bleibt, existieren verschiedene Kontrollmechanismen. Zu den wichtigsten zählen die **Restriktion** und die **Modifikation.** Durch Restriktions-Endonukleasen kann Fremd-DNA zerstört werden, wenn sie keinen „Fingerabdruck" (keine Modifikation) trägt, der sie als ähnlich charakterisiert. Mit Hilfe dieser Enzyme können Bakterien auch eingedrungene Bakteriophagen-DNA zerstören.

Die bakteriellen Restriktions-Endonukleasen sind heute unentbehrliche Hilfsmittel für **Gen-Klonierungen**. Gen-Klonierungen heißen so, weil in vitro manipulierte DNA in einer geeigneten Wirtszelle vermehrt wird, so daß identische Kopien dieser DNA, Molekül-Klone oder Gen-Klone, entstehen. Durch diese Technik kann einerseits DNA einfach und bequem vermehrt und dadurch dem experimentellen Zugriff leicht zugänglich gemacht werden. Andererseits können Bakterien dazu benützt werden, Genprodukte der Fremdgene zu synthetisieren. Derartige Femdproteine werden als Rekombinantenproteine bezeichnet. Als Vektoren, in die die zu klonierenden Sequenzen im Reagenzglas inseriert werden, dienen sehr häufig bakterielle Plasmide. In Abb. 3.**24** ist das Prinzip von Gen-Klonierungen in vereinfachter Form dargestellt. Die wichtigsten Begriffe der Bakteriengenetik sind in Tab. 3.**3** zusammengestellt.

DNA-Klonierung

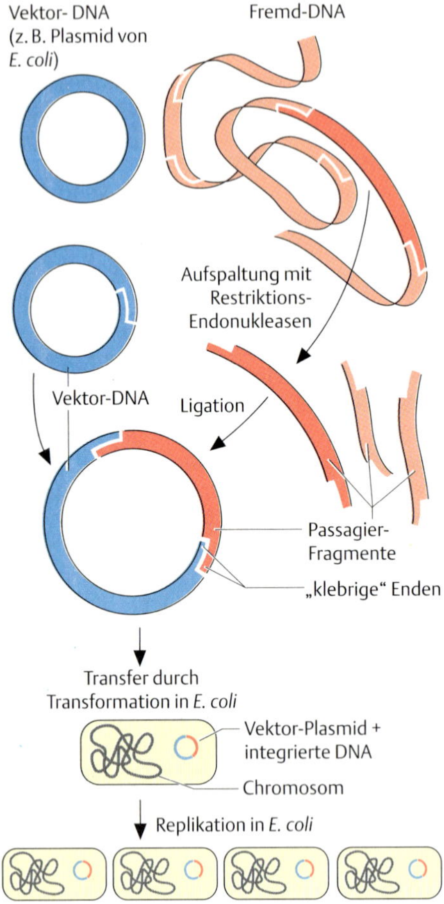

Abb. 3.**24** Die zu klonierende DNA-Sequenz wird in eine Vektor-DNA (Plasmid, Bakteriophagengenom) integriert. Diesen Vektor transferiert man anschließend zur identischen Replikation in ein Wirtsbakterium, z. B. *E. coli*.

Tabelle 3.3 Glossar der wichtigsten Begriffe der Bakteriengenetik

Antikodon	Triplettsequenzen von Transfer-RNA, die zu den Kodons der mRNA komplementär sind
Chromosom	s. Nukleoid
Cistron	andere Bezeichnung für Gen (s. dort)
Code	Übersetzungsschlüssel zwischen der Nukleotidschrift der DNA und der Aminosäureschrift von Polypeptiden
Deletion	Verlust einer DNA-Sequenz eines Replikons
Effektormoleküle	kleine Moleküle, die durch einen Allosterieeffekt einen Repressor inaktivieren (= Induktor) oder aktivieren (= Korepressor)
Episom	historischer Begriff. Charakterisiert ein Replikon (z. B. F-Plasmid), das zytoplasmatisch und ins Bakterienchromosom integriert vorkommen kann
F-Faktor	Prototyp eines konjugativen Plasmids (Fertilitätsfaktor)
Gen	Abschnitt der DNA, der die Information zur Synthese eines Polypeptids oder einer RNA beinhaltet
genetischer Code	Übersetzungsschlüssel zwischen Nukleotidschrift der DNA und Aminosäureschrift von Polypeptiden. Siehe auch Triplettkode
Genom	Gesamtheit der genetischen Information in einer Zelle
Genotyp	Gesamtheit der genetisch determinierten Eigenschaften
Hfr-Zellen	Kolibakterien, die den F-Faktor ins Chromosom integriert enthalten und deshalb chromosomale Gene in hoher Frequenz durch Konjugation übertragen können
Induktor	s. Effektormoleküle
Integron	genetische Struktur, die die Determinanten eines ortsspezifischen Rekombinationssystems aufweist. Zuständig für Integration bzw. Exzision mobiler Genkassetten
inverted repeats	sich in umgekehrter Reihenfolge wiederholende Nukleotidsequenzen an den Enden transponierbarer DNA
IS	Insertionssequenzen. Transponierbare DNA-Elemente
Kassette	Sequenz eines Gens, die durch homologe Rekombination in andere Gene transferiert werden kann
Klon	Population identischer Zellen oder DNA-Moleküle

Tabelle 3.**3** *Fortsetzung: Glossar der wichtigsten Begriffe*

Kodon	Aufeinanderfolge von 3 Nukleotiden, Triplett
Konjugation	Transfer von Erbmaterial durch einen Paarungsprozeß
Korepressor	s. Effektormoleküle
lysogene Bakterien	Zellen mit ins Chromosom integriertem Phagengenom (Prophage)
lysogene Konversion	durch Prophagen-Gene bedingte Änderung des Phänotypes einer Zelle
messenger-RNA	wird an der DNA synthetisiert und überträgt genetische Information zu den Ribosomen
Mutation	bleibende Änderung des Erbgutes
Nukleoid	Kernregion. Kernäquivalent. Chromosom
Operator	DNA-Sequenz eines Operons. Ort der Repressoranheftung
Operon	Regulationseinheit, bestehend aus Promotor, Operator, Struktur-Genen und Terminator
Parasexualität	unilateraler Gentransfer von einem Donor auf einen Rezeptor
Phänotyp	Gesamtheit der in Erscheinung tretenden Eigenschaften einer Bakterienzelle
Plasmid	extrachromosomales, autonomes DNA-Ringmolekül
Promotor	Erkennungs- und Bindungsstelle für die RNA-Polymerase
Prophage	ins Chromosom integriertes Phagengenom
Regulator	regulatorisches Protein, das die Transkription von Genen kontrolliert
Regulon	funktionelle Einheit von an verschiedenen Orten lokalisierten Genen, die durch den gleichen Regulator kontrolliert werden
Rekombination,	
legitime oder homologe R.	Austausch einer DNA-Sequenz durch eine homologe Sequenz eines anderen Genoms. Bruch-/Reunion-Modell
illegitime R.	Insertion von transponierbarer DNA
ortsspezifische Rekombination	Integration bzw. Exzision einer DNA-Sequenz durch homologe Rekombination an einem nur wenige Nukleotide umfassenden spezifischem Ort der DNA
Replikation	Vermehrung/Verdoppelung der DNA

Tabelle 3.**3** *Fortsetzung: Glossar der wichtigsten Begriffe*

Replikon	sich autonom vermehrendes DNA-Molekül
Restriktions-Endonukleasen	Enzyme, die eine bestimmte Nukleotidfolge erkennen und DNA spezifisch schneiden
semikonservative Replikation	Mechanismus der Verdoppelung der DNA bei dem jeweils ein alter Einzelstrang in den beiden neuentstandenen Doppelsträngen konserviert ist
Sexualpili	Oberflächenstrukturen die für Konjugation bei gramnegativen Stäbchenbakterien essentiell sind
Sigmafaktor	Untereinheit der bakteriellen RNA-Polymerase, die diesem Enzym erlaubt, eine bestimmte Klasse von Promotoren unterschiedlicher Gene zu erkennen, sich an diese Promotoren anzuheften und die RNA-Synthese zu starten
Supercoil	um die Helixachse negativ verdrilltes DNA-Ringmolekül
Terminator	Sequenz, die das Ende eines Transkriptionsvorgangs festlegt
Transduktion	Gentransfer mit Hilfe von Bakteriophagen als Vehikel
Transfer-RNA	bindet jeweils spezifisch eine Aminosäure (Aminoacyl-tRNA) und transferiert diese ans Ribosom
Transformation	Transfer von Genen eines Donors in Form von „nackter" DNA
Transkription	Synthese von RNA
Translation	Synthese von Polypeptiden an den Ribosomen
Transposase	Transpositionsenzym. Ermöglicht illegitime Rekombination
Transposition	Translokation eines mobilen DNA-Elementes innerhalb eines oder zwischen verschiedenen Replikons
Transposon	transponierbare DNA, die oft außer den Genen für Transposition weitere, den Phänotyp der Bakterienzelle verändernde Determinanten aufweist
Triplettcode	3 Nukleotide determinieren 1 Aminosäure
Vektor	Vehikel für fremde DNA (Passagier-DNA). Meist Plasmid oder Phagen-Genom

3

Bakteriophagen

Als Bakteriophagen werden die Viren der Bakterien bezeichnet. Bakteriophagen bestehen aus einer Proteinhülle, die das Phagengenom, das bis auf wenige Ausnahmen DNA ist, umhüllt. Bakteriophagen heften sich an spezifische Rezeptoren ihrer Wirtsbakterien und injizieren durch die Zellwand hindurch ihr Genom. Dieses zwingt die Wirtszellen, neue Phagen zu synthetisieren. Am Ende der Vermehrung steht die Lyse der Wirtszelle. Temperente Bakteriophagen können Wirtszellen lysogenisieren. Dabei wird ihr Genom als sog. Prophage ins Wirtszellchromosom integriert. In diesem Zustand sind die Phagengene inaktiv, der Prophage wird aber synchron mit der Vermehrung der Wirtszellen redupliziert. Als (spontane oder künstliche) Induktion bezeichnet man den Übergang des Prophagenzustandes in den lytischen Zyklus. Einige Phagengenome weisen Gene auf, die für ihre Vermehrung unnötig sind, die aber den Phänotyp der Wirtszelle verändern. Die Integration eines derartigen Prophagen in das Chromosom wird als lysogene Konversion bezeichnet. Bakteriophagen werden in der Medizinischen Bakteriologie zur Phag- bzw. Lysotypisierung eingesetzt.

Definition

Bakteriophagen sind Viren, deren Wirtszellen die Bakterienzelle ist. Demnach sind Bakteriophagen obligate Zellparasiten, die nur einen Typ von Nukleinsäure – DNA oder RNA – aufweisen, keine energieliefernden Enzymsysteme besitzen und keine Proteine synthetisieren können. Die Bakteriophagen werden an dieser Stelle besprochen, da sie nur im Zusammenhang mit den Bakterien von Interesse sind.

Morphologie

Ähnlich wie die tierischen Viren können auch die Bakteriophagen recht unterschiedlich aussehen. Abb. 3.**25a** zeigt schematisch den Aufbau eines Koliphagen der T-Reihe. Diese Phagen sind besonders gut untersucht. Abb. 3.**25b** zeigt das Aussehen eines intakten T-Bakteriophagen und eines Phagen nach Injektion seines Genoms.

T-Phagen

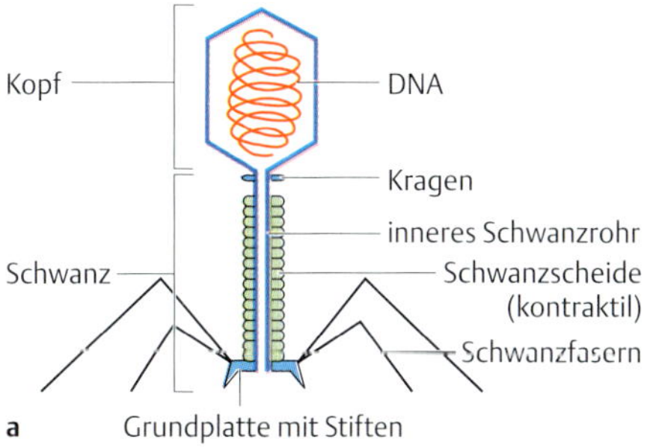

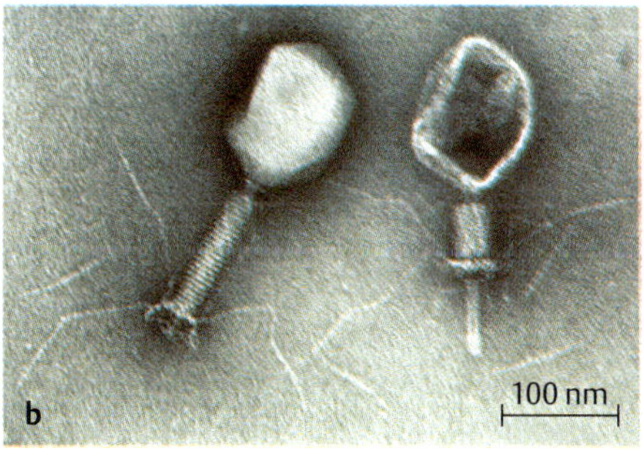

Abb. 3.**25** **a** Morphologie eines komplex aufgebauten Bakteriophagen der T-Reihe.
b Elektronenmikroskopie von T-Bakteriophagen. Links: Intakter, infektiöser Phage; rechts: Phagenhülle nach Injektion des Genoms: Der Phagenkopf ist leer, die Schwanzscheide kontrahiert.

3

Zusammensetzung

Phagen bestehen aus Protein und Nukleinsäure. Die Proteine formen Kopf und Schwanz sowie weitere morphologische Elemente. Ihre Aufgabe besteht im Schutz des Phagengenoms. Dieses ist Träger der Erbinformation, die Strukturgene für die Strukturproteine sowie für weitere, zur Bildung neuer Phagenpartikel benötigte Proteine (Enzyme) umfaßt. Bei den meisten Phagen besteht die Nukleinsäure aus DNA. Diese kann als einziger DNA-Doppelstrang vorliegen, wie es zum Beispiel für die Phagen der T-Reihe zutrifft. Diese recht komplexen Phagen weisen bis zu 100 verschiedene Gene auf. Bei den sphärischen und filamentösen Phagen besteht das Genom aus einsträngiger DNA (Beispiel: ΦX 174). Selten sind RNA-Phagen.

Vermehrung

Der Prozeß der Phagenvermehrung läuft in mehreren Schritten ab (Abb. 3.**26**).

- **Adsorption.** Anheftung an die Zelloberfläche durch spezifische Wechselwirkung zwischen Phagenprotein am Schwanzende und bakteriellem Rezeptor.
- **Penetration.** Injektion des Phagengenoms. Enzymatische Durchlöcherung der Wand und Einführen des peripheren Teils des Schwanzrohrs durch Kontraktion der Schwanzscheide. Injektion der Nukleinsäure durch das Schwanzrohr.
- **Vermehrung.** Zunächst Synthese der frühen Proteine (0–2 min nach Injektion), z. B. der phagenspezifischen Replikase, die die Vermehrung des Phagengenoms in Gang setzt. Anschließend werden die späten Gene, die die Strukturproteine von Kopf und Schwanz kodieren, transkribiert. Gegen Ende des Vermehrungszyklus erfolgt im Prozeß der Reifung die Zusammensetzung der neuen Phagenpartikel.
- **Freisetzung.** Diese erfolgt in der Regel durch Lyse der Wirtszelle. Dabei hilft den Phagen ein durch ein Phagengen kodiertes Enzym, das die Zellwand zerstört (Abb. 3.**27**).

Je nach Phagenart und Milieubedingungen dauert ein Vermehrungszyklus 20–60 min. Diese Zeit wird als **Latenzzeit** bezeichnet und kann in Analogie zur Generationszeit der Bakterien gesetzt werden. Je nach Phagenart werden aus einer infizierten Zelle zwischen 20 und mehreren hundert Neuphagen freigesetzt, was als **Wurfgröße** bezeichnet wird. Phagen vermehren sich also rascher als Bakterien. Angesichts dieser Tatsache mag es erstaunen, daß in der freien Natur überhaupt noch Bakterien existieren. Man muß sich aber vergegenwärtigen, daß die Wahrscheinlichkeit des Findens einer Wirtszelle stark von der Zelldichte abhängt. Diese ist in der freien Natur relativ klein. Außerdem vermehren sich die wenigsten Phagen ausschließlich auf die geschilderte lytische oder vegetative Weise. Die meisten sind temperente Phagen, die nach Infektion ihre Wirtszellen lysogenisieren.

Lysogenie

In Abb. 3.**26** ist die **Lysogenisierung** einer Wirtszelle dargestellt. Nach Injektion des Phagengenoms wird dieses durch ortspezifische Rekombination mit Hilfe einer Integrase in das Chromosom integriert. Das integrierte Phagengenom wird **Prophage** genannt. Dieser kann spontan oder induziert durch

Infektionsablauf bei temperenten Phagen

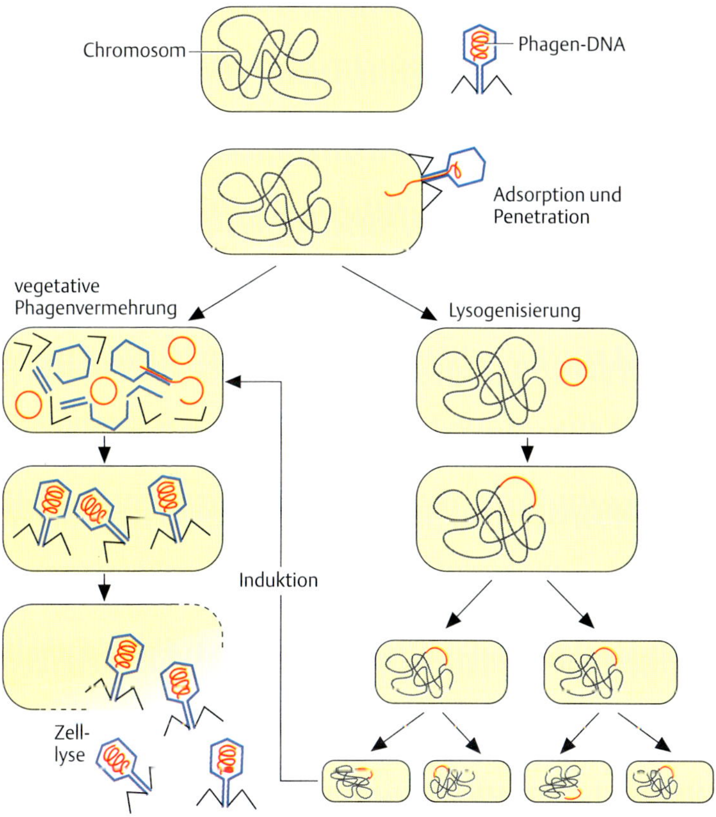

Abb. 3.**26** Nach der Injektion des Phagengenoms kann es entweder direkt zur intrazellulären Phagenvermehrung kommen oder zunächst zu einer Lysogenisierung der Wirtszelle. Bei der Lysogenisierung wird die Phagen-DNA in das Chromosom der Wirtszelle integriert und im Zuge der Zellteilung mit diesem repliziert.

physikalische oder chemische Noxen (UV-Licht, Mitomycin) in das vegetative Stadium zurückkehren. Der Vorgang beginnt mit der Exzision des Phagengenoms aus der DNA der Wirtszelle, setzt sich fort mit der Vermehrung der Phagen-DNA und der Synthese der Strukturproteine und endet schließlich in der Lyse der Zelle. Zellen, die einen Prophagen tragen, werden als **lysogen** bezeichnet, weil sie die genetische Information zur Lyse aufweisen.

Freisetzung der Phagen aus der Wirtszelle

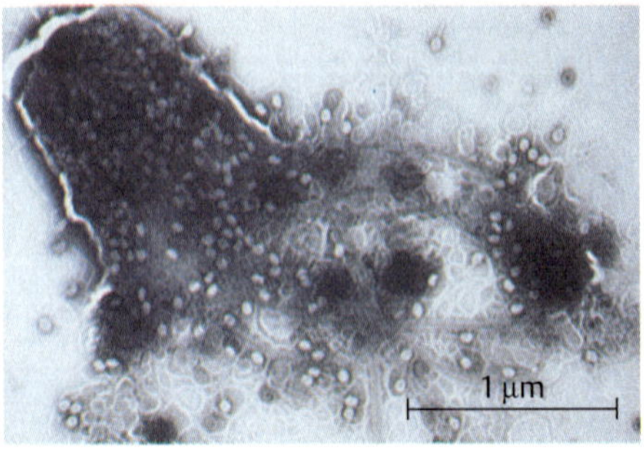

Abb. 3.**27** Zur Freisetzung am Ende der Phagenreifung wird die Wirtszelle lysiert.

Die Lysogenisierung hat Vorteile für beide Partner. Einerseits verhindert sie die sofortige Lyse der Wirtszelle, andererseits sorgt sie dafür, daß das Phagengenom synchron mit der Wirtszelle vermehrt wird.

Von **lysogener Konversion** spricht man, wenn das Phagengenom, das eine Zelle lysogenisiert, ein Gen (evtl. auch mehrere Gene) trägt, das keine virale, sondern eine bakterielle Funktion ausübt. Die Bildung des Diphtherietoxins der Diphtheriebakterien oder die Bildung der pyrogenen Toxine bei den A-Streptokokken wird durch Gene kodiert, die fester Bestandteil von Prophagen sind.

Bedeutung der Bakteriophagen

Biologische Forschung	Bakteriophagen dienen häufig als Modellobjekte für das Studium fundamentaler biologischer Prozesse: DNA-Replikation, Genexpression, Genregulation, Morphogenese von Viren, Studium des Zusammenbaus und Funktionierens supramolekularer Strukturen.
Gen-Technologie	Vektoren für Gen-Klonierung, Hilfsmittel für Sequenzierung.
Labordiagnose	Nachweis von Salmonellen mit dem polyvalenten Salmonellen-Phagen O1.
Epidemiologie	Typisierung von Bakterien. Stämme einer Bakterienart werden aufgrund ihrer Empfindlichkeit gegenüber Typisierungs-Bakteriophagen in Phagovare (Syn. Lysotypen) unterteilt. Erkennen eines Bakterienstammes, der für eine Epidemie verantwortlich ist. Dadurch können Infektketten verfolgt und Infektionsquellen aufgefunden werden. Diese Typisierung ist bei *Salmonella typhi, Salmonella* ▶

Fortsetzung: **Bedeutung der Bakteriophagen**

paratyphi B, Staphylococcus aureus, Pseudomonas aeruginosa und weiteren Bakterien etabliert. In den letzten Jahren wurde diese Typisierungsmethode mehr und mehr von molekularen Typisierungsmethoden, vor allem der DNA-Typisierung, verdrängt.

Grundlagen der antibakteriellen Chemotherapie

Antibakterielle Chemotherapie bezeichnet die gegen den Erreger gerichtete Behandlung von Infektionen mit Antiinfektiva. Die wichtigste Gruppe der Antiinfektiva sind die Antibiotika, die Produkte von Pilzen und Bakterien (Streptomyceten) darstellen. Antiinfektiva können ein breites, ein schmales oder ein mittleres Wirkungsspektrum aufweisen. Die Wirkungsqualität kennzeichnet die bakterizide oder bakteriostatische Wirkung einer Substanz. Antiinfektiva weisen unterschiedliche Wirkungsmechanismen auf. Unter dem Einfluß von Sulfonamiden und Trimethoprim wird in Bakterien zuwenig Tetrahydrofolsäure synthetisiert. Alle Betalactam-Antibiotika blockieren irreversibel die Biosynthese des Mureins. Rifamycin hemmt die DNA-abhängige RNA-Polymerase (Transkription). Die Aminoglykoside, Tetracycline und Makrolide blockieren die Translation. Alle 4-Chinolone stören die DNA-Topologie in der Zelle durch Hemmung der DNA-Gyrase. Bakterien können aufgrund ihrer genetischen Variabilität Resistenzen gegen Antiinfektiva erwerben. Die wichtigsten Resistenzmechanismen sind: inaktivierende Enzyme; resistente Zielmoleküle; reduzierter Influx, gesteigerter Efflux. Resistente Stämme (Problembakterien) kommen gehäuft bei der Spitalflora vor, die vor allem *Enterobacteriaceae*, Pseudomonaden, Staphylokokken und Enterokokken umfaßt. Für eine gezielte Chemotherapie muß das Labor Resistenzprüfungen durchführen. Quantitative Resistenzteste sind die Reihenverdünnungsteste, mit denen die minimale Hemmkonzentration bestimmt wird. Ein semiquantitativer Test ist der Disktest, mit dem die Prüfbakterien in die Klassen resistent oder empfindlich eingeteilt werden. Bei der Kombinationstherapie ist zu beachten, daß das Zusammenwirken von 2 oder mehr Antibiotika Antagonismus bedingen kann. Chemoprophylaxe in der Chirurgie muß als Kurzzeitprophylaxe durchgeführt werden.

Grundstrukturen der wichtigsten Antiinfektiva

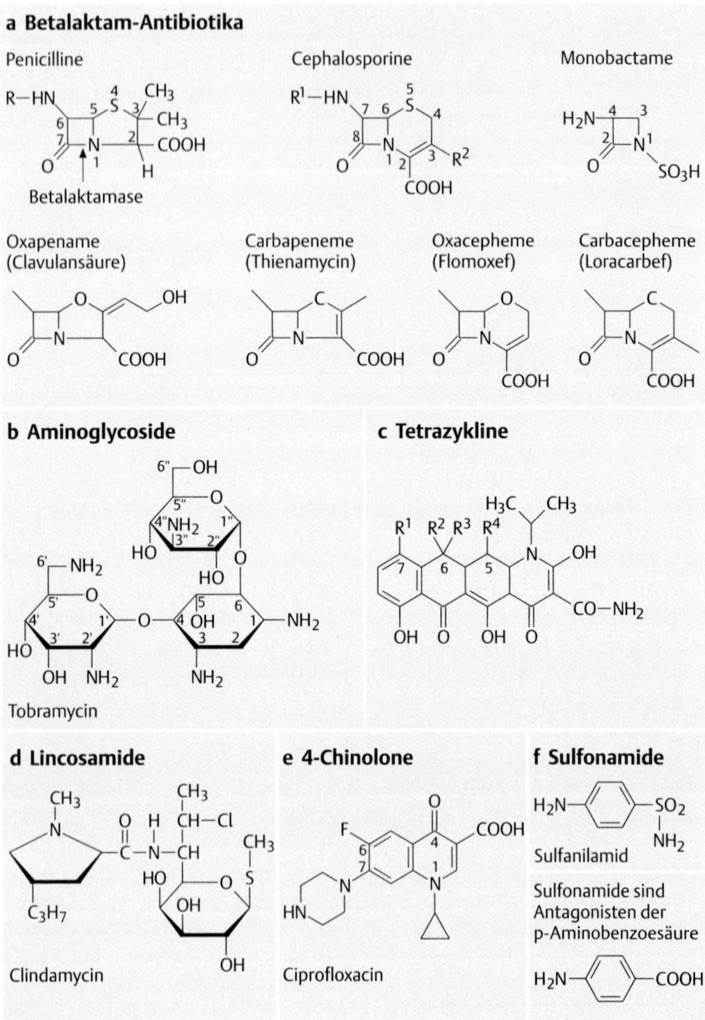

Abb. 3.**28**

Definitionen

Als **antibakterielle Chemotherapie** bezeichnet man die gegen den Erreger gerichtete Behandlung von Infektionen mit **Antiinfektiva** oder **antibakteriellen Chemotherapeutika**. Diese Pharmaka weisen das Prinzip der „**selektiven Toxizität**" auf, d. h. sie wirken schon in kleinen Konzentrationen gegen Bakterien, ohne den Makroorganismus zu schädigen. Die wichtigste Gruppe der Antiinfektiva ist die der **Antibiotika**. Diese Naturstoffe werden von Pilzen oder Bakterien (meist Streptomyzeten) produziert. Tab. 3.**4** (S. 186 – 190) vermittelt eine Übersicht über häufig eingesetzte Antiinfektiva. Die wichtigsten Gruppen (Cephalosporine, Penicilline, 4-Chinolone, Makrolide, Tetracycline) mit ihrem weltweiten Marktanteil sind hervorgehoben.

In Abb. 3.**28** sind die chemischen Grundstrukturen einiger Antiinfektiva dargestellt.

Wirkungsspektrum

Jedem Chemotherapeutikum kommt ein bestimmtes **Wirkungsspektrum** zu. In diesem werden alle Spezies von Mikroorganismen zusammengefaßt, die gegenüber einer Substanz natürliche Empfindlichkeit zeigen.

Viele Chemotherapeutika weisen ein schmales Wirkungsspektrum auf. Die Ursache der **natürlichen Resistenz** vieler Bakterienspezies gegenüber **Schmalspektrumchemotherapeutika** ist im bakteriellen Stoffwechsel oder im chemischen Aufbau zu sehen.

Zu den **Breitspektrumchemotherapeutika** zählen als Prototypen die Tetracycline, die sämtliche Bakteriengruppen, von den Chlamydien über die Rickettsien, Mykoplasmen, L-Formen, Mykobakterien bis zu den klassischen Bakterien, beeinflussen.

Wirkungsqualität

Unter der Wirkungsqualität oder dem Wirkungstyp wird die Art und Weise verstanden, in der Chemotherapeutika Bakterienpopulationen beeinflussen. 2 Grundformen können unterschieden werden: die durch reversible Hemmung des Wachstums gekennzeichnete **Bakteriostase** sowie der irreversible Effekt der **Bakterizidie**. Viele Substanzen sind allerdings in der Lage, in Abhängigkeit von ihrer Konzentration, der Keimart oder der Wachstumsphase beide Wirkungsqualitäten auszuüben.

Eine vereinfachte Einteilung umfaßt 4 Gruppen (Abb. 3.**29**):

1. immer bakteriostatische Chemotherapeutika (Prototyp: Sulfonamide);
2. vorwiegend bakteriostatische Antiinfektiva (Prototyp: Tetracycline);

3. immer bakterizide Chemotherapeutika (Prototyp: Aminoglykoside, 4-Chinolone);
4. nur während der Vermehrung der Bakterien bakterizid wirkende Substanzen (Prototyp: Betalactam-Antibiotika).

Ein bakteriostatisches Chemotherapeutikum allein kann nie zur vollständigen Eliminierung pathogener Bakterien aus den Geweben führen. „Heilung“ kommt durch die kombinierte Wirkung des Chemotherapeutikums sowie der spezifischen und unspezifischen Infektabwehr des Wirtsorganismus zustande. In einem Gewebe, in dem diese Infektabwehr schlecht funktioniert (Endokard), im Zentrum einer eitrigen Läsion, in dem keine funktionstüchtigen Phagozyten vorhanden sind, oder bei gestörter Immunitätslage müssen bakterizide Substanzen angewendet werden. Darin liegt der **klinische Wert** der Charakterisierung von Chemotherapeutika als bakteriostatische und bakterizide Antiinfektiva.

Ganz ohne körpereigene Infektabwehr können jedoch auch mit bakteriziden Substanzen nicht *alle* Bakterien eines Infektionsherds beseitigt werden. In einer Population befinden sich immer einige Zellen, die phänotypisch resistent sind, ohne es genotypisch zu sein. Das sind die sog. **Persister**, die in Reagenzglaskulturen mit einer Häufigkeit von $1{:}10^6$ bis $1{:}10^8$ beobachtet werden (Abb. 3.**29**). Die Ursache der Persistenz beruht zumeist in einer be-

Wirkungskinetik einiger Antiinfektiva

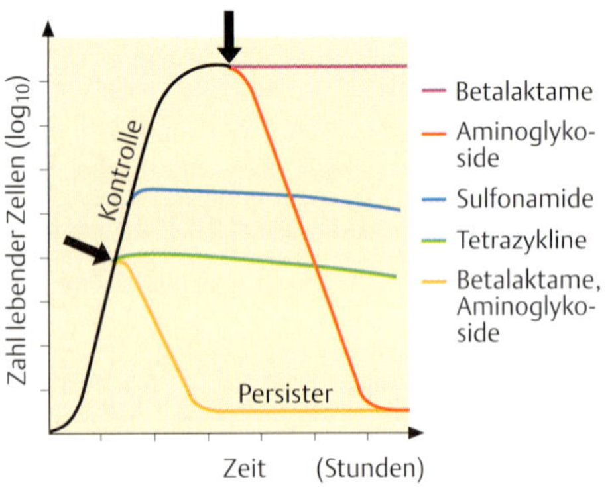

Abb. 3.**29** Der Pfeil kennzeichnet die Zugabe der Substanzen. Betalaktame wirken nur während der Teilungsphase der Bakterien bakterizid, Aminoglykoside dagegen in allen Wachstumsstadien. Sulfonamide wirken immer, Tetrazykline vorwiegend bakteriostatisch. Einige Zellen in einer Kultur (sog. Persister) sind gegenüber der bakteriziden Wirkung von Antiinfektiva phänotypisch (nicht genotypisch) resistent.

sonderen Stoffwechsellage dieser Bakterien, die ihre Abtötung durch bakterizide Mittel verhindert. Nach Absetzen der Chemotherapie kann es aufgrund dieser Persister zu Rückfällen kommen. Eine spezielle Form der Persistenz gegenüber die Mureinsynthese blockierenden Antibiotika stellen die **L-Formen** (S. 149) dar.

Pharmakokinetik

Unter Pharmakokinetik versteht man die Gesetzmäßigkeiten der Resorption, Verteilung und Elimination von Pharmaka durch den Makroorganismus. Einzelheiten darüber werden in den Lehrbüchern der Pharmakologie geschildert. Die Empfehlungen für die Dosis und die Dosisintervalle in der antibakteriellen Chemotherapie berücksichtigen die sehr unterschiedlichen pharmakokinetischen Parameter der verschiedenen Antiinfektiva. Zu diesen zählen

- Resorptionsrate und Resorptionsgeschwindigkeit,
- Verteilungsvolumen (V_D),
- Gewebediffusion,
- Proteinbindung,
- Serum-(Blut-)Konzentration,
- Gewebekonzentration,
- Metabolisierung,
- Elimination.

Für bakteriostatisch wirkende Antiinfektiva gilt, daß am Infektionsort während des gesamten Dosierungsintervalls Konzentrationen vorliegen sollen, die die Empfindlichkeit des Erregers (ausgedrückt als minimale Hemmkonzentration in mg/l) übersteigen. Bei vielen bakteriziden Substanzen kann die Wirkkonzentration im Intervall unterschritten werden und sich trotzdem ein klinischer Erfolg einstellen. Dies ist durch den **postantibiotischen Effekt** vieler Chemotherapeutika zu erklären. Nach Einwirken auf eine Bakterienpopulation ist eine Erholungsphase für die nicht abgetöteten Zellen der Population notwendig, bevor sie sich wieder vermehren. Diese Zeit kann mehrere Stunden betragen.

Tabelle 3.4 Überblick über häufig eingesetzte Antiinfektiva

Klasse/Wirkstoff	Bemerkungen
Aminoglykosid-/Aminocyclitol-Antibiotika	weltweiter Marktanteil 3%
(Dihydro-)Streptomycin	zur Therapie der Tuberkulose; Resistenz häufig
Neomycin, Paromomycin	nur zur oralen oder topischen Anwendung
Kanamycin	parenterale Gabe; Resistenz häufig
Gentamicin, Tobramycin, Amikacin, Netilmicin, Sisomicin	neuere Aminoglykoside; breites Spektrum; keine Wirkung gegen Streptokokken und Enterokokken; Oto- und Nephrotoxizität; Therapie unter Kontrolle der Blutspiegel
Spectinomycin	gegen penicillinasepositive Gonokokken
Carbacepheme	Betalaktame, die wie Cephalosporine aufgebaut sind, jedoch anstelle des Schwefels im 2. Ringsystem ein C-Atom aufweisen
Loracarbef	orales Carbacephem; Stabilität gegen Penicillinasen von *Haemophilus* und Moraxella
4-Chinolone	weltweiter Marktanteil 14%
Nalidixinsäure, Pipemidsäure, Cinoxacin	nur gegen *Enterobacteriaceae* wirksam, ausschließlich bei Harnwegsinfekten
Norfloxacin, Enoxacin, Ofloxacin, Ciprofloxacin, Fleroxacin, Lomefloxacin, Sparfloxacin	neuere Substanzen; auch wirksam gegen *Pseudomonas* und grampositive Kokken; bakterizide Wirkung; Hemmung der DNA-Gyrase (A-Kette). Norfloxacin nur bei Harnwegsinfekten, andere 4-Chinolone auch bei systemischen Infekten anwendbar
Chloramphenicol	breites Spektrum, vorwiegend bakteriostatische Wirkung; Gefahr der aplastischen Anämie durch Chloramphenicol
Cephalosporine	weltweiter Marktanteil 36%
Gruppe 1 (1. Generation)	
Cefaltotin, Cefazolin, Cefacetril, Cefazedon	breites Spektrum; stabil gegen Pencillinasen, labil gegen Cephalosporinasen; parenterale Applikation
Gruppe 2 (2. Generation)	
Cefamandol, Cefuroxim, Cefotiam	stabil gegen Penicillinasen; mäßig stabil gegen Cephalosporinasen gramnegativer Bakterien

Tabelle 3.**4** *Fortsetzung: Häufig eingesetzte Antiinfektiva*

Klasse/Wirkstoff	**Bemerkungen**
Gruppe 3a (3. Generation)	
Cefmenoxim, Cefodizim, Cefotaxim, Ceftizoxim, Ceftriaxon	hohe Stabilität gegen Cephalosporinasen gramnegativer Bakterien, deshalb besser wirksam als Gruppe 1 und 2; gegen Staphylokokken und *Pseudomonas* nur mäßige Aktivität
Gruppe 3b (3. Generation)	
Cefoperazon, Ceftazidim	Eigenschaften wie Gruppe 3a, jedoch gute Aktivität gegen *Pseudomonas*
Gruppe 4 (4. Generation)	
Cefpirom, Cefepim	Wirkungsspektrurm wie 3a, aber auch Aktivität gegen Staphylokokken, Pseudomonaden sowie bestimmte Stämme der Enterobakterien, die gegen Gruppe 3 resistent sind. Reserve-Antibiotika bei Infekten durch mehrfachresistente Erreger
Gruppe 5 (Cephamycine)	
Cefoxitin, Cefotetan	Wirkungsspektrum ungefähr wie Gruppe 2; Wirkung auch gegen gramnegative Anaerobier
Orale Cephalosporine	
Cefaclor, Cefradin, Cefadroxil, Cephalexin	Wirkungsspektrum wie Cefalotin
Cefpodoxim, Cefuroxim-Axetil, Cefixim, Cefprozyl, Cefdinir, Cefetamet	neue orale Cephalsporine mit breitem Wirkungsspektrum
Diaminobenzyl-Pyrimidine	
Trimethoprim	breites Spektrum; Hemmung der Dihydrofolsäurereduktase; oft bakterizider Synergismus mit Sulfonamiden (z. B. Co-trimoxazol)
Ethambutol	nur gegen Tuberkulosebakterien
Fosfomycin	breites Spektrum; bakterizide Wirkung in Teilungsphase der Bakterien; Blockierung der Mureinbiosynthese; rasche Resistenzentwicklung. Als Kombination einsetzen
Fusidinsäure	Steroidantibiotikum. Nur gegen grampositive Bakterien; bakteriostatisch. Blockierung der Proteinbiosynthese (Translation). Häufige Resistenzentwicklung

3

Tabelle 3.4 *Fortsetzung: Häufig eingesetzte Antiinfektiva*

Klasse/Wirkstoff	**Bemerkungen**
Glykopeptide	
Vancomycin	schmales Spektrum, das nur grampositive Bakterien umfaßt; mäßig bakterizide Wirkung in Teilungsphase der Keime; Blockierung der Mureinbiosynthese; Nephrotoxizität, Allergie, Thrombophlebitis
Teicoplanin	nur gegen grampositive Bakterien; blockiert die Mureinsynthese
Isonicotinamide	
Isoniazid (INH)	nur gegen Tuberkulosebakterien; Hemmung von Enzymen, die Pyridoxal oder Pyridoxamin als Koenzym benötigen
Lincosamide	
Lincomycin, Clindamycin	wirksam gegen grampositive Bakterien und gegen gramnegative Anaerobier; gute Penetration ins Knochengewebe
Makrolide	weltweiter Marktanteil 11%
Erythromycin, Roxithromycin, Clarithromycin, Azithromycin	gegen grampositive und gramnegative Kokken, Chlamydien sowie Mykoplasmen wirksam; vorwiegend bakteriostatisch
Monobactame	Betalactam-Antibiotika, die nur den Betalactamring aufweisen
Aztreonam, Carumonam	Gute Aktivität gegen *Enterobacteriaceae*; mäßige Wirkung gegen *Pseudomonas;* sehr hohe Betalactamase-Stabilität; keine Wirkung gegen grampositive Bakterien
Nitrofurane	
Nitrofurantoin, Furazolidon, Nitrofural usw.	gegen grampositive und gramnegative Bakterien; nur bei Harnwegsinfekten anzuwenden
Nitroimidazole	
Metronidazol, Tinidazol, Omidazol	wirksam gegen verschiedene Protozoen und gegen obligat anaerobe Bakterien; bakterizide Wirkung. Hemmung der Nukleinsäuresynthese?
Oxalactame	Betalactam-Antibiotika, die im 2. Ringsystem Sauerstoff anstelle von Schwefel aufweisen

Tabelle 3.**4** *Fortsetzung: Häufig eingesetzte Antiinfektiva*

Klasse/Wirkstoff	**Bemerkungen**
Lamoxactam	breites Spektrum: mäßige Aktivität gegen *Pseudomonas*; schlechte Wirkung gegen grampositive Kokken. Sehr stabil gegen Betalactamasen. Wirkung auch gegen gramnegative Anaerobier
Flomoxef	keine Aktivität gegen *Pseudomonas*; gute Aktivität gegen Staphylokokken. Sonst wie Lamoxactam
Clavulansäure	nur geringe antibakterielle Aktivität; Inhibitor von Betalactamasen. Wird in Kombination mit Amoxicillin als Augmentin eingesetzt
Paraaminosalicylsäure (PAS)	nur gegen Tuberkulosebakterien; greift in Folsäurebiosynthese ein
Penicilline	weltweiter Marktanteil 18%
Klassische Penicilline	
Penicillin G (Benzylpenicillin), Penicillin V (Oralpenicillin), Pheneticillin, Propicillin	wirksam gegen grampositive Bakterien und gegen gramnegative Kokken; bakterizide Wirkung in Teilungsphase der Bakterien. Inaktivierung durch Penicillinase von Staphylokokken, Gonokokken, *Haemophilus influenzae,* Moraxella catarrhalis
Penicillinasefeste Penicilline	
Methicillin, Oxacillin, Cloxacillin, Flucloxacillin	Stabilität gegen Penicillinase der Staphylokokken. Mittel der Wahl bei Staphylokokken-Infekten (Flucloxacillin).
Aminopenicilline	
Ampicillin, Amoxicillin, Epicillin, Hetacillin usw.	verbreiteres Spektrum; wirksam auch gegen *Enterobacteriaceae*; labil gegen grampositive und gramnegative Penicillinasen
Carboxylpenicilline	
Carbenicillin, Ticarcillin, Carfecillin usw.	wirksam gegen *Enterobacteriaceae* und *Pseudomonas;* labil gegen grampositive und gramnegative Penicillinasen
Temocillin (= 6-α-Methoxy-Ticarcillin)	keine Wirkung gegen *Pseudomonas*; sehr stabil gegen Betalactamasen
Acylureidopenicilline	
Azlocillin, Mezlocillin, Piperacillin, Apalcillin	wirksam gegen *Enterobacteriaceae* und *Pseudomonas*; trotz Labilität gegen Betalactamasen aktiv gegen viele enzymproduzierende Stämme, da gute Penetration und hohe Empfindlichkeit der Zielmoleküle

3

Tabelle 3.4 *Fortsetzung: Häufig eingesetzte Antiinfektiva*

Klasse/Wirkstoff	**Bemerkungen**
Peneme	Penicilline mit einer Doppelbindung im 2. Ringsystem
N-Formimidoyl-Thienamycin (= Imipenem)	ein Carbapenem (im 2. Ring steht anstelle von Schwefel ein C-Atom). Sehr breites Spektrum und hohe Aktivität gegen grampositive und gramnegative Bakterien einschließlich Anaerobier. Oft wirksam gegen *Enterobacteriaceae* und *Pseudomonas* mit Resistenz gegen Cephalosporine der Gruppe 3. Inaktivierung durch Nierenenzyme. Wird deshalb mit Enzyminhibitor Cilastatin zusammen appliziert
Meropenem	wie Imipenem, aber Stabilität gegenüber Dehydropeptidase der Niere
Polypeptide	
Bacitracin	nur gegen grampositive Bakterien; wird für Systemtherapie nicht mehr verwendet
Polymyxin B, Colistin	nur gegen gramnegative Stäbchenbakterien. Neuro- und Nephrotoxizität
Rifamycine	
Rifamycin SV, Rifampicin	gegen grampositive Keime und Tuberkulosebakterien; vorwiegend bakteriostatisch wirkend; rasche Resistenzentwicklung, deshalb Kombinationstherapie angebracht
Sulfamethoxazol/Trimethoprim (= Co-trimoxazol)	fixe Kombination; 5 Teile Sulfamethoxazol und 1 Teil Trimethoprim
Sulfonamide	
Sulfanilamid, Sulfamethoxazol, Sulfafurazol usw.	breites Spektrum; ausschließlich bakteriostatische Wirkung; Resistenz häufig
Sulfone	
Dapson	Diaminodiphenylsulfon, zur Therapie der Lepra
Tetracycline	weltweiter Marktanteil 3,5 %
Tetracylin, Oxytetracyclin, Rolitetracyclin, Doxycyclin, Minocyclin	breites Spektrum, das alle Bakterien einschließlich Chlamydien und Rickettsien umfaßt; vorwiegend bakteriostatische Wirkung; Resistenz häufig. Bei Kleinkindern Ablagerung in Zähnen

Nebenwirkungen

Antiinfektiva können bei Nichtbeachten wichtiger Therapieregeln oder bei entsprechender Reaktionslage des Patienten unerwünschte Nebenwirkungen aufweisen. Insgesamt gesehen sind diese aber gering.

- **Toxische Wirkungen.** Sie kommen durch direkte Einwirkung auf Zellen und Gewebe des Makroorganismus zustande. Deshalb müssen bei einigen Substanzen, falls die Gefahr der Kumulierung durch Ausscheidungsstörungen besteht, die Konzentrationen im Blut unter der Therapie gemessen werden (Beispiele: Aminoglykoside, Vancomycin).
- **Allergische Reaktionen.** Beispiel: Penicillinallergie.
- **Biologische Nebenwirkungen.** Beispiel: Änderung oder Eliminierung der Normalflora. Dadurch wird ihre Funktion als „Platzhalter" beseitigt.

Wirkungsmechanismen (Pharmakodynamik)

Eine gestraffte Übersicht über die molekularen Wirkungsmechanismen der wichtigsten Gruppen der Antiinfektiva gibt Tab. 3.5.

Tabelle 3.5 Wirkungsmechanismen der wichtigsten Antiinfektiva

Substanz(gruppe)	Mechanismus, Angriffsort
Sulfonamide	Kompetition mit p-Aminobenzoesäure als Substrat für die Dihydropteroinsäure-Synthetase; dadurch zuwenig Tetrahydrofolsäure
Trimethoprim	Hemmung der Dihydrofolsäure-Reduktase; dadurch zuwenig Tetrahydrofolsäure
Betalactam-Antibiotika	Störung der Mureinbiosynthese: – irreversible Hemmung der DD-Transpeptidase, die die Querverknüpfung des Mureins über Peptide katalysiert; – Freisetzen eines Inhibitors autolytischer Enzyme des Mureins; – enzymatische Zerstörung der Architektur des Mureins durch Autolysine: am falschen Ort und zur falschen Zeit; – Lyse aufgrund des hohen osmotischen Innendruckes

Tabelle 3.**5** *Fortsetzung: Wirkungsmechanismen der wichtigsten Antiinfektiva*

Substanz(gruppe)	Mechanismus, Angriffsort
Vancomycin Teicoplanin Fosfomycin Bacitracin	Störung der Mureinbiosynthese auf verschiedenen molekularen Stufen
Rifamycin	Transkription: Blockierung der DNA-abhängigen PNA-Polymerase
Aminoglykoside	Translation: – Falschablesen des genetischen Codes (Miscoding) – Blockierung der A-Stellen-Besetzung des e-Typs (d. h. am Elongationsribosom) durch AA-tRNA
Tetracycline	Translation: Blockierung der A-Stellen-Besetzung des e-Typs (d. h. am Elongationsribosom) und des i-Typs (d. h. am Initiationsribosom) durch AA-tRNA
Chloramphenicol	Translation: Hemmung der Peptidyltransferase-Aktivität
Makrolide	Translation: Hemmung des Einfädelns der Polypeptidkette in Kanal?
4-Chinolone	Hemmung der DNA-Gyrase und der Topoisomerase IV (grampositive Bakterien)
Polymyxine	Zytoplasmamembran: Störung der Struktur

Details zu den Wirkungsmechanismen von Antiinfektiva

Sulfonamide und Trimethoprim	Tetrahydrofolsäure (TH_4) ist als Coenzym des C_1-Stoffwechsels für den Transfer von Hydroxymethyl- und Formylgruppen verantwortlich. Zu wenig TH_4 resultiert in Wachstumsstopp. Die Kombination Sulfamethoxazol/Trimethoprim (= Co-Trimoxazol) führt zu potenzierter Wirkung.
Betalactam-Antibiotika	Der in Tab. 3.**5** geschilderte Ablauf ist für Penicillin und Pneumokokken erarbeitet worden. Wahrscheinlich trifft er in gleicher oder ähnlicher ▶

Fortsetzung: **Details zu den Wirkungsmechanismen von Antiinfektiva**

	Form auch für andere Betalactame und andere Bakterien zu. Alle Bakterien, die Murein in der Zellwand aufweisen, besitzen Autolysine. Diese Enzyme sind während des Wachstums der Bakterien dafür verantwortlich, daß Lücken im Mureinsacculus entstehen, in die dann neues Mureinmaterial eingefügt wird. Toleranz gegenüber Betalactamen weisen Bakterien auf, die im Wachstum gehemmt, aber nicht lysiert werden (vorhandene bakteriostatische aber fehlende bakterizide Wirkung).
Inhibitoren der Proteinsynthese	Die Biosynthese von Proteinen der Bakterien weicht in Einzelheiten von der der Eukaryonten ab, so daß eine selektive Hemmung durch Antibiotika möglich ist. Das Prinzip der selektiven Toxizität bleibt gewahrt.
4-Chinolone	Die nur bei den Bakterien vorkommende DNA-Gyrase katalysiert die Verdrillung der rechtsgewundenen Doppelhelix um die Helixachse nach links (s. Abb. 3.**17**). Nur in der verdrillten Form kann die DNA in der Zelle ökonomisch verpackt werden. Auch funktionelle Aktivitäten der DNA sind von der verdrillten Topologie abhängig.

Probleme der Resistenz

Definitionen

„Klinische" Resistenz. Resistentes Verhalten von Bakterien gegenüber Konzentrationen von Antiinfektiva, die im Makroorganismus, am Orte des Infektes, realisiert werden können.
Natürliche Resistenz. Eigenschaft einer Bakterienart, Gattung, Familie.
Erworbene Resistenz. Stämme empfindlicher Taxa erwerben durch Änderung ihres Erbguts die Eigenschaft Resistenz.
Biochemische Resistenz. Stämme empfindlicher Taxa weisen einen biochemisch nachweisbaren Resistenzmechanismus auf. Oft entspricht die biochemische Resistenz der klinisch relevanten Resistenz. Gelegentlich zeigen biochemisch resistente Stämme nur niedrige Resistenz, die unterhalb des klinisch definierten Grenzwertes liegt, der resistente von empfindlichen Stämmen abtrennt. Medizinisch gesehen können derartige Stämme empfindlich sein.

Vorkommen, Bedeutung

Problembakterien. Stämme mit erworbener Resistenz kommen gehäuft bei den *Enterobacteriaceae*, den Pseudomonaden, den Staphylokokken und den Enterokokken vor. Da die gezielte Therapie von Infekten durch diese Erreger oft Probleme bietet, werden sie auch als Problembakterien bezeichnet. Problembakterien verursachen die Mehrzahl der nosokomialen Infekte (S. 347f.). Sie sind für den Gesunden meist harmlos, können aber lebensbedrohende Infekte bei infektanfälligen Patienten, den sog. **Problempatienten**, verursachen. Problembakterien zeigen oft **Mehrfachresistenz**. Bei Bakterien außerhalb des Krankenhauses werden Resistenzen gegen Antiinfektiva signifikant seltener gefunden.

Genetische Variabilität. Die Ursache des gehäuften Vorkommens von Antibiotikaresistenzen bei den Problembakterien beruht auf ihrer ausgeprägten genetischen Variabilität. Im Abschnitt „Genetische Variabilität" (S. 164) werden die Mechanismen dieser genetischen Variabilität dargelegt. Hervorzuheben sind vor allem die parasexuellen Mechanismen des horizontalen Transfers von Resistenzdeterminanten, die zur wirksamen Verbreitung von Resistenzmarkern unter diesen Bakterien führen.

Selektion. Bei der Entstehung resistenter Stämme kommt der Selektion resistenter Varianten entscheidende Bedeutung zu. Je mehr Antiinfektiva angewendet werden, desto häufiger entstehen Stämme mit erworbener Resistenz. Deshalb findet man, wie oben erwähnt, resistente Stämme vor allem im Krankenhausbereich. Jedes Krankenhaus weist eine spezielle, durch die Verschreibungspraxis bestimmte Krankenhausflora auf. Die Resistenzsituation bei dieser Spitalflora muß der Arzt kennen, damit er vor Eintreffen des Resultates des Resistenztests die richtigen Antiinfektiva für die „**kalkulierte Chemotherapie**" auswählt.

Resistenzmechanismen

Inaktivierende Enzyme. Hydrolyse oder Modifikation von Antiinfektiva.

- **Betalactamasen.** Hydrolysieren den Betalactamring der Betalactam-Antibiotika (s. Abb. 3.**28**). Mehr als 200 verschiedene Betalactamasen sind bekannt. Grobe Einteilung aufgrund des Substratprofils in Penicillinasen und Cephalosporinasen. Die Produktion einiger wird durch Betalactame induziert, andere werden konstitutiv (ungeregelt) produziert.

- **Aminoglycosidasen.** Modifizieren Aminoglycoside durch Phosphorylierung und Nukleotidylierung freier Hydroxylgruppen (Phosphotransferasen und Nucleotidyltransferasen) oder Acetylierung freier Aminogruppen (Acetyltransferasen).
- **Chloramphenicol-Acetyltransferase.** Modifikation von Chloramphenicol durch Acetylierung.

Resistente Zielmoleküle.

- Durch Mutation in natürlichen Genen werden Gen-Produkte gebildet, die eine niedrige Affinität zu Antiinfektiva aufweisen. Beispiel: gegen 4-Chinolone resistente Untereinheit A der DNA-Gyrase.
- Erwerb eines Gens, das für ein Zielmolekül mit niedriger Affinität zu Antiinfektiva kodiert. Das Resistenzprotein übernimmt die Funktion der empfindlichen Zielmoleküle. Beispiel: Methicillinresistenz der Staphylokokken; Erwerb des Penicillin-Bindeproteins 2a.
- Erwerb eines Enzyms, das den Zielort eines Antiinfektivums zur Resistenz modifiziert. Beispiel: 23S rRNA-Methylasen; Modifizierung der ribosomalen RNA; dadurch keine Bindung von Makrolid-Antibiotika an das Ribosom.

Permeabilitätsmechanismen.

- **Reduzierter Influx.** Verminderter Transport von Antiinfektiva von außen nach innen durch Membranen. Selten.
- **Gesteigerter Efflux.** Aktiver Transport von Antiinfektiva von innen nach außen durch in der Zytoplasmamembran lokalisierte Effluxpumpen. Efflux ist größer als Influx. Häufig.

Evolution der Resistenz gegen Antiinfektiva

Resistenz gegen Antiinfektiva ist genetisch determiniert, sie beruht auf Resistenz-DNA. Viele Resistenzdeterminanten sind nicht erst seit Gebrauch der Antibiotika in der Medizin entstanden, sondern schon vor Millionen Jahren in Bakterien, die nicht mit dem Menschen assoziiert waren. Deshalb wird dieser Vorgang als „**Fremdentwicklung**" bezeichnet. Determinanten, die für Resistenz gegen Antiinfektiva kodieren, die keine Antibiotika sind, entstanden erst nach ihrer Einführung in die Therapie – ein Vorgang, der „**Eigenentwicklung**" genannt wird. Zum Resistenzproblem beigetragen haben die molekularen Mechanismen der genetischen Variabilität (Mutation, homologe Rekombination, ortspezifische Rekombination, Transposition) sowie die Mechanismen des interzellulären Gentransfers der Bakterien (Transformation, Transduktion, Konjugation).

Fremdentwicklung und Eigenentwicklung

Fremdentwicklung. Gleichzeitig mit der Fähigkeit, Antibiotika zu produzieren, mußte sich in den Produzenten die Eigenschaft Resistenz entwickeln. Mit diesen R-Mechanismen schützten sich die Produzenten vor ihren eigenen Produkten. Weiterhin entstand Resistenz-DNA auch in Bakterien, deren natürliches Habitat mit dem der Antibiotikaproduzenten identisch war. Mit der Eigenschaft Resistenz schafften sie sich Lebensraum gegenüber den Produzenten. Ausgangsgene für die Evolution von Resistenz-DNA in diesen Bakterien waren Sequenzen, die für anabole oder katabole Gene des Stoffwechsels kodierten. Diese „fremd" entstandenen Gene haben irgendwann einmal zufällig und sicher sehr selten Eingang in das Erbgut humanpathogener Bakterien gefunden. Bei Einführung neuer Antibiotika in die Therapie existierten deshalb schon – wenn auch in geringer Häufigkeit – Bakterien, die Resistenzen aufwiesen.

Eigenentwicklung. Darunter versteht man die Evolution von Resistenzgenen in mit den Menschen assoziierten Bakterien durch Mutationen in nativen Genen. Ein Beispiel ist die Mutation zur Resistenz gegen 4-Chinolone im Gen *gyrA*, das für die Untereinheit A der DNA-Gyrase kodiert.

Ein Sonderfall der Eigenentwicklung betrifft die Entstehung neuer Resistenzgene durch Mutationen in „fremden" Resistenzgenen, die sich schon in humanpathogenen Bakterien etabliert hatten. Bekanntestes Beispiel sind die Mutationen, die in den Betalactamase-Genen TEM und SHV abgelaufen sind. Diese haben zu Varianten der TEM- und SHV-Gene geführt, die für Betalactamasen mit sehr breitem Substratprofil kodieren.

Resistenzprüfungen

Um in vitro Resistenzen von Bakterien zu bestimmen, werden zwei standardisierte Testsysteme verwendet.

Mit den **Reihenverdünnungstests** wird die minimale Hemmkonzentration (MHK) eines Chemotherapeutikums gegen eine Bakterienpopulation ermittelt. Man stellt eine geometrische Verdünnungsreihe des Mittels mit dem Faktor 2 in Nährmedium her, beimpft mit dem Prüfkeim, bebrütet und ermittelt die kleinste Konzentration (mg/l), die das Wachstum hemmt. Drei genormte Dilutionsverfahren stehen zur Verfügung. Beim Agardilutionstest werden chemotherapeutikahaltige Nähragarplatten fleckförmig mit den Prüfkeimen beimpft. Beim Mikrobouillondilutionstest werden die Verdünnungen in 50 oder 100 µl Bouillonvolumina in den Vertiefungen einer Mikrotiterplatte vorgenommen. Beim Makrobouillondilutionstest betragen die endgültigen Volumina 2 ml/Röhrchen.

Da diese Tests sehr arbeitsintensiv sind, wird in Routinelaboratorien zumeist der **Agardiffusionstest** angewendet. Dabei wird eine Nähragarplatte diffus mit dem Prüfstamm beimpft. Anschließend werden Filterpapierscheibchen, die Chemotherapeutika enthalten, aufgelegt. Nach Bebrüten dieser

Platten entstehen je nach den Eigenschaften des Teststamms keine oder verschieden große wachstumsfreie Hemmzonen um die Scheibchen, die Aussagen über das Resistenzverhalten der geprüften Mikroorganismen zulassen (Abb. 3.**30**). Das ist möglich, weil eine lineare Beziehung zwischen dem log_2MHK und dem Durchmesser der Hemmhöfe besteht (Abb. 3.**31**).

Für die **Interpretation der Ergebnisse** müssen die MHKs bzw. die Hemmzonen in Beziehung zu den am Infektionsort bei Normdosierung vorliegenden Konzentrationen an Substanz gebracht werden. Auf die Schwierigkeit der exakten Bestimmung dieser Daten im Einzelfall wurde im Abschnitt Pharmakokinetik (S. 185) hingewiesen. Deshalb stützt man sich auf Durchschnittswerte verschiedener pharmakokinetischer Größen (Blutkonzentration, Halbwertszeit). Die Interpretation berücksichtigt weiterhin auch klinische Erfahrungen, die bei der Therapie von Infektionen mit Erregern bestimmter Empfindlichkeiten erhalten wurden. Aufgrund derartiger Daten werden die Grenzwerte zwischen empfindlichen und resistenten Bakterien festgesetzt, die jedoch nur als Richtwerte dienen können.

Die **minimale bakterizide Konzentration** (MBK) gibt die kleinste Konzentration eines Mittels an, die 99,9% der Zellen des Inokulums abtötet. Die MBK wird durch quantitative Subkulturen aus den makroskopisch ungetrübten Röhrchen oder Vertiefungen (Mikrotiterplatte) einer MHK-Verdünnungsreihe bestimmt.

Der **Serumbakterizidietest** ermittelt die größte bakterizide (= 99,9% Abtötung) Serumverdünnung gegen einen Erreger bei Patienten, die unter Antibiotikatherapie stehen.

Kombinationstherapie

Unter Kombinationstherapie versteht man die gleichzeitige Anwendung von 2 oder mehr Antiinfektiva. Es existieren galenische Zubereitungen, in denen 2 Komponenten in festem Verhältnis zueinander vorliegen (Beispiel: Co-Trimoxazol). In der Regel jedoch werden bei der Kombinationstherapie die einzelnen Substanzen getrennt appliziert. Mit Kombinationstherapie werden verschiedene Ziele verfolgt.

- **Erweiterung des Wirkungsspektrums.** Bei Mischinfektionen mit unterschiedlich resistenten Erregern; bei der „kalkulierten“ Therapie, wenn die Erregerflora und ihr Resistenzverhalten nicht oder noch nicht bekannt ist.
- **Verzögerung der Resistenzentwicklung.** Bei der Chemotherapie der Tuberkulose; beim Einsatz von Antiinfektiva, gegen die Bakterien rasch Resistenzen entwickeln.

Agardiffusionstest

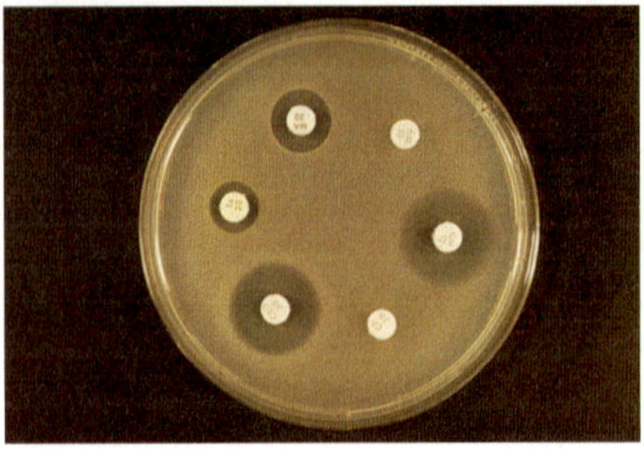

Abb. 3.**30** Mit diesem auch „Disktest" genannten Verfahren wird die Resistenz einer Bakterienkultur gegen verschiedene Antiinfektiva geprüft. Die Methode erlaubt die Einteilung eines Bakterienstammes aufgrund der Hemmzone in die Kategorie „empfindlich", „resistent" oder „intermediär".

Hemmhofdurchmesser und minimale Hemmkonzentration (MHK)

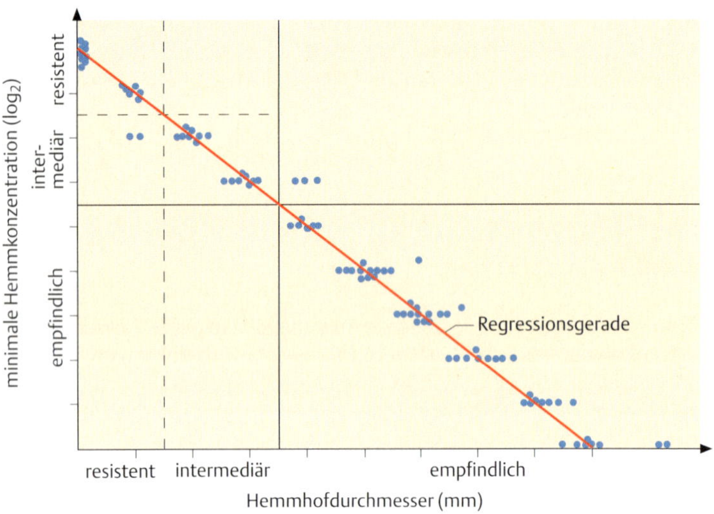

Abb. 3.**31** Jeder Punkt repräsentiert einen Bakterienstamm. Die Hemmhofgröße wurde mit dem Agardiffusionstest (Disktest) bestimmt, die minimale Hemmkonzentration (MHK) mit dem Reihenverdünnungstest. Die MHK korreliert logarithmisch (log_2) mit dem Hemmhofdurchmesser.

- **Potenzierung der Wirkung.** Bei schweren Infektionen, bei denen am Infektionsort bakterizide Aktivität notwendig ist. Bekanntestes Beispiel: Penicillin plus Gentamicin zur Therapie der Endocarditis, verursacht durch Streptokokken und Enterokokken.

Das Zusammenwirken von Antiinfektiva kann verschiedene Folgen haben:

- **Indifferenz.** Die Kombination wirkt nicht besser als die aktivere der beiden Einzelkomponenten.
- **Addition.** Summierung der Wirkungen.
- **Synergismus.** Potenzierung der Wirkungen.
- **Antagonismus.** Die Kombination wirkt schlechter als eine der beiden Komponenten allein.

Faustregel: Antagonismus zeigen oft Kombinationen von Bakteriostatika mit Substanzen, die nur in der Teilungsphase bakterizid wirken, z. B. Penicillin plus Tetrazyklin bei der Therapie der Pneumokokken-Pneumonie.

Soll der Wirkungstyp einer Kombination gegenüber einem Erreger in vitro untersucht werden, wird zumeist die sog. „Schachbrettitration" eingesetzt, bei der das Zusammenwirken verschiedener Konzentrationen einer Substanz A mit denen einer Substanz B untersucht wird.

Chemoprophylaxe

Eines der umstrittensten Gebiete der Chemotherapie ist die prophylaktische Antibiotikagabe. Eine Schwarzweißstellungnahme zu diesem Problem gibt es nicht. Chemoprophylaxe ist sicher in bestimmten Situationen angezeigt, in anderen wiederum eindeutig kontraindiziert. Hier muß von Fall zu Fall entschieden werden. Vor allem sind Nutzen und Schaden gegeneinander abzuwägen (Nebenwirkungen, Superinfektionen mit besonders virulenten und resistenten Erregern, Selektion resistenter Bakterien).

Chemoprophylaxe ist sinnvoll bei Malaria, rheumatischem Fieber, zystischer Lungenfibrose, rekurrierender Pyelonephritis, nach Kontakt mit Meningokokkenerkrankten, bei chirurgischen Eingriffen, die eine massive bakterielle Kontamination mit sich bringen, oder bei Patienten mit gestörter Infektabwehr, ferner in der Herzchirurgie oder bei Oberschenkelamputation wegen Durchblutungsstörungen. Chemoprophylaxe zur Verhütung eines postoperativen Infekts soll immer wenige Stunden vor der Operation beginnen und nie länger als 24–72 Stunden andauern.

Immunmodulatoren

Trotz der guten Wirksamkeit der Antiinfektiva ist ein Therapieerfolg nicht garantiert. Eine einigermaßen funktionierende Infektabwehr ist zur vollständigen Eliminierung bakterieller Erreger notwendig. Da aber die Zahl von Patienten mit schweren Defekten der Infektabwehr zunimmt, versucht man, die spezifische Antibiotikatherapie bei diesen Patienten durch eine Therapie mit Immunmodulatoren zu unterstützen. Viele dieser von den Zellen des Immunsystems produzierten „Zytokine" (s. S. 81ff.) können heute als „Rekombinantenproteine" hergestellt werden. Bei Patienten mit Neutropenie werden schon erfolgreich myelopoetische Wachstumsfaktoren eingesetzt. Weitere Immunmodulatoren sind erhältlich, z. B. Interferon-γ, oder Interleukin-2. Auf Einzelheiten ihrer therapeutischen Verwendung kann hier nicht eingegangen werden.

Labordiagnose

Infektionen können direkt durch Nachweis des Erregers oder seiner Bestandteile oder indirekt durch Bestimmung von Antikörpern diagnostiziert werden. Die Treffsicherheit von Laborergebnissen wird mit den Begriffen Sensitivität und Spezifität, die Wertigkeit von Laborresultaten mit den Parametern positiver und negativer Voraussagewert gemessen. Die prädiktiven Werte sind stark von der Prävalenz abhängig. Bei der direkten Labordiagnose sind korrekte Entnahme des richtigen Untersuchungsmaterials sowie ein adäquater Transport unerläßliche Voraussetzungen. Die klassischen Verfahren bei der direkten Labordiagnose umfassen die Mikroskopie und die Kultur. Die Identifizierung berücksichtigt morphologische, physiologische und chemische Merkmale. Unter den morphologischen Merkmalen spielt die Form der Bakterien sowie ihr Verhalten in der Gram-Färbung eine große Rolle. Bei den physiologischen Merkmalen stehen Leistungen im katabolen Stoffwechsel der Bakterien im Vordergrund. Unter den chemischen Merkmalen muß der Nachweis der Antigenstruktur an erster Stelle genannt werden. Die Entwicklung empfindlicher Testsysteme erlaubt es, in bestimmten Fällen Bestandteile von Erregern im Material direkt zu messen. Dabei werden spezifische Nukleinsäuresequenzen mit markierten Gensonden in Hybridisierungsexperimenten nachgewiesen. Eine Amplifikation der gesuchten Sequenz ist mit der „Polymerase-Kettenreaktion (PCR)" möglich. Ein Direktnachweis kann auch durch Bestimmen von Antigenen mit polyklonalen oder monoklonalen Antikörpern erfolgen.

Voraussetzungen, allgemeine Methodik, Bewertung

Voraussetzungen

Die diagnostische oder klinische Mikrobiologie umfaßt den Teil der medizinischen Mikrobiologie, der sich mit der Laboratoriumsdiagnose von Infektionskrankheiten beschäftigt. Eine moderne Medizin, vor allem im Krankenhaus, ist heute ohne Kooperation mit einem mikrobiologischen Speziallabor nicht mehr denkbar.

Um die Tätigkeit des Labors für den Patienten voll ausschöpfen zu können, ist eine gute Zusammenarbeit zwischen dem behandelnden Arzt und dem Laborspezialisten notwendig. Voraussetzungen dafür sind Grundkenntnisse in Pathophysiologie und Klinik der Infektionen beim Laborfachmann einerseits sowie Kenntnisse der Arbeit des Labors beim behandelnden Arzt andererseits. Kurze Hinweise zu den für den Arzt notwendigen laborspezifischen Kenntnissen bieten die folgenden Abschnitte.

Allgemeine Methodik und Bewertung

Eine Infektionskrankheit kann **direkt** durch den Nachweis des Erregers, von Bestandteilen des Erregers oder seiner Produkte diagnostiziert werden. Oder sie kann **indirekt** durch Bestimmung von Antikörpern (Kap. 2, S. 120ff.) nachgewiesen werden. Jede diagnostische Methode weist eine Treffsicherheit sowie Wertigkeit auf, die mit den Begriffen Sensitivität, Spezifität sowie positiver und negativer Prädiktivwert charakterisiert werden. Diese Parameter können am besten anhand einer Vierfeldertafel verstanden werden (Tab. 3.**6**).

- Die Sensitivität (%) mißt im Kollektiv der **Infizierten** die Häufigkeit richtig positiver Resultate (horizontale Addition).
- Die Spezifität (%) bestimmt im Kollektiv der **Nichtinfizierten** die Häufigkeit richtig negativer Resultate (horizontale Addition).

$$\text{Sensitivität (\%)} = \frac{rp}{rp + fn} \times 100; \quad \text{Spezifität (\%)} = \frac{rn}{fp + rn} \times 100$$

- Der prädiktive Wert des positiven Resultates beziffert die Wahrscheinlichkeit, mit der ein positives Resultat für Infektion spricht. Er analysiert die positiven Testergebnisse sowohl im Kollektiv der Infizierten als auch in dem der Nichtinfizierten (vertikale Addition).
- Der Voraussagewert des negativen Resultates bestimmt die Wahrscheinlichkeit, mit der ein negatives Ergebnis für Nichtinfektion spricht.

$$\text{PosPrä (\%)} = \frac{rp}{rp + fp} \times 100; \quad \text{NegPrä (\%)} = \frac{rn}{rn + fn} \times 100$$

Tabelle 3.6 Vierfeldertafel zur Erklärung und Berechnung der Begriffe Sensitivität, Spezifität sowie der positiven und negativen prädiktiven Werte

Kollektiv	**Test positiv**	**Test negativ**
Infizierte	richtig positiv *rp*	falsch negativ *fn*
Nichtinfizierte	falsch positiv *fp*	richtig negativ *rn*

Die Werte für die Sensitivität und Spezifität errechnen sich unabhängig von der relativen Größe der Kollektive „Infizierte" und „Nichtinfizierte". Die Voraussagewerte dagegen sind von der Prävalenz, d. h. von der Anzahl Infizierter und Nichtinfizierter im Kollektiv abhängig. Durch fiktives Einsetzen von Zahlen in die Vierfeldertafel kann man leicht errechnen, daß der positive Prädiktivwert trotz guter Spezifität und Sensitivität eines Tests stark absinkt, wenn die Prävalenz klein ist (Bayes Theorem).

Entnahme und Transport von Untersuchungsmaterial

Von großer Wichtigkeit sind korrekte Entnahme und richtiger Transport des Untersuchungsguts. Allgemein gilt, daß Material, aus dem Erreger isoliert werden sollen, möglichst früh vor Beginn einer Chemotherapie zu entnehmen ist. Der Transport ins Labor muß in speziellen Gefäßen erfolgen, die von den Instituten zur Verfügung gestellt werden. Diese enthalten meist Transportmedien. Man kann zwischen Anreicherungstransportmedien (z. B. Blutkulturflasche), für den Transport verwendete Selektiv-Wachstumsmedien (z. B. Jembec oder Biocult für Gonokokken) sowie reinen Transportmedien ohne Nährstoffe (z. B. Stuart-Medium) unterscheiden. Das Material ist mit einem Auftragszettel zu versehen, der für die Bearbeitung notwendige Informationen (entsprechend Vordruck) enthalten muß.

Material aus dem Respirationstrakt

- Tupferabstrich von Tonsillen,
- Spülflüssigkeit aus Nasennebenhöhlen,
- Lungensekret. Expektoriertes Sputum ist regelmäßig mit Speichel und der Flora des Oropharynx kontaminiert. Da zu dieser auch Erreger von Infektionen der tieferen Respirationsorgane gehören, ist die Aussagekraft positiver Befunde beschränkt. Falls mehr als 25 Mundepithelien pro Gesichtsfeld bei 100facher Vergrößerung vorliegen, ist das Material nicht für die Untersuchung geeignet. Morgensputum nach Mundspülung oder

nach Induktion stellt eine geeignete Probe dar. Sputum wird nicht auf Anaerobier untersucht.

Gute Alternativen zum expektorierten Sputum sind bronchoskopisch entnommenes Bronchialsekret, Spülflüssigkeit bei bronchoalveolärer Lavage (BAL), transtracheales Aspirat oder Lungenpunktionsmaterial. Bei Verdacht auf Infektion mit Anaerobiern *muß* ein derartiges Material verwendet werden. Der Transport muß dann in speziellen Anaerobier-Transportgefäßen erfolgen.

Material aus dem Urogenitaltrakt

- Urin. Mittelstrahlurin ist regelmäßig mit der Flora der vorderen Harnröhre kontaminiert, die oft mit dem Erregerspektrum von Harnwegsinfekten übereinstimmt. Um „Kontamination" von „Infektion" zu unterscheiden, muß die Keimzahl bestimmt werden. Bei Keimzahlen von $\geq 10^5$/ml Morgenurin ist ein Infekt sehr wahrscheinlich, bei Keimzahlen von $\leq 10^3$/ml dagegen eher unwahrscheinlich. Bei Keimzahlen von 10^4/ml sollte die Untersuchung wiederholt werden. Allerdings können bei der Urethrozystitis auch niedrige Keimzahlen diagnostisch beweisend sein. Einfache Verfahren zur Abschätzung der Keimzahl stellen die Eintauchmethoden dar. Dabei wird ein mit Nährmedium beschichteter Objektträger in den Mittelstrahlurin getaucht, anschließend bebrütet und die Koloniezahl durch Vergleich mit Standardbildern geschätzt. Diese Untersuchung kann in jeder Arztpraxis durchgeführt werden.

  Vom Katheterisieren der Harnblase ausschließlich zum Zwecke der Diagnose ist wegen der Möglichkeit eines iatrogenen Infektes abzusehen. Kontaminationsfreien Blasenurin kann man nur durch die suprapubische Blasenpunktion erhalten.
- Genitalsekrete werden mit Abstrichtupfern abgenommen. Sie müssen unbedingt in speziellen Transportmedien (z.B. Jembec oder Biocult bei der Gonorrhödiagnose) verschickt werden.

Blut

- Für die Blutkultur sollten mindestens 5 – 10 ml Venenblut in je eine aerobe und eine anaerobe Blutkulturflasche steril überführt werden. Die Entnahme ist 3mal pro Tag im Abstand von jeweils mehreren Stunden (Minimum: 1 h) vorzunehmen.
- Für serologische Tests reichen in der Regel (2–)5 ml Nativblut aus. Eine erste Probe möglichst früh, eine zweite 1 – 3 Wochen später entnehmen, um eine Änderung des Antikörpertiters feststellen zu können.

Eiter und Wundsekrete

- Bei oberflächlichen Wunden Entnahme mit Abstrichtupfern und Transport in konservierenden Transportmedien. Eine Untersuchung wird nur auf aerobe Bakterien durchgeführt.

– Bei tiefen und geschlossenen Wunden, wenn möglich, flüssiges Material (z. B. Eiter) mit der Spritze entnehmen. Für Anaerobier spezielle Transportmedien verwenden.

Material aus dem Verdauungstrakt

– Eine etwa kirschgroße Portion Stuhl mit Löffelchen in flüssiges Transportmedium (z. B. Medium nach Cary-Blair) verbringen und einsenden.
– Duodenalsaft und Galle in sterilen Röhrchen transportieren. Bei Verdacht auf Anaerobier spezielle Gefäße verwenden.

Liquor, Punktate, Exsudate, Transsudate

– Bei Entnahme auf Sterilität achten. Bei Verdacht auf Anaerobier spezielle Transportgefäße verwenden.

Mikroskopie

Wegen der Kleinheit der Bakterien ist für ihre mikroskopische Darstellung eine 1000fache Vergrößerung notwendig, was die Grenze der Leistung eines Lichtmikroskops darstellt. Bei dieser Vergrößerung kann man Bakterien im Präparat nur sehen, wenn mehr als $10^4 – 10^5$ Keime pro Milliliter vorhanden sind.

Für die Mikroskopie muß das Material auf einem Objektträger präpariert werden:

- **Nativpräparate** ohne oder mit Vitalfärbung erlauben die Betrachtung lebender Bakterien. Da diese wenig kontrastreich sind, muß der Kontrast meist durch optische Methoden (Dunkelfeld- oder Phasenkontrastmikroskopie) erhöht werden. Nativpräparate sind das Deckglaspräparat oder der „hängende Tropfen".

- **Gefärbte Präparate** erhöhen den Kontrast, so daß Bakterien auch mit dem Hellfeld bei 1000facher Vergrößerung mühelos erkennbar sind. Bei der Färbung werden die Bakterien abgetötet. Das Material wird zuerst in dünner Schicht auf einem Objektträger aufgebracht, luftgetrocknet und durch Hitze oder Methylalkohol fixiert. Man unterscheidet **Einfachfärbungen** und **Differentialfärbungen**. Bekannteste Einfachfärbung ist die mit **Methylenblau**; die wichtigste Differentialfärbung stellt die **Gram-Färbung** dar (Tab. 3.**7**). Grampositive Bakterien sehen blau aus, gramnegative rot. Die grampositive Zellwand verhindert die Elution des Farbstoff-Jod-Komplexes durch Alkohol. In allen Kulturen, in denen autolytische Enzyme die Zellwand abzubauen beginnen, können grampositive Zellen oft gramnegativ sein. Man spricht von Gram-Labilität.

Tabelle 3.7 Vorgehen bei den 3 wichtigsten Färbungen

Methylenblau	Gram-Färbung	Ziehl-Neelsen-Färbung
Methylenblau 1–5 min	Gentianaviolett oder Kristallviolett, 1 min	Konzentriertes Carbolfuchsin. Dreimal erhitzen, bis jeweils Dämpfe auftreten
Abspülen mit Wasser	Farbstoff abkippen; abspülen mit Lugol; überschichten mit Lugol; 2–3 min einwirken lassen	Abspülen mit Wasser Entfärben mit HCl (3%)-Alkohol-Gemisch
	Lugol abkippen	Gegenfärben mit Methylenblau, 1–5 min
	Entfärben mit Aceton-Äthylalkohol (1:4)	
	Abspülen mit Wasser	Abspülen mit Wasser
	Gegenfärben mit verdünntem Carbolfuchsin, 1 min	
	Abspülen mit Wasser	

Eine weitere Differentialfärbung ist die nach **Ziehl-Neelsen**. Diese dient zur Anfärbung von Mykobakterien, die sich wegen ihrer lipidreichen Zellwand nicht nach Gram oder mit Methylenblau anfärben lassen. Da sich Mykobakterien mit HCl-Alkohol nicht entfärben lassen, werden sie auch als säurefeste Stäbchen bezeichnet. Mykobakterien sehen rot aus; alles übrige ist blau.

Eine spezielle mikroskopische Technik ist die **Fluoreszenzmikroskopie**. Ein fluoreszierender Farbstoff (ein Fluorochrom) absorbiert kurzwelliges Licht und emittiert Licht längerer Wellenlänge. Durch Fluorochrome angefärbte Präparate werden mit dem Licht der erforderlichen Wellenlänge beleuchtet. Die angefärbten Partikel leuchten auf dunklem Hintergrund in der Farbe des emittierten Lichts auf. Dabei ist eine spezielle Einrichtung für die Fluoreszenzmikroskopie erforderlich. Praktische Anwendung: Auraminfluoreszenz zur Darstellung von Mykobakterien. Bei der **Immunfluoreszenz** wird ein Fluorochrom (z. B. Fluoresceinisothiocyanat) an einen Antikörper gekoppelt. So kann das Vorhandensein von Antigenen auf der Oberfläche von Partikeln nachgewiesen werden.

Kulturverfahren

Nährmedienarten. In den meisten Fällen ist sowohl für den Nachweis als auch für die Identifizierung von Bakterien die Kultur notwendig. Fast alle humanpathogenen Bakterien lassen sich auf Nährmedien kultivieren. Nährmedien können flüssig sein (= Nährbouillon) oder durch einen Gehalt von 1,5–2% des Polysaccharids Agarose eine gelartige Konsistenz aufweisen (= Nähragar). Anreicherungsmedien sind komplexe Medien, die das Wachstum zahlreicher Bakterien zulassen. Das gebräuchlichste Anreicherungsmedium ist die Blutagarplatte, die 5% Vollblut enthält. Selektivmedien erlauben das Wachstum bestimmter Bakterien und unterdrücken die Vermehrung anderer Keime. Indikatormedien zeigen Leistungen des Stoffwechsels an.

Die zahlreichen für die Diagnostik notwendigen Medien muß eine spezielle Nährbodenküche herstellen. Heute werden oft vorfabrizierte, kommerzielle Medien verwendet, die nur noch in Wasser gelöst, sterilisiert und abgefüllt werden müssen. Man kann auch fixfertige Nährmedien (Röhrchen, Petri-Schalen) kaufen.

Wachstumsformen. In **flüssigen Medien** vermehren sich die meisten Bakterien diffus. Einige wachsen krümelig, andere bilden einen körnigen Bodensatz, wiederum andere ein Oberflächenhäutchen (Kahmhaut von Pseudomonaden). Auf oder in **Nähragar** entstehen bei nicht zu großer Bakterienzahl Einzelkolonien. Diese stellen Reinkulturen dar, da Einzelkolonien aus einer Bakterienzelle entstanden sind. Die Reinkulturtechnik ist die Grundlage der bakteriologischen Kulturmethodik. Das übliche Verfahren zur **Gewinnung von Einzelkolonien** ist das fraktionierte Beimpfen einer Nähragarplatte (Abb. 3.**32**–3.**34**).

Durch Anwenden dieser Technik kann man sicher sein, daß in einem der 3 Sektoren Einzelkolonien vorliegen. Die Einzelkolonien-Technik hat neben der Gewinnung von Reinkulturen noch den Vorteil, daß man Form, Aussehen und Farbe der Einzelkolonien wahrnehmen kann. Die speziellen Wuchsformen in Nährbouillon und auf Nähragar erlauben dem Erfahrenen eine vorläufige Ein-

Fraktioniertes Beimpfen

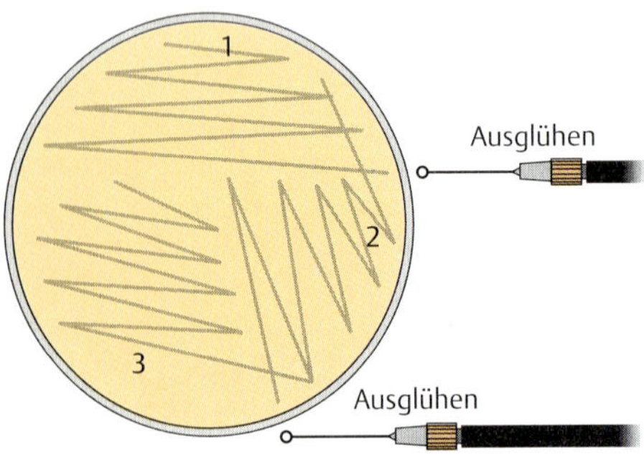

Abb. 3.**32** Durch fraktioniertes Beimpfen einer Nähragarplatte lassen sich Einzelkolonien erhalten. Die Impföse muß zwischen den einzelnen Schritten ausgeglüht werden.

Blutagarplatte nach fraktioniertem Beimpfen und Bebrüten

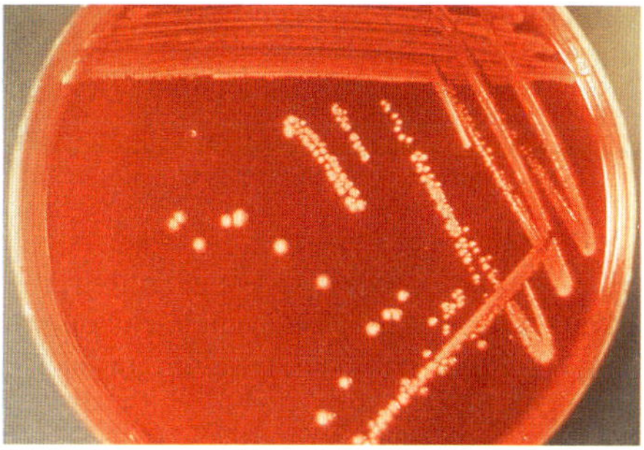

Abb. 3.**33** Blutagar wird häufig als universelles Anreicherungsmedium eingesetzt. Es erlaubt das Wachstum der meisten humanpathogenen Bakterien. Reinkultur von *Staphylococcus aureus.*

„Endo-Agar" nach fraktioniertem Beimpfen mit einer Mischkultur

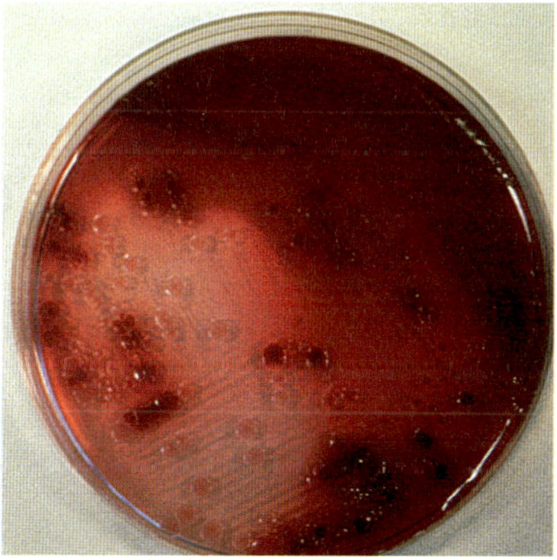

Abb. 3.**34** Endo-Agar ist ein kombiniertes Selektiv/Indikator-Medium. Dieses erlaubt das Wachstum von *Enterobacteriaceae, Pseudomonodacecae* und weiteren gramnegativen Stäbchenbakterien, hemmt aber das Wachstum von grampositiven Bakterien und gramnegativen Kokken. Die rote Farbe der Kolonien und des Agars kennzeichnet Lactoseabbau (= *Escherichia coli*); die hellen Kolonien sind Lactose-negativ (= *Salmonella enterica*).

ordnung der Erreger und ermöglichen somit den gezielten Einsatz der Reaktionen für die Identifizierung.

Wachstumsvoraussetzungen. Das Temperaturoptimum für die meisten humanpathogenen Bakterien beträgt 37 °C.

Im allgemeinen werden Bakterienkulturen unter atmosphärischen Bedingungen inkubiert. Oft ist es notwendig, die Kulturen bei 5% CO_2 zu bebrüten. Obligate Anaerobier müssen in einem Milieu mit niedrigem Redoxpotential kultiviert werden. Dies kann erreicht werden, indem man der Nährbouillon geeignete Reduktionsmittel zusetzt oder die Kulturen in einer Gasatmosphäre züchtet, aus der auf physikalischem, chemischem oder biologischem Wege der Sauerstoff weitgehend entfernt wurde.

Identifizierung von Bakterien

Identifizierung von Bakterien heißt, so wenige Eigenschaften wie möglich und so viele wie notwendig zu bestimmen, um einer unbekannten Kultur ihren Platz im Klassifikationssystem zuordnen und sie damit auch benennen zu können. Grundsätzlich können 3 Gruppen von Eigenschaften für die Identifizierung herangezogen werden (Tab. 3.**8**).

- **Morphologische Merkmale** einschließlich des Färbeverhaltens werden mit dem Lichtmikroskop festgestellt. Das Elektronenmikroskop wird hier nicht eingesetzt.
- **Physiologische Merkmale** werden mit Indikatormedien nachgewiesen. Diese zeigen häufig die Änderung des pH-Wertes mit Hilfe von pH-Indikatoren an. Oft werden heute kommerzielle, miniaturisierte Systeme für die Identifizierung eingesetzt (Abb. 3.**35**).
- **Chemische Merkmale** werden zur Identifizierung schon lange verwendet, z. B. beim Nachweis der Antigenstruktur. In der Zukunft werden molekulare Methoden bei der Identifizierung von schwierig zu bestimmenden Bakterien eine größere Rolle spielen.

Molekulare Methoden

Gentechnische Methoden werden in Zukunft vermehrt zur Labordiagnose von Infektionen eingesetzt werden. Die klassischen Methoden können sie aber nicht ersetzen. Haupteinsatzgebiet der molekularen Methoden ist der direkte Nachweis im Untersuchungsmaterial von Bakterien, die sich überhaupt nicht kultivieren lassen, die nur schwer kultivierbar sind oder die sehr langsam wachsen. Molekulare Methoden können natürlich auch für die Identifizierung von bakteriellen Reinkulturen verwendet werden.

- **DNA-Sonden.** Da DNA aus 2 komplementären Nukleinsäuresträngen besteht, ist es möglich, Einzelstrang-Sequenzen mit komplementären markierten Einzelsträngen mit der Technik der Hybridisierung nachzuweisen. Voraussetzung ist natürlich, daß die nachzuweisende Sequenz (das Zielmolekül) nur bei dem gesuchten Erreger oder der Erregergruppe vorkommt. Die Sonden können mit Radioaktivität markiert sein (^{32}P, ^{35}S), oder nichtradioaktive Reportermoleküle (Biotin, Digoxigenin) aufweisen. 3 Verfahren sind gebräuchlich:

– *Festphase-Hybridisierung.* Suchmolekül oder Sonde sind auf einer Nylon- oder Nitrozellulosemembran fixiert (Kolonie-Blot, Dot-Blot).
– *Flüssigkeitsphase-Hybridisierung.* Suchmolekül und Sonde liegen gelöst vor.
– *In-situ-Hybridisierung.* Nachweis bakterieller DNA im infizierten Gewebe.

Tabelle 3.**8** Merkmalsgruppen für die Identifizierung von Bakterien

Physiologische Merkmale
Enzyme der Atmungskette (Oxidasen, Katalase)
Enzyme, die Kohlenhydrate, Alkohole, Glykoside abbauen (z. B. Betagalaktosidase)
Enzyme des Proteinstoffwechsels (z. B. Gelatinase, Kollagenase)
Enzyme des Aminosäurestoffwechsels (z. B. Decarboxylasen, Desaminasen, Urease)
Weitere Enzyme: Hämolysine, Lipasen, Lecithinasen, DNasen usw.
Endprodukte des Stoffwechsels (z. B. organische Säuren, die gaschromatographisch nachgewiesen werden)
Resistenz/Empfindlichkeit gegen chemische Noxen
Merkmale im anabolen Stoffwechsel (z. B. Citrat als alleinige C-Quelle)
Chemische Merkmale
DNA-Struktur (Basensequenzen)
Aufbau des Mureins der Zellwand
Antigenstruktur: mit Antikörpern nachweisbare Feinstrukturen (z. B. von Geißelprotein oder Polysacchariden der Zellwand oder Kapsel)
Fettsäuren in Membranen und in der Zellwand. Analyse mit verschiedenen chromatographischen Verfahren
Morphologische Merkmale
Form (Kugel, Stäbchen, Spirale)
Größe; Pseudozellverbände (Haufen, Ketten, Diplokokken)
Färbeverhalten (grampositiv, -negativ); Flagellen (Vorhandensein, Anordnung); Kapsel (ja, nein); Sporen (Form, Bildung)

Nachweis von Stoffwechselmerkmalen mit Indikatormedien

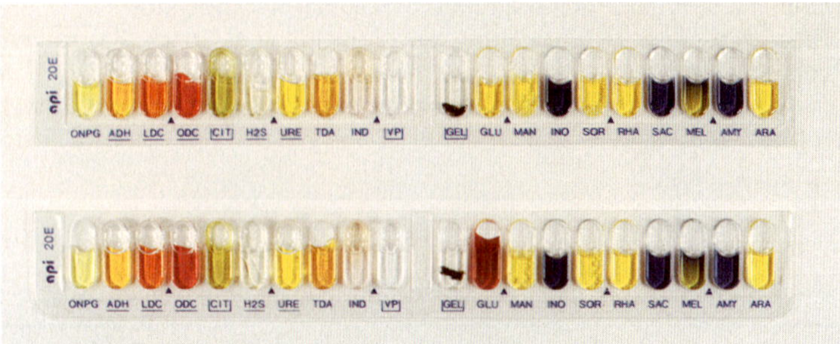

Abb. 3.**35** Identifizierung von *Enterobacteriaceae* mit API 20E, einer standardisierten Mikromethode. Positive und negative Reaktionen werden durch Farbe angezeigt (deshalb auch „bunte Reihe" genannt).

Amplifikation. Hauptziel ist es, die Sensitivität zu steigern, die „Nadel im Heuhaufen" zu finden. Die verschiedenen Techniken, die bisher entwikkelt wurden, lassen sich in 3 Gruppen einteilen:

- *Amplifikation der Zielsequenz.* Unter den Techniken dieser Gruppe ist die wichtigste, älteste und bekannteste die Polymerase-Kettenreaktion (PCR), die auf S. 415f. beschrieben wird.
- *Sondenamplifikation.*
- *Signalamplifikation.*

Identifizierung durch Amplifikation und Sequenzierung

Die Zielsequenz für die Identifizierung bisher nicht kultivierter Bakterien (z. B. *Tropheryma whippelii*, Erreger der Whipple-Krankheit) oder auch von Erregern, die nur schwer mit den klassischen Methoden identifiziert werden können, stellt häufig eine bestimmte Region der 16S-rRNA dar. Einige Abschnitte der 16S-rRNA sind bei allen Bakterien identisch. Zwischen diesen hochkonservierten Sequenzen liegen Abschnitte, die spezifisch für eine Art oder eine Gattung sind. Durch Einsatz von Primern, die Sequenzen der konservierten Regionen der 16S-rDNA rechts und links der spezifischen Region erkennen, wird die spezifische Sequenz amplifiziert und anschließend sequenziert. Die ermittelte Basensequenz erlaubt die Identifizierung.

Direktnachweis bakterieller Antigene

Antigene, die für Arten oder Gattungen spezifisch sind, können mit polyklonalen oder (besser) mit monoklonalen Antikörpern im Untersuchungsmaterial direkt nachgewiesen werden. Dies erlaubt eine Schnelldiagnose. Beispiele: Nachweis bakterieller Antigene im Liquor bei Vorliegen einer akuten eitrigen Meningitis, Nachweis von Gonokokkenantigenen im Sekret des Urogenitaltrakts, Nachweis des Gruppenantigens der A-Streptokokken im Material von Rachenabstrichen. Die Direktmethoden erreichen aber nicht die Sensitivität der klassischen Kulturverfahren. Häufig werden für den Direktnachweis Adsorbens-Teste sowie die Koagglutination oder die Latexagglutination eingesetzt. Bei den Agglutinationsmethoden sind die Antikörper mit dem Fc-Teil entweder an Protein A von abgetöteten Staphylokokken oder an Latexpartikel fixiert.

Diagnostische Tierversuche

Tierversuche werden in der diagnostischen Bakteriologie heute im Gegensatz zu früher nur noch beschränkt eingesetzt. Dies hängt vor allem mit der Entwicklung leistungsfähiger In-vitro-Methoden zusammen. Wichtig ist der Tierversuch noch zum Nachweis bakterieller Toxine, die anders oft schlecht bestimmt werden können. Beispiele hierfür sind: Diphtherie-, Tetanus-, Botulinustoxin. Die Identifizierung dieser Toxine erfolgt mit spezifischen Antikörpern im sog. Schutzversuch.

Sicherheit im bakteriologischen Labor

Der diagnostisch tätige Mikrobiologe beschäftigt sich zwangsläufig mit potentiell pathogenen Mikroorganismen. Er muß deshalb bestimmte Arbeitsregeln streng beachten, um nicht sich oder andere zu gefährden. Die Sicherheit im Labor beginnt mit einer zweckmäßigen baulichen Gestaltung und Einrichtung. Sie setzt sich fort mit dem Beachten der Grundregeln für das Arbeiten im mikrobiologischen Labor. Dazu gehören: Schutzkleidung; Vermeiden von Essen, Trinken, Rauchen; mechanische Pipettierhilfen; Desinfektion der Hände und der Arbeitsflächen, bei Kontamination sofort, sonst am Ende des Arbeitsprozesses; sachgemäße Entsorgung kontaminierter Materialien. In bestimmten Fällen müssen Sicherheitskapellen (Tuberkuloselabor) verwendet werden. Gesundheitskontrolle des Personals. Sachgemäße Instruktion des Personals.

Taxonomie und Übersicht über humanpathogene Bakterien

Die Taxonomie umfaßt die Lehren von der Klassifikation und der Nomenklatur. Bakterien werden aufgrund phänotypischer Merkmale (morphologische, physiologische und chemische „Phäne") in einem hierarchischen System geordnet. Die Basis ist die Spezies oder Art. Ähnliche und damit verwandte Arten werden in einer Gattung und verwandte Gattungen in einer Familie zusammengefaßt. Bei der Einordnung in höhere Taxa werden häufig praktische Gesichtspunkte berücksichtigt, z. B. die Einteilung in „beschreibende Sektionen". Eine Art wird mit 2 latinisierten Namen bezeichnet, wobei der erste Name die Gattung und beide zusammen die Spezies charakterisieren. Familiennamen enthalten die Endung -aceae. Tab. 3.**9** gibt eine Übersicht über die humanpathogenen Bakterien.

Klassifikation

Diese beinhaltet das Ordnen der Bakterien in taxonomische Gruppen (= Taxa) aufgrund von Verwandtschaftsbeziehungen. Letztere lassen sich am besten durch Erkenntnisse über die Evolution aufzeigen. Da über phylogenetische Beziehungen der Bakterien aber recht wenig bekannt ist, beruht ihre Klassifikation oft auf Ähnlichkeiten in phänotypischen Merkmalen (phänetische Verwandtschaft). Diese Merkmale lassen sich in **morphologische**, in **physiologische** (Stoffwechsel) und in **chemische** Merkmale gruppieren (s. Tab. 3.**8**, S. 209). Chemische Merkmale spielen zunehmend eine größere Rolle für die Klassifikation. Zu nennen sind die Zusammensetzung des Mureins der Zellwand oder das Vorkommen bestimmter Fettsäuren. Von großer Bedeutung für die Klassifikation sind Zusammensetzung und Struktur der DNA und RNA. Die Zusammensetzung der DNA kann grob durch Bestimmung der Basenverhältnisse ermittelt werden: mol/l von Guanin + Cytosin. Der GC-Gehalt (mol%) humanpathogener Bakterien erstreckt sich von 25–70%. Die Messung des Ausmaßes der Bildung heterologer Duplex-DNA oder von RNA-DNA-Hybriden gibt Information über die Ähnlichkeit verschiedener Bakterien und damit über ihre Verwandtschaft. Sehr nützlich zur Feststellung phylogenetischer Verwandtschaft ist auch die Sequenzanalyse der (16S-) rRNA bzw. (16S-) rDNA. Diese weist Sequenzen auf, die hochkonserviert sind und für alle Bakterien zutreffen, und Sequenzen, die die verschiedenen Taxa charakterisieren. Bibliotheken über (16S-) rDNA-Sequenzen können in Zukunft die Grundlage für eine phylogenetische Systematik der Bakterien sein. Die modernen molekularen Methoden der Analyse von DNA und

RNA sind der Grund dafür, daß die Taxonomie momentan intensiv beforscht wird, was häufig zu Änderungen in der Systematik und der Nomenklatur führt.

Formell werden die Prokaryonten in Divisionen, Klassen, Ordnungen, Familien, Gattungen und Arten mit evtl. entsprechenden Subtaxa gegliedert.

Familie (Familia)	*Enterobacteriaceae*
Gattung (Genus)	*Escherichia*
Art (Spezies)	*E. coli*
Var oder Typ	Serovar 0157:H7
Stamm	xyz

Die Basis der Klassifikation ist die Art (lat. species). Oft ist es, vor allem in der Epidemiologie, notwendig, eine Art noch in **Vare** (Syn. **Typen**) zu unterteilen. Dabei werden Kulturen einer Art, die bestimmte Merkmale gemeinsam haben, zusammengefaßt. Beispiele: Biovar, Phagovar, Pathovar, Morphovar, Serovar. Der Begriff **Stamm** wird unterschiedlich gebraucht. In der klinischen Bakteriologie versteht man darunter oft die Erstkultur einer Spezies, die bei einer Infektion von einem Patienten isoliert wird. In der Epidemiologie bezeichnet man auch Isolate der gleichen Spezies von verschiedenen Patienten als zum gleichen Epidemiestamm gehörend.

Eine offizielle, international gültige Klassifikation der Bakterien gibt es nicht. Deshalb sind vor allem die höheren Taxa oft nach praktischen Gesichtspunkten gruppiert.

Das Standardwerk „Bergey's Manual of Systematic Bacteriology" unterteilt die Welt der Bakterien in **Sektionen**, die nach einigen wichtigen Eigenschaften der in einer Sektion zusammengefaßten Bakterien benannt werden (Tab. 3.**9**).

Nomenklatur

Im „International Code for the Nomenclature of Bacteria" sind die Regeln für die Namengebung der Taxa festgelegt. Eine Art wird mit 2 latinisierten Namen gekennzeichnet, wobei der erste Name die Gattung, der zweite die Spezies charakterisiert. Familien werden mit der Endung „-aceae" bezeichnet. Bezeichnungen, die durch das „International Committee of Systematic Bacteriology" genehmigt wurden, gelten als offiziell und bindend. In der Medizin haben sich oft Trivialnamen eingebürgert, z. B. Gonokokken statt *Neisseria gonorrhoeae* oder Pneumokokken (sogar Pneumo's) anstelle von *Streptococcus pneumoniae*.

Tabelle 3.9 Übersicht über die taxonomische Stellung und Eigenschaften medizinisch wichtiger Bakterien[1]

Familie **Gattung, Art**	**Charakteristische Eigenschaften**	**Klinik**
Sektion 1. Spirochäten. Gramnegative, helikale (spiralig gewundene) Bakterien		
Spirochaetaceae	spiralig gekrümmt, beweglich, schlank	
Treponema pallidum	nur beim Menschen; nicht kultivierbar	Syphilis, 3 Stadien
Borrelia burgdorferi	durch Zecken übertragen; kultivierbar	Lyme-Borreliose, 3 Stadien
Borrelia duttonii, *Borrelia hermsii*	durch Zecken übertragen; Antigen-Variabilität	endemisches Rückfallfieber
Borrelia recurrentis	durch Kleiderläuse übertragen	epidemisches Rückfallfieber
Leptospiraceae	spiralig, beweglich, kultivierbar	
Leptospira interrogans	Serogruppen und Serovare (z. B. icterohaemorrhagiae, pomona, grippotyphosa etc.)	Leptospirose, Morbus Weil
Sektion 2. Aerobe/mikroaerophile, bewegliche, helikale/vibroide (spiralig/kommaförmig gekrümmte), gramnegative Stäbchen		
Campylobacteriaceae (nov. fam.)		
Campylobacter jejuni	schlank, helikal und vibroid; kultivierbar	Enteritis
Campylobacter fetus		verschiedene Infekte, Septikämie, Endokarditis
Helicobacter pylori	helikal; Kultur schwierig; produziert viel Urease	Gastritis Typ B, peptische Ulzera
Sektion 4. Aerobe, gramnegative Stäbchen und Kokken		
Pseudomonadaceae	Stäbchen; beweglich; Oxidase-positiv	nosokomiale Infekte

[1] Modifiziert nach Bergey's Manual of Systematic Bacteriology. Aktueller Stand: 1997. Änderungen möglich, da die Systematik der Bakterien zur Zeit intensiv bearbeitet wird.

Tabelle 3.**9** *Fortsetzung: Taxonomische Stellung medizin. wichtiger Bakterien*

Familie Gattung, Art	Charakteristische Eigenschaften	Klinik
Fortsetzung Sektion 4.		
Pseudomonas aeruginosa *Burkholderia cepacia* *Stenotrophomonas maltophilia*	ubiquitäre Keime; Feuchtbiotope	nosokomiale Infektionen; häufig Mehrfachresistenz gegen Antiinfektiva
Legionellaceae	Stäbchen; beweglich; Spezialmedien für Kultur	
Legionella pneumophila	häufigste Spezies; aquatische Biotope	Legionärskrankheit, Pneumonie
Neisseriaceae	Diplokokken; unbeweglich; Oxidase-positiv	
Neisseria gonorrhoeae	Kokken in Phagozyten; Säure aus Glukose	Gonnorrhö
Neisseria meningitidis	Säure aus Glukose und Maltose	Meningitis/Sepsis
Moraxellaceae	Kokken und Kurzstäbchen	
Moraxella catarrhalis	Normalflora des Respirationstrakts	Sinusitis, Otitis media bei Kindern
Acinetobacter baumanii *Acinetobacter calcoaceticus*	ubiquitäres Vorkommen, Kurzstäbchen	Nosokomiale Infekte; häufig Mehrfachresistenz gegen Antiinfektiva
Genera/Spezies ohne Zuordnung zu einer Familie		
Brucella abortus, Brucella melitensis, Brucella suis, Brucella canis	Kurzstäbchen; intrazelluläre Bakterien; Granulome; Übertragung durch direkten Kontakt oder Lebensmittel	Brucellose (Morbus Bang, Maltafieber) Zoonose
Bordetella pertussis	kokkoide Stäbchen, unbeweglich, nur beim Menschen	Keuchhusten
Francisella tularensis	kokkoide Stäbchen	Tularämie, Zoonose (Nagetiere)

Tabelle 3.9 *Fortsetzung: Taxonomische Stellung medizin. wichtiger Bakterien*

Familie **Gattung, Art**	**Charakteristische Eigenschaften**	**Klinik**
Sektion 5. Fakultativ anaerobe, gramnegative Stäbchen		
Enterobacteriaceae	Habitat: Darm von Tier und Mensch	
Escherichia coli	Laktose-positiv; häufigster bakterieller Erreger; verschiedene Pathovare; Opportunist	nosokomiale Infekte, Enteritis durch EPEC; ETEC; EIEC; EHEC
Salmonella enterica	Laktose-negativ; beweglich; mehr als 2000 Serovare	Typhus; Paratyphus; Enteritis
Shigella spp. (4 Arten)	Laktose-negativ (meist); unbeweglich; O-Serovare	bakterielle Ruhr (Dysenterie)
Klebsiella, Enterobacter, Citrobacter, Proteus, Serratia, Morganella, Providencia und weitere Gattungen	Opportunisten; oft Resistenz gegen Antibiotika	opportunistische, nosokomiale Infekte
Yersinia pestis	bipolare Anfärbung; beweglich; pathogen für Nager	Bubonenpest, Lungenpest, Zoonose
Yersinia enterocolitica	Reservoir sind Wildtiere, Nutztiere, Haustiere	Enteritis, Lymphadenitis
Vibrionaceae	kommaförmig; beweglich; Oxidase-positiv	
Vibrio cholerae	Alkalitoleranz; Exotoxin; Dünndarm	Cholera; massive, wäßrige Diarrhö
Aeromonadaceae		
Aeromonas spp.	in aquatischen Biotopen; Fischinfektionen	gelegentlich Enteritis
Pasteurellaceae		
Pasteurella multocida	pathogen für verschiedene Tiere (Sepsis)	Infekte über Hautverletzungen (selten)
Haemophilus influenzae	X- und V-Faktor für Kultur; Kapsel-Serovar „b“ (Hib)	Meningitis; Infekte der Atemwege

Tabelle 3.9 *Fortsetzung: Taxonomische Stellung medizin. wichtiger Bakterien*

Familie Gattung, Art	Charakteristische Eigenschaften	Klinik
Fortsetzung Sektion 5.		
Genera/Spezies ohne Zuordnung zu einer Familie		
Calymmatobacterium granulomatis	bekapselt, unbeweglich	Granuloma inguinale; Geschlechtskrankheit. In Europa selten
Streptobacillus moniliformis	Normalflora bei Ratten, Mäusen, Katzen	Rattenbißfieber; auch durch *Spirillum minus* (= Sodoku)
Cardiobacterium hominis *Eikenella corrodens* *Gardnerella vaginalis*	normale Schleimhautflora des Menschen; klassische Opportunisten; unbeweglich. *Eikenella corrodens* verursacht Korrosion der Agaroberfläche	verschiedene opportunistische Infekte. *Gardnerella vaginalis* an Vaginose beteiligt
Sektion 6. Anaerobe, gramnegative, gerade, gekrümmte und helikale (spiralige) Stäbchen		
Bacteroidaceae	pleomorph, Normalflora der Mukosa	
Bacteroides, Porphyromonas, Prevotella, Fusobacterium	fakultativ pathogene Bakterien; endogene Infekte. Oft Bestandteil einer aerob/anaeroben Mischflora	nekrotische Abszesse in ZNS, Kopfbereich, Lunge, Abdomen, Genitale
Sektion 9. Rickettsien, Bartonellen und Chlamydien (gramnegativ)		
Rickettsiaceae	kleine Kurzstäbchen; intrazellulär	Rickettsiosen
Rickettsia prowazekii	durch Kleiderläuse übertragen	Fleckfieber
Coxiella burnetii	Reservoir: Schaf, Rind, Nager. Infektion durch Inhalation	Q-Fieber (Pneumonie)
Ehrlichia chaffeensis	Übertragung durch Zecken	Fieber; Kopfweh; Gelenk- und Muskelschmerzen; Erbrechen
Bartonellaceae	Kurzstäbchen	
Bartonella bacilliformis	Tropismus für Erythrozyten/Endothelien	Oroya-Fieber und Verruga peruana

Tabelle 3.9 *Fortsetzung: Taxonomische Stellung medizin. wichtiger Bakterien*

Familie Gattung, Art	Charakteristische Eigenschaften	Klinik
Fortsetzung Sektion 9.		
Bartonella henselae	tierisches Reservoir (Katzen)	Septikämie, Angiomatose, Purpura bei Immunsupprimierten (AIDS); Katzen-Kratz-Krankheit bei Immunkompetenten
Bartonella quintana	Übertragung durch Kleiderlaus	Fünftagefieber
Afipia felis	unklare taxonomische Stellung	Katzen-Kratz-Krankheit (selten)
Chlamydiaceae	obligat intrazellulär; Vermehrungszyklus	
Chlamydia trachomatis	Biovare „trachoma" und „lymphogranuloma venerum"	Trachom; Einschluß-Konjunktivitis, Urethritis (unspezifisch), Lymphogranuloma venereum
Chlamydia psittaci	Reservoir: Infizierte Vögel; Infektion durch Inhalation	Ornithose (Pneumonie)
Chlamydia pneumoniae	nur beim Menschen; aerogene Übertragung	Infekte der Atemwege; oft subakut. Arteriosklerose?
Sektion 10. Mykoplasmen (Bakterien ohne Zellwand)		
Mycoplasmataceae	pleomorph; kein Murein, deshalb Resistenz gegen zellwandaktive Antibiotika	
Mycoplasma pneumoniae	Reservoir ist der Mensch; aerogene Infektion	Pneumonie (oft atypisch)
Ureaplasma urealyticum *Mycoplasma hominis*	Bestandteil der Normalflora; meist endogene Infektion	Urethritis (unspezifisch)

Tabelle 3.9 *Fortsetzung: Taxonomische Stellung medizin. wichtiger Bakterien*

Familie Gattung, Art	Charakteristische Eigenschaften	Klinik
Sektion 12. Grampositive Kokken		
Micrococcaceae	Haufenkokken; unbeweglich; Katalase-positiv	
Staphylococcus aureus	Koagulase-positiv; gelbpigmentierte Kolonien	pyogene Infekte, Toxikosen
Staphylococcus epidermidis	Koagulase-negativ; weißliche Kolonien; Normalflora	Fremdkörper-assoziierte Infekte
Staphylococcus saprophyticus	Koagulase-negativ	Harnwegsinfekte bei jungen Frauen
Genera/Spezies ohne Zuordnung zu einer Familie. Katalase-negativ		
Streptococcus pyogenes	Ketten-Kokken; Lancefield-Gruppe A; β-Hämolyse	Tonsillitis, Scharlach, Hautinfekte
Streptococcus pneumoniae	Diplokokken; kein Gruppen-Antigen; α-Hämolyse	Pneumonie, Otitis media, Sinusitis
Streptococcus agalactiae	Kettenkokken; Gruppen-Antigen B; β-Hämolyse	Meningitis/Sepsis des Neugeborenen
Enterococcus faecalis *Enterococcus faecium*	Aesculin positiv; Wachstum in 6,5% NaCl, pH 9,6	opportunistische Infekte
Sektion 13. Sporenbildende, grampositive Stäbchen		
Bacillus anthracis	unbeweglich; ubiquitär; aerob	Milzbrand (= Anthrax)
Clostridium tetani	beweglich; anaerob; Tetanospasmin; Vorderhörner	Wundstarrkrampf (= Tetanus)
Clostridium botulinum	beweglich; anaerob; Neurotoxine A–G; motorische Endplatte	Botulismus, meist reine Intoxikation
Clostridium perfringens	unbeweglich; anaerob; Exotoxine und Exoenzyme	Gasbrand, Gasgangrän
Clostridium difficile	beweglich; anaerob; Enterotoxin (Toxin A), Cytotoxin (Toxin B)	pseudomembranöse Kolitis
Sektion 14. Regelmäßig geformte, nichtsporenbildende, grampositive Stäbchen		
Listeria monocytogenes	zarte Stäbchen; β-Hämolyse; beweglich bei 20 °C; ubiquitär (Erdboden)	Meningitis, Sepsis (Neugeborene, Immunsupprimierte)

3

Tabelle 3.**9** *Fortsetzung: Taxonomische Stellung medizin. wichtiger Bakterien*

Familie Gattung, Art	**Charakteristische Eigenschaften**	**Klinik**
Fortsetzung Sektion 14.		
Erysipelothrix rhusiopathiae	Infektionsquelle: erkrankte Schweine	Erysipeloid (selten), Zoonose
Sektion 15. Unregelmäßig geformte, nichtsporenbildende, grampositive Stäbchen		
Corynebacterium diphtheriae	Keulenform; Pleomorphie; Lagerung; Diphtherietoxin	Diphtherie (Rachen, Nase, Wunde)
Actinomyces israelii	Filamente (auch verzweigt); Normalflora; anaerob	Aktinomykose (Begleitbakterien)
Sektion 16. Mykobakterien (säurefeste Stäbchen)		
Mycobacteriaceae	zarte Stäbchen; Anfärbung nach Ziehl-Neelsen; (grampositiv); aerob	
Mycobacterium tuberculosis	langsames Wachstum (Kultur 3 – 6 – 8 Wochen)	Tuberkulose (Lunge, extrapulmonal)
Mycobacterium leprae	Kultur in vitro nicht möglich	Lepra (lepromatös, tuberkuloid)
Nichttuberkulöse Mykobakterien (z. B. *Mycobacterium avium/intracellulare* und zahlreiche weitere Arten)	geringe Pathogenität; Opportunisten	Infektionen bei Immunsupprimierten (AIDS)
Sektion 17. Nokardiaforme, grampositive Stäbchen		
Nocardia asteroides *Nocardia brasiliensis*	feine, manchmal verzweigte Stäbchen; obligat aerob; Habitat: Umwelt	pulmonale, systemische und Oberflächen- (Haut-) Nokardiosen

4 Bakterien als Krankheitserreger

F. H. Kayser

Staphylococcus

Staphylokokken sind grampositive, sich in Haufen oder Trauben anordnende Kokken. Sie können auf gewöhnlichen Nährmedien aerob und anaerob kultiviert werden. Die für die Humanmedizin wichtigste Spezies ist *S. aureus*. Die klinische Symptomatik von Infekten durch diesen Erreger wird durch eine Reihe von extrazellulären Enzymen und Exotoxinen bestimmt wie Koagulase, Alphatoxin, Leucocidin, Exfoliatine, Enterotoxine, Toxischer-Schock-Toxin. Die Krankheiten können in invasive Infektionen, in reine Toxikosen sowie in Mischformen unterteilt werden. Die Antibiotika der Wahl für die Therapie sind penicillinasefeste Penicilline. Die Labordiagnose umfaßt den mikroskopischen und kulturellen Nachweis des Erregers. *S. aureus* ist ein häufiger Erreger nosokomialer Infektionen, die auch in Form von Kleinepidemien auftreten können. Die wichtigste Maßnahme zur Prophylaxe im Krankenhaus ist das Händewaschen des Medizinalpersonals.

Koagulasenegative Staphylokokken sind klassische Opportunisten. *S. epidermidis* und weitere Arten verursachen aufgrund ihrer Fähigkeit, auf der Oberfläche von Fremdkörpern einen Biofilm auszubilden, fremdkörperassoziierte Infekte. *S. saprophyticus* ist für 10–20 % der akuten Harnwegsinfekte bei jungen Frauen verantwortlich.

Staphylokokken gehören zur Familie der *Micrococcaceae*, die in der Gruppe der grampositiven Kokken (s. Tab. 3.**9**, S. 219) zusammengefaßt werden. Es handelt sich um kleine (1 µm), kugelige bis ovale Zellen, die sich in Haufen bzw. Trauben anordnen. Staphylokokken sind unbeweglich und bilden Katalase. Die Gattung *Staphylococcus* enthält über 30 Spezies und Subspezies. Für die Medizin am wichtigsten sind die in Tab. 4.**1** in Kurzform dargestellten Arten. *S. aureus* gehört zusammen mit *E. coli* zu den häufigsten Erregern bakterieller Infekte des Menschen.

Tabelle 4.1 Überblick über die wichtigsten beim Menschen vorkommenden Staphylokkokenarten

Spezies	Eigenschaften
S. aureus	koagulasepositiv; Kolonien goldgelb gefärbt. Invasive lokale, eitrige Infekte: Furunkel, Karbunkel, Impetigo, Wundinfekt, Sinusitis, Otitis media, Mastitis puerperalis, Ostitis, Pneumonie nach Influenza, Sepsis. Toxinbedingte Krankheiten: Lebensmittelintoxikation, Dermatitis exfoliativa, Toxischer-Schock-Syndrom
S. epidermidis	koagulasenegativ; novobiocinempfindlich; häufigster Erreger der KNS*; Opportunist; Prädisposition des Wirts Voraussetzung; fremdkörperassoziierte Infekte mit diskreter klinischer Symptomatik
S. saprophyticus	koagulasenegativ; novobiocinresistent. Harnwegsinfekte bei jungen Frauen (10–20 %); gelegentlich unspezifische Urethritis des Mannes

* KNS: koagulasenegative Staphylokokken

Staphylococcus aureus

Morphologie und Kultur. Es handelt sich bei *S. aureus* um grampositive, meist in Haufen oder Trauben gelagerte, unbewegliche Kokken (Abb. 4.**1a**).

Der Keim ist ein fakultativer Anaerobier, der sich auf gewöhnlichen Nährmedien bei 37 °C leicht kultivieren läßt. Nach 24 h Bebrütung entwickeln sich porzellanartig aussehende, konvex gewölbte Kolonien, die häufig gelblich pigmentiert sind (Abb. 4.**1b**). Oft finden sich Hämolysezonen um die Kolonien.

Feinstruktur. Die Zellwand besteht aus einem viele Schichten dicken Murein. Mit dem Polysaccharid des Mureins sind lineare Teichonsäuren und Polysaccharide kovalent verbunden (Abb. 3.**10**, S. 147). In der Zellmembran sind die Lipoteichonsäuren verankert, die die gesamte Mureinschicht durchziehen und über diese nach außen ragen. Teichonsäuren und Lipoteichonsäuren können Komplement auf dem alternativen Weg aktivieren und Makrophagen zur Sekretion von Zytokinen stimulieren. Über eine Peptidbindung sind zellwandassoziierte Proteine an den Peptidanteil des Mureins gebunden. Der „Clumping factor", das Fibronektin-Bindeprotein sowie das Kollagen-Bindeprotein können spezifisch an Fibrinogen, Fibronektin und Kollagen binden und sind für die Adhärenz an Gewebe und an Fremdkörper, die mit den entsprechenden Matrixproteinen bedeckt sind, verantwortlich. Protein A bindet

Staphylococcus aureus

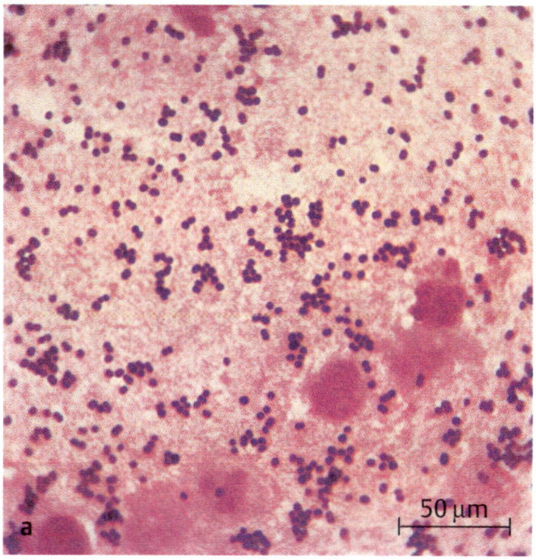

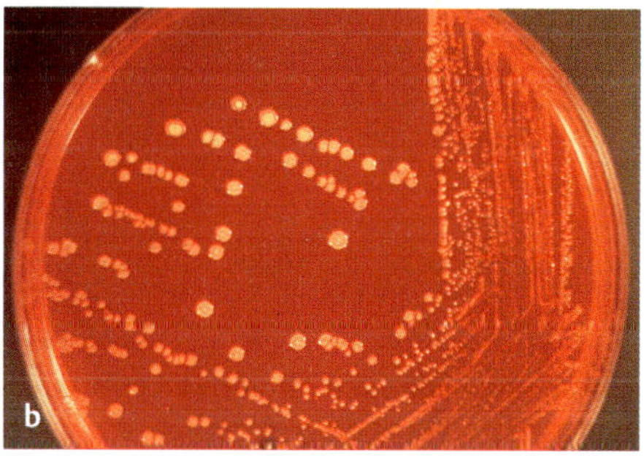

Abb. 4.1 **a** Gram-Färbung eines Eiterpräparats: Gram-positive Kokken, z. T. in Haufen. Klinische Diagnose: Furunkulose.
b Kultur auf Blutagar: Konvex gewölbte, gelblich pigmentierte Kolonien mit porzellanartiger Oberfläche.

an den Fc-Anteil von Immunglobulinen (IgG). Es wird angenommen, daß die „falsche" Bindung von Immunglobulinen durch Protein A die „richtige" Bindung von opsonisierenden Antikörpern verhindert und so die Phagozytose erschwert wird. Einige *S. aureus*-Stämme produzieren eine aus Polysacchariden bestehende Kapsel, die ebenfalls antiphagozytär wirkt.

Extrazelluläre Toxine und Enzyme. *S. aureus* sezerniert zahlreiche Enzyme und Toxine, die neben den oben geschilderten Pathogenitätsdeterminanten der Feinstrukturen die Pathogenese der Infekte erklären.

- Die **Plasmakoagulase** ist ein Enzym mit Thrombinfunktion, d. h., sie wandelt Fibrinogen in Fibrin um.

- Das **Leukocidin** degranuliert Mikrophagen und Makrophagen.
- Die **Exfoliatine** sind für eine Epidermolyse verantwortlich.
- Fünf serologisch unterscheidbare **Enterotoxine** (A–E) bedingen die Symptome von Lebensmittelintoxikationen. Diese Proteine (MG: 35 kDa) werden durch Erhitzen während 15–30 min auf 100 °C nicht inaktiviert. Staphylokokken-Enterotoxine sind Superantigene (s. S. 73).
- Das **Toxischer-Schock-Syndrom-Toxin**-1 (TSST-1) wird von ungefähr 1 % der Stämme produziert. Es ist ebenfalls ein Superantigen, das die klonale Expansion zahlreicher T-Lymphozyten (1 unter 10) induziert, was wiederum zur massiven Produktion von Zytokinen führt. Diese rufen dann die klinische Symptomatik des toxischen Schocks hervor.

Pathogenese und Krankheitsbilder. Hinsichtlich Pathogenese und Symptomatik lassen sich Erkrankungen durch *S. aureus* in 3 Gruppen einteilen. In der Pathogenese der jeweiligen Infekte spielen die oben aufgezählten Pathogenitätsfaktoren eine Rolle, die zumeist zusammenwirken, gelegentlich aber auch allein für die Symptomatik verantwortlich sind.

- **Invasive Infektionen.** Die Erreger zeigen die Tendenz, am Ort des Eindringens über Haut oder Schleimhäute zu verbleiben und lokale, mit Eiterbildung einhergehende Infekte zu verursachen. Beispiele sind: Furunkel (Abb. 4.**2**), Karbunkel, Wundinfekte, Sinusitiden, Otitis media, Mastitis puerperalis.

  Weitere invasive Infekte sind: die postoperative oder posttraumatische Ostitis/Osteomyelitis; die Endokarditis nach Operationen am Herzen, vor allem nach Klappenersatz; die Pneumonie im Anschluß an eine Influenza; die Sepsis bei abwehrgeschwächten Patienten. ***S. aureus*** und ***E. coli***

Furunkulose

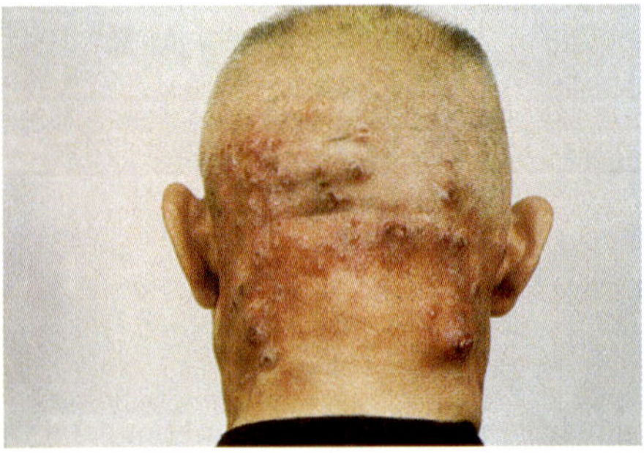

Abb. 4.**2** Furunkulose bei einem Patienten mit Diabetes mellitus Typ II.

verursachen zu ungefähr gleichen Teilen fast die Hälfte aller Sepsen bei hospitalisierten Patienten.

Fremdkörper, wie z. B. intravasale Katheter, Katheter für die „kontinuierliche, ambulante Peritonealdialyse (CAPD)", Endoprothesen, Shuntventile, können durch *S. aureus* kolonisiert werden. Die Besiedelung beginnt mit der spezifischen Bindung der Staphylokokken mit Hilfe zellwandassoziierter Haftprothese an Fibrinogen oder Fibronektin, die die Fremdkörper überziehen. In der Folge entsteht ein Biofilm (s. S. 150f.), der einen Streuherd darstellen kann.

- **Toxikosen.** Lebensmittelintoxikationen kommen durch Einnahme von Speisen zustande, die durch Enterotoxine kontaminiert sind. Wenige Stunden nach Einnahme der Speisen beginnt die Erkrankung mit Übelkeit, Erbrechen und massiven Diarrhöen.
- **Mischformen.** Die *Dermatitis exfoliativa* (staphylococcal scalded skin syndrome; Ritter-Erkrankung), der *Pemphigus neonatorum* und die bullöse Impetigo werden durch exfoliatinproduzierende Stämme hervorgerufen, die oberflächlich die Haut infizieren.

  Das *Toxischer-Schock-Syndrom* (TTS) wird durch *S. aureus*-Stämme verursacht, die das TSST-1 (s. oben) produzieren. Diese Stämme können klinisch manifeste Infekte verursachen, aber auch nur auf Schleimhäuten siedeln. Wichtigste Symptome sind Hypotension, Fieber und ein scharlachartiges Exanthem.

Diagnose. Diese umfaßt den mikroskopischen und kulturellen Nachweis des Erregers. Die Abtrennung von *S. aureus* zu den koagulasenegativen Arten erfolgt durch Nachweis der Plasmakoagulase und/oder des „Clumping factors". Enterotoxine sowie das TSST-1 können mit immunologischen Methoden (Speziallabors) bestimmt werden.

Plasmakoagulase- und „Clumping-Factor"-Test

- Zum Nachweis der Plasmakoagulase werden mehrere Kolonien in 0,5 ml Kaninchenplasma verrieben, das beimpfte Plasma 1, 4 und 24 h inkubiert und Koagulation registriert.
- Beim „Clumping-Factor"-Test wird Material von Kolonien in einem auf einem Objektträger deponierten Tropfen Kaninchenplasma verrieben. Makroskopisch sichtbare Verklumpung beweist die Anwesenheit des Faktors.

Therapie. Neben chirurgischen Maßnahmen beruht die Therapie auf der Gabe von Antibiotika. Mittel der Wahl bei schweren Infektionen sind die penicillinasefesten Penicilline, da 70–80% aller Stämme Penicillinase bilden.

Diese Penicilline wirken jedoch nicht gegen methicillinresistente Stämme, eine Resistenz, die sich auf alle Betalactame erstreckt. Gegen multiresistente Stämme sind die Glykopeptide Vancomycin bzw. Teicoplanin indiziert. Die Bildung von TSST-1 wird durch kleine Dosen Clindamycin gehemmt.

Epidemiologie und Prophylaxe. *S. aureus* besiedelt häufig Haut und Schleimhäute. Hohe Keimträgerraten (bis zu 80%) sind bei Krankenhauspatienten und bei Personen, die im Krankenhaus arbeiten, die Regel. Bei diesen ist vor allem die Schleimhaut des vorderen Nasenbereichs besiedelt. Von hier können die Erreger über die Hand, gelegentlich auch über Staub in der Luft, auf Anfällige übertragen werden.

S. aureus ist ein häufiger Erreger nosokomialer Infekte (s. S. 345f.). Im Krankenhaus können bestimmte Stämme sogar epidemisch auftreten. Für die Abklärung von Epidemien müssen Isolate, die mit der Epidemie etwas zu tun haben, von anderen Stämmen der ubiquitären Spezies abgetrennt werden können. Dazu dient die Lysotypie (s. S. 180), bei der die Empfindlichkeit gegenüber Testbakteriophagen untersucht wird. Eine moderne Methode der Typisierung ist die Bestimmung des Längenpolymorphismus der genomischen DNA nach Verdau mit Restriktionsendonukleasen.

Die wichtigste prophylaktische Maßnahme im Krankenhaus ist das gründliche Händewaschen vor medizinischen und pflegerischen Eingriffen. Eine Sanierung von Keimträgern kann mit intranasaler Applikation von Antibiotika (Mupirocin) versucht werden.

Koagulasenegative Staphylokokken (KNS)

KNS gehören zur Normalflora von Haut und Schleimhäuten. Sie sind klassische Opportunisten, die nur bei entsprechender Disposition Krankheiten verursachen.

- ***S. epidermidis.*** Es handelt sich um die am häufigsten angetroffene Spezies (70–80%) bei Infekten durch KNS. KNS verursachen vor allem fremdkörperassoziierte Infektionen. Beispiele von Fremdkörpern sind: intravasale Katheter, Katheter für die „kontinuierliche, ambulante Peritonealdialyse (CAPD)“, Endoprothesen, Metallplatten und Schrauben bei Osteosynthesen, Herzschrittmacher, künstliche Herzklappen, Shuntventile. Die Infekte kommen dadurch zustande, daß die Fremdkörper im Makroorganismus durch Matrixproteine (z. B. Fibrinogen, Fibronektin) bedeckt werden, an die Staphylokokken mit bestimmten Zellwandproteinen spezifisch binden können. Sie vermehren sich dann auf der Oberfläche und produzieren dabei eine Polymersubstanz, die Grundlage des entstehenden Biofilms. In der Tiefe des Biobelages sind die Staphylokokken weitgehend vor Antibiotika sowie dem Immunsystem geschützt. Die

Biofilme stellen Herde dar, von denen aus die Staphylokokken ins Blut geschwemmt werden und diskrete, sepsisartige Krankheitsbilder verursachen. Meist ist die Entfernung des Fremdkörpers notwendig.

- ***S. saprophyticus*** ist für 10 – 20 % der akuten Harnwegsinfekte, vor allem der Dysurie, bei jungen Frauen und für einen kleinen Teil der unspezifischen Urethritis bei sexuell aktiven Männern verantwortlich.

Eine Antibiotikatherapie bei Infekten durch KNS ist oft problematisch, da diese Staphylokokken häufig Multiresistenz aufweisen. Das gilt vor allem für die relativ seltene Art *S. haemolyticus*.

4

Streptococcus und Enterococcus

Streptokokken sind grampositive, sich in Ketten oder als Pärchen anordnende, unbewegliche, katalasenegative, fakultativ anaerobe Kokken. Sie werden aufgrund ihres Hämolysevermögens (α-, β-, γ-Hämolyse) sowie der Antigenität eines in der Zellwand vorkommenden Kohlenhydrates (Lancefield Antigen) eingeteilt.

Die β-hämolytischen A-Streptokokken (*S. pyogenes*) verursachen die Tonsillopharyngitis sowie lokale Hautinfekte, die Tendenz zur Ausbreitung zeigen. In Abhängigkeit von der Immunitätslage kann es zum Scharlach und zu schweren Infekten wie nekrotisierender Fasziitis, Sepsis oder dem septischen Schock kommen. Eine Autoimmunpathogenese weisen Folgekrankheiten wie das akute rheumatische Fieber und die Glomerulonephritis auf. Die α-hämolytischen Pneumokokken (*S. pneumoniae*) verursachen Infekte des Respirationstraktes. Als Antibiotika der Wahl gelten die Penicilline. Resistenz gegen Penicillin wird bei Pneumokokken beobachtet, ist aber bisher in Deutschland und der Schweiz selten. Die Labordiagnose umfaßt den Nachweis der Erreger im entsprechenden Material. Gegen Pneumokokkeninfekte kann bei gefährdeten Personen eine aktive Schutzimpfung mit einer Vakzine, die aus dem gereinigten Polysaccharid der 23 häufigsten Serovare besteht, durchgeführt werden. Orale Streptokokken sind für die Zahnkaries verantwortlich zu machen. Sie verursachen auch die Hälfte aller Endokarditiden. **Enterokokken** weisen nur geringe Pathogenität auf, sind aber häufig Erreger von nosokomialen Infekten (meist als Teil einer Mischflora) bei abwehrschwachen Patienten.

Streptokokken und Enterokokken sind runde bis ovale, sich in gewundenen Ketten (streptos = gewunden, verdrillt) oder als Diplokokken anordnende, grampositive, unbewegliche, sporenlose Bakterien. Sie produzieren keine

Tabelle 4.2 Übersicht über die wichtigsten Streptokokken und Enterokokken des Menschen

Spezies	**Hämolyse**	**Gruppen-antigen**	**Bemerkungen**
Pyogene, hämolytische Streptokokken			
Streptococcus pyogenes (A-Streptokokken)	β	A	häufiger Erreger beim Menschen; invasive Infekte; Folgekrankheiten
S. agalactiae (B-Streptokokken)	β	B	Meningitis/Sepsis des Neugeborenen; invasive Infekte bei Prädisposition
C-Streptokokken	$\beta(\alpha; \gamma)$	C	selten; eitrige Infekte (ähnlich *S. pyogenes*-Infekten)
G-Streptokokken	β	G	selten; eitrige Infekte (ähnlich *S. pyogenes*-Infekten)
S. pneumoniae	α	–	Pneumokokken; Infekte der Atemwege; Sepsis; Meningitis
S. bovis	$\alpha; \gamma$	D	keine Enterokokken, obwohl Gruppe D; seltener Sepsiserreger; bei Isolierung aus Blut nach pathologischen Prozessen des Kolons fahnden
Orale Streptokokken			
S. salivarius *S. sanguis* *S, mutans* *S. mitis* *S. anginosus* *S. constellatus* *S. intermedius* etc.	$\alpha; \gamma$ } *S. milleri*-Gruppe (*S. anginosus*, *S. constellatus*, *S. intermedius*)	gelegentlich A, C, E, F, G, H, K nachweisbar	vergrünende (Viridans-) S.; Vorkommen in Mundhöhle; Endokarditis; eitrige Abszesse (*S. milleri*); Karies (*S. mutans; S. sanguis; S. mitis*)
Enterokokken (Enterococcus)			
E. faecalis *E. faecium*	$\alpha; \gamma; (\beta)$ α	D D	Vorkommen im Darm von Tier und Mensch; geringe Pathogenität; Endokarditis; nosokomiale Infekte. Dabei oft Bestandteil einer Mischflora

Katalase. Die meisten sind Bestandteil der Normalflora der Schleimhäute. Einige können typische Infekte hervorrufen.

Klassifikation. Die beiden Gattungen, die früher in einem einzigen Genus zusammengefaßt waren, setzen sich aus zahlreichen Arten zusammen (Tab. 4.**2**). Aus praktischen Gründen wird in der Medizin eine Einteilung gebraucht, die auf dem Hämolysevermögen und der Antigenstruktur beruht.

- **α-Hämolyse.** Kolonien auf Blutagar sind von einer grünen Zone umgeben. Die Erythrozytenmembranen sind weitgehend intakt. Die Vergrünung kommt durch Reduktion des Hämoglobins zu einer biliverdinähnlichen Verbindung zustande.
- **β-Hämolyse.** Kolonien auf Blutagar sind von einem großen, gelblichen Hämolysehof umgeben, in dem keine intakten Erythrozyten mehr vorhanden sind und das Hämoglobin abgebaut ist.
- **γ-Hämolyse.** Dieser (unlogische) Begriff kennzeichnet die Abwesenheit makroskopisch sichtbarer Hämolysezonen.
- **Lancefield-Gruppierung.** Viele Streptokokken und Enterokokken besitzen ein in der Zellwand lokalisiertes Antigen, das als Lancefield-Antigen bezeichnet wird. Aufgrund der unterschiedlichen Antigenität dieses Antigens werden diese Bakterien in die Lancefield-Gruppen A – V gruppiert. Das Lancefield-Antigen ist ein polymeres Kohlenhydrat bzw., im Falle des Antigens D, eine Lipoteichonsäure.

Enterokokken unterscheiden sich von den Streptokokken dadurch, daß sie sich auch in Anwesenheit von 6,5 % NaCl und bei einem pH-Wert von 9,6 vermehren können.

Streptococcus pyogenes (A-Streptokokken)

Morphologie und Kultur. Grampositive Kettenkokken mit einem Durchmesser von 1 μm (Abb. 4.**3a**). Kultur am besten auf Blutagar. Nach 18 h entstehen kleine, grauweißliche, von einer großen β-Hämolysezone umgebene Kolonien (Abb. 4.**3b**). Die β-Hämolyse beruht auf den Streptolysinen. Sie prägt sich in einer 5 %igen CO_2-Atmosphäre optimal aus.

Feinstruktur. Auf die Mureinschicht der Zellwand folgt die aus der C-Substanz bestehende, mit dem Murein kovalent verknüpfte Antigenschicht der Serogruppe A. Im Murein der Zellwand sind lange, verzwirnte Proteinfäden verankert, die über die Zelle nach außen ragen: das M-Protein. Die Chemie des M-Proteins erlaubt die Einteilung der A-Streptokokken in 80 Serovare. Das M-Protein hat antiphagozytäre Wirkung, wie auch die bei

Streptococcus pyogenes

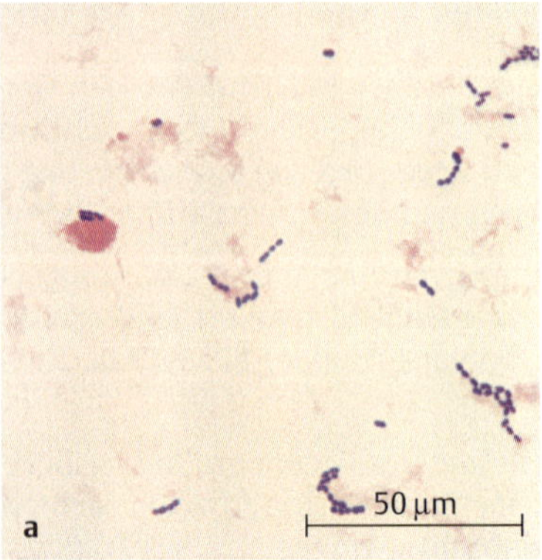

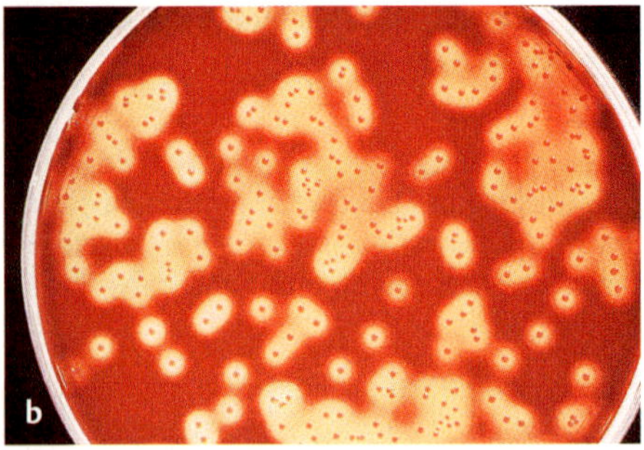

Abb. 4.3 **a** Gram-Färbung eines Präparats aus Pleurapunktat: Gram-positive Kokken in gewundenen Ketten.
b Kultur auf Blutagar: Kleine, weißlich-graue, von einer großen β-Hämolysezone umgebene Kolonien.

einigen Stämmen vorkommende Hyaluronsäurekapsel (= molekulare Mimikry).

Extrazelluläre Toxine und Enzyme. Die für die Pathogenese wichtigsten sind:

- **Streptolysin O, Streptolysin S.** Zerstören die Membran von Erythrozyten und weiteren Zellen. O-Streptolysin wirkt als Antigen. Abgelaufene Infekte können durch Messen von Antikörpern gegen dieses Toxin nachgewiesen werden.
- **Pyrogene Streptokokken-Exotoxine (PSE) A, B, C.** Verantwortlich für Fieber; Scharlach-Exanthem und -Enanthem; Toxischer-Schock-Syndrom. Die pyrogenen Exotoxine sind Superantigene (S. ▪).
- **Streptokinase.** Löst Fibrin auf; fördert die Ausbreitung von Streptokokken im Gewebe.

- **Hyaluronidase.** Wirkt auf Hyaluronsäure; Auflösung von Gewebe.
- **DNasen.** Abbau von DNA; dünnflüssiger Eiter.

Pathogenese und Krankheitsbilder. Streptokokkenkrankheiten können in akute, invasive Infektionen sowie in Folgekrankheiten unterteilt werden.

- **Invasive Infekte.** Die Erreger dringen über (Mikro)Traumen der Haut oder der Schleimhäute ein und verursachen lokale Infekte, z. B. ein Erysipel (Abb. 4.**4b**). Je nach Abwehrlage des Wirts kann es, ausgehend von diesen lokalen Infektionsherden, zur massiven Ausbreitung im Gewebe (nekrotisierende Fasciitis), zur Sepsis oder zur schwersten Komplikation, zum septischen Schock, kommen. Eine mögliche vereinfachte Erklärung über das Zustandekommen der verschiedenen Krankheitsbilder zeigt Abb. 4.**4a**. Wahrscheinlich ist die Pathogenese in Wirklichkeit viel komplexer.
- **Folgekrankheiten.** Die Glomerulonephritis ist eine Immunkomplexkrankheit (S. 112), das akute rheumatische Fieber eine Autoimmunkrankheit (S. 105f.).

4

Diagnose. Sie beinhaltet den mikroskopischen und kulturellen Erregernachweis. Zum Nachweis des Gruppenantigens A dienen mit Antikörpern beschichtete Partikel, die eine Agglutination herbeiführen (Latexagglutination, Coagglutination). Diese Methoden erlauben auch den Direktnachweis von A-Streptokokken in Abstrichmaterial, den der Arzt in der Praxis durchführen kann. Die Sensitivität des Direktnachweises erreicht aber nicht die der Kultur. Die Differenzierung von A-Streptokokken von anderen β-hämolytischen Streptokokken im Labor kann auch mit dem Bacitracin-Disktest durchgeführt werden. A-Streptokokken sind Bacitracin-empfindlich.

Therapie. Mittel der Wahl sind Penicillin G oder V. Resistenz kommt nicht vor. Alternativen sind orale Cephalosporine oder die Makrolid-Antibiotika.

Epidemiologie und Prophylaxe. Die Häufigkeit von Infekten schwankt nach geographischem Gebiet, Jahreszeit und Alter. Der Mensch ist einziges Erregerreservoir. Die Übertragung erfolgt durch direkten Kontakt (Schmierinfektion) oder mit Tröpfchen. Die Inkubationszeit beträgt 1–3 Tage. Die Häufigkeit von Keimträgern bei Kindern beträgt 10–20 %, kann aber je nach epidemiologischer Situation auch bedeutend höher liegen. Keimträger oder Erkrankte sind 24 h nach Beginn der Antibiotikatherapie nicht mehr infektiös. Mikrobiologische Nachkontrolle bei Erkrankten und bei Kontaktpersonen ersten Grades sind (außer bei rheumatischer Anamnese) nicht notwendig.

Infektionen durch *Streptococcus pyogenes*

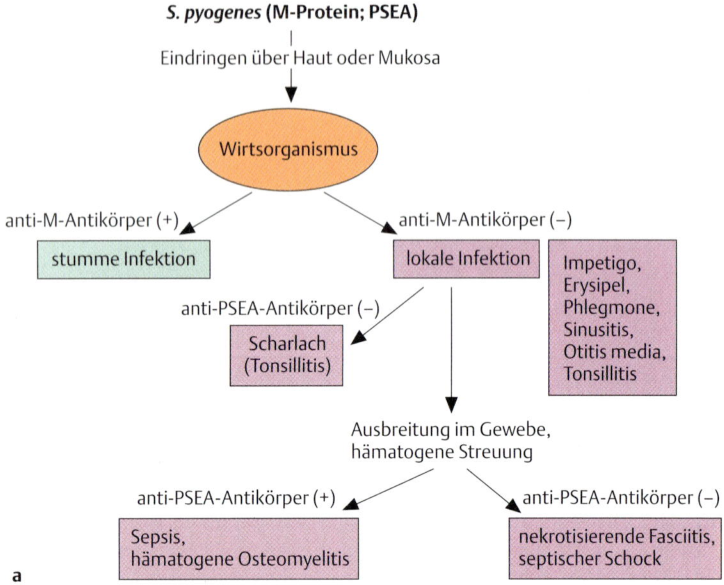

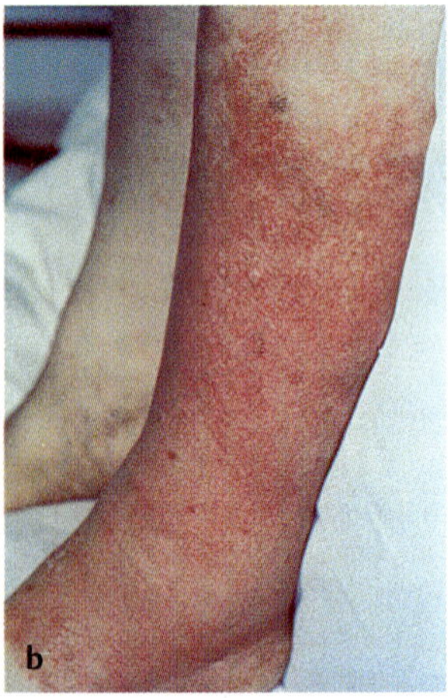

Abb. 4.**4** **a** Pathogenese und Krankheitsbilder von Infektionen durch *S. pyogenes*. (vereinfachtes Schema).
b Durch *S. pyogenes* verursachtes Erysipel.

Bei Personen mit rekurrierenden Infekten und bei Patienten mit einem akuten rheumatischen Fieber in der Anamnese ist eine dauernde Penicillinprophylaxe mit einem Langzeitpenicillin angebracht (z. B. 1,2 Mill. IU Benzathin-Penicillin/Monat).

Streptococcus pneumoniae (Pneumokokken)

Morphologie und Kultur. Pneumokokken sind grampositive, ovale bis lanzettförmige Kokken, die meist als Pärchen oder kurze Ketten vorkommen (Abb. 4.**5a**). Die Zellen sind von einer dicken Kapsel umgeben.

Bei Kultivierung auf Blutagar entwickeln sich schleimig aussehende, α-hämolytische Kolonien (s-Form; Abb. 4.**5b**, s = smooth). Kapsellose Mutanten bilden Kolonien mit rauher Oberfläche (r-Form; r = rough).

Streptococcus pneumoniae

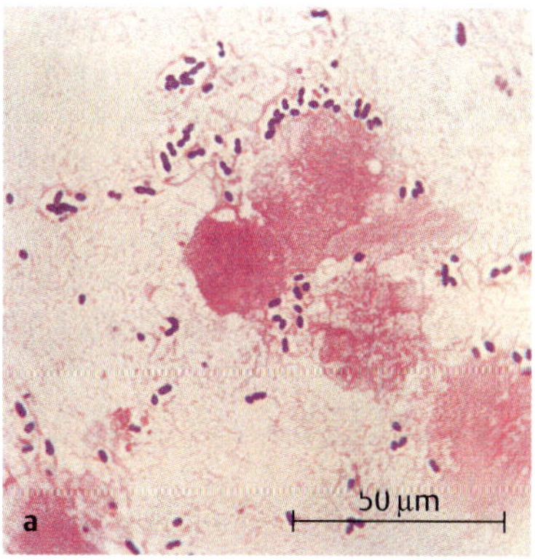

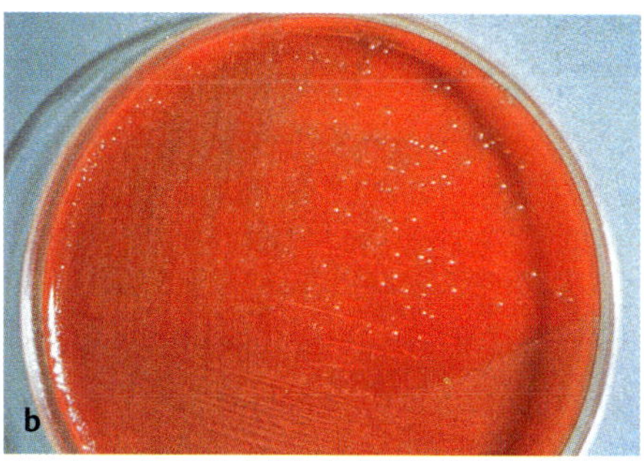

Abb. 4.**5** **a** Gram-Färbung eines Präparats aus Mittelohrsekret: Grampositive, rund-ovale, von einer Kapsel umgebene Kokken. Klinische Diagnose: Otitis media.
b Kultur auf Blutagar: Graue, wenig Eigenfarbe aufweisende, oft schleimige (= Kapsel) Kolonien. Um die Kolonien ist oft eine Vergrünung zu beobachten, hervorgerufen durch α-Hämolyse.

Antigenstruktur. Aufgrund der chemischen Feinstruktur der Kapselpolysaccharide, die als Antigene wirken, werden die Pneumokokken in 90 Serovare unterteilt. Das Kapselantigen kann mit spezifischen Antiseren in einer Reaktion bestimmt werden, die man als Kapselquellungsreaktion bezeichnet.

Pathogenese und Krankheitsbilder. Die wichtigste Determinante der Virulenz der Pneumokokken ist die Kapsel, die die Erreger vor der Phagozytose schützt. Kapsellose Varianten können keine Krankheit hervorrufen. Mögliche weitere Virulenzfaktoren sind das Pneumolysin, das Membranwirkung aufweist, sowie eine IgA_1-Protease.

Das natürliche Habitat der Pneumokokken ist die Schleimhaut des oberen Respirationstraktes. Ungefähr 40–70% gesunder Erwachsener sind Keimträger. Pneumokokkeninfektionen gehen in der Regel von der eigenen Flora aus (endogene Infekte). Prädisponierende Faktoren sind kardiopulmonale Grundleiden, vorausgegangene Infektionen (z.B. Influenza), Milzexstirpation, Komplementdefekte.

Die wichtigsten Pneumokokkeninfektionen sind die **Lobärpneumonie** und die **Bronchopneumonie**. Weitere Infekte sind die akute Exazerbation bei der chronischen Bronchitis, die Otitis media, Sinusitiden, die Meningitis, das Ulcus corneae. Schwere Pneumokokkeninfekte gehen häufig mit einer Sepsis einher.

Diagnose. Die Labordiagnose beinhaltet den mikroskopischen und kulturellen Erregernachweis in entsprechenden Untersuchungsproben. Die Abtrennung der Pneumokokken von anderen α-hämolytischen Streptokokken kann aufgrund ihrer größeren Empfindlichkeit gegen Optochin (Ätylhydrocuprein) im Disktest oder durch den Nachweis der Gallelöslichkeit erfolgen. Gallensalze steigern die Autolyse der Zellen.

Therapie. Das Antibiotikum der Wahl ist noch immer das Penicillin. In letzter Zeit wurde auf das gehäufte Vorkommen penicillinresistenter Stämme hingewiesen (Südafrika, Spanien, Ungarn). In Mitteleuropa werden diese Stämme noch selten (5–10 %) beobachtet. Alternativen zum Penicillin sind die Makrolid-Antibiotika.

Die Penicillinresistenz beruht nicht auf Penicillinase, sondern auf modifizierten Penicillin-Bindeproteinen (PBPs), die eine geringere Affinität und Empfindlichkeit zu den Penicillinen aufweisen. Die PBPs sind für die Biosynthese des Mureins notwendig. Diese Art der Penicillinresistenz erstreckt sich auch auf die Cephalosporine.

Epidemiologie und Prophylaxe. Pneumokokkeninfektionen kommen endemisch vor, zu allen Jahreszeiten, häufiger bei alten Menschen. Der Mensch ist natürliches Erregerreservoir.

Für die Immunisierungsprophylaxe steht der Impfstoff Pneumovax zur Verfügung. Er enthält je 25 mg der gereinigten Kapselpolysaccharide von 23 der am häufigsten vorkommenden Serovare. 80–90% aller isolierten Pneumokokken in den USA und in Europa weisen Kapselantigene auf, die im Impfstoff enthalten sind. Die Impfung ist vor allem bei Personen mit prädisponierenden Grundleiden angezeigt. Eine Expositionsprophylaxe ist nicht nötig.

Streptococcus agalactiae (B-Streptokokken)

B-Streptokokken verursachen gelegentlich nur bei abwehrgeschwächten Individuen Infekte der Haut und des Bindegewebes, Sepsen, Harnwegsinfekte, Pneumonien und Peritonitiden. Beim Neugeborenen tritt mit einer Häufigkeit von ungefähr 1/1000 Geburten eine Sepsis mit oder ohne Meningitis auf. Diese Infektionen manifestieren sich in den ersten Lebenstagen (early onset type) oder den ersten Lebenswochen (late onset type). Bei der frühen Manifestation erfolgt die Infektion intra partum durch B-Streptokokken, die in der Vagina siedeln. Prädisponierende Faktoren sind Geburtskomplikationen, vorzeitiger Geburtstermin und Fehlen von Antikörpern gegen die Kapsel bei Mutter und Neugeborenem. Zur Therapie wird Penicillin G kombiniert mit Gentamicin empfohlen.

4

Orale Streptokokken

Die oft auch als Viridans-Gruppe bezeichneten Streptokokken der Mundhöhle weisen nicht regelmäßig ein Gruppenantigen auf, obwohl einige Stämme mit verschiedenen Gruppenantiseren reagieren können. Sie verursachen meist α-, manche auch γ-Hämolyse.

Orale Streptokokken sind für 50–70% aller bakteriellen **Endokarditiden** verantwortlich, die insgesamt in einer Häufigkeit von 1–2 Fällen/100 000/Jahr beobachtet werden. Die Endokarditis entsteht dadurch, daß die Keime über Läsionen der Schleimhaut der Mundhöhle in das Gefäßsystem eindringen. Es kommt zu einer transitorischen Bakteriämie und – vom Blut des Herzvolumens aus – zu einer Kolonisierung der Klappen. Prädisponierende Faktoren sind angeborene Herzfehler, rheumatische Endokarditiden, Herzchirurgie, vernarbte Herzklappen. Die Labordiagnose der Endokarditis umfaßt die Isolierung des Erregers aus Blutkulturen. Zur Therapie wird Penicillin G allein oder kombiniert mit einem Aminoglykosid während 4 Wochen empfohlen. Ausschlaggebend ist bakterizide Aktivität.

S. mutans, *S. sanguis* und *S. mitis* sind, neben *Actinomyces viscosus* und *A. naeslundii*, für die **Zahnkaries** verantwortlich (Abb. 4.**6**). Die genannten Streptokokken können sich an den Zahnschmelz überziehende Matrix-Pro-

Ausgeprägte Zahnkaries

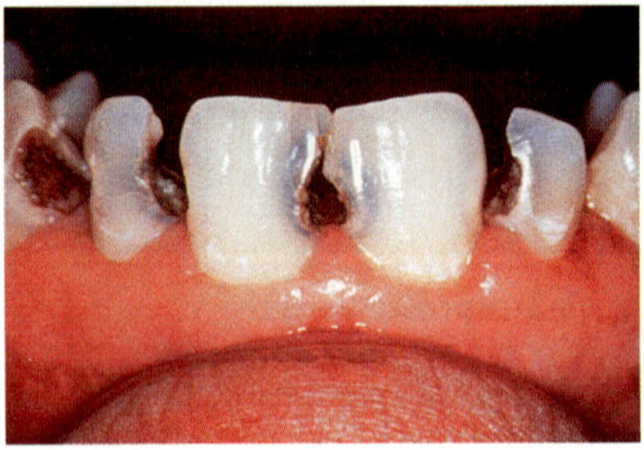

Abb. 4.**6** Für Zahnkaries sind vor allem bestimmte orale Streptokokken verantwortlich.

teine anheften und aus Saccharose extrazelluläre Polysaccharide (Mutan, Dextran, Lävan) aufbauen. Diese klebrigen Substanzen, in die die initiale Bakterienschicht sowie weitere, sekundär sich ansiedelnde Bakterienarten eingebettet sind, bilden den Belag bzw. die Zahnplaque. Als Endprodukt des Stoffwechsels der zahlreichen Plaquebakterien entstehen organische Säuren, die den Zahnschmelz schädigen. Die Kariesbildung im Dentin setzt dann ein.

Enterococcus (Enterokokken)

Der normale Standort der weit verbreiteten Enterokokken ist der Darm von Mensch und Tier. Enterokokken finden sich häufig in Lebensmitteln (Käse, Wurstwaren). Enterokokken sind unbeweglich, Katalase-negativ und weisen das Gruppenantigen D auf. Sie können bei 45 °C, in Gegenwart von 6,5 % NaCl und auch bei einem pH-Wert von 9 wachsen. Enterokokken besitzen als klassische Opportunisten nur ein geringes pathogenes Vermögen. Sie werden aber häufig als Bestandteil einer Mischflora bei nosokomialen Infekten (S. 347) isoliert. Bei 90 % der Isolate handelt es sich dabei um *E. faecalis*, bei 5 – 10 % um *E. faecium*. Eine gefürchtete Enterokokkeninfektion ist die Endokarditis. Zu ihrer Therapie muß ein Aminopenicillin mit Streptomycin oder Gentamicin kombiniert eingesetzt werden. Voraussetzung für den Therapieerfolg ist die bakterizide Wirkung der Kombination. Diese ist nicht gegeben, wenn hohe Resistenz gegen Streptomycin (MHK > 1000 mg/l) oder Gentamicin (MHK > 500 mg/l) oder Resistenz gegen das Aminopenicillin vorliegt. Enterokokken zeigen häufig Resistenzen gegen Antibiotika. Mehrfachresistente Stämme treten vor allem in den Krankenhäusern auf, da Enterokokken klassische Opportunisten sind. In letzter Zeit wurden Epidemien auf Intensivstationen mit Stämmen beobachtet, die gegen alle gängigen Antiinfektiva einschließlich der Glycopeptide Vancomycin und Teicoplanin resistent waren.

Grampositive, anaerobe Kokken

Die grampositiven, strikt anaeroben Kokken werden in den Gattungen *Peptococcus* und *Peptostreptococcus* zusammengefaßt. Erstere enthält als einzige Spezies *Peptococcus niger*, letztere weist zahlreiche Arten auf. Die anaeroben Kokken sind regelmäßiger Bestandteil der Normalflora des Menschen. Als Krankheitserreger werden sie meist nur als Bestandteil von Mischfloren, zusammen mit anderen Anaerobiern oder fakultativen Anaerobiern, gefunden. Über Verletzungen der Haut oder der Schleimhäute dringen sie gemeinsam mit anderen Keimen ins Gewebe ein und verursachen subakute eitrige Infekte. Diese sind entweder im Kopfbereich lokalisiert (Hirnabszeß, Otitis media, Mastoiditis, Sinusitis), können die tieferen Respirationsorgane betreffen (nekrotisierende Pneumonie, Lungenabszeß, Empyem), kommen im Abdominalbereich vor (Appendizitis, Peritonitis, Leberabszeß) oder betreffen das weibliche Genitale (Salpingitis, Endometritis, Ovarial- und Tubarabszeß). Auch an Weichteilinfekten sowie postoperativen Wundinfekten können grampositive anaerobe Kokken beteiligt sein. Weitere Einzelheiten über die Klinik anaerober Infektionen s. S. 320.

4

Bacillus

■ Der natürliche Lebensraum von *Bacillus anthracis*, einem grampositiven, sporenbildenden, obligat aeroben Stäbchen, ist der Erdboden. Der Keim verursacht bei Tieren den **Milzbrand**. Der Mensch infiziert sich an erkrankten Tieren oder an tierischen Produkten, die mit Sporen kontaminiert sind. Je nach Eintrittspforte unterscheidet man den Hautmilzbrand (in 95 %), den primären Lungenmilzbrand und den Darmmilzbrand. Vom primären Infektionsherd aus kann es zur Sepsis kommen. Die Labordiagnose umfaßt den mikroskopischen und kulturellen Nachweis des Erregers in entsprechenden Materialien sowie in Blutkulturen. Die Therapie der Wahl ist das Penicillin G. ■

Die Gattungen *Bacillus* und *Clostridium* gehören zur Familie der *Bacillaceae*, die sporenbildende Bakterien umfaßt. Innerhalb der Gattung *Bacillus* existieren zahlreiche Arten (z. B. *B. cereus, B. subtilis* etc.), deren natürliches Habitat der Erdboden ist. Nur eine Spezies hat veterinärmedizinische und humanmedizinische Bedeutung: *Bacillus anthracis*.

Bacillus anthracis (Milzbrand)

Vorkommen. Der Milzbrand ist eine primär bei Tieren, vor allem den Herbivoren vorkommende Krankheit. Die Erreger werden von Tieren oral mit dem Futter aufgenommen und verursachen ein schweres, septisches Krankheitsbild, das oft den Tod zur Folge hat. Bei der Sektion imponiert die vergrößerte, dunkelrote Milz.

Morphologie und Kultur- Das 1 µm breite und 2–4 µm lange Stäbchen ist unbegeißelt und besitzt eine aus Glutaminsäure-Polypeptid bestehende Kapsel. Die Sporen werden mittelständig gebildet. Der Keim läßt sich ohne Schwierigkeiten in einem aeroben Milieu kultivieren.

Pathogenese und Kranheitsbild. Die Pathogenität von *B. anthracis* beruht einerseits auf der antiphagozytären Kapsel und andererseits auf einem Exotoxin. Dieses ruft Ödeme und Gewebsnekrosen hervor. In höheren Konzentrationen wirkt es letal. Die Infektion des Menschen erfolgt über kranke Tiere oder durch kontaminierte tierische Produkte. Der Milzbrand ist eine Berufskrankheit.

Je nach Eintrittspforte des Erregers unterscheidet man den **Hautmilzbrand**, den primären **Lungen**- oder den **Darmmilzbrand**. Beim Hautmilzbrand (90–95 % der humanen *B. anthracis*-Infekte) dringen die Erreger durch Hautverletzungen ein. Nach 2–3 Tagen entsteht lokal ein Infektionsherd, der Ähnlichkeit mit einem Karbunkel hat. Von diesem primären Herd aus kann es zu einer foudroyant verlaufenden Sepsis kommen, evtl. mit Absiedelung der Erreger in anderen Organen, wie z. B. den Meningen (Meningitis). Durch Inhalation von erregerhaltigem Staub entsteht der prognostisch ungünstige Lungenmilzbrand. Nach Genuß kontaminierter Lebensmittel kann es zum Darmmilzbrand mit Erbrechen und blutigen Diarrhöen kommen.

Diagnose. Diese beinhaltet den mikroskopischen und kulturellen Nachweis des Erregers in den Hautläsionen oder in Sputum und/oder Blutkulturen. Bei der Identifizierung werden vor allem Merkmale des Stoffwechsels sowie die fehlende Beweglichkeit herangezogen.

Therapie. Das Mittel der Wahl ist das Penicillin G. Als Alternative kommen Erythromycin oder auch ein Tetracyclin in Frage. Beim Hautmilzbrand sind chirurgische Eingriffe kontraindiziert.

Epidemiologie und Prophylaxe. Der Milzbrand kommt vor allem in Südeuropa und Südamerika vor, wo er bei Nutztieren erheblichen wirtschaftlichen Schaden anrichtet. Der Mensch infiziert sich beim Umgang mit infektiösen Tieren oder kontaminierten tierischen Produkten. Der Milzbrand ist eine klassische Zoonose.

Zur Prävention kommen vor allem expositionsprophylaktische Maßnahmen in Frage, wie Vermeiden des Kontakts mit erkrankten Tieren, Desinfektion kontaminierter Produkte usw.. Bei besonders gefährdeten Personen kann eine aus einem Kulturfiltrat gewonnene zellfreie Vakzine eingesetzt werden.

Clostridium

Die Klostridien sind 3–8 µm lange, dicke, grampositive, sporenbildende Stäbchen, die sich nur anaerob kultivieren lassen. Ihr natürliches Habitat ist der Erdboden. Die Pathogenität der krankmachenden Spezies beruht auf der Produktion von Exotoxinen und/oder Exoenzymen. Der häufigste Erreger der **anaeroben Zellulitis** und des **Gasbrands/Gasödems** ist *C. perfringens*. Der **Wundstarrkrampf** (Tetanus) wird durch *C. tetani* hervorgerufen. Der Erreger produziert das Exotoxin Tetanospasmin, das die Übertragung hemmender Impulse aus dem ZNS auf motorische Endneurone blockiert. Der **Botulismus** stellt eine Nahrungsmittelintoxikation dar, verursacht durch die Neurotoxine von *C. botulinum*. Diese hemmen die Reizübertragung an den motorischen Endplatten. Die **pseudomembranöse Kolitis** wird durch *C. difficile* verursacht. Der Keim produziert ein Enterotoxin (A) sowie ein Zytotoxin (B). Die Diagnose der Klostridieninfektionen beruht auf dem Nachweis des Erregers (Gasbrand) und/oder dem Nachweis der Toxine (Tetanus, Botulismus, Kolitis). Alle Klostridien sind gut empfindlich gegen Penicillin G. Bei der Therapie des Tetanus und Botulismus werden Antitoxine eingesetzt, bei der Therapie des Gasbrands hyperbarer O_2. Wichtigste prophylaktische Maßnahme gegen den Tetanus ist die aktive Schutzimpfung mit Tetanustoxoid.

Vorkommen. Das natürliche Habitat der sporenbildenden Klostridien ist der Erdboden und der Darmtrakt von Mensch und Tier. Zahlreiche Arten sind apathogene Saprophyten. Einige Spezies verursachen unter bestimmten Begleitumständen den Gasbrand, den Tetanus, den Botulismus sowie die pseudomembranöse Kolitis.

Morphologie und Kultur. Morphologisch sind alle Klostridien große, ungefähr 1 µm dicke und 3–8 µm lange grampositive Stäbchenbakterien (Abb. 4.**7**). In älteren Kulturen verhalten sich viele Zellen gramnegativ. Mit Ausnahme von *C. perfringens* sind Klostridien begeißelt. Sie bilden Sporen,

Clostridium perfringens* und *sporogenes

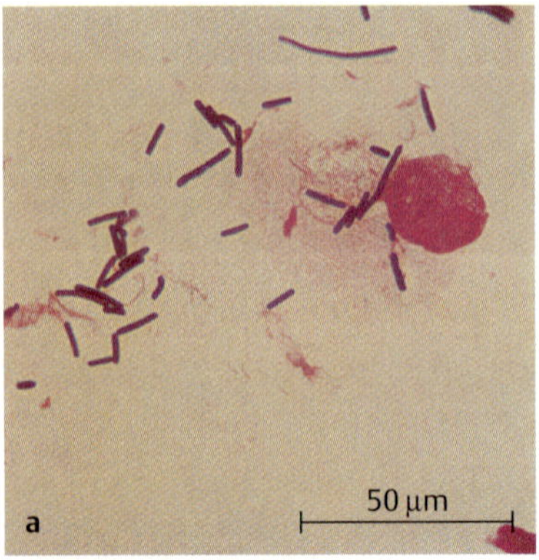

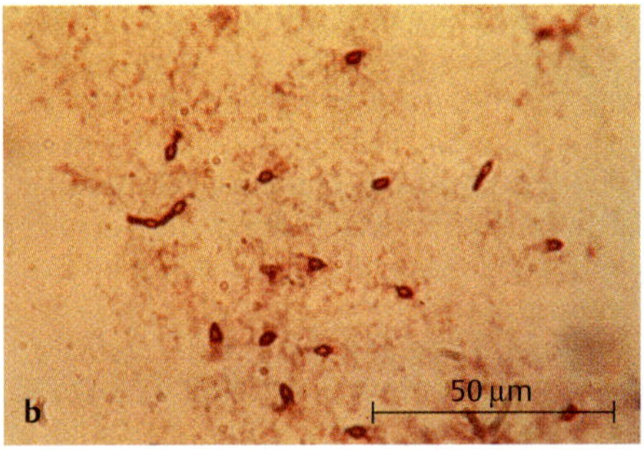

Abb. 4.7 **a** *C. perfringens:* Gram-Färbung eines Präparats aus Wundeiter. Große, plumpe, grampositive Stäbchen. Klinische Diagnose: Gasbrand nach Schußverletzung.
b *C. sporogenes:* Sporenfärbung eines Präparats aus einer gealterten Bouillonkultur. Rot angefärbte, eine dicke Sporenwand aufweisende Sporen.

die je nach Art zentral, subterminal oder terminal, mit oder ohne Auftreibung des Zelleibs entstehen. Klostridien werden am besten auf Blutagar in einer anaeroben Atmosphäre kultiviert. Die optimale Wachstumstemperatur beträgt 37 °C. Kolonien von *C. perfringens* sind konvex gewölbt, glatt und von einer Hämolysezone umgeben. Die Kolonien von beweglichen Klostridien weisen einen unregelmäßigen, ausgefransten Rand auf. Manche Arten zeigen sogar das Schwärmphänomen.

Erreger des Gasbrands/Gasödems und der anaeroben Zellulitis

Erregerspektrum. Zu den Erregern dieser Krankheitsbilder gehören *Clostridium perfringens, C. novyi, C. septicum, C. histolyticum.* Seltener werden *C. sporogenes, C. sordellii* und *C. bifermentans* gefunden. Der häufigste Gasbranderreger ist *C. perfringens.*

Toxine, Enzyme. Die von den invasiven Klostridien produzierten Toxine haben nekrotisierende, hämolytische und/oder letale Aktivität. Daneben werden Kollagenasen, Proteinasen, DNasen, Lecithinasen und Hyaluronidase produziert, die eine Zerstörung von Gewebestrukturen und eine Anhäufung von toxischen Abbauprodukten im Gewebe bedingen.

Pathogenese und Krankheitsbild. Da Klostridien ubiquitär vorhanden sind, kommt es bei vielen offenen Verletzungen zu einer Wundkontamination, häufig zusammen mit anderen Keimen. Der Nachweis von Klostridien in Wunden bedeutet deshalb noch nicht, daß eine Klostridieninfektion vorliegt. Eine Infektion resultiert, wenn aufgrund eines niedrigen Redoxpotentials im Gewebe eine starke Vermehrung dieser Anaerobier möglich wird und es zu einer Gewebenekrose kommt.

Es werden zwei in ihrer Schwere differierende Infekte unterschieden:

- **Anaerobe Zellulitis.** Infektion ohne Beteiligung der Muskulatur. Der Infekt bleibt auf die Faszienlogen beschränkt. Die Gasbildung im Gewebe kann durch das „Krepitus"-Zeichen wahrgenommen werden. Eine Toxinämie besteht nicht.
- **Gasbrand/Gasödem.** Aggressive Infektion der Muskulatur mit Myonekrose und Toxinamie. Die Inkubationszeit beträgt Stunden bis Tage. Der Patient hat starke Schmerzen, Fieber, erhöhten Puls.

Diagnose. Diese umfaßt den mikroskopischen und kulturellen Nachweis der Erreger in Wundsekreten, nekrotischem Gewebe, Eiter usw. Das Material muß aerob und anaerob bebrütet werden. Die Identifizierung erfolgt aufgrund morphologischer und physiologischer Merkmale.

Therapie. An erster Stelle steht die chirurgische Behandlung. Zusätzlich müssen Antibiotika (Penicilline, Cephalosporine) gegeben werden. Gut bewährt hat sich die Behandlung mit hyperbarem O_2, die in speziellen Zentren vorgenommen wird. Der Patient atmet in einer Druckkammer (3 atm = 303 kPa) mehrmals während je 2 Stunden über einen Tubus oder eine Maske reinen O_2.

Epidemiologie und Prophylaxe. Der echte Gasbrand ist heute eine seltene Erkrankung. Als prophylaktische Maßnahme kommt vor allem die rasche chirurgische Versorgung kontaminierter Wunden in Betracht.

Clostridium tetani (Tetanus)

Der Tetanus (Wundstarrkrampf) ist eine akute Klostridienerkrankung, bei der die klinischen Manifestationen nicht von einer invasiven Infektion herrühren, sondern durch ein starkes Neurotoxin bedingt sind.

Toxin. Das Neurotoxin heißt Tetanospasmin. Dieses Toxin ist eine Zink-abhängige Metallprotease, die für eine Proteolyse von Proteinkomponenten des Neuroexozytoseapparates in Synapsen der Vorderhörner des Rückenmarkes verantwortlich ist. Dadurch werden hemmende efferente Impulse aus dem Kleinhirn auf die motorischen Endneurone nicht mehr übertragen.

Pathogenese und Krankheitsbild. Nach Verletzungen dringen die ubiquitär vorkommenden Erreger ins Gewebe ein (Abb. 4.**8a**). Bei Vorliegen anaerober Verhältnisse vermehren sie sich und produzieren das Toxin. Dieses gelangt retrograd entlang der Nervenaxone oder via Blut ins ZNS. Dort wird es in den Vorderhörnern des Rückenmarks bzw. im Hirnstamm gebunden. Die Wirkung des Toxins resultiert in einem Krankheitsbild, das durch erhöhten Muskeltonus sowie durch das Auftreten von Krämpfen, ausgelöst durch optische oder akustische Reize, charakterisiert ist. Die Krämpfe beginnen oft in der Gesichtsmuskulatur (Risus sardonicus, Abb. 4.**8b**) und gehen dann auf Nacken- und Rückenmuskulatur über (Opisthotonus). Das Bewußtsein ist ungetrübt.

Diagnose. Das Vorgehen der Wahl ist der Nachweis des Toxins im Wundmaterial. Dabei kommt der Tierversuch (Maus) zur Anwendung. Die Kultur der Erreger gelingt selten.

Therapie. Neben sorgfältiger Wundtoilette kommt eine antitoxische Therapie mit Immunserum zur Anwendung. Weiterhin muß die Muskulatur mit Curare oder ähnlichen Mitteln ruhiggestellt werden.

Epidemiologie und Prophylaxe. Wegen der Durchimmunisierung der Bevölkerung in den entwickelten Ländern ist der Tetanus selten geworden. Die Inzidenz beträgt ungefähr 1 Fall/Million Einwohner/Jahr. In den Entwicklungsländern liegt die Häufigkeit bedeutend höher. Weltweit erkranken ungefähr 300 000 Menschen pro Jahr. Die Letalität beträgt dabei ungefähr 50 %. Deshalb kann die aktive Immunisierung als prophylaktische Maßnahme nicht genug betont werden. (Durchführung s. Impfkalender, S. 32). Zum Auffrischen des Impfschutzes sollte alle 10 Jahre eine Dosis Td (s. Indikationsimpfungen, S. 33f.) verabfolgt werden. Bei schweren Verletzungen muß „geboostert“ werden, wenn die letzte Impfung mehr als 5 Jahre, bei leichten

Tetanus

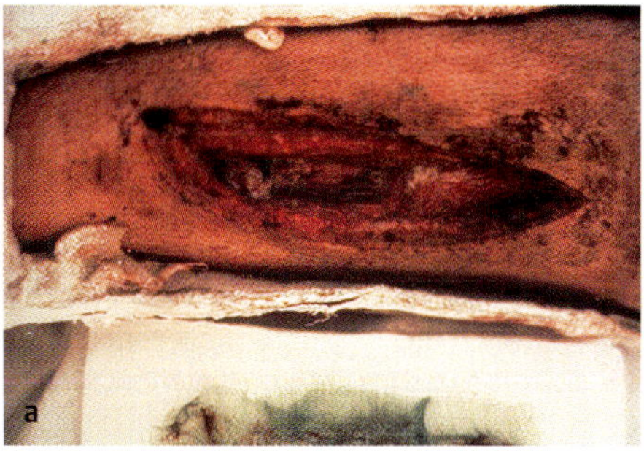

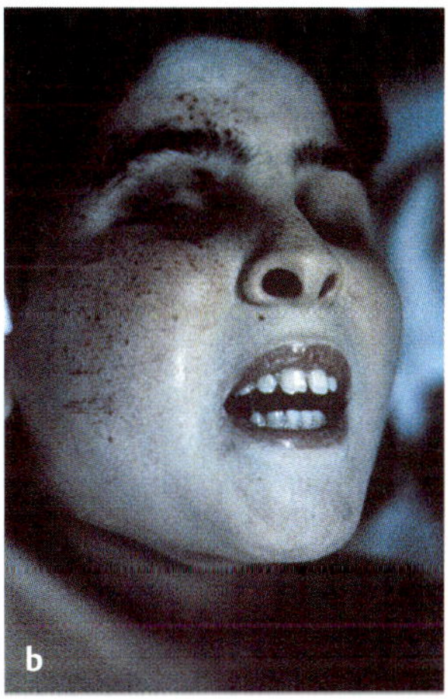

Abb. 4.**8** **a** Offene Fraktur des Unterschenkels nach Verkehrsunfall. Eintrittsstelle der Erreger.
b Risus sardonicus: Vollbild des Tetanus bei dem Patienten mit der Unterschenkelfraktur. Der Patient war nicht geimpft.

Verletzungen mehr als 10 Jahre zurückliegt. Bei unvollständig Immunisierten muß humanes Tetanus-Immunglobulin (250 IE) verabreicht und die aktive Immunisierung vervollständigt werden.

Clostridium botulinum (Botulismus)

Beim Botulismus handelt es sich nicht um eine Infektion, sondern, von Ausnahmen abgesehen, um eine Intoxikation. Das Toxin wird mit der Nahrung aufgenommen. Die Ausnahmen stellen der Säuglingsbotulismus und der Wundbotulismus dar.

Toxin. Das äußerst starke Neurotoxin ist ein hitzelabiles Protein. Sieben antigenetisch verschiedene Toxintypen (A–G) sind bekannt. Die Typen A, B und E rufen Intoxikationen des Menschen hervor. Stämme, die Toxin G produzieren, werden neuerdings in der Spezies *C. argentinense* klassiert. Das Toxin ist eine Metallprotease, die eine Proteolyse von Proteinkomponenten des Neuroexozytoseapparates in den motorischen Endplatten katalysiert. Dadurch treten schlaffe Lähmungen der Muskulatur auf.

Pathogenese und Krankheitsbild. Der klassische Botulismus entsteht nach Genuß verdorbener Lebensmittel, in denen das Gift unter anaeroben Bedingungen durch *C. botulinum* gebildet wurde. Das durch den Magen-Darm-Trakt resorbierte Toxin wird via Blut zum peripheren Nervensystem transportiert.

Nach Stunden bis Tagen kommt es zu Lähmungen, vor allem der Kopfnerven: Doppeltsehen, Schluck- und Sprechschwierigkeiten, Obstipation, trokkene Schleimhäute. Die Letalität hängt von der Toxinmenge ab. Sie liegt zwischen 25 und 70 %. Der Tod kommt meist durch Atemlähmung zustande. Der **Wundbotulismus** resultiert durch eine Infektion von Wunden mit *C. botulinum*. Er ist sehr selten. Der **Säuglingsbotulismus** ist ein erst 1976 beschriebenes Krankheitsbild, das durch Aufnahme von Sporen mit der Nahrung (z. B. Honig) zustande kommt. Wahrscheinlich bedingt durch die besonderen Verhältnisse im Darm von Säuglingen bis zu 6 Monaten, können die Sporen auskeimen, sich vermehren und Toxin produzieren. Die Letalität des Säuglingsbotulismus ist niedrig (< 1 %).

Diagnose. Diese stützt sich ausschließlich auf den Toxinnachweis in Mageninhalt, Blutserum oder Speiseresten. Methode der Wahl ist der Tierversuch (Maus). Der Toxintyp kann im Schutzversuch (Neutralisationstest) ermittelt werden.

Therapie. Möglichst frühzeitige Gabe eines polyvalenten Antitoxins.

Epidemiologie und Prophylaxe. Der Botulismus ist eine seltene Erkrankung. Die Intoxikation ist ein lebensmittelhygienisches Problem. Als Prophylaxe muß die sachgemäße Herstellung von Nahrungsmitteln genannt werden.

Clostridium difficile (pseudomembranöse Kolitis)

Diese Spezies verursacht die pseudomembranöse Kolitis. *C. difficile* kommt in der Fäkalflora von 1–4 % der gesunden Erwachsenen und von 30–50 % der Kleinkinder im 1. Lebensjahr vor. Die auslösenden Faktoren für die Entstehung der Krankheit sind nicht genau bekannt. Fälle von pseudomembranöser

Kolitis sind gehäuft unter Therapie mit Clindamycin, Aminopenicillinen und Cephalosporinen beschrieben worden (deshalb auch **antibiotikaassoziierte pseudomembranöse Kolitis**), wurden aber auch bei Patienten beobachtet, die keine Antibiotika bekamen. Manchmal wird die Erkrankung gehäuft in Krankenhäusern beobachtet. Der **Pathomechanismus** beruht auf der Bildung von 2 Toxinen. Toxin A ist ein Enterotoxin mit einer Funktionsstörung, die zu vermehrter Sekretion von Elektrolyten und Flüssigkeit führt. Das Toxin B ist ein Zytotoxin, das das Epithel des Kolons schädigt.

Das **klinische Bild** verläuft mit Fieber, Diarrhöen, krampfartigen Bauchschmerzen. Die Kolonschleimhaut ist ödematös verändert und mit gelblich-weißen Belägen bedeckt. Diese bestehen aus Leukozyten, eingebettet in eine Fibrinmatrix. Die **Labordiagnose** umfaßt die Kultivierung des Erregers aus Stuhl sowie den Nachweis des Zytotoxins. Dieser erfolgt in bakterienfreien Stuhlfiltraten durch Feststellen eines zytopathischen Effekts in Zellkulturen. Das Toxin wird durch Neutralisation mit einem spezifischen Antiserum identifiziert. Eine **Therapie** ist in vielen Fällen nicht notwendig. Bei schweren Manifestationen ist eine gegen die Klostridien gerichtete Chemotherapie erforderlich. Gegenwärtig ist Metronidazol, per os verabfolgt, das Mittel der Wahl.

4

Listeria und Erysipelothrix

■ ***Listeria monocytogenes*** sind zarte, peritrich begeißelte, bei 20 °C gut bewegliche, grampositive Stäbchen, die aerob auf Blutagar kultiviert werden können. Sie kommen ubiquitär in der Umwelt vor. Humane Infekte können entstehen, wenn 10^6 – 10^9 Erreger mit Nahrungsmitteln in den Gastrointestinaltrakt gelangen. Listerien sind klassische Opportunisten. Bei immunkompetenten Personen verläuft eine Infektion entweder klinisch stumm oder unter dem Bild eines grippalen Infektes. Infekte bei Immunkompromittierten manifestieren sich als primäre Sepsis und/oder Meningoenzephalitis. Eine seltene Listerieninfektion ist die Endokarditis. Die Listeriose während der Gravidität kann zum Abort oder zur konnatalen Listeriose (Granulomatosis infantiseptica) führen. Zur Therapie werden Penicilline (Amoxycillin) sowie Co-trimoxazol, manchmal in Kombination mit Aminoglykosiden, eingesetzt. Die Listerose tritt sporadisch und selten auf. Gelegentlich kommt es bei Verkettung unglücklicher Umstände zu Epidemien, die durch kontaminierte Nahrungsmittel bedingt sind. ***Erysipelothrix rhusiopathiae***, der Erreger der Zoonose „Schweinerotlauf", verursacht beim Menschen das Erysipeloid, eine heute sehr seltene Berufskrankheit. ■

Listeria monocytogenes

Unter den Listerien verursachen nur *L. monocytogenes* und die sehr seltene Art *L. ivanovii* Krankheiten des Menschen. Die Bezeichnung *L. monocytogenes* resultiert aus der Beobachtung, daß Infekte von Nagern, die bedeutend empfänglicher sind als der Mensch, von einer Monozytose begleitet werden.

Morphologie und Kultur. Die grampositiven, zarten Stäbchen sind peritrich begeißelt. Sie sind bei 20 °C beweglicher als bei 37 °C. Die Kultur gelingt am besten aerob auf Blutagar. Nach Bebrütung während 18 h entstehen kleine, graue Kolonien, die von einer leichten Hämolysezone umgeben sind. Diese kommt durch das Listeriolysin O zustande. Listerien können sich noch bei 5 – 10 °C vermehren, was zu ihrer Anreicherung (= Kälteanreicherung) ausgenützt wird.

Pathogenese. Die molekularen Vorgänge sind vor allem an der systemischen Infektion der Maus studiert worden. Ob sie in gleicher Weise für den Menschen Gültigkeit haben, ist noch unklar.

- **Adhärenz.** Zielzellen: Enterozyten, Makrophagen.
- **Invasion.** Endozytose durch die Zielzellen, induziert durch das Protein Internalin auf der Oberfläche der Listerien.
- **Zerstörung des Endosoms.** Einlagern des Toxins Listeriolysin in die Membran des Endosoms, wodurch Poren entstehen. Die Listerien befinden sich nun frei im Zytoplasma.
- **Vermehrung** der Listerien im Zytoplasma der infizierten Zellen.
- **Ausbreitung lokal** von Zelle zu Zelle. Polymerisierung von Aktin der infizierten Zellen an einen Pol der Listerien zu sog. Aktin-Schwänzen, die die Listerien zur Membran hin verschieben. Ausbildung länglicher Ausstülpungen der Membran, die Listerien enthalten. Aufnahme der Ausstülpungen durch benachbarte Zellen. Dort wiederum Freisetzen der Listerien durch Zerstören des Endosoms.
- **Ausbreitung generell** durch hämatogene Streuung.

Klinik. Listerien sind klassische Opportunisten. Die meisten Infektionen bleiben klinisch stumm. Erst wenn mit Nahrungsmitteln zahlreiche Erreger (10^6 – 10^9) in den Magen-Darm-Trakt gelangen, können bei immunkompetenten Personen Symptome auftreten, die einem grippalen Infekt ähneln. Bei massiver Infektion werden Symptome einer Gastroenteritis beobachtet.

Bei Personen mit T-Zell-Defekten, Malignomen, bei Alkoholikern, Diabetikern, bei Cortisontherapie, in der Schwangerschaft, im hohen Alter und bei Säuglingen kann sich die Listeriose als **Sepsis** und/oder **Meningoenzephalitis** manifestieren. Sehr selten ist eine Endokarditis.

Die **konnatale Listeriose** ist durch eine Sepsis mit multiplen Abszessen und Granulomen in den verschiedensten Organen des Neugeborenen charakterisiert (= **Granulomatosis infantiseptica**).

Schwere Listeriosen weisen eine Letalität von 10–40 % auf. Die Inkubationszeit kann stark variieren, von 1–3 Tagen bis zu Wochen.

Diagnose. Sie erfolgt durch den mikroskopischen und kulturellen Erregernachweis.

Therapie. Amoxycillin, Penicillin G oder Co-trimoxazol. Bei schweren Infekten sollen die Penicilline mit Aminoglykosiden kombiniert eingesetzt werden.

Epidemiologie und Prophylaxe. Listerien kommen im Erdboden, in Oberflächengewässern, Pflanzen und Tieren ubiquitär vor und werden auch häufig (10 %) im Darm gesunder Menschen nachgewiesen. Obwohl deshalb ein Kontakt mit Listerien die Regel ist, ist die Listeriose aber eine sehr seltene Erkrankung. Die Inzidenz der schweren Infekte wird mit 6 Fällen/10^6 Einwohner/Jahr geschätzt. Die Krankheit tritt meist sporadisch auf. Kleine Epidemien, die ihren Ausgang von massiv mit Listerien kontaminierten Lebensmitteln wie Milch, Milchprodukten (Käse), Fleischprodukten und weiteren Lebensmitteln (z. B. Kohlsalat) nahmen, wurden beschrieben. Präventive Maßnahmen umfassen die sachgemäße, hygienisch einwandfreie Herstellung und Lagerung von Lebensmitteln.

Erysipelothrix rhusiopathiae

Bei diesem Bakterium handelt es sich um feine, unbewegliche, grampositive Stäbchen. Der Keim kann aerob auf Blutagar kultiviert werden. *E. rhusiopathiae* verursacht eine septische Erkrankung des Schweins, den sog., Schweinerotlauf. Die heute sehr seltene Infektion des Menschen erfolgt bei Kontakt mit infektiösem tierischen Material über Verletzungen der Haut. Nach einer Inkubationszeit von 1–3 Tagen entwickelt sich am Ort des Eindringens der Erreger eine quaddelartige Schwellung mit blauroter Verfärbung, das sog. **Erysipeloid.** Die Lymphknoten sind mitbeteiligt. Die gutartige, oft auch spontan abheilende Infektion klingt unter Penicillin G rasch ab. Die Labordiagnose erfolgt durch mikroskopischen und kulturellen Nachweis des Erregers im Wundsekret.

Corynebacterium, Actinomyces und Gardnerella

Die für die Medizin wichtigsten Spezies sind *Corynebacterium diphtheriae* und *Actinomyces israelii*.

Die **Diphtheriebakterien** sind pleomorphe, keulenförmige, oft Polkörperchen aufweisende, sich in V- oder Y-Formen oder als Palisaden lagernde Stäbchen. Sie können auf eiweißhaltigen Nährmedien kultiviert werden. Ihre Pathogenität beruht auf dem Diphtherietoxin. Dieses bindet sich mit dem B-Fragment an Rezeptoren empfindlicher Zellen und wird dann in die Zelle eingeschleust. Das aktive A-Fragment blockiert irreversibel die Translation bei der Proteinbiosynthese. Das Toxin-Gen ist Bestandteil des β-Prophagen. Hinsichtlich des Krankheitsbildes muß zwischen lokaler Infektion und systemischer Intoxikation unterschieden werden. Die lokale Infektion betrifft zumeist die Tonsillen, auf denen die diphtherische Pseudomembran entsteht. Von der Intoxikation sind vor allem die Leber, die Nieren, die Nebennieren, der Herzmuskel sowie die Kopfnerven betroffen. Die Labordiagnose beruht auf dem Nachweis des Erregers. Wichtigste therapeutische Maßnahme ist die antitoxische Therapie. Die Diphtherie kommt nur beim Menschen vor. Sie ist selten geworden, was auf der konsequenten Schutzimpfung mit Diphtherietoxoid beruht.

Aktinomyzeten gehören zur Normalflora der Schleimhäute. Es sind grampositive Stäbchen, die in jungen Kulturen oft als verzweigte Filamente vorliegen. Als Drusen werden Konglomerate aus Mikrokolonien im Eiter bezeichnet. Aktinomyzeten sind obligate Anaerobier. Die Erreger dringen über Mukosadefekte ins Gewebe ein. Monoinfektionen sind selten, meist liegen endogene Mischinfekte vor, in denen die Aktinomyzeten dominieren. Die zervikofaziale Aktinomykose, verursacht durch *A. israelii*, der in der Mundhöhle siedelt, ist die häufigste Aktinomykoseform. Die Therapie umfaßt chirurgische Maßnahmen sowie die Antibiotikatherapie mit Aminopenicillinen.

Gardnerella vaginalis, ein gramvariables, pleomorphes Stäbchen, bis vor kurzem noch als gramnegatives Stäbchen eingestuft, ist meist zusammen mit anderen Bakterien für die unspezifische Vaginitis (Vaginose) verantwortlich.

In der Gruppe der grampositiven, unregelmäßigen (pleomorphen), nichtsporenbildenden Stäbchenbakterien werden eine Vielzahl von Gattungen zusammengefaßt, die häufig zur Normalflora der Haut und der Schleimhäute gehören (Tab. 4.**3**, S. 255). Zwei charakteristische Krankheiten werden durch Erreger dieser Gruppe verursacht: die Diphtherie durch *Corynebacterium diphtheriae* und die Aktinomykose, vorwiegend hervorgerufen durch *Actinomyces israelii*.

Corynebacterium diphtheriae (Diphtherie)

Morphologie und Kultur. Diphtheriebakterien sind grampositive, pleomorphe, oft keulenförmige Stäbchen. Typisch ist die V- oder Y-förmige oder Palisadenlagerung (Abb. 4.**9a**). Mit der Neisser-Färbung können endständig gelagerte Polyphosphate, die Polkörperchen, dargestellt werden.

Für die Primärkultur wird auch heute noch das Löffler-Nährmedium verwendet, das aus koaguliertem Serum und Nährbouillon besteht. Zur selektiven Kultur werden tellurithaltige Selektiv/Indikator-Medien eingesetzt (Abb. 4.**9b**).

Extrazelluläres Toxin. Das Diphtherietoxin besteht aus den 2 funktionell unterschiedlichen Fragmenten A und B. **B** ist für **B**indung an Rezeptoren von Zielzellen zuständig, **A** für die toxische **A**ktivität. A blockiert irreversibel den Translationsschritt bei der Proteinsynthese in den Zielzellen, die daraufhin absterben. Das Toxin-Gen ist immer Bestandteil eines Prophagengenoms (s. lysogene Konversion, S. 180).

Corynebacterium diphtheriae

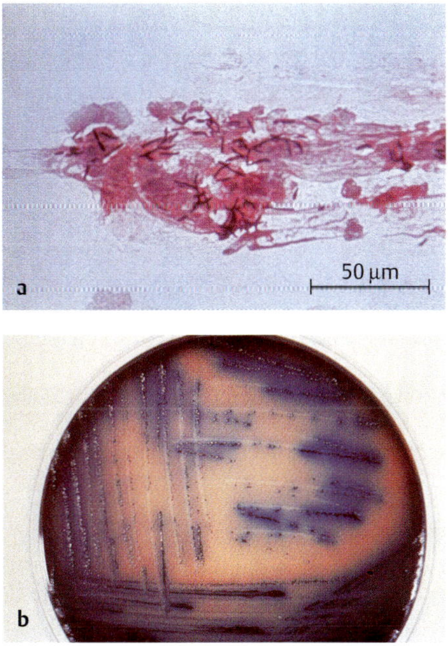

Abb. 4.**9** **a** Gram-Färbung eines Präparats aus Wundsekret bei Wunddiphtherie: Grampositive, unregelmäßig dicke, an den Enden oft keulenförmig aufgetriebene Stäbchen in typischer Lagerung.
b Kultur auf Clauberg-Agar, einem kombinierten Selektiv/Indikator-Medium. Durch K-Tellurit wird die Begleitflora gehemmt. Außerdem wird K-Tellurit zu Tellur reduziert, so daß die Kolonien schwarzbraun gefärbt sind. Die blaue Farbe um die Kolonien resultiert aus dem Abbau von Glucose, bei dem saure Metaboliten auftreten. Die Säuerung wird mit Wasserblau angezeigt

Diphtherie-Toxin

Fragment A ist eine ADP-Ribosyltransferase. Das Enzym überträgt Adenosindiphosphat-Ribose von NAD auf den Elongationsfaktor EF2, der dadurch inaktiviert wird.

$$NAD + EF2 \rightarrow ADP\text{-}Ribosyl\text{-}EF2 + Nicotinamid + H^+$$

EF2 ist als sog. „Weiterschieber" für die Translokation der Peptidyl-tRNA von der Aminosäureposition A zur Peptidposition P am eukaryontischen Ribosom verantwortlich.

Obwohl das Toxin-Gen fester Bestandteil eines Phagengenoms ist, wird seine Aktivität durch die Bakterienzelle selbst über das Regulatorprotein DtxR kontrolliert, das durch die Determinante *dtxR* des Bakteriengenoms kodiert wird. DtxR verbindet sich mit Fe^{2+} und wird dadurch zu einem aktiven Repressor, der die Transkription des Toxin-Gens abschaltet.

Pathogenese und Krankheitsbild

- **Lokale Infektion.** Infektion der Schleimhaut von Tonsillen, Pharynx, Nase, Konjunktiva (Abb. 4.**10**). Auch Wunden und Hautläsionen können infiziert werden. Die Erreger dringen ein, vermehren sich und produzieren Toxin, das lokal Zellschäden bewirkt. Die entzündliche Reaktion führt zur Ansammlung eines grauweißlichen Exsudates, welches die Matrix des entstehenden Belages darstellt. Diese „diphtherische Pseudomembran" besteht aus Fibrin, abgestorbenen Granulozyten, nekrotischen Epithelzellen. Der Belag haftet ziemlich fest. Er kann sich in den Larynx hinein ausdehnen und so evtl. zu Atembehinderungen führen. Die regionären Lymphknoten sind stark geschwollen.

- **Systemische Intoxikation** Parenchymdegeneration in Herzmuskel, Leber, Nieren, Nebennieren. Lähmungen im Bereich der motorischen Kopfnerven. Oft treten die toxischen Schäden nach Abklingen der akuten Infektion als Spätschäden zutage.

  Toxin-negative Stämme von *C. diphtheriae* werden gelegentlich als Erreger einer Endokarditis oder von Hautinfekten beobachtet. Derartige Stämme entsprechen in ihrem pathogenen Vermögen den kommensalen Corynebakterien (s. Tab. 4.**3**, S. 255).

Diagnose. Methode der Wahl ist der kulturelle Nachweis des Erregers in lokalen Infektionsherden. Der im Transportmedium ins Labor gelangte Abstrich wird auf Löffler-Medium und einem Selektiv/Indikator-Medium ausgestrichen. Die Identifizierung beinhaltet den Nachweis morphologischer und physiologischer Merkmale. Das Toxin kann im Tierversuch mit Meerschweinchen oder mit dem Immundiffusionstest nach Elek-Ouchterlony

Rachen/Nasen-Diphtherie

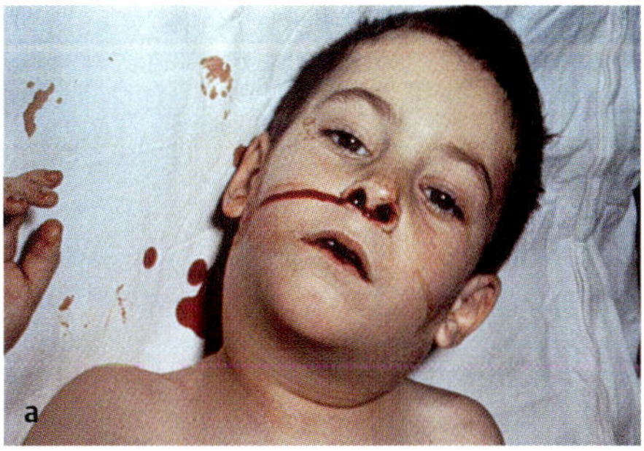

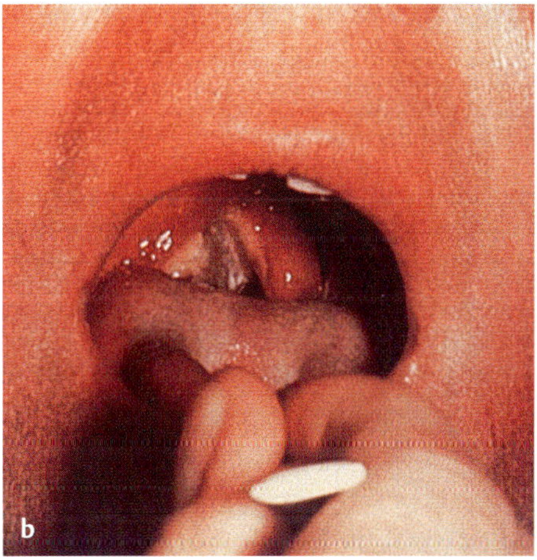

Abb. 4.**10** **a** Blutungen aus der Nasenschleimhaut (Endothelschäden). Starke Lymphknotenschwellungen im Halsbereich (sog. Caesarenhals).
b Dicke Beläge auf den Tonsillen (sog. diphtherische Pseudomembran).

nachgewiesen werden. Das Toxin-Gen kann neuerdings auch mit der Polymerase-Kettenreaktion diagnostiziert werden. Wegen des Vorkommens von Toxin-negativen Stämmen ist der Toxinnachweis für die Labordiagnose Diphtherie notwendig.

Therapie. An erster Stelle muß die antitoxische Serumtherapie genannt werden, die möglichst früh, schon bei Verdacht, begonnen werden muß. Sie wird ergänzt durch die Gabe von Penicillin oder Erythromycin.

Epidemiologie und Prophylaxe.

- **Reservoir.** Ausschließlich der Mensch. Homologe Infektkette.
- **Infektionsquelle.** Erkrankte, seltener Keimträger.
- **Übertragung.** Meist direkt, durch Tröpfchen, selten indirekt durch kontaminierte Gegenstände.
- **Inkubationszeit.** 2 – 5 Tage.
- **Inzidenz.** Von 1975 – 1984 nur 113 Fälle in Deutschland. Kleinepidemien. In anderen Ländern (Rußland) häufiger.
- **Prophylaxe.** Aktive Immunisierung mit Diphtherietoxoid (s. Tab. 1.**13**, S. 32 und 1.**14**, S. 33f.). Expositionsprophylaxe: Isolierung von Kranken, bis 2 im Abstand von nicht weniger als 24 h durchgeführte kulturelle Untersuchungen negativ sind. Desinfektion/Sterilisation kontaminierter Gegenstände. Quarantäne von Kontaktpersonen ersten Grades.

Actinomyces

Aktinomyzeten sind grampositive Bakterien, die dazu neigen, als verzweigte Filamente zu wachsen. Ältere Kulturen zeigen diese myzeliale Morphologie jedoch nicht, sondern ähneln in ihrem Äußeren stark den Korynebakterien. Aufgrund des myzelialen Verhaltens junger Kulturen hat man die Aktinomyzeten früher zu den Pilzen gezählt.

Vorkommen. Aktinomyzeten gehören zur Normalflora der Schleimhäute von Mensch und Tier. Sie siedeln vorwiegend in der Mundhöhle. Die Aktinomykose entsteht deshalb immer durch endogene Infektion. In über 90 % verursacht *A. israelii* Infekte beim Menschen. Viel seltener werden *A. naeslundii* und weitere Arten (7 %) als Erreger isoliert.

Morphologie und Kultur. Aktinomyzeten sind grampositive, pleomorphe, manchmal auch echte Verzweigungen aufweisende Stäbchen (Abb. 4.**11**). Im *Actinomyces*-Eiter können schon makroskopisch die 1 – 2 mm großen, gelblichen **Drusen** beobachtet werden. Diese Körnchen bestehen aus einem Konglomerat kleiner *Actinomyces*-Kolonien, die von einem Leukozytenwall umgeben sind. Myzelfäden ragen radiär aus den Kolonien heraus, daher die alte Bezeichnung Strahlenpilz. Zur Kultur müssen angereicherte Medien sowie ein anaerobes Milieu mit einem Gehalt von 5 – 10 % CO_2 verwendet werden. Myzeliale Mikrokolonien werden nur in den ersten Tagen gebildet. Nach 2 Wochen entstehen weißliche, oft rauhe Oberfläche aufweisende Makrokolonien.

Actinomyces israelii

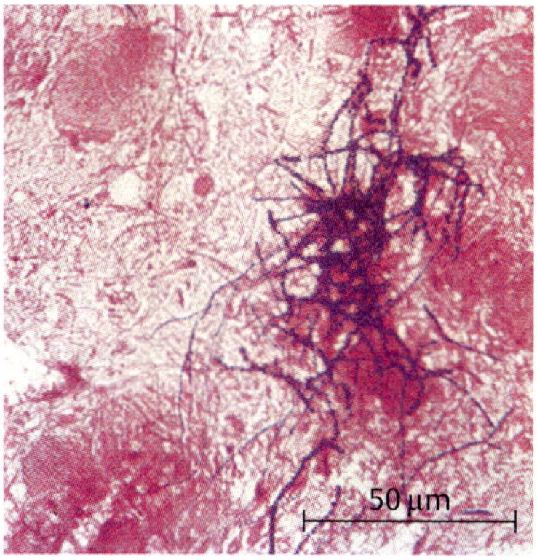

Abb. 4.11 Gram-Färbung eines Eiterpräparats bei zervikofazialer Aktinomykose: Knäuel von grampositiven, verzweigten Stäbchen; daneben gramnegative Mischflora. Klinische Diagnose: Aktinomykose.

Pathogenese und Krankheitsbild. Die Erreger dringen über die Schleimhaut (evtl. auch über die Haut) ein und können sich bei Vorliegen eines niedrigen Redoxpotentials im Gewebe etablieren. Neben mangelhafter Blutversorgung sind hierfür vor allem Begleitbakterien zuständig. Echte Aktinomykosen sind eigentlich immer Mischinfekte. In der Mischflora finden sich vor allem Anaerobier der Mundhöhle. Häufig wird *Actinobacillus actinomycetemcomitans* isoliert, weiterhin verschiedene Arten der *Bacteroidaceae*. Aber auch fakultative Anaerobier, wie Staphylokokken, Streptokokken und *Enterobacteriaceae* werden als Begleitflora aufgefunden.

- **Zervikofaziale Aktinomykose.** Sie ist die häufigste Form (> 90 %). Sie tritt als anfänglich tumorartige, derbe, später nekrotisierende Affektion auf. Die Abszesse können zur Haut durchbrechen, was zur Fistelbildung führt.
- **Thorakale Aktinomykose.** Diese seltene Form entsteht nach Aspiration von Speichel, manchmal auch fortgeleitet von einer Aktinomykose im Halsbereich oder aufgrund hämatogener Streuung.
- **Abdominale Aktinomykose.** Sie geht von Verletzungen des Darmes oder des weiblichen Genitales aus.
- **Genitale Aktinomykose.** Kann bei Verwendung intrauteriner Verhütungsmittel entstehen.
- **Kanalikulitis.** Eine Entzündung der Tränenkanälchen, die durch verschiedene *Actinomyces*-Arten hervorgerufen werden kann.
- **Karies, Parodontitis.** *A. viscosus, A. naeslundii* und *A. odontolyticus* sind an der Ätiologie der Karies (S. 235f.) und der Parodontitis beteiligt.

Diagnose. Diese erfolgt durch mikroskopischen und kulturellen Nachweis der Erreger in Eiter, Fistelsekret, Granulationsgewebe oder Bronchialsekret. Die Proben dürfen nicht mit körpereigener Flora, vor allem aus der Mundhöhle, kontaminiert sein. Der Transport ins Labor muß in einem Transportbehälter für Anaerobier erfolgen. Mikroskopisch kann durch Nachweis der verzweigten Stäbchen eine Verdachtsdiagnose gestellt werden. Der kulturelle Nachweis myzelialer Mikrokolonien auf angereicherten Nährmedien nach 1 – 2 Wochen erhärtet den Verdacht. Die endgültige Identifizierung durch direkte Immunfluoreszenz, Zellwandanalyse und Nachweis von Stoffwechselleistungen erfordert mehrere Wochen.

Therapie. Sie umfaßt chirurgische und chemotherapeutische Maßnahmen. Das Antibiotikum der Wahl ist ein Aminopenicillin. Wichtig ist, daß nicht nur die Aktinomyzeten, sondern auch die Begleitbakterien erfaßt werden.

Epidemiologie und Prophylaxe. Aktinomykosen kommen weltweit vor. Sie treten sporadisch auf. Die Morbidität (Inzidenz) liegt zwischen 1:40 000 und 1:80 000 pro Jahr. Männer werden $2\,^1/_2$ mal häufiger befallen als Frauen. Vor der Pubertät und im Senium ist die Krankheit sehr selten. Da die Aktinomykose eine endogene Infektion darstellt, kommen prophylaktische Maßnahmen nicht in Betracht.

Opportunistische, grampositive Stäbchenbakterien

In den letzten Jahren hat sich die Systematik dieser nur wenig pathogenen Bakterien stark geändert und ist auch noch in einem andauernden Wandel begriffen. Viele dieser Bakterien gehören zur Normalflora von Haut und Schleimhäuten. Sie werden häufig in Materialien gefunden und stellen dort oft nur Kontaminanten dar, können jedoch gelegentlich, vor allem bei immunsupprimierten Patienten sowie im Zusammenhang mit Fremdkörpern im Gewebe, auch Infektionserreger sein. Viele Labors fassen diese Bakterien mit Sammelbegriffen wie „diphtheroide Stäbchen“ oder „koryneforme Bakterien“ zusammen. Tabelle 4.**3**, S. 255, zählt einige auf.

Tabelle 4.3 Grampositive, pleomorphe Stäbchen mit geringer Pathogenität

Erreger (Gattung oder Art)	Eigenschaften
Actinomyces pyogenes	kutane und subkutane Eiterungsprozesse
Arcanobacterium haemolyticum	eitrige Hautinfekte; Pharyngitis?
Corynebacterium ulcerans	kann Diphtherietoxin bilden und deshalb diphtherieähnliche Krankheitsbilder verursachen
C. pseudotuberculosis	chronische Lymphadenitis bei Schaf und Pferd, sehr selten auch beim Mensch
C. jeikeium	Hautkeim; wird gelegentlich aus Blut, Wunden oder von intravasalen Kathetern isoliert; oft Mehrfachresistenz
C. xerosis *C. pseudodiphtheriticum*	seltene Endokarditiserreger
Gordona bronchialis	besiedelt und infiziert Atemwege
Rhodococcus equi	Infekte der Atemwege bei Immunsupprimierten
Tsukamurella sp.	Infekte der Atemwege bei Immunsupprimierten; Meningitis
Turicella otitidis	Infekte des Ohrs bei Prädisposition
Kurthia, Oerskovia und weitere	verschiedene Infektionen
Propionibacterium acnes *P. granulosum* *P. avidum*	anaerob oder mikroaerophil; sehr selten Endokarditis. *P. acnes* wird eine Beteiligung an der Ätiologie der Akne zugeschrieben
Eubacterium sp.	obligat anaerob; Normalflora des Intestinaltrakts; gelegentlich Bestandteil einer anaeroben Mischflora
Tropheryma whippelii	Erreger des Morbus Whipple; seltene, dystrophische Erkrankung des Dünndarms; Keim nicht kultivierbar; taxonomische Stellung in Nähe der Aktinomyceten; Habitat unbekannt; Nachweis in Biopsien durch Amplifikation und Sequenzierung (s. S. 210).

4

Gardnerella vaginalis

Bei *G. vaginalis* handelt es sich um gramvariable, pleomorphe, unbewegliche und unbekapselte Stäbchenbakterien, deren taxonomische Zuordnung in den letzten Jahrzehnten laufend gewechselt hat. Sie wurden auch schon als *Corynebacterium vaginalis* und *Haemophilus vaginalis* bezeichnet. Aufgrund von DNA-Hybridisierungen und der chemischen Analyse der Zellwand wird der Erreger heute zu den grampositiven Bakterien gezählt. Das natürliche Habitat des Keims ist die Vagina von Frauen im geschlechtsfähigen Alter. Im Vaginalsekret wird *G. vaginalis* häufig gefunden, auch ohne Vorliegen eines klinischen Befundes. Der Keim kann aber auch für eine Vulvovaginitis (auch Vaginose) verantwortlich sein. Bei über 90 % von Frauen mit der Symptomatik dieser Infektion wird *G. vaginalis* nachgewiesen, meist zusammen mit anderen Bakterien, unter denen die obligaten Anaerobier (*Mobiluncus, Bacteroides, Peptostreptococcus*) im Vordergrund stehen. Der Keim kann im Fluor mikroskopisch und kulturell nachgewiesen werden. Bei der Mikroskopie geben die sog. „clue cells" (= Vaginalepithelien, die dicht mit gramlabilen Stäbchen besetzt sind) einen Hinweis auf die Rolle von *G. vaginalis* für die Symptomatik. Die Kultur ist auf mit Blut angereichertem Nähragar und Bebrütung in einer 5 % CO_2-haltigen Atmosphäre möglich. Als Therapie kommt Metronidazol in Frage. Bei Vorliegen einer ausschließlich durch *G. vaginalis* verursachten Infektion ist Amoxycillin das Antibiotikum der Wahl.

Mycobacterium

■ Mykobakterien sind schlanke, stäbchenförmige Bakterien, die mit speziellen Differenzierungsfärbungen (Ziehl-Neelsen) angefärbt werden können. Einmal angefärbt, lassen sie sich mit verdünnten Säuren nicht entfärben, was als Säurefestigkeit bezeichnet wird. Zu den Mykobakterien gehören als wichtigste die Tuberkulosebakterien (TB) *M. tuberculosis* und *M. bovis* sowie *M. leprae* (LB).

TB lassen sich auf lipidreichen Medien kultivieren. Ihre Generationszeit beträgt 12 – 18 Stunden. Die Erstinfektion resultiert in der **Primärtuberkulose**, die vorwiegend in der Lunge abläuft, in die die Erreger via Tröpfchen gelangen. Die TB werden durch nichtaktivierte Makrophagen phagozytiert. Diese können TB erst nach Aktivierung durch den von T-Lymphozyten produzierten „makrophagenaktivierenden Faktor" abtöten und eliminieren. In über 90 % der Infektionen heilen die primären Infektionsherde klinisch stumm ab. Bei 10 % der Infizierten geht die Primärtuberkulose entweder sofort oder erst nach Jahren in die **Sekundärtuberkulose** (Organtuberkulose) über, die durch zentrale Nekrosen von Granulomen und in der Lunge durch Ausbildung von Kavernen charakterisiert ist. Die spezifische Immunität sowie die Allergie, die sich im Laufe einer Infektion ausbilden, ist eine Funktion von T-Lymphozyten. Die Allergie wird mit der Tuberkulinreaktion gemessen, mit der geprüft wird, ob eine Infektion mit TB vorliegt. Die Diagnose einer Tuberkulose erfolgt durch mikroskopischen und kulturellen Nachweis der Erreger. Neuerdings werden auch die Gen-Sonden-Technik zum Nachweis spezifischer DNA-Sequenzen sowie Amplifikations-Techniken eingesetzt. Die Chemotherapie der Tuberkulose mit 2–4 Antituberkulotika muß während 9 bzw. 6 Monaten durchgeführt werden. Bei tuberkulinnegativen Risikogruppen kann eine Schutzimpfung mit einem attenuierten Impfstoff (= BCG) durchgeführt werden.

Zum Unterschied zu den TB können LB auf künstlichen Nährmedien nicht kultiviert werden. Die **Lepra** manifestiert sich vor allem an der Haut, den Schleimhäuten und den Nerven. Klinisch existieren die maligne lepromatöse sowie die benigne tuberkuloide Lepra. Übergangsformen sind häufig. Einzige Infektionsquelle ist der Mensch. Die Übertragung erfolgt durch engen Kontakt über die Haut oder über Schleimhäute. ■

4

Zur Familie der *Mycobacteriaceae* gehört die Gattung *Mycobacterium*, die weit in der Natur verbreitete saprophytäre Arten umfaßt, aber auch Spezies, die bedeutende humane Infektionen, die Tuberkulose und die Lepra, auslösen. Mykobakterien werden zu den grampositiven Bakterien gerechnet. Sie lassen sich jedoch in der Gram-Färbung nicht oder nur sehr schlecht anfärben. Der Grund dafür beruht auf der lipidreichen Zellwand, in die basische Farbstoffe schlecht eindringen. Wenn Mykobakterien jedoch einmal mit drastischen Methoden angefärbt sind, dann können sie auch mit HCl-Alkohol nur schlecht wieder entfärbt werden. Diese Eigenschaft bezeichnet man als **Säurefestigkeit**.

Tuberkulosebakterien (TB)

Historisches. Zu den Tuberkulosebakterien zählen die Spezies *Mycobacterium tuberculosis*, *M. bovis* und die seltene Art *M. africanum* (= *M. tuberculosis-Komplex*). Die infektiöse Ätiologie der seit langem bekannten Tuberkulose wurde im Jahre 1882 durch Koch aufgrund der regelmäßigen Isolierung der Erreger aus pathologischen Läsionen bewiesen. Diese medizinische Großtat stellte den Beginn der naturwissenschaftlichen Erforschung der Tuberkulose dar. Ohne zu übertreiben, kann man sagen, daß die Tuberkulose eine der am meisten studierten menschlichen Erkrankungen ist. Neben Mikrobiologie und Pathologie sind an der Tuberkulose zahlreiche klinische Disziplinen interessiert, da TB praktisch jedes Organ infizieren können.

Morphologie und Kultur. TB sind schlanke, 0,4 µm breite und 3 – 4 µm lange, säurefeste Stäbchen, die keine Sporen bilden und unbeweglich sind (Abb. 4.**12a**). Sie lassen sich mit Spezialfärbungen (Ziehl-Neelsen, Kinyoun, Fluoreszenz, S. 205) anfärben.

TB sind obligate Aerobier. 5 – 10 % CO_2 in der Atmosphäre fördern ihre Vermehrung. Für die Kultivierung werden Medien mit einem hohen Lipidgehalt verwendet (z. B. Glycerin-Eiernährmedium nach Löwenstein-Jensen). Auf der Oberfläche dieses Mediums wachsen sie in Form von trockenen, gelblich gefärbten, blumenkohlartigen Kolonien (*M. tuberculosis*) (Abb. 4.**12b**) oder als flache, nichtpigmentierte, feucht glänzende Kolonien (*M. bovis*). Da die Generationszeit von TB ca. 12 – 18 Stunden beträgt, müssen Kulturen 3 – 6 – 8 Wochen bei 37 °C bebrütet werden, bis makroskopisch Wachstum sichtbar wird.

Mycobacterium tuberculosis

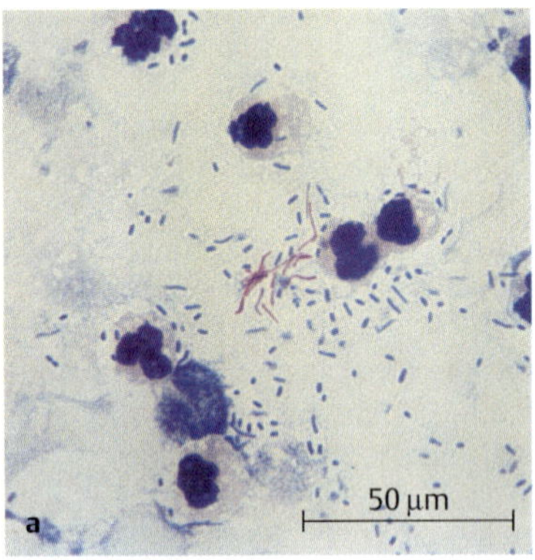

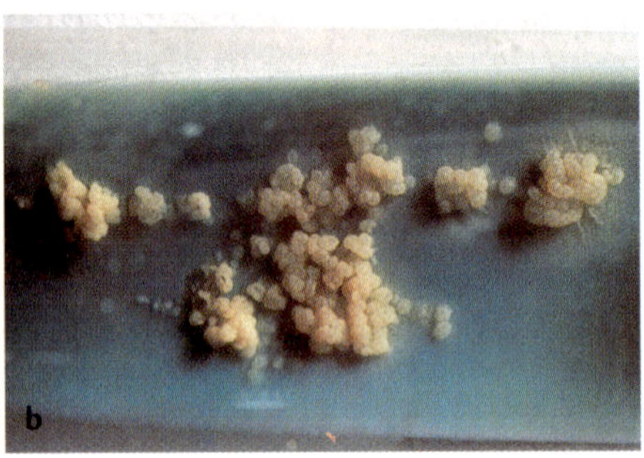

Abb. 4.**12** **a** Ziehl-Nehlsen-Färbung eines Präparats aus Urin: Feine, rote, säurefeste Stäbchen. Klinische Diagnose: Nierentuberkulose.
b Kultur auf Eiernährmedium nach Löwenstein-Jensen: Nach 4 Wochen Bebrütung rauhe, blumenkohlartig aussehende, gelbliche Kolonien.

Zellwand. Viele besondere Eigenschaften der TB sind auf die Struktur und Chemie der Zellwand zurückzuführen.

- **Struktur.** Grob gesehen folgen von innen nach außen folgende Molekülschichten: Murein, Arabinogalaktan, Mykolsäuren, Glykolipide.
- **Chemie.** Bedeutsam ist der hohe Gehalt an lipidartigen Substanzen.

  Glykolipide und Wachse.
  - Verantwortlich für Resistenz gegen chemische und physikalische Noxen;
  - Adjuvanswirkung (Wachs D). Die Immunogenität von Antigenen wird gesteigert;
  - Intrazelluläre Persistenz in nichtaktivierten Makrophagen durch Hemmung der Fusion des Phagosoms mit Lysosomen;
  - Resistenz gegen Komplement;
  - Toxische Wirkung; Cord-Faktor.

  Tuberkuloproteine.
  - Immunantigene. Das wichtigste ist das 65 kDa Protein.
  - Tuberkulin. Partiell gereinigtes Tuberkulin enthält eine Mischung kleiner Proteine (10 kDa). Mit Tuberkulin wird ein stattgehabter Kontakt mit TB nachgewiesen. Verzögerte allergische Reaktion.

  Polysaccharide. Biologische Bedeutung unbekannt.

4

Pathogenese und Krankheitsbild. Es muß zwischen der Primärtuberkulose und der Sekundärtuberkulose (Syn. Reaktivierungs- oder Postprimärtuberkulose) unterschieden werden (Abb. **4.13**).

- **Primärtuberkulose.** Von Ausnahmen abgesehen, gelangen die Erreger mit Tröpfchen in die Lunge und werden dort durch Alveolarmakrophagen phagozytiert. In diesen vermehren sie sich, da sie die Bildung des Phagolysosoms hemmen können. Es entsteht der Primäraffekt und – nach Einbezug der regionalen Hiluslymphknoten – der Primärkomplex.

  Der weitere Verlauf wird durch ein Wettrennen zwischen sich vermehrenden TB und der Aktivierung der Abwehr bestimmt. Diese wird durch spezifische, für die TB-Immunantigene zuständige T4-Lymphozyten in Gang gesetzt. Über Zytokine kommt es zum Anlocken von Monozyten aus dem Blut, die dann in Gewebsmakrophagen transformiert und über Zytokine der T-Lymphozyten (z. B. Interferon-γ, makrophagenaktivierender Faktor) in einen gesteigerten metabolischen Zustand versetzt werden, der ihnen die Abtötung der TB ermöglicht. Spezifische T8-Lymphozyten zerstören TB-enthaltende Zellen (z. B. Alveolarzellen) und ermöglichen den aktivierten Makrophagen die Aufnahme und Abtötung der TB. Als Reaktion des Immunsystems und des Gewebes entstehen

Mögliche Abläufe einer Lungentuberkulose

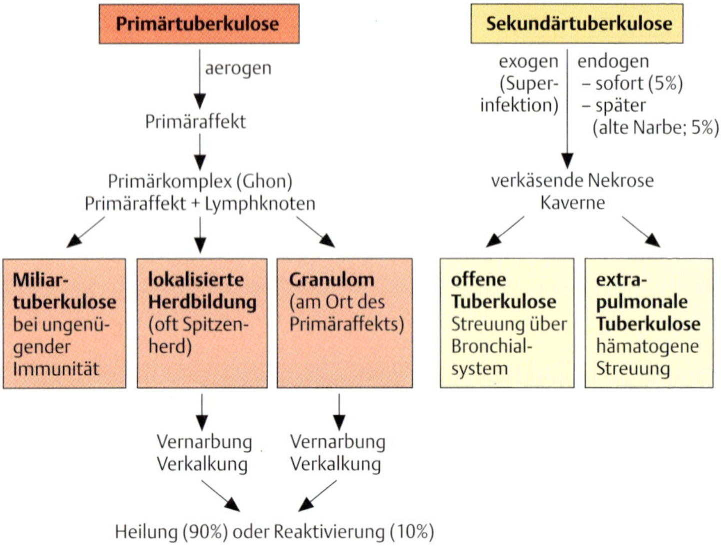

Abb. 4.**13** Die unmittelbar nach der Infektion entstehende Primärtuberkulose heilt in den meisten Fällen dank einer wirkungsvollen Immunreaktion vollständig aus. In 10 % der Fälle entwickelt sich jedoch sofort oder nach Jahren die sog. Sekundärtuberkulose, die das gesamte Bronchialsystem oder auch andere Organsysteme betreffen kann.

die Granulome. Gelegentlich kann es zu einer lokalen Herdbildung an anderen Orten mit größeren Defekten des Gewebes kommen. Dabei werden die Lungenspitzen bevorzugt. Das geschilderte Wettrennen geht in über 90 % zugunsten des Wirts aus. Die Granulome und Herde fibrosieren, vernarben, verkalken. Klinisch bleibt die Infektion stumm.

Sekundärtuberkulose. Bei etwa 10 % der Infizierten geht die Primärtuberkulose sofort (5 %) oder nach Jahren (5 %) in die eigentliche Organtuberkulose über. Eine exogene Reinfektion ist in der Bevölkerung der entwickelten Länder selten. Die pathologischen Läsionen und die Krankheitsbilder entstehen in einem Organismus, der eine Allergie vom verzögerten Typ gegen TB aufweist. Die Reaktivierung beginnt mit einer käsigen Nekrose im Zentrum der Granulome und kann bis zur Kavernenbildung fortschreiten. Möglicherweise spielt dabei das Zytokin „Tumornekrosefaktor“

eine Rolle, das auch für die Kachexie bei der Tuberkulose verantwortlich sein dürfte. Reaktivierungen ereignen sich häufig in alten Herden in den Lungenspitzen.

Die nekrotischen Läsionen im Gewebe, in denen TB in großer Zahl (z. B. bis zu 10^9 Bakterien und mehr pro Kaverne) vorkommen können, machen dem Abwehrsystem die Begrenzung der Läsion schwer, so das es zu einer lymphogenen oder hämatogenen Streuung und zum Befall anderer Organe kommen kann. Praktisch gibt es kein Organ und Gewebe, daß nicht sekundär durch TB befallen werden kann. Diese Tuberkuloseformen werden in dem Begriff extrapulmonale Tuberkulosen zusammengefaßt.

Immunität. Der Mensch weist gegen TB eine relativ hohe, genetisch determinierte Resistenz auf. Daneben erwirbt ein Organismus nach Erstinfektion eine (inkomplette) spezifische Immunität. Die Immunität äußert sich dahingehend, daß die TB am alten oder einem neuen Infektionsherd lokalisiert werden und ihre Ausbreitung beschränkt bleibt (Kochsches Phänomen). Diese Immunität ist ausschließlich eine Funktion von T-Lymphozyten. Die Immunität ist während der Abwehrphase gut ausgeprägt, nimmt aber nach Abheilung ziemlich rasch ab, so daß spekuliert wird, daß eine Resistenz nur so lange besteht, wie TB bzw. die Immunantigene im Organismus vorhanden sind (= Infektionsimmunität).

Tuberkulinreaktion. Zusammen mit der spezifischen Immunität entsteht in einem durch TB infizierten Organismus eine veränderte Reaktionslage, die als Tuberkulinallergie bezeichnet wird. Die Allergie wird mit der Tuberkulinreaktion, die 6 – 8 Wochen nach Infektion positiv wird, nachgewiesen. Gereinigtes Tuberkulin (PPD = purified protein derivative) besteht aus den Tuberkuloproteinen. Beim Tuberkulintest werden 5 Tuberkulineinheiten (TU) **intrakutan** (= Test nach Mantoux) appliziert. Bei negativer Reaktion wird die Dosis sequentiell bis auf 250 TU gesteigert. Bei positiver Reaktion kommt es nach 48 – 72 Stunden zu einer mindestens 10 mm Durchmesser aufweisenden Entzündungsreaktion (Induration) am Ort der Antigenapplikation. Eine positive Reaktion gibt an, ob eine Testperson mit TB infiziert ist oder mit BCG aktiv geimpft wurde. Ein positiver Test gibt weder Hinweise auf das Vorliegen von Krankheit noch auf den Immunstatus. Man kann zwar annehmen, daß bei einer positiven Testperson eine gewisse spezifische Immunität vorliegt. Diese ist aber keineswegs komplett. Die Hälfte der klinisch manifesten Tuberkulosen in unserer Bevölkerung sind späte Reaktivierungstuberkulosen, die bei tuberkulinpositiven Personen entstehen.

Diagnose. Diese erfolgt ausschließlich durch mikroskopischen und kulturellen Nachweis des Erregers oder von erregerspezifischer DNA.

Traditionelle Methodik

- Vorbehandlung des Materials – z. B. mit N-Acetyl-l-Cystein/NaOH – und Zentrifugation. Ziel: Ausschalten der schnellwachsenden Begleitflora; Verflüssigung von zähem Schleim; Anreicherung durch Zentrifugieren.
- Mikroskopie. Färbung nach Ziehl-Neelsen und/oder mit dem Fluorochrom Auramin. Vorteil: rasches Ergebnis; Nachteile: mangelnde Sensitivität ($> 10^4 - 10^5$/ml); nur **säurefeste** Stäbchen.
- Kultur auf festen und in flüssigen Spezialmedien. Dauer: 4 – 8 Wochen.
- Identifizierung. Biochemische Teste mit Reinkultur, falls notwendig. Dauer: 1 – 3 Wochen.
- Empfindlichkeitsprüfung mit Reinkultur. Dauer: 3 Wochen.

Schnellmethoden. In den letzten Jahren wurden verschiedene Schnellmethoden in die TB-Diagnostik eingeführt, die den Hauptnachteil der traditionellen Methodik – die Zeit für die Diagnose – teilweise aufheben.

- Kultur. Früher Nachweis des Wachstums in Flüssigmedien durch Bestimmen von Stoffwechselprodukten mit hochempfindlichen Geräten, halbautomatisch. Dauer 1 – 3 Wochen. Verdachtsdiagnose.
- Identifizierung. Analyse zellulärer Fettsäuren mittels Gaschromatographie und von Mykolsäuren durch HPLC. Dauer: 1 – 2 Tage, ab Reinkultur.
- Nachweis von *M. tuberculosis*-Komplex und weiteren Mykobakterien mit DNA-Sonden; Dauer: wenige Stunden, ab Reinkultur.
- Empfindlichkeitsprüfung. Einsatz der Halbautomaten (s. oben). Nachweis von Wachstum/kein Wachstum in Flüssigmedien, die Standard-Tuberkulotika (Tab. 4.**4**) enthalten. Dauer: 7 – 10 Tage.

Direktnachweis im Material. Molekulare Methoden zum direkten Nachweis von *M. tuberculosis*-Komplex im Untersuchungsmaterial (ohne Kultur). Die Methoden sind mit einer Amplifikation der Suchsequenz verknüpft.

Therapie. Die frühere Langzeittherapie in Sanatorien ist durch eine standardisierte Chemotherapie (Beispiele s. Tab. 4.**4**) abgelöst worden. Diese wird oft ambulant durchgeführt.

Epidemiologie und Prophylaxe. Die Tuberkulose kommt weltweit endemisch vor. In den entwickelten Ländern hat ihre Häufigkeit in den vergangenen Jahrzehnten stark abgenommen. Die **Inzidenz** beträgt ungefähr 5 – 15 Neuinfektionen/100 000/Jahr. Die **Mortalität** liegt zumeist unter 1/100 000/Jahr. Weltweit gesehen ist die Tuberkulose jedoch noch ein großes Problem. Man

Tabelle 4.4 Schemata für die Chemotherapie der Tuberkulose

	Standardschema	Monate	Kurzschema*	Monate
Initialphase	Isoniazid (INH) Rifampicin (RMP) Ethambutol (EMB)	2	Isoniazid Rifampicin Ethambutol Pyrazinamid (PZA)	2
Fortsetzungsphase	Isoniazid Rifampicin	7	Isoniazid Rifampicin	4

* Alternative bei nachgewiesener INH-Empfindlichkeit oder geringen klinischen Befunden: INH + RMP + PZA (= Rifater) initial während 2 Monaten

schätzt, daß ungefähr 15 Millionen pro Jahr an dieser Krankheit erkranken und 3 Millionen daran sterben. Wichtigste **Infektionsquelle** ist der erkrankte Mensch. Gesunde Ausscheider existieren nicht. Das erkrankte Rind als Infektionsquelle spielt bei uns nur noch eine untergeordnete Rolle. Die **Übertragung** erfolgt in der Regel direkt, meist als Tröpfcheninfektion. Eine indirekte Übertragung durch Staub oder mit Milch (Eutertuberkulose des Rindes) stellt die Ausnahme dar. Die **Inkubationszeit** beträgt 4 – 12 Wochen.

- **Expositionsprophylaxe.** Patienten mit offener Tuberkulose müssen während der Ausscheidungsphase isoliert werden. Sekrete, die TB enthalten, müssen desinfiziert werden. Tuberkulöse Rinder müssen eliminiert werden.

- **Dispositionsprophylaxe.** Hierzu zählt die aktive Schutzimpfung, durch die das Tuberkuloserisiko auf die Hälfte reduziert wird. Sie erfolgt mit dem Lebendimpfstoff BCG (lyophilisierte, bovine TB von Typ Calmette-Guérin). Die Impfung tuberkulinnegativer Personen induziert Allergie und eine (inkomplette) Immunität, die ungefähr 5 – 10 Jahre anhalten. In Ländern mit geringer Prävalenz (D, A, CH) wird die BCG-Impfung nur bei tuberkulinnegativen Risikokindern empfohlen Die Impfung von Erwachsenen, auch wenn sie tuberkuloseexponiert sind, ist zur Zeit nicht indiziert. Präventive Chemotherapie – Therapie einer klinisch inapparenten Infektion mit INH (300 mg/die) während 6 Monaten – hat sich bei besonderen Risikopersonen bewährt, wie z. B. bei Kontaktpersonen, die aufgrund des Kontakts tuberkulinpositiv wurden, oder bei tuberkulinpositiven Personen, die gesteigerte Anfälligkeit aufweisen (immunsuppressive Therapie, Therapie mit Corticosteroiden, Diabetes, Alkoholismus), oder bei Personen mit röntgenologisch nachgewiesener Residualtuberkulose. Ein Problem bei der präventiven Chemotherapie stellt die Therapietreue (Compliance) des Behandelten dar.

Tuberkuloide Lepra

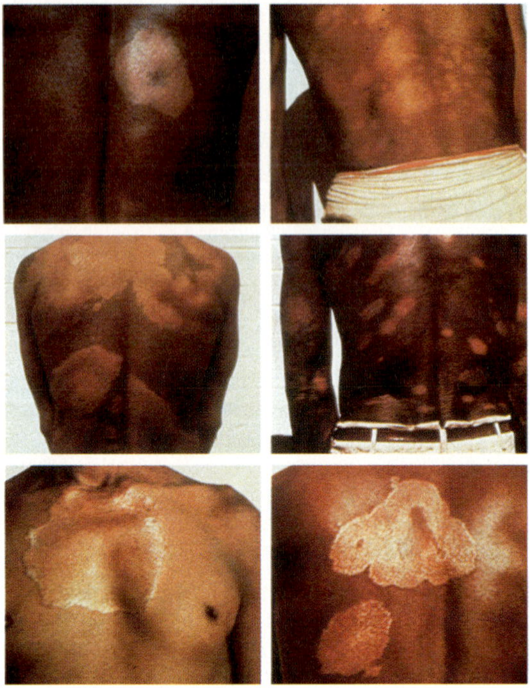

Abb. 4.**14** Die tuberkuloide Lepra ist die benigne, nicht progressive Lepraform, die durch fleckenartige Depigmentierungen der Haut charakterisiert ist.

Leprabakterien (LB)

Morphologie und Kultur. Das *Mycobacterium leprae* (Hansen, 1873) ist der Erreger des Aussatzes. Morphologisch entspricht dieses säurefeste Stäbchen den Tuberkulosebakterien. Im Unterschied zu diesen können Leprabakterien jedoch auf Nährmedien und auch in Zellkulturen nicht kultiviert werden.

Pathogenese. Die Pathomechanismen sind mit denen der Tuberkulosebakterien identisch. Der Wirtsorganismus versucht, Infektionsherde durch Ausbildung von Granulomen zu lokalisieren. Die Lepragranulome entsprechen histopathologisch den tuberkulösen Granulomen. In den Makrophagen der Granulome finden sich oft reichlich Leprabakterien.

Immunität. Die Abwehr ist ausschließlich zellulärer Natur. Eine nach Infektion auftretende Allergie kann mit dem Lepromintest nachgewiesen werden.

Lepromatöse Lepra

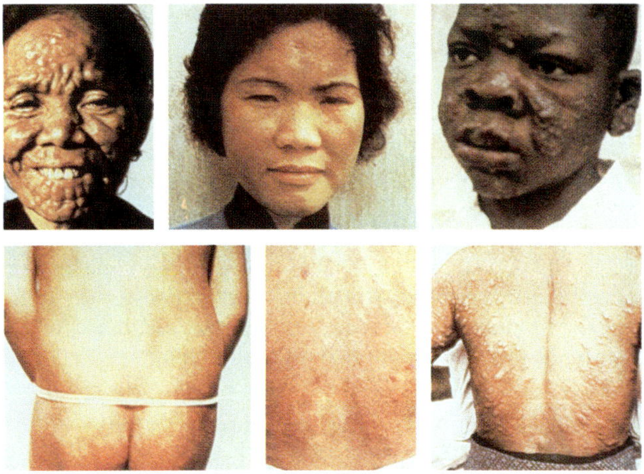

Abb. 4.**15** Die lepromatöse Lepra verläuft mit knotenartigen Haut- und Schleimhautläsionen, Befall von Nerven und Nervenlähmungen und – als Folge – Verstümmelungen.

4

Der Test zeigt aber eine schlechte Spezifität (positive Reaktion bei Nichtvorliegen einer Leprainfektion). Die klinisch verschiedenen Verlaufsformen beruhen möglicherweise auf individuellen Unterschieden in der Abwehr.

Krankheitsbild. Die Lepra manifestiert sich vor allem an der Haut, an den Schleimhäuten sowie an den peripheren Nerven.

Klinisch unterscheidet man die tuberkuloide (TL, Abb. 4.**14**) sowie die lepromatöse Lepra (LL, Abb. 4.**15**). Es existieren zahlreiche Zwischenformen. Die TL ist die benigne, nichtprogressive Form mit dem Auftreten von fleckenartigen Hautläsionen. Die LL ist durch einen malignen, fortschreitenden Verlauf mit knotenartigen Hautläsionen sowie strangartigen Nervenverdikkungen charakterisiert, die schlußendlich zu Nervenlähmungen führen. In den Entzündungsherden finden sich massenhaft Leprabakterien.

Diagnose. Mikroskopischer Erregernachweis im Haut- oder Nasenschleimhautgeschabsel nach Anfärben mit Ziehl-Neelsen. Der molekulare Nachweis von Leprabakterien-spezifischen DNA-Sequenzen mit der Polymerase-Kettenreaktion wird zur Zeit erprobt.

Therapie. Paukibakterielle Formen: Dapson kombiniert mit Rifampicin während 6 Monaten. Multibakterielle Formen: Dapson, Rifampicin und Clofazimin während mindestens 2 Jahren.

Epidemiologie und Prophylaxe. In den sozial entwickelten Ländern ist die Lepra eine Seltenheit. Heute ist sie noch in den Ländern der Dritten Welt häufig. Die Zahl der Leprakranken wird auf 12 Millionen geschätzt. Einzige Infektionsquelle ist der kranke Mensch. Die Übertragungswege sind nicht genau bekannt. Diskutiert wird die Übertragung durch direkten Kontakt über Verletzungen von Haut oder Mukosa und aerogene Übertragung. Die Inkubationszeit beträgt 2–5–20 Jahre. Eine Isolierung der Kranken, die behandelt werden, wird nicht mehr gefordert. Epidemiologisch wichtig ist die frühzeitige Erkennung der Krankheit bei Kontaktpersonen durch periodische Untersuchungen alle 6–12 Monate bis zu 5 Jahren nach Kontakt.

Nichttuberkulöse (atypische) Mykobakterien (NTM)

Mykobakterien, die nicht Tuberkulosebakterien oder Leprabakterien sind, werden als atypische Mykobakterien (alte Bezeichnung) oder nichttuberkulöse Mykobakterien (NTM) oder MOTT (mycobacteria other than tubercle bacilli) bezeichnet.

Morphologie und Kultur. In der Morphologie und im Färbeverhalten entsprechen NTM weitgehend den Tuberkulosebakterien. Mit Ausnahme der Gruppe der schnellwachsenden NTM zeigen sie auch ähnliche kulturelle Eigenschaften. Einige wachsen nur bei 30 °C. NTM kommen in der Umwelt (Wasser, Erdboden) sowie als Bestandteil der Schleimhautflora von Mensch und Tier häufig vor. Die meisten weisen Resistenz gegen die gebräuchlichen Antituberkulotika auf.

Krankheitsbilder und Diagnose. Einige der NTM-Spezies sind apathogen, andere können zumeist chronisch verlaufende Mykobakteriosen beim Menschen auslösen (Tab. 4.**5**). Diese sind insgesamt selten. Ihr Entstehen wird durch herabgesetzte zelluläre Immunität begünstigt. Gehäuft werden sie bei bestimmten Malignomen, bei immunsuppressiv Behandelten sowie bei AIDS-Patienten beobachtet. Dabei werden *M. avium/M. intracellulare* in mehr als 80% der Fälle isoliert. Klinisch, radiologisch und histologisch sind die NTM-Infekte von tuberkulösen Läsionen in der Regel nicht zu unterscheiden. Für die Diagnose sind deshalb Kultivierung und Identifizierung notwendig. Schwierig ist die Interpretation eines positiven Ergebnisses im Hinblick auf die klinische Bedeutung, da die ubiquitär vorkommenden Erreger auch Kontaminanten sein können. Nur bei ungefähr 10% aller Personen mit Nachweis von NTM liegt eine Mykobakteriose vor.

Tabelle 4.5 Infektionen, die durch nichttuberkulöse Mykobakterien ausgelöst werden können

Krankheit	häufige Spezies	seltene Spezies
Chronische Lungenkrankheit (Erwachsene)	*M. avium/M. intracellulare* *M. kansasii*	*M. malmoense* *M. xenopi* *M. scrofulaceum* *M. fortuitum* *M. chelonae* und weitere.
Lokale Lymphadenitis (Kinder, Adoleszente)	*M. avium/M. intracellulare* *M. malmoense*	*M. kansasii* *M. fortuitum* *M. chelonae*
Haut und Weichteile Swimming-pool-Granulomata Sporotrichoid lokale Abszesse Buruli-Ulkus	*M. marinum* *M. fortuitum* *M. chelonae* *M. ulcerans*	*M. haemophilum*
Knochen, Gelenke, Sehnenerkrankungen	*M. kansasii* *M. avium/M. intracellulare*	*M. fortuitum* *M. chelonae* *M. marinum* *M. malmoense*
Disseminierte Erkrankungen bei immunkompromittierten Patienten	*M. avium/M. intracellulare* *M. kansasii*	*M. fortuitum* *M. chelonae* *M. genavense*

Therapie. Oft muß der Infektionsherd chirurgisch entfernt werden. Für die Chemotherapie kommt je nach Erregerspezies eine Dreierkombination (z. B. INH, Ethambutol, Rifampicin) oder – bei resistenten Stämmen – eine Kombination von 4–5 Antituberkulotika in Frage.

Nocardia

Vorkommen Die Gattung Nocardia setzt sich aus Spezies zusammen, die in ihrer Morphologie den Aktinomyzeten ähneln. Zum Unterschied zu diesen ist der natürliche Lebensraum dieser obligaten Aerobier der Erdboden und Feuchtbiotope. Als Erreger der insgesamt sehr seltenen Nocardiosen des Menschen gelten *N. asteroides, N. brasiliensis, N farcinia, N. nova* und *N. otitidiscaviarum.*

Morphologie und Kultur. Nocardien sind grampositive, feine, pleomorphe, teils verzweigte Stäbchen. Sie lassen sich auf gewöhnlichen Nährmedien kultivieren. Sie wachsen besonders gut bei 30 °C. Nocardien sind obligate Aerobier.

Pathogenese und Krankheitsbild. Nocardien dringen über Atemtrakt oder Hautwunden aus der Umwelt in den Makroorganismus ein. Eine Infektion entwickelt sich nur bei Patienten mit prädisponierenden Grundleiden, die unmittelbar die Infektabwehr tangieren. In der Regel handelt es sich um Monoinfektionen. Eine typische klinische Symptomatik liegt nicht vor. Pyogene Entzündungen mit zentralen Nekrosen herrschen vor. Beschrieben wurden: **pulmonale Nocardiosen** (Bronchopneumie, Lungenabszeß), **systemische Nocardiosen** (Sepsis, Hirnabszeß, Abszesse in Nieren und Muskulatur), **Oberflächennocardiosen** (kutane und subkutane Abszesse, lymphokutanes Syndrom).

Aktinomyzetome sind tumorartige Prozesse an den Extremitäten mit Beteiligung des Knochens. Ein Beispiel ist der Madurafuß, der durch *Nocardia*-Arten, durch die verwandte Spezies *Actinomadura madurae* sowie durch *Streptomyces somaliensis* hervorgerufen wird. Auch Pilze (S. 359) können dieses Krankheitsbild bedingen.

Diagnose. Diese beinhaltet den mikroskopischen und kulturellen Erregernachweis in je nach Krankheit verschiedenen Materialien. Wegen der langen Generationszeit ist eine Bebrütung der Kulturen von mindestens 1 Woche notwendig. Eine Artbestimmung zur Abtrennung apathogener Arten ist wünschenswert, jedoch nicht einfach durchzuführen.

Therapie. Als Chemotherapeutika der Wahl sind die Sulfonamide und Co-trimoxazol zu nennen. Gegebenenfalls kommen chirurgische Maßnahmen in Betracht.

Epidemiologie und Prophylaxe. Nocardiosen sind seltene Infektionen. In den USA werden pro Jahr 500 – 1000 Fälle registriert. Die Erreger kommen in der Umwelt vor und werden durch Staub auf anfällige Patienten übertragen. Prophylaktische Maßnahmen existieren nicht.

Neisseria, Moraxella und Acinetobacter

Die Neisserien sind gramnegative, oft paarig angeordnete, aerobe Kokken. Sie sind typische Schleimhautparasiten, die außerhalb des menschlichen Organismus rasch absterben. Sie können auf angereicherten Nährmedien kultiviert werden.

Neisseria gonorrhoeae ist der Erreger der Gonorrhö (Tripper). Die Infektion erfolgt durch den Geschlechtsverkehr. Die Keime heften sich mit Haftpili und dem Protein PII an Zellen des Urogenitaltrakts, dringen durch parasitdeterminierte Endozytose ein und rufen eine pyogene Infektion vorwiegend des Urogenitalepithels hervor. Eine Infektion wird durch mikroskopischen und kulturellen Nachweis der Erreger in eitrigen Sekreten diagnostiziert. Mittel der Wahl zur Therapie ist das Penicillin G. Als Alternativen gegen penicillinasepositive Gonokokken kommen Cephalosporine oder 4-Chinolone in Frage.

Bei *N. meningitidis* handelt es sich um Parasiten der Nasopharynxmukosa. Die Meningokokken verursachen eine Meningitis und Sepsis. Die Diagnose wird durch Nachweis der Erreger im Liquor und Blut geführt. Die Krankheit tritt sporadisch oder in Form von Kleinepidemien bei Kindern, Jugendlichen oder jüngeren Erwachsenen auf. Antibiotika der Wahl sind Penicillin G und Cephalosporine der 3. Generation.

Die Familie der *Neisseriaceae* umfaßt aerobe, gramnegative Kokken und Stäbchen (s. Tab. 3.**9**, S. 214), unter denen die humanpathogenen Spezies *N. gonorrhoeae* und *N. meningitidis* die wichtigsten sind. Andere Arten der Gattung *Neisseria* gehören zur Normalflora der Schleimhäute.

Neisseria gonorrhoeae (Gonorrhoe)

Morphologie und Kultur. Gonokokken sind gramnegative, semmelförmige, zumeist paarig auftretende Kokken mit einem Durchmesser von ungefähr 1 µm (Abb. 4.**16**). An der Oberfläche lokalisierte Haftpili sind für die spezifische Adhärenz an Mukosazellen verantwortlich.

Gonokokken können auf feuchten, mit Eiweiß angereicherten Medien kultiviert werden. Für die Primärkultur ist eine Atmosphäre von 5–10% CO_2 notwendig.

Pathogenese und Klinik. Die Gonorrhö gehört zu den durch Geschlechtsverkehr übertragenen Infektionen. Die Erreger dringen in die Urogenitalmukosa ein und rufen eine lokale, mit Eiterbildung einhergehende Infektion hervor. Neben der Urogenitalschleimhaut können beim Mann Prostata und Neben-

Neisseria gonorrhoea und meningitidis

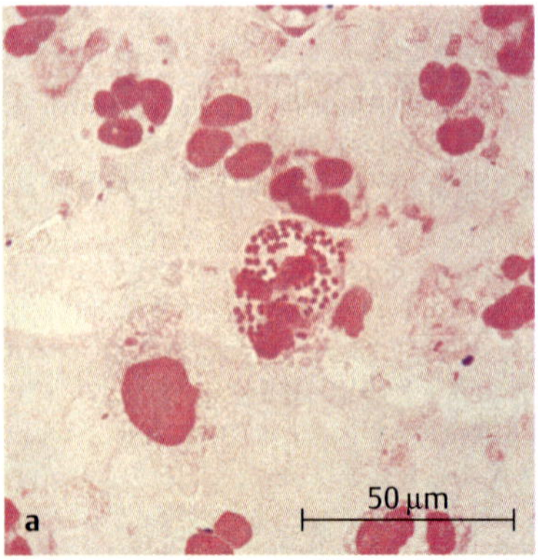

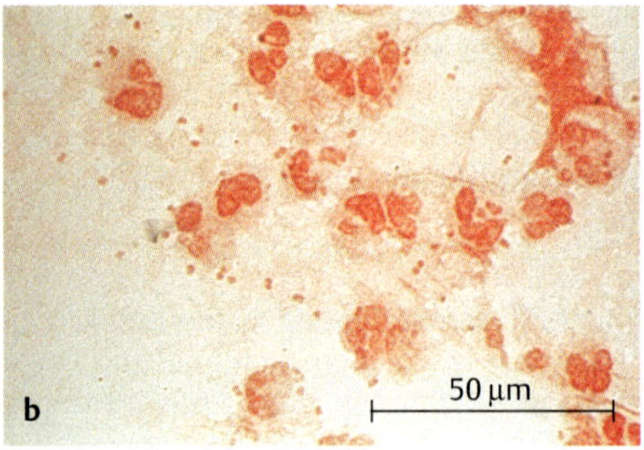

Abb. 4.**16** **a** *N. gonorrhoeae:* Gram-Färbung eines Präparats aus Urethralsekret: Kaffeebohnenförmige Diplokokken; Lagerung als Gruppe innerhalb eines Granulozyten. Klinische Diagnose: Gonorrhö.
b *N. meningitidis:* Gram-Färbung eines Präparats aus Liquorsediment. Klinische Diagnose: akute, eitrige Meningitis.

hoden mitbefallen sein. Bei der Frau können die Gonokokken auch eine Salpingitis und sogar eine Peritonitis verursachen. Werden die Keime auf die Konjunktiva übertragen, kann eine eitrige Konjunktivitis entstehen, die vor allem bei Neugeborenen gefürchtet ist. Gonokokken können auch die Rektal- oder Pharynxschleimhaut befallen. Bei hämatogener Aussaat können sie Arthritiden und selbst Endokarditiden verursachen.

Determinanten der Pathogenität von Gonokokken

Haftpili an der Oberfläche sowie das „äußere Membranprotein (OMP)" PII sind für Adhärenz an Zellen der Urogenitalmukosa zuständig. PII steuert auch den Prozeß der Invasion durch Endozytose. Die Abwehr gegen Granulozyten beruht auf dem Porin PI der äußeren Membran, das die Fusion des Phagosoms mit Lysosomen verhindert, so daß phagozytierte Gonokokken in Granulozyten überleben und ▶

Fortsetzung: **Determinanten der Pathogenität von Gonokokken**

sich in diesen sogar vermehren können. Das Lipooligosaccharid (LOS) der äußeren Membran bedingt Resistenz gegen Komplement (Serumresistenz) und ist auch in Analogie zum komplexer aufgebauten LPS der Enterobakterien für die Auslösung der entzündlichen Reaktion des Gewebes verantwortlich. Gonokokken können den Eisenproteinen Lactoferrin und Transferrin Eisen entreißen und im Innern der Bakterienzelle anreichern, was ihre rasche Vermehrung ermöglicht. Eine von den Gonokokken gebildete IgA_1-Protease hydrolysiert sekretorische Antikörper in den Mukosasekreten. Eine ausgeprägte Antigenvariabilität der Haftpili (S. 14) sowie des PII-Proteins ermöglichen es den Gonokokken, sich immer wieder der spezifischen Immunabwehr zu entziehen.

Diagnose. Methode der Wahl ist der Erregernachweis durch ein Methylenblau- und Grampräparat sowie durch die Kultur. Beim kulturellen Nachweis ist die Hinfälligkeit der Erreger zu beachten.

Material muß unmittelbar nach Entnahme auf Thayer-Martin-Medium (= Kochblutagar mit Zusatz von Antibiotika zur Ausschaltung von Begleitflora) geimpft werden und auf diesem Medium ins Labor transportiert werden. Die Identifizierung berücksichtigt die Morphologie sowie biochemische Merkmale. Neuere Methoden umfassen die direkte Immunfluoreszenz oder die Koagglutination (S. 211), bei der monoklonale Antikörper gegen das Hauptprotein PI der äußeren Membran eingesetzt werden.

Ein direkter Nachweis in Eiter- und Sekretproben ist mit einem Enzym-Immunosorbenstest sowie durch den Nachweis gonokokkenspezifischer Sequenzen von rRNA mit Hilfe einer DNA-Gensonde möglich.

Therapie. Früher war die einseitige Gabe von Penicillin G i. m. die Therapie der Wahl. In den letzten Jahren hat aber der Prozentsatz von penicillinasebildenden Stämmen weltweit stark zugenommen. Deshalb müssen heute für die Therapie der unkomplizierten Gonorrhö die Cephalosporine angesehen werden, die als Einmaldosis verabfolgt werden (z. B. Ceftriaxon, 250–500 mg i. m.). Gute Ergebnisse liegen auch mit einer Einmaltherapie per os mit fluorierten 4-Chinolonen vor (z. B. Ciprofloxacin, 0,5 g, oder Ofloxacin, 0,4 g).

Penicillinresistenz bei Gonokokken

Hohe Resistenz gegen Penicillin wird durch kleine, nichtkonjugative Plasmide determiniert. Diese können durch ein konjugatives Helferplasmid mobilisiert und zwischen Gonokokken übertragen werden. Die Penicillin-Resistenzplasmide kodieren für die TEM-Betalaktamase, die häufig bei *Enterobacteriaceae* vorkommt. Deshalb wird angenommen, daß das Penicillinase-Gen der Gonokokken aus dem ▶

Fortsetzung: **Penicillinresistenz bei Gonokokken**

Genpool der *Enterobacteriaceae* stammt. Niedrige, inhärente Resistenz gegen Penicillin beruht auf chromosomalen Genen (*penA, penB*), die für Penicillin-Bindeproteine mit herabgesetzter Empfindlichkeit gegen Penicillin kodieren. Sie sind durch Mutationen entstanden.

Epidemiologie und Prophylaxe. Die Gonorrhö ist eine weltweit verbreitete, durch Geschlechtsverkehr übertragene, ausschließlich beim Menschen vorkommende Krankheit. Ihre Inzidenz wird für die entwickelten Ländern mit 1–4/1000/Jahr geschätzt. Diese Zahlen müssen aber als ungenau angesehen werden, da die Dunkelziffer recht groß sein dürfte. In den letzten Jahren ist die Häufigkeit, möglicherweise im Zusammenhang mit der AIDS-Prophylaxe zurückgegangen. Eine Immunisierungsprophylaxe, die bei Risikopersonen eingesetzt werden könnte, existiert nicht, vor allem wegen der weiter oben geschilderten Antigenvariabilität. Die Bekämpfung der Gonorrhö umfaßt vor allem die rasche Erkennung von Infizierten und ihre entsprechende Behandlung.

Die Ophthalmia neonatorum kann zu 100 % durch eine Einmaldosis von 125 mg Ceftriaxon parenteral verhütet werden. Eine lokale Prophylaxe ist mit einer 1 %igen Lösung von Silbernitrat oder mit einer 1 %igen Tetracyclin- und 0,5 %igen Erythromycin-Augensalbe möglich.

Neisseria meningitidis (Meningitis, Sepsis)

Morphologie und Kultur. Meningokokken sind gramnegative, semmelförmige, oft pleomorphe, einen Durchmesser von 1 µm aufweisende, bohnenförmige Kokken (Abb. 4.**16b**). Sie sind unbeweglich und besitzen eine Polysaccharidkapsel.

Zur Kultivierung müssen bluthaltige Medien eingesetzt werden. 5–10 % CO_2 fördern das Wachstum.

Antigenstruktur. Aufgrund der Chemie der Kapsel unterscheidet man die Serogruppen A, B, C, D und weitere. Epidemien werden vor allem durch Stämme der Serogruppe A, manchmal auch durch B-Stämme, seltener durch C-Stämme verursacht. Die Serogruppe B kann aufgrund antigenetischer Unterschiede der Membranproteine in Serovare unterteilt werden.

Pathogenese und Krankheitsbild. Meningokokken sind Parasiten des Nasopharynx. 5–10 % der Bevölkerung stellen Keimträger dar. Kolonisieren virulente Meningokokken die Schleimhaut des Nasopharynx und fehlen Antikörper beim Wirt, dann können die Erreger durch „parasitdeterminierte Endozytose" über die Schleimhaut eindringen. Der Prädilektionsort für eine sekundäre Ansiedelung ist zweifelsohne das ZNS. Die Erreger können aber auch, hämatogen gestreut, die Lunge, das Endokard oder die großen Gelenke befallen.

Die Meningitis beginnt meist schlagartig, nach einer Inkubation von 2–3 Tagen, mit starken Kopfschmerzen, Fieber, Genickstarre und schwerem Krankheitsgefühl. Manchmal kann es zur schweren, mit Hämorrhagien einhergehenden Sepsis kommen (Waterhouse-Friderichsen-Syndrom).

Diagnose. Diese beinhaltet den mikroskopischen und kulturellen Nachweis des Erregers im Liquor oder im Blut. Für die Kultur muß das Material möglichst rasch auf Blutagar angesetzt werden. Die Identifizierung beruht auf dem Nachweis von Stoffwechseleigenschaften. Die Serogruppe wird mit der Objektträgeragglutination bestimmt.

Zum direkten Nachweis von Antigen im Liquor kann die Latexagglutination oder die Koagglutination zum Einsatz kommen.

Therapie. Das Antibiotikum der Wahl ist Penicillin G. Sehr gute Erfahrungen wurden auch mit Cephalosporinen der 3. Generation, z. B. dem Cefotaxim oder dem Ceftriaxon, gemacht. Wichtig ist ein frühzeitiges Einsetzen der Therapie, um Spätschäden zu verhüten.

Der Vorteil der Cephalosporine besteht darin, daß sie aufgrund ihres sehr breiten Wirkungsspektrums auch gegen andere Meningitiserreger (mit Ausnahme von *Listeria monocytogenes*) wirken.

Epidemiologie und Prophylaxe. Meningokokkeninfekte treten gehäuft in den Winter- und Frühlingsmonaten auf. Die **Übertragung** der Meningokokken erfolgt durch Tröpfchen. Der Mensch ist einziges Erregerreservoir. **Infektionsquellen** sind Keimträger und Erkrankte. In den entwickelten Ländern tritt die Erkrankung sporadisch oder in Form von Kleinepidemien in mehr oder minder geschlossenen Kollektiven (Arbeitslagern, Rekrutenlagern, Schullagern) auf. Die **Inzidenz** beträgt ungefähr 2–3/100 000/Jahr. In den Ländern der Dritten Welt kann die Erkrankung in Form von größeren Epidemien vorkommen. Unbehandelt beträgt die Letalität 85 %, bei rechtzeitiger Behandlung liegt sie unter 1 %. **Chemoprophylaxe** ist bei engem Kontakt mit Erkrankten (z. B. in der Familie) angezeigt. Zur Chemoprophylaxe wird auch die Sanierung von Keimträgern gerechnet. Sie ist mit Penicillin G nicht möglich, sondern muß mit Minocyclin oder Rifampicin durchgeführt werden. Eine **Immunisierungsprophylaxe** kann mit einem Impfstoff aus den gereinigten Kapselpolysacchariden A, C, Y und W-135 durchgeführt werden. Eine Serogruppe-B-Vakzine existiert nicht. Die Kapsel der Serogruppe B besteht aus Polyneuraminsäure, die vom Immunsystem nicht als fremd erkannt wird.

Acinetobacter, Moraxella und Kingella

Die Familie der *Moraxellaceae* umfaßt die Gattungen *Acinetobacter, Moraxella, Kingella* und weitere. Es handelt sich um plumpe, oft kokkoide, manchmal auch in Diploform auftretende Kurzstäbchen. Ihr natürliches Habitat sind entweder die Schleimhäute des Menschen (Moraxella) oder die Umwelt (Acinetobacter).

- **Acinetobacter.** *A. baumanii, A. calcoaceticus* und *A. Iwoffii* können nosokomiale Infekte (Harnwegsinfekte, Pneumonien, Wundinfekte, gelegentlich auch Sepsen) bei Patienten mit Defekten der Abwehr verursachen. Die Therapie dieser Infekte kann Probleme machen, da Klinikstämme dieser Arten häufig Mehrfachresistenz gegen Antibiotika aufweisen.

- **Moraxella.** Die Gattung wird in 2 Subgattungen unterteilt:
  Moraxella (sugben. Branhamella) catarrhalis. Bestandteil der Normalflora des oberen Respirationstrakts. Kann verantwortlich sein für: Pneumonie; akute Exazerbation bei chronischer Bronchitis; Otitis media (bis zu 20 % bei Kindern); Sinusitis. Ungefähr 80 % aller Stämme bilden eine Penicillinase. Therapie mit einem penicillinasestabilen Betalaktam-Antibiotikum ist angebracht.
  Moraxella (subgen. Moraxella) lacunata. Früher Diplobacterium Morax-Axenfeld. Kann Konjunktivitis und Keratitis verursachen. Wird heute selten als Erreger dieser Augeninfektionen gefunden. Ursache unbekannt.

- **Kingella.** *K. kingae* und weitere Arten werden gelegentlich aus verschiedenen Untersuchungsmaterialien isoliert. Meist handelt es sich um Kontaminanten. Ihre Rolle als Erreger muß von Fall zu Fall entschieden werden.

Enterobacteriaceae, Übersicht

Die für die Humanmedizn wichtigste Bakterienfamilie ist die der *Enterobacteriaceae*. Diese umfaßt Gattungen und Arten, die definierte, mit typischer klinischer Symptomatik einhergehende Krankheiten (Typhus, Ruhr, Pest) verursachen, sowie viele Opportunisten, die vor allem nosokomiale Infekte (Harnwegsinfekte, Pneumonien, Wundinfekte, Sepsen) hervorrufen. *Enterobacteriaceae* sind gramnegative, meist bewegliche, fakultativ anaerobe Stäbchenbakterien. Sie zeigen große Stoffwechselaktivität, die zu ihrer Identifizierung ausgenützt wird. Aufgrund von O-, H- und K-Antigenen können Arten in Serovare unterteilt werden, was epidemiologische Bedeutung hat.

Wichtigste Pathogenitätsfaktoren der *Enterobacteriaceae* sind die Kolonisationsfaktoren, die Invasine, das Endotoxin sowie verschiedene Exotoxine. *Enterobacteriaceae* sind die wichtigsten Mikroorganismen, die intestinale Infektionen hervorrufen. Diese gehören in der Bevölkerung der Dritten Welt zu den häufigsten Krankheiten überhaupt. Sie können klinisch in nichtentzündliche Enteritiden, in entzündliche Enteritiden sowie in Systemmanifestationen enteraler Infekte eingeteilt werden.

Definition und Bedeutung. *Enterobacteriaceae* gehören zusammen mit den Familien *Vibrionaceae* und *Pasteurellaceae* zur Gruppe der gramnegativen, fakultativ anaeroben Stäbchen. Ihr natürliches Habitat ist der Darmtrakt von Mensch und Tier. Einige rufen charakteristische Krankheiten hervor. Andere sind fakultativ pathogen, gehören aber zu den heute am häufigsten als Krankheitserreger isolierten Bakterien (z. B. *E. coli*). Sie sind oft für nosokomiale Infekte (s. S. 347f.) verantwortlich.

Taxonomie. Die Taxonomie der *Enterobacteriaceae* hat in den letzten Jahrzehnten mehrfach gewechselt und darf auch heute noch nicht als abgeschlossen gelten. Die Familie umfaßt im Moment über 100 Spezies. Nur ein Viertel davon sind jedoch entweder humanpathogene Keime oder werden häufiger beim Menschen aufgefunden. Tab. 4.**6** gibt eine Übersicht über die wichtigsten *Enterobacteriaceae.*

Die Systematik der *Enterobacteriaceae* beruht auf verschiedenen Mustern an Stoffwechselleistungen (Abb. 4.**17**). Eine wichtige Eigenschaft dieser Bakterienfamilie ist der Lactoseabbau (Vorhandensein des Lac-Operons). Das Lac-Operon umfaßt die Gene *lacZ* (kodiert für β-Galaktosidase), *lacY* (kodiert für β-Galaktosidpermease) und *lacA* (kodiert für eine Transacetylase). Lactose-positive *Enterobacteriaceae* werden in der Gruppe der koliformen *Enterobacteriaceae* zusammengefaßt. Lactose-negativ sind die meisten Salmonellen und Shigellen.

Morphologie und Kultur. *Enterobacteriaceae* sind gramnegative, plumpe, abgerundete Enden aufweisende Stäbchen von 0,5 – 1,5 μm Dicke und 2 – 4 μm Länge (Abb. 4.**18a**). Viele sind peritrich begeißelt. Stark begeißelte Arten (z. B. Proteusarten) können sich auf der Agaroberfläche fortbewegen, was als „Schwärmen" bezeichnet wird. Einige *Enterobacteriaceae* besitzen eine Kapsel.

Alle Bakterien dieser Familie lassen sich auf einfachen Nährmedien gut kultivieren. Sie sind rasch wachsende, fakultative Anaerobier. Ihre mittlere Generationszeit beträgt 20 – 30 Minuten. Sie zeigen Resistenz gegen verschiedene Chemikalien (Gallensalze, Kristallviolett), was für ihre selektive Kultivierung ausgenützt wird. Ein wichtiges Selektiv-Indikator-Medium ist der

Tabelle 4.6 Die wichtigsten Gattungen/Arten/Vare der *Enterobacteriaceae* und die zugehörigen Krankheitsbilder

Gattung/Art/Var	**Krankheit**	**Bemerkungen**
Salmonella		
S. typhi	Typhus abdominalis (Syn. Typhoides Fieber)	septische Allgemeininfektion
S. typhimurium *S. enteritidis* und weitere	Gastroenteritis (Diarrhö)	profuse, wäßrige Durchfälle
Shigella	bakterielle Ruhr (Dysenterie)	Durchfälle, Koliken, Tenesmen, oft Blut und Schleim im Stuhl
Klebsiella pneumoniae	Pneumonie (Friedländer)	schwere Pneumonie bei Prädisposition
Escherichia coli *Citrobacter* *Klebsiella* *Enterobacter* *Serratia* *Proteus* *Providencia* *Morganella* und weitere	Sepsen, Wundinfekte, Infekte der Harnwege und des Respirationstrakts	fakultativ pathogene Keime; Abwehrschwäche beim Wirtsorganismus Voraussetzung für Krankheit; verursachen nosokomiale Infekte; häufig resistent gegen Antibiotika
Yersinia		
Y. pestis	Pest	systemische Allgemeininfektion; selten
Y. enterocolitica *Y. pseudotuberculosis*	Enterokolitis, Lymphadenitis der Mesenteriallymphknoten	Pseudoappendizitis, reaktive Arthritis, Erythema nodosum
Escherichia coli	intestinale Infekte	
Enteropathogene *E. coli* (EPEC)	klassische Säuglingsdiarrhö	Epidemien in Krankenhäusern/Heimen
Enterotoxische *E. coli* (ETEC)	Diarrhö, choleraähnlich	Reisediarrhö (50 %)
Enteroinvasive *E. coli* (EIEC)	Dysenterie, ruhrähnlich	Invasion und Vero-Zytotoxine
Enterohämorrhagische *E. coli* (EHEC)	Hämorrhagische Kolitis	Hämolytisches Urämiesyndrom

Endoagar, der nur das Wachstum von gramnegativen Stäbchenbakterien gestattet und Lactoseabbau anzeigt (Abb. 4.**18b**).

Antigenstruktur. Die wichtigsten Antigene der *Enterobacteriaceae* sind:

- **O-Antigene.** Spezifische Polysaccharidketten des Lipopolysaccharid-Komplexes der äußeren Membran (S. 148f.).
- **H-Antigene.** Aus Protein bestehende Geißelantigene.
- **K-Antigene.** Lineare Polymere der äußeren Membran, die aus sich repetierenden Kohlenhydrateinheiten (gelegentlich auch aus Proteinen) aufgebaut sind. Sie können die Zelle dicht bedecken und O-Inagglutinabilität bedingen.
- **F-Antigene.** Antigene der aus Proteinen bestehenden Fimbrien.

4

Determinanten der Pathogenität. Bei *Enterobacteriaceae* ist eine Vielzahl von Faktoren bekannt, die in der Pathogenese der verschiedenen Infektionen eine Rolle spielen. Die wichtigsten sind:

- **Adhärenzfaktoren.** Adhäsive Fimbrien, Haftpili, Kolonisationsfaktoren (CFAs).
- **Invasive Faktoren.** In der äußeren Membran lokalisierte Proteine (Invasine). Ermöglichen die Invasion von Zellen.
- **Exotoxine.**
  - *Enterotoxine* stören die normale Funktion der Enterozyten. Stimulierung der Adenylat- oder Guanylatzyklase; vermehrte Produktion von cAMP (s. S. 297). Als Folge resultiert ein massiver Elektrolyt- und Wasserverlust.
  - *Zytotoxine* üben eine direkte toxische Wirkung auf Zellen (Enterozyten, Endothelzellen) aus.
- **Endotoxin.** Toxische Wirkung des Lipoid A als Teil des LPS (S. 149).
- **Serumresistenz.** Resistenz gegenüber dem Membranangriffskomplex C5b6789 des Komplementsystems.
- **Phagozytenresistenz.** Ermöglicht Überleben in Phagozyten. Resistenz gegen Defensine und/oder Sauerstoffradikale (S. 21).
- **Kumulierung von Fe^{2+}.** Aktiver Transport von Fe^{2+} durch Siderophore in die Bakterienzelle.

Physiologische Merkmale der *Enterobacteriaceae*

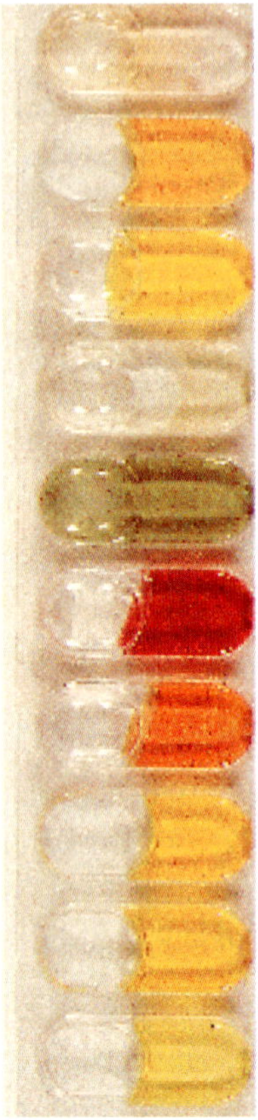

a

b

Bakterienart	ONPG	GLU	ARA	LDC	ODC	CIT	H_2S	URE	TDA	IND	OX	NO_2
Escherichia coli	95	100	83	77	70	0	3	1	0	94	0	100
Klebsiella pneumoniae	99	99	99	74	0	95	0	63	0	0	0	100
Enterobacter cloacae	99	100	99	1	96	94	0	1	0	0	0	100
Serratia marcescens	94	100	19	98	95	97	0	28	0	1	0	95
Citrobacter freundii	93	100	96	0	32	62	65	3	0	6	0	98
Proteus mirabilis	1	96	1	1	98	57	83	99	98	2	0	93
Morganella morganii	1	97	1	5	98	2	0	99	91	97	0	88
Yersinia enterocolitica	81	99	69	0	90	0	0	93	0	66	0	98
Salmonella enterica (außer thyphösen Salmonellen)	3	100	94	96	95	74	85	0	0	3	0	100
Shigella sonnei	26	99	50	0	0	0	0	0	0	38	0	100

Escherichia coli

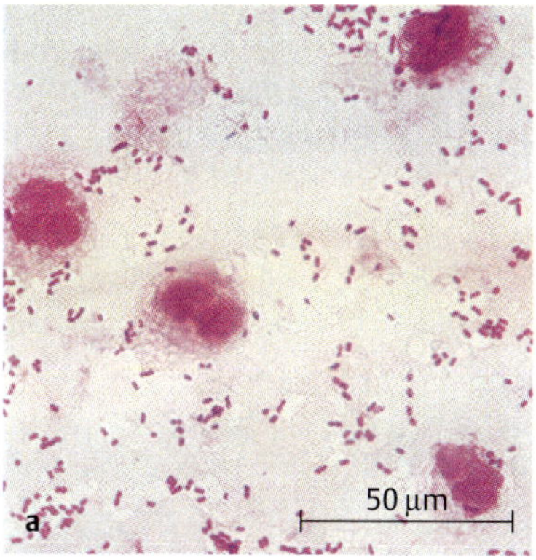

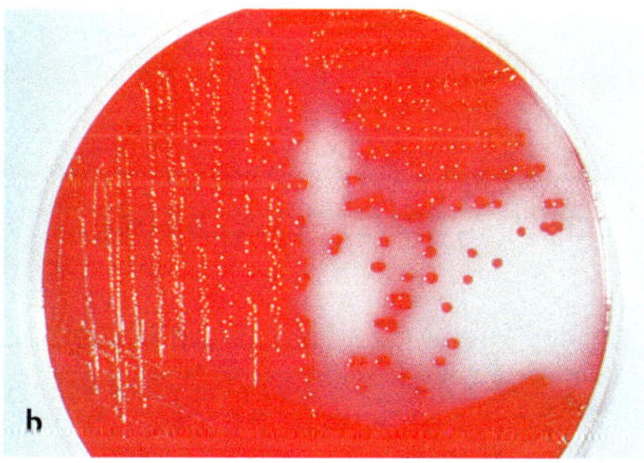

Abb. 4.**18** **a** Gram-Färbung eines Präparats aus Urinsediment: Plumpe, z. T. kokkoide, gramnegative Stäbchen. Klinische Diagnose: akute Zystitis.
b Kultur auf Endo-Agar, einem kombinierten Selektiv/Indikator-Medium. Die Rotfärbung der Kolonien und des Agars zeigt den Abbau von Lactose an

◀ Abb 4.**17** **a** Einfache Mikromethode (API 10S™) zur Identifizierung der *Enterobacteriaceae*. Vorliegen bzw. Abwesenheit eines Merkmals wird durch Farbe angezeigt.
b Identifizierungsschema. Die Zahlen geben die Wahrscheinlichkeit an, mit der die betreffende Eigenschaft beobachtet wird.
(ONGP = β-Galactosidase. GLU = Glucoseabbau. ARA = Arabinoseabbau. LDC = Lysindecarboxylase. ODC = Ornithindecarboxylase. CIT = Citratverwertung. H_2S = Bildung von Schwefelwasserstoff. URE = Harnstoffspaltung. TDA = Tryptophandesaminase. IND = Indolbildung. OX = Oxidase. NO_2 = Nitratbildung).

Intestinale Infekte. *Enterobacteriaceae* gehören zu den wichtigsten Erregern enteraler Infekte. Diese sind weltweit gesehen die häufigsten Erkrankungen überhaupt und stellen in den Ländern der Dritten Welt die häufigste Todesursache bei Kindern unter 5 Jahren dar (grob geschätzte Mortalität: 50/1000/Jahr). Die Darminfekte können aufgrund des Pathomechanismus in 3 Typen gruppiert werden.

- **Nichtentzündliche Enteritis.** Lokalisation im proximalen Dünndarm. Funktionsstörung der Enterozyten. Wäßrige Diarrhö. Keine fäkalen Leukozyten. Beispiele: ETEC-Infektion, Cholera.
- **Entzündliche Enteritis.** Lokalisation im distalen Dünndarm und im Kolon. Invasion der Mukosa. Entzündung. Evtl. Zytotoxizität (Zytotoxine). Fäkale Granulozyten. Beispiele: Bakterielle Ruhr (Dysenterie), Salmonellen-Enteritis, EIEC-Infektion.
- **Systemerkrankung mit oder ohne Diarrhö.** Penetration über M-Zellen der Mukosa im distalen Dünndarm. Translokation mit Makrophagen in lymphatische Organe. Vermehrung. Lymphogene/hämatogene Streuung. Beispiele: Typhus, *Yersinia enterocolitica*-Infektion.

Salmonella (Gastroenteritis, Typhus, Paratyphus)

Salmonellen werden heute in der Spezies *S. enterica*, die 6 Subspezies (Subgruppen) aufweist, zusammengefaßt. Die wichtigsten humanpathogenen Salmonellen gehören alle zur Subgruppe 1 (= *subsp. enterica*). Die Salmonellen können aufgrund von O- und H-Antigenen in mehr als 2000 Serovare unterteilt werden, die (inkorrekt) mit Speziesnamen bezeichnet werden.

Typhöse Salmonellosen werden durch die Serovare *Typhi* und *Paratyphi A, B* und *C* verursacht. die Keime werden per os aufgenommen. Sie dringen über den Intestinaltrakt ein, gelangen in das lymphatische Gewebe und breiten sich von dort zuerst lymphogen und dann hämatogen aus. Es resultiert ein generalisiertes, septisches Krankheitsbild. Infektionsquellen sind ausschließlich menschliche Ausscheider. Die Übertragung kann direkt durch Schmierinfektion oder indirekt über Lebensmittel erfolgen. Zur Therapie müssen Antiinfektiva (Ampicillin, Co-trimoxazol, 4-Chinolone) eingesetzt werden. Die Prophylaxe des Typhus abdominalis kann durch eine aktive Schutzimpfung vorgenommen werden.

Enteritische Salmonellosen entstehen durch Aufnahme der Erreger mit Nahrungsmitteln. Primäre Infektionsquellen sind zumeist Nutztiere. Die häufige Infektion bleibt auf den Magen-Darm-Trakt beschränkt. Von Ausnahmen abgesehen ist eine Therapie mit Antiinfektiva nicht notwendig.

Taxonomie. Die für den Menschen wichtigen Salmonellen werden in der Spezies *Salmonella enterica, subspecies enterica* klassiert. Diese Art/Unterart enthält mehr als 2000 Serovare, die (inkorrekt) mit Speziesnamen, allerdings in Großbuchstaben, bezeichnet werden.

Taxonomie der Salmonellen

Die Probleme mit der Systematik und Nomenklatur können nur historisch verstanden werden. Ursprünglich war man der Meinung, daß die Gattung Salmonella aus Arten besteht, die sich nur durch ihre Antigenstruktur voneinander unterscheiden. Das hat zur Verwendung von Speziesnamen für Serovare geführt. Neuere molekulargenetische Studien haben aber ergeben, daß die Gattung Salmonella nur aus einer einzigen Art, die in 7 Untergruppen unterteilt werden kann, besteht. Die für die Medizin wichtigen Salmonellen gehören alle der Unterart *enterica* an. Da sich aber die „Spezies"-Namen für Serovare in der Medizin eingebürgert haben, wurden sie belassen. Häufig werden Trivialbezeichnungen wie typhöse Salmonellen oder enteritische Salmonellen verwendet.

4

Tabelle 4.**7** Auszug aus dem Kauffmann-White-Schema zur Feindiskrimination der Salmonellen, das mehr als 2000 Serovare umfaßt

Gruppe	Serovar	O-Antigene	H- Antigene Phase 1	 Phase 2
A	*Paratyphi-A*	1,**2**,12	a	–
B	*Schottmuelleri (Paratyphi-B)*	1,**4**,(5),12	b	1,2
	Typhimurium	1,**4**,(5),12	i	1,2
C1	*Hirschfeldii (Paratyphi-C)*	**6**,7,(Vi)	c	1,5
	Choleraesuis	**6**,7	(c)	1,5
C2	*Newport*	**6**,8	e,h	1,2
D1	*Typhi*	**9**,12,(Vi)	d	–
	Enteritidis	1,**9**,12	g,m	(1,7)
	Dublin	1,**9**,12,(Vi)	g,p	–
	Gallinarum	1,**9**,12	–	–
	Panama	1,**9**,12	l,v	1,5
E1	*Oxford*	**3**,10	a	1,7

Eine Klammer bedeutet, daß das Antigen oft nicht vorhanden ist. Beim Vi-Antigen handelt es sich strenggenommen um ein K-Antigen. Die fett gedruckten Zahlen kennzeichnen das die O-Gruppe charakterisierende Antigen.

Die Serovare werden durch O- und H-Antigene determiniert. Sie sind im Kauffmann-White-Schema geordnet (Tab. 4.**7**).

Um die Übersicht zu erleichtern, wurden Gruppen gebildet, die durch bestimmte O-Antigene (halbfett) charakterisiert sind. Die Typisierung hat klinische Bedeutung, da bestimmte Serovare für die typhösen und andere für die enteritischen Salmonellosen verantwortlich sind. Weiterhin hat sie auch epidemiologische Bedeutung. Die Bestimmung des Serovars erfolgt mit Antiseren in einer Objektträger-Agglutination.

Phasenvariation der H-Antigene

H-Antigene können in 2 antigenetisch unterschiedlichen Strukturen vorkommen. Die Primärstruktur des Flagellins wird durch 2 Gene auf dem Chromosom determiniert, von denen immer nur eines abgelesen wird. Durch spontane, in einer Frequenz von ungefähr 10^{-4} pro Zellteilung vorkommende Inversion einer DNA-Sequenz vor dem Gen H2 wird dieses abgelesen oder nicht (Abb. 4.**19**).

Pathogenese und Krankheitsbilder. Hinsichtlich der Pathogenese, der Krankheitsbilder, aber auch ihrer Epidemiologie können die verschiedenen Salmonellen-Serovare in typhöse und enteritische unterteilt werden. Nicht bekannt ist, warum typhöse Salmonellen Systemerkrankungen hervorrufen, während die Infektion durch enteritische Salmonellen in der Regel auf den Darm beschränkt bleibt.

H-Phasenvariation der Salmonellen

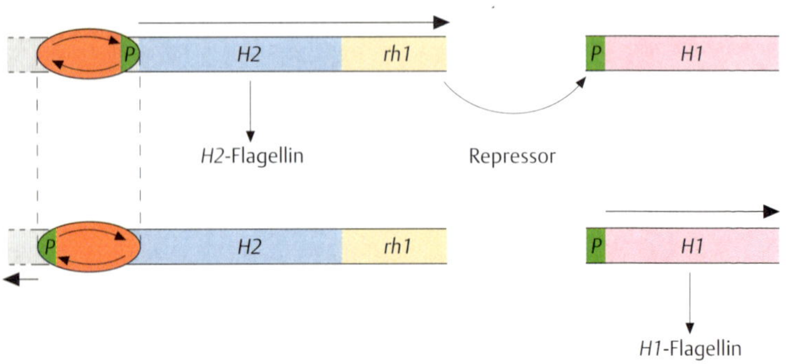

Abb 4.**19** P = Promotor, H2 = Gen der H2-Phase, H1 = Gen der H1-Phase, rh1 = Regulator-Gen für H1. Die horizontalen Pfeile kennzeichnen die Ableserichtung.

- **Typhöse Salmonellosen.** Adhärenz der typhösen Salmonellen an Zellen des Jejunum (M-Zellen?); Invasion der Mukosa durch Endozytose – Durchschleusen – Exozytose; Phagozytose in der Subserosa durch Makrophagen und Translokation in Mesenterial-Lymphknoten; Vermehrung; lymphogene und hämatogene Streuung; sekundäre Ansiedelung in Milz, Leber, Knochenmark, Gallenwege, Haut (Roseolen), Peyer-Plaques.

  Die Krankheit beginnt mit Fieber, das in der ersten Woche treppenförmig bis 39/40/41 °C ansteigt. Weitere Symptome: Kopfschmerzen und Benommenheit (typhos = Nebel); Leukopenie; Bradykardie; Milzschwellung; Roseolen am Abdomen; ab 3. Krankheitswoche Diarrhö, dabei evtl. Darmblutungen, bedingt durch Ulzera der Peyer-Plaques.

- **Enteritische Salmonellosen.** Adhärenz an Enterozyten des Ileum und Kolon. Invasion der Mukosa, induziert durch Invasinproteine auf der Oberfläche der Salmonellen. Persistenz in Epithelzellen, evtl. auch in Makrophagen. Lokale Entzündung. Ob Enterotoxine bei der Pathogenese eine Rolle spielen, ist umstritten.

  Die Krankheit beginnt meist plötzlich mit einem akuten Brechdurchfall, der mit hohem Fieber einhergehen kann. Die Symptome klingen ohne spezifische Therapie nach wenigen Tagen ab. Bei massiven Diarrhöen können Symptome auftreten, die auf den Wasser- und Elektrolytverlust zurückzuführen sind (Tab. 4.**8**).

Diagnose. Methode der Wahl ist der kulturelle Erregernachweis. Bei der Isolierung der Salmonellen aus dem Stuhl werden Selektiv-Indikator-Medien (z. B. Wilson-Blair-Agar, Hektoen-Agar oder ähnliche) eingesetzt. Die Identifizierung erfolgt mit der „Bunten Reihe" aufgrund eines Musters an Stoffwechseleigenschaften. Der Serovar wird durch Nachweis der Antigenstruktur mit spezifischen Antikörpern in der Objektträger-Agglutination bestimmt. Der kulturelle Nachweis erfordert mindestens 2 Tage. Typhöse Salmonellosen können indirekt durch Bestimmen des Titers agglutinierender Antikörper gegen O- und H-Antigene der Salmonellen (= Gruber-Widal) diagnostiziert werden. Beweisend ist nur ein Titeranstieg um mindestens das Vierfache zwischen einer Blutprobe, die zu Beginn der Krankheit und frühestens 1 Woche nach Beginn entnommen wurde.

Therapie. Bei typhösen Salmonellosen müssen Antiinfektiva eingesetzt werden, bei enteritischen genügt eine symptomatische Behandlung. Diese umfaßt eine Ruhigstellung des Darmes (z. B. mit Loperamid) sowie, falls notwendig, einen oralen Flüssigkeits-/Elektrolytersatz (WHO-Formel: 3,5 g NaCl, 2,5 g $NaHCO_3$, 1,5 g KCl, 20 g Glucose pro Liter).

Ein Problem stellt die Sanierung der Stuhl-Dauerausscheider von typhösen Salmonellen dar, die in einer Häufigkeit von 2 – 5 % auftreten. Daueraus-

Tabelle 4.**8** Übersicht über die wichtigsten Unterschiede zwischen typhösen und enteritischen Salmonellen/Salmonellosen

Eigenschaft	**Typhöse Salmonellen/ Salmonellosen**	**Enteritische Salmonellen/ Salmonellosen**
Serovare	*Typhi; Paratyphi A, B, C* (s. Tab. 4.**7**)	häufig; *Enteritidis* und *Typhimurium*; seltener: zahlreiche weitere Serovare
Infektionsspektrum	Mensch	Tier und Mensch
Infektionsquelle	Mensch: Kranke, Dauerausscheider	vorwiegend Nutztiere; Mensch auch möglich
Infektionsmodus	per os	per os
Übertragung	indirekt: Wasser, kontaminierte Lebensmittel direkt: Schmierinfektion	indirekt: kontaminierte Lebensmittel
Infektionsdosis	klein: $10^2 - 10^3$ Bakterien	groß: $> 10^6$ Bakterien; meist Vermehrung in Lebensmitteln
Inkubationszeit	1 – 3 Wochen	1 – 2 Tage
Klinik	**Allgemeininfektion.** septisches Krankheitsbild	**Akuter Brechdurchfall.** Fieber. Meist selbstlimitierende Infektion
Diagnose	Erregernachweis im Blut, Stuhl, Urin. Antikörpernachweis mit quantitativer Agglutinationsreaktion nach Gruber-Widal	Erregernachweis im Stuhl
Therapie	Antibiotika: Aminopenicilline; 4-Chinolone	symptomatische Therapie: Loperamid, evtl. Wasser-Elektrolytersatz (WHO-Formel)
Vorkommen	sporadisch; meist importiert aus Ländern, in denen der Typhus endemisch vorkommt	endemisch; epidemisches Auftreten als Gruppen- (Familie, Kantine etc.) oder Massenerkrankung
Prophylaxe	**Expositionsprophylaxe:** Trinkwasserhygiene, Lebensmittelhygiene. Sanierung von Dauerausscheidern **Dispositionsprophylaxe:** aktive Immunisierung (Reisende) möglich (s. S. 34)	**Expositionsprophylaxe:** Lebensmittelhygiene

scheider sind Rekonvaleszenten, die mehr als 3 Monate nach Überstehen der Krankheit die Erreger noch ausscheiden. Die Keime residieren meist in der vernarbten Gallenblasenwand. Hohe Dosen von Antiinfektiva, z. B. 4-Chinolone oder Aminopenicilline, können manchmal Erfolge bringen. In hartnäckigen Fällen ist die Cholezystektomie notwendig.

Epidemiologie. In Nord- und Mitteleuropa werden die typhösen Salmonellosen durch Reisende importiert und treten nur sporadisch oder bei Verkettung unglücklicher Umstände epidemisch auf. Primäre Infektionsquelle ist immer der Mensch.

Im Gegensatz dazu kommen die enteritischen Salmonellosen in unserer Bevölkerung endemisch und epidemisch vor. Sie nehmen an Häufigkeit laufend zu. Genaue Zahlen über die Morbidität gibt es nicht, da die Dunkelziffer sehr hoch sein dürfte. Viele Patienten mit Durchfall suchen oft den Arzt gar nicht auf. Die wichtigste Infektionsquelle sind Nutztiere, die meist hoffnungslos durchseucht sind.

4

Prophylaxe. Die wichtigsten präventiven Maßnahmen sind expositionsprophylaktischer Natur. Dazu zählen ein einwandfreies System der Trinkwasserversorgung; die Verhinderung der Kontamination von Lebensmitteln; das Vermeiden des Genusses von ungekochten Speisen in Ländern, in denen die Salmonellosen häufig sind; die Desinfektion von salmonellenhaltigen Ausscheidungen Kranker oder von Dauerausscheidern usw. Eine wichtige Maßnahme ist auch die Meldung an die Gesundheitsämter, damit diese entsprechend handeln können.

Als dispositionsprophylaktische Maßnahme ist die Schutzimpfung gegen Typhus bei Reisen in Endemiegebiete zu nennen (S. 34).

Shigella (bakterielle Ruhr)

Shigellen sind die Erreger der bakteriellen Ruhr. Die Gattung besteht aus den Spezies *S. dysenteriae, S. flexneri, S. boydii* und *S. sonnei.* Shigellen sind unbeweglich. Aufgrund der Feinstruktur ihrer O-Antigene können die 3 ersten Spezies in Serovare eingeteilt werden. Shigellen besitzen invasive Eigenschaften. Sie können in die Schleimhaut des Kolons eindringen und lokale, mit Nekrosen einhergehende Infektionen verursachen. Infektionsquelle ist immer der Mensch, da Shigellen an den Menschen standortgebunden sind. Die Erreger werden direkt oder häufiger, indirekt über Lebensmittel übertragen. Als Therapie kommt der Einsatz von Antibiotika in Betracht.

Klassifikation. Die Gattung Shigella wird in 4 Arten unterteilt: *S. dysenteriae, S. flexneri, S. boydii, S. sonnei.* Die ersten 3 Spezies können aufgrund von Antigenen in 10, 6 bzw. 15 Serovare unterteilt werden. H-Antigene kommen bei Shigellen nicht vor.

Pathogenese. Die Shigellen sind nur für den Menschen pathogen. Die Erreger werden per os aufgenommen. Die Infektionsdosis liegt bei nur wenigen hundert Zellen. Die Shigellen gelangen in das terminale Ileum und das Kolon und werden durch Endozytose über die zur Subserosa hin gelegene Seite (retrograd) aufgenommen. Die Invasion wird durch Polypeptide der äußeren Membran, die Invasine, ermöglicht, deren genaue molekulare Funktion bei dem Prozeß nicht bekannt ist. Die Invasine werden durch die *inv*-Gene kodiert, die auf 180 – 240 kb großen Plasmiden lokalisiert sind. Benachbarte Enterozyten werden durch lateralen Transfer von infizierten Zellen aus befallen. Shigellen produzieren das **Shigatoxin**, das den Prototyp der Familie der **shigaähnlichen Toxine** (Syn. **Vero-Zytotoxine**) darstellt, die auch bei einigen anderen *Enterobacteriaceae* vorkommen. Das Toxin hemmt die Proteinsynthese eukaryontischer Zellen, indem es die 23S rRNA an einer bestimmten Stelle spaltet. Das Shigatoxin ist am Entstehen der Epithelschäden im Kolon, an der mit wäßrigen Stühlen einhergehenden Dünndarmdiarrhö zu Beginn der Shigellose sowie am Entstehen des (seltenen) hämolytischen Urämiesyndroms (HUS) beteiligt. Das Fortschreiten der Epithelschädigung kann zu blutenden Ulzera der Darmschleimhaut, evtl. sogar zur Darmperforation führen.

Krankheitsbild. Nach einer Inkubationszeit von 2 – 5 Tagen beginnt die Krankheit mit wäßrigen Durchfällen (= Dünndarmdiarrhö). Später können dem Stuhl Schleim, Eiter und Blut beigemengt sein. Darmkrämpfe, schmerzhafte Stuhlentleerungen (Tenesmen) und Fieber werden im weiteren Verlauf beobachtet. Komplikationen sind massive Darmblutungen sowie die Perforationsperitonitis. Diese schweren Verläufe werden vor allem durch *S. dysenteriae* hervorgerufen, während *S. sonnei*-Infektionen meist nur mit dem Bild einer Diarrhö ablaufen.

Diagnose. Diese erfolgt durch kulturellen Nachweis der Erreger. Für die Primärkultur müssen kombinierte Selektiv-Indikatormedien eingesetzt werden. verdächtige Kolonien werden durch Nachweis physiologischer Merkmale mit der „bunten Reihe" identifiziert. Der Serovar wird mit spezifischen Antiseren in der Objektträger-Agglutination bestimmt.

Therapie. In erster Linie werden Antiinfektiva (Aminopenicilline, 4-Chinolone, Cephalosporine) eingesetzt. Evtl. muß der Wasser- und Elektrolytverlust ausgeglichen werden.

Epidemiologie und Prophylaxe. Die bakterielle Ruhr kommt weltweit vor. In den entwickelten Ländern tritt sie meist nur sporadisch auf. In den unterentwickelten Ländern kommt sie endemisch und evtl. epidemisch vor. Infektionsquelle ist immer der Mensch, meist Erkrankte. Auch Rekonvaleszenz- und Dauerausscheider sind bekannt. Die Übertragung erfolgt durch direkten Kontakt (Schmierinfektion) oder indirekt über Lebensmittel, Oberflächenwasser, Fliegen. Die Bekämpfung der Ruhr umfaßt expositionsprophylaktische Maßnahmen, die dafür sorgen sollen, daß Anfällige nicht in Kontakt mit dem Erreger kommen.

Yersinia (Pest, Enteritis)

Y. pestis ist der Erreger der Pest. Die Pest ist eine klassische Zoonose der Nagetiere. Sie trat im Mittelalter epidemisch auf, kommt jedoch heute nur noch sporadisch bei Personen vor, die direkten Kontakt mit erkrankten, wildlebenden Nagetieren hatten. Die Erreger dringen über Mikrotraumen der Haut ein und gelangen in die regionären Lymphknoten, in denen sie sich vermehren. Es kommt zur Ausbildung der charakteristischen Bubonen. Von hier kann es zum Einbruch in die Blutbahn und zur Generalisation mit Absiedelung der Erreger in anderen Organen kommen. Die Labordiagnose umfaßt die Isolierung und Identifizierung der Keime im Eiter, Blut oder sonstigem Material. Für die Therapie müssen Antibiotika eingesetzt werden.

Y. enterocolitica und *Y. pseudotuberculosis* verursachen generalisierte Zoonosen bei Wild- und Nutztieren. Erkrankte Tiere kontaminieren die Umgebung. Der Mensch nimmt die Erreger über Wasser und Lebensmittel per os auf. Die Keime penetrieren die Mukosa des unteren Intestinaltrakts und rufen eine Enteritis mit begleitender Mesenterial Lymphadenitis hervor. Bei 20% der Infizierten werden extramesenteriale Formen (Sepsen, Lymphadenopathien, verschiedene fokale Infekte) beobachtet. Als sekundäre immunpathologische Komplikationen werden Arthritiden und das Erythema nodosum beschrieben. Die Diagnose umfaßt den Nachweis des Erregers durch selektive Kultivierung.

Zur Gattung *Yersinia* gehören bis heute 11 verschiedene Arten. Am häufigsten wird *Y. enterocolitica* isoliert. *Y. pestis* ist der Erreger des „schwarzen Todes“, einer Infektion, die im Mittelalter epidemisch auftrat, heute aber nur noch eine sehr geringe Rolle spielt.

Yersinia pestis

Morphologie und Kultur. Es handelt sich um unbegeißelte, kurze, bekapselte, gramnegative, sich oft bipolar anfärbende Stäbchenbakterien. *Y. pestis* kann auf gewöhnlichen Nährmedien ohne Schwierigkeit kultiviert werden. Das Temperaturoptimum beträgt 30 °C. Kulturen sollten mindestens 48 Stunden bebrütet werden.

Pathogenese und Krankheitsbild. Die Pest ist primär eine Erkrankung der Nagetiere (Ratten). Unter diesen werden die Erreger durch Flöhe übertragen. Zusammen mit dem Blut gestochener Tiere gelangen die Pestbakterien in den Vormagen der Flöhe, in dem sie sich stark vermehren. Beim Biß derartig infizierter Flöhe werden die Erreger regurgitiert und dabei auf gesunde Tiere oder auch auf den Menschen übertragen. Neben dieser **indirekten Übertragung** können die Pesterreger durch **direkten Kontakt** von Tier oder Mensch über Hautverletzungen in den menschlichen Organismus eindringen. Von der Eintrittsstelle aus wandert der Erreger in die regionären Lymphknoten, in denen er sich vermehrt. 2 – 5 Tage nach Infektion entstehen hämorrhagisch veränderte, deshalb bläulich verfärbte, geschwollene Lymphknoten (Bubonen). Neben den Bubonen sind hohes Fieber, Schüttelfrost, Benommenheit und schweres Krankheitsgefühl weitere klinische Symptome. Über 90 % der Pestfälle verlaufen unter dem Bild der Bubonenpest. In 50 – 90 % der unbehandelten Fälle von Bubonenpest kommt es zu einem Einbruch in die Blutbahn, was ein septisches Krankheitsbild zur Folge hat. Im Verlauf dieser Sepsis ist eine Absiedelung der Erreger in vielen Organen möglich. Bei einer Aussaat in den kleinen Kreislauf resultiert die sekundäre Lungenpest mit blutigem, bakterienreichem, hochinfektiösem Sputum. Kontakt mit diesen Patienten kann infolge direkter, aerogener Infektion zur primären Lungenpest führen, die unbehandelt eine fast 100 %ige Letalität aufweist.

Diagnose. Sie erfolgt durch den Nachweis des Erregers im Bubonenpunktat, Sputum oder Blut. Dabei wird die Mikroskopie und die Kultur eingesetzt. Gute Resultate bringt auch die direkte Immunfluoreszenz.

Therapie. Neben symptomatischer Therapie kommt vor allem der Einsatz von Antibiotika in Frage (Streptomycin, Tetracycline, Chloramphenicol). Inzisionen der Bubonen sind kontraindiziert.

Epidemiologie und Prophylaxe. Die Pest kommt bei wildlebenden Nagetieren auch heute noch in weiten Teilen Asiens, Afrikas, Süd- und Nordamerikas **endemisch** vor. **Infektionsquellen** sind vor allem kranke Nager, selten erkrankte Menschen. Die **Übertragung** erfolgt in der Regel **indirekt**, wobei

Flöhe als Vektoren dienen. Eine Übertragung durch **direkten Kontakt** ist jedoch ebenfalls möglich. Menschliche Infektionen sind selten geworden. Meist tritt die Pest heute nur noch sporadisch auf. Im letzten Jahrzehnt sind der WHO ungefähr 15 000 Fälle gemeldet worden.

Die **Pestprophylaxe** wird vor allem im Sinne einer **Expositionsprophylaxe** durchgeführt. Kranke, vor allem an Lungenpest Erkrankte, müssen isoliert werden. Kontaktpersonen müssen 6 Tage (= Inkubationszeit) in Quarantäne genommen werden. Die Pest ist eine meldepflichtige Infektionskrankheit. Sie ist von den übergeordneten Gesundheitsbehörden der WHO zu melden. Die Pest stellt eine der 4 Quarantänekrankheiten dar.

Yersinia enterocolitica und Y. pseudotuberculosis

Vorkommen und Bedeutung. *Y. enterocolitica* und *Y. pseudotuberculosis* verursachen bei Haus- und Wildtieren, vor allem bei Nagern, generalisierte Infektionen. Die Erreger können vom Tier auf den Menschen übertragen werden. *Y. enterocolitica* ist für ungefähr 1 % der akuten Enteritiden in Europa verantwortlich. *Y. pseudotuberculosis* hat nur geringe humanpathogene Bedeutung.

Morphologie, Physiologie und Antigene. Es handelt sich um pleomorphe, peritrich begeißelte Kurzstäbchen. Die Kultur gelingt auf allen gebräuchlichen Medien. Bei Temperaturen von 20 – 30 °C wachsen diese Yersinien besser als bei 37 °C. Beide Arten zeigen eine komplexe Antigenstruktur, die auf verschiedenen O- und H-Antigenen beruht.

Pathogenese und Krankheitsbilder. Alle Stämme, die als Krankheitserreger beim Menschen isoliert werden, tragen ein 70 Kilobasen großes Virulenzplasmid, das mehrere Vir-Determinanten aufweist. Diese kodieren für Polypeptide, die Zelladhärenz, Phagozytoseresistenz, Serumresistenz und Zytotoxizität bedingen. Daneben kommen auch chromosomale Virulenzgene, wie z. B. Marker für Invasine, für Enterotoxine und für ein Eisenaufnahmesystem vor. Das genaue Zusammenwirken dieser Virulenzfaktoren für das Zustandekommen der Krankheit ist sehr komplex und kann deshalb hier nicht erklärt werden.

Die Yersinien werden in der Regel indirekt über Lebensmittel aufgenommen. Selten sind Infektionen durch direkten Kontakt mit erkrankten Tieren oder tierischen Keimträgern. Die Keime gelangen in den unteren Intestinaltrakt, penetrieren die Mukosa und werden mit Makrophagen in die Mesenteriallymphknoten transportiert. Die Krankheitsbilder können vereinfacht in folgende Formen unterteilt werden:

- **Enteritische Yersiniosen.** Es dominiert klinisch die Enteritis, die mit mesenterialer Lymphadenitis einhergeht. Diese Form wird häufig bei Kindern und Jugendlichen beobachtet. Weitere enteritische Formen sind die Pseudoappendizitis bei Jugendlichen, die Ileitis (= Pseudo-Crohn) sowie die Kolitis bei Erwachsenen.
- **Extramesenteriale Yersiniosen.** Diese manifestieren sich bei ungefähr 20% der Infizierten, meist bei Erwachsenen. Zu nennen sind eine Sepsis, eine Lymphadenopathie, eine seltene Hepatitis und verschiedene fokale Infekte (Pleuritis, Endokarditis, Osteomyelitis, Cholezystitis, lokalisierte Abszesse).
- **Folgekrankheiten.** Zu den immunpathologischen Komplikationen, die 1–6 Wochen nach Beginn der intestinalen Symptomatik bei ungefähr 20% der vorher akut Infizierten auftreten können, zählen die reaktive Mono- oder Oligoarthritis sowie das Erythema nodosum.

Diagnose. Eine sichere Diagnose kann durch den kulturellen Nachweis des Erregers bei 28 °C erbracht werden. Die Identifizierung erfolgt aufgrund von physiologischen Merkmalen. Für die Isolierung aus Stuhl werden Spezialmedien verwendet, z. B. der Yersinia-Selektivagar mit Zusatz von Cefsulodin, Irgasan und Novobiocin. Zum Nachweis von Antikörpern kann die Agglutinationsreaktion, ein ELISA oder ein Immunoblot-Test eingesetzt werden.

Therapie. Die überwiegend gutartigen Verläufe erfordern keine Chemotherapie. Bei klinisch schweren Fällen können Co-trimoxazol, Cephalosporine der 2./3. Generation sowie die fluorierten 4-Chinolone eingesetzt werden.

Epidemiologie und Prophylaxe. *Y. enterocolitica* und *Y. pseudotuberculosis* kommen bei Tieren weit verbreitet vor. Für die Epidemiologie sind kranke und latent infizierte Warmblüter wichtigste Reservoire. Von ihnen aus kommt es zur Kontamination der Vegetation, des Bodens und von Oberflächenwasser. Die Übertragung erfolgt auf oralem Weg über Lebensmittel. Kontaktzoonosen sind möglich, aber selten. Spezielle prophylaktische Maßnahmen existieren nicht.

Escherichia coli

Der natürliche Lebensraum von *E. coli* ist der Darmtrakt von Mensch und Tier. Deshalb gilt *E. coli* als Indikatorkeim für fäkale Verunreinigungen von Wasser und Lebensmitteln. *E. coli* ist der häufigste Erreger bakterieller Infekte des Menschen. Zu den **extraintestinalen Infekten** zählen die Harnwegsinfekte, die bei Obstruktion der Harnwege oder auch spontan durch den Pathovar UPED entstehen. Die wichtigsten weiteren Koliinfektionen sind Cholezystitis, Appendizitis, Peritonitis, postoperative Wundinfekte, Sepsen. **Intestinale Infekte** werden durch die Pathovare EPEC, ETEC, EIEC und EHEC verursacht. EPEC sind für die heute seltene Säuglingsdiarrhö verantwortlich. ETEC verursachen aufgrund der Produktion von Enterotoxinen ein choleraähnliches Krankheitsbild. Die enteroinvasiven EIEC sind für eine ruhrähnliche Infektion des Dickdarms verantwortlich. Die enterohämorrhagischen EHEC produzieren die Vero-Zytotoxine. EHEC verursachen eine hämorrhagische Kolitis sowie das hämolytische Urämiesyndrom. Infekte durch Kolibakterien werden durch Nachweis der Erreger diagnostiziert.

4

Allgemeine Eigenschaften. Der natürliche Lebensraum von *E. coli* ist der Darm von Tier und Mensch. Dieser Keim gilt deshalb als Indikatorkeim für fäkale Verunreinigungen von Trinkwasser, Badewasser und Lebensmitteln. Für Trinkwasser gilt, daß in 5 Proben zu 20 ml keine Kolibakterien vorhanden sein dürfen. Oberflächengewässer, die zum Baden freigegeben sind, sollten nicht mehr als 100 Kolibakterien/100 ml (Leitwert) bzw. 2000/100 ml (zwingender Wert) aufweisen.

E. coli ist aber auch ein wichtiger Krankheitserreger. Der Keim wird am häufigsten von allen Bakterien aus pathologischen Materialien isoliert.

Morphologie, Kultur und Antigenstruktur. Die gramnegativen, geraden Stäbchen sind peritrich begeißelt. Laktose wird prompt abgebaut. Die komplexe Antigenstruktur beruht auf O-Antigenen sowie H-Antigenen. Auch Fimbrienantigene wurden beschrieben. Die Antigene werden mit Zahlen, die Serovare mit den betreffenden O-, H- und K-Antigenen bezeichnet, z. B. Serovar O18:K1:H7.

Pathogenese und Klinik extraintestinaler Infekte. Extraintestinale Infektionen entstehen dann, wenn Kolibakterien der eigenen Flora an Stellen des Makroorganismus gelangen, wo sie nicht hingehören, und dort Bedingungen vorfinden, die ihre Vermehrung begünstigen.

- **Harnwegsinfekt.** Dieser häufige Koliinfekt manifestiert sich entweder nur im unteren Bereich der Harnwege (**Urethritis, Zystitis, Urethrozysti-**

tis) oder betrifft auch das Nierenbecken und die Niere (**Zystopyelitis, Pyelonephritis**). Bei akuten Harnwegsinfekten beruht die Ursache in 70–80%, bei chronisch persistierenden in 40–50% der Fälle auf *E. coli*. Harnwegsinfekte entstehen durch Aszension der Erreger vom Ostium urethrae her. Obstruktive Anomalien, eine neurogene Blase sowie ein vesikoureteraler Reflux fördern ihr Entstehen. Harnwegsinfekte, die ohne mechanische Anomalien auftreten, werden oft durch die Pathovar „UPEC" (= uropathogene *E. coli*) verursacht. UPEC-Stämme können sich mit „Pyelonephritis-assoziierten Pili" (PAP) (Syn. P-Fimbrien) oder „Nicht-Fimbrien-Adhäsinen" (NFA) spezifisch an Rezeptoren des Nierenbeckens anheften und produzieren das Hämolysin HlyA.

- **Sepsis.** *E. coli* verursacht ungefähr 15% aller nosokomialen Sepsen (*S. aureus* in 20%). Die Koli-Sepsis wird häufig durch Stämme der Pathovarietät SEPEC hervorgerufen, die die Eigenschaft der Serumresistenz aufweist (S. 13).
- **Weitere Koliinfekte.** Wundinfekte, Infektionen der Gallenblase und der Gallenwege, Appendizitis, Peritonitis, Meningitis der Früh- oder Neugeborenen und im Senium.

Pathogenese und Krankheitsbilder intestinaler Infekte. Darmpathogene *E. coli* werden heute im Hinblick auf Pathogenese und Krankheitsbild in mindestens 4 Pathovare eingeteilt.

- **Enteropathogene *E. coli*** (EPEC): Diese rufen die epidemisch oder sporadisch auftretende Säuglingsdiarrhö hervor. In den Industrienationen ist diese Krankheit selten geworden; in den Entwicklungsländern trägt sie noch beträchtlich zur Säuglingssterblichkeit bei. EPEC können sich an Epithelzellen des Dünndarms anheften, wobei es zur Zerstörung der Mikrovilli kommt. Für die Anheftung ist der sog. „EPEC-adhesion-factor" (EAF) verantwortlich. Möglicherweise spielt auch ein shigaähnliches (Vero)-Toxin beim Pathomechanismus eine Rolle.
- **Enterotoxische *E. coli*** (ETEC): Die Pathogenität dieses Pathovars beruht auf 2 Enterotoxinen: dem hitzelabilen LT (Inaktivierung bei 60 °C, 30 min) sowie dem hitzestabilen ST (Inaktivierung erst bei Temperaturen von 120 °C). Es gibt Stämme, die beide oder nur eines der beiden Toxine produzieren. LT stellt ein dem Choleratoxin sehr ähnliches Toxin dar. Es stimuliert die Aktivität der Adenylatcyclase (s. S. 297). Das nichtimmunogene kleine (Molekulargewicht 1500–5000 Da) ST stimuliert die Aktivität der Guanylatcyclase. Durch vermehrtes cGMP kommt es zu einer Hemmung der Absorption von Na^+ und Cl^- durch die Enterozyten. Die Pathogenität der ETEC beruht weiterhin auf spezifischen Fimbrien, sog. Kolonisationsfaktoren (CFA), durch die sich diese Bakterien an Epithelzellen des

Dünndarms anheften können. Dies verhindert ihre rasche Elimination durch die Peristaltik. Enterotoxine und CFA werden durch plasmidlokalisierte Gene determiniert. Das **klinische Bild** einer Infektion durch ETEC ist durch massive Durchfälle charakterisiert. Die Krankheit kann in allen Altersstufen auftreten. Über 50% der Reisediarrhöen werden durch ETEC verursacht. Nach Überstehen bleibt für einige Monate eine lokale Immunität zurück.

- **Enteroinvasive *E. coli*** (EIEC): Diese können in die Schleimhaut des Kolons penetrieren und geschwürige Entzündungen verursachen. Die Pathogenese und das klinische Bild der EIEC-Infekte entsprechen der bakteriellen Ruhr (S. 286). EIEC-Stämme sind oft Lac-negativ.

- **Enterohämorrhagische *E. coli*** (EHEC): Diese sind Ursache einer hämorrhagischen Kolitis und des „hämolytischen Urämiesyndroms" (HUS), das mit akutem Nierenversagen, Thrombozytopenie und Anämie einhergeht. EHEC besitzen einerseits spezifische, durch ein Plasmid kodierte Fimbrien für Adhärenz an Enterozyten und können andererseits durch Prophagen determinierte Toxine (shigaähnliche Toxine, Syn. Vero-Zytotoxine) produzieren. Von einigen Autoren werden sie deshalb auch als VTEC (verozytotoxinbildende *E. coli*) bezeichnet. Stämme von EHEC wurden bei den O-Serogruppen O157, O26, O111, O145 und weiteren gefunden. EHEC nehmen an Bedeutung zu. Die häufigste für das HUS verantwortliche Serovarietät ist O157:H7.

Diagnose. Extraintestinale Infekte werden durch Nachweis des Erregers in entsprechenden Materialien diagnostiziert. Bei der Diagnose des Harnweginfektes aus Mittelstrahlurin muß die Keimzahl bestimmt werden, um zwischen Infektion und Kontamination zu differenzieren. Zahlen von $\geq 10^5$/ml sprechen für Infektion, Zahlen von $\leq 10^3$/ml für Kontamination, bei Zahlen von 10^4/ml liegt ein fraglicher Befund vor. Bei der Urethritis können auch Keimzahlen von $\leq 10^4$/ml vorliegen. Schwierig ist der Nachweis darmpathogener Kolibakterien. Neuerdings werden hier spezifische Gensonden eingesetzt.

Therapie. Im Vordergrund steht die Antibiotikatherapie entsprechend dem Antibiogramm mit Amino- oder Ureidopenicillinen, Cephalosporinen, 4-Chinolonen, Co-trimoxazol. Bei starker Diarrhö oraler Flüssigkeits/Elektrolytersatz mit der WHO-Formel: 3,5 g NaCl, 2,5 g $NaHCO_3$, 1,5 g KCl, 20 g Glucose pro Liter, evtl. Ruhigstellen des Darmes mit Loperamid.

Epidemiologie und Prophylaxe. Die Übertragung intestinaler Infekte erfolgt in der Regel indirekt über Lebensmittel, Trinkwasser, Oberflächenwasser. Die Reisediarrhö wird bis zu 50% durch *E. coli*, meist ETEC, hervorgerufen.

Tabelle 4.**9** Übersicht über die wichtigsten opportunistischen *Enterobacteriaceae*

Bakterienart	**Eigenschaften**
Escherichia coli	s. S. 276, 279 und S. 291ff.
Citrobacter freundii; C. diversus; C. amalonaticus	kann Citrat als alleinige C-Quelle verwenden; Lactose wird verzögert abgebaut; unbeweglich
Klebsiella pneumoniae; K. oxytoca	Lactose-positiv; unbeweglich; viele Stämme besitzen eine Polysaccharidkapsel. Verursacht ~ 10 % nosokomialer Infekte. Bei Prädisposition, vor allem bei Vorliegen chronischer Lungenerkrankungen, Erreger der sog. „Friedländer Pneumonie“
Klebsiella ozaenae	Erreger der Ozaena; Atrophie der Nasenschleimhaut
Klebsiella rhinoscleromatis	Erreger des Rhinoskleroms; Granulom in Nase und Pharynx
Enterobacter cloacae; E. aerogenes; E. agglomerans; E. sakazakii und weitere	Lactose-positiv; beweglich; häufig Mehrfachresistenz
Serratia marcescens; S. liquefaciens und weitere	β-Galaktosidase (ONPG)-pos.; beweglich; häufig Mehrfachresistenz; einige Stämme bilden rotes Pigment bei 20 °C
Proteus mirabilis *Proteus vulgaris*	Lactose-negativ; sehr beweglich; wandert auf Oberfläche von Nähragar (= Schwärmphänomen). O-Antigene OX-2, OX-19 und OX-K von *P. vulgaris* mit Antigenen von Rickettsien identisch. Antikörper gegen viele Rickettsien können deshalb mit diesen Stämmen bestimmt werden (Weil-Felix-Agglutination)
Morganella morganii	Lactose-negativ; oft Mehrfachresistenz
Providencia rettgeri; P. stuartii	Lactose-negativ; oft Mehrfachresistenz
Edwardsiella tarda	seltener Gastroenteritis-Erreger

Die beste Prophylaxe gegen intestinale Infekte, z. B. bei Reisenden in südliche Länder, besteht darin, nur gekochte Speisen und desinfiziertes Trinkwasser einzunehmen. Eine Chemoprophylaxe zur Prävention der Reisediarrhö mit Antiinfektiva, die aber auf keinen Fall die normale anaerobe Darmflora reduzieren dürfen (in Frage kommen 4-Chinolone, Co-trimoxazol) hat sich in Studien als wirksam erwiesen. Sie ist jedoch generell aufgrund der großen Zahl der Reisenden nicht durchführbar.

Opportunistische Enterobacteriaceae

Viele *Enterobacteriaceae* weisen ein nur geringes pathogenes Vermögen auf, sie sind klassische Opportunisten. Die häufigsten opportunistischen Infekte, die sie verursachen, sind: **Harnwegsinfekte, Infekte des Respirationstraktes, Wundinfekte, Infekte der Haut und der Subkutis, Sepsen**. Da diese Infektionen nur bei entsprechender Disposition des Wirts entstehen, treten sie gehäuft bei hospitalisierten Patienten mit schweren Grundleiden auf. Ein weiterer Grund für die Bedeutung der opportunistischen *Enterobacteriaceae* in der Krankenhausmedizin beruht auf dem Vorkommen von Resistenzen gegen Antiinfektiva bei diesen Keimen. Deshalb können sie sich im Krankenhaus, wo Antiinfektiva häufig eingesetzt werden, besonders gut behaupten. Das Vorkommen von Mehrfachresistenz bei den *Enterobacteriaceae* ist auf eine eindrückliche genetische Variabilität zurückzuführen. Die Mechanismen dieser Variabilität sind im Kapitel „Molekulare Genetik der Bakterien" beschrieben. Eine Übersicht über die wichtigsten opportunistischen *Enterobacteriaceae* bietet Tab. 4.**9**.

4

Vibrio, Aeromonas und Plesiomonas

Die für die Medizin wichtigste Spezies dieser Bakterien ist *Vibrio cholerae*. Die Choleravibrionen sind gramnegative, kommaförmig gekrümmte, monotrich begeißelte Stäbchen. Sie zeigen Alkalitoleranz (pH9), was zur selektiven Kultivierung in alkalischem Peptonwasser ausgenützt wird. Die Cholera wird in erster Linie durch die Serovarietät O:1 hervorgerufen. Selten verursachen non-O:1-Stämme (z. B. O139) das typische Krankheitsbild. O : 1-Vibrionen können in die Biovare *cholerae* und *eltor* unterteilt werden. Krankheit entsteht, wenn eine große Zahl ($\geq 10^8$) der Erreger mit Lebensmitteln oder Trinkwasser in den Intestinaltrakt gelangen. Die Keime vermehren sich im proximalen Dünndarm und produzieren ein Enterotoxin. Dieses setzt in Enterozyten eine Kette von Reaktionen in Gang, an deren Ende ein vermehrter Transport von Elektrolyten aus den Enterozyten steht, wobei passiv auch Wasser abfließt. Die massiven wäßrigen Durchfälle (bis 20 l/Tag) führen zur Exsikkose. Therapeutisch steht der Ausgleich des Elektrolyt- und Wasserhaushaltes im Vordergrund. Cholera kommt nur beim Menschen vor. Die

Prävention umfaßt in erster Linie expositionsprophylaktische Maßnahmen. Es existiert eine aktive Schutzimpfung mit einer abgetöteten Ganzkeimvakzine. Der Impfschutz ist mäßig und besteht nur während 6 Monaten. Die Cholera ist eine der 4 Quarantänekrankheiten. Ihre Inkubationszeit wird im Internationalen Sanitätsreglement mit 5 Tagen angegeben. ■

Bei diesen Bakterien handelt es sich um einfach oder spiralig gekrümmte, gramnegative Stäbchen. Das natürliche Habitat der meisten sind Oberflächengewässer einschließlich der Ozeane. Einige verursachen Infekte bei Fischen (z. B. *Aeromonas salmonicida*). Für den Menschen ist vor allem die Spezies *Vibrio cholerae* wichtig.

Vibrio cholerae (Cholera)

Morphologie und Kultur. Choleravibrionen sind gramnegative, zumeist leicht (kommaförmig) gebogene, eine Länge von 1,5 – 2 μm und eine Breite von 0,3 – 0,5 μm aufweisende Stäbchenbakterien. Die Keime sind monotrich begeißelt (Abb. 4.**20**).

V. cholerae kann auf einfachen Nährmedien bei 37 °C und normaler Atmosphäre kultiviert werden. Wegen der ausgeprägten Alkalitoleranz läßt sich der Keim aus Bakteriengemischen bei einem pH-Wert von 9 selektiv anzüchten.

Antigene und Klassifikation. *C. cholerae* kann aufgrund von O-Antigenen (Lipopolysaccharidantigene) in Serovare unterteilt werden. Erreger der Cholera ist in der Regel die Serovarietät O:1. Stämme, die mit einem O:1-Antiserum nicht reagieren, werden in der Gruppe der non-O:1-Vibrionen zusam-

Vibrio cholerae

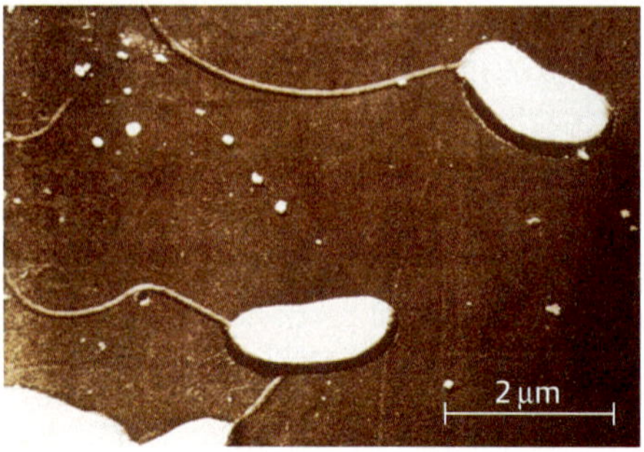

Abb. 4.**20** Kommaförmige, monotrich begeißelte Stäbchenbakterien (REM).

Wirkungsmechanismus des Choleratoxins

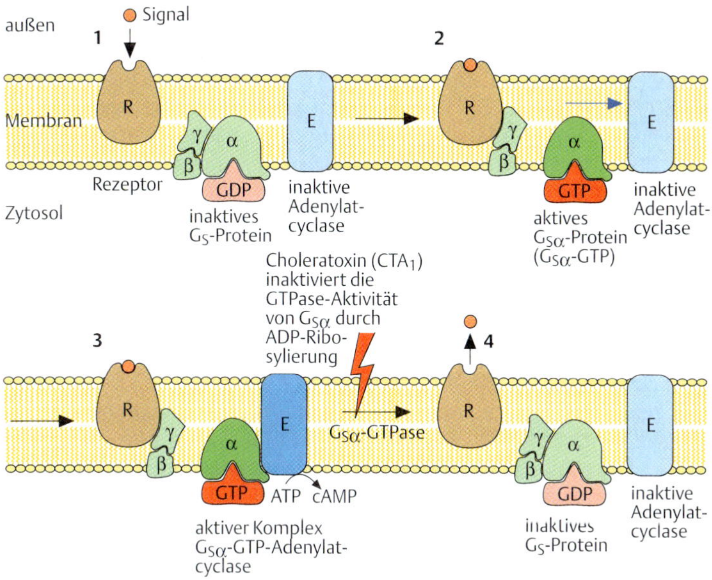

Abb. 4.**21** Choleratoxin greift an der durch G_S-Proteine vermittelten Signalkaskade an.

1 G_S-Proteine (G) in der Membran bestehen aus den 3 Untereinheiten α, β und γ. An die Untereinheit α ist GDP gebunden. In dieser Konfiguration ist G_s inaktiv.

2 Nach Bindung eines Signalmoleküls an den Membranrezeptor R dissoziieren die Untereinheiten von G_S; weiterhin wird das GDP an $G_{S\alpha}$ durch GTP ersetzt.

3 $G_{S\alpha}$-GTP verbindet sich mit der Adenylatcyclase zum aktiven Enzym, das ATP in den Second messenger cAMP umwandelt.

4 Dissoziiert das Signalmolekül wieder vom Rezeptor ab, so wird das an $G_{S\alpha}$ gebundene GTP zu GDP dephosphoryliert und der Ruhezustand wiederhergestellt.
Dieser Schritt wird durch Choleratoxin verhindert: Die A_1-Untereinheit des Choleratoxins (CTA_1) katalysiert eine ADP-Ribosylierung von $G_{S\alpha}$. Dadurch verliert $G_{S\alpha}$ seine GTPase-Aktivität, so daß die Adenylatcyclase nicht mehr abgeschaltet wird und permanent cAMP synthetisiert wird.

mengefaßt. Kürzlich wurden in Indien non-O:1-Stämme (O:139) beschrieben, die das klassische Krankheitsbild der Cholera verursachten. O:1-Vibrionen werden aufgrund physiologischer Merkmale in die Biovare „cholerae" und „eltor" eingeteilt. Die Varietät *eltor* weist eine geringere Virulenz auf.

Choleratoxin. Für das Krankheitsbild ist ausschließlich das Toxin verantwortlich. Dieses veranlaßt in den Enterozyten die vermehrte Sekretion von Elektrolyten, vor allem Cl^--Ionen, wobei passiv auch Wasser abfließt. Das Toxin gehört zu den AB-Toxinen (s. S. 16). Mit der Untereinheit **B** (5 Polypeptide) **b**indet es an Rezeptoren von Enterozyten. Die **a**ktive toxische Untereinheit **A** besteht aus A_1 und A_2. A_1 ist dafür verantwortlich, daß die Adenylatcyclase in den Enterozyten cAMP permanent und in großer Menge produziert (Abb. 4.**21**). cAMP aktiviert als Second messenger die Proteinkinase A, die spezifische, für die Sekretion von Elektrolyten verantwortliche Zellproteine aktiviert. Die Toxin-Gene *ctxA* und *ctxB* sind Teil des Genoms des filamentösen Bakteriophagen CTX, das als Prophage im Nukleoid der toxischen Choleravibrionen integriert ist (s. lysogene Konversion, S. 178). CTX kodiert auch für die Haftpili „TCP" (= toxin coregulated pili).

Pathogenese und Krankheitsbild. Die Infektion erfolgt durch orale Aufnahme der Erreger. Die Infektionsdosis ist groß ($\geq 10^8$), da viele Vibrionen durch die Magensäure abgetötet werden. Aufgrund ihrer Alkalitoleranz kolonisieren die Keime mit Hilfe der TCP (s. oben) die Mukosa des proximalen Dünndarms und sezernieren das Choleratoxin. Eine Invasion der Mukosa durch die Erreger findet nicht statt. Zum molekularen Wirkungsmechanismus des Choleratoxins s. Abb. 4.**21**.

Die Inkubationszeit der Cholera beträgt 2–5 Tage. Die Klinik ist durch starke, wäßrige Durchfälle sowie Erbrechen geprägt. Es können pro Tag bis zu 20 l Flüssigkeit verlorengehen. Weitere Symptome sind auf die starke Exsikkose zurückzuführen: Blutdruckabfall, Tachykardie, Anurie, Untertemperatur. Unbehandelt beträgt die Letalität bis zu 50 %.

Diagnose. Diese beinhaltet den Nachweis des Erregers im Stuhl oder Erbrochenem. Manchmal gelingt eine mikroskopische Schnelldiagnose durch Feststellen zahlreicher, sich in Fischzügen anordnender gramnegativer, gekrümmter Stäbchen. Zur Kultur werden flüssige oder feste Selektivmedien, z. B. alkalisches Peptonwasser oder Taurocholat-Gelatine-Agar, verwendet. Verdächtige Kolonien werden biochemisch sowie durch Nachweis des 0:1-Antigens in einer Agglutinationsreaktion identifiziert.

Therapie. Im Vordergrund steht der Ausgleich des gestörten Wasser- und Elektrolythaushaltes. In zweiter Linie kommen der Einsatz von Tetracyclinen oder von Co-trimoxazol in Frage, vor allem um die Ausscheidung zu verringern und zu verkürzen.

Epidemiologie und Prophylaxe. Die Cholera trat im 19. Jahrhundert in Europa mehrmals pandemisch auf. Diese Pandemien wurden immer durch den klassischen Biovar *cholerae* verursacht. Seit 1961 werden gehäuft Fälle durch den Biovar *eltor* beobachtet. Abgesehen von einigen kleineren Ausbrüchen in Italien und Spanien sind Massenerkrankungen in Europa in der Neuzeit nicht beobachtet worden. Choleraepidemien treten seit einigen Jahren in Südamerika auf.

Einzige **Infektionsquelle** ist der Mensch. Vor allem Erkrankte scheiden die Erreger in Massen aus. Aber auch Rekonvaleszenten können, manchmal bis zu Wochen und Monaten nach Überstehen des Infekts, Ausscheider sein. Echte Dauerausscheider wie beim Typhus abdominalis kommen nur ganz selten vor. Die **Übertragung** erfolgt in aller Regel indirekt über Lebensmittel, wobei dem Wasser eine besondere Rolle zukommt. Diese Tatsachen erklären, warum sich die Cholera vor allem in Ländern mit einem schlechten Hygienezustand epidemisch ausbreiten kann.

Die **prophylaktischen Maßnahmen** entsprechen weitgehend einer Expositionsprophylaxe. Zur Bekämpfung der Cholera im allgemeinen gilt, daß für eine adäquate Lebensmittel- und Trinkwasserhygiene sowie für korrekte Abwasserbeseitigung zu sorgen ist. Im einzelnen gilt, daß Kranke zu isolieren und infektiöse Ausscheidungen sowie kontaminierte Gegenstände zu desinfizieren sind. Die Cholera ist eine Krankheit, deren Verdacht sofort zu melden ist. Sie stellt eine der 4 Quarantänekrankheiten dar. Ihre Inkubationszeit ist im Internationalen Sanitätsreglement auf 5 Tage angesetzt. Es existiert eine Schutzimpfung mit abgetöteten Erregern. Der nach 2maliger subkutaner Injektion erzielte Impfschutz ist jedoch nur unvollständig und hält auch nur 6 Monate an. Die Pathogenese der Cholera erklärt, warum mit dieser Schutzimpfung kein wirksamer Impfschutz entsteht.

Vibrio parahaemolyticus

Halophile (salzfreundliche) Vibrionen leben in den flachen, warmen Küstengewässern der Ozeane. Die meisten verursachen nur sehr selten eine Infektion beim Menschen. Nur *V. parahaemolyticus* hat größere medizinische Bedeutung. Dieser Keim kann epidemisch auftretende Gastroenteritiden verursachen. Die Erreger werden mit der Nahrung (Meeresfrüchte, rohe Fische) auf den Menschen übertragen. Die Krankheit äußert sich als akuter Brechdurchfall. Die Therapie der meist rasch vorübergehenden Gastroenteritis ist symptomatischer Natur.

Aeromonas und Plesiomonas

Bakterien dieser beiden Gattungen sind Bewohner von Oberflächengewässern. Einige können bei Fischen (*A. salmonicida*) Infekte verursachen. Gelegentlich werden sie in Feuchtbereichen von medizinischen Apparaten wie

Dialysegeräten, Befeuchteranlagen oder Beatmungsgeräten als Kontaminanten gefunden. Sie können bei hospitalisierten, abwehrgeschwächten Patienten nosokomiale Infekte hervorrufen. Sind Lebensmittel massiv durch diese Bakterien kontaminiert, dann können bei Genuß dieser Speisen Gastroenteritiden auftreten.

Haemophilus und Pasteurella

■ Die für die Medizin wichtigste Spezies der *Pasteurellaceae* ist *Haemophilus influenzae*. Es handelt sich um unbewegliche, oft bekapselte, gramnegative Stäbchen. Pathogen ist vor allem das Kapselserovar „b". *H. influenzae* ist ein fakultativer Anaerobier, dem im Medium die Wuchsfaktoren X (= Hämin) und V (= NAD, NADP) angeboten werden müssen. *H. influenzae* ist ein typischer Parasit der Mukosa des Respirationstraktes. Er kommt nur beim Menschen vor. Der Keim verursacht bei abwehrgeschädigten Individuen und bei Kindern unter 4 – 5 Jahren Infekte des oberen und tiefen Respirationstraktes. Bei Kleinkindern werden auch invasive Infekte wie Meningitiden und Sepsen beobachtet. Für die Antibiotikatherapie muß ein betalactamasefestes Betalactam eingesetzt werden, da immer mehr Stämme beobachtet werden, die Betalactamase produzieren. Für die Immunisierungsprophylaxe stehen Konjugatvakzine zur Verfügung, bei denen das Kapselpolysaccharid mit Proteinen gekoppelt ist. Diese Vakzine können schon ab dem 3. Lebensmonat eingesetzt werden. ■

Haemophilus influenzae

Zu den hämophilen Bakterien zählt man solche, die zu ihrer Vermehrung Wachstumsfaktoren benötigen, die im Blut vorkommen. Der wichtigste humanpathogene Vertreter der Gattung ist *H. influenzae*. Weitere, gut definierte *Haemophilus*-Arten verursachen entweder Krankheiten beim Tier oder werden als Bestandteil der Schleimhautflora des Menschen aufgefunden. Letztere sind die Spezies *H. parainfluenzae, H. haemolyticus, H. segnis, H. aphrophilus* und *H. paraphrophilus*. In Ausnahmefällen können diese auch einmal Infektionserreger sein.

Morphologie und Kultur. Es handelt sich um kleine (Länge: 1,0 – 1,5 µm, Breite: 0,3 µm), oft bekapselte, unbewegliche gramnegative Stäbchen (Abb. 4.**22a**). Bekapselte Stämme werden aufgrund der Feinstruktur des Kapselpolysaccharids in die Serovare a – f unterteilt. Serovar „b" (= Hib) verur-

Haemophilus influenzae

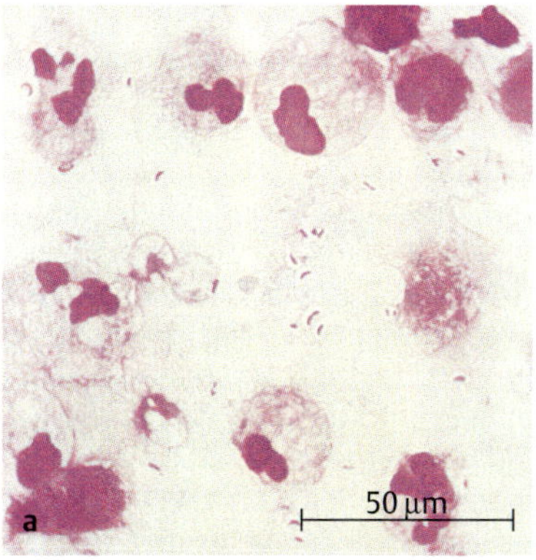

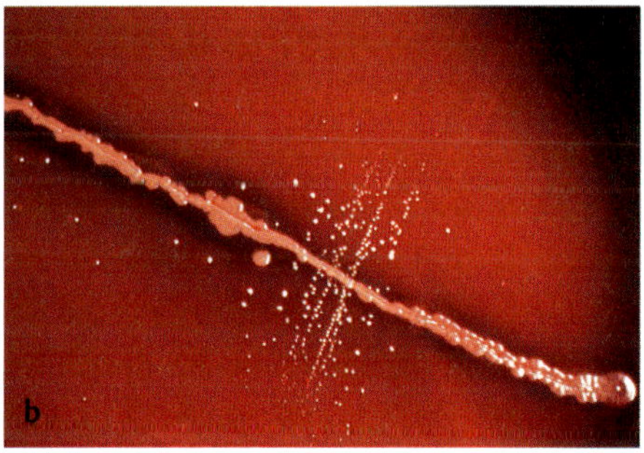

Abb. 4.**22** **a** Serovar „b". Gram-Färbung eines Liquorpräparats. Feine, gramnegative, von einer Kapsel umgebene Stäbchen. Klinische Diagnose: eitrige Meningitis.
b Satelliten-Phänomen von *H. influenzae*: Die Amme *Staphylococcus aureus* stellt geringe Mengen an V-Faktor zur Verfügung. Freier X-Faktor ist im Blutagar vorhanden.

4

sacht die meisten humanen Infekte. Das „b"-Kapselpolysaccharid besteht aus Polyribosylribitol-Phosphat (PRP).

H. influenzae ist ein fakultativer Anaerobier, dem im Medium die Wuchsstoffe X und V angeboten werden müssen. Der X-Faktor ist Hämin, das von den Bakterien zur Synthese von Häm enthaltenden Enzymen (Zytochrome, Katalase, Oxidasen) benötigt wird. Bei anaerober Kultivierung ist der Bedarf an X-Faktor stark reduziert. Der V-Faktor wurde als NAD bzw. NADP identifiziert. Eine übliche Blutagarplatte enthält nicht genügend freien V-Faktor. Manche Bakterien, vor allem *Staphylococcus aureus*, produzieren NAD im Überschuß und sezernieren dieses Coenzym sogar ins Medium. Deshalb kann *H. influenzae* in unmittelbarer Nachbarschaft von *S. aureus*-Kolonien wachsen, was als **Satelliten**- oder **Ammenphänomen** bezeichnet wird (Abb. 4.**22b**). Das übliche Medium zur Kultivierung von *H. influenzae* ist Kochblutagar (Syn. Schokoladenagar). Durch vorsichtiges Erhitzen von Blutagar auf 80 °C werden ausreichende Mengen an X- und V-Faktor aus den Erythrozyten freigesetzt und außerdem Inhibitoren des V-Faktors zerstört, ohne daß die Wuchsstoffe selber inaktiviert werden.

Pathogenese und Krankheitsbilder. *H. influenzae* ist ein Schleimhautparasit der oberen Luftwege. Bei 30–50% Gesunder kann der Keim nachgewiesen werden. Meist handelt es sich dabei um unbekapselte und damit wenig virulente Stämme. Der wesentliche Pathogenitätsfaktor der Erreger ist die Kapsel, die den Keim vor Phagozytose schützt. Als weitere Determinanten der Pathogenität sind die Affinität zur Schleimhaut des Respirationstraktes und zu den Meningen sowie die Produktion einer IgA_1-Protease zu nennen.

An *H. influenzae*-Infekten erkranken gehäuft Kinder im Alter zwischen 6 Monaten und 4 Jahren. Dies hängt mit dem niedrigen Gehalt an Antikapsel-Antikörpern in dieser Altersgruppe zusammen. In den ersten Lebensmonaten besteht ein Nestschutz. Ab dem 5. Lebensjahr liegt dann ein ausreichend hoher Spiegel an eigenen Antikörpern vor. An Krankheitsbildern muß an erster Stelle die Meningitis genannt werden, die unbehandelt eine Letalität von fast 100% aufweist. Weitere Infektionen sind Epiglottitis, Pneumonie und Empyem, septische Arthritis, Osteomyelitis, Perikarditis, Zellulitis sowie Otitis media und Sinusitis. Bei Erwachsenen entstehen *Haemophilus*-Infekte zumeist sekundär als Komplikation schwerer Grundleiden oder bei herabgesetzter Resistenz. Am häufigsten kommt die akute Exazerbation bei chronischer Bronchitis vor. Auch Pneumonien durch *H. influenzae*, die oft als Superinfektion im Anschluß an eine Influenza auftreten, werden beobachtet. In letzter Zeit wird berichtet, daß auch unbekapselte Stämme bei immunkompromittierten Erwachsenen Infekt der Respirationsorgane sowie Otitis media und Sinusitis verursachen können.

Diagnose. Methode der Wahl ist der mikroskopische und kulturelle Nachweis des Erregers in Liquor, Blut, Eiter oder purulentem Sputum. Ein Ammenphänomen auf Blutagar zeigt V-Faktor-Bedürfnis an. X-Faktor-Bedürfnis wird am einfachsten mit dem Porphyrintest nachgewiesen, der bei *H. influenzae* negativ ausfällt.

Therapie. Zur Therapie sollten penicillinasefeste Betalactam-Antibiotika verwendet werden. In den letzten Jahren hat die Zahl Betalactamase-Bildner bei *H. influenzae* zugenommen. In Deutschland, Österreich und der Schweiz produzieren ungefähr 20% der Stämme dieses Enzym. Als Alternativen zu den Betalactamen können die 4-Chinolone angesehen werden. Mittel der Wahl zur Therapie der Meningitis ist das Ceftriaxon.

Epidemiologie und Prophylaxe. *H. influenzae* kommt ausschließlich beim Menschen vor. Die Inzidenz schwerer, invasiver Infekte (Meningitis, Sepsis,

Epiglottitis) bei Kindern hat nach Einführung der akuten Schutzimpfung (s. unten) dramatisch, auf ungefähr 1/10 der Fälle vor der Schutzimpfung, abgenommen und wird bei konsequenter Durchführung der Impfung weiter abnehmen.

Die Impfung wird mit der Konjugat-Vakzine Hib durchgeführt. Bei dieser ist das für die Immunität verantwortliche Epitop des Kapselpolysaccharids „b" an Protein konjugiert. Mit einer derartigen Konjugat-Vakzine kann schon im ersten Lebensjahr immunisiert werden. Auf eine reine Polysaccharid-Vakzine reagiert das Immunsystem erst ab 2 Jahren, da Polysaccharide T-Helferzellen unabhängige Antigene darstellen. Diese sind dadurch charakterisiert, daß Antikörper in den 2 ersten Lebensjahren nicht oder nur mäßig produziert werden und eine Boosterantwort nicht erfolgt. Für eine Chemoprophylaxe nichtgeimpfter Kleinkinder, die Kontakt mit Erkrankten hatten, hat sich die 4tägige Gabe von Rifampicin bewährt.

Haemophilus ducreyi und Haemophilus aegyptius

Bei ***H. ducreyi*** handelt es sich um kurze, gramnegative, unbewegliche Stäbchen, deren Züchtung recht schwierig ist und Spezialmedien erfordert. Der Keim verursacht das Ulcus molle (weicher Schanker), eine vor allem in den Tropen vorkommende, in Mitteleuropa sehr selten auftretende Geschlechtskrankheit. Die Infektion imponiert als schmerzhaftes, leicht blutendes Geschwür, das vor allem im Genitalbereich auftritt. Die regionären Lymphknoten sind stark geschwollen. Die Diagnose erfolgt durch mikroskopischen und kulturellen Nachweis des Erregers. Therapeutisch kommen Sulfonamide, Streptomycin oder Tetracycline in Frage.

H. aegyptius (evtl. identisch mit Biovar III von *H. influenzae*) verursacht eine eitrige Konjunktivitis, die vor allem in Nordafrika und Ägypten auftritt. In Brasilien wurden in den letzten Jahren gehäuft auch systemische Infekte, das sog. brasilianische Purpura-Fieber, beobachtet.

Pasteurella

Verschiedene Arten der Gattung *Pasteurella* kommen bei Tier und Mensch als Bestandteil der normalen Schleimhautflora vor oder sind Erreger von Infektionen bei Tieren. Als Erreger humaner Infekte spielen sie nur eine untergeordnete Rolle. Als Beispiel für humane Pasteurellosen werden hier die Infektionen durch ***Pasteurella multocida*** geschildert. Die Keime gelangen von außen, nach Biß- oder Kratzverletzungen oder mit Tröpfchen beim Kontakt mit erkrankten Tieren, in den Organismus. Liegt eine Abwehrschwäche vor, dann entstehen je nach Eintrittspforte entweder lokale Wundinfekte mit Lymphadenitis, subakute bis chronische Infekte der tiefen Atemwege oder Infekte des ZNS, letztere nach Schädeltraumen oder Hirnoperationen. Die Diagnose wird durch den Nachweis des Erregers gestellt. Die Therapie kann mit einem Penicillin oder Cephalosporin durchgeführt werden. Infektionsquelle sind: Haustiere (Hund, Katze, Vögel, Meerschweinchen) oder Nutztiere (Rinder, Schafe, Ziegen, Schweine).

Verschiedene, gramnegative Stäbchenbakterien

Die in Tab. 4.**10** aufgeführten Bakterienarten weisen nur geringes pathogenes Vermögen auf. Als typische Opportunisten können sie gelegentlich Infektionen bei Personen auslösen, die Defekte der spezifischen oder unspezifischen Abwehr aufweisen. Werden sie aus einem Material isoliert, ist es meist schwer, ihre pathologische Bedeutung zu interpretieren.

Campylobacter, Helicobacter, Spirillum

■ *Campylobacter, Helicobacter* und *Spirillum* gehören zur Gruppe der spiralig gekrümmten, beweglichen, gramnegativen, mikroaerophilen Bakterien. *C. jejuni* ist der häufigste Vertreter. Er verursacht eine Enteritis. Infektionsquellen sind erkrankte Tiere. Die Erreger werden von Tieren über Lebensmittel auf den Menschen übertragen. Eine Übertragung von Mensch zu Mensch kann auch vorkommen. Die Diagnose erfolgt durch kulturellen Nachweis des Erregers im Stuhl mit speziellen Selektivmedien. *Helicobacter pylori* wird mit der Pathogenese der Typ B Gastritis sowie des peptischen Ulkus in Zusammenhang gebracht. *Spirillum minus* verursacht das Rattenbißfieber, das gehäuft in Japan auftritt und dort Sodoku genannt wird. ■

Zur Gruppe der aerob/mikroaerophilen, beweglichen, helikal/vibroid geformten, gramnegativen Stäbchenbakterien (S. 214) gehören die Gattungen *Campylobacter, Helicobacter* und *Spirillum*. Bei allen 3 Gattungen findet man humanpathogene Arten.

Tabelle 4.10 Übersicht über verschiedene, gramnegative Stäbchenbakterien

Bakterienart	Wichtigste Eigenschaften
Calymmatobacterium granulomatis (Syn. *Donovania granulomatis*)	unbeweglich; Kapsel; Kultivierung auf eidotterhaltigen Medien; fakultativ anaerob **Granuloma inguinale**. Geschlechtskrankheit; indolente, ulzerogranulomatöse Läsionen der Haut und Schleimhaut. In Europa sporadisches Vorkommen. Diagnose durch Nachweis von Bakterien in Vakuolen in großen, mononukleären Zellen mit Giemsa-Färbung (= Donovan-Körper) Antibiotika: Aminoglykoside, Tetracycline
Cardiobacterium hominis	unbeweglich; Pleomorphie. Normalflora des Respirationstrakts. Kultur auf Blutagar in 5 % CO_2, 35 °C, 4 Tage **Subakute Endokarditis.** Gelegentlich Bestandteil einer Mischflora bei eitrigen Infekten im Gesichtsbereich
Eikenella corrodens	unbeweglich, kokkoid. Normalflora des Respirations- und Intestinaltrakts. Kultur auf Blutagar, dabei Korrosion der Agaroberfläche **Abszesse, Wundinfekte, Peritonitiden, Empyeme, septische Arthritiden**. Dabei oft Bestandteil einer Mischflora. Auch **Endokarditis** und **Meningitis** beschrieben
Streptobacillus moniliformis	ausgeprägte Pleomorphie; häufig Ausbildung von zellwanddefekten Filamenten. Kultur in angereicherten Medien bei 35 °C, 5 % CO_2, 3 Tage. Bestandteil der Mundhöhlenflora von Ratten, Mäusen, Katzen **Rattenbißfieber**. Inkubationszeit 1 – 22 Tage. Fieber, Arthralgien, Myalgien, Exanthem. Evtl. Entzündung an Bißstelle. Bei 50 % der Patienten Polyarthritis. Therapie mit Penicillin
Flavobacterium meningosepticum (und weitere Flavobakterien)	strikt aerob; häufig gelbes Pigment; Non-Fermenter. Lebensraum sind Erdboden und Oberflächengewässer. **Meningitis**. Bei Neugeborenen. Schlechte Prognose. Bei kompromittierten Patienten **Sepsis**, **Pneumonie**, gelegentlich **Meningitis**. Alle Infekte sind selten
Alcaligenes faecalis *A. xylosoxydans* (und weitere Spezies der Gattung *Alcaligenes*)	strikt aerob; Non-Fermenter. Lebensraum sind Erdboden und Oberflächengewässer. Verschiedene **opportunistische Infekte** bei Patienten mit schweren Grundleiden; meist als Bestandteil einer Mischflora isoliert; Interpretation der Befunde schwierig

Tabelle 4.10 *Fortsetzung:* Verschiedene, gramnegative Stäbchenbakterien

Bakterienart	Wichtigste Eigenschaften
Actinobacillus actinomycetemcomitans	Bestandteil der normalen Mundhöhlenflora. Unbewegliche, feine Stäbchen; mikroaerophil. Kolonien auf Blutagar zeigen seesternartiges Aussehen. Kommen in ungefähr 1/4 der fazialen **Aktinomykosen** als Begleitkeim vor. Resistenz gegen Penicillin. Sehr selten auch Erreger einer Endokarditis.
Capnocytophaga spp.	Bestandteil der normalen Mundhöhlenflora bei Mensch und Hund. Lange, dünne, fusiforme Stäbchen. Wachstum auf Blutagar bei 5 – 10 % CO_2. Können Rolle in Pathogenese der **Periodontitis** spielen. **Sepsis** bei Agranulozytose, Leukämien, Malignomen. Verschiedenste eitrige Prozesse. Oft Teil einer Mischflora.

Campylobacter

Klassifikation: Seit kurzem wird *Campylobacter* zusammen mit *Arcobacter* (medizinisch bedeutungslos) in der neuen Familie der *Campylobacteriaceae* (fam. nov.) zusammengefaßt. Die Gattung *Campylobacter* setzt sich aus zahlreichen Spezies zusammen, unter denen *C. jejuni* (selten *C. coli, C. lari*) sowie *C. fetus* als Erreger von Infekten des Menschen beobachtet werden.

Morphologie und Kultur. Es handelt sich bei *Campylobacter* um schlanke, spiralig gekrümmte Stäbchen, die 0,2 – 0,5 µm dick und 0,5 bis 5 µm lang sind. Die Einzelzellen können eine oder mehrere Windungen aufweisen. Sie zeigen an einem oder beiden Polen eine einzige Geißel.

Campylobacter kann unter mikroaerophilen Bedingungen in einer Atmosphäre, die 5 % O_2 und 10 % CO_2 enthält, auf Blutagarplatten kultiviert werden. Für *C. fetus* beträgt die optimale Wachstumstemperatur 25 °C, für *C. jejuni* 42 °C.

Pathogenese und Krankheitsbilder. Über die Mechanismen der Pathogenität dieser Erreger ist nichts Genaueres bekannt. *C. jejuni* produziert ein hitzestabiles Enterotoxin, das dem von *E. coli* ähnlich ist.

C. jejuni verursacht eine Enterokolitis, die mit wäßrigem, gelegentlich auch blutigem Durchfall und Fieber einhergeht. Die Inkubationszeit beträgt 2 – 5 Tage. Die Krankheit dauert weniger als 1 Woche.

C. fetus wurde vereinzelt als Erreger einer Endokarditis, Meningitis, Peritonitis, Arthritis, Cholezystitis, Salpingitis oder Sepsis bei abwehrgeschwächten Patienten beobachtet.

Diagnose. *C. fetus* wird zumeist ohne Schwierigkeit isoliert, da der Keim in der Regel im Untersuchungsgut (z. B. Blut, Liquor, Gelenkspunktat, Eiter usw.) als alleiniger Erreger vorkommt. Bei der Isolierung von *C. jejuni* aus dem Stuhl werden Selektivmedien verwendet, die selektive Supplemente (z. B. verschiedene Antiinfektiva) enthalten. Bebrütet wird 48 Stunden bei 42 °C in einer mikroaerophilen Atmosphäre. Die Identifizierung erfolgt aufgrund der Wachstumsbedürfnisse sowie durch Nachweis der Katalase und der Oxidase.

Therapie. Enteritiden werden meist symptomatisch behandelt. Schwere *Campylobacter*-Infektionen müssen antibiotisch therapiert werden. Erythromycin ist das Mittel der Wahl. Alternativen sind fluorierte 4-Chinolone.

Epidemiologie und Prophylaxe. Neben *Salmonella, Shigella* und *Yersinia* spielt *Campylobacter jejuni* eine wichtige Rolle als Durchfallkeim. Die Erreger werden von Tieren über Lebensmittel und Trinkwasser auf den Menschen übertragen. Eine direkte Übertragung durch Schmierinfektion von Mensch zu Mensch kommt vor, vor allem bei Kindern in Kindergärten oder innerhalb von Familien. Kampylobakteriosen werden gehäuft im Sommer und Herbst beobachtet. Spezielle prophylaktische Maßnahmen existieren nicht.

Helicobacter pylori

Morphologie und Kultur. Spiralig gekrümmtes, gramnegatives Stäbchen mit lophotricher Begeißelung. Kultur aus Magen-Biopsien auf Anreicherungsmedien und Selektivmedien unter mikroaeroben Bedingungen (90 % N_2, 5 % CO_2, 5 % O_2) während 3 – 4 Tagen. Identifizierung durch Nachweis der Oxidase, Katalase und Urease.

Pathogenese und Krankheitsbilder. *H. pylori* kommt nur beim Menschen vor und wird auf fäkal-oralem Weg übertragen. Der Erreger kolonisiert und infiziert die Magenschleimhaut. Als Pathogenitätsfaktoren gelten: starke Beweglichkeit, die das Aufsuchen von Zielzellen erleichtert; Adhärenz an oberflächliche Zellen des Magenepithels; Urease, die aus Harnstoff Ammoniak freisetzt und so das Überleben in einer stark sauren Umgebung ermöglicht; vakuolisierendes Zytotoxin (VacA), das Epithelzellen zerstört.

Nach Eindringen entwickelt sich eine akute, mit oder auch ohne Symptome ablaufende Gastritis. Daraus können entstehen:

1. Eine chronische, oberflächliche, häufig symptomlos ablaufende Gastritis, die Jahre und Jahrzehnte andauern kann;
2. Ulzera des Duodenums, selten auch des Magens;

3. Eine chronische, atrophische Gastritis, aus der sich gelegentlich ein Adenokarzinom des Magens entwickeln kann.

Diagnose. Histopathologischer/bakterieller sowie kultureller Nachweis in Magenbiopsien. Nichtinvasiver Atemtest. Bei diesem wird mit einer Probemahlzeit ^{14}C oder ^{13}C-markierter Harnstoff verabfolgt und in der Atemluft radioaktives CO_2 gemessen. Antikörper können mit einem ELISA-Test oder im Western Blot bestimmt werden.

Therapie. Bei Patienten mit Ulzera sowie bei Personen mit einer Gastritis-Symptomatik ist eine Triplet-Therapie mit Omeprazol (Protonenpumpenblocker), Metronidazol und Amoxycillin (oder ein Tetrazyklin) während 2 Wochen angezeigt. Alternativ kann Clarithromycin plus Omeprazol während 4 Wochen verabfolgt werden.

Epidemiologie. Aufgrund von seroepidemiologischen Studien wissen wir, daß *H. pylori* weltweit vorkommt. Die Durchseuchung setzt schon in der Kindheit ein, sie ist besonders hoch in Gruppen, die unter schlechten hygienischen Bedingungen eng zusammenleben und kann dort bei Erwachsenen bis 100 % erreichen. In der älteren Bevölkerung der entwickelten Länder beträgt die Durchseuchung ungefähr 50 %. Die Übertragung erfolgt auf fäkal-oralem Weg, entweder direkt oder auch indirekt über kontaminierte Speisen.

Spirillum minus

Bei dieser Spezies handelt es sich um spiralige, 2–3 Windungen aufweisende, 0,2 µm dünne und 3–5 µm lange, bewegliche Bakterien. Die Keime können auf Nährmedien nicht kultiviert werden. *S. minus* verursacht das Spirillen-Rattenbißfieber, das auch Sodoku genannt wird. Es kommt weltweit vor, tritt aber gehäuft in Japan auf. Die Keime werden durch Biß von Ratten, Mäusen, Eichhörnchen sowie nagerverzehrenden Haustieren übertragen. Nach einer Inkubation von 7–21 Tagen entwickelt sich ein fieberhaftes, mit einer Lymphangitis und Lymphadenitis einhergehendes Krankheitsbild. An der Bißstelle entstehen geschwürige Läsionen. Die Diagnose kann durch mikroskopischen Nachweis von Spirillen mit der Dunkelfeld- oder Phasenkontrastmikroskopie im Blut oder Geschwürsmaterial gestellt werden. Therapeutisch wird Penicillin G eingesetzt.

Pseudomonas, Stenotrophomonas, Burkholderia

Die gramnegativen, aeroben, stäbchenförmigen Pseudomonaden kommen in der Natur in Feuchtbiotopen weit verbreitet vor. Die für die Medizin wichtigste Art ist *Pseudomonas aeruginosa*. Zur Kultur ist freier O_2 als terminaler Elektronenakzeptor notwendig. Die Pathogenese von Pseudomonasinfekten ist komplex. Der Keim kann sich über Haftpili an Wirtszellen anheften. Virulenzfaktoren sind: Exotoxin A, Exoenzym S, Zytotoxin, verschiedene Metallproteasen, die Phospholipasen C. Natürlich spielt auch das Lipopolysaccharid der äußeren Membran in der Pathogenese eine wichtige Rolle. Pseudomonasinfekte treten nur bei abwehrgeschwächten Patienten auf. Zu nennen sind: Pneumonien bei zystischer Fibrose, Kolonisierung und Infektion von Verbrennungswunden, Endokarditiden bei Drogensüchtigen, postoperative Wundinfekte, Harnwegsinfekte, Sepsen. *P. aeruginosa* ist ein häufiger Keim von nosokomialen Infekten. Die Diagnose umfaßt den kulturellen Nachweis des Erregers. Ein Problem bei der Therapie stellt die Mehrfachresistenz gegen Antiinfektiva dar.

Zahlreiche weitere *Pseudomonas*-Arten sowie Arten der Gattungen *Burkholderia* und *Stenotrophomonas* werden gelegentlich bei Immunsupprimierten als Erreger gefunden. *B. mallei* verursacht den Malleus (Rotz), *B. pseudomallei* die Melioidose.

4

Pseudomonas aeruginosa

Vorkommen, Bedeutung. Alle Pseudomonaden kommen in der Natur weitverbreitet vor. Man findet sie regelmäßig im Erdboden, in Oberflächengewässern, die Ozeane eingeschlossen, auf Pflanzen und in kleiner Zahl auch im Darm von Mensch und Tier. Sie können sich in einem feuchten Milieu, das nur Spuren von Nährsubstraten enthält, vermehren. Der für die Medizin wichtigste Vertreter ist die Spezies *P. aeruginosa*. Dieser Keim verursacht Infekte bei Personen, die Defekte der unspezifischen oder spezifischen Infektabwehr aufweisen.

Morphologie und Kultur. Bei *P. aeruginosa* handelt es sich um 2–4 µm lange, plumpe, gramnegative Stäbchen, die eine bis mehrere polare Geißeln besitzen. Einige Stämme können eine dicke extrazelluläre Schleimschicht produzieren. Diese mukoiden Stämme werden oft bei zystischer Fibrose isoliert. *P. aeruginosa* besitzt als Teil der Zellwand eine äußere Membran, deren Architektur für die natürliche Resistenz gegen viele Antibiotika verantwortlich ist.

Die Kultur von *P. aeruginosa* gelingt nur in einem Medium, das freien O_2 als terminalen Elektronenakzeptor aufweist. In Nährbouillon wächst deshalb der Keim an der Oberfläche unter Bildung einer sog. Kahmhaut. Kolonien auf Nähragar zeigen oft Metallglanz (lat. aes = Erz.). Unter geeigneten Bedingungen kann der Keim 2 Pigmente, das gelblich-grüne Fluorescein sowie das blaugrüne Pycocyanin, ausbilden.

Pathogenese und Krankheitsbilder. Die Pathomechanismen sind sehr komplex. *P. aeruginosa* dringt meist über Verletzungen ins Gewebe ein, da seine invasiven Fähigkeiten nur gering ausgeprägt sind. Der Keim kann sich aber spezifisch mit Haftfimbrien an Gewebszellen anheften. Der wichtigste Virulenzfaktor ist das Exotoxin A (ADP-Ribosyltransferase), das die Translation bei der Proteinsynthese durch Inaktivierung des Elongationsfaktors EF_2 blockiert. Das Exoenzym S (ebenfalls eine ADP-Ribosyltransferase) inaktiviert Zytoskelettproteine und GTP-Bindeproteine eukaryontischer Zellen. Das sog. Zytotoxin schädigt Zellen durch Bildung transmembraner Poren. Verschiedene Metallproteasen hydrolysieren Elastin, Kollagen oder Laminin. 2 Phospholipasen C haben Membranaktivität. Infektionen treten bei immunkompetenten Individuen nur selten auf. Voraussetzung für klinisch manifeste Infektionen sind Defekte der unspezifischen und spezifischen Abwehr. Patienten mit einer Neutropenie sind besonders gefährdet. Die wichtigsten Infektionen sind: Pneumonien bei zystischer Fibrose oder beatmeten Patienten, Infektionen von Verbrennungswunden, postoperative Wundinfekte, chronische Pyelonephritiden, Endokarditiden bei Drogensüchtigen, Sepsen, die maligne Otitis externa. *P. aeruginosa* ist ein häufiger Erreger nosokomialer Infektionen (s. S. 347).

Diagnose. Die Labordiagnose umfaßt die Isolierung des Erregers aus entsprechenden Materialien und seine Identifizierung aufgrund eines spezifischen Musters von Stoffwechseleigenschaften.

Therapie. Als Antibiotika kommen die Aminoglykoside, die Acylureidopenicilline, die Carboxylpenicilline, bestimmte Cephalosporine der 3. Generation (Ceftazidim) und die Carbapeneme in Frage. Bei schweren Infekten ist die Kombination eines Aminoglykosids mit einem Betalactam angezeigt. Wegen häufig vorkommender Resistenzen müssen Resistenzteste durchgeführt werden.

Epidemiologie und Prophylaxe. Größere Bedeutung kommt *P. aeruginosa* nur im Krankenhaus zu. Da sich der ubiquitäre Keim unter einfachsten Bedingungen in einem feuchten Milieu vermehren kann, kommen zahlreiche Infektionsquellen in Frage: Waschbecken, Toiletten, Kosmetika, Luftbefeuchter, Inhalatoren, Beatmungsgeräte, Narkosegeräte, Dialysegeräte usw. Primäre Quellen können auch infizierte Patienten sowie Keimträger unter dem Personal sein. Anfällig sind vor allem neutropenische Patienten. Zur Prävention kommen expositionsprophylaktische Maßnahmen, vor allem die Desinfektion und krankenhaushygienische Maßnahmen, in Betracht.

Weitere Pseudomonas-Arten, Stenotrophomonas und Burkholderia

Opportunistische Pseudomonaden. Außer *P. aeruginosa* können weitere Pseudomonas-Arten Infekte bei immunsupprimierten Patienten verursachen. Diese nosokomialen Infekte sind aber sehr selten. Auf eine Aufzählung der Spezies, mit denen der Arzt gelegentlich konfrontiert ist, wird deshalb hier verzichtet. Klassische Opportunisten sind auch *Stenotrophomonas maltophilia* (früher *Xanthomonas maltophilia*) und *Burkholderia cepacia* (früher *Pseudomonas cepacia*). Alle diese im Krankenhaus anzutreffenden Arten zeichnen sich dadurch aus, daß sie oft Resistenz gegen Antiinfektiva aufweisen. Die Therapie muß sich deshalb immer am Resistenztest orientieren.

Burkholderia mallei. Diese Spezies ist Erreger des Rotzes oder Malleus (Nasenausfluß), einer Seuche der Einhufer. Über Mikrotraumen der Haut oder Schleimhäute dringen die Keime in den menschlichen Organismus ein und bilden lokale Geschwüre. Von diesen primären Infektionsherden können sie lymphogen oder hämatogen in andere Organe gelangen und dort sekundäre Abszesse verursachen. Der Rotz kommt in Europa nicht mehr vor.

Burkholderia pseudomallei. Erreger der Meliodose, einer rotzähnlichen Infektion bei Tieren und beim Mensch. Das natürliche Reservoir des Keimes stellen der Erdboden und Oberflächengewässer dar. Über Verletzungen von Haut und Schleimhaut dringen die Erreger ein und verursachen subkutane und subseröse multiple Abszesse und Granulome. Von Primärherden aus kann es zu einer Streuung und zum Befall verschiedener Organe mit Abszeßbildung kommen. Die Krankheit wird vor allem in Asien beobachtet.

Legionella (Legionärskrankheit)

Die Familie der *Legionellaceae* enthält als einzige Gattung das Genus *Legionella*. Für die Mehrzahl der humanen Legionellosen ist die Spezies *L. pneumophila* verantwortlich. Es handelt sich bei den Legionellen um schwer anfärbbare, zu den gramnegativen Bakterien gehörende, aerobe Stäbchen. Für die Kultur müssen Spezialmedien eingesetzt werden. Infektionen entstehen durch Inhalation erregerhaltiger Tröpfchen. Zwei klinisch unterschiedliche Formen sind bekannt: die mit einer multifokalen Pneumonie einhergehende Legionärskrankheit sowie das nichtpneumonische Pontiac-Fieber. An einer Legionärskrankheit erkranken vor allem Personen mit kardiopulmonalen Grundleiden und allgemeiner Abwehrschwäche. Die Labordiagnose umfaßt die Mikroskopie mit der direkten Immunfluoreszenz, die Kultur auf Spezialmedien sowie die Bestimmung von Antikörpern. Antibiotika der Wahl sind die Makrolide. Das natürliche Habitat der Legionellen sind Feuchtbiotope. Als Infektionsquellen sind Warm- und Kaltwassersysteme, Kühltürme und Befeuchter von Klimaanlagen und Sprudelbäder beschrieben worden. Legionellosen können sporadisch und epidemisch auftreten. ■

Klassifikation. Die Legionellen wurden erst 1976 anläßlich einer Epidemie während eines Kongresses amerikanischer Legionäre (ehemalige Berufssoldaten) entdeckt. Sie werden heute in der Familie der *Legionellaceae* zusammengefaßt, die bis jetzt nur die Gattung *Legionella* aufweist. In dieser Gattung werden zahlreiche Spezies subsumiert, die hier nicht aufgezählt werden. Die Mehrzahl der Infektionen des Menschen verursacht *L. pneumophila*. Diese Art kann in 12 Serogruppen unterteilt werden. Die meisten Infektionen des Menschen werden durch die Serogruppe 1 verursacht.

Morphologie und Kultur. Bei *L. pneumophila* handelt es sich um 0,3 – 1 μm dicke und 2 – 20 μm lange Stäbchen, die aufgrund ihres Zellwandaufbaus zu den gramnegativen Bakterien gehören. Sie lassen sich jedoch in der Gramfärbung nicht oder nur sehr schlecht anfärben. Die optische Darstellung ist mit der direkten Immunfluoreszenz möglich.

Die aeroben Keime wachsen nur auf Spezialmedien und in einer Atmosphäre, die 5 % CO_2 enthält.

Pathogenese und Klinik. Die Pathomechanismen der Legionellen werden noch nicht vollständig verstanden. Die Keime sind fakultativ intrazelluläre Bakterien, die in professionellen Phagozyten, vor allem in nicht aktivierten Makrophagen, überleben können. Sie sind in der Lage, die Fusion des Phagosoms mit dem Lysosom zu verhindern. Außerdem bilden sie ein Toxin, das den „oxidative burst“ bei der Phagozytose blockiert.

Zwei klinisch unterschiedliche Formen der Legionellose wurden beschrieben:

- **Legionärskrankheit.** Die Infektion erfolgt durch Inhalation keimhaltiger Tröpfchen. Die Inkubationszeit beträgt 2 – 10 Tage. Das Krankheitsbild wird durch eine multifokale, nekrotisierende Pneumonie geprägt. Auftreten bei Patienten mit kardiopulmonalen Grundleiden oder anderer Abwehrschwäche. Letalität > 20 %.

Pontiac-Fieber. Benannt nach einer Epidemie in Michigan. Inkubationszeit 1 – 2 Tage. Nichtpneumonische, fieberhafte Erkrankung. Selbstlimitierend. Selten.

Diagnose. Beim mikroskopischen Nachweis aus Materialien des tiefen Respirationstrakts werden spezifische, mit Fluoreszein markierte Antikörper verwendet. Bei der Kultur müssen Spezialmedien verwendet werden, die selektive Supplemente zur Ausschaltung von Kontaminanten enthalten. Die Medien müssen 3 – 5 Tage bebrütet werden. Legionellenantigen kann im Urin mit einem EIA nachgewiesen werden. Mit einer Gensonde läßt sich auch im Material direkt für die Gattung *Legionella* spezifische Nukleinsäure (rRNA) nachweisen. Antikörper können mit der Technik der indirekten Immunfluoreszenz bestimmt werden. Ein Titeranstieg in 2 Proben oder ein Einzeltiter von mehr als 1:256 sprechen für einen akuten Infekt.

4

Therapie. Klinisch haben sich Makrolid-Antibiotika (Erythromycin) als Mittel der Wahl herausgestellt.

Epidemiologie und Prophylaxe. Die Legionellose kann als Epidemie oder in Form sporadischer Erkrankungen auftreten. Es wird geschätzt, daß 1 % aller Pneumonien Legionellosen sind. Der natürliche Lebensraum der Legionellen sind Feuchtbiotope. Als Infektionsquellen wurden Warm- und Kaltwassersysteme, Kühltürme und Luftbefeuchter von Klimaanlagen und Sprudelbäder beschrieben. Eine Übertragung von Mensch zu Mensch wurde bisher nicht festgestellt. Legionellen können Wassertemperaturen bis zu 50 °C tolerieren. Erst bei kurzfristiger Erhitzung des Wassers auf 70 °C werden sie abgetötet.

Brucella, Bordetella, Francisella

Bei den Gattungen *Brucella, Bordetella* und *Francisella* handelt es sich um kleine, kokkoide, gramnegative Stäbchen. Sie können strikt aerob auf angereicherten Nährmedien kultiviert werden.

Brucella abortus, B. melitensis und B. suis verursachen die **Brucellose**, eine klassische Zoonose, die bei Rindern, Ziegen und Schweinen auftritt. Die Erreger werden direkt von erkrankten Tieren oder indirekt über Lebensmittel auf den Menschen übertragen. Sie rufen in den Organen des RES charakteristische Granulome hervor. Klinisch imponiert das undulierende Fieber. Die Diagnose umfaßt den Nachweis des Erregers oder die Antikörperbestimmung mit einer standardisierten Agglutinationsreaktion.

Bordetella pertussis verursacht den **Keuchhusten**, der nur beim Menschen vorkommt. Die Erreger werden aerogen übertragen. Der Keim weist keine invasiven Fähigkeiten auf, kann aber epitheliale und subepitheliale Nekrosen der Mukosa des tiefen Respirationstrakts hervorrufen. Die Stadien „catarrhale, convulsivum und decrementi" charakterisieren das klinische Bild des Keuchhustens. Die Diagnose wird meist klinisch gestellt. Während des katarrhalischen und frühen Konvulsiv-Stadiums können die Erreger aus Sekret des Nasopharynx kultiviert werden. Die wichtigste prophylaktische Maßnahme ist die Schutzimpfung im 1. Lebensjahr.

Francisella tularensis verursacht die **Tularämie**. Diese in Europa seltene Krankheit kommt bei wildlebenden Nagetieren vor und kann durch direkten Kontakt oder indirekt über Lebensmittel auf den Menschen übertragen werden. ■

Brucella (Brucellosen, Morbus Bang)

Vorkommen und Klassifikation. Die Gattung *Brucella* umfaßt neben weniger wichtigen drei für die Medizin bedeutsame Arten: *B. abortus, B. melitensis* und *B. suis*. Diese verursachen bei Nutz- und Wildtieren, bevorzugt bei Rindern (*B. abortus*), Ziegen (*B. melitensis*) bzw. Schweinen (*B. suis*) klassische Zoonosen. Die Keime können von erkrankten Tieren auf den Menschen übergehen und ein einheitliches Krankheitsbild, das undulierende Fieber (Bangsche Krankheit) hervorrufen.

Morphologie und Kultur. Brucellen sind feine, kokkoide, gramnegative, unbegeißelte Stäbchen.

Sie vermehren sich nur aerob. Bei Erstisolierung ist ein Gehalt der Atmosphäre von 5–10% CO_2 notwendig. Für ihre Kultivierung müssen Anreicherungsmedien, z. B. Blutagar verwendet werden.

Pathogenese und Krankheitsbild. Die Infektion des Menschen mit Brucellen erfolgt durch direkten Kontakt mit erkrankten Tieren oder indirekt über kontaminierte Lebensmittel, vor allem über nichtpasteurisierte Milch und über Milchprodukte. Die Keime gelangen über die Schleimhaut des oberen Intestinal- und Respirationstrakts oder über Läsionen der Haut in die Subserosa bzw. Subkutis. Von dort werden sie durch Mikro- und Makrophagen, in denen sie überleben können, in die regionären Lymphknoten transportiert. Es entwickelt sich eine Lymphadenitis. Können die Erreger diese Barriere überwinden, dann werden sie, zuerst lymphogen und dann hämatogen, disseminiert und gelangen in die Leber, die Milz, das Knochenmark und weitere Bestandteile des RES. In den RES-Zellen dieser Organe können sie überleben und sich sogar vermehren. Es entwickeln sich die für intrazelluläre Bakterien typischen Granulome. Aus diesen Entzündungsherden können die Brucellen in Schüben zurück in den Blutkreislauf gelangen, wobei jedesmal einer der typischen Fieberschübe resultiert, die zumeist abends auftreten und mit Schüttelfrost einhergehen. Die Inkubationszeit beträgt 1 – 4 Wochen. *B. melitensis*-Infektionen verlaufen klinisch schwerer als die anderen Brucellosen.

Diagnose. Diese wird am besten durch Kultivierung des Erregers aus Blut oder Biopsiematerial gestellt. Die Kulturen müssen bis zu 4 Wochen bebrütet werden. Dem Labor ist deshalb die Verdachtsdiagnose mitzuteilen. Die Identifizierung der Brucellen berücksichtigt verschiedene Stoffwechseleigenschaften sowie das Vorhandensein von Oberflächenantigenen, die mit einem polyvalenten Brucellenantiserum in einer Agglutinationsreaktion nachgewiesen werden. Die genaue Differenzierung in die 3 Spezies wird zumeist in Speziallabors durchgeführt.

Der Antikörpernachweis erfolgt mit der Agglutinationsreaktion nach Gruber-Widal in einem genau standardisierten Verfahren. Titer von 1:50 und mehr sind als positiv zu werten. In Zweifelsfällen können die Komplementbindungsreaktion sowie der direkte Coombs-Test eine serologische Diagnose ermöglichen.

Therapie. Im akuten Stadium wird Tetracyclin allein oder kombiniert mit Aminoglykosiden (Streptomycin, Gentamicin) eingesetzt. Eine Alternative ist das Co-trimoxazol. Die Therapie muß 3 – 4 Wochen fortgesetzt werden.

Epidemiologie und Prophylaxe. Die Brucellose ist eine weltweit verbreitete Zoonose. Infektionen mit *B. melitensis* kommen gehäuft in den Mittelmeerländern, in Lateinamerika und in Asien vor. In Europa können Melitensis-Brucellosen durch importierte Milchprodukte aus diesen Ländern oder bei Reisenden auftreten. Infektionen durch *B. abortus* waren früher auch in Mitteleuropa häufig, sind aber heute dank der Eliminierung brucellenverseuchter Rinderbestände praktisch verschwunden. Bei der Bekämpfung der Brucellosen stehen expositionsprophylaktische Maßnahmen im Vordergrund. Eine Isolierung von Kranken ist jedoch nicht notwendig, da die Erreger von Mensch zu Mensch nicht übertragen werden. Eine Immunisierungsprophylaxe existiert nicht.

Bordetella (Keuchhusten)

Zur Gattung *Bordetella* gehören *B. pertussis, B. parapertussis* und *B. bronchiseptica*. Von diesen 3 Spezies kommt *B. pertussis* als Erreger des Keuchhustens die größte medizinische Bedeutung zu. Die anderen beiden Arten werden nur selten als Erreger von Infekten des tiefen Respirationstraktes des Menschen beobachtet.

Morphologie und Kultur. Bei *B. pertussis* handelt es sich um kleine, kokkoide, unbewegliche, gramnegative Stäbchen. Der Keim kann auf Spezialmedien während 3 – 4 Tagen bei 37 °C in einer aeroben Atmosphäre kultiviert werden.

Pathogenese. Die Keuchhustenbakterien werden aerogen übertragen. Sie sind in der Lage, sich an die Zellen des Flimmerepithels der Bronchien anzuheften. Eine Invasion ins Epithel ist selten. Es kommt zu (sub)epithelialen Entzündungen und Nekrosen.

Pathogenitätsfaktoren von *Bordetella pertussis*

- **Adhärenzfaktoren.** Mehrere bekannt; die 2 wichtigsten sind das filamentöse *Hämagglutinin* (Fha) und das *Pertussistoxin* (Ptx); dieses kann sowohl als Exotoxin als auch als Adhäsin funktionieren; Adhärenzfaktoren sind auf der Oberfläche der Bordetellen lokalisiert; Adhärenz an Zilien des Epithels.
- **Exotoxine.** *Pertussistoxin:* AB-Toxin (s. S. 16); die A-Komponente ist eine ADP-Ribosyltransferase; Wirkungsmechanismus über G_S-Proteine (wie Cholera-Toxin A_1); Anstieg von cAMP in Zielzellen. Je nach Zelltyp, auf den das Toxin einwirkt, kann dadurch eine Vielzahl von Wirkungen resultieren.

  Invasive Adenylatcyclase: AB-Toxin; wird in Zellen eingeschleust; sorgt zusätzlich zum Pertussistoxin für eine Steigerung des cAMP.
- **Endotoxine.** *Trachea-Zytotoxin:* Mureinfragment; Letalwirkung für Zilienepithel.

  Lipopolysaccharid. Stimulierung der Produktion von Zytokinen; Aktivierung von Komplement auf dem alternativen Weg.

Krankheitsbild. Der Keuchhusten beginnt nach einer Inkubationszeit von ungefähr 10 – 14 Tagen mit einem uncharakteristischen Stadium catarrhale, das etwa 1 – 2 Wochen andauert. Danach entwickelt sich das Stadium convulsivum mit den typischen krampfartigen Hustenanfällen. Dieses Stadium dauert 2 – 3 Wochen. Danach setzt das Stadium decrementi ein, das mehrere Wochen anhalten kann. Als Komplikationen sind, vor allem im Säuglingsalter, sekundäre Pneumonien mit Pneumokokken oder *Haemophilus*, die über die vorgeschädigte Schleimhaut eindringen, sowie die Otitis media häufig. Als Spätkomplikation kann die seltene Enzephalopathie (0,4 %) auftreten, deren Pathomechanismus nicht geklärt ist. Die Letalität am Keuchhusten beträgt im 1. Lebensjahr ungefähr 1 – 2 %. Die Krankheit hinterläßt eine fundierte Immunität. Zweiterkrankungen im Erwachsenenalter sind möglich, aber selten.

Diagnose. Nachweis des Erregers nur möglich während des katarrhalischen und frühen Konvulsivstadiums. Mit einer speziellen Abstrichtechnik wird Material aus dem Nasopharynx durch die Nase hindurch entnommen. Anschließend sofortige Beimpfung eines Spezialmediums oder Transport in einem geeigneten Transportmedium. Im Nasenpharynx-Sekret kann auch mit der direkten Immunfluoreszenz *B. pertussis* nachgewiesen werden. Angelegte Kulturen müssen 3 – 4 Tage aerob bebrütet werden. Antikörper können frühestens 2 Wochen nach Erkrankungsbeginn mit einem EIA nachgewiesen werden. Beweisend ist eine Serokonversion.

Therapie. Eine Wirkung ist nur im Stadium catarrhale und im frühen Konvulsivstadium zu erwarten, wenn die Virulenzfaktoren noch nicht an die entsprechenden Zellrezeptoren gebunden sind. Mittel der Wahl sind die Makrolide.

Epidemiologie und Prophylaxe. Keuchhusten kommt global vor. Der Mensch ist einziger Wirt. Infektionsquelle sind Erkrankte während des Stadium catarrhale, die die Erreger aushusten (Tröpfcheninfektion). Gesunde Keimträger gibt es nicht.

Die wichtigste prophylaktische Maßnahme ist die aktive Immunisierung, die schon im 1. Lebensjahr durchgeführt werden sollte (s. Impfplan S. 32). Es existieren ein Ganzkeimimpfstoff (zelluläre Vakzine) und azelluläre Vakzinen. Letztere enthalten, je nach Hersteller, mehrere Proteinkomponenten: Pertussistoxoid, filamentöses Hämagglutinin, ein äußeres Membranprotein (Pertactin) und evtl. weitere Komponenten des Erregers.

Francisella tularensis (Tularämie)

Bei *F. tularensis* handelt es sich um kokkoide, unbewegliche, gramnegative, aerobe Stäbchen. Die Keime verursachen bei zahlreichen Tierarten, vor allem bei Nagern, eine pestähnliche Krankheit. Der Mensch infiziert sich durch den Kontakt mit kranken Tieren oder Ektoparasiten. Die Tularämie ist also eine Zoonose. Die Erreger dringen über Mikrotraumen der Haut oder auch der Schleimhäute ein. Eine klinisch manifeste Infektion kann schon durch 100 Zellen ausgelöst werden. An der Eintrittspforte entsteht eine ulzeröse Läsion mit Beteiligung der lokalen Lymphknoten (= ulzeroglanduläre oder okuloglanduläre Form). Lymphogen und hämatogen gelangen die Keime dann in parenchymatöse Organe, vor allem in Organe des RES wie Leber und Milz. Es entstehen kleine Granulome, die zentral verkäsen oder zu eitrigen

Abszessen führen können. Die Inkubationszeit beträgt 3–4 Tage. Die Diagnose strebt den Erregernachweis durch Mikroskopie und Kultur an. Agglutinierende Antikörper können ab der 2. Krankheitswoche festgestellt werden. Beweisend ist eine Serokonversion. Zur Antibiotikatherapie werden Streptomycin oder Gentamicin eingesetzt.

Bacteroidaceae

Bacteroidaceae sind obligat anaerobe, gramnegative, pleomorphe Stäbchen. Sie gehören zur Normalflora der Schleimhäute des Respirations-, Intestinal- und Genitaltrakts. Unter den 20 Genera sind für die Medizin vor allem die Gattungen *Bacteroides, Prevotella, Porphyromonas* und *Fusobacterium*, die jeweils zahlreiche Spezies umfassen, bedeutsam. Sie verursachen endogene, subakut bis chronisch verlaufende, nekrotische Infekte im ZNS, im Kopfbereich, in der Lunge, im Abdominalbereich und im weiblichen Genitale. Typisch ist, daß bei diesen Infekten fast immer eine Mischflora, bestehend aus verschiedenen Anaerobiern und auch Aerobiern, gefunden wird. Die Labordiagnose basiert auf dem Nachweis der Erreger. Die Materialien dürfen nicht mit Normalflora kontaminiert sein. Für den Transport ins Labor sind spezielle Transportgefäße notwendig. Die Identifizierung berücksichtigt morphologische und physiologische Merkmale. Eine Besonderheit ist der Nachweis organischer Säuren mit dem Gaschromatographen. Für die Antibiotikatherapie kommen bestimmte Penicilline und Cephalosporine, das Clindamycin sowie das Metronidazol in Frage.

Vorkommen. Die Familie der *Bacteroidaceae* umfaßt eine große, heterogene Gruppe von nichtsporenbildenden, obligat anaeroben Stäbchen. Viele von ihnen werden als Bestandteil der normalen Schleimhautflora des Menschen gefunden.

Besonders im Darmtrakt kommen sie in großer Zahl vor. Hier sind sie sogar 1000mal häufiger als die *Enterobacteriaceae*. Weiterhin findet man sie regelmäßig in der Mundhöhle, dem oberen Respirationstrakt und im weiblichen Genitale.

Klassifikation. Die Systematik und Nomenklatur der *Bacteroidaceae* hat sich in letzter Zeit stark gewandelt. Die Familie weist 17 Gattungen auf. Von humanpathogener Bedeutung sind vor allem die Gattungen *Bacteroides, Prevotella, Porphyromonas* und *Fusobacterium* (Tab. 4.**11**).

Tabelle 4.**11** Übersicht über die für die Medizin wichtigsten Gattungen und Arten der *Bacteroidaceae*

Taxonomie	Bemerkungen und Klinik
Bacteroides *B. fragilis* *B. distasonis* *B. thetaiotaomicron* *B. merdae* *B. caccae* *B. vulgatus* und weitere	Bakterien der normalen Darmflora; im Dickdarm > 10^{11}/g Stuhl. Die Spezies werden auch unter dem Begriff *Bacteroides fragilis*-Gruppe zusammengefaßt. Vor allem Peritonitiden, intraabdominelle Abszesse, Leberabszesse.
Prevotella *P. bivia* *P. disiens* *P. buccae* *P. oralis* *P. buccalis* und weitere	Standort im Urogenitaltrakt und/oder Oropharynx. Auch *Prevotella oralis*-Gruppe (früher *Bacteroides oralis*-Gruppe). Chronische Otitis media und Sinusitis, Zahnabszesse, ulzerierende Gingivostomatitis, Infekte im weiblichen Genitaltrakt, Hirnabszesse.
Prevotella *P. melaninogenica* *P. intermedia* und weitere	Normale Mundflora; braunschwarzes Hämatinpigment. Auch *Prevotella melaninogenica*-Gruppe (früher *Bacteroides melaninogenicus*-Gruppe). Aspirationspneumonie, Lungenabszeß, Pleuraempyem, Hirnabszesse.
Porphyromonas *P. asaccharolytica* *P. endodontalis* *P. gingivalis* und weitere	Normale Mundflora. Die Spezies wurden früher zusammen mit der *Prevotella melaninogenica*-Gruppe zur *Bacteroides melaninogenicus*-Gruppe gezählt. Zahnabszesse, Gingivostomatitis, Parodontitis; auch beteiligt an Infekten des tiefen Respirationstrakts (s. oben); Hirnabszesse.
Fusobacterium *F. nucleatum* *F. necropherum* *F. periodonticum* *F. sulci* (nov. sp.) *F. ulcerans* (nov. sp.) und weitere	Stäbchen mit angespitzen Enden. Spindelformen. Normale Mund- und Darmflora. Infekte im orofazialen Bereich, in den tiefen Atemwegen sowie im Bauchraum; Angina Plaut-Vincent.
Mobiluncus mulieri *M. curtisii*	Taxonomische Stellung unklar; werden vorläufig bei den *Bacteriodaceae* eingeordnet; ihre Zellwand ähnelt aber der von grampositiven Bakterien. Siedeln in der Vagina; werden gehäuft neben *Gardnerella vaginalis* und anderen Bakterien bei der bakteriellen Vaginose nachgewiesen.

Anaerobe Mischflora

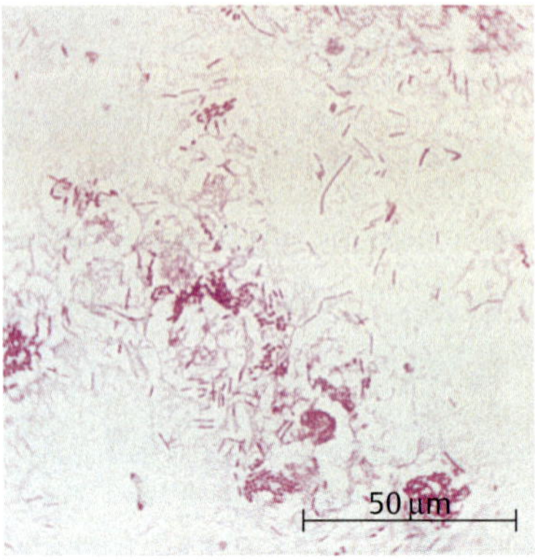

Abb. 4.**23** Gram-Färbung eines Präparats aus Pleurapunktat: Gramnegative, fusiforme, pleomorphe und kokkoide Stäbchen. Klinische Diagnose: Pleuraempyem.

Morphologie und Kultur. Bei den *Bacteroidaceae* handelt es sich um ausgeprägte Pleomorphie aufweisende, gerade oder gebogene, zumeist unbewegliche, gramnegative Stäbchen. Fusobakterien färben sich in der Gramfärbung oft unregelmäßig an und weisen häufig zugespitzte Enden auf (Abb. 4.**23**).

Die Kultur gelingt nur unter strenger Anaerobiose. Einige Arten sind so sauerstoffempfindlich, daß man sämtliche Manipulationen in einer Anaerobenkammer (Handschuh-Kammer) durchführen muß. Anaerobier wachsen langsamer als Aerobier. Kulturen müssen daher zwei und mehr Tage bebrütet werden.

Pathogenese und Krankheitsbilder. Infekte, an denen *Bacteroidaceae* beteiligt sind, sind fast ausschließlich endogene Infektionen. *Bacteroidaceae* weisen nur geringe Pathogenität auf. Deshalb findet man bei ihnen auch keine spektakulären Pathogenitätsfaktoren, wie z. B. die Toxine der grampositiven Anaerobier. Einige besitzen eine Kapsel, die vor der Phagozytose schützt. Einige bilden verschiedene Enzyme (Hyaluronidase, Kollagenase, Neuraminidase) mit gewebszerstörender Wirkung. Charakteristisch ist, daß die gramnegativen Anaerobier in Infektionsherden fast nie in Reinkultur, sondern zusammen mit anderen anaeroben oder aeroben Keimen aufgefunden werden.

Die Klinik ist durch einen subakuten bis chronischen Verlauf charakterisiert. Nekrotische Abszesse sind häufig. Die Infektionen betreffen das ZNS, die Mundhöhle, den oberen und unteren Respirationstrakt, die Bauchhöhle sowie den Urogenitaltrakt (Tab. 4.**11**). Wundinfekte durch diese Erreger können nach Bißverletzungen oder nach Operationen in Gebieten, in denen diese Keime siedeln (Darm, Mundhöhle, Genitaltrakt), auftreten.

Diagnose. Diese muß durch den Bakteriennachweis erfolgen. Da die *Bacteroidaceae* Bestandteil der Normalflora sind, kommt der korrekten Materialentnahme große Bedeutung zu. Ein Material, das mit Normalflora kontaminiert wurde, ist für den Nachweis ungeeignet. Das Material muß unbedingt in speziellen Transportgefäßen für Anaerobier ins Labor transportiert werden. Die Kultivierung sollte immer anaerob und auch aerob erfolgen. Es existieren Selektivmedien, die zur selektiven Kultivierung geeignet sind. Die Identifizierung berücksichtigt morphologische und physiologische Merkmale. Eine Besonderheit ist, daß organische Säuren (Buttersäure, Essigsäure, Propionsäure usw.), die als Endprodukte bestimmter Stoffwechselschritte entstehen, mit dem Gaschromatographen nachgewiesen werden.

Therapie. für die Antibiotikatherapie kommen Penicillin, zumeist kombiniert mit einem Betalactamase-Inhibitor, Clindamycin, Cefoxitin, Imipenem und Nitroimidazole in Frage. Eine Resistenzprüfung muß nur in bestimmten Fällen durchgeführt werden.

Epidemiologie und Prophylaxe. Die meisten Infektionen gehen von der eigenen Flora aus. Exogene Infekte können nach Bißverletzungen entstehen. Zur Prävention postoperativer Infekte bei Operationen im Darmbereich werden für 1–2 Tage geeignete Antiinfektiva (s. oben) eingesetzt.

Treponema (Syphilis)

■ *Treponema pallidum*, subsp. *pallidum* ist der Erreger der Syphilis oder Lues. Die spiralig gekrümmten, 10–20 Primärwindungen aufweisenden Treponemen lassen sich in der Dunkelfeldmikroskopie darstellen. Auf künstlichen Nährmedien können sie nicht kultiviert werden. Die Lues kommt nur beim Menschen vor. Die Erreger werden durch direkten Kontakt, meist während des Geschlechtsverkehrs, übertragen. Sie gelangen durch Mikrotraumen der Haut oder Schleimhaut ins subkutane bzw. subseröse Bindegewebe. Die Krankheit läuft in Stadien ab. Die **Lues I** ist durch den indolenten Primäreffekt und die lokale Lymphadenitis charakterisiert. Eine Generalisation führt zur **Lues II**, charakterisiert durch Polyadenopathie, sowie generalisierte Exantheme und Enantheme. Die **Lues III** kann sich an Haut oder Schleimhaut sowie an verschiedenen Organen in Form des serpiginösen Syphilids sowie der Gummen manifestieren. Im Stadium I und II können die Erreger in den Läsionen mikroskopisch (Dunkelfeld) nachgewiesen werden. Teste zum Nachweis von Antikörpern sind die VDRL-Flockungsreaktion, die TPHA-Hämagglutination, der indirekte Fluoreszenztest FTA-Abs sowie der Treponemen-Immobilisationstest TPI. Therapie der Wahl der Syphilis ist das Penicillin G. Die Krankheit kommt weltweit vor. Ihre Inzidenz in Europa beträgt 10–30 Fälle/100 000/Jahr. Die Prävention umfaßt expositionsprophylaktische Maßnahmen. Eine Schutzimpfung existiert nicht. Weitere, in Europa nicht vorkommende Treponemenerkrankungen sind die nichtvenerische Syphilis, verursacht durch *T. pallidum*, subsp. *endemicum*, die Frambösie, verursacht durch *T. pallidum*, subsp. *pertenue* sowie die Pinta, verursacht durch *T. carateum*.

Die zur Familie der *Spirochaetaceae* gehörende Gattung *Treponema* enthält mehrere humanmedizinisch wichtige Spezies und Subspezies. *T. pallidum*, subsp. *pallidum* ist der Erreger der Syphilis. *T. pallidum*, subsp. *endemicum* ist der Erreger einer durch direkten Kontakt, aber nicht durch Geschlechtsverkehr übertragenen, endemisch vorkommenden, syphilisartigen Erkrankung. *T. pallidum*, subsp. *pertenue* stellt den Erreger der Frambösie, *T. carateum* den der Pinta, zwei in den Tropen und Subtropen vorkommende, nichtvenerische Infektionen, dar.

Treponema pallidum, subsp. pallidum

Morphologie und Kultur. Es handelt sich um zarte, 0,2 µm breite, 5–15 µm lange, 10–20 Primärwindungen aufweisende, durch Rotation um die Längsachse bewegliche Bakterien. Wegen ihrer Feinheit lassen sie sich färberisch nur schwer darstellen. Mit der Dunkelfeldmikroskopie ist eine Lebendbeobachtung möglich. Die Kultivierung in vitro ist bis heute nicht gelungen.

Pathogenese und Krankheitsbild. Die Syphilis oder Lues kommt nur beim Menschen vor. Sie wird in der Regel durch den Geschlechtsverkehr übertragen. Die Infektion erfolgt durch direkten Kontakt mit erregerhaltigen Läsionen über Mikrotraumen der Haut oder Schleimhaut. Die Inkubationszeit beträgt 2–4 Wochen.

- **Lues I (Primärstadium).** Derbe, indolente, später geschwürig zerfallende Infiltration. Wird harter Schanker oder Primäraffekt genannt. Dazu regionäre, indolente Lymphadenitis. Treponemen in Geschwür nachweisbar.
- **Lues II (Sekundärstadium).** 4–8 Wochen nach Auftreten des Primäraffektes erfolgt Generalisation. Klinische Symptome sind Mikropolyadenopathie und makulöse oder papulosquamöse Exantheme, breite Kondylome sowie Enantheme (Plaques muqueuses). In oberflächlich nässenden Effloreszenzen zahlreiche Erreger nachweisbar. Lues II kann mit symptomfreien Intervallen Monate bis Jahre andauern.
- **Lues III (Tertiärstadium).** Beginn nach Monaten bis Jahren eines klinisch stummen Intervalls (= Lues latens). Manifestation an Haut, Schleimhäu-

ten, verschiedenen Organen. Oft Gewebezerfall. Läsionen nur wenig oder überhaupt nicht infektiös. Typisch sind das serpiginöse Syphilid sowie die subkutanen bzw. subserösen oder in Organen lokalisierten Gummen. Kardiovaskuläre Syphilis = Mesaortitis luetica; Neurolues (meningitische, vaskuläre, gummöse oder parenchymatöse Form); Tabes dorsalis = Degeneration der Hinterstränge des Rückenmarks mit oder ohne Atrophie des N. opticus; progressive Paralyse = Enzephalopathie.

- **Lues connata.** Übertragung der Erreger von Mutter auf den Fetus nach dem 4. Schwangerschaftsmonat. Führt zum Abort oder zur Geburt eines schwerkranken Säuglings, in dessen Organen zahlreiche Treponemen nachweisbar sind.

Immunität. Im Laufe der Infektion stellt sich im Wirtsorganismus eine Immunitätslage ein, die jedoch in den verschiedenen Stadien recht unterschiedlich ausgeprägt ist. Sie reicht nicht aus, um die Treponemen vollständig zu eliminieren. Antikörper sind zwar ab 2 Wochen nach Infektion nachweisbar, tragen aber zur Immunität nur wenig bei.

Diagnose.
Erregernachweis. Nur mikroskopisch im Reizserum (Preßsaft) vom Primäreffekt oder in Sekreten nässender Effloreszenzen Stadium II oder in Lymphknotenbiopsien. Methoden: Dunkelfeldmikroskopie; direkte Immunfluoreszenz (Abb. 4.**24**).

Antikörpernachweis. Nachweis von 2 Antikörpergruppen:

- **Antilipoidale Antikörper** (Syn. **Reagine**). Werden wahrscheinlich gegen Phospholipide der Mitochondrien zerfallender Körperzellen gebildet. Als Antigen wird **Cardiolipin**, ein Lipidextrakt aus der Herzmuskulatur von

Treponema pallidum

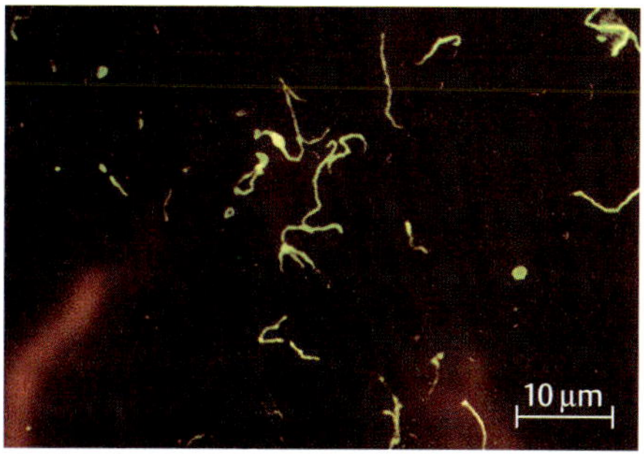

Abb. 4.**24** Präparat aus Reizserum eines Primäreffekts. Immunfluoreszenz.

Rindern, verwendet. Der serologische Test wird nach dem Standard des „Venereal Disease Research Laboratory“ (USA) durchgeführt: VDRL-Flokkungsreaktion.

- **Antitreponemen-Antikörper.** Gegen Antigen von *T. pallidum* gerichtet.
  - *Treponema pallidum-Hämagglutinationstest* (TPHA). Antigene sind an Schaferythrozyten als Träger gekoppelt.
  - *Immunfluoreszenztest* (FTA-ABS). Bei dem **F**luoreszenz-**T**reponemen-**A**ntikörper-**Abs**orptionstest besteht das Antigen aus abgetöteten, auf Objektträger aufgezogenen Treponemen. Beschichten mit Patientenserum; Nachweis gebundener Antikörper mit Fluorescein-markiertem Antihuman-IgG-AK. Mit Antihuman-IgM-AK (Mü-capture-Test) oder durch Gewinnen der IgM-Antikörper mittels Ultrazentrifugation können selektiv Antitreponemen-IgM-AK gemessen werden (= 19S-FTA-ABS).
  - *Treponema pallidum-Immobilisationstest* (TPI-Test). Durch AK im Patientenserum werden im Kaninchenhoden gezüchtete, lebende Treponemen immobilisiert. Der selten notwendige Test kann nur in Speziallabors durchgeführt werden.

Die Antikörperteste werden folgendermaßen eingesetzt
- **Screening:** TPHA (qualitativ)
- **Grunddiagnostik:** TPHA, VDRL, FTA-ABS (alle qualitativ)
- **Spezielle Diagnostik:** VDRL (quantitativ); 19S-FTA-ABS

Mit dem VDRL (quantitativ) kann der Erfolg der Therapie beurteilt werden. Ein rascher Abfall der Reagine spricht für Therapieerfolg. Der 19S-FTA-ABS kann zur Beantwortung spezieller Fragen eingesetzt werden. Beispiel: Liegt bei positivem Ausfall in der Grunddiagnostik eine serologische Narbe oder eine Neuinfektion vor?

Therapie. Penicillin G gilt als Antibiotikum der Wahl. Dosis und Dauer der Therapie richten sich nach dem Stadium der Krankheit und der galenischen Form des Penicillins.

Epidemiologie und Prophylaxe. Die Syphilis ist weltweit verbreitet. In Europa und den USA beträgt die Inzidenz 10–30 Fälle/100 000 Einwohner/Jahr. Primäre prophylaktische Maßnahmen bestehen in der Vermeidung jeden Kontakts mit syphilitischen Effloreszenzen. Bei der Diagnose eines Falles durch den Arzt muß versucht werden, die Kontaktpersonen ersten Grades zu eruieren. Diese sollten einer sofortigen Untersuchung und evtl. einer Penicillintherapie unterworfen werden. Die Gesetzgebung zur Bekämpfung der Geschlechtskrankheiten in den einzelnen Ländern reglementiert die Maßnahmen zur Erkennung, Verhütung und Heilung. Eine Schutzimpfung existiert nicht.

Treponema pallidum, subsp. endemicum

Diese Subspezies wird für die **nichtvenerische Syphilis** verantwortlich gemacht. Sie kommt in bestimmten, eng umschriebenen Regionen des Balkans, des östlichen Mittelmeerraums, von Asien und Afrika endemisch vor. Die Krankheit manifestiert sich mit makulösen bis papulösen, oft hypertrophischen Läsionen der Haut und der Schleimhäute. Diese ähneln den venerischen Effloreszenzen. Die Erreger werden durch direkten Kontakt oder indirekt, über Gegenstände des täglichen Lebens, wie Kleider, Eßgeschirr usw. übertragen. Die Inkubationszeit beträgt 3 Wochen bis 3 Monate. Zur Therapie kommt Penicillin in Frage. Die serologischen Syphilistests fallen positiv aus.

Treponema pallidum, subsp. pertenue

Der Keim verursacht die Frambösie (engl. „yaws“, franz. „pian“), eine in feuchtwarmem Klima endemisch vorkommende, chronische, mit Epidermisproliferationen und Ulzerationen einhergehende Krankheit. Die Übertragung erfolgt durch direkten Kontakt. Die Inkubationszeit beträgt 3 – 4 Wochen. Zur Sicherung der Diagnose dient der Treponemennachweis in den Frühläsionen. Die serologischen Syphilisreaktionen fallen positiv aus. Das Antibiotikum der Wahl ist Penicillin G.

Treponema carateum

Diese Spezies verursacht die Pinta, eine in Teilen Zentral- und Südamerikas vorkommende, mit auffälligen Depigmentierungen der Haut einhergehende, endemische Treponematose. Die Erreger werden durch direkten Kontakt übertragen. Die Inkubationszeit beträgt 1 – 3 Wochen. Die oft chronisch verlaufende Krankheit kann Jahre andauern. Die Diagnose wird durch den mikroskopischen Nachweis von Treponemen aus den Hautläsionen gestellt. Für die Therapie kommt Penicillin G zum Einsatz.

Borrelia (Rückfallfieber, Lyme-Borreliose)

■ *Borrelia recurrentis* ist der Erreger des epidemischen Rückfallfiebers, das durch die Kleiderlaus übertragen wird und in unseren Breiten nicht mehr vorkommt. *B. duttonii, B. hermsii* und weitere Borrelien verursachen das endemische, durch Zecken übertragene Rückfallfieber. Die Erkrankung heißt so, weil sie durch periodisch auftretende Fieberschübe charakterisiert ist. Die Rückfälle werden durch Borrelien mit veränderter Struktur des „variable major protein" der äußeren Membran hervorgerufen, zu denen während des vorangegangenen Schubes gebildete Antikörper nicht mehr „passen". Die Labordiagnose strebt den mikroskopischen Nachweis der Borrelien im Blut an. Das Antibiotikum der Wahl ist Penicillin G.

B. burgdorferi verursacht die Lyme-Borreliose. Die Erreger werden durch Zecken übertragen. Als Vollbild verläuft die Krankheit in 3 Stadien. Klinisches Leitsymptom des Stadium I ist das Erythema chronicum migrans. Leitsymptom des Stadium II in Europa ist die lymphozytäre Meningoradikulitis Bannwarth. Bei Kindern treten auch häufig Meningitiden auf. Leitsymptome des Stadium III sind die Acrodermatitis chronica atrophicans Herxheimer sowie die Lyme-Arthritis. Die Labordiagnose umfaßt den Nachweis von spezifischen Antikörpern mit der Immunfluoreszenz oder einem Enzym-Immuno-Assay (EIA). Zur Therapie werden Betalactam-Antibiotika eingesetzt. Die Lyme-Borreliose ist in Mitteleuropa die häufigste durch Zecken übertragende Infektion.

Rückfallfieber-Borrelien

Taxonomie und Bedeutung. Die Gattung *Borrelia* gehört zur Familie der *Spirochaetaceae*. Das epidemische Rückfallfieber wird durch die mit der Kleiderlaus übertragene Spezies *B. recurrentis* verursacht. Das endemische, durch verschiedene Zecken übertragene Rückfallfieber wird durch zahlreiche (mindestens 15) Arten hervorgerufen, unter denen *B. duttonii* und *B. hermsii* die wichtigsten sind.

Morphologie und Kultur. Borrelien sind 0,3 – 0,6 μm dicke, 8 – 18 μm lange, 3 – 8 Windungen aufweisende, aufgrund von Rotationen um die Längsachse intensiv bewegliche Spirochäten. Sie können nach Giemsa angefärbt werden (Abb. 4.**25**). Eine Lebendbeobachtung ist mit der Dunkelfeld- oder Phasenkontrastmikroskopie möglich.

Borrelien lassen sich bei Verwendung spezieller Nährmedien kultivieren. Die Kultur ist unzuverlässig.

Pathogenese und Krankheitsbild. *B. recurrentis* kommt nur beim Menschen als Krankheitserreger vor. Die Keime werden durch Kleiderläuse übertragen. *B. duttonii, B. hermsii* und weitere Arten werden durch Zecken übertragen.

Nach einer Inkubation von 5 – 8 Tagen beginnt die Krankheit mit hoher Temperatur, die 3 – 7 Tage andauert und dann plötzlich kritisch absinkt. Nach jeweils mehrtägigen, von Mal zu Mal länger anhaltenden fieberfreien Intervallen kommt es erneut zu Fieberschüben, die immer leichter verlaufen. Während der Fieberanfälle sind die Borrelien im Blut nachweisbar. Wegen der periodisch wiederkehrenden Fieberschübe erhielt die Krankheit ihren

Borrelia duttonii

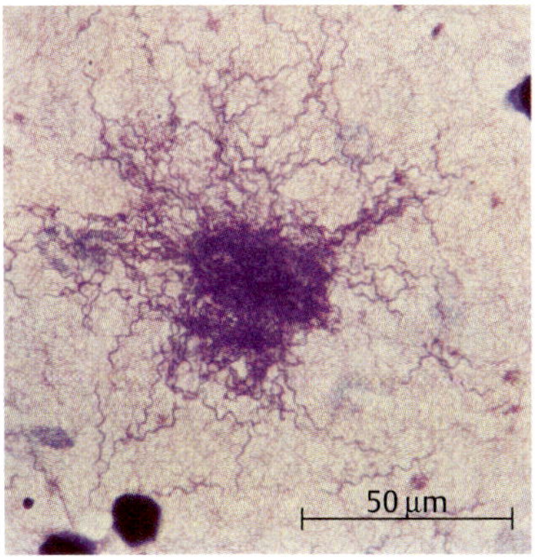

Abb. 4.**25** Präparat aus dem Blut einer experimentell infizierten Maus. Giemsa-Färbung.

Namen. Die „Rückfälle" werden durch Borrelien mit veränderter Antigenstruktur verursacht, die durch die vom vorhergehenden Schub induzierten Antikörper nur schlecht attackiert werden können. Borrelien weisen eine ausgeprägte Variabilität des Gens auf, das ein Protein in der äußeren Zellmembran der Zellwand (VMP = **v**ariable **m**ajor **p**rotein) determiniert.

Diagnose. Borrelien werden mikroskopisch im Blut von Patienten während des Fieberanstiegs nachgewiesen. Die Kultur ist unzuverlässig. Allenfalls kann Patientenblut intraperitoneal in Mäuse injiziert werden. Nach 2 – 3 Tagen entwickelt sich bei der Maus eine Bakteriämie, die durch mikroskopischen Nachweis der Erreger im Blut verifiziert wird.

Therapie. Das Antibiotikum der Wahl ist Penicillin G. Als Alternativen kommen Tetracycline oder Chloramphenicol in Frage.

Epidemiologie und Prophylaxe. *B. recurrentis* verursacht das **epidemische Rückfallfieber**, das noch zu Beginn des 20. Jahrhunderts global verbreitet war. Heute ist es weitgehend verschwunden. Die Erreger werden durch die Kleiderlaus übertragen. Prophylaktische Maßnahmen haben die Beseitigung der Läuse mit Insektiziden zum Ziel.

B. duttonii und weitere Borrelien verursachen das **endemische Rückfallfieber**, das auch heute noch in Afrika, im Nahen und Mittleren Osten und in Zentralamerika vorkommt. Die Übertragung erfolgt durch Zecken. Da diese nur alle 2 – 3 Monate eine Blutmahlzeit benötigen, treten diese Infekte zumeist nur sporadisch auf. Als prophylaktische Maßnahme muß wiederum an erster Stelle die Bekämpfung der Überträger (Zecken) mit Insektiziden, vor allem in Wohngebieten, genannt werden.

Tabelle 4.12 Klinische Manifestationen der Lyme-Borreliose

Organ/Organsystem	Stadium I	Stadium II	Stadium III
Haut	**Erythema chronicum migrans**	diffuses Erythem	**Acrodermatitis chronica atrophicans**
Lymphatisches System	lokale Lymphadenopathie	Lymphadenosis benigna cutis (selten)	
Nervensystem		**Lymphozytäre Meningoradikulitis Bannwarth**, Fazialisparese, aseptische Meningitis	chronische Enzephalomyelitis (seltene Spätkomplikation)
Gelenke		kurze Arthritisanfälle	**Arthritis**
Herz		Karditis, atrioventrikulärer Block	

Die fett gedruckten klinischen Bilder kennzeichnen die Leitkrankheiten der 3 Stadien.

Borrelia burgdorferi (Lyme-Borreliose)

Klassifikation. 1977 traten in dem Bezirk Lyme des US-Staates Connecticut bei Jugendlichen vermehrt akute Arthritiden auf, deren Ätiologie anfänglich unklar war. Diese Krankheit wurde als Lyme-Arthritis bezeichnet. 1981 wurden als Ursache der Krankheit bisher unbekannte Borrelien beschrieben, die 1984 als *B. burgdorferi* (nach dem Entdecker) genannt wurden. Aufgrund molekularer Analysen des Genoms verschiedener Borrelien wurde kürzlich die Aufteilung in die 3 Arten, *B. burgdorferi, B. garinii, B. afzelii* vorgeschlagen. Alle diese Borrelien besitzen Gene, die für die Oberflächenproteine OspA, OspB und OspC (outer surface proteins) kodieren. OspA können in antigenetisch unterschiedlichen Varianten vorkommen. Die OspA-Serovarietät 1 kommt bei *B. burgdorferi*, die Serovar 2 bei *B. afzelii* und die Serovare 3 – 7 kommen bei *B. garinii* vor. Die OspA-Serovare scheinen Unterschiede in der Virulenz und im Organotropismus aufzuweisen, was die unterschiedliche Klinik und Schwere von Infektionen erklären könnte.

Morphologie und Kultur. Es handelt sich um dünne, flexible, helixartig gewundene, intensiv bewegliche Spirochäten. Optische Darstellung nach Anfärbung mit Giemsa oder mit der Dunkelfeld- und Phasenkontrastmikroskopie.

Lyme-Borreliose

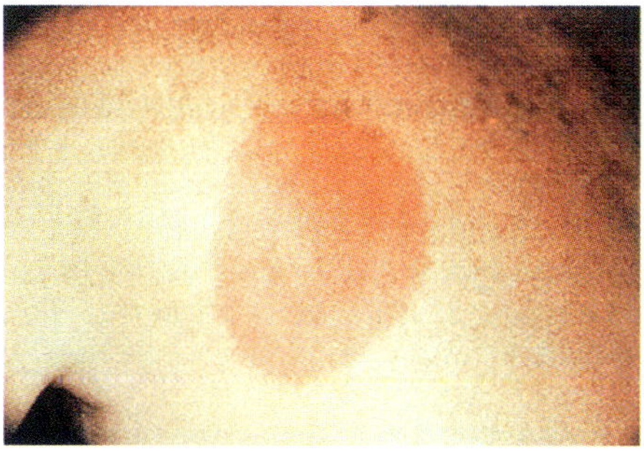

Abb. 4.**26** Erythema chronicum migrans.

Die Borrelien lassen sich in Spezialmedien bei 35 °C während 5 – 10 Tagen kultivieren. Die Kultur ist schwierig und führt nicht immer zum Erfolg.

Pathogenese und Krankheitsbild. Die Erreger werden durch den Biß verschiedener Zeckenarten (s. S. 622f.) übertragen. Die Inkubationszeit schwankt zwischen 3 und 30 Tagen. Die Krankheit verläuft in 3 Stadien (Tab. 4.**12**), wobei aber von der klassischen Symptomatik abweichende Verläufe häufig sind. Das Leitsymptom im Stadium I ist das Erythema chronicum migrans (Abb. 4.**26**).

Diagnose. Der direkte mikroskopische und kulturelle Nachweis ist möglich, aber mit großen Unsicherheiten belastet. Neuerdings wird die Polymerase-Kettenreaktion (PCR) zum direkten Nachweis erregerspezifischer DNA eingesetzt. Methode der Wahl ist jedoch der Antikörpernachweis (indirekte Hämagglutination, EIA, Immunfluoreszenz).

Therapie. Stadium I und II: Amoxycillin oder Cefuroxim oder Doxycyclin oder Makrolide. Stadium III: Ceftriaxon.

Epidemiologie und Prophylaxe. Die Lyme-Borreliose kommt überall auf der nördlichen Halbkugel vor. Endemische Herde, in denen sie häufiger ist, existieren. Überträger sind verschiedene Arten von Zecken, in Europa vor allem *Ixodes ricinus* (Holzbock). In Endemiegebieten Deutschlands sind etwa 3 – 7 % der Larven sowie 10 – 34 % der Nymphen und Adulten mit *B. burgdorferi* infiziert. Im Jahre 1995 wurden in der Schweiz 1616 Fälle von Zeckenborreliose beim Menschen gemeldet, was einer Inzidenz von 17/100 000/Jahr entspricht. Das natürliche Reservoir der Lyme-Borrelien sind Wildtiere, von den Nagern bis zum Rotwild, die im Lebenszyklus der Zecken als Blutwirte eine Rolle spielen. Diese Hauptwirte erkranken meist nicht.

Leptospira (Leptospirose, Morbus Weil)

Die pathogene Spezies *Leptospira interrogans* wird aufgrund von Oberflächenantigenen in mehr als 100 Serovare eingeteilt, die in 19 Serogruppen (Serogruppe *icterohaemorrhagiae, canicola, pomona* usw.) zusammengefaßt werden. Die spiralig gekrümmten Stäbchen können in vitro kultiviert werden. Die weltweit vorkommende Leptospirose ist eine Zoonose. Alleinige Infektionsquellen sind erkrankte Nagetiere und Haustiere (Schweine), die die Erreger mit dem Urin ausscheiden. Bei Kontakt dringen sie über die Haut oder Schleimhaut ein, werden hämatogen disseminiert und rufen in verschiedenen Organen eine generalisierte Vaskulitis hervor. Die Inkubationszeit beträgt 7 – 12 Tage. Die Krankheit verläuft zuerst unter dem Bild einer Sepsis, die nach 3 – 7 Tagen vom sog. Immunstadium abgelöst wird. Bei der milder verlaufenden anikterischen Leptospirose ist die häufigste Manifestation im Stadium 2 die aseptische Meningitis. Bei der ikterischen Leptospirose (Morbus Weil) kann es zu Funktionsstörungen der Leber und Niere, zu kardiovaskulären Störungen und zu Hämorrhagien kommen. Methode der Wahl bei der Labordiagnose ist der Antikörpernachweis in einer Lysis-Agglutinationsreaktion. Mittel der Wahl zur Therapie ist das Penicillin G.

Klassifikation. Leptospiren gehören zur Familie der *Leptospiraceae*. Die Gattung *Leptospira* enthält 2 Spezies. *L. biflexa* umfaßt alle apathogenen Leptospiren, während *L. interrogans* die pathogene Spezies repräsentiert. *L. interrogans* wird aufgrund spezifischer Oberflächenantigene in mehr als 100 Serovare (Syn.: Serotypen) unterteilt, die zu 19 Serogruppen zusammengefaßt werden. Einige der wichtigsten Serogruppen lauten: *icterohaemorrhagiae, canicola, pomona, australis, grippotyphosa, hyos, sejroe.*

Morphologie und Kultur. Leptospiren sind feine Spirochäten von 10 – 20 μm Länge und 0,1 – 0,2 μm Dicke (Abb. 4.**27**). Geißeln sind nicht vorhanden. Die Beweglichkeit rührt von rotierenden Bewegungen des Zelleibs her. Optisch werden Leptospiren am besten mit der Dunkelfeld- oder Phasenkontrastmikroskopie dargestellt. Leptospiren können in Spezialmedien unter aeroben Bedingungen bei einer Temperatur von 27 – 30 °C kultiviert werden.

Pathogenese und Krankheitsbild. Leptospiren können durch kleine Verletzungen der Haut oder durch die intakte Konjunktivalschleimhaut in den Organismus eindringen. Entzündungszeichen am Ort des Eindringens bestehen nicht. Hämatogen gelangen die Erreger in alle Teile des Körpers, einschließlich des zentralen Nervensystems. Die Leptospirose ist eigentlich eine generalisierte Vaskulitis. Die Erreger schädigen vor allem die Endothelzellen der

Leptospira interrogans

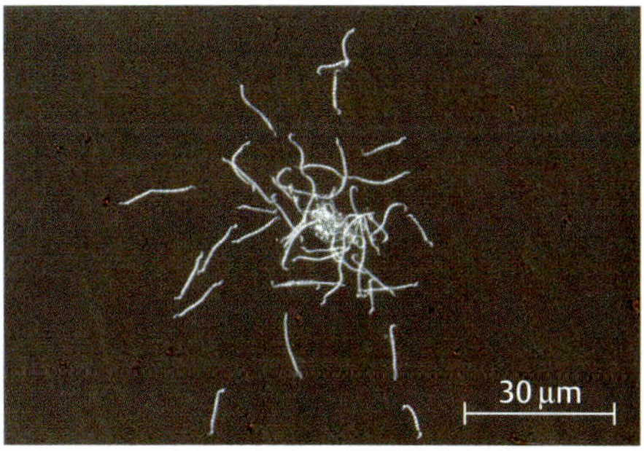

Abb. 4.**27** Serogruppe *icterohaemorrhagiae.* Kulturpräparat. Dunkelfeld.

Kapillaren, so daß es zu erhöhter Permeabilität, hämorrhagischer Diathese und einer gestörten O_2-Versorgung der Gewebe kommt. Die Gelbsucht beruht auf einer hepatozellulären Dysfunktion ohne Nekrose. Störungen der Nierenfunktion sind auf tubuläre Schäden durch Hypoxie zurückzuführen. Die Pathogenese der Meningitis ist unklar. Klinisch unterscheidet man die **anikterische Leptospirose**, die milder verläuft, und das schwerere Krankheitsbild der **ikterischen Leptospirose (Morbus Weil)**. Im Prinzip können alle Serovare beide Krankheitsbilder verursachen. Die der Serogruppe *icterohaemorrhagiae* werden allerdings beim Morbus Weil häufiger gefunden.

Bei beiden Krankheitsformen setzen nach einer Inkubationszeit von 7–12 Tagen Fieber mit Schüttelfrösten, Kopfschmerzen und Myalgien ein. Dieses **septische**, erste Krankheitsstadium dauert 3–7 Tage und wird dann durch das zweite, sog. **Immunstadium** abgelöst, das 4–30 Tage anhalten kann. Bei der anikterischen Leptospirose ist die wichtigste klinische Manifestation im Stadium 2 eine milde, aseptische Meningitis. Beim Morbus Weil findet man während des 2. Stadiums Funktionsstörungen der Leber und Niere, ausgedehnte Hämorrhagien, kardiovaskuläre Symptome und Bewußtseinsstörungen. Das Überstehen der Krankheit hinterläßt eine fundierte Immunität, die sich aber nur gegen den entsprechenden Serovar richtet.

Diagnose. Ein Nachweis von Leptospiren ist mit dem **Kulturverfahren** möglich. Blut, Liquor, Urin oder Organbiopsien, die nicht mit anderen Bakterien kontaminiert sein dürfen, werden in Spezialmedien bei 27–30 °C während 3–4 Wochen bebrütet. Jede Woche muß mikroskopisch (Dunkelfeld) kontrolliert werden, ob Leptospiren gewachsen sind. Die Typisierung erfolgt serologisch in einer Lysis-Agglutinationsreaktion mit spezifischen Testseren.

Die Methode der Wahl für die Labordiagnose stellt der **Antikörpernachweis** dar. Man bestimmt im Patientenserum die nach der ersten Krankheitswoche auftretenden Antikörper mit Hilfe eines quantitativen Lysis-Agglutinationstests. Als Antigene werden lebende Kulturstämme der Serovare verwendet, die in der entsprechenden Region vorkommen. Die Reaktion wird unter dem Mikroskop abgelesen. Ab der ersten Krankheitswoche können Titer von 1:400 und mehr festgestellt werden.

Therapie. Mittel der Wahl ist Penicillin G.

Epidemiologie und Prophylaxe. Leptospirosen kommen auf sämtlichen Kontinenten bei Mensch und Tier vor. Es handelt sich um typische Zoonosen. Wichtige Infektionsquellen sind Nagetiere sowie Haustiere, unter diesen vor allem das Schwein. Die Tiere scheiden die Erreger mit dem Urin aus. Da die Leptospiren wenig trockenresistent sind, können Infektionen nur bei Kontakt mit urinkontaminiertem, feuchtem Milieu zustande kommen. Gefährdet sind vor allem in der Landwirtschaft tätige Personen, ferner Metzger, Abwasserarbeiter oder Zooangestellte.

Die **Prophylaxe** besteht im Vermeiden des Kontakts mit erregerhaltigem Material, in der Bekämpfung der Muriden sowie in der Sanierung der Nutztierbestände. Erkrankte Menschen sowie Kontaktpersonen müssen nicht isoliert werden. Eine kommerzielle Vakzine für eine Schutzimpfung existiert nicht. Man kann jedoch mit einer selbsthergestellten Vakzine aus abgetöteten Kulturleptospiren einen Impfschutz erzeugen, der über Jahre anhält.

Rickettsia, Coxiella und Orientia (Fleckfieber, Zeckenbißfieber, Q-Fieber)

Die zur Familie *Rickettsiaceae* gehörenden Gattungen *Rickettsia* und *Coxiella* sind kurze, kokkoide, sehr kleine Stäbchen, die sich nur in Wirtszellen vermehren können. Mit Ausnahme von *Coxiella* (aerogene Übertragung) werden sie durch Läuse, Zecken, Flöhe oder Milben auf den Menschen übertragen. *R. prowazekii* und *R. typhi* verursachen das Fleckfieber (engl. typhus), das mit hohem Fieber und einem fleckigen Exanthem einhergeht. Mehrere Rickettsien-Arten verursachen das Zeckenbißfieber (engl. spotted fever), ein milderes, fleckfieberartiges Krankheitsbild. Das durch Milbenlarven übertragene Tsutsugamushi-Fieber wird durch *Orientia tutsugamushi* verursacht. Es kommt nur in Asien vor. *Coxiella burnetii* ist für das Q-Fieber, das durch eine klinisch atypisch verlaufende Pneumonie charakterisiert ist, verantwortlich. Die Methode der Wahl bei der Labordiagnose der Fleckfieber ist der Antikörpernachweis mit dem Weil-Felix-Agglutinationstest. Das Q-Fieber wird durch den Nachweis komplementbindender Antikörper diagnostiziert. Die Antibiotika der Wahl bei allen Erkrankungen sind die Tetracycline. Fleckfieber und Zeckenbißfieber kommen in Europa nicht mehr vor. Das Q-Fieber ist weltweit verbreitet. Infektionsquellen sind erkrankte Schafe, Ziegen oder Rinder. Das seltene chronische Q-Fieber (Syn. Q-Fieber-Endokarditis) hat eine schlechte Prognose.

Klassifikation. Zur Familie der *Rickettsiaceae* (Trivialname: Rickettsien) gehören die Gattungen *Rickettsia, Coxiella* und *Orientia* (nov. gen.) Rickettsien können sich nur in Wirtszellen vermehren, sind also obligate Zellparasiten. Sie kommen bei Mensch und Tier weit verbreitet vor. Einige können leichte, selbstlimitierende, andere schwere, akut verlaufende Krankheiten des Menschen verursachen. Viele werden durch Arthropoden von Tieren auf den Menschen übertragen.

Morphologie und Kultur. Rickettsien sind kokkoide, eine Größe von 0,3 – 0,5 µm aufweisende Kurzstäbchen, die sich schwach mit der Gram-Färbung, aber gut in der Giemsa-Färbung anfärben lassen. Sie vermehren sich nur intrazellulär durch Querteilung. Ihre Kultivierung ist im Dottersack von Hühnerembryonen, in geeigneten Versuchstieren (Maus, Ratte oder Meerschweinchen), oder in Zellkulturen möglich.

Pathogenese und Klinik. Mit Ausnahme von *C. burnetii* werden Rickettsien durch Arthropoden übertragen. Dabei werden sie von den meisten Arthropoden mit den Fäzes, von den Zecken beim Saugakt auch mit dem Speichel ausgeschieden. Über Hautverletzungen gelangen die Keime in den Wirtsorganismus. *C. burnetii* wird ausschließlich durch Inhalation erregerhaltigen Staubs übertragen. Im Körper vermehren sich die Rickettsien vor allem in den Endothelzellen der Gefäße. Die Endothelzellen gehen zugrunde, wobei schubweise immer wieder neue Erreger in die Blutbahn gelangen. Lokal entstehen um die zerstörten Endothelien zahlreiche entzündliche Läsionen.

Einige wichtige Einzelheiten der Rickettsiosen sind in Tab. 4.**13** genannt.

Diagnose. Der direkte Erregernachweis durch Kultivierung in der Gewebekultur, dem Hühnerembryo oder im Versuchstier ist unzuverlässig und kann auch wegen der Gefahr von Laborinfekten nicht empfohlen werden. Einige Speziallabors setzen die Polymerase-Kettenreaktion zum direkten Nachweis ein. Methode der Wahl ist jedoch der Antikörpernachweis. Bei der Weil-Felix-Agglutination wird die Tatsache ausgenützt, daß Rickettsien-Antikörper mit den O-Antigenen von 3 Proteusstämmen (OX-2, OX-19, OX-K) kreuzreagieren. Antikörper gegen *C. burnetii* werden mit der Komplementbindungsreaktion bestimmt. Ein weiterer Antikörpertest ist die indirekte Mikroimmunfluoreszenz.

Tabelle 4.**13** Erreger und Krankheitsbilder der wichtigsten Rickettsiosen

Erreger	Vektor/Wirt	Krankheit	Klinik
Fleckfieber-Gruppe (engl. „typhus")			
Rickettsia prowazekii	Kleiderlaus/ Mensch	epidemisches Fleckfieber (EF)	Inkubation 10–14 Tage; hohes Fieber; 4–7 Tage nach Beginn makulöses Exanthem. Letalität ohne Therapie: bis 20 %
		Morbus Brill-Zinsser	endogene Zweitinfektion durch R., die im RES persistierten; entsteht bei Abnahme der Immunität; mildere Symptomatik
R. typhi	Rattenfloh/ Ratte	murines Fleckfieber	Symptomatik wie EF, jedoch milder
Zeckenbißfieber-Gruppe (engl. „spotted fever")			
R. rickettsii	Schildzecke/ Nagetiere, Zecke	Rocky Mountains spotted fever (RMSF)	Inkubation: 6–7 Tage; Kontinua 2–3 Wochen. Makulopapulöses Exanthem an den Extremitäten
R. conori	Schildzecke/ Nagetiere	Fièvre boutonneuse	Symptomatik wie RMSF, manchmal nekrotische Läsion an Bißstelle
R. sibirica	Schildzecke/ Nagetiere	nordasiatisches Zeckenbißfieber	Symptomatik wie RMSF; manchmal nekrotische Läsion an Bißstelle
R. akari	Milbe/Nagetiere	Rickettsienpocken	Fieber; Exanthem ähnelt dem der Windpocken
Tsutsugamushi-Fieber			
Orientia tsutsugamushi	Milbenlarven/ Nagetiere	Japanisches Fleckfieber	Symptomatik änlich dem EF; dazu lokal Läsion an Bißstelle und Lymphadenitis
Q-Fieber (Query-Fieber)			
Coxiella burnetii	Staub/Schaf, Rind, Ziege, Nagetiere	Q-Fieber	Inkubation 2–3 Wochen; interstitielle (klinisch oft atypische) Pneumonie; chronisches Q-Fieber (Endokarditis) tritt Monate bis Jahre nach Primoinfektion auf; schlechte Prognose

Therapie. Tetracycline sind die Antibiotika der Wahl. Sie führen innerhalb von 1–2 Tagen zur Entfieberung.

Epidemiologie und Prophylaxe. Das **epidemische Fleckfieber**, das früher vor allem in Osteuropa und Rußland große Bedeutung hatte, ist heute aus Europa verschwunden und kommt auch in anderen Gegenden der Erde nur noch gelegentlich vor. Dagegen ist das **murine Fleckfieber** in den Tropen und Suptropen noch verbreitet. Die **Zeckenbißfieber** treten in bestimmten geographischen Regionen, vor allem im Frühjahr, gehäuft auf. Das **Tsutsugamushi-Fieber** kommt nur in Japan und Südostasien vor. Der Erreger wird durch blutsaugende Larven verschiedener Milbenarten übertragen. Q-Fieber-Epidemien kommen immer einmal wieder auch in Mitteleuropa vor. Infektionsquelle sind erkrankte Nutztiere, die die Coxiellen mit dem Urin, der Milch oder durch die Geburtswege ausscheiden. Mensch und Tier infizieren sich durch Einatmen erregerhaltigen Staubs. Gezielte prophylaktische Maßnahmen sind schwierig, da symptomlose Tiere die Erreger ausscheiden können. Aktive Immunisierung bei beruflich exponierten Personen bietet einen gewissen Schutz.

Ehrlichia

Beschreibung der Gattung. Die Gattung *Ehrlichia* gehört zur Familie der *Rickettsiaceae*. Es handelt sich um obligat intrazelluläre Kurzstäbchen (0,2–0,4 µm), die einen Tropismus für mononukleäre Zellen und Granulozyten aufweisen. In diesen Zellen vermehren sie sich in Membran-umschlossenen Zytoplasma-Vakuolen, die dicht gepackt die Erreger enthalten. Bei weiterer Vermehrung bilden sich charakteristische Morula-Formen (bis zu 4 µm), die aus mehreren, aneinander klebenden Vakuolen zusammengesetzt sind. Verschiedene Arten sind bisher beschrieben worden, die bei Hunden, Pferden, Schafen, Ziegen, Rindern Infekte verursachen. Bisher sind 2 humanpathogene Spezies bekannt.

E. sennetsu

Erreger des Sennetsu-Fiebers. Vorkommen nur in Japan und Südostasien. Akutes Fieber, Schüttelfrost, Kopfschmerzen, generalisierte Lymphadenopathie, vor allem aber im Bereich der Hals- und Nackenlymphknoten, evtl. Spleno- und Hepatomegalie. Die Übertragung der Erreger ist unbekannt. Es werden Zecken und Fischparasiten, die bei Genuß rohen Fischfleisches aufgenommen werden, vermutet. Die Krankheit ist selbstlimitierend.

E. chaffeensis

Erreger der „humanen Monozyten-Ehrlichiose“. Erst seit 1986 als Erreger bekannt. Bisher erst mehrere 100 Fälle beschrieben. Vorkommen vor allem in den USA. Symptome: Fieber, Kopf-, Glieder- und Gelenkschmerzen, Übelkeit mit Erbrechen, evtl. Pneumonie. Übertragung möglicherweise durch Zeckenbiß, natürlicher Wirt scheint nur der Mensch zu sein. Prognose gut. Häufig heilt die Krankheit ohne spezifische Therapie aus. Tetrazykline sind die Antibiotika der Wahl.

E. chaffeensis kann in spezifischen Zellkulturen aus dem „buffy coat“ peripheren Bluts kultiviert werden. Im „buffy coat“ kann auch der mikroskopische Nachweis von Morulae in Leukozyten versucht werden. In spezialisierten Labors (Center for Disease Control, USA) wird die Polymerase-Kettenreaktion mit anschließender Identifizierung der amplifizierten DNA mit einer spezifischen Gen-Sonde eingesetzt. Eine serologische Diagnose ist durch Nachweis spezifischer Antikörper mit der Technik der indirekten Immunfluoreszenz oder einem Immun-Absorbens-Test möglich.

Ehrlichia sp.

Noch nicht benannt. Eng verwandt mit *Ehrlichia equi*, einer für Pferde pathogenen Art. Erreger der „humanen Granulozyten-Ehrlichiose“. (HGE) Klinisches Bild uncharakteristisch, ähnlich dem der Monozyten-Ehrlichiose.

Bartonella, Afipia

Bartonella

Klassifikation. Die Familie der *Bartonellaceae* gehört ebenso wie die der *Rickettsiaceae* zur Ordnung der *Rickettsiales*. Die Gattung *Bartonella* der *Bartonellaceae* umfaßt 4 pathogene Spezies: *Bartonella bacilliformis, B. elisabethae* (nur 1 Fall einer Endokarditis bisher beschrieben), *B. quintana* und *B. henselae*. Die beiden letzteren wurden bis vor kurzem noch unter der Gattung *Rochalimea* geführt.

Morphologie und Kultur. Morphologisch handelt es sich um kleine (0,6 – 1 µm), gramnegative, oft pleomorphe Stäbchen. Die Bartonellen können auf mit Blut oder Serum angereicherten Medien bei einer Temperatur von je nach Art 25 – 35 °C und einer Bebrütungszeit von ≥ 7 Tagen kultiviert werden.

Tabelle 4.14 Erreger und Krankheitsbilder der Bartonellosen

Erreger	Übertragung/ Wirt	Krankheit	Klinik
Bartonella bacilliformis	Sandfliege/ Mensch	Oroyafieber	Inkubation: 15–40 Tage; hohes Fieber; Lymphadenitis; Spleno-Hepatomegalie; hämolytische Anämie durch Lyse der von *B. bacilliformis* befallenen Erythrozyten
		Verruga peruana	multiple, warzenartige Effloreszenzen an Extremitäten, Gesicht, Mukosa; entsteht Monate nach Überstehen eines Oroyafiebers, aber auch ohne vorhergehende akute Infektion
B. quintana	Läuse/Mensch	Fünftagefieber (Syn. Wolhynisches Fieber, Trench fever)	periodische (3–8), alle 5 Tage auftretende Fieberschübe; Sepsis; bakterielle Angiomatose (s. unten); auch Endokarditis
B. henselae	von Katze auf Mensch/Katze	Katzen-Kratz-Krankheit	Lymphadenopathie; Fieber; kutane Läsion (nicht immer vorhanden)
		Sepsis, bakterielle Angiomatose	bei Patienten mit Immundefekten (HIV); Gefäßproliferationen an Haut und Mukosa (ähnlich Verruga peruana)
		bakterielle Peliosis hepatis/splenica	zystische, mit Blut gefüllte Läsionen in Leber und Milz

Diagnose. Mikroskopischer Nachweis in Gewebeproben nach Spezialfärbung. Kultur in angereicherten Medien während > 7 Tagen. Evtl. Amplifikation spezifischer DNA in Gewebeproben oder Blut mit PCR und anschließender Sequenzierung. Antikörpernachweis mit Immunfluoreszenz und ELISA.

Therapie. Tetraczykline, Makrolide.

Epidemiologie und Prophylaxe. Das nur beim Menschen auftretende Oroyafieber wird nur in den über 800 m hoch gelegenen Gebirgstälern der westlichen und zentralen Kordilleren in Südamerika beobachtet, weil dort die

Überträger vorkommen. Die Katzen-Kratz-Krankheit kommt weltweit vor. Sie wird direkt von der Katze auf den Menschen, evtl. auch indirekt mit Katzenflöhen übertragen. Die Katzen sind meist nicht erkrankt. Tab. 4.**14** zeigt Erreger und Krankheitsbilder der Bartonellosen.

Afipia felis

Afipia (von Armed Forces Institute of Pathology) *felis* ist eine vor kurzem entdeckte Bakterienart, deren taxonomische Stellung noch nicht geklärt ist. Ursprünglich war man der Meinung, daß die meisten Fälle der Katzen-Kratz-Krankheit durch diesen Erreger hervorgerufen werden. Dann stellte man jedoch fest, daß diese Krankheit vorwiegend durch *Bartonella henselae* verursacht wird und nur wenige Fälle *Afipia felis* zugeschrieben werden können. Die *Afipia felis*-Katzen-Kratz-Krankheit entspricht in ihrer klinischen Symptomatik der *B. henselae*-Infektion. Das Vorgehen bei der Labordiagnose ist ebenfalls identisch. Die meisten Fälle von *A. felis*-Infekten heilen spontan ohne Antibiotikatherapie aus. Sollte klinisch der Einsatz eines Antibiotikums notwendig sein, käme ein Tetrazyklin oder, in schweren Fällen, ein Carbapenem oder Aminoglykosid in Frage.

Chlamydia

■ Chlamydien sind obligate Zellparasiten. Sie durchlaufen bei ihrer Vermehrung einen Entwicklungszyklus, bei dem 2 Formen vorkommen. Die Elementarkörperchen (EK) sind optimal an ein Überleben außerhalb der Wirtszelle angepaßt. Die Initialkörperchen (IK) sind die Form, in der sich die Chlamydien innerhalb von Wirtszellen vermehren. Die 3 humanpathogenen Spezies sind *C. psittaci, C. trachomatis* und *C. pneumoniae*. Zur Therapie aller Chlamydieninfekte sind Tetrazycline und Makrolide geeignet.

C. psittaci verursacht die **Psittakose** oder **Ornithose**. Diese Zoonose ist eine generalisierte Erkrankung von Vögeln. Die Erreger gelangen durch Inhalation chlamydienhaltigen Staubs in die Lunge des Menschen und rufen nach einer Inkubation von 1–3 Wochen eine oft klinisch atypisch verlaufende Pneumonie hervor.

C. trachomatis kommt nur beim Menschen vor. Die Spezies verursacht folgende Krankheiten. 1. Das **Trachom**, eine chronische, follikuläre Keratokonjunktivitis. Die Erreger werden durch Schmierinfektion übertragen. 2. Die **Einschlußkonjunktivitis** des Neugeborenen sowie die **Schwimmbadkonjunktivitis**. 3. **Unspezifische Infektionen des Urogenitaltrakts** bei Mann und Frau (Urethritis, Zervizitis, Salpingitis usw.). 4. Das **Lymphogranuloma**

venereum, eine vor allem in warmen Ländern vorkommende Geschlechtskrankheit.

C. pneumoniae ist für Infekte des oberen Respirationstrakts und für eine milde **Pneumonie** verantwortlich.

Übersicht und allgemeine Eigenschaften der Chlamydien

Definition und Klassifikation. Die in der Familie der *Chlamydiaceae* zusammengefaßten Bakterien sind kleine (0,3 – 1 µm), eine gramnegative Zellwand aufweisende, obligate Zellparasiten. Chlamydien durchlaufen einen Vermehrungszyklus, bei dem 2 Formen auftreten: die Elementarkörperchen, die an ein Überleben außerhalb von Wirtszellen angepaßt sind, sowie die Initial- oder Retikulärkörperchen, eine Form, in der sich die Chlamydien durch Querteilung innerhalb von Wirtszellen vermehren. 3 humanpathogene Arten sind bekannt: *C. psittaci, C. trachomatis* mit den Biovarietäten *trachoma* und *lymphogranuloma venereum*, und *C. pneumoniae*.

Morphologie und Entwicklungszyklus. 2 morphologisch und funktionell unterschiedliche Formen sind bekannt:

- **Elementarkörper.** Die kugeligen bis ovalen, optisch dichten Elementarkörper weisen einen Durchmesser von ca. 300 nm auf. Sie stellen die infektiöse Form dar und sind für die Existenz außerhalb von Wirtszellen

Vermehrungszyklus von Chlamydien

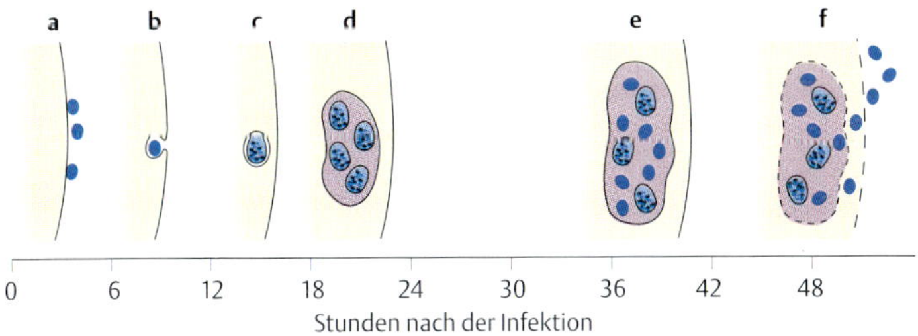

Abb. 4.**28** Man unterscheidet 2 Formen: Elementarkörper und Initialkörper.
a Anheftung der Elementarkörper an die Zellmembran,
b Endozytose,
c Umwandlung der Elementarkörper in Initialkörper innerhalb des Endosoms,
d Vermehrung der Initialkörper durch Querteilung,
e Rückbildung einiger Initialkörper in Elementarkörper,
f Lyse der Einschlußkörper und der Zelle und Freiwerden der Initial- und Elementarkörper.

spezialisiert. Nach Anheftung der Elementarkörper an spezifische Rezeptoren der Wirtszellen werden sie durch Endozytose aufgenommen (Abb. 4.**28**). Innerhalb der Zelle befinden sie sich in einem endozytotischen Membranvesikel oder Einschluß. Im Einschluß wandeln sie sich nach einigen Stunden in die 2. Form um.

- **Initialkörper.** Diese auch als Retikulärzelle bezeichnete kugelige bis ovale Form weist einen Durchmesser von ca. 1 000 nm auf. Die Initialkörper vermehren sich durch Querteilung. Sie sind selber nicht infektiös. Am Ende des Zyklus wandeln sich die Initialkörper in Elementarkörper zurück, die Zelle platzt, und die freiwerdenden Elementarkörper können neue Zellen befallen.

Kultur. Chlamydien weisen Defekte im Energiestoffwechsel auf (fehlende ATP-Synthese), die sie durch Leistungen ihrer Wirtszellen ausgleichen. Deshalb kann man sie nur in speziellen Zellkulturen, im Dottersack des Hühnerembryos oder in Versuchstieren kultivieren.

Chlamydia psittaci (Ornithose, Psittakose)

Pathogenese und Krankheitsbild. Die natürlichen Wirte für *C. psittaci* sind Vögel. Bei Papageien, aber auch bei anderen Vögeln, ruft diese Art Infekte der Respirationsorgane, des Intestinaltrakts, des Genitaltrakts und der Konjunktiven hervor. Der Mensch infiziert sich durch Inhalation erregerhaltigen Staubs (Vogelkot), seltener durch Inhalation infektiöser Aerosole.

Nach einer Inkubationszeit von 1 – 3 Wochen beginnt die Ornithose mit Fieber, Kopfschmerzen und einer oft klinisch atypisch verlaufenden Pneumonie. Die Infektion kann auch mit der Symptomatik einer Erkältung und sogar klinisch stumm verlaufen. Erkrankte sind in der Regel keine Infektionsquelle für den Mensch.

Diagnose. Der Erreger kann aus Sputum in speziellen Zellkulturen kultiviert werden. Der kulturelle Direktnachweis ist schwierig und nur in spezialisierten Labors möglich. Die Ornithose wird deshalb durch Nachweis hoher Titer oder eines Titeranstiegs von komplementbindenden Antikörpern diagnostiziert. Die Antikörper sind gegen ein bei allen Chlamydien vorhandenes Gattungs-Antigen gerichtet. Die Komplementbindungsreaktion kann deshalb auch bei anderen Chlamydieninfekten positiv ausfallen.

Therapie. Antibiotika der Wahl sind die Tetrazykline (Doxycyclin) und die Makrolide.

Epidemiologie und Prophylaxe. Die Ornithose kommt bei Vögeln weltweit vor. Sie kann auch beim Geflügel auftreten. Wird eine Ornithose beim Menschen diagnostiziert, muß nach der Quelle gefahndet und diese eliminiert werden, vor allem wenn es sich bei der Quelle um als Haustiere gehaltene Vögel handelt. Infektiöse Geflügelbestände können evtl. durch 3 Monate dauernde Gabe tetrazyclinhaltigen Futters saniert werden.

Chlamydia trachomatis (Trachom, Lymphogranuloma venereum)

C. trachomatis ist ein Erreger, der ausschließlich den Menschen infiziert. Über die unterschiedlichen Krankheiten informiert Tab. 4.**15**.

Trachom. Beim Trachom handelt es sich um eine follikuläre Keratokonjunktivitis. Die Krankheit kommt in allen Klimazonen vor, ist aber in den warmen, unterentwickelten Ländern häufiger. Es wird geschätzt, daß 400 Millionen Menschen an dieser chronischen Infektion leiden und 6 Millionen Blinde ihr Gebrechen dieser Augenkrankheit verdanken. Der Erreger wird durch direkten Kontakt und indirekt über Gegenstände des täglichen Lebens übertragen. Die zuerst akute, dann unbehandelt chronisch ablaufende Entzündung kann im Laufe von Monaten und Jahren zu der Ausbildung von Hornhautnarben führen, die Erblindung zur Folge haben kann. Eine **Labordiagnose** wird durch mikroskopischen Nachweis von Einschlußkörpern in Konjunktivalabstrichen, die nach Giemsa gefärbt werden, gestellt. Der Erreger kann auch in Zellkulturen kultiviert werden. Als **Therapie** kommt der systemische und lokale Einsatz von Tetracyclinen während mehrerer Wochen in Frage.

Tabelle 4.**15** Infektionen des Menschen, verursacht durch *Chlamydia trachomatis*

Krankheit/Syndrom	**Biovar**	**Häufigste Serovare***
Trachom	Trachoma	A, B, Ba, C
Einschlußkonjunktivitis	Trachoma	D, Da, E, F, G, H, I, Ia, J, K
Urethritis, Zervizitis, Salpingitis (Pharyngitis, Otitis media)	Trachoma	B, C, D, E, F, G, H, I, K, L_3
Lymphogranuloma venereum (Syn. Lymphogranuloma inguinale, Lymphopathia venerea, Morbus Durand-Nicolas-Favre)	Lymphogranuloma venereum	L_1, L_2, L_2a, L_3

* bestimmt mit der Mikroimmunfluoreszenz.

Einschlußkonjunktivitis. Es handelt sich um eine akute, eitrige Papillarkonjunktivitis, die das Neugeborene, aber auch Kinder und Erwachsene (Schwimmbadkonjunktivitis) befallen kann. Neugeborene infizieren sich während der Geburt mit Erregern, die im Genitaltrakt der Mutter siedeln. Unbehandelt kann es wie beim Trachom zur Ausbildung eines Pannus mit anschließender Vernarbung der Hornhaut kommen. Labordiagnose und Therapie wie beim Trachom.

Genitalinfektionen. Beim Mann ist *C. trachomatis* in 30 – 60 % für die Nicht-Gonokokken-Urethritis (NGU) verantwortlich. Als Komplikation können Prostatitis und Epididymitis auftreten. Die Erreger werden venerisch übertragen. Infektionsquelle ist der weibliche Sexualpartner, der oft keine klinischen Symptome zeigt.

Bei der Frau kann *C. trachomatis* eine Urethritis, Proktitis oder Infekte der Genitalorgane verursachen. Selbst Pelveoperitonitiden und Perihepatiden wurden beschrieben. Bei massiver perinataler Infektion eines Neugeborenen kann bei diesem eine interstitielle Chlamydien-Pneumonie auftreten.

Die Diagnose umfaßt:

1. Direktnachweis im Abstrichmaterial mit der direkten Immunfluoreszenz. Es werden monoklonale Antikörper, die gegen das MOMP (= **m**ajor **o**uter **m**embrane **p**rotein) gerichtet sind, eingesetzt.
2. Direktnachweis durch Amplifikation einer spezifischen DNA-Sequenz mittels PCR in Abstrichmaterialien und Urin.
3. Kultur in speziellen Zellkulturen.
4. Antikörpernachweis mit einem Mikroimmunfluoreszenztest.

Lymphogranuloma venereum. Diese venerische Krankheit (Syn. Lymphogranuloma inguinale, Lymphopathia venerea Durand-Nicolas-Favre, nicht zu verwechseln mit dem Granuloma inguinale, S. 305) kommt gehäuft in der Bevölkerung warmer Klimazonen vor. An der Infektionsstelle im Bereich des Genitale entsteht eine herpetiforme Primärläsion, aus der sich ein Geschwür mit begleitender Lymphadenitis entwickelt. Die Labordiagnose erfolgt im eitrigen Material aus dem Geschwür oder aus eingeschmolzenen Lymphknoten durch Kultivierung des Erregers in Zellkulturen. Antikörper können mit der Komplementbindungsreaktion nachgewiesen werden. Dabei ist zu beachten, daß Antikörper derselben Spezifität auch bei anderen Chlamydieninfektionen auftreten. Als Antibiotika kommen die Tetracycline und Makrolide in Frage.

Chlamydia pneumoniae

Diese neue Chlamydienart (früher TWAR-Chlamydien) verursacht beim Menschen zumeist leichtverlaufende Infekte der Respirationsorgane: influenzaähnliche Infekte, Sinusitiden, Pharyngitiden, Bronchitiden, Pneumonien (atypisch). Klinisch stumme Infekte sind häufig. *C. pneumoniae* ist nur für den Menschen pathogen. Der Keim wird durch Tröpfchen übertragen. Wahrscheinlich gehören diese Infekte zu den häufigsten Chlamydieninfektionen des Menschen. Serologische Studien haben gezeigt, daß bis 60% der Erwachsenen Antikörper gegen *C. pneumoniae* aufweisen. Eine spezifische Labordiagnose ist schwierig. Die Kultivierung und Identifizierung des Erregers kann in Speziallabors durchgeführt werden. *C. pneumoniae*-spezifische Antikörper können mit der Technik der Mikroimmunfluoreszenz bestimmt werden. Bei Primoinfektion treten meßbare Titer erst nach Wochen auf und sind außerdem recht niedrig. Eine Methode zur Bestimmung spezifischer DNA-Sequenzen von *C. pneumoniae* mit der Polymerasekettenreaktion wurde beschrieben. Als Antibiotika können Tetracycline und Makrolide eingesetzt werden. Zur Zeit wird diskutiert, ob *C. pneumoniae* eine Rolle in der Pathogenese der Arteriosklerose zukommt.

Mycoplasma

Mykoplasmen sind Bakterien, die keine rigide Zellwand aufweisen, da ihnen die Mureinschicht fehlt. Diese Bakterien sind sehr vielgestaltig. Sie können nur nativ mit der Phasenkontrast- oder Dunkelfeldmikroskopie dargestellt werden. Mykoplasmen können auf Medien mit hohem osmotischem Druck kultiviert werden. *M. pneumoniae* verursacht häufig atypisch verlaufende Pneumonien vor allem bei Jugendlichen. 10–20% der außerhalb des Krankenhauses erworbenen Pneumonien gehen auf diesen Erreger zurück. *M. hominis* und *Ureaplasma urealyticum* sind an unspezifischen Infekten des Urogenitaltrakts beteiligt. Infekte durch *M. pneumoniae* werden durch Nachweis von Antikörpern mit der KBR diagnostiziert. Antibiotika der Wahl sind die Tetracycline sowie die Makrolide (Ausnahme: *M. hominis*). Gegen sämtliche Betalactam-Antibiotika zeigen Mykoplasmen hohe natürliche Resistenz.

Klassifikation. Zellwandlose Prokaryonten kommen bei Pflanzen und Tieren als Bestandteil der Normalflora, aber auch als Krankheitserreger weitverbreitet vor. Humanpathogene Arten findet man in der Familie der *Mycoplasmataceae*, und zwar unter den Gattungen *Mycoplasma* und *Ureaplasma*. Infekte der Respirationsorgane verursacht die Spezies *M. pneumoniae*. Infektionen im Bereich des Urogenitaltraktes werden durch die fakultativ pathogenen Arten *Mycoplasma hominis* und *Ureaplasma urealyticum* verursacht. Weitere Arten zählen zur apathogenen Normalflora.

Morphologie und Kultur. Die Bezeichnung Mykoplasmen bezieht sich auf die Vielgestaltigkeit dieser Erreger. Häufigste Grundform ist die kokkoide, 0,3 – 0,8 µm Durchmesser aufweisende Zelle. Aber auch lange, pilzartige Fäden werden beobachtet. Mykoplasmen werden am besten nativ mit dem Phasenkontrast- oder Dunkelfeldmikroskop betrachtet. Beim Anfärben zerfallen sie. Im Unterschied zu den üblichen Bakterien fehlt den Mykoplasmen eine starre Zellwand. Geißeln, Fimbrien, Pili und Kapseln sind ebenfalls nicht vorhanden. Wegen ihrer Plastizität können Mykoplasmen zumeist durch bakteriendichte Filter durchtreten. Da die Zellwand kein Murein aufweist, sind Mykoplasmen völlig unempfindlich gegenüber Antibiotika, die die Mureinsynthese hemmen (z. B. Betalactame).

Mykoplasmen können auf isotonischen, speziellen Nährmedien kultiviert werden. Nach 2 – 8 Tagen entwickeln sich spiegeleiartig aussehende, teilweise in den Agar hineingewachsene kleine Kolonien.

Pathogenese und Krankheitsbilder.

- **Infektionen der Respirationsorgane.** Erreger ist *M. pneumoniae*. Der Keim wird aerogen übertragen. Die Zellen heften sich an die Epithelien von Trachea, Bronchien und Bronchiolen. Die Mechanismen, die schließlich zur Zerstörung der Epithelzellen führen, sind unbekannt. Die Infektion resultiert in einer Pneumonie mit einem entzündlichen Exsudat im Lumen der Bronchien und Bronchiolen. Die Inkubationszeit beträgt 10 – 20 Tage. Die Krankheit beginnt mit Fieber, Kopfschmerzen und einem hartnäckigen Husten. Klinisch verläuft die Infektion häufig unter dem Bild einer atypischen auskultatorisch und perkutorisch nicht nachweisbaren Pneumonie. Differentialdiagnostisch muß an Viruspneumonien, die Ornithose und das Q-Fieber gedacht werden. Während oder kurz nach dem akuten Infekt können Folgekrankheiten auftreten. Zu diesen zählen: Peri-, Myokarditis, Pankreatitis, Arthritis, Erythema nodosum, hämolytische Anämien, Polyneuritis und weitere.

- **Infektionen des Urogenitaltrakts.** Als ursächliche Keime derartiger Infekte müssen *M. hominis* und *Ureaplasma urealyticum* genannt werden. Diese fakultativ pathogenen Erreger kommen auch bei Gesunden als Bestandteil der Schleimhautflora vor, so daß ihre ätiologische Rolle oft umstritten sein kann. *U. urealyticum* verursacht beim Mann die Nichtgonokokken-Urethritis und -Prostatitis. 10 – 20 % der Fälle dieses Syndroms sollen auf das Konto dieser Spezies gehen. *M. hominis* wurde bei Bartholinitis, Salpingitis, Zervizitis, tuboovarialen Abszessen, Pelveoperitonitis und Puerperalinfekten gefunden.

Diagnose. Die Erreger können auf Spezialmedien kultiviert werden. Zum direkten Nachweis von *M. pneumoniae* stehen kommerziell erhältliche, speziesspezifische DNA-Sonden für Hybridisierungsexperimente zur Verfügung. Zum Nachweis von Antikörpern gegen *M. pneumoniae* wird die KBR verwendet. Antikörper sind von Beginn der 2. Krankheitswoche an nachweisbar. Hohe Antikörpertiter gehen ziemlich rasch innerhalb von Monaten nach Überstehen der Krankheit zurück.

Therapie. Antibiotika der Wahl sind Tetracycline und Makrolide. *M. hominis* zeigt natürliche Resistenz gegen Makrolide. *U. urealyticum* gegen Lincomycine. Bei Urogenitalinfekten ist eine Partnerbehandlung zu empfehlen.

Epidemiologie und Prophylaxe. *M. pneumoniae* ist weltweit verbreitet. Ausschließliche Infektionsquelle ist der Mensch. Die Erreger werden bei engem Kontakt durch Tröpfchen übertragen. Erkrankungen ereignen sich gehäuft in Familien, Schulen, Kinderheimen, Arbeits- und Militärlagern. Die Infektion tritt vermehrt im Alter von 5 – 15 Jahren auf. Ungefähr 10 – 20 % aller Pneumonien außerhalb des Krankenhauses gehen auf diesen Erreger zurück. *M. hominis* und *U. urealyticum* verursachen entweder „endogene" Infekte oder werden durch sexuellen Kontakt übertragen. Spezielle prophylaktische Maßnahmen existieren bei allen Mykoplasmeninfekten nicht.

Nosokomiale Infektionen

Als nosokomiale Infektionen werden Infekte bezeichnet, die bei hospitalisierten Patienten als Komplikation des Grundleidens auftreten. Derartige Infekte werden im Mittel bei ungefähr 3,5 % aller hospitalisierten Patienten gefunden, in Schwerpunkt-Spitälern häufiger als in kleineren Institutionen, innerhalb des Krankenhauses häufiger bei Patienten der Intensivpflegestationen als bei denen der Normalabteilungen. Unter den nosokomialen Infekten überwiegt der Harnwegsinfekt (42 %), gefolgt von der Pneumonie (21 %), dem chirurgischen Wundinfekt (16 %) und der Sepsis (8 %). Im Vordergrund der Erreger stehen die opportunistischen, gramnegativen Stäbchen, gefolgt von den Staphylokokken und den Enterokokken sowie von den Pilzen. Die Bakterien zeigen oft Resistenz gegen zahlreiche Antibiotika. Bei der Übertragung spielen die Hände des Medizinalpersonals eine große Rolle. Zur Bekämpfung kommen betriebliche Maßnahmen (Desinfektion; Asepsis;

rationelle Antibiotikatherapie; Isolierung), organisatorische Maßnahmen (Hygienekommission; Erkennen; Richtlinien; Ausbildung) sowie bauliche Maßnahmen in Frage.

Definition

Mit dem Begriff **nosokomiale Infektionen** werden Infekte bezeichnet, die von hospitalisierten Patienten während des Krankenhausaufenthaltes erworben werden. Andere Bezeichnungen sind „krankenhauserworbene Infektionen", „Hospitalinfektionen", „Krankenhausinfektionen", „Infektionshospitalismus" oder „infektiöser Hospitalismus". Diese Infekte treten also sekundär, als Komplikation der im Krankenhaus behandelten Grundleiden auf.

Erreger, Infektionen, Häufigkeit

Die Bedeutung der verschiedenen Krankheitserreger des Menschen für nosokomiale Infekte ist unterschiedlich:

- **Subzelluläre Strukturen.** Einzelne Fälle von Jakob-Creutzfeld durch nicht ausreichend sterilisierte Instrumente sind in der Weltliteratur beschrieben. Derartige „Unfälle" kommen heute nicht mehr vor.
  Zuverlässige Zahlen über nosokomiale Virusinfekte existieren nicht. Es wird grob geschätzt, daß weniger als 1% der nosokomialen Infekte durch Viren hervorgerufen werden.
- **Bakterien.** Diese stehen als Erreger der nosokomialen Infekte im Vordergrund. Es handelt sich zumeist um fakultativ pathogene (opportunistische) Bakterien, die häufig Resistenz gegen zahlreiche Antibiotika aufweisen. Sie haben sich in den Krankenhäusern als sog. Spitalflora eingenistet. Das Resistenzmuster dieser Bakterien reflektiert die für jedes Krankenhaus spezifischen Regeln des Einsatzes der Antiinfektiva.
- **Pilze.** Nosokomiale Pilzinfektionen nehmen in den letzten Jahren zu. Sie entstehen generell bei immunkompromittierten Patienten und treten gehäuft bei Neutropenie auf. 90% werden durch *Candida*-Arten verursacht.

Die Tab. 4.**16** nennt die Erreger der wichtigsten nosokomialen Infektionen, die in einer Prävalenzstudie im Jahre 1995 in Deutschland West und Ost erhoben wurden (NIDEP-Studie).

Die Tab. 4.**17** führt die Prävalenz auf, mit der in der erwähnten Studie an einem bestimmten Stichtag nosokomiale Infektionen in 72 ausgewählten Krankenhäusern auftraten. Die Häufigkeiten entsprechen ungefähr den Inzi-

Tabelle 4.**16** Relative Häufigkeiten der Erreger nosokomialer Infektionen (geordnet nach Häufigkeit der Erreger in der Spalte „gesamt“)[1]

Bakterien	**HWI[2]**	**RTI[2]**	**PWI[2]**	**SEP[2]**	**Rest[2]**	**gesamt**
E. coli	40,5	9,9	23,3	13,2	15,6	22,40
Enterokokken	19,8	29,5	27,2	0,0	11,7	14,75
Staphylococcus aureus	3,2	25,4	45,5	15,8	13,0	11,11
Koagulase-negative Staphylokokken	4,5	9,9	14,8	34,2	10,4	8,01
Pseudomonas aeruginosa	5,4	46,5	26,0	0,0	1,3	7,65
Klebsiella sp.	4,1	20,8	15,0	10,5	3,9	6,01
Pilze	5,9	19,1	0,0	2,6	11,7	6,01
Streptococcus sp.	1,8	16,8	8,2	0,0	9,1	4,74
Proteus mirabilis	5,0	4,0	2,4	0,0	2,6	3,10
Enterobacter sp.	1,4	4,0	4,7	2,6	1,3	2,00
Serratia sp.	0,9	1,7	3,8	7,9	0,0	2,00
sonstige *Enterobacteriaceae*	1,9	6,3	9,7	2,6	3,9	2,00
Acinetobacter sp.	2,7	5,7	1,2	0,0	0,0	1,82
Anaerobier	0,5	0,0	4,8	0,0	0,0	1,46
sonstige grampos. Bakterien	0,0	0,0	7,3	2,6	2,6	1,28
Morganella sp.	1,4	4,0	0,0	0,0	1,3	1,09
Providentia sp.	0,9	0,0	5,0	0,0	2,6	1,09
Pseudomonadaceae (außer *P. aeruginosa*)	0,0	3,4	1,2	2,6	2,6	1,09
Rest (unter 1 %)	0,5	0,0	5,0	2,6	1,3	3,48

[1] Daten (modifiziert) nach „Nosokomiale Infektionen in Deutschland – Erfassung und Prävention (NIDEP-Studie)“. Band 56. Schriftenreihe des Bundesministerium für Gesundheit. Nomos Verlagsgesellschaft Baden Baden, 1995.

[2] HWI = Harnwegsinfekt; RTI = Infektion des tiefen Respirationstrakts; PWI = postoperativer Wundinfekt; SEP = primäre Sepsis; Rest = alle anderen Infektionen.

4

Tabelle 4.**17** Häufigkeit (Prävalenz) der wichtigsten nosokomialen Infektionen (in %)[1]

Infektion	**Innere Medizin**	**Chirurgie**	**Gynäkologie**	**Intensivpflege**	**Alle Patienten**
Harnwegsinfektion	1,57	1,45	0,91	2,35	1,46
Untere Atemwegsinfektion	0,63	0,30	0,09	9,00	0,72
Postoperative Wundinfektion	0,03	1,34	0,05	1,37	0,55
Primäre Sepsis	0,31	0,15	0,14	2,15	0,29
Andere Infektionen	0,52	0,74	0,27	1,96	0,62
Patienten mit mindestens einer Infektion	2,97	3,80	1,45	15,30	3,46

[1] Zahlen aus „Nosokomiale Infektion in Deutschland – Erfassung und Prävention (NIDEP-Studie)". Band 56. Schriftenreihe des Bundesministeriums für Gesundheit. Nomos Verlagsgesellschaft Baden Baden, 1995.

denzwerten, die in den USA in der „National Nosocomial Infection Study" gefunden wurden. In Prävalenzstudien aus anderen europäischen Ländern wurde allerdings die doppelte bis dreifache Zahl an nosokomialen Infekten beobachtet. Auch die relative Häufigkeit der Erreger der wichtigsten nosokomialen Infekte zeigte in anderen Studien Abweichungen von den in Tab. 4.**16** aufgeführten Zahlen. Allgemein gilt, daß Prävalenz- und Inzidenzwerte von Krankenhaus zu Krankenhaus stark schwanken können. Die Häufigkeit nosokomialer Infekte nimmt mit der Größe des Krankenhauses zu. Innerhalb eines Krankenhauses ist die Infektionsrate auf den Intensivpflegestationen immer am höchsten.

Infektionsquellen, Infektionswege

Nosokomiale Infektionen können von der patienteneigenen Flora (endogene Infektionen) oder von äußeren Quellen (exogene Infektionen) ausgehen. **Endogene Infekte** sind häufiger. Dabei kann der Patient die Erreger mit ins Krankenhaus bringen. Oft ist es jedoch so, daß Haut und Schleimhäute hospitalisierter Patienten in 1–2 Tagen durch spitaltypische, oft multiresistente Bakterien, die die patientenindividuelle Flora verdrängen, besiedelt werden, so daß auch die meisten endogenen Infekte durch die spitalspezifische Flora verursacht werden. Als Infektionsquelle für **exogene Infektionen** kommt vor allem das medizinische Personal in Frage. Meist werden Keime von Patient zu Patient durch die Hand bei der medizinischen und pflegerischen Tätigkeit übertragen. Seltener ist das Personal entweder selber infiziert oder durch spitaltypische Erreger kolonisiert. Wichtige Ursachen nosokomialer Infektionen sind auch medikotechnische Eingriffe, durch die Infektionserregern der Weg ins Körperinnere gebahnt wird. Hier sind zu nennen: die Anwendung von Harnblasen-, Venen- oder sonstigen Kathetern, die künstliche Beatmung, die Implantation von Fremdkörpern. Mit einem Infektionsrisiko belastet sind auch sämtliche invasiven diagnostischen Maßnahmen. Eine relativ geringe Rolle als Infektionsquelle spielt die weitere Umgebung des Patienten wie die Luft, der Boden und die Wände des Krankenzimmers.

Bekämpfung

Die Maßnahmen zur Bekämpfung und Verhütung nosokomialer Infektionen entsprechen den allgemeinen Methoden zur Bekämpfung der Infektionskrankheiten. Im Detail sind diese Maßnahmen so vielfältig, daß sie hier nicht im einzelnen aufgeführt werden können. Sie variieren auch je nach Situation in den einzelnen Krankenhäusern. Die verschiedenen Maßnahmen können vereinfacht in 3 Gruppen eingeteilt werden.

Betriebliche Maßnahmen. Unter diesem Stichwort können alle Maßnahmen bei der Therapie und Pflege der Patienten sowie bei der Reinigung zusammengefaßt werden. Dazu gehört die **Asepsis** in den Operationsräumen, Behandlungszimmern und auf den Stationen – soweit sie notwendig und durchführbar ist. Weiterhin muß die **Desinfektion** mit einem geeigneten Desinfektionsmittel unter Beachtung der richtigen Konzentration und ausreichender Einwirkungszeit genannt werden. Bedeutung kommt vor allem der Desinfektion der Hände des Medizinalpersonals zu. Die **Sterilisation** in einem Krankenhaus muß zuverlässig funktionieren. Das bedingt auch, daß sämtliche Sterilisatoren kontinuierlich auf richtige Funktion überprüft werden müssen. Schließlich sollte auch die **Reinigung** in einem Krankenhaus den Erfordernissen der Krankenhaushygiene genügen. Als weitere betriebliche Vorsichtsmaßnahme sind gegebenenfalls die **Isolierung** von Patienten, die Infektionsquellen sind, und der **sparsame und gezielte Einsatz von Antibiotika** zu nennen.

Organisatorische Maßnahmen. Die Organisation der Krankenhaushygiene muß sich nach der Struktur des jeweiligen Krankenhauses richten. Wichtig für die Durchsetzung von notwendigen Maßnahmen – die ja immer mit Arbeit und Geld verbunden sind – ist die Etablierung einer **Hygienekommission**. Der Vorsitzende dieser Kommission sollte der ärztliche Direktor des

Krankenhauses sein. Der Kommission sollten weiter angehören: der nebenamtlich oder, bei großen Kliniken, vollamtlich tätige Krankenhaushygieniker; der Infektiologe; der Mikrobiologe; die Hygienebeauftragten der einzelnen Kliniken; der Krankenhausapotheker; die Leiterin des Pflegedienstes; die Hygienefachschwestern (-pfleger); der Leiter der Verwaltung; der Leiter des technischen Dienstes. Die Aufgaben der Kommission sind: Feststellen und Analyse der Ist-Situation; Festlegen der erforderlichen Maßnahmen zur Verbesserung der Hygiene durch Erlaß von verbindlichen Richtlinien; Mitwirkung bei der Planung und Beschaffung betrieblicher und baulicher Einrichtungen; Mitwirkung bei der Organisation des Funktionsablaufs in verschiedenen Krankenhausbereichen; Mitwirkung bei der Unterrichtung des Personals in krankenhaushygienischen Fragen. Für diese Aufgaben sollte der Kommission eine fachspezifische Arbeitsgruppe zur Verfügung stehen. In größeren Krankenhäusern nimmt diese Aufgabe der Krankenhaushygieniker mit seinem Mitarbeiterteam wahr.

Bauliche Maßnahmen. Diese betreffen vor allem Neubauten, die nach hygienischen Kriterien zu erstellen sind. Der planende Architekt hat deshalb die Pflicht, sich von Hygienefachleuten bei der Planung beraten zu lassen. Hygienische Gesichtspunkte müssen natürlich auch bei der Sanierung von Altbauten berücksichtigt werden.

III Mykologie

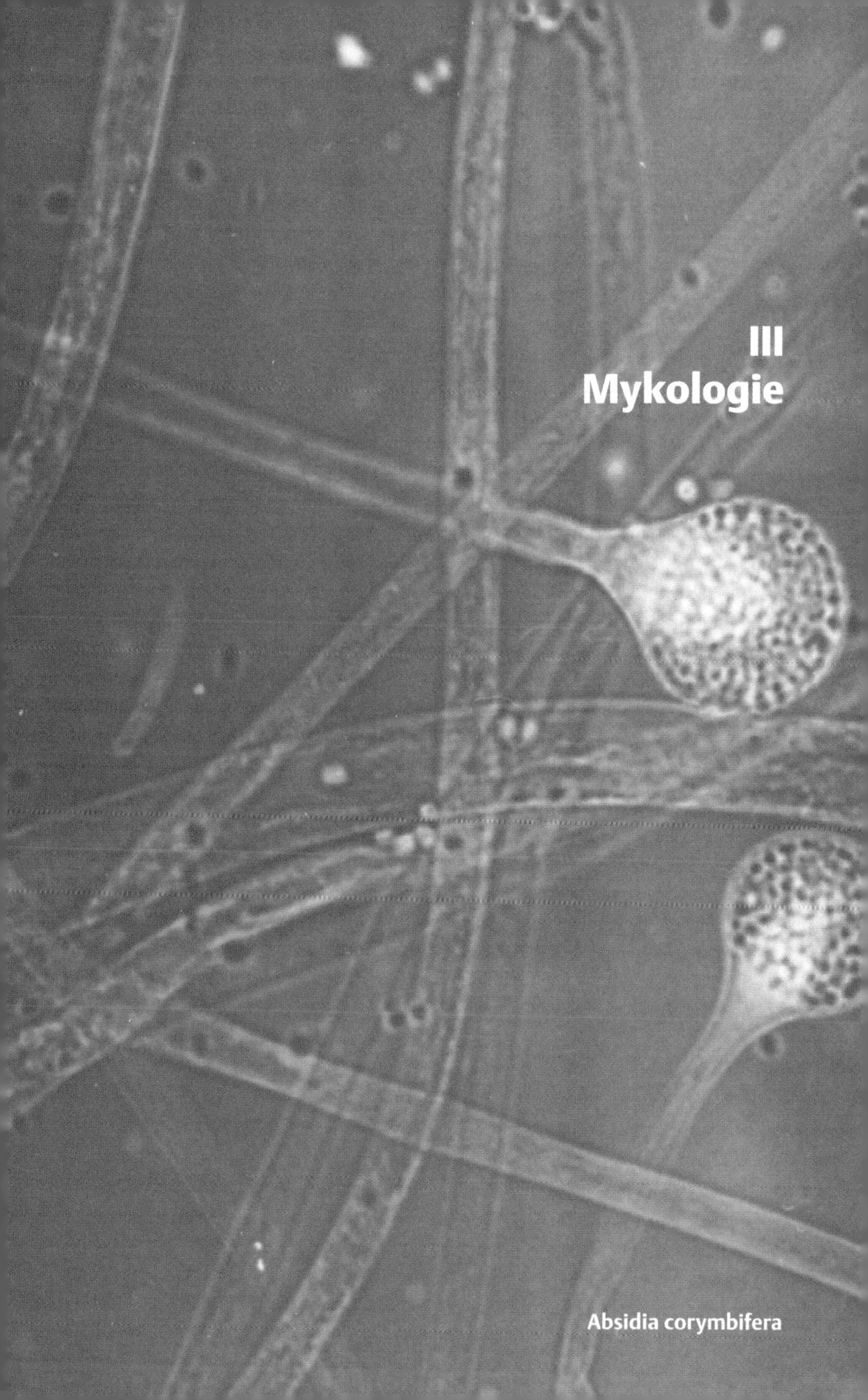

Absidia corymbifera

5 Allgemeine Mykologie

F. H. Kayser

Allgemeine Eigenschaften der Pilze

Pilze sind eukaryontische Mikroorganismen (Domäne Eukarya). Sie sind in der Umwelt weit verbreitet. Weniger als 300 der ungefähr 50 000 Arten, die das Reich der Pilze umfaßt, wurden bisher als Krankheitserreger des Menschen beschrieben. Unter den pathogenen Arten verursachen weniger als ein Dutzend weit über 90 % aller Infekte.

Morphologisches Grundelement filamentöser Pilze ist die Hyphe. Ein Geflecht verzweigter Hyphen wird Myzel genannt. Grundform der unizellulären Pilze ist die Hefe. Dimorphe Pilze kommen im parasitären Stadium zumeist als Hefe, im saprophytären Stadium in der Myzelform vor. Die Zellwand der Pilze besteht zu fast 90 % aus Kohlenhydraten (Chitin, Glucane, Mannane). Pilzmembranen sind reich an Sterolen, die in anderen biologischen Membranen nicht gefunden werden (z. B. Ergosterol). Filamentöse Pilze vermehren sich **asexuell** (Mitose) durch Wachstum und Verzweigung von Hyphen oder mit Hilfe asexueller Sporen. Hefen vermehren sich durch Sprossung. Bei der **sexuellen** Vermehrung (Meiose) entstehen Sexualsporen. Pilze, bei denen sexuelle Fruktifikationsformen bislang nicht bekannt sind oder überhaupt nicht existieren, werden **Fungi imperfecti** oder Deuteromyzeten genannt.

Definition und Taxonomie

Pilze sind Mikroorganismen, die zur Domäne der Eukarya (s. S. 5) zählen. Sie sind weniger differenziert als die Pflanzen, weisen aber einen höheren Grad der Organisation auf als die prokaryontischen Bakterien (Tab. 5.**1**). Das Reich der Pilze (*Mycota*, Fungi) umfaßt ungefähr 50 000 verschiedene Arten. Unter diesen wurden bisher weniger als 300 als Krankheitserreger des Menschen gefunden. Ungefähr nur ein Dutzend dieser „pathogenen" Spezies verursachen mehr als 90 % aller Mykosen.

Tabelle 5.1 Unterschiede zwischen Pilzen und Bakterien

Eigenschaften	Pilze	Bakterien
Kern (Nukleus)	eukaryontisch; Kernmembran; mehr als 1 Chromosom; Mitose	prokaryontisch; keine Membran; Nukleoid; nur 1 „Chromosom“
Zytoplasma	Mitochondrien; endoplasmatisches Retikulum; 80S-Ribosomen	keine Mitochondrien; kein endoplasmatisches Retikulum; 70S-Ribosomen
Zytoplasmamembran	Sterole (Ergosterol)	keine Sterole
Zellwand	Glucane, Mannane, Chitin, Chitosan	Murein, Teichonsäuren (Ausnahmen), Proteine
Metabolismus	heterotroph; aerob; keine Photosynthese	heterotroph; obligat und fakultativ aerob und anaerob
Größe, mittlerer Durchmesser	Hefe: 3 – 5 – 10 μm. Schimmelpilze: nicht definierbar	1 – 5 μm
Dimorphismus	gelegentlich vorhanden	nicht vorhanden
Empfindlichkeit gegen Chemotherapeutika	empfindlich gegen Polyene, Flucytosin, Imidazole und Griseofulvin (Dermatophyten); resistent gegen Penicilline, Tetracycline und weitere antibakterielle Antibiotika	empfindlich gegen Penicilline, Tetracycline und weitere antibakterielle Antibiotika; resistent gegen Polyene und Griseofulvin

Die Taxonomie der Pilze beruht im wesentlichen auf morphologischen Merkmalen. In der Medizin hat sich eine Einteilung der Pilze durchgesetzt, die sich auf medizinisch-praktische Aspekte ausrichtet. Danach werden die Pilze in Dermatophyten, Hefen, Schimmelpilze und dimorphe Pilze eingeteilt. Schimmelpilze wachsen als filamentöse Gebilde, Hefen als Einzelzellen. Dermatophyten sind die Erreger von Infekten der Haut und ihrer Anhangsgebilde. Dimorphe Pilze können in der Hefeform oder in der Myzelform vorkommen (s. folgende Seiten).

Pilze sind kohlenstoffheterotroph. Saprobische oder saprophytäre Pilze beziehen ihre C-Verbindungen aus toter organischer Materie, biotrophe Pilze (Parasiten oder Symbionten) benötigen lebende Organismen als Wirt. Einige Pilze können sowohl in der saprophytären wie auch in der biotrophen Form existieren.

Morphologie

Bei Pilzen kommen 2 morphologische Erscheinungsformen vor (Abb. 5.**1**):

- **Hyphe.** Grundelement von filamentösen Pilzen. Verzweigte, tubuläre Struktur, 2–10 µm.
  Myzel. Geflecht von Hyphen. Substratmyzel (Ernährung) dringt in Nährsubstrat ein, Luftmyzel (ungeschlechtliche Fortpflanzung) entwickelt sich oberhalb des Nährmediums.
  Pilzthallus. Gesamtheit des Myzels. Wird auch als Pilzkolonie bezeichnet.
- **Hefe.** Grundelement der unizellulären Pilze. Rund bis oval. Durchmesser 3–5 µm:
  Als **Pseudohyphen** bezeichnet man mehrere, elongierte Hefezellen, die kettenförmig aneinanderhängen und so echten Hyphen ähneln.
- **Dimorphismus.** Einige Pilze können in Abhängigkeit von den Umweltbedingungen in der Hefeform oder in der Myzelform vorkommen. Das wird als Dimorphismus bezeichnet.
  Dimorphe pathogene Pilze kommen im parasitären Stadium als Hefe, im saprophytären Stadium als Myzel vor.

Metabolismus

Alle Pilze sind C-heterotroph, d. h. sie sind auf exogene, organische C-Quellen als Nährsubstrate angewiesen. Mit nur wenigen Ausnahmen sind Pilze obligate Aerobier. Viele Arten können in einfachsten Nährmedien metabolisieren. Es existieren thermophile, psychrophile, azidophile und halophile Spezies. Die vielfältigen metabolischen Leistungen der Pilze werden in der Lebensmittelindustrie (Herstellung von Brot, Wein, Bier, Käse, Einzellerprotein) sowie in der Pharmaindustrie (Gewinnung von Antibiotika, Enzymen, Zitronensäure usw.) genutzt. Die Stoffwechselleistungen einiger Pilze können aber auch Schäden bedingen. Durch Pilzbefall können Lebensmittel, Holz und Textilien zerstört werden. Pilze verursachen zahlreiche Pflanzenkrankheiten, vor allem auch Krankheiten der Nutzpflanzen.

Vermehrung der Pilze

Asexuelle Vermehrung. Diese umfaßt die vegetative Vermehrung von Hyphen und Hefen sowie die vegetative Fruktifikation, d. h. die Bildung von asexuellen Sporen.

- **Hyphen** verlängern sich in einer Zone unmittelbar hinter der Spitze, in der die Zellwand besonders plastisch ist. Es können auch seitliche Aus-

Morphologische Grundelemente der Pilze

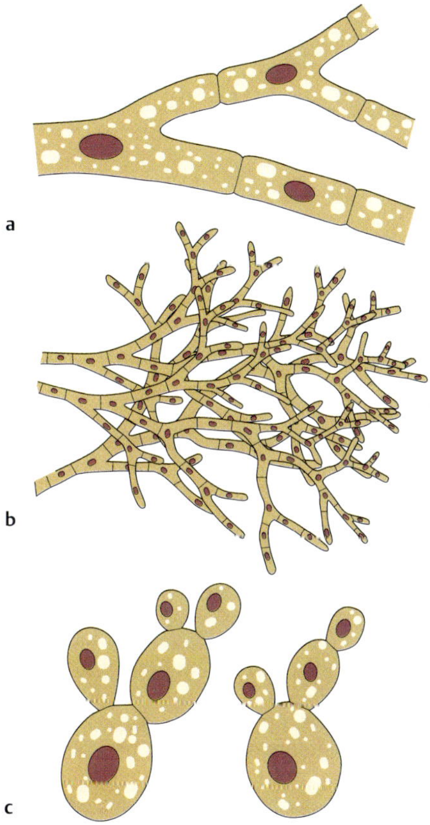

Abb. 5.**1** Man unterscheidet 2 morphologische Grundformen: die Hypheform und die Hefeform.
a Hyphe, septiert oder unseptiert;
b Myzel: Geflecht verzweigter Hyphen;
c Hefeform (hier sprossend dargestellt).

stülpungen entstehen, die zu Seitenhyphen werden, welche sich wiederum verzweigen können. Durch Mitose entstandene Tochterkerne werden auf die neuen Hyphen verteilt.

- **Hefen** vermehren sich durch Zellsprossung. Diese beginnt mit einer Ausstülpung der Zellwand, die einen Tochterkern erhält und zur Tochterzelle, manchmal auch als Blastokonidium bezeichnet, heranwächst. Schließlich wird der Isthmus durch Ausbildung einer Querwand (= Septum) abgeschnürt. Manche Hefen vermögen sowohl als Hefen als auch als Hyphen zu wachsen (Abb. 6.**2**, S. 368).

- **Fruktifikation.** Dabei werden bestimmte Verbreitungsformen, die **asexuellen Sporen**, gebildet. Diese gegenüber exogenen Noxen ziemlich resistenten Strukturen erleichtern den Pilzen die Verbreitung in der Umwelt. Verschiedene morphologische Typen von asexuellen Sporen existieren: **Konidien, Sporangiosporen, Arthrosporen, Blastosporen**. Diese werden beim Parasitierten im Gewebe nur selten ausgebildet. Dies geschieht aber in der Kultur. Die Morphologie der asexuellen Sporen ist für die Identifizierung der Pilze wichtig.

Sexuelle Vermehrung (sexuelle Fruktifikation). Die sexuelle Vermehrung der Pilze folgt im Prinzip demselben Muster wie die der höheren Eukaryonten. Die Kerne von 2 haploiden Partnern fusionieren und bilden eine diploide Zygote. Durch Meiose entstehen aus dem diploiden Kern haploide Kerne. Endprodukte sind die haploiden, sexuellen Sporen: **Zygosporen, Askosporen, Basidiosporen**. Sexuelle Sporen werden bei Pilzen, die im menschlichen Gewebe parasitieren, nur selten ausgebildet.

Bei vielen pathogenen Pilzen sind sexuelle Reproduktionsstrukturen nicht bekannt oder überhaupt nicht vorhanden. Diese werden als **Fungi imperfecti** oder **Deuteromyzeten** bezeichnet.

Allgemeine Aspekte der Pilzerkrankungen

Neben Pilzallergien (z. B. exogenallergischen Alveolitiden) und den Mykotoxikosen (Aflatoxikosen) sind Infektionen durch Pilze bei weitem die häufigsten Pilzerkrankungen. Die Mykosen werden klinisch eingeteilt in

- **primäre Systemmykosen** (Kokzidioidomykose, Histoplasmose, nordamerikanische und südamerikanische Blastomykose);
- **opportunistische Systemmykosen** (Kandidose, Aspergillose, Mukormykose, Phäohyphomykose, Hyalohyphomykose, Hefemykose, Kryptokokkose);
- **subkutane Mykosen** (Sporotrichose, Chromo(blasto)mykose, Maduramykose);
- **kutane Mykosen** (Pityriasis versicolor, Dermatomykose).

Über Pathogenitätsfaktoren der Pilze ist noch wenig bekannt. Die natürliche Resistenz des Makroorganismus gegenüber Pilzen beruht vor allem auf der Phagozytose. Die spezifische Immunität ist in der Regel zellulärer Natur. Opportunistische Systemmykosen entstehen meist nur bei Patienten mit Neutropenie und/oder Defekten der T-Zell-Immunität. Die Verfahren zur Labordiagnose von Pilzinfekten umfassen im wesentlichen den mikroskopischen und kulturellen Nachweis der Erreger sowie die Bestimmung spezifischer Antikörper. Zur Therapie von Systemmykosen können Polyene (vor allem

Amphotericin B), Azole (z. B. Ketoconazol, Itraconazol, Fluconazol) oder das 5-Fluorocytosin eingesetzt werden. Häufig werden Antimykotika kombiniert verwendet. Bei kutanen Mykosen kann neben einer lokalen Therapie das orale Antibiotikum Griseofulvin verwendet werden.

Pilzallergien und Pilztoxikosen

Mykogene Allergien

Mit der Atemluft gelangen kontinuierlich Sporen ubiquitärer Pilze in den Respirationstrakt. Diese enthalten potente Allergene, gegen die anfällige Individuen mit einer starken Überempfindlichkeit reagieren können. Je nach Lokalisation entsteht eine allergische Rhinitis, ein Asthma bronchiale oder die allergische Alveolitis. Viele dieser allergischen Krankheiten sind Berufskrankheiten. Als Beispiele seien die „Farmer-Lunge", die „Befeuchter-Lunge", die „Holzarbeiter-Lunge" und viele andere exogen-allergische Alveolitiden genannt, die durch zahlreiche, in der Umwelt vorkommende Pilze verursacht werden.

Mykotoxikosen

Einige Pilze können Mykotoxine produzieren. Am bekanntesten sind die Aflatoxine, die durch *Aspergillus*-Arten gebildet werden. Die Toxine werden mit Lebensmitteln aufgenommen. Möglicherweise spielt Aflatoxin B_1 in der Ätiologie des primären Leberkarzinoms, das gehäuft in Afrika und Südostasien auftritt, eine Rolle.

Mykosen

Übersicht über die Mykosen

Da Mykosen keine meldepflichtigen Krankheiten sind, ist ihre Inzidenz nicht genau bekannt. Es kann aber als sicher angenommen werden, daß **Hautmykosen** weltweit zu den häufigsten Infektionen zählen. **Systemmykosen** dagegen sind relativ selten. Genaue Zahlen über ihre Inzidenz existieren nicht. Systemmykosen haben aber in den letzten 10 Jahren zugenommen. Das dürfte damit zusammenhängen, daß Systemmykosen opportunistische Infekte darstellen und – von Ausnahmen abgesehen – sich nur bei entsprechender Disposition im Wirt manifestieren. Die Änderung der Patientenpopulation in den Krankenhäusern in den letzten 10 Jahren sowie der Einsatz invasiverer Eingriffe und aggressiverer Therapien in der Medizin erklärt die Zunahme von Systemmykosen. Genauere Daten liegen über die Mortalität an

Systemmykosen vor. Diese hat von 0,3/100 000/Jahr im Jahre 1982 auf 0,9 im Jahre 1992 zugenommen (Zahlen aus den USA). Tab. 5.**2** faßt die wichtigsten, beim Menschen vorkommenden Mykosen zusammen. Der Einteilung der Mykosen liegen klinisch-praktische Gesichtspunkte zugrunde, die Klassifikation der Fungi wurde nicht berücksichtigt.

Tabelle 5.**2** Die wichtigsten Mykosen des Menschen

Krankheit	Ätiologie	Bemerkungen
Primäre Systemmykosen (Kein Vorkommen in Mitteleuropa; importierte Fälle)		
Kokzidioidomykose	*Coccidioides immitis*	Lungenmykose; Inhalation von Sporen; im Südwesten der USA u. in Südamerika
Histoplasmose	*Histoplasma capsulatum*	Lungenmykose; Inhalation von Sporen; Dissemination ins RES; in Amerika, Afrika, Asien
Nordamerikanische Blastomykose	*Blastomyces dermatitidis*	primäre Lungenmykose; sekundär Streuung (Haut); in Nordamerika, Afrika
Südamerikanische Blastomykose	*Paracoccidioides brasiliensis*	primäre Lungenmykose; sekundär Streuung (Haut, Mukosa)
Opportunistische Systemmykosen		
Kandidose (Soor)	*Candida albicans*, weitere *Candida sp.*	endogene Infektion; primär werden Schleimhäute u. Haut befallen; sekundär Streuung in andere Organe
Aspergillose	*Aspergillus fumigatus* (90 %); andere Aspergillus-Arten	bronchopulmonale A., Aspergillom; Otitis externa; Endophthalmitis; septische Aspergillose
Kryptokokkose	*Cryptococcus neoformans* (Hefe; dicke Kapsel)	aerogene Infektion; Lungen-Kryptokokkose; sekundär Streuung ins ZNS und Meningoenzephalitis
Mukormykosen (Zygomykosen)	*Mucor sp.; Rhizopus sp.; Absidia sp.; Cuninghamella sp.* und andere	rhinozerebrale, pulmonale, gastrointestinale und/oder kutane Mukormykose

Tabelle 5.2 *Fortsetzung: Die wichtigsten Mykosen des Menschen*

Krankheit	Ätiologie	Bemerkungen
Phaeohyphomykosen (Mykosen durch „dematiöse" Pilze, auch „Schwärzepilze"; vor kurzem noch unbekannt)	*Curvularia sp.; Bipolaris sp; Alternaria sp.* und weitere; schwarzbraune Pigmente	Infektionen verschiedener Organe bei immunsupprimierten Patienten; auch septische Krankheitsbilder
Hyalohyphomykosen (Mykosen durch hyaline Pilze); vor kurzem noch unbekannt	*Fusarium sp.; Scopulariopsis sp.; Pseudoallescheria sp.* und andere	Infektionen verschiedener Organe bei immunsupprimierten Patienten; auch septische Krankheitsbilder
opportunistische Hefemykosen (außer Kandidose); viele Erreger waren bis vor kurzem als Krankheitskeime noch nicht bekannt	*Torulopsis glabrata; Trichosporon beigelii; Rhodotorula sp.; Malassezia sp.; Hansenula anomala, Saccharomyces sp.* und andere	Infektionen verschiedener Organe bei immunsupprimierten Patienten; auch Sepsen. *Malassezia furfur* bei Kathetersepsis von Neugeborenen und Intralipid-Therapie von Erwachsenen
Subkutane Mykosen		
Sporotrichose	*Sporothrix schenckii*	dimorpher Pilz; ulzeröse Läsionen an Extremitäten
Chromo(blasto)-mykose	*Phialophora verrucosa Fonsecaea pedrosoi Cladosporium carrionii* etc.	schwarze Schimmelpilze, warzenartige, pigmentierte Läsionen an Extremitäten; Tropenkrankheit
Maduramykose (Myzetom)	*Madurella mycetomi Scedosporium apiospermum* etc.	subkutane Abszesse in Fuß- oder Handgegend; kann auch durch Bakterien (s. S. 268) verursacht werden; in Tropen und Subtropen
Kutane Mykosen		
Pityriasis (oder Tinea) versicolor	*Malassezia furfur*	oberflächliche Infektion; harmlos; Erreger auf Fettsäuren angewiesen
Dermatomykosen: Tinea pedis, T. cruris, T. capitis, T. barbae, T. unguinum, T. corporis	Trichophyton sp.; Microsporum sp.; Epidermophyton sp.	alle Dermatophyten sind Fadenpilze; antropophile, zoophile, geophile Arten; immer Kontaktinfektionen

Gast-Wirt-Beziehungen

Die Faktoren, die das Entstehen, das klinische Bild, die Schwere und letztlich den Ausgang einer Mykose bestimmen, umfassen Wechselwirkungen zwischen den Determinanten der Pathogenität der Fungi auf der einen Seite und den Mechanismen der Abwehr des Wirts auf der anderen. Verglichen mit den Kenntnissen über die Pathogenese der bakteriellen Infekte ist recht wenig über die Grundlagen der Pathogenese der Mykosen bekannt. Tab. 5.**3** listet mögliche Pathogenitätsfaktoren auf.

Infektabwehr. Trotz der großen Zahl von auf der Erde vorkommenden Pilzarten und dem sehr häufigen Kontakt des Menschen mit Pilzen kommen Systemmykosen relativ selten vor. Der Mensch besitzt gegen die meisten Pilze eine erhebliche Resistenz. Diese kann auf mechanische, humorale und zelluläre Faktoren sowie auf Faktoren der spezifischen Immunität zurückgeführt werden.

Tabelle 5.**3** Mögliche Faktoren der Pathogenität der Pilze

Faktor	Beispiele, Erklärung
Morphologie	Hefezellen können besser disseminiert werden als Hyphen
Adhärenz	lektinartige Oberflächenproteine von Candida binden an spezifische Rezeptoren von Phagozyten, Epithelzellen und Endothelzellen
hydrolytische Enzyme	*Cryptococcus neoformans:* Phenoloxydase? *Candida albicans:* Proteinasen *Aspergillus fumigatus:* Elastase
Toxine	*Aspergillus fumigatus:* Gliotoxin *Candida albicans:* Schock-Toxin
Faktoren gegen unspezifische Immunität	*Aspergillus fumigatus:* hemmt die alternative Aktivierung von Komplement *Cryptococcus neoformans:* produziert eine dicke Schleimkapsel; Schutz vor Phagozytose *Coccidioidis immitis:* hemmt die Fusion des Phagosoms mit Lysosomen
Faktoren gegen spezifische Immunität	*Candida albicans:* Mannanproteine und Glykoproteine der Zellwand weisen immunsuppressive Wirkung auf *Cryptococcus neoformans:* Mannanproteine induzieren die Bildung von Suppressorzellen *Coccidioidis immitis:* Induktion von Tumornekrosefaktor

Faktoren der Infektabwehr gegen Pilze

Mechanische Faktoren. Zum Beispiel anatomische Barrieren (Haut und Schleimhäute); Ziliarbewegung des Flimmerepithels des Respirationstraktes; Schleimsekretion der Mukosa.
Humorale Faktoren. Zum Beispiel eisenbindende Proteine im Serum und in der Gewebsflüssigkeit.
Zelluläre Faktoren. Der Phagozytose durch neutrophile Granulozyten und Makrophagen kommt die größte Bedeutung bei der Infektabwehr zu. Zu den zellulären Faktoren der Abwehr muß auch die normale Bakterienflora von Haut und Schleimhäuten gerechnet werden.
Faktoren der spezifischen Immunität. Diese umfassen vor allem die zelluläre Immunität. Opportunistische Pilzinfekte treten deshalb gehäuft als Komplikationen bei AIDS, Lymphomen, Leukämien, Sarkoidose oder immunsuppressiver Therapie auf. Die humorale Immunität spielt in der spezifischen Abwehr nur eine untergeordnete Rolle.

Diagnose

Im Vordergrund steht der Nachweis des Erregers in entsprechenden Materialien.

- **Mikroskopie.** Nativpräparat: Material unter Deckglas mit 10% KOH kurz erhitzen. Gefärbtes Präparat: Färbung mit Methylenblau, Lactophenolblau, Periodsäure-Schiff (PAS), Tusche usw.
- **Kultur.** Auf Universal- und Selektivmedien möglich. Sabouraud-Agar enthält üblicherweise Chloramphenicol und Cycloheximid. Der pH-Wert dieses Mediums beträgt 5,6. Zur Identifizierung trägt die Morphologie, vor allem der asexuellen und, falls vorhanden, der sexuellen Reproduktionsstrukturen, bei. Biochemische Tests werden vor allem für die Identifizierung von Hefen eingesetzt. Generell haben sie aber nicht die Bedeutung wie in der Bakteriologie. Beim Exoantigen-Test werden Extrakte der zu identifizierenden Pilze mit bekannten Antikörpern in einem Immundiffusionstest präzipitiert.
- **Serologie.** Nachweis von Antikörpern gegen spezielle Pilzantigene im Serum des Patienten.
- **Antigennachweis.** Bestimmung spezifischer Antigene im Untersuchungsmaterial direkt mit bekannten Antikörpern. Kann bei einigen Pilzinfektionen gemacht werden.
- **Kutantest.** Bei einigen Pilzinfektionen können Kutanteste (Allergieteste) mit spezifischen Pilzantigenen durchgeführt werden.

Therapie

Zur spezifischen Therapie von Pilzinfektionen steht eine beschränkte Zahl von Antiinfektiva zur Verfügung.

- **Polyene.** Binden an Sterole der Membranen, zerstören die Membranstruktur.
  - Amphotericin B. Bei Systemmykosen. Fungizide Aktivität. Nebenwirkungen beachten;
  - Nystatin. Nur topische Anwendung bei Schleimhautmykosen.
- **Azole.** Störung der Biosynthese des Ergosterols. Vorwiegend fungistatisch wirksam. Gastrointestinale Nebenwirkungen möglich. Leberfunktion unter Therapie kontrollieren.
  - Ketoconazol. Nur orale Applikation. Bei Schleimhautmykosen und Systemmykosen. Auch bei Dermatomykosen einsetzbar.
  - Fluconazol. Orale und intravenöse Applikation möglich. Bei oberflächlichen und systemischen Mykosen. Kryptokokken-Meningitis bei AIDS-Patienten.
  - Itraconazol. Orale Applikation. Bei systemischen und kutanen Mykosen. Auch bei der Aspergillose.
- **5-Fluorcytosin.** Interferiert mit DNA-Synthese (Basenanalogon). Orale Applikation. Bei Candidiasis, Aspergillose, Cryptokokkose. Resistenzentwicklung unter Therapie beachten. Kombination mit Amphotericin B (in niedriger Dosis) reduziert die Toxizität von Amphotericin B.
- **Griseofulvin.** Älteres Antibiotikum. Gegen Dermatomykosen. Orale Applikation. Oft Therapie über Monate hinweg notwendig.

6 Pilze als Krankheitserreger

Primäre Systemmykosen

Die primären Systemmykosen sind die Histoplasmose (*Histoplasma capsulatum*), die nordamerikanische Blastomykose (*Blastomyces dermatitidis*), die Kokzidioidomykose (*Coccidioides immitis*) sowie die südamerikanische Blastomykose (*Paracoccidioides brasiliensis*). Der natürliche Lebensraum dieser Pilze ist der Erdboden. Sporen werden mit Staub inhaliert, gelangen in die Lunge und rufen eine primäre Lungenmykose hervor. Von Lungenherden aus können die Keime hämatogen oder lymphogen in andere Organe einschließlich der Haut gelangen und granulomatöse/eitrige Infektionsherde verursachen. Die Labordiagnose umfaßt den direkten mikroskopischen und kulturellen Nachweis der Erreger sowie die Bestimmung von Antikörpern. Zur Therapie werden Amphotericin B sowie Azole eingesetzt. Alle primären Systemmykosen kommen endemisch in oft nur eng begrenzten Gebieten der Erde vor. Mitteleuropa gehört nicht dazu. Eine Übertragung von Mensch zu Mensch existiert nicht.

Histoplasma capsulatum (Histoplasmose)

Histoplasma capsulatum ist der Erreger der Histoplasmose, einer intrazellulären Mykose des retikuloendothelialen Systems. Das geschlechtliche Stadium dieses Pilzes wird *Emmonsiella capsulata* genannt.

Morphologie und Kultur. *H. capsulatum* ist ein dimorpher Pilz. Als Infektionserreger im Gewebe bildet er immer Hefeformen (Abb. 6.**1**). Die kleinen, oft innerhalb von Makrophagen lokalisierten Einzelzellen weisen einen Durchmesser von 2 – 3 μm auf.

Bei der Giemsa- sowie der Gram-Färbung wird die Zellwand nicht angefärbt. Die Zellen sind deshalb oft von einem optisch leeren Hof umgeben, der fälschlicherweise als Kapsel interpretiert wurde und zur Bezeichnung *H. capsulatum* Anlaß gab. *H. capsulatum* läßt sich auf den für Pilzkulturen

Histoplasma capsulatum

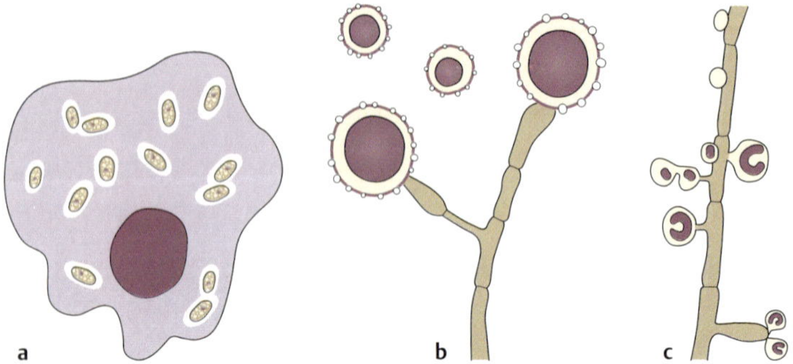

Abb. 6.1 **a** Hefeform in Makrophage, **b** Makrokonidien (7–15 µm), **c** Mikrokonidien (2–5 µm).

üblichen Nährmedien kultivieren. Zum Angehen einer Primärkultur ist ein großes Inokulum notwendig. Auf Sabouraud-Agar und bei einer Temperatur von 20–30 °C wächst *H. capsulatum* in Myzelform. Primärkulturen müssen 2–3 Wochen bebrütet werden, bis das Wachstum makroskopisch sichtbar wird.

Pathogenese und Krankheitsbild. Der natürliche Lebensraum von *H. capsulatum* ist der Erdboden. Die Infektion erfolgt aerogen durch Inhalation von Sporen (Konidien). Diese gelangen in den Respirationstrakt, werden von Alveolärmakrophagen aufgenommen und entwickeln sich zu Hefeformen, die sich durch Sprossung vermehren. Es entstehen kleine granulomatöse Entzündungsherde. Von primären Infektionsherden aus können die Erreger hämatogen disseminieren. Dabei ist das RES besonders stark involviert. Es kommt zu Lymphadenopathien sowie Befall von Milz und Leber. Über 90 % der Infektionen bleiben klinisch stumm. Neben prädisponierenden Momenten des Wirts spielt die Infektionsdosis für die Klinik eine große Rolle. Die Histoplasmose kann auch ausschließlich als respiratorischer Infekt ablaufen. Disseminierte Histoplasmosen wurden auch bei AIDS-Patienten beschrieben.

Diagnose. Als Untersuchungsmaterial eignen sich Bronchialsekret, Urin oder Geschabsel von Infektionsherden. Für die Mikroskopie wird nach Giemsa gefärbt und innerhalb von Makrophagen und polymorphkernigen Leukozyten nach Hefeformen gesucht. Auf Blut- oder Sabouraud-Agar angelegte Kulturen müssen mehrere Wochen bebrütet werden. Antikörper können 2–5 Wochen nach Infektion nachgewiesen werden. Als Methoden stehen Komplementbindungsreaktion und Agargel-Präzipitation zur Verfügung. Der Histoplasmin-Hauttest wird bald nach Infektion positiv und bleibt es für mehrere Jahre.

Therapie. Nur bei schweren Formen, vor allem bei der disseminierten Form, ist eine Therapie mit Amphotericin B angezeigt.

Epidemiologie und Prophylaxe. Die Histoplasmose kommt endemisch im mittleren Westen der USA, in Mittel- und Südamerika, in Indonesien und auch in Afrika vor. Von wenigen Ausnahmen abgesehen, ist Westeuropa frei von Histoplasmose. In endemischen Gebieten wird ein großer Teil der Bevölkerung oft schon in der Kindheit inapparent infiziert. Eine Übertragung des Erregers von Mensch zu Mensch existiert nicht. Spezielle prophylaktische Maßnahmen sind nicht vorhanden.

Coccidioides immitis (Kokzidioidomykose)

Morphologie und Kultur. *C. immitis* ist ein atypisch dimorpher Pilz. Bei Kultivierung in vitro wächst der Pilz zwar in Myzelform; im Gewebe bildet er jedoch weder klassische Sproßformen noch ein Myzel. Vielmehr findet man dickwandige, einen Durchmesser von 15–60 µm aufweisende, kugelige Gebilde (Sphaerulae), die mit wenigen bis zu 100 kugelig-ovalen Endosporen gefüllt sind.

C. immitis kann leicht auf den üblichen Pilznährmedien kultiviert werden. Nach 5 Tagen Bebrütung entsteht eine weiße, wollige Myzelkolonie. Ein morphologisches Charakteristikum des Myzels sind die asexuellen Arthrosporen, die sich innerhalb von Hyphen abgliedern.

Pathogenese und Krankheitsbild. Die Infektion erfolgt durch Inhalation arthrosporenhaltigen Staubs. Die primäre Kokzidioidomykose ist immer in der Lunge lokalisiert, wobei klinisch von stummer Infektion (bei 60 % der Infizierten) bis zu schwerer Pneumonie die verschiedensten Formen auftreten können. Bei 5 % der Infizierten entsteht eine chronische kavernöse Lungenaffektion. In weniger als 1 % kommt es zu hämatogener Dissemination mit dem Auftreten granulomatöser Läsionen in Haut, Knochen, Gelenken und Meningen.

Diagnose. Diese umfaßt den Nachweis des Erregers in Sputum, Eiter oder Liquor, Biopsien sowie die Bestimmung von Antikörpern. In frischem Material können die typischen Sphaerulae mikroskopisch gesehen werden. Die Kultivierung des Pilzes auf Sabouraud-Agar bei 25 °C bietet keine Schwierigkeiten. Die dabei gebildeten Arthrosporen sind hochinfektiös. Deshalb ist äußerste Vorsicht angebracht. Antikörper werden mit der Komplementbindungsreaktion, der Gelpräzipitation oder der Latexagglutination nachgewiesen. Ein Coccidioidin-Hauttest mißt eine zelluläre Allergie gegen Pilzbestandteile. Er dient bei Verdacht als orientierende Erstuntersuchung.

Therapie. Bei den disseminierten Formen kommt Amphotericin B in Betracht. Seine Wirkung ist jedoch nicht sehr befriedigend. Als Alternative kommt ein Azolderivat in Frage.

Epidemiologie und Prophylaxe. Die Kokzidioidomykose kommt endemisch in wüstenartigen Gebieten von Kalifornien, Arizona, Texas, Neumexiko und Utah in den USA vor. Nur selten wird sie anderswo beobachtet. Infektionsquelle ist der an Pilzen reiche Erdboden. Auch Tiere können erkranken. Eine Übertragung von Mensch oder Tier auf den Menschen und spezielle prophylaktische Maßnahmen existieren nicht.

Blastomyces dermatitidis (nordamerikanische Blastomykose)

Blastomyces dermatitidis ist ein dimorpher Pilz, der eine chronische granulomatöse Infektion hervorruft. Die Erreger kommen im Erdboden vor und werden durch Inhalation auf den Menschen übertragen.

Die Blastomykose verläuft primär als Lungenmykose. Sekundär kann es aufgrund hämatogener Streuung zum Befall anderer Organe einschließlich der Haut kommen. Die **Labordiagnose** erfolgt durch mikroskopischen und kulturellen Nachweis des Pilzes im Sputum. Im Eiter der Hautläsionen oder im Biopsiematerial. Antikörper können mit der Komplementbindungsreaktion oder der Agargel-Präzipitation nachgewiesen werden. **Therapeutisch** kommt Amphotericin B in Frage. Unbehandelte Blastomykosen enden fast immer letal.

Die Blastomykose tritt vor allem im Mississippi-Becken sowie in den Ost- und Nordstaaten der USA auf. Aber auch in Mittelamerika und in Afrika ist sie beobachtet worden. Sie kommt relativ häufig auch bei Tieren, vor allem Hunden vor. Eine Übertragung von Tier oder Mensch auf Anfällige ist nicht möglich. Spezielle prophylaktische Maßnahmen existieren nicht.

Paracoccidioides brasiliensis (südamerikanische Blastomykose)

Paracoccidioides brasiliensis (Syn. *Blastomyces brasiliensis)* ist ein dimorpher Pilz, der im Gewebe die dickwandige, 10 – 30 µm Durchmesser aufweisende, meist mehrere Sprossungen zeigende Hefezellen bildet. Bei Kultivierung in vitro (25 °C) wächst der Pilz in der Myzelform.

Der natürliche Lebensraum von *P. brasiliensis* ist wahrscheinlich der Boden. Die Infektion des Menschen erfolgt durch Inhalation sporenhaltigen Staubs. Primäre eitrige und/oder granulomatöse Infektionsherde finden sich in der Lunge. Von diesen Herden aus kann hämatogen oder lymphogen eine Dissemination in die Haut, in Schleimhäute oder in lymphatische Organe erfolgen. Die disseminierte Parakokzidioidomykose schreitet langsam voran und endet ohne Behandlung mit dem Tod. **Therapie** der Wahl sind Azolderivate (z. B. Ketoconazol). Durch die Therapie kann ein Fortschreiten des Prozesses verhindert werden. Sichere Dauerheilungen sind aber nicht bekannt.

Die **Labordiagnose** stützt sich auf mikroskopischen und kulturellen Erregernachweis sowie auf Antikörperbestimmung. Antikörper werden in der Komplementbindungsreaktion oder in der Gelpräzipitation gemessen.

Die Parakokzidioidomykose tritt vornehmlich in den ländlichen Gebieten Südamerikas, vor allem bei Landarbeiten, auf. Eine Übertragung der Erreger von Erkrankten auf Gesunde kommt wahrscheinlich nicht vor.

Opportunistische Systemmykosen

Opportunistische Mykosen, die Haut und Schleimhäute sowie innere Organe betreffen, können sowohl durch Hefen als auch durch Schimmelpilze verursacht werden. Voraussetzung für ihr Entstehen ist eine stark ausgeprägte Abwehrschwäche des Wirts. Die Kandidose stellt eine endogene Infektion dar. Alle anderen Systemmykosen sind exogene Infekte, welche durch Pilze, deren natürlicher Lebensraum der Erdboden oder die Pflanzen sind, verursacht werden. Diese Umweltpilze dringen in der Regel über den Respirationstrakt ein. Zu nennen sind die Aspergillose, die Kryptokokkose sowie die *Mucor*-Mykosen. Zu erwähnen ist, daß außer *Candida* weitere Hefen sowie Angehörige der Phäohyphomyzeten und der Hyalohyphomyzeten, die bisher als völlig apathogene Kontaminanten betrachtet wurden, systemische Infekte verursachen können. Bei allen opportunistischen Systemmykosen existiert ein primärer Infektionsherd, zumeist im oberen oder unteren Respirationstrakt. Von diesem Herd aus können die Erreger hämatogen und/oder lymphogen disseminieren und andere innere Organe befallen. Falls möglich, sollten Infektionsherde chirurgisch entfernt werden. Zur Chemotherapie werden Antimykotika eingesetzt. Die Prognose ist, wegen der Grundkrankheit, in fast allen Fällen schlecht.

Candida (Soor)

Mindestens 90 % humaner *Candida*-Infektionen werden durch *C. albicans*, der Rest durch *C. parapsilosis, C. tropicalis, C. guilliermondii, C. kruzei* sowie einige weitere, seltene *Candida*-Arten hervorgerufen.

Morphologie und Kultur. Bei Gram-Färbung von Primärpräparaten erscheint *C. albicans* als grampositive, sprossende, einen Durchmesser von ca. 5 µm aufweisende, ovale Hefe. Oft können grampositive Pseudohyphen beobachtet werden. Gelegentlich findet man auch septierte Myzelien (Abb. 6.**2**).

C. albicans läßt sich auf üblichen Nährmedien kultivieren. Nach 48 h Bebrütung bilden sich auf Agarmedien runde, grauweißliche, eine etwas rauhe Oberfläche aufweisende Kolonien. Zur Differenzierung von anderen Hefen werden morphologische und biochemische Merkmale herbeigezogen.

Pathogenese und Krankheitsbilder. *Candida* kommt als Kommensale auf der Schleimhaut von Mensch und Tier vor. *Candida*-Infektionen sind demnach als endogene Infektionen zu betrachten. Die Mykosen entstehen oft bei Patienten mit herabgesetzter Resistenz, gehäuft vor allem bei gestörter zellulärer Immunität. Am häufigsten betroffen sind die Schleimhäute, seltener die äußere Haut und innere Organe. Bei Infektionen in der Mundhöhle sieht man weiße, festhaftende Beläge auf der Wangenschleimhaut und der Zunge. Die Vulvovaginitis ähnelt pathomorphologisch dem Mundsoor. Diabetes, Schwangerschaft, Progesterongaben sowie intensive Antibiotikatherapie, die die normale Bakterienflora beseitigt, wirken prädisponierend. Die Haut

Candida albicans

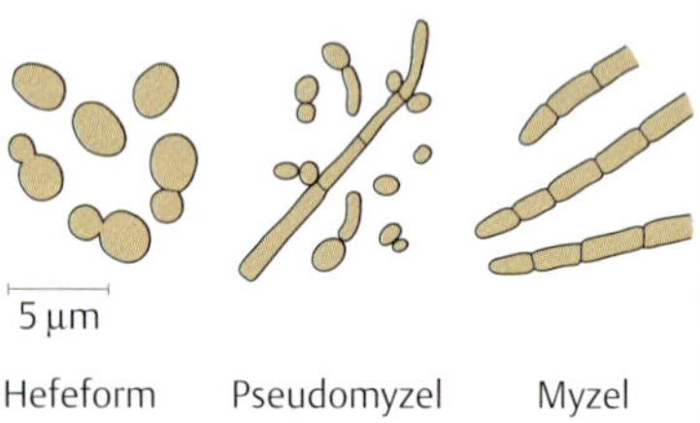

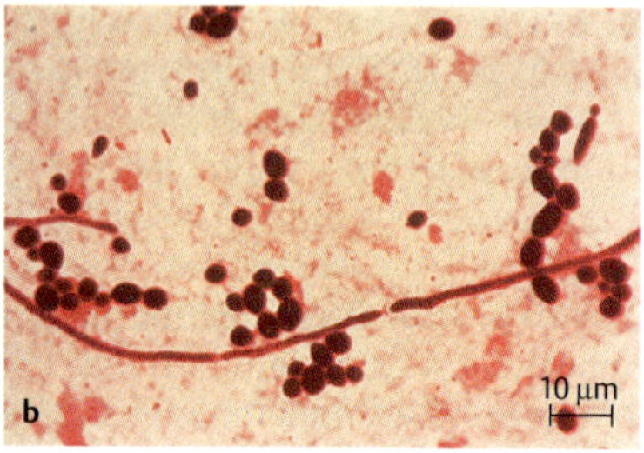

Abb. 6.**2** Candida albicans
a Morphologische Formen.
b Gram-Färbung von Sputum: Grampositive Hefezellen und Hyphen. Klinische Diagnose: Kandidose des Respirationstrakts.

wird hauptsächlich an den feuchten und warmen Teilen des Körpers infiziert. *Candida* kann sekundär die Lunge, die Nieren und andere Organe befallen, wenn eine wegbahnende Grundkrankheit vorliegt. Die *Candida*-Endokarditis und die Endophthalmitis treten bei Drogensüchtigen auf. Die chronische mukokutane Kandidose wird als Folge einer Schädigung der zellulären Immunität beobachtet (Abb. 6.**3**).

Diagnose. Präparate verschiedener Materialien werden nativ und nach Gram gefärbt mikroskopisch untersucht. *Candida* wächst auf vielen üblichen Nährmedien, besonders gut natürlich auf Sabouraud-Agar. Typische Hefekolonien werden mikroskopisch und aufgrund verschiedener Stoffwechselmerkmale identifiziert. Mit dem Keimschlauchtest kann *C. albicans* von anderen *Candida*-Arten differenziert werden.

Der Nachweis von *Candida*-spezifischem Antigen (freies Mannan) im Blutserum ist in einer Agglutinationsreaktion mit Latexpartikeln, an die monoklonale Antikörper gebunden sind, möglich. Für die Bestimmung von Anti-

Klinische Erscheinungsformen einer Kandidose

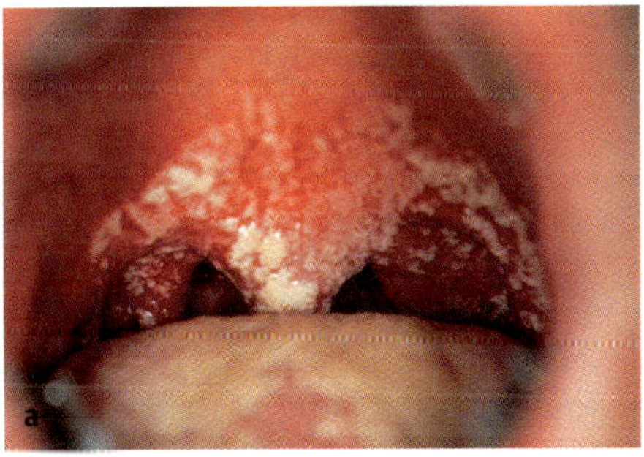

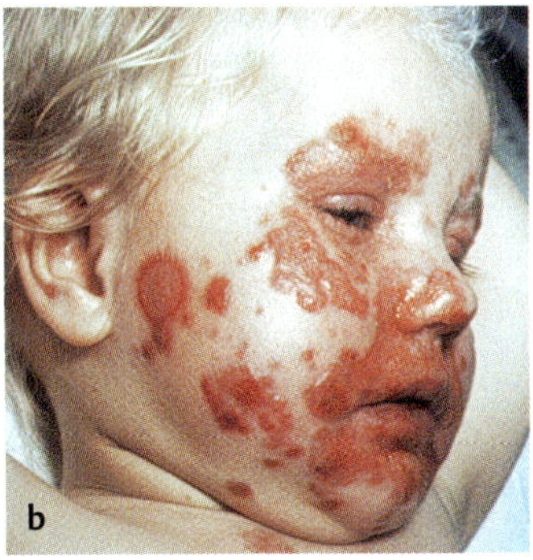

Abb. 6.**3** **a** Mundsoor. Oberflächliche Schleimhautinfektion der Wangenschleimhaut und der Zunge durch Candida albicans bei einem AIDS-Patienten. **b** Chronische mukokutane Kandidose bei einem Kind mit einem Defekt der zellulären Immunität.

körpern bei systemischer Kandidose können ein Hefe-Agglutinationstest, die Immunelektrophorese und die Gelpräzipitation eingesetzt werden.

Therapie. Für eine spezifische, topische Therapie kommt Nystatin in Frage. Bei Systemmykosen können Amphotericin B, 5-Fluorocytosin oder ein Azolderivat verwendet werden.

Epidemiologie und Prophylaxe. *Candida*-Infektionen sind, mit Ausnahme der Kandidose des Neugeborenen, endogene Infekte.

Aspergillus

In über 90 % werden Aspergillosen durch *Aspergillus fumigatus* hervorgerufen. Selten werden *A. niger, A. flavus* oder *A. nidulans* gefunden. Aspergillen kommen ubiquitär in der Natur vor. Gehäuft treten sie auf faulenden Pflanzen auf.

Morphologie und Kultur. *Aspergillus* erkennt man in Geweben, Exsudaten oder im Sputum an den filamentösen, septierten Hyphen, die ungefähr 3 – 4 µm breit sind und Y-förmige Verzweigungen zeigen (Abb. 6.**4**).

Aspergillus wächst rasch auf vielen in der klinischen Mikrobiologie gebräuchlichen Medien. Für die gezielte Kultivierung ist Sabouraud-Agar geeignet. Das sporulierende Myzel hat, je nach Art, ein dunkelgrünes (*A. fumigatus*), schwarzes (*A. niger*) oder auch gelbliches Aussehen.

Aspergillus fumigatus

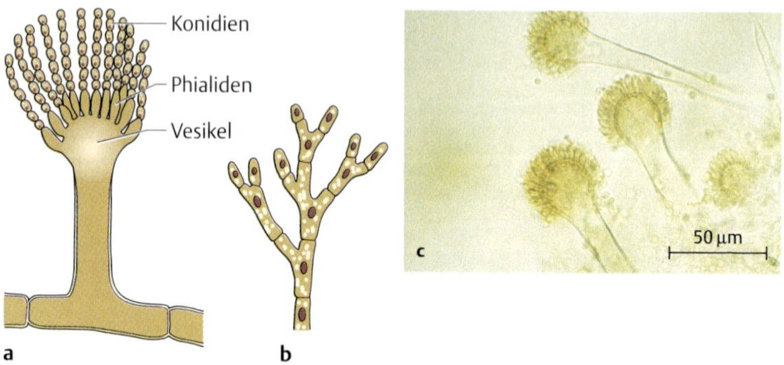

Abb. 6.**4** **a** Konidiophor mit Konidien (2 – 5 µm), **b** Y-förmig verzweigte, septierte Hyphe (1,5 – 8 µm); **c** Nativpräparat.

Pathogenese und Krankheitsbilder. Die wichtigste Eintrittspforte des Erregers ist das Bronchialsystem. Aber auch durch Verletzungen der Haut oder Schleimhäute können die Keime eindringen. Folgende Lokalisationen der Aspergillose sind bekannt:

- **Bronchopulmonale Aspergillose.** Beim Aspergillom handelt es sich um einen umschriebenen Pilzknoten, der in der Regel in einer vorgegebenen Höhe (z. B. Kaverne) entsteht. Die disseminierte Lungenaspergillose bietet das Bild einer nekrotisierenden Pneumonie.
- **Otitis externa.**
- **Endophthalmitis.** Sie entsteht 2–3 Wochen nach einer Operation oder einer Verletzung des Auges und führt meist zum Verlust des Auges.
- **Disseminierte septische Aspergillose.** Krankheit, die meist ihren Ausgang von der Lunge nimmt und häufig zur Absiedlung der Aspergillen in Niere, Herz und ZNS führt.

Diagnose. Da *Aspergillus* Untersuchungsmaterial kontaminieren kann, ist eine direkte Diagnose durch Nachweis des Erregers nicht so leicht. Findet man im Primärpräparat typisch verzweigte Hyphen und kann man wiederholt *Aspergillus* kultivieren, ist die Diagnose wahrscheinlich richtig. Sicherheit erhält man, wenn in Gewebebiopsien mit der Methenaminsilber-Färbung verzweigte Hyphen festgestellt werden können.

Mit monoklonalen Antikörpern, die auf Latexpartikel aufgezogen sind, kann im Blutserum *Aspergillus*-spezifisches Antigen (Aspergillus-Galactomannan) in einer Agglutinationsreaktion bestimmt werden. Der Antikörpernachweis bei einer Systemaspergillose ist mit der Immunelektrophorese möglich.

Therapie. Amphotericin B, rechtzeitig in hohen Dosen angewendet, wird als Mittel der Wahl angesehen. Die Ergebnisse sind aber nicht sehr ermutigend. Bei empfindlichen Stämmen kann auch 5-Fluorocytosin eingesetzt werden. Die Kombination von Amphotericin B mit Azolen wirkt antagonistisch.

Cryptococcus neoformans

Morphologie und Kultur. Bei *C. neoformans* handelt es sich um bekapselte Hefen. Die einzelne Zelle weist einen Durchmesser von 4–8 μm auf. Sie ist von einer mehrere Mikrometer breiten Polysaccharidkapsel umgeben (Abb. 6.**5**).

C. neoformans läßt sich auf Sabouraud-Agar ohne Cycloheximid gut kultivieren. Nach 3–4 Tagen Bebrütung bei 30–37 °C entwickeln sich cremig aussehende, schleimige Sproßkolonien.

Cryptococcus neoformans

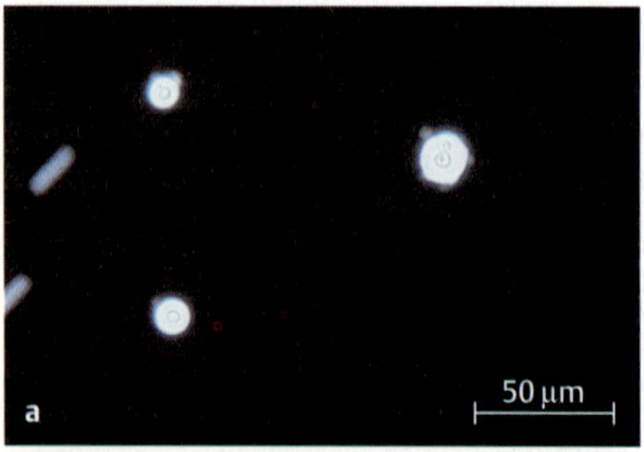

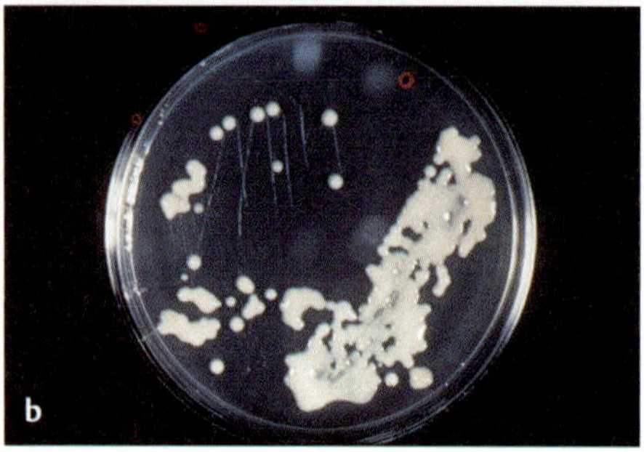

Abb. 6.5 **a** Tuschepräparat aus Liquor: Negativdarstellung der dicken Schleimkapsel um die Hefezellen. Klinische Diagnose: Kryptokokken-Meningitis.
b Kultur auf Sabouraud-Agar: Weißlich aussehende, cremige Kolonien.

Pathogenese und Krankheitsbild. Das normale Habitat des Erregers ist ein an organischen Substanzen reicher Erdboden. Besonders häufig findet sich der Keim im Vogelmist. Eintrittspforte beim Menschen ist der Respirationstrakt. Die Keime werden inhaliert. Sie gelangen in die Lunge, wo es zu einer meist inapparent verlaufenden Lungenkryptokokkose kommt. Von primären Lungenherden aus werden die Erreger hämatogen in andere Organe transportiert, vor allem auch in das ZNS, für das *C. neoformans* eine ausgesprochene Affinität aufweist. Es entsteht die gefährliche *Meningoenzephalitis.* Die Dissemination von der Lunge aus wird vor allem durch Grundleiden, die die Infektabwehr tangieren, gefördert. Malignome und Steroidtherapie bilden häufige Prädispositionen. Auch bei AIDS-Patienten kann es gehäuft zu einer Kryptokokkose kommen.

Diagnose. Diese ist vor allem bei der Meningitis von Bedeutung. Die Erreger lassen sich mit der Phasenkontrastmikroskopie im Liquorsediment nachweisen. Zur Negativdarstellung der Kapsel dient das Tuschepräparat. Die

Kultivierung gelingt am besten auf Sabouraud-Agar ohne Zusatz von Cycloheximid. *C. neoformans* kann aufgrund spezieller Stoffwechselmerkmale (z. B. Abbau von Harnstoff) von anderen Hefen abgegrenzt und identifiziert werden. Zum Nachweis von Kapselpolysaccharid in Liquor und Serum steht ein Latexagglutinationstest zur Verfügung (Antikapsel-Antikörper, an Latexpartikel gekoppelt). Der Nachweis von Antikörpern wird mit einem Agglutinationstest geführt, bei dem als Antigen abgetötete komplette Zellen von *C. neoformans* verwendet werden.

Therapie. Amphotericin B gilt als Mittel der Wahl. Es wird oft in Kombination mit 5-Fluorocytosin eingesetzt.

Epidemiologie und Prophylaxe. Genaue Zahlen über die Häufigkeit der Lungenkryptokokkose existieren nicht. Die Meningoenzephalitis kommt in einer Frequenz von 1 pro 1 Million Einwohner pro Jahr vor. Spezielle prophylaktische Maßnahmen bestehen nicht.

Mucor, Absidia, Rhizopus (*Mucor*-Mykosen)

Mucor-Mykosen werden in erster Linie durch verschiedene Arten der Gattungen *Mucor, Absidia* und *Rhizopus* hervorgerufen. Seltener findet man Arten der Gattungen *Cunninghamella, Rhizomucor* und andere als Erreger dieser opportunistischen Mykosen. Alle diese Pilze, die zur Ordnung der *Mucorales* gehören, kommen ubiquitär vor. Sie werden besonders häufig auf zerfallendem, organischem Pflanzenmaterial gefunden.

Morphologie und Kultur. *Mukorales* sind Schimmelpilze, die breite, nichtseptierte, dickwandige, in fast rechtem Winkel verzweigte Hyphen bilden (Abb. 6.**6**). *Mukorales* können leicht kultiviert werden. Sie wachsen auf allen gebräuchlichen Medien, wobei sie ein hohes, weißgraues bis braunes, wolliges Luftmyzel bilden.

Für die Kultivierung verwendet man am besten Sabouraud-Agar ohne Zusatz von Cycloheximid.

Pathogenese und Krankheitsbilder. *Mukorales* sind typische Opportunisten, die nur bei Patienten mit Immundefekten oder bei Stoffwechselkranken, vor allem bei Patienten mit **diabetischer Azidose**, Infekte verursachen. Die Erreger dringen mit Staub aus der Umwelt in den Nasen-Rachen-Raum, in die tiefen Respirationsorgane oder in den Magen-Darm-Trakt ein. Sie zeigen eine starke Affinität zu Gefäßen, in denen sie sich vermehren und zu Thrombosierung mit anschließender Infarktbildung führen können. Je nach Manifestation können unterschieden werden:

Mucorales (Zygomyzeten)

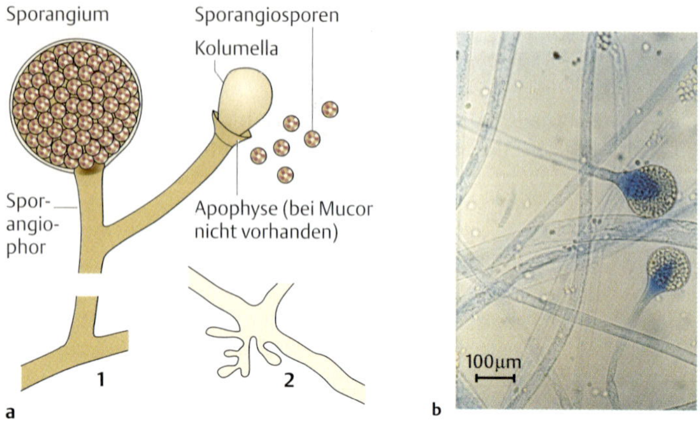

Abb. 6.**6** **a** Morphologische Elemente:
1 = Sporangium (60 – 350 µm) mit Sporangiosporen (5 – 9 µm):
2 = unseptierte Hyphe (Durchmesser 6 – 15 µm) mit Rhizoid (→ wurzelähnliche Struktur).
b *Absidia corymbifera*: Laktophenolblaupräparat. Material von einer Kultur.

- die rhinozerebrale *Mucor*-Mykose, die von der Nase oder den Nebenhöhlen ausgeht und auf das Gehirn übergreifen kann und vor allem beim Diabetes beobachtet wird;
- die pulmonale *Mucor*-Mykose, mit septischen Lungeninfarkten, die vor allem im Zusammenhang mit Leukämien auftritt:
- die sehr seltene gastrointestinale *Mucor*-Mykose, mit dem Auftreten von Infarkten im Gastrointestinaltrakt;
- die kutane *Mucor*-Mykose, die bei Verletzungen der Haut, z. B. auch bei Verbrennungen, auftritt.

Diagnose. Die Diagnose beruht auf dem Nachweis der Gewebeinfiltration durch morphologisch typische Pilzfäden. Mit Biopsiematerial oder nekrotischem Gewebe sollte ein KOH-Präparat angefertigt werden. Die Kultur der Pilze kann auf Sabouraud-Agar versucht werden. Die Identifizierung beruht allein auf morphologischen Merkmalen der Fruktifikationsorgane.

Therapie. Diese umfaßt Amphotericin B als das Antimykotikum der Wahl, chirurgische Maßnahmen, falls indiziert, sowie die Kontrolle der Grundkrankheit.

Phäohyphomyzeten, Hyalohyphomyzeten, opportunistische Hefen

In den letzten Jahren hat die Liste klinisch relevanter Pilze, die bislang nicht zu den klassischen Opportunisten gezählt wurden, stark zugenommen. Diese Keime werden bei Patienten mit Malignomen, bei AIDS-Patienten, bei Patienten mit zytostatischer und immunsuppressiver Therapie oder massiver Therapie mit Corticosteroiden oder auch bei Patienten mit länger andauernder Therapie mit Breitspektrum-Antibiotika als Erreger aufgefunden.

Phäohyphomykosen. Hierbei handelt es sich um Pilzinfektionen, die durch „dematiöse" Schimmelpilze oder „Schwärzepilze" verursacht werden. Bisher wurden 39 Gattungen mit mehr als 70 Spezies beschrieben. Gemeinsam ist diesen Mikroorganismen, daß sie Hyphen ausbilden, die durch Einbau von Melanin in die Zellwand braunschwarz aussehen. Von den zahlreichen Gattungen werden insbesondere *Curvularia, Bipolaris, Exserohilum* und *Alternaria* angetroffen. Das natürliche Habitat dieser Pilze ist der Erdboden. Infektionen entstehen zumeist durch Inhalation der Sporen. Die primären Infekte betreffen deshalb häufig den oberen und tiefen Respirationstrakt. Auch Haut und Subkutis können involviert sein. Von primären Herden aus können die Erreger hämatogen disseminieren und andere Organe einschließlich des ZNS befallen. Klinisch ähneln die Fälle am ehesten den Mukormykosen sowie der Aspergillose. Therapeutisch kommt, falls möglich, die chirurgische Entfernung des involvierten Gewebes und der Einsatz von Antimykotika in Frage. Die Prognose ist schlecht.

6

Hyalohyphomykosen. Dieser Sammelbegriff kennzeichnet Mykosen, die durch hyaline (ohne Melanin) Schimmelpilze verursacht werden. Die wichtigsten Gattungen in dieser Gruppe sind *Fusarium, Scopulariopsis, Pseudoallescheria* und *Scedosporium*. Auch diese Pilze sind in der Natur ubiquitär verbreitet. Hinsichtlich der Pathogenese, der Klinik, der Therapie und der Prognose gelten die bei den Phäohyphomykosen genannten Aspekte.

Opportunistische Hefemykosen. In letzter Zeit sind außer *Candida* und *Torulopsis* weitere Hefen als Erreger von Hefemykosen bei immunsupprimierten Patienten aufgefunden worden. Dazu zählen *Trichosporon beigelii* sowie Arten der Genera *Rhodotorula, Malassezia, Saccharomyces, Hansenula* und weitere. Im Gegensatz zu den schon immer bekannten Hefemykosen handelt es sich bei diesen „neuen" Mykosen aber nicht um endogene, sondern um exogene, meist aerogene Infektionen. Klinisch und therapeutisch sind sie der systemischen Kandidose gleichzusetzen.

Subkutane Mykosen

Pilze, die subkutane Mykosen verursachen, wachsen im Boden und auf absterbenden Pflanzen. Sie dringen durch Verletzungen der Haut ins subkutane Bindegewebe ein und rufen lokale chronisch-granulomatöse Infektionen hervor. Diese Infekte kommen vor allem in den Tropen und Subtropen vor.

Die **Sporotrichose** wird durch *Sporothrix schenckii*, einem dimorphen Pilz, der im Gewebe in Hefeform wächst, verursacht. Die Sporotrichose ist durch eine ulzeröse Primärläsion, meist an den Extremitäten sowie durch multiple subkutane Knoten und Abszesse entlang den Lymphbahnen charakterisiert.

Die **Chromomykose** wird durch verschiedene Spezies schwarzer Schimmelpilze hervorgerufen. Am häufigsten kommen *Phialophora verrucosa, Wangiella dermatitidis, Fonsecaea pedrosoi* und *Cladosporium carrionii* vor. Nach Infektion entwickeln sich zumeist an den unteren Extremitäten über Wochen bis Monate warzenartige, ulzerierende, granulomatöse Knoten.

Die **Maduramykose** oder das **Myzetom** wird durch eine Vielfalt von Pilzen, aber auch von fadenförmigen Bakterien (*Nocardia sp., Actinomadura madurae, Streptomyces somaliensis*) hervorgerufen. Unter den Pilzen sind zu nennen: *Madurella sp., Pseudoallescheria boydii, Aspergillus sp.* Klinisch ist das Bild durch subkutane Abszesse, meist in der Fuß- oder Handgegend, charakterisiert. Die Abszesse können sich in die Muskulatur und sogar in die Knochen ausbreiten. Fistelbildungen sind häufig.

Kutane Mykosen

Dermatomykosen

Dermatophyten sind Pilze, die Gewebe infizieren, in denen reichlich Keratin vorkommt (Haut, Haare, Nägel).

Klassifikation. Die Dermatophyten umfassen 3 Gattungen: *Trichophyton* (mit den wichtigsten Spezies *T. mentagrophytes, T. rubrum, T. schoenleinii, T. tonsurans*; *Microsporum (M. audouinii, M. canis, M. gypseum)*; *Epidermophyton (E. floccosum)*. Einige der Dermatophyten sind anthropophile, andere zoophile Spezies. Der natürliche Lebensraum der geophilen Spezies *T. gypseum* ist der Erdboden.

Morphologie und Kultur. Die Dermatophyten sind filamentöse Pilze. Sie lassen sich auf Pilznährböden bei 25 – 30 °C gut kultivieren. Nach 5 – 14 Tagen entstehen zumeist wollig aussehende Kulturen unterschiedlicher Farbe (Abb. 6.**7**).

Dermatophyten

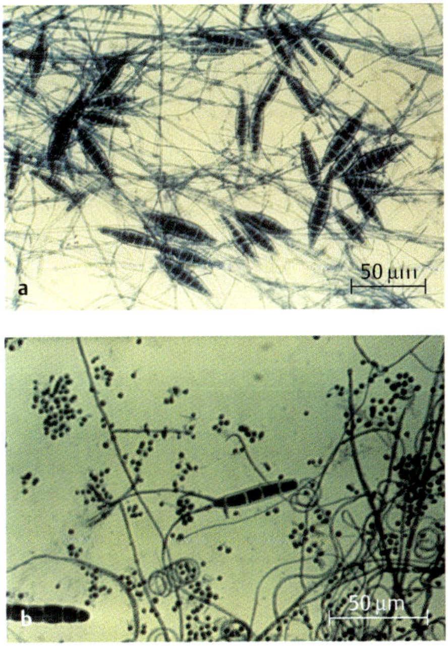

Abb. 6.**7** **a** Microsporum canis. Laktophenolblaupräparat: Große, fusiforme Makrokonidien.
b *Trichophyton mentagrophytes.* Laktophenolblaupräparat: Dünnwandige, zylindrische Makrokonidien; zahlreiche Mikrokonidien, oft in haufenförmiger Lagerung; spiralige Hyphen.

Pathogenese und Krankheitsbilder. Die Dermatomykosen sind Infekte, die direkt durch Kontakt von Mensch zu Mensch, von Tier zu Mensch oder indirekt über unbelebte Gegenstände (Kleider, Teppiche, Feuchtigkeit und Staub in Duschen, Schwimmbädern, Garderoben, Sporthallen) übertragen werden. Die Lokalisation der primären Herde entspricht der Kontaktstelle. So sind Füße, unbedeckte Körperteile (Haare, Kopf- und Gesichtshaut) am häufigsten befallen. Verschiedene Arten können das gleiche Krankheitsbild hervorrufen. Häufige Dermatomykosen sind

- Tinca corporis (Ringelflechte): *Microsporum canis* und *Trichophyton mentagrophytes.* Vorkommen auf unbehaarter Haut.
- Tinea pedis (Athletenfuß): *T. rubrum, T. mentagrophytes* und *Epidermophyton floccosum.* Vorkommen in Interdigitalfalten.
- Tinea cruris: *T. rubrum, T. mentagrophytes* und *E. floccosum.* Vorkommen vor allem in der Unterschenkelgegend.

- Tinea capitis: *T. tonsurans* und *M. canis*. Befall des Kopfhaars.
- Tinea barbae: *T. rubrum* und *T. mentagrophytes*. Flechte des Barthaars.
- Tinea unguium: *T. rubrum, T. mentagrophytes* und *E. floccosum*. Onychomykose (= Nagelmykose).

Diagnose. Als Untersuchungsmaterial dienen Geschabsel von Haut und Nägeln sowie erkrankte Haare. Die Pilze werden nach Herstellen eines KOH-Präparats mikroskopisch nachgewiesen. Die Identifizierung beruht auf der Morphologie der Hyphen sowie der Makro- und Mikrokonidien von Pilzkulturen.

Therapie. Dermatomykosen können durch zahlreiche lokal applizierte, antimykotisch wirkende Präparate behandelt werden. Bei massiven Erkrankungen der Haare und vor allem der Nägel kann das Antibiotikum Griseofulvin, das nur gegen Dermatophyten wirkt, oder Ketoconazol eingesetzt werden.

Epidemiologie und Prophylaxe. Dermatophyten kommen überall auf der Welt vor. Geophile Dermatophyten führen bei intensiver und andauernder beruflicher Exposition gegenüber Erde (Gärtner) zu Hautkrankheiten. Die Prophylaxe aller Dermatomykosen besteht im Vermeiden direkter Kontakte mit Kranken. Regelmäßige Desinfektion von Duschen und Garderoben kann zur Prophylaxe des sehr häufigen Sportlerfußes beitragen.

Weitere oberflächliche Mykosen

Pityriasis (oder Tinea) versicolor ist eine oberflächliche Infektion der Haut, die durch *Malassezia furfur* verursacht wird. Diese weltweite, vor allem aber in den Tropen auftretende Infektion geht mit Hypopigmentierung einher. *M. furfur* ist im Stoffwechsel auf langkettige Fettsäuren angewiesen. Der Keim gehört eigentlich zur Normalflora der Haut. Die Pityriasis versicolor entsteht durch Hyperproliferation des Hautkeims.

Tinea nigra, eine zumeist in den Tropen auftretende Krankheit, wird durch *Exophiala werneckii* hervorgerufen. Es kommt zu braunen bis schwarzen, makulösen Effloreszenzen der Haut.

Die **weiße** und **schwarze Piedra** ist eine Haarinfektion, die durch *Trichosporon beigelii* bzw. *Piedraia hortae* verursacht wird.

IV Virologie

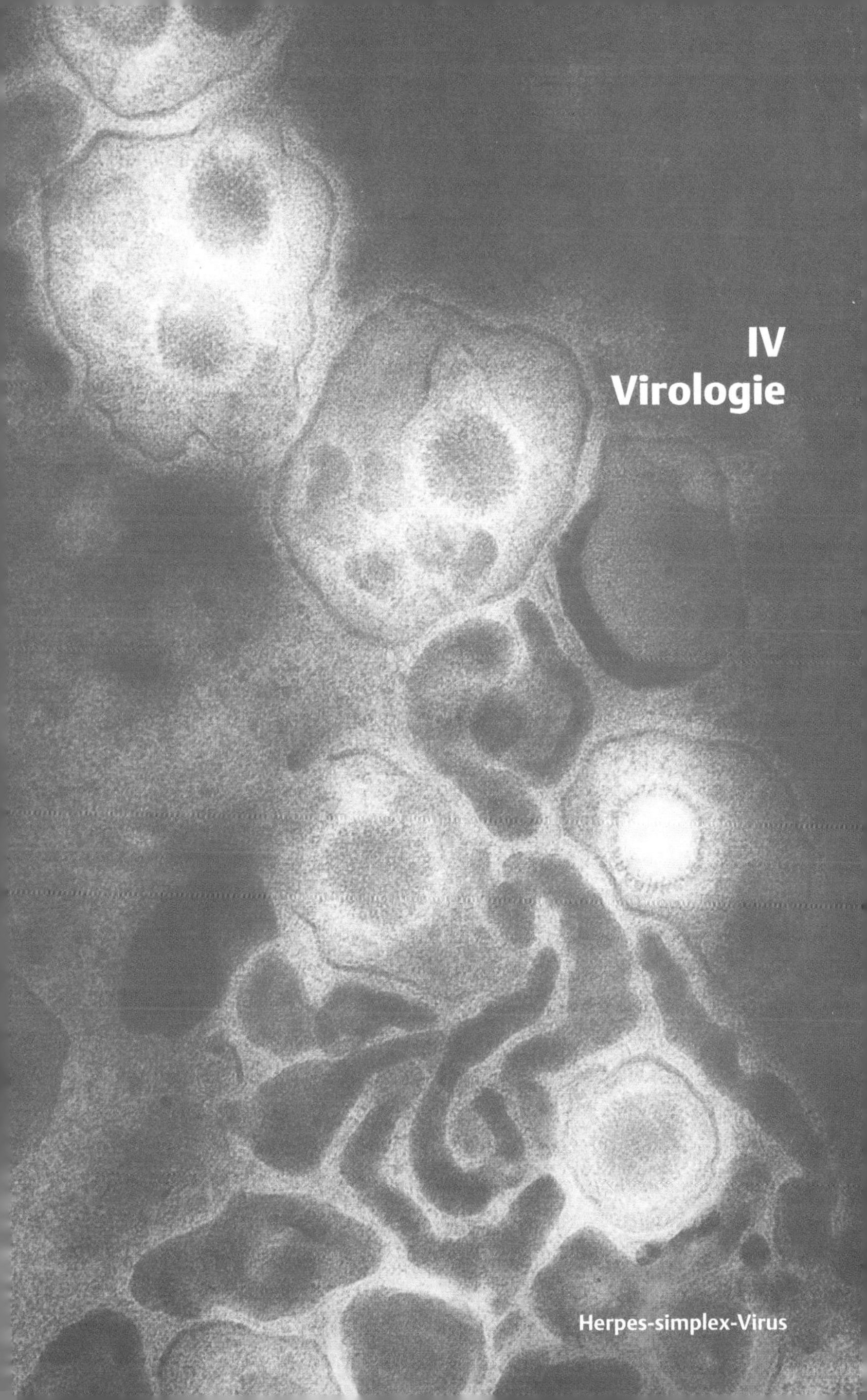

Herpes-simplex-Virus

7 Allgemeine Virologie

K. A. Bienz

Definition

Viren sind Makromoleküle, die aus Protein und, je nach Virusart, einem RNA- oder DNA-Genom bestehen. Sie besitzen weder Zellstruktur noch einen eigenen Stoffwechsel, sondern werden ausschließlich durch lebende Zellen aufgrund der im Virusgenom festgelegten Information repliziert.

Viren (Einzahl: das Virus) sind **eigenständige infektiöse Einheiten**, die sich in einer Reihe von Eigenschaften grundlegend von den übrigen Mikroorganismen unterscheiden: Sie besitzen keine Zellstruktur, sondern sind lediglich aus Proteinen und Nukleinsäure (DNA oder RNA) aufgebaut. Sie haben keinen eigenen Stoffwechsel, sondern sind für ihre Vermehrung auf die Syntheseleistung einer lebenden Wirtszelle angewiesen. Die Viren greifen dabei in den normalen Zellstoffwechsel ein, indem sie ihre eigene genetische Information, die Nukleinsäure, in die Wirtszelle hineinbringen. Diese akzeptiert die Nukleinsäure, liest die darin festgehaltene Information ab und stellt neue Viren her. Anders ausgedrückt: Viren sind „vagabundierende Gene".

Viren kommen bei Bakterien (sog. „Bakteriophagen"), bei Pflanzen wie auch bei Mensch und Tier vor. Im folgenden werden im wesentlichen nur die Verhältnisse bei den menschenpathogenen Viren beleuchtet (Abb. 7.**1**). In Tab. 7.**1** sind die Grundeigenschaften von Viren aufgeführt.

Morphologie und Aufbau

Das reife Viruspartikel wird auch **Virion** genannt. Es besteht aus 2, bei gewissen Viren aus 3 Komponenten:

– dem **Kapsid**, viruskodiertem Protein, das die Nukleinsäure umschließt, eine kubische, helikale oder komplexe Symmetrie aufweist, aus Untereinheiten, den Kapsomeren, aufgebaut ist und die Antigenität des Virus bestimmt;

- der **Nukleinsäure**, entweder DNA oder RNA, die doppelsträngig oder einzelsträngig, linear oder zirkulär und evtl. segmentiert sein kann. Einzelsträngige Nukleinsäure kann Plus- oder Minus-Polarität aufweisen;
- und evtl. der **Hülle** (Abb. 7.2), die das Kapsid umgibt und immer von zellulären Membranen abstammt.

Kapsid. Das Kapsid (Abb. 7.2) ist die „Schale" aus viruskodiertem Protein, die die Nukleinsäure umschließt und mehr oder weniger eng mit ihr assoziiert ist. Diese beiden Komponenten zusammen, besonders im Falle einer engen Assoziation (z. B. bei den Myxoviren), werden auch Nukleokapsid genannt. Das Kapsid besteht aus einer wechselnden, für jede Virusgattung aber konstanten Zahl von Untereinheiten, den Kapsomeren. Diese sind ihrerseits aus mehreren Polypeptiden zusammengesetzte, kugel- oder zylinderförmige Gebilde. Das Kapsid schützt die Nukleinsäure vor Degradation. Es ist, außer bei den hüllentragenden Viren, verantwortlich für die Anheftung der Viren an die Wirtszelle („Adsorption", s. Kap. Replikation, S. 388), und es determiniert die Antigenität der Viren.

Nukleinsäure. Die Nukleinsäure, das Genom der Viren, besteht entweder aus DNA oder RNA. Entsprechend werden die Viren in DNA- oder RNA-Viren eingeteilt (s. auch S. 385ff.). Die Nukleinsäure der DNA-Viren ist meist doppel-

7

Größenvergleich zwischen Viren und Bakterien

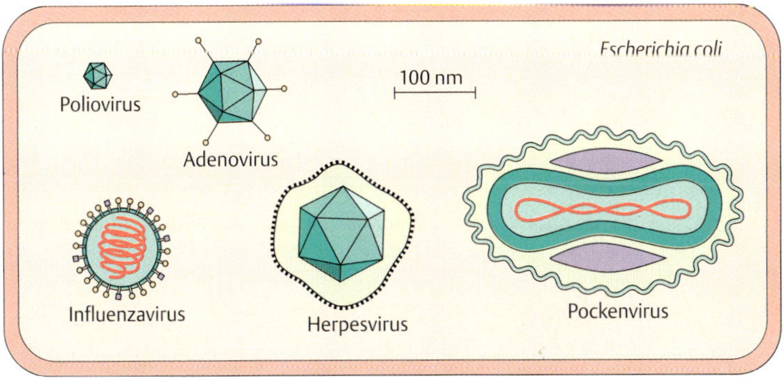

Abb. 7.1 Verschiedene Virusarten sind maßstabgerecht in eine *E. coli*-Zelle eingezeichnet.

Tabelle 7.**1** Grundeigenschaften von Viren

Größe	25 nm (Picornaviren) bis 250 × 350 nm (Pockenviren). Vergleich: Auflösungsvermögen des Lichtmikroskops: 300 nm, Bakterien: 500–5000 nm. Die Größenverhältnisse sind in Abb. 7.**1** dargestellt
Genom	DNA oder RNA. Die Nukleinsäure liegt je nach Virusart als Doppel- oder Einzelstrang vor.
Aufbau	Viren sind Komplexe aus viruskodiertem Protein und Nukleinsäure; einzelne Virusarten können zellkodierte Bestandteile (Membranen, tRNA) mit sich tragen.
Vermehrung	Nur in lebenden Zellen. Das Virus liefert die Information in Form von Nukleinsäure und evtl. einigen wenigen Enzymen; die Zelle liefert die übrigen Enzyme, den Proteinsyntheseapparat, die chemischen Bausteine, die Energie und die Strukturen, an denen die Syntheseschritte ablaufen.
Antibiotika	Viren sind unempfindlich gegen Antibiotika, hingegen können sie durch Interferon und gewisse Chemotherapeutika gehemmt werden.

Aufbau eines Viruspartikels

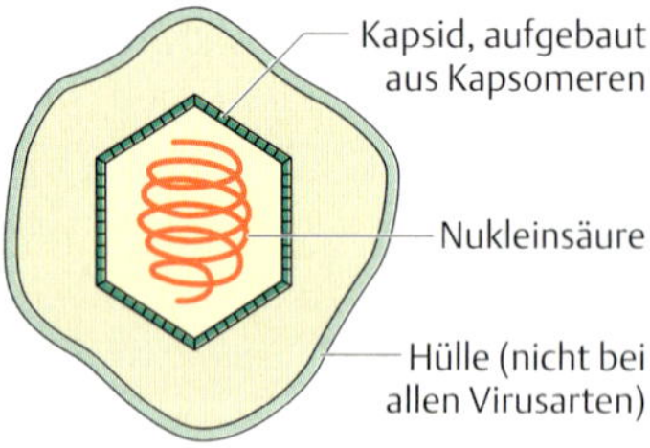

Abb. 7.**2**

strängig (ds) und je nach Virusgattung linear oder zirkulär; diejenige der RNA-Viren ist meist einzelsträngig (ss) (Ausnahme: Reoviren) und bei einer Reihe von Virusfamilien segmentiert. Die Viren mit ss-RNA können in zwei Gruppen unterteilt werden: Wenn die RNA des Genoms die gleiche Polarität wie die virale mRNA hat und also direkt als mRNA wirken kann, wird sie als „Plus-Strang"-RNA und die Viren als „Plus-Strang"-Viren bezeichnet. Wenn das Genom hingegen die umgekehrte Polarität der mRNA hat, also erst nach Transkription in einen Komplementärstrang in Protein übersetzt werden kann, spricht man von „Minus-Strang"-Viren.

Hülle. Die Hülle (Abb. 7.**2**), die bei einigen (nicht allen) Virusfamilien das Kapsid umgibt, leitet sich immer von zellulären Membranen ab (Kern- oder Zellmembran, seltener endoplasmatisches Retikulum). Bei dieser Umformung zu Hüllen werden neben zellkodierten auch virale Proteine in die Membran eingebaut, häufig als Protrusionen („spikes“, „Peplomere“, Abb. 7.**3**). Die hüllentragenden Viren adsorbieren nicht mit dem Kapsid an die Wirtszelle, sondern mit ihrer Hülle. Deren Entfernung durch organische Lösungsmittel oder Detergentien reduziert die Infektiosität der Viren („Ätherempfindlichkeit“).

Viren mit helikaler Symmetrie

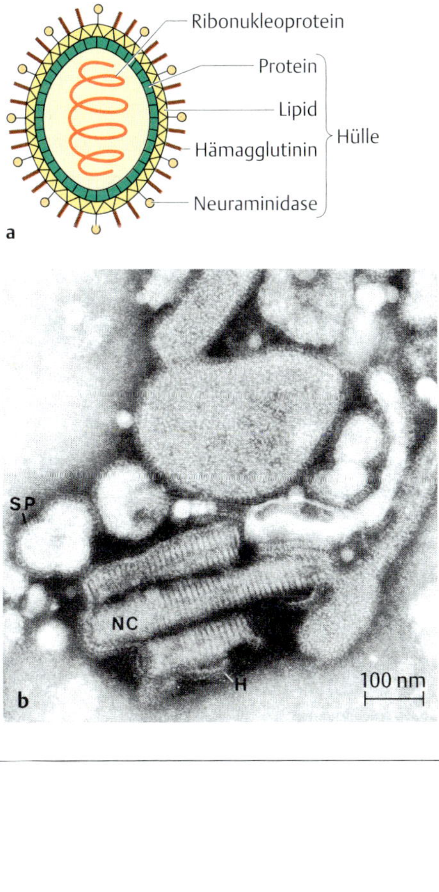

Abb. 7.**3** **a** Schematischer Aufbau am Beispiel der Myxoviren.
b Elektronenmikroskopische Aufnahme von Influenzaviren: Die Ribonukleoprotein-Spirale (Nukleokapsid = NC) ist innerhalb der teilweise abgelösten Hülle (H) sichtbar. SP = Spikes.

Weitere Komponenten von Viruspartikeln

Hämagglutinin. Es ist in der Virushülle integriert und befähigt damit die Viren (vor allem Myxo- und Paramyxoviren) zur Agglutination verschiedener menschlicher oder tierischer Erythrozyten. Die Hämagglutination kann zur quantitativen Virusbestimmung oder – im Hämagglutinations-Hemmtest – zur Virusidentifizierung und zur Antikörperbestimmung herangezogen werden (s. Abschnitt Diagnostik, S. 416). Biologisch gesehen spielt das Hämagglutinin eine entscheidende Rolle beim Anheften und Eindringen des Virus in die Wirtszelle.

Verschiedene **Enzyme**. Beispielsweise ist die Neuraminidase beim Eindringen und Freisetzen der Myxoviren nötig. Weitere Enzyme sind Nukleinsäure-Polymerasen wie die RNA-Polymerasen bei Minus-Strang-Viren, die DNA-Polymerasen bei Pockenviren und die RNA-abhängige DNA-Polymerase („reverse Transkriptase") bei Hepatitis-B und Retroviren (s. S. 391).

Baupläne

Kubische Symmetrie. Viren mit kubischer Symmetrie sind Ikosaeder (Abb. 7.**4**). Die Zahl der Kapsomeren pro Virion variiert von 32 – 252 und ist abhängig von der Anzahl Kapsomeren (2 – 6), die eine Seite des gleichseitigen Dreiecks ausmachen. Die Kapsomeren müssen nicht alle unter sich gleich sein, weder morphologisch noch antigenetisch, noch in ihren biologischen Eigenschaften. Gereinigte ikosaedrische Viren lassen sich zu Kristallen zusammenlagern und damit der Röntgenkristallographie zugänglich machen. Dadurch konnte eine Reihe von Viren mit atomarer Auflösung von 2Å dargestellt werden.

Helikale Symmetrie. Hier sind Nukleinsäure und Kapsidprotein als Ribonukleoprotein (RNP) eng miteinander verbunden, indem das Protein dicht um den spiraligen Nukleinsäurefaden angeordnet ist. Dieses RNA-Molekül macht das Nukleokapsid aus, das seinerseits als Doppelhelix mit 5- bis 10fach größerem Durchmesser als die primäre Nukleinsäurespirale innerhalb einer Hülle untergebracht ist. Abb. 7.**3b** zeigt dies bei einem teilweise aufgebrochenen Influenzavirus, und Abb. 7.**3a** verdeutlicht diese Symmetrieverhältnisse schematisch.

Komplexe Symmetrie. Komplexe Baumuster sind bei den Bakteriophagen und bei den menschenpathogenen Viren in der Familie der Pockenviren verwirklicht (s. Abb. 7.**1**, rechts).

Dreiecksikosaeder

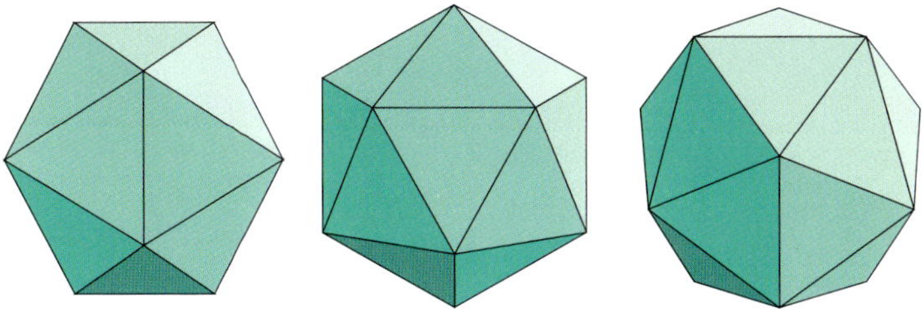

Abb. 7.**4** Alle Viren mit kubischer Symmetrie sind Ikosaeder (durch 20 gleichseitige Dreicksflächen begrenzte Körper). Dargestellt ist der Blickwinkel auf die Achsen der 2-, 3- und 5fachen Symmetrie.

Klassifizierung

Die taxonomische Einteilung der Viren geschieht in einem künstlichen (nicht auf der Evolution begründeten) System anhand folgender morphologischer und biochemischer Kriterien:

- **Genom:** DNA oder RNA (wichtige Grobeinteilung der Viren!);
- **Konfiguration** der Nukleinsäure: einzelsträngig (ss) oder doppelsträngig (ds);
- **Kapsidsymmetrie:** kubisch, helikal oder komplex;
- Vorhandensein oder Fehlen einer **Hülle**;
- **Durchmesser** des Virions oder – bei helikaler Symmetrie – des Nukleokapsids.

Ursprung und Evolution der Viren sind weitgehend unbekannt. Entsprechend muß, im Gegensatz zur Systematik der höheren Lebewesen, weitgehend auf eine Evolutionssystematik verzichtet werden. Eine internationale Nomenklaturkommission faßt die Viren nach verschiedenen Kriterien in Gruppen zusammen, die analog zu systematischen Gliederungen der höheren Lebewesen auch als Familien, Gattungen und Arten bezeichnet werden. Die heute vorliegende Systematik erscheint trotz ihrer „Künstlichkeit" biologisch sinnvoll und übersichtlich (Tab. 7.**2**, beruhend auf „Virus Taxonomy: Classification and Nomenclature of Viruses", Sixth Report of the International Committee on Taxonomy of Viruses. Springer: 1995).

Tabelle 7.2 Virussystematik

Nuklein-säure	(Nukleo-) Kapsid-symmetrie	Hülle	Virusdurch-messer (nm)	ss/ds[1] (Polarität)	Familie	Genus	Wichtige Arten, Beispiel
DNA	kubisch	nackt	19–25	ss	*Parvoviridae*	Erythrovirus	Parvovirus B19
			55/45	ds	*Papovaviridae*	Papillomavirus	Warzenvirus
						Polyomavirus	SV 40, BK, JC
			70–90	ds	*Adenoviridae*	Mastadenovirus	Adenoviren
		Hülle	27/42[2]	ss	*Hepadnaviridae*	Orthohe-padnavirus	Hepatitis-B-Virus
			100/200[2]	ds	*Herpesviridae*	Simplexvirus	Herpes-simplex-Virus
						Varicellovirus	Varizellen-/Zoster-Virus
						Cytomegalo-virus	Zytomegalievirus
						Roseolovirus	humanes Herpesvirus 6
						Lymphocrypto-virus	Epstein-Barr-Virus
	komplex	Hülle	230 × 350	ds	*Poxviridae*	Orthopox	Variola-, Vacciniavirus
						Parapox	Orf

RNA	kubisch	nackt	24–30	ss(+)	*Picornaviridae*	Enterovirus	Polio-, Echo-, Coxsackie-Viren
						Hepatovirus	Hepatitis-A-Virus
						Rhinovirus	Rhinovirus 1-117
						Cardiovirus	Mengo-, EMC-Virus
			30	ss(+)	*Astroviridae*	Astrovirus	Astroviren
			33	ss(+)	*Caliciviridae*	Calicivirus	Hepatitis-E-Virus
			60–80	ds segm.	*Reoviridae*	Coltivirus	Colorado-Zeckenfieber-Virus
						Reovirus	Reovirus 1–3
						Rotavirus	Rotaviren
		Hülle	60–70	ss(+)	*Togaviridae*	Alphavirus	Sindbis-Virus
						Rubivirus	Rötelnvirus
			40	ss(+)	*Flaviviridae*	Flavivirus	Gelbfieber-, Hepatitis-C-Virus
	helikal	Hülle	80–220	ss(+)	*Coronaviridae*	Coronavirus	Coronaviren
			80–120	ss segm.(–)	*Orthomyxoviridae*	Influenzavirus	Influenza-A-, -B-, -C-Virus
			150–300	ss(–)	*Paramyxoviridae*	Pneumovirus	Respiratory syncytial virus
						Paramyxovirus	Parainfluenzavirus 1 u.3
						Rubulavirus	Mumpsvirus
						Morbillivirus	Masernvirus
			60 × 130	ss(–)	*Rhabdoviridae*	Lyssavirus	Tollwutvirus
			80 × filament.	ss(–)	*Filoviridae*	Filovirus	Marburg-, Ebolavirus
			100	ss segm. (–)	*Bunyaviridae*	Bunyavirus	Bunyamwera-Virus
						Nairovirus	Krim-Kongo-Virus
						Phlebovirus	Phlebotomus-Fieber-Virus
						Hantavirus	Hantaan-Virus
	?	Hülle	50–300	ss segm. (+/–)	*Arenaviridae*	Arenavirus	LCM-, Lassa-Virus
			100	ss segm. (+)	*Retroviridae*	HTLV-Retrovirus	HTLV I und II
						Spumavirus	Spumavirus
						Lentivirus	HIV 1 und 2

[1] = Konfiguration der Nukleinsäure: ss = einzelsträngig (single stranded), ds = doppelsträngig; [2] = ohne/mit Hülle

Replikation

■ Eine Virusreplikation verläuft in folgenden Schritten:

- **Adsorption** des Virus an spezifische Rezeptoren an der Zelloberfläche;
- **Eindringen** des Virus und intrazelluläre Freisetzung der Nukleinsäure;
- **Vermehrung** der viralen Komponenten:
  viruskodierte Synthese von Kapsid- und Nichtkapsidproteinen,
  Replikation der Nukleinsäure durch virale oder zelluläre Enzyme;
- **Zusammenbau** von replizierter Nukleinsäure und neuem Kapsidprotein;
- **Freisetzung** der Virusnachkommenschaft aus der Zelle. ■

Wie auf S. 382 dargelegt, vermehren sich Viren nur in lebenden Wirtszellen. Im folgenden werden die Schritte der eigentlichen Virusreplikation dargestellt (Abb. 7.**5**). Die Reaktionen der infizierten Zelle (Zytopathologie, Tumortransformation usw.) werden auf S. 397 ff. beschrieben.

Adsorption. Wenn ein Viruspartikel mit einer Zelle zusammentrifft und diese an ihrer Oberfläche für die betreffende Virusart sog. „Rezeptoren" besitzt, verbindet sich das Virus damit, und zwar entweder mit dem Kapsid oder – im Falle der hüllentragenden Viren – mit der Hülle. Rezeptoren sind also dafür verantwortlich, ob eine Zelle von einem bestimmten Virus infiziert werden kann oder nicht.

Rezeptoren

Zum Teil ist die Natur der Rezeptoren bekannt. Es sind Moleküle, die eine wichtige Rolle für die Zelle oder die interzelluläre Kommunikation spielen, wie z. B. Moleküle der Immunglobulin-Superfamilie (CD4: Rezeptor für HIV; ICAM-1: Rezeptor für Rhinoviren), der Komplement-(C3-)Rezeptor, der zugleich Rezeptor für das Epstein-Barr-Virus ist, oder Glykoproteine, die Rezeptoren für Myxoviren sind. Daneben gibt es Rezeptoren, deren Funktionen für die Zelle bis jetzt nicht bekannt sind, wie z. B. der Poliovirus-Rezeptor, der ebenfalls ein Immunglobulin ist.
Die Charakterisierung der Rezeptoren hat praktische Konsequenzen. Einerseits wird versucht, antivirale Therapeutika zu entwickeln, die die Adsorption der Viren an die Zelle hemmen sollen. Andererseits können Zellen oder Versuchstieren die genetische Information für bestimmte Rezeptoren eingepflanzt werden, um sie so für Viren empfänglich zu machen, gegen die sie normalerweise resistent sind. Ein wichtiges Beispiel sind die poliovirusempfänglichen, transgenen Mäuse, die nun an Stelle von Primaten in Versuchen (z. B. Impfstoffkontrolle) eingesetzt werden können.

Virusreplikation

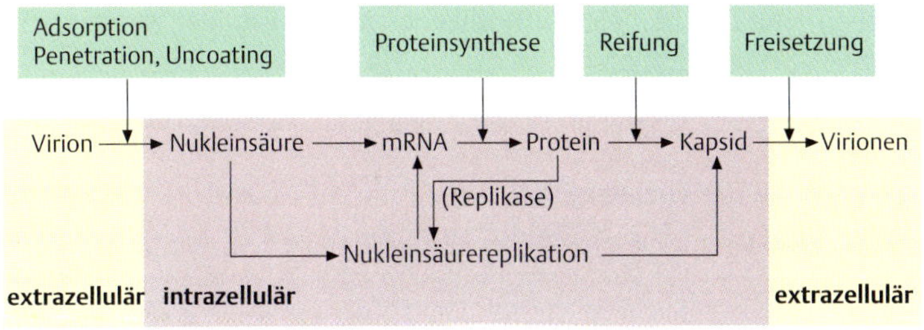

Abb. 7.**5** Die einzelnen Schritte sind im Text beschrieben.

Penetration und Uncoating. Die an die Rezeptoren der Zelloberfläche absorbierten Viren werden durch Pinozytose (auch „Viropexis" genannt) in die Zelle aufgenommen. Bei behüllten Viren kann aber auch die Hülle mit der Zellmembran fusionieren und so das Virus ins Zytoplasma entlassen. Wenn ein solches hüllentragendes Virus gleichzeitig an zwei benachbarten Zellen adsorbiert hat, kann es dabei zur Zellfusion kommen. Der nächste Schritt, das „uncoating" oder Freisetzen der Nukleinsäure aus dem Kapsid, wird offenbar mit Ausnahme der Pockenviren durch zelluläre Enzyme, vielleicht unter Beteiligung von Membranen, durchgeführt. Der genaue Mechanismus, der ja die völlige Erhaltung der Nukleinsäure einschließen muß, ist nur ansatzweise bekannt.

Replikation der Nukleinsäure. Entsprechend der Konfiguration des Virusgenoms sind hier verschiedene Möglichkeiten zu unterscheiden (Tab. 7.**3**, Abb. 7.**6**).

Virale Proteinsynthese. Für die Translation wird, ausgehend vom Genom des eindringenden Virus und auch von der replizierten Nukleinsäure, virale mRNA hergestellt.

Die eigentliche Proteinsynthese geschieht nun, lediglich kodiert durch die virale mRNA, mit Hilfe zellulärer Komponenten, wie tRNA, Ribosomen, Initiationsfaktoren usw.

Generell werden die viralen Proteine häufig mit ihrem Molekulargewicht bezeichnet (z. B. p25 = Protein von 25 000 Da, gp120 = Glykoprotein 120 000 Da). Es können bei den Viren zwei in ihrer Funktion verschiedene Proteinarten unterschieden werden:

7

- die nicht am Kapsidaufbau beteiligten „**Nichtkapsid-Virusproteine**" („NCVP"), welche häufig Enzymeigenschaften zeigen (Polymerasen, Proteasen) und deshalb früh im Replikationszyklus gebildet werden,
- und die **Kapsidproteine**, auch **Virusproteine** (VP) genannt, welche spät in der Replikation auftreten.

Herstellung der viralen mRNA

Bei den **DNA-Viren** wird im Kern der Wirtszelle von einem oder beiden DNA-Strängen durch zelluläre Polymerasen mRNA transkribiert, wobei die Aufarbeitung der RNA (splicing, Polyadenylierung usw.) wie bei der zellulären mRNA erfolgt. Ausnahme sind die Pockenviren, die sich mit Hilfe eigener Enzyme im Zytoplasma vermehren.

Bei den **Minus-Strang-ssRNA** und den **dsRNA**-Viren geschieht die Transkription der Genom-RNA in mRNA durch die viralen Polymerasen, normalerweise ohne weitere Aufarbeitung des Transkripts.

Bei den **Plus-Strang-ssRNA**-Viren kann das Genom direkt als mRNA wirken.

Neuerdings hat man gefunden, daß bestimmte Viren (Arenaviren, s. S. 470) als „**Ambisense-Viren**" klassifiziert werden können. Hier ist ein Teil des Genoms Minus-Strang- und ein anderer Plus-Strang-RNA. Proteine werden separat von subgenomischer RNA translatiert, vom Minus-Strang erst nach Transkription in Plus-Strang-RNA.

Steuerung der Proteinsynthese

Segmentierte Genome. Für jedes Protein existiert ein separates Nukleinsäurestück (Beispiel: Reoviren).

mRNA-Splicing. Hier wird (wie in der Zelle aus der hnRNA die Exons) aus dem primären Transkript die richtige mRNA herausgeschnitten (Beispiele: Adeno-, Retroviren u. a.).

„Frühe" und „späte" Translation. Zu verschiedenen Zeiten im Infektionszyklus werden, evtl. von verschiedenen Strängen der viralen DNA, die verschiedenen mRNA-Moleküle hergestellt, die zur Bildung sog. früher und später Proteine führen (Beispiel: Papova-, Herpesviren).

Posttranslationelle Steuerung. Hier erfolgt ein proteolytisches Zerschneiden des primären Translationsprodukts in funktionelle Untereinheiten. Verantwortlich dafür sind virale Proteasen, die bestimmte Aminosäuresequenzen erkennen, wie z. B. die beiden Proteasen der Polioviren, die zwischen Glutamin und Glycin bzw. Tyrosin und Glycin schneiden. Solche Proteasen, die neuerdings z. T. mit Röntgenkristallographie charakterisiert worden sind, können Angriffspunkte für antivirale Chemotherapeutika bilden (Beispiel: HIV).

Tabelle 7.3 Replikation viraler Nukleinsäuren

DNA	Die Replikation viraler DNA findet im Zellkern statt (Ausnahme Pockenviren). Je nach Virusart wirken zelluläre (z. B. bei Adenoviren) oder virale (z. B. bei Herpesviren) Enzyme als Replikase.
Hepadna-Viren	Das Genom besteht aus einem ssDNA-Minus-Strang und einem kurzen Plus-Strang (Abb. 7.**6e**). Vom Minus-Strang wird durch die infizierte Zelle ein RNA-Plus-Strang („Prägenom") transkribiert. Diese wird in Viruskapside eingebaut, zusammen mit einer DNA-Polymerase mit RT-Eigenschaft. Die Polymerase synthetisiert aus dem Prägenom eine komplementäre Minus-DNA und die kurze Plus-DNA, die die Enden des Genoms „verklebt".
RNA	Zellen besitzen keine Enzyme zur RNA-Replikation. Deshalb muß das Virus die RNA-Polymerase(n) („Replikase") liefern. Diese Enzyme sind also auf jeden Fall viruskodierte Proteine. Bei Plus-Strang-Viren wirkt die RNA direkt als mRNA. Diese synthetisiert die Polymerase während des Replikationszyklus. Minus-Strang-Viren müssen ihr Genom zuerst in einen Komplementärstrang transkribieren, der als mRNA wirken kann. Hier wird die Polymerase für diese erste Transkription, eingepackt im reifen Virion, in die Zelle eingebracht.
Einzelstrang-RNA	Vom Virusgenom, ob Plus- oder Minus-Strang, werden Komplementärstränge hergestellt (Abb. 7.**6a, b**), die ihrerseits wieder in Tochterstränge transkribiert werden. Diese weisen somit wieder die gleiche Polarität wie das Virusgenom auf und werden in die Virusnachkommenschaft eingebaut.
Doppelstrang-RNA	Vom Genom, das aus mehreren dsRNA-Stücken besteht, wird zunächst Plus-Strang-RNA hergestellt, welche nach ihrer Funktion als mRNA als Matrize zur Synthese von Minus-Strang-RNA dient (Abb. 7.**6c**).
Retroviren	Das Genom, zwei ssRNA-Stücke von Plus-Polarität, wird durch ein im Virion vorhandenes Enzym („reverse Transkriptase", RT) in eine komplementäre DNA transkribiert. Die DNA wird zur dsDNA vervollständigt und ins Zellgenom eingebaut. Die Transkription zu Plus-Strang-RNA führt zu viraler mRNA und Genom-RNA der Virusnachkommenschaft (Abb. 7.**6d**).

Replikation des Virusgenoms

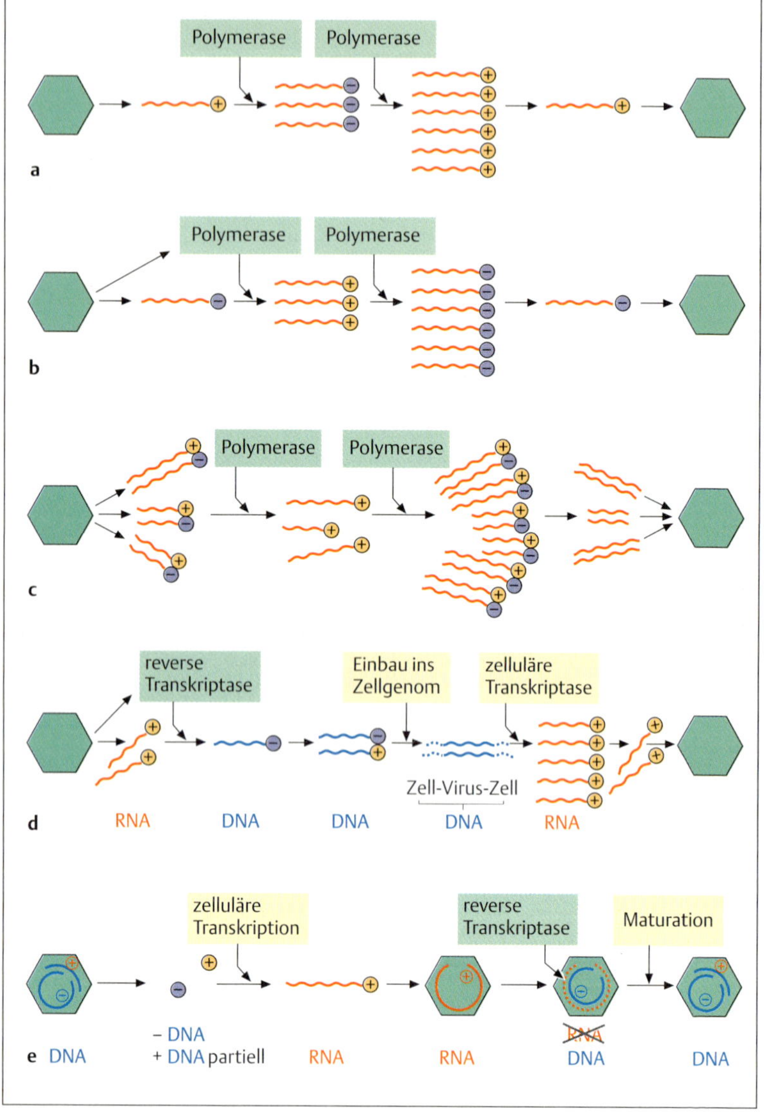

Virusreifung. In diesem Schritt werden die viralen Kapsidproteine und das Virusgenom zum neuen, infektiösen Viruspartikel zusammengesetzt. Dieses wird bei verschiedenen Virusarten noch mit einer Hülle umgeben (S. 383). Bei den Viren mit helikaler und komplexer Symmetrie wird das Virion um die Nukleinsäure oder das Nukleokapsid herum gebildet.

Freisetzung. Die Freisetzung der Virusnachkommenschaft kann teilweise mit der Virusreifung zusammenhängen, indem Hüllen oder Hüllenteile erst bei der Ausschleusung aus der Zelle durch „Knospung" an der Zytoplasmamembran erworben werden (Abb. 7.7). Bei den hüllenlosen Viren geschieht die Freisetzung entweder durch Lyse der infizierten Zelle oder durch mehr oder weniger kontinuierliche Exozytose der Viruspartikel.

◀ Abb. 7.**6** Je nach Art und Konfiguration der Nukleinsäure erfolgt die Replikation auf unterschiedliche Weise.
a Einzelstrang-RNA-Viren mit Plus-Strang-Genom: Die viruskodierte RNA-Polymerase transkribiert das Virusgenom (+) in Komplementärstränge (–) und diese weiter in neue Genom-RNA (+). Letztere wird in die Virusnachkommenschaft eingebaut.
b Einzelstrang-RNA-Viren mit Minus-Strang-Genom: Die im Virion enthaltene RNA-Polymerase transkribiert das Virusgenom (–) in Komplementstränge (+), und eine viruskodierte Polymerase transkribiert diese in neue Genom-RNA (–).
c Doppelstrang-RNA-Viren: Die viruskodierte Polymerase transkribiert vom Minus-Strang des (segmentierten) doppelsträngigen Virusgenoms Komplementärstränge (+), welche zu neuem doppelsträngigem Virusgenom vervollständigt werden.
d RNA-Replikation bei den Retroviren: Die im Virion enthaltene „reverse Transkriptase" transkribiert das Virusgenom (zwei Plus-RNA-Stränge) in komplementäre DNA (–); diese wird zu dsDNA vervollständigt und ins Zellgenom eingebaut. Zuvor wird die virale RNA abgebaut. Durch zelluläre Enzyme wird neue Genom-RNA (+) hergestellt.
e DNA-Replikation bei Hepadna-Viren: Durch zelluläre Transkription wird vom Virusgenom (Minus-DNA, partiell doppelsträngig) eine Plus-Strang-RNA hergestellt und diese ins neue Virion eingebaut, wo eine viruskodierte RT unter Zerstörung der RNA neue Genom-DNA (–) herstellt.

Ausschleusung von Retroviren aus einer infizierten Zelle

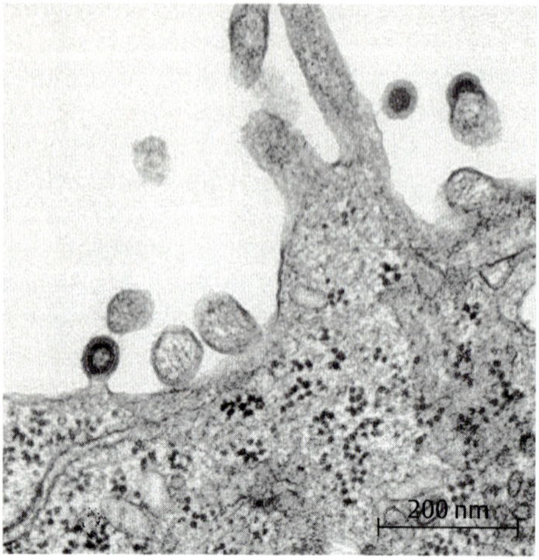

Abb. 7.7 Transmissionselektronenmikroskopische Aufnahme.

Genetik

Das genetische Material der Viren unterliegt, wie bei höheren Lebewesen, der Veränderung durch Mutation. Fehlende Korrektur („proofreading") spontaner Mutationen bei den RNA-Viren führt zu einer breiten genotypischen Variabilität innerhalb einer Virusart („Quasispezies"). Rekombination ist ebenfalls möglich, und zwar nicht nur zwischen verschiedenen Viren, sondern auch zwischen Wirtszelle und Virus, was in der viralen Tumorinduktion und in der Gentechnik eine Rolle spielt. Von den genetischen Veränderungen abzugrenzen sind gegenseitige funktionelle Beeinflussungen zwischen Viren, wie die phänotypische Mischung, die Interferenz und die Komplementierung.

Dauernde genetische Änderungen sind bei Viren, gleich wie bei höheren Lebewesen, entweder durch Veränderungen (Mutation) oder durch Austausch (Rekombination) von genetischem Material möglich. Daneben kommen vorübergehende, nichtgenetische Wechselwirkungen zwischen Viren vor, die z. T. genetische vortäuschen können.

Mutation. Mutationen sind Änderungen in der Basensequenz der Nukleinsäure, was zu einer größeren oder kleineren Veränderung des zugehörigen

Proteins führen kann. Sog. „stumme Mutationen“ (im zweiten oder dritten Nukleotid eines Kodons) haben keine Änderung in der Aminosäurensequenz des Proteins zur Folge.

Medizinisch wichtig sind Mutanten, deren Virulenz abgeschwächt, deren Antigenität und Vermehrungsfähigkeit aber noch erhalten ist. Solche Viren werden als „attenuiert“ bezeichnet. Sie bilden das Ausgangsmaterial zur Herstellung von Lebendimpfstoffen.

Rekombination. Bei der Replikation eines Virus wird eine große Menge von Kopien der viralen Nukleinsäure hergestellt. Wenn in ein und derselben Zelle zwei Virusstämme replizieren, so besteht die Chance, daß durch Bruch und Neuverbindung von Nukleinsäurestückchen oder durch Austausch von Genomsegmenten (Influenza) genetisches Material zwischen den Virusstämmen neu verteilt wird (Rekombination). Damit erhalten einzelne der Virusnachkommen neue genetische Eigenschaften, die stabil weitervererbt werden. Durch den gleichen Mechanismus oder durch Einbau (Insertion) des ganzen oder eines Teils des Virusgenoms in das Genom der Zelle ist auch ein Austausch von genetischem Material zwischen Virus und Wirtszelle möglich.

Viren als Vektoren

Der oben erwähnte Gentransfer zwischen Viren und Wirtszellen wird ausgenutzt, um mittels Viren (in diesem Zusammenhang „Vektoren“ genannt) bestimmten Zellen neue Eigenschaften zu geben. Falls die Vektor-DNA, die das gewünschte zusätzliche Gen trägt, stabil in das Wirtszellgenom integriert (z. B. Retroviren, Adeno- und adenoassoziiertes Virus), wird eine dauernde Veränderung der Wirtszelle erreicht. Dies ermöglicht eine „Gentherapie“ bei entsprechenden Funktionsstörungen wie zystischer Fibrose oder Parkinsonscher Krankheit. Nichtintegrierende Vektoren (Alphaviren, z. B. Sindbis-Virus, Mengo- oder Vacciniavirus) führen zu einer vorübergehenden Expression eines bestimmten Proteins, was z. B. zur Immunisierung eines Wirtsorganismus benutzt werden kann. So existiert eine Schutzimpfung von freilebenden Füchsen gegen Tollwut mittels eines Vacciniavirus, welches ein Rabiesvirus-Glykoprotein exprimiert. Bei all diesen Versuchen sind natürlich die gesetzlichen Bestimmungen gewisser Länder über das Freisetzen von gentechnisch veränderten Mikroorganismen zu beachten.
Es soll an dieser Stelle betont werden, daß beim Menschen nur eine somatische Gentherapie in Frage kommt. Ein gentechnisches Eingreifen in die menschliche Keimbahn wird allgemein als unethisch abgelehnt.

Nichtgenetische Wechselwirkungen.

Hier werden bei einer Mischinfektion durch zwei (oder mehr) Viren verschiedene virale Komponenten ausgetauscht, oder sie ergänzen (oder stören) sich funktionell. Dies führt aber nicht zu einer stabilen Weiterverbreitung neuer Eigenschaften.

Bei der **phänotypischen Mischung** baut sich das Genom des Virus A in das Kapsid des Virus B ein, oder es wird ein Kapsid aus Komponenten von zwei (nahe verwandten) Viren hergestellt, in das ein Genom des einen oder anderen „Elternteils" eingebaut wird. Die Nachkommenschaft eines solchen „gemischten" Virus ist aber natürlich wieder die des Genotyps.

Bei der **Interferenz** hemmt das erstinfizierende Virus die Replikation des zweiten, oder die beiden Viren hemmen sich gegenseitig. Der Mechanismus der Interferenz kann auf Interferonproduktion (S. 405) oder auf einer metabolischen Veränderung in der Wirtszelle beruhen.

Bei der **Komplementierung** weisen die infizierenden Virusarten einen genetischen Defekt auf, so daß eine Replikation nicht möglich ist. Dieser Mangel wird aber durch das jeweilige „Partner"-Virus aufgehoben (sog. Helfereffekt), indem es die fehlenden Substanzen oder Funktionen zur Verfügung stellt. Es können sich auf diese Weise ein defektives und ein nichtdefektives oder zwei defektive Viren ergänzen. Beispiele: Mäusesarkomviren, denen Leukämieviren als Helfer Kapsidproteine liefern, oder das Hepatitis-D-Virus, das sich zwar selbständig repliziert, aber durch das Hepatitis-B-Virus mit Kapsidmaterial versorgt werden muß (s. Kap. 8, S. 438).

„Quasispezies." Bei der Replikation der viralen RNA existiert, im Gegensatz zur DNA-Replikation, kein Korrekturmechanismus („proofreading") für Fehler beim Kopiervorgang. Das hat zur Folge, daß die Mutationsfrequenz bei RNA-Viren in der Größenordnung von 10^{-4} liegt, d. h. jede Kopie einer Virus-RNA von 10 000 Nukleotiden enthält durchschnittlich eine Mutation. Das bedeutet, daß bei der hohen Vermehrungsrate von Viren sehr rasch alle lebensfähigen Mutanten einer Virusart auftreten und nebeneinander existieren. Eine solche inhomogene Population wird **Quasispezies** genannt. Der Selektionsdruck (z. B. die Immunitätslage des Wirts) bewirkt dann die Auswahl der im Moment „überlebenstüchtigsten" Viren. Dieses Phänomen erklärt z. B. die beobachtete hohe Variabilität des HIV oder die Tatsache, daß eine Passage durch einen menschlichen Impfling genügt, um aus dem attenuierten Polioimpfvirus wieder neurovirulente Revertanten entstehen zu lassen.

Auftreten „neuer" Virusarten. Es scheint eine Ausnahme zu sein, daß ein harmloses oder lediglich tierpathogenes Virus durch Mutationen zu einem menschenpathogenen, aggressiven Erreger wird. Häufiger sind veränderte

Umweltbedingungen für neu auftretende Erkrankungsformen verantwortlich, indem die meisten der „neuen“ Viren in Wirklichkeit „alte“ Viren sind (wie z. B. Ebola-, Rift-Valley-Fieber-, Ross-River-, Arena- und Flavi-Viren), die mit ihren Wirten in einem ökologischen Gleichgewicht standen und durch Verstädterung, Migration und Verkehr sowie das menschliche Vordringen in isolierte Biotope in neue Übertragungszyklen gelangten.

Reaktionen der Wirtszelle

Eine Virusinfektion kann für die betroffene Wirtszelle eine der folgenden 4 Wirkungen haben:

- **Zytozide Infektion:** Es kommt zur Virusvermehrung mit daraus direkt resultierender Zellzerstörung (Zytopathologie, in Zellkulturen sog. „zytopathischer Effekt“).
- **Nichtzytozide Infektion:** Die Virusreplikation zerstört als solche die Wirtszelle nicht, hingegen kann die Zelle durch immunologische Reaktionen sekundär eliminiert werden.
- **Latente Infektion:** Das Virusgenom ist zwar in der Zelle vorhanden, aber es findet weder Virusvermehrung noch Zellzerstörung statt.
- **Tumortransformation:** Die Virusinfektion wandelt die Wirtszelle in eine Krebszelle um, wobei je nach Virus- und/oder Zellart eine Virusreplikation auftreten oder nicht auftreten kann.

Zellzerstörung (zytozide Infektion). Bei vielen Virusarten stirbt die infizierte Zelle kürzere oder längere Zeit nach der Infektion ab. Diese Zellzerstörung oder „Zytopathologie“ geht fast immer mit der Produktion von Virusnachkommenschaft einher. Virusproduktion gepaart mit Zellzerstörung wird auch als sog. „lytischer Viruszyklus“ bezeichnet. Die Zellzerstörung ist (neben immunologischen Phänomenen) der Grund für die im Makroorganismus beobachtete Krankheit (s. Abschnitt Pathogenese, S. 401).

Zellpathologische Vorgänge

Abschalt- oder „Shut-off“-Phänomene. Eine Reihe von Viren können zelluläre Makromolekülsynthesen, von denen sie selber nicht abhängig sind, mehr oder weniger vollständig blockieren. So verhindern z. B. Herpesviren, die ihre eigene DNA-Polymerase besitzen, die zelluläre DNA-Synthese, im Gegensatz zu den Adenoviren, deren DNA-Replikation mit derjenigen der Zelle gekoppelt ist. ▶

Fortsetzung: **Zellpathologische Vorgänge**

Solche Abschaltvorgänge tragen offensichtlich zu einer raschen und effizienten Virusreplikation bei, weil damit konkurrierende zelluläre Synthesen wegfallen. Bei den Polioviren, die sowohl Transkription als auch Translation der Wirtszelle hemmen, sind für die Abschaltvorgänge virale Proteine verantwortlich, die zur Hemmung der Transkription in die Regulationsmechanismen eingreifen und zur Hemmung der Translation eine Komponente (p220) des „cap binding complex" inaktivieren, von dem die Translation der Enterovirus-mRNA unabhängig ist.

Strukturelle Veränderung. In der infizierten Zelle sind häufig für die betreffende Virusart charakteristische, morphologische Veränderungen beobachtbar. Gut bekannt sind die in virusinfizierten Zellkulturen auftretenden Effekte, die unter dem Begriff „zytopathischer Effekt" (CPE) zusammengefaßt und diagnostisch (S. 412) ausgenützt werden. Sie reichen vom Abrunden und Loslösen der Zellen von ihrer Unterlage über die Bildung von mehrkernigen Riesenzellen bis zur Vakuolisierung des Zytoplasmas und zum Auftreten von „Einschlußkörperchen". Letztere sind färberisch darstellbare, während dem viralen Vermehrungszyklus auftretende Strukturen, die aus viralem und/oder zellulärem Material bestehen, wie z. B. Viruskristalle im Kern (Adenoviren) oder Anhäufungen von Virionen und Virusmaterial im Zytoplasma (Pockenviren).
Die strukturellen Veränderungen der Wirtszelle sind zwar an der Zellzerstörung beteiligt, sie sind aber primär für spezifisch virale Syntheseschritte notwendig. So läuft z. B. die RNA-Synthese und der Viruszusammenbau der Picornaviren nur an speziellen virusinduzierten, neugebildeten Membranstrukturen und Vesikeln ab, die sekundär dann CPE und schließlich den Zelltod bewirken.

Virusvermehrung ohne Zellzerstörung (nichtzytozide Infektion). Dieser Fall tritt bei einzelnen Viren auf, die keine tiefgreifende Umstrukturierung der Wirtszelle verursachen und im allgemeinen durch „Sprossung" an der Zelloberfläche freigesetzt werden. Diese Vermehrungsweise spielt z. B. eine Rolle bei den Oncornaviren und den Myxoviren sowie der chronischen Verlaufsform der Hepatitis B. Allerdings kann es sekundär zur Zellzerstörung kommen, wenn das Immunsystem virale Antigene auf der Zelloberfläche erkennt und die Zelle als „fremd" vernichtet.

Latente Infektion. Hier ist das Virus(-genom) zwar in einer Zelle integriert, aber es werden keine neuen Viren produziert und entsprechend ist die Zelle auch nicht geschädigt, der Makroorganismus auch nicht krank. Diese Form der Infektion findet sich unter anderem bei der Gruppe der Adeno- und speziell der Herpesviren, die über lange Zeit im Menschen latent bleiben können. Die Latenz gehört zur Überlebensstrategie dieser Viren, da sie dabei dem Zugriff des Immunsystems entzogen sind. Durch verschiedene auslösende Ereignisse (s. Kap. 8, S. 426) kann ein lytischer Zyklus induziert werden, der dann zu einer manifesten Erkrankung und auch zu einer Weiterverbreitung des Virus führt. Der Virusträger ist somit Reservoir für die entsprechende Virusart. Wenn diese Aktivierung des latenten Virus wiederholt auftritt, spricht man von „Rezidiven" (z. B. Herpes labialis).

Tumortransformation

Bei einer Reihe von Viren führt eine Infektion zu einer Tumortransformation der Wirtszelle. Bei den DNA-Tumorviren tritt entweder eine Tumortransformation ohne Virusvermehrung oder ein lytischer Zyklus auf, wobei der Typ der infizierten Zelle bestimmt, ob das eine oder das andere eintritt. Bei den RNA-Tumorviren kann ebenfalls nur die Transformation ohne Virusvermehrung (nichtpermissive Infektion) oder aber beides zugleich auftreten, in dem die infizierte Zelle zur Tumorzelle transformiert wird und gleichzeitig neue Viren produziert (permissive Infektion).

Tumorerzeugende Retroviren („Onkoviren")

Genomaufbau und Vermehrung der Onkoviren. Onkoviren besitzen die Gene *gag* = gruppenspezifisches Antigen, *pol* = Polymerasekomplex mit reverser Transkriptase, Intergrase und Protease und *env* = Hülle (envelope), flankiert von zwei Steuersequenzen (LTR = long terminal repeats, mit Promotor/Enhancerfunktion) (Abb. 7.**8**). Diese werden bei der Rückwärtstranskription (s. S. 391f.) verdoppelt und sind auch für die Insertion des viralen Genoms in die Zell-DNA wichtig. Bestimmte Onkoviren besitzen anstatt der *pol*-Region ein sog. „*onc*-Gen" (s. unten). Häufig ist bei diesen Viren auch die *gag*- und/oder die *env*-Region unvollständig. Diese Viren sind defektiv, d. h., sie benötigen für ihre Vermehrung ein Helfer-Virus (Komplementierung, s. S. 396). Eine Ausnahme bildet das Rous-Sarkom-Virus, das sowohl ein *onc*-Gen besitzt als auch einen vollständigen Satz der viralen Gene und das sich deshalb auch selbst replizieren kann.

Genomorganisation der Onkoviren

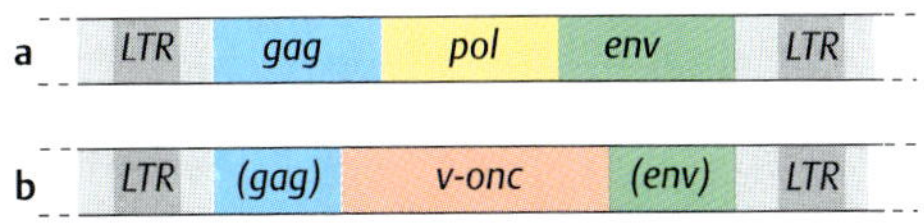

Abb. 7.**8** **a** Selbständig replizierende Onkoviren mit den 3 Replikationsgenen *gag*, *pol* und *env*, flankiert von den LTR-Regionen.
b Defektive Onkoviren enthalten statt der ganzen *pol*-Region und Teilen der *gag*- und *env*-Region ein *onc*-Gen.

Tumorinduktion durch Onkoviren. Beide Typen von Onkoviren – solche die kein Onkogen besitzen und sich selbständig replizieren können und solche, die wegen der Aufnahme eines Onkogens defektiv geworden sind – können eine Tumortransformation auslösen.

- **Retroviren ohne Onkogen:** Die LTR sind sehr starke Promotoren. Da ein Retrovirusgenom an zufälliger Stelle in das Zellgenom eingebaut wird, können durch die LTR auch zelluläre Protoonkogene zu einer erhöhten Expression angeregt werden (Promotor-Insertions-Hypothese, auch Insertionsmutagenese genannt), was zur Ausbildung von Tumoren führen kann. Es handelt sich dabei um langsame Prozesse (z.B. chronische Leukämien), bei denen Co-Karzinogene eine wichtige Rolle spielen können. Die transformierten Zellen produzieren neue Viren.
- **Retroviren mit einem Onkogen:** Ein virales Onkogen ist immer in bezug auf das ursprüngliche, zelluläre Protoonkogen verändert (Deletion, Mutation). Es wird zusammen mit den restlichen, vorhandenen viralen Genom(-teilen) nach Rückwärtstranskription in das Zellgenom eingebaut und unter dem Einfluß der LTR exprimiert, meist überexprimiert. Dies führt zu rasch auftretenden, akuten Malignomen, die keine neuen Viren produzieren.

Die Überproduktion von viralen oder aktivierten zellulären Onkogenen kann durch Genprodukte von Anti-Onkogenen kompensiert werden. Verlust oder Mutation eines solchen Suppressorgens kann deshalb ebenfalls zu Tumoren führen.

DNA-Tumorviren

Auch bei den DNA-Tumorviren sind Gene gefunden worden, die eine maligne Transformation der Wirtszelle auslösen. Im Gegensatz zu den Onkogenen der Onkoviren handelt es sich hier aber um echte, virale Gene, die sich im Laufe einer, wie man annimmt, viel längeren Evolution unabhängig voneinander entwickelt haben. Sie gehören zu den sog. Frühproteinen, die früh im viralen Replikationszyklus hergestellt werden und wesentliche Funktionen bei der viralen DNA-Replikation haben. Ihr onkogenes Potential beruht unter anderem offenbar darauf, daß sie an die Produkte der Onkogen-Suppressorgene (Anti-Onkogene, „Anti-Transformationsproteine", s. oben) binden und damit deren Wirkung hemmen können.

Onkogene

Im Laufe der Zeit wurden in der Tumorvirologie mehrere Dutzend *onc*-Gene (sog. „Onkogene") gefunden, die die Tumorviren befähigen, ihre Wirtszelle in eine Tumorzelle zu verwandeln. Die verschiedenen Onkogene werden mit Abkürzungen bezeichnet, die sich meist von der Tierspezies ableiten, aus der das Virus zuerst isoliert wurde.

Weitere Untersuchungen dieser viralen Onkogene ergaben nun aber, daß es sich dabei nicht primär um virale, sondern um bei Menschen und Tieren weitverbreitete, **normale, zelluläre Gene** handelt, die von den Onkoviren in ihren Wirtszellen erworben und auf neue Zellen übertragen werden können. Das zelluläre Gen, das als solches nicht onkogen ist, wird deshalb **Protoonkogen** genannt.

Die **normale Funktion** der Protoonkogene hat im weitesten Sinne mit der Regulation des Zellwachstums zu tun. Ihre Genprodukte sind Wachstumsfaktoren, Wachstumsfaktor- oder Hormonrezeptoren und GTP- oder DNA-bindende Proteine. Die Protoonkogene können nun aber an der Entstehung von Tumoren mitbeteiligt sein, wenn sie zu Onkogenen **„aktiviert"** werden. Dies kann durch chromosomale Translokation geschehen. Dabei werden Protoonkogene auf andere Chromosomen verfrachtet und somit anderen zellulären Promotoren unterstellt, was zu einer dauernden Überexpression des entsprechenden Proteins führt. Auch der Einbau des Promotors eines Onkovirus kann zur Überaktivierung eines Protoonkogens und damit zu einem Tumor führen.

Pathogenese

Eine Virusinfektion erfolgt parenteral oder über eine Mukosa. Die Viren vermehren sich entweder nur an der Eintrittspforte (**lokale Infektion**) oder erreichen hämatogen (lymphogen) oder über Nervenbahnen ihr Zielorgan, wo der größte Teil ihrer Vermehrung stattfindet (**generalisierte Infektion**). In beiden Fällen tritt als Folge der Virusreplikation eine degenerative Schädigung auf, deren Ausmaß durch die virusinduzierte Zellzerstörung (Zytopathologie) bedingt ist und die das Krankheitsgeschehen bestimmt. Durch Zerstörung der infizierten Zellen können immunologische Vorgänge zur Eliminierung der Viren beitragen, aber auch den Krankheitsverlauf verschlimmern.

Übertragung. Viren können horizontal (innerhalb einer Gruppe von Individuen) (Tab. 7.**4**) oder vertikal (von der Mutter auf die Nachkommenschaft) übertragen werden. Die vertikale Infektion erfolgt entweder transovariell oder durch eine Infektion des Keims in utero (aszendierend oder diaplazentar). Wenn die Nachkommen bereits infiziert geboren werden, spricht man von einer konnatalen Infektion.

Tabelle 7.4 Horizontale Übertragung pathogener Viren

Übertragungsart	Beispiele
Direkte Übertragung:	
– fäkal-oral (Schmierinfektion)	Enteroviren
– aerogen (Tröpfcheninfektion)	Influenzavirus
– durch engen Kontakt (Schleimhaut)	Herpes-simplex-Virus
Indirekte Übertragung	
– alimentär	Hepatitis-A-Virus
– durch Arthropoden	Gelbfiebervirus
– parenteral	Hepatitis-B-Virus

Eintrittspforte. Die wichtigsten Eintrittspforten für Viren sind die Schleimhäute des Respirations- und des Gastrointestinaltrakts. Die intakte Epidermis ist eine Barriere für Viren. Sie wird allerdings entweder durch die fast immer vorhandenen Mikrotraumen oder durch mechanische Inokulation (z. B. durch blutsaugende Arthropoden) überwunden.

Ausbreitung der Viren im Organismus. Es können zwei Formen der Infektion unterschieden werden:

- **Lokale Infektion.** Hier findet die Ausbreitung der Viren nur von Zelle zu Zelle statt; die Infektion und das Krankheitsgeschehen bleiben somit auf das Gewebe in der unmittelbaren Nähe der Eintrittspforte beschränkt. Beispiel: Rhinoviren, die sich nur in den Zellen des oberen Respirationstrakts vermehren.

- **Generalisierte Infektion.** Die Viren vermehren sich bei diesem Infektionstyp normalerweise bis zu einem gewissen Grad an der Eintrittspforte. Sie werden anschließend über Lymphbahnen oder hämatogen gestreut und erreichen direkt oder nach Infektion eines weiteren Organs ihr Zielorgan. Erst dort findet eine so starke Virusvermehrung und als Folge auch Zellzerstörung statt, daß klinische Symptome auftreten. Beispiele für solche Infektionsverläufe sind die der Enteroviren, welche sich primär im Darmepithel vermehren, dort aber keine Symptome verursachen, sondern erst in ihren Zielorganen, wie ZNS (Polioviren, Echo-Viren), Muskulatur (Coxsackie-Viren) oder Leber (Hepatitis-A-Viren).

  Eine zweite Möglichkeit der Virusausbreitung im Organismus besteht in der Wanderung der Viren entlang der Nervenbahnen, und zwar von der Eintrittspforte bis ins ZNS (Tollwut) oder, umgekehrt, vom Ganglion, dem Ort der Viruslatenz, bis ins Zielorgan (Herpes simplex).

Organbefall, Organtropismus

Ob eine bestimmte Zellart von einer Virusart überhaupt infiziert werden kann, hängt vom Vorhandensein spezifischer Rezeptoren auf der Zelloberfläche ab (S. 388). Durch diesen Mechanismus läßt sich erklären, wieso ein Organtropismus von Viren beobachtet werden kann. Allerdings ist dieser Tropismus ein scheinbarer; korrekterweise wäre eher von empfänglichen und resistenten Zellen (und damit entsprechenden Organen) zu reden. Zu beachten ist außerdem, daß im Labor Zellen, die in Zellkulturen gezüchtet werden, ihre Empfindlichkeit oder Resistenz für gewisse Virusarten im Vergleich zu ihrem Herkunftsorgan völlig ändern können.

Infektionsverlauf. Die durch Viren ausgelösten Organschädigungen sind primär degenerativer Natur, und erst sekundär sind entzündliche Reaktionen zu beobachten. Die Schwere der klinischen Symptome hängt primär vom Ausmaß der virusinduzierten (oder immunologischen, s. unten) Zellschädigung ab. Das heißt, daß der größte Teil der Viren vor dem Auftreten der Krankheitssymptome synthetisiert wird, was größte Konsequenzen für eine antivirale Therapie (S. 409) hat. Das bedeutet aber auch, daß bei einer unbedeutenden oder fehlenden Zellzerstörung die Infektion unbemerkt ablaufen kann. Man spricht in diesen Fällen von inapparenter, stummer oder subklinischer Infektion. Dabei werden aber durchaus Viren produziert und freigesetzt, im Gegensatz zu latenten Infektionen (S. 398), wo keine Viruspartikel hergestellt werden.

Immunologische Vorgänge können den Verlauf der Virusinfektion mitbeeinflussen. Die Krankheit kann dabei abgeschwächt oder überwunden werden (S. 404f.). Sie kann aber auch verschlimmert werden, entweder indem mit Viren oder Teilen davon Immunkomplexe gebildet werden (Nephritis), oder indem das Immunsystem virusinfizierte Zellen erkennt und zerstört. Dies ist möglich, wenn virale Antigene in die Zellmembran eingebaut und damit auf der Zelloberfläche exprimiert werden. Von pathogenetischer Bedeutung sind diese Vorgänge, wenn die Viren an sich zu geringer oder keiner Zellzerstörung führen (S. 398).

Antikörperbedingte Krankheitsverstärkung

Die Krankheit kann auch dadurch verstärkt werden, daß Viren mit subneutralisierenden Mengen oder Arten von Antikörpern reagieren. Der Fc-Teil der an die Viren gebundenen Antikörper kann nun mit Fc-Rezeptoren von bestimmten Zellen reagieren. Damit können diese Zellarten infiziert werden, obwohl sie primär resistent gegen das Virus sind, da sie keine Virusrezeptoren besitzen. Man hat für diesen Vorgang den Ausdruck „antibody dependent enhancement of viral infection" (ADE) geprägt. Er wurde experimentell bis heute bei folgenden Viren nachgewiesen: Herpes-, Pox-, Reo-, Flavi-, Paramyxo-, Rhabdo-, Corona-, Bunya- und HI-Viren.

Virusausscheidung. Die Ausscheidung der neugebildeten Viren ist vom Ort der Virusvermehrung abhängig. Also werden z. B. Viren, die den Respirationstrakt befallen, mit der Atemluft (Tröpfcheninfektion) wieder abgegeben. Es ist aber zu beachten, daß bei den generalisierten Infektionen nicht nur das Zielorgan, sondern auch die primäre Virusvermehrung an der Eintrittspforte für die Ausscheidung eine Rolle spielen (Beispiel Enteroviren, welche sich primär in der Darmwand vermehren und mit dem Stuhl wieder ausgeschieden werden). Da, wie erwähnt, die Symptome bei einer viralen Erkrankung eine *Folge* der Zellzerstörung sind, geht die Virusproduktion – und damit auch die Virusausscheidung – dem Ausbruch der Krankheit voraus. Der Patient ist also in der Regel kontagiös, bevor er richtig erkrankt ist.

Abwehrmechanismen

Bei der **spezifischen** (durch das Immunsystem bedingten) **Abwehr** ist in den meisten Fällen die zelluläre Immunität wichtiger als die humorale. Die zelluläre Immunität kann virusinfizierte Zellen erkennen und zerstören, wenn virale Antigene auf der Zelloberfläche exprimiert werden. Die humorale kann nur extrazelluläre Viren eliminieren. Unter den **unspezifischen Abwehrmechanismen** sind die bedeutendsten die Interferone. Sie können neben ihren Wirkungen auf das Zellwachstum und die Immunantwort und -regulation eine vorübergehende Resistenz gegen eine Virusinfektion auslösen. Interferone wirken dabei nicht direkt auf Viren, sondern induzieren zelluläre Resistenzmechanismen (Synthese „antiviraler Proteine"), welche mit einzelnen Schritten der Virusreplikation interferieren.

Spezifische Abwehr. Allgemein gilt, daß Viren, bei denen virale Antigene auf der Oberfläche der infizierten Zellen ausgedrückt werden, eher zelluläre Immunität induzieren, und Viren, die nicht zu einer Antigenitätsveränderung ihrer Wirtszelle führen, eher humorale.

- **Humorale Immunität.** Antikörper können Viren nur außerhalb ihrer Wirtszellen angreifen. Das bedeutet, daß eine in einem Organ etablierte Infektion durch Antikörper kaum mehr beeinflußt werden kann, da die Viren sich dabei direkt von Zelle zu Zelle ausbreiten. Die humorale Immunität kann also im Prinzip lediglich eine (generalisierte) Infektion verhindern, und das nur, wenn die Antikörper früh genug (z. B. infolge einer Schutzimpfung) vorhanden sind. Dabei spielen im Blut die Antikörper der Klassen IgG und IgM, auf der Oberfläche von Schleimhäuten die der Klasse IgA eine Rolle.

Die Wirkung der Antikörper auf die Viruspartikel („Neutralisation") beruht darauf, daß die Viren durch die auf ihrer Oberfläche angelagerten Antikörper sterisch an der Adsorption an die Wirtszelle gehindert werden. Die neutralisierende Wirkung von Antikörpern ist am stärksten, wenn sie mit den rezeptorbindenden Stellen auf dem Kapsid reagieren und diese blockieren, so daß das Virus nicht mehr mit den zellulären Rezeptoren (S. 388) kombinieren kann.

- **Zellvermittelte Immunität.** Bei der Abwehr von viralen Infekten ist diese Form der Immunität wesentlich wichtiger. Dabei erkennen T- Lymphozyten (Killer-Zellen) virusinfizierte Zellen an ihren viralen Antigenen an der Zelloberfläche und vernichten sie. Daß die zelluläre Immunität die wichtigere der beiden Immunsysteme ist, illustriert die Beobachtung, daß Patienten mit defekter humoraler Immunität gut, solche mit gestörter zellulärer Antwort schlecht mit Virusinfektionen fertig werden.

Unspezifische Abwehr. Die Mechanismen der unspezifischen Abwehr werden (mit Ausnahme der Interferone, s. unten) relativ schlecht verstanden. Sicher spielt die Phagozytose eine Rolle, daneben auch pH- und Ionenänderungen sowie Fieber, das gewisse temperatursensitive Vermehrungsschritte blockieren kann.

Interferon. Interferone (IFN) sind zellkodierte Proteine von ca. 20 kDa Molekulargewicht. Es werden drei Typen unterschieden (Leukozyteninterferon = IFN α, Fibroblasteninterferon = IFN β, Immuninterferon = IFN γ), von denen die Aminosäuresequenzen bekannt sind und die, dank der Gentechnik, heute praktisch unlimitiert hergestellt werden können. Die biologischen Wirkungen der Interferone sind im wesentlichen antiviral, zellteilungshemmend für normale und maligne Zellen sowie immunmodulatorisch. Entsprechend versucht man diese Substanzen in der Klinik einzusetzen. Im folgenden soll aber lediglich der in der Virologie wichtige Aspekt der antiviralen Aktivität besprochen werden (Abb. 7.**9**):

Eine Reihe von Substanzen kann in einer Zelle die Produktion von Interferon induzieren, so z. B. doppelsträngige RNA, synthetische oder natürliche Polynukleotide, Bakterien, verschiedene niedermolekulare Verbindungen und vor allem Viren. Alle diese Substanzen wirken gleich; sie dereprimieren das zelluläre Interferon-Gen, so daß die Zelle mit der Produktion von Interferonvorstufen beginnt. Nach Glykosylierung wird das fertige Interferon an die Umgebung abgegeben; es verbindet sich nun mit dem Interferonrezeptor einer nächsten Zelle. Das Vorhandensein oder Fehlen dieses Rezeptors entscheidet über die Wirkung des Interferons. Es erklärt auch die – je nach Zell- und Interferonart – mehr oder weniger ausgeprägte Speziesspezifität. Die Wirkung von Interferon ist im Prinzip am stärksten in der gleichen Spezies,

Synthese und Wirkung von Interferon

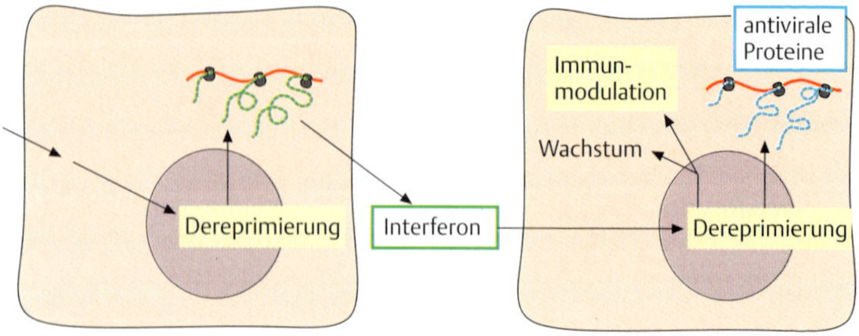

Abb. 7.**9** Eine interferoninduzierte Substanz löst in der ersten Zelle die Produktion von Interferon aus; in der zweiten Zelle induziert Interferon seinerseits u. a. die Herstellung von antiviral wirkenden Proteinen.

in der es produziert wurde. In der Empfänger- oder „Target-Zelle" löst das Interferon durch Dereprimierung vorhandener Gene die Synthese verschiedener, u. a. virushemmender Proteine aus.

Interferoninduzierte Proteine

2′5′-(A)n-Synthetase. Dieses zelluläre Enzym wird zunächst in einer inaktiven Form produziert. Es wird dann durch doppelsträngige dsRNA aktiviert und kann nun aus ATP Oligoadenylat polymerisieren. Diese Substanz wiederum aktiviert eine zelluläre Ribonuklease (RNase L), welche virale (aber auch zelluläre) mRNA inaktiviert.

P1/eIF-2-Kinase. Auch diese zellkodierte Kinase ist im nativen Zustand inaktiv und muß ebenfalls durch dsRNA aktiviert werden. Sie phosphoryliert nun das ribosomale Protein P1 und den Initiationsfaktor eIF2. Dies führt zu einer Hemmung der Initiation der Proteinsynthese.

Es ist nicht klar, wie zwischen viraler und zellulärer RNA im Falle der RNase L und zwischen viraler und zellulärer Proteinsynthese im Falle der Kinase unterschieden wird. Vielleicht hängt das mit der bei beiden Mechanismen zur Aktivierung der Enzyme nötigen dsRNA zusammen: Diese Substanz fehlt in der nichtinfizierten Zelle und wird nur in Zellen hergestellt, die durch ein (RNA-)Virus infiziert sind (S. 391), so daß die antiviralen Enzyme auch nur in den infizierten Zellen aktiviert werden können.

Mx-Protein. Die Beobachtung, daß bestimmte Mäuse resistent gegen Influenzaviren sind, führte zur Entdeckung der interferoninduzierten, 75–80 kDa ▶

Fortsetzung: **Interferoninduzierte Proteine**

großen Mx-Proteine, die von dominant vererbten Mx-Genen kodiert werden. Mx-Proteine akkumulieren bei Mäusen im Zellkern und hemmen die mRNA-Synthese der Influenzaviren. Mx^--Mäuse gehen an Influenza zugrunde. Beim Menschen akkumulieren die Mx-Proteine im Zytoplasma, ihr Wirkungsmechanismus ist nicht bekannt.

Prophylaxe

Die wichtigsten prophylaktischen Maßnahmen bei Virusinfektionen bilden die aktiven Schutzimpfungen. Impfstoffe aus inaktivierten Viren bieten einen in der Regel kürzeren und schwächeren Schutz als Lebendimpfstoffe. Die passive Immunisierung mit menschlichem Immunglobulin wird nur in wenigen Fällen und meistens als Postexpositionsprophylaxe durchgeführt.

Wertigkeit der verschiedenen Methoden. Allgemein spielt bei der Prophylaxe von Viruskrankheiten die Impfung (Immunprophylaxe) die wichtigste Rolle; die Expositionsprophylaxe hat nur für Einzelfälle ihren Wert. Die Chemoprophylaxe hat zur Zeit ihre Berechtigung bei ausgewählten Patienten, die z. B. einer Immunsuppression unterzogen worden sind. (Details dazu s. im Abschnitt Chemotherapie, S. 409ff.)

Aktive Immunisierung. Hier wird dem Körper das Antigen (Virus) inaktiviert oder vermehrungsfähig, aber attenuiert zugeführt, so daß der Körper selber die Immunität aufbauen kann.

- **Inaktivierte Impfstoffe.** Die Immunität nach der Verabreichung sog. „Totimpfstoffe" ist lediglich humoral und hält generell relativ kurz an; daher muß auch die Impfung mehrmals wiederholt werden (booster). Die wichtigsten heute noch verwendeten Totimpfstoffe sind Influenza-, Rabies-, gewisse Flavivirus- und Hepatitis-A- und -B-Impfstoffe. Einige inaktivierte Impfstoffe bestehen aus den wichtigsten immunogenen Proteinen des Virus. Diese sog. Spaltvakzine induzieren einen besseren Schutz und sind vor allem besser verträglich. Sie werden heute z. T. gentechnisch hergestellt.
- **Vermehrungsfähige, attenuierte Impfstoffe.** Diese Impfstoffe ergeben auch nach einmaliger Verabreichung eine gute und langdauernde Schutzwirkung, weil die darin enthaltenen Viren sich im Körper vermehren kön-

nen und damit nicht nur eine humorale, sondern z. T. auch eine zelluläre und eine lokale (Eintrittspforte!) Immunität induzieren. Solche „Lebendimpfstoffe" sind also dort, wo sie existieren, im allgemeinen vorzuziehen. Nachteile bestehen jedoch hinsichtlich der Haltbarkeit, der aufwendigeren Prüfung auf Kontamination mit anderen Viren, sowie der Gefahr einer Rückmutation zu pathogenen Stämmen (s. Variabilität und „Quasispezies" von Viren, S. 396).

- **Impfstoffe mit rekombinanten Viren.** Da nur einzelne (Oberflächen-)proteine von Viren zur schützenden Immunisierung notwendig sind, versucht man, diese durch virale Vektoren (s. S. 395) im Impfling zu exprimieren. Als Vektoren werden möglichst avirulente Virusstämme verwendet, z. B. Picorna-, Alpha- oder Poxviren. Gegen diese darf keine generelle Immunität in der Bevölkerung bestehen, damit sich der Vektor im Impfling vermehren und gleichzeitig das gewünschte Protein exprimieren kann. Zur Zeit sind noch keine solchen rekombinanten Impfstoffe beim Menschen zugelassen, und praktisch wird nur die auf S. 395 erwähnte Tollwutimpfung durch rekombiniertes Vacciniavirus bei Tieren angewandt.

- **Impfung durch nackte DNA.** Da reine DNA in Eukaryontenzellen eingebracht (Transfektion) und ihr Informationsgehalt exprimiert werden kann, läßt sich DNA, die für entsprechende (virale) Proteine kodiert, als Impfstoff verwenden. Diese Methode hat den Vorteil der leichten Herstellbarkeit und guten Haltbarkeit des Impfstoffs, befindet sich heute aber noch im Versuchsstadium.

Passive Immunisierung. Bei dieser Impfung werden Antikörper injiziert, wobei nur menschliche Immunglobuline verwendet werden. Der Schutz ist kurzdauernd und besteht im Prinzip nur gegen Viren, die eine Virämie verursachen. Die passive Immunisierung wird, meist als Postexpositionsprophylaxe, also nach erfolgter Infektion, oder in Situationen stark erhöhten Infektionsrisikos angewandt, und zwar bei Hepatitis B, bei Varizellen-Zoster, Frühsommer-Meningoenzephalitis und bei Tollwut lokal (Bißwunde). Die Tabellen 1.**13** und 1.**14** (S. 32ff.), sowie Tab. 8.**6** (S. 465) fassen die wichtigsten Schutzimpfungen zusammen.

Chemotherapie

Zur Chemotherapie bei Virusinfektionen können Inhibitoren bestimmter Schritte der Virusreplikation eingesetzt werden. In praxi sind Hemmer der viralen Nukleinsäuresynthese weitaus wichtiger als die der Proteinsynthese. Die Hauptprobleme sind die z.T. geringe Spezifität (Toxizität durch Beeinflussung auch des zellulären Metabolismus) und die Notwendigkeit, die Therapie sehr früh im Krankheitsablauf beginnen zu müssen.

Problematik der Chemotherapie. Wie auf S. 382 ff. dargelegt, ist die Virusvermehrung völlig in den Zellmetabolismus integriert. Das Virus liefert lediglich die Information für die Durchführung der nötigen Synthesen durch die Zelle. Das bedeutet, daß prinzipielle Schwierigkeiten bei der Entwicklung von virusspezifischen Chemotherapeutika zu erwarten sind, da ein Eingriff in die viralen Synthesen notgedrungen auch die zellulären trifft. Eine Möglichkeit des spezifischen Eingriffs besteht nur dort, wo das Virus für eigene Enzyme (z.B. Polymerasen oder Proteasen) kodiert, die mit viralen Substraten reagieren. Vom klinischen Standpunkt aus ist zu beachten, daß ein Chemotherapeutikum eigentlich prophylaktisch eingesetzt werden muß, da ja der Höhepunkt der Virusvermehrung überschritten ist, wenn die klinischen Symptome einsetzen (S. 403 ff.).

Tab. 7.**5** zeigt die wichtigsten klinisch verwendeten DNA- oder RNA-Synthesehemmer, welche

- die Synthese der Nukleotide stören,
- als Nukleosidanaloge in die DNA eingebaut werden und deren Funktion beeinträchtigen,

Tabelle 7.**5** Antivirale Chemotherapeutika

Chemotherapeutikum	**Anwendung**
Acyclovir (Zovirax, Acycloguanosin)	Herpes-simplex-, Varizellen/Zoster-Virus
Ganciclovir (Cymevene, Dihydroxypropoxymethylguanin [DHPG])	Zytomegalievirus bei Immunsupprimierten und AIDS-Patienten
Zidovudin (Retrovir, Azidothymidin [AZT])	HIV
Vidarabin und Ribavirin (Virazol)	Influenza, Parainfluenza, Lassa, HIV
Amantadin	Influenza
Foscarnet (Phosphonoameisensäure)	Retroviren (HIV), Hepatitis B

- die virale DNA- oder RNA-Polymerase blockieren,
- wegen fehlender OH-Gruppe am 3′-Ende zum Abbruch der Kettenverlängerung führen.

Die recht gute Spezifität vieler dieser Verbindungen beruht darauf, daß sie als solche inaktiv sind und erst in vivo zur aktiven Form phosphoryliert werden müssen. Da dies durch virale Kinasen erfolgt, werden diese Substanzen primär in infizierten Zellen wirksam. Die Spezifität wird weiter erhöht dadurch, daß sie präferentiell virale und nicht zelluläre Polymerasen hemmen.

Resistenzentwicklung gegen Chemotherapeutika. Immer wieder werden aciclovirresistente Stämme von Herpesviren, spezielle Herpes-simplex-Viren und etwas seltener ganciclovirresistente Zytomegalieviren isoliert. Diese Viren besitzen eine durch Mutation veränderte Thymidinkinase oder eine mutierte DNS-Polymerase. Relativ oft beobachtet man Infektionen durch resistente Herpesviren bei immundefizienten Patienten, wo nach länger andauernder Behandlung Haut- oder Schleimhauteffloreszenzen auf die Therapie nicht mehr ansprechen. Ein fehlender Therapieerfolg durch AZT bei einer HIV-Infektion wird ebenfalls mit dem Auftreten resistenter Viren erklärt, die eine mutierte reverse Transkriptase besitzen.

Zur Zeit existieren noch keine standardisierten Resistenzprüfungen für chemotherapeutikaresistente Viren, so daß der Aussagewert solcher Prüfungen im Einzelfall fraglich ist. Dazu kommt, daß die in vitro festgestellten und in der Klinik beobachteten Resistenzen schlecht korrelieren.

Labordiagnose

Eine virologische Labordiagnose kann mit folgenden Verfahren gestellt werden:

- mit der **Virusisolierung** durch Anzüchten des Erregers in einem empfänglichen Wirt, meist der Zellkultur, selten im Versuchstier oder Hühnerembryo;
- mit dem **direkten Virusnachweis,** der serologische, molekularbiologische oder elektronenmikroskopische Methoden benützt, um Viren oder Virusbestandteile direkt, d. h. ohne vorangehende Züchtung, im Untersuchungsmaterial zu identifizieren, und
- mit der **Serodiagnose,** bei der antivirale Antikörper der IgG- oder IgM-Klassen im Patientenserum bestimmt werden.

Indikation und Methoden. Die Labordiagnostik von Viruskrankheiten ist zeitlich, finanziell und personell aufwendig. Es sollte deshalb immer sorgfältig überlegt werden, inwiefern eine solche Untersuchung indiziert ist. Die Entscheidung darüber liegt im Einzelfall beim behandelnden Arzt und soll hier nicht im Detail besprochen werden. Generell läßt sich aber festhalten, daß eine Laboruntersuchung angebracht ist, wenn die weitere Behandlung des Patienten durch eine ätiologische Diagnose beeinflußt wird, wenn ein epidemiologisches Interesse an der genauen Abklärung besteht, und wenn im Rahmen wissenschaftlicher Untersuchungen und Studien eine exakte Diagnose benötigt wird.

Die virologische Diagnostik läßt sich mit 3 grundsätzlich verschiedenen Verfahren durchführen (Tab. 7.**6**):

1. der *Virusisolierung durch Anzüchten* des Erregers in einem lebenden Wirt, meist Zellkulturen;
2. dem *direkten Virusnachweis* im Patientenmaterial, wobei Viruspartikel mittels Elektronenmikroskopie, Virusantigene mit serologischen und Virusgenom(-teile) mit molekularbiologischen Methoden identifiziert werden, und
3. dem *Antikörpernachweis* aus dem Patientenserum.

Im folgenden werden allgemeine Richtlinien zur Virusdiagnostik aufgeführt, spezifische Details zum Nachweis einzelner Virusarten werden in den entsprechenden Abschnitten im Kap. 7 besprochen.

Virusisolierung durch Anzüchten. Hier wird das Virus aufgrund seiner Infektiosität und Pathogenität nachgewiesen, indem man das Untersuchungsmaterial auf einen für das gesuchte Virus empfänglichen Wirt verimpft. Die im Wirt auftretenden Veränderungen oder Krankheitssymptome zeigen das Vorhandensein eines Virus an.

Tabelle 7.**6** Virologische Labordiagnostik

Art der Diagnostik	Methodik	Nachweis von	Vor-/Nachteil
Isolierung	Anzüchten in Zellkulturen usw.	Infektiosität, Pathogenität	langsam, empfindliche Methode
direkter Nachweis	Elektronenmikroskopie, EIA, IF usw., In-situ- oder Filterhybridisierung	Viruspartikel, Antigen, Genom	rasch, aber weniger empfindlich
Serologie	EIA, IF, RIA usw.	Antikörper	retrospektiv

Wirte in der diagnostischen Virologie

Hühnerembryonen. Verschiedene Anhangsgebilde des Hühnerembryos können zur Kultivierung von Viren benutzt werden. Heute werden vor allem noch Myxo- und Paramyxoviren in der Allantoishöhle des ca. 10 Tage bebrüteten Hühnereis gezüchtet. Andere Anwendungen sind humanmedizinisch kaum mehr von Bedeutung.

Versuchstier. Auch diese Möglichkeit der Viruszüchtung ist durch die Perfektionierung der Zellkulturtechnik nur noch auf die Züchtung gewisser Coxsackie- und Togavirusstämme in maximal 48 Stunden alten Säuglingsmäusen beschränkt.

Zellkulturen. Die große Mehrheit der Viren kann in den vielen zur Verfügung stehenden menschlichen oder tierischen Zellkulturen gezüchtet werden. Die sog. primären Zellkulturen kann man aus verschiedenen Geweben frisch herstellen. Die Zellen solcher Primärkulturen können aber nur eine begrenzte Anzahl Teilungen durchführen. Zuweilen lassen sich Primärkulturen zu sog. permanenten Zell-Linien entwickeln, die in vitro unbeschränkt weitergezüchtet werden können. Bekannte Beispiele sind: HeLa-Zellen (menschliche Portiokarzinomzellen) oder Vero-Zellen (Affennierenfibroblasten). Für diagnostische Zwecke werden die Zellkulturen meistens als „Monolayer" gezüchtet, d. h. als an Glas oder Plastik adhärierender, einschichtiger, geschlossener Zellrasen.
Die Virusvermehrung in Zellkulturen führt zu morphologischen Veränderungen der Zellen, wie Abrunden, Riesenzellbildung oder Einschlüsse (sog. zytopathischer Effekt oder CPE, s. auch S. 398). Der Aspekt des CPE kann häufig für eine erste grobe Einteilung des gefundenen Virus diagnostisch ausgenützt werden.

Entnahme und Transport des Untersuchungsmaterials. Die Wahl des Materials richtet sich nach der Krankheit und dem vermuteten Virus (s. Kap. 8), wobei die Entnahme generell so früh als möglich im Krankheitsverlauf zu erfolgen hat, da wie auf S. 403 erwähnt die Virusproduktion den klinischen Symptomen vorausgeht. Weiter muß – möglichst steril – genügend Material entnommen werden, da die Viren fast immer nur in geringer Zahl im Untersuchungsmaterial vorhanden sind. Der Transport hat rasch und gekühlt zu erfolgen. Die Halbwertszeit von Viren außerhalb des Körpers ist vielfach kurz und muß durch Kühlung in Eis verlängert werden. Es existieren eine Reihe auch kommerziell erhältlicher Virustransportmedien. Aus Gründen der Kompatibilität mit den Labormethoden sollten sie nur nach Absprache mit dem Labor verwendet werden. Ihre Anwendung ist speziell angezeigt, wenn die Gefahr des Austrocknens des Untersuchungsmaterials besteht.

- **Information des Labors.** Dies ist äußerst wichtig im Hinblick auf eine effiziente und korrekte Untersuchung. Vor allem sind klinische Daten und Verdachtsdiagnosen unerläßlich, damit im Labor die für den vorliegenden Fall wichtigen Viren gesucht werden können. Es wird nicht zuletzt aus Kosten- und Effizienzgründen selten möglich sein, nach allen überhaupt in einem Untersuchungsmaterial möglicherweise vorkommenden Viren zu fahnden. Sinnvoll ist nur die gezielte Suche nach den im vorliegenden Fall relevanten Viren.

- **Verarbeitung des Materials im Labor.** Bevor das Material zur Züchtung auf den Wirt verimpft wird, müssen kontaminierende Bakterien mittels Antibiotika, Zentrifugation und – selten – Filtration entfernt werden. Alle diese Manipulationen bergen die Gefahr des Verlusts von Viren und setzen damit die Empfindlichkeit der Untersuchung herab, was die Notwendigkeit einer sterilen Entnahme unterstreicht. In seltenen Fällen wird man auch eine Anreicherung der Viren, z. B. durch Ultrazentrifugation, versuchen.

- **Wahl der Wirtssysteme.** Die Auswahl der zu verwendenden Wirtssysteme richtet sich wiederum nach den vermuteten (und relevanten) Viren. Auch die Beobachtungs- oder Bebrütungszeit und damit der Zeitbedarf bis zur Labordiagnose ist abhängig von der Art des nachzuweisenden Virus.

- **Identifizierung.** Die Identifizierung der Viren geschieht zunächst anhand der beobachteten Zellveränderungen, anschließend serologisch mit Hilfe bekannter Antikörper, unter Verwendung entsprechender Methoden wie Immunfluoreszenz, Immunelektronenmikroskopie, EIA oder dem Neutralisationstest (Mechanismus der Neutralisation s. S. 405). Zunehmend werden auch Methoden ausgearbeitet, in denen das Virusgenom mittels In-situ- oder Filterhybridisierung nachgewiesen wird.

- **Bedeutung.** Die Bedeutung einer Virusisolierung hängt vom gefundenen Virustyp ab. In den meisten Fällen ist die Isolierung beweisend für die Ätiologie der vorliegenden Krankheit. In einigen Fällen (vor allem Herpes- und Adenovirusgruppe, s. Kap. 8) können aber auch latente Viren durch eine (ganz andere) Krankheit aktiviert werden. Damit können sie natürlich auch isoliert werden, ohne daß sie mit der beobachteten Krankheit in einem ursächlichen Zusammenhang stehen.

Die Isolierung ist zwar die empfindlichste Methode des Virusnachweises, aber es kann doch vorkommen, daß zuweilen Viren aus verschiedenen Gründen nicht erfaßt werden. Das bedeutet, daß mit einem negativen Untersuchungsergebnis eine Infektion nicht ausgeschlossen werden kann. Weiter ist zu beachten, daß bei der Virusisolierung, von seltenen Ausnahmen abgesehen, nur die reifen, infektiösen Virionen erfaßt werden und die in die Zellen eingebauten, latenten Viren sich dem Nachweis entziehen. Deshalb ist eine diagnostische Virusisolierung während der Latenz (z. B. Herpes simplex zwischen den Rezidiven) nicht möglich.

Direkter Virusnachweis. Hier werden die Viren nicht als infektiöse Einheiten, sondern als Partikel oder Teile davon direkt, d. h. ohne Anzüchtung und Vermehrung, im Patientenmaterial mit verschiedenen Methoden nachgewiesen. In serösen Flüssigkeiten wie Bläscheninhalt bei Herpes simplex oder Varizellen/Zoster können die Viren im Elektronenmikroskop (EM) dargestellt werden. Zu beachten ist allerdings, daß gerade das EM um den Faktor 10^5 weniger empfindlich ist als die Virusisolierung durch Anzüchten. Virusantigene können in Sekreten durch EIA oder passive Agglutination und in Ausstrichen durch Immunfluoreszenz mit Hilfe bekannter, evtl. monoklonaler Antikörper nachgewiesen werden. Analog wird das Virusgenom mit Filterhybridisierung oder in Ausstrichen oder Gewebeschnitten mit In-situ-Hybridisierung identifiziert, wobei eine zum Virusgenom komplementäre, entsprechend markierte DNA oder RNA (sog. Sonde, engl. „probe") verwendet wird.

- **Entnahme und Transport des Untersuchungsmaterials.** Der Transport des Untersuchungsmaterials ist weniger kritisch als bei der Virusisolierung. Eine Kühlung ist meist nicht notwendig, da die Viren nicht mehr infektiös sein müssen.
  - *Elektronenmikroskopie.* Für EM mittels Negativkontrastier-Verfahren wird das Material ohne Zusatz (Verdünnung!) ins Labor gebracht.
  - *Antigennachweis.* Für Antigennachweise auf Immunofluoreszenzbasis müssen direkt nach der Entnahme Präparate hergestellt und fixiert werden. Für Nachweise mit EIA werden spezielle Extraktionsmedien benötigt. Da in beiden Fällen meist mit kommerziellen Kits gearbeitet wird, sollen das Vorgehen und die zu verwendenden Reagenzien mit dem Labor abgesprochen werden.
  - *Genomnachweis.* Auch hier werden verschiedene Ansprüche an das Untersuchungsmaterial gestellt, je nachdem ob der Virusnachweis mit In-situ-Methoden oder nach Extraktion geführt wird. Eine Absprache mit dem Labor ist unerläßlich.

- **Bedeutung.** Ein positiver Direktnachweis hat die gleiche Bedeutung wie eine Virusisolierung. Ein negatives Resultat hat, speziell bei EM wegen der geringeren Sensitivität der Methode, sehr wenig Aussagekraft. Die Antigen- und Genomnachweise zeigen zwar eine höhere Empfindlichkeit als das EM, andererseits muß beachtet werden, daß sie selektiv nur diejenigen Viren erfassen, gegen die der verwendete Antikörper oder die Nukleinsäuresonde gerichtet ist. Hier ist also die Information des Labors von ausschlaggebender Bedeutung. (Für eine Definition der Begriffe Sensitivität und Spezifität s. S. 201f.)

Virusnachweis nach kultureller oder biochemischer Amplifikation. Dem kurzen Zeitbedarf für Direktnachweise steht ihre geringe Sensitivität gegenüber. Diesen Nachteil versucht man auszugleichen, indem man die Anzahl der Viren oder Virusgenome, die im Untersuchungsmaterial vorliegen, vermehrt („amplifiziert").

- **Amplifikationskultur.** Hier wird in einer Zellkultur das Virus für kurze Zeit angezüchtet und diese Kultur, noch vor dem Auftreten eines CPE, mit den oben erwähnten Antigen- oder Genomnachweisen untersucht. Diese Technik wird häufig auch engl. als „shell vial assay" bezeichnet, weil dazu die Zellen in Shell vials (Röhrchen mit Schraubdeckel) auf Deckgläschen gezüchtet werden. Mit dieser Anordnung kann die Sensitivität der Methode durch Aufzentrifugieren des Untersuchungsmaterials auf den Zellrasen erhöht werden. Der größte Zeitgewinn resultiert nun natürlich dann, wenn diejenigen virusspezifischen Proteine nachgewiesen werden, die früh im Infektionszyklus hergestellt werden. Deshalb werden hier vor allem die sogenannten „early antigens" (Frühproteine, s. S. 392) gesucht. Mit dieser Methode läßt sich praktisch ohne Empfindlichkeitsverlust im Vergleich zur klassischen Isolierung die Zeit, z. B. für einen Zytomegalievirusnachweis, von 4–6 Wochen auf 2–5 Tage verkürzen.

- **Polymerase-Kettenreaktion (PCR)** (Abb. 7.**10**). Diese Methode ermöglicht einen weit empfindlicheren Virusgenomnachweis. Dabei wird aus dem zu untersuchenden Patientenmaterial Nukleinsäure extrahiert. Das darin evtl. vorhandene Virusgenom wird im Falle der RNA-Viren zunächst durch reverse Transkriptase (s. S. 391 f.) zu DNA transkribiert. Diese DNA wird, ebenso wie die DNA der DNA-Viren, anschließend in vitro durch eine DNA-Polymerase folgendermaßen vermehrt: Nachdem man die DNA-Doppelstränge durch Erwärmen getrennt hat, gibt man zwei synthetische Oligonukleotide zu, die zu den beiden Enden des gesuchten Virusgenomabschnitts komplementär sind und entsprechend damit hybridisieren können. Die jeweils davor (in Richtung 5′-Ende) liegende DNA wird nun durch eine zugegebene Polymerase kopiert, wobei die Oligonukleotide als Primer wirken. Die neuen und alten Stränge werden wieder durch Erwärmen getrennt und die Reaktion von vorne begonnen. Durch mehrere solcher Zyklen läßt sich eine vieltausendfache Amplifikation der ursprünglichen viralen DNA erreichen. Die neusynthetisierten DNA-Stränge weisen von der zweiten Generation an eine einheitliche, definierte Länge auf und lassen sich daher durch Gelelektrophorese nachweisen. Die Spezifität der Reaktion wird verifiziert, indem man die Sequenz dieser DNA-Stränge, z. B. mittels einer Hybridisierung, überprüft. Amplifikations- und Nachweissysteme sind heute für verschiedene Viren zunehmend kommerziell erhältlich.

Polymerase-Kettenreaktion

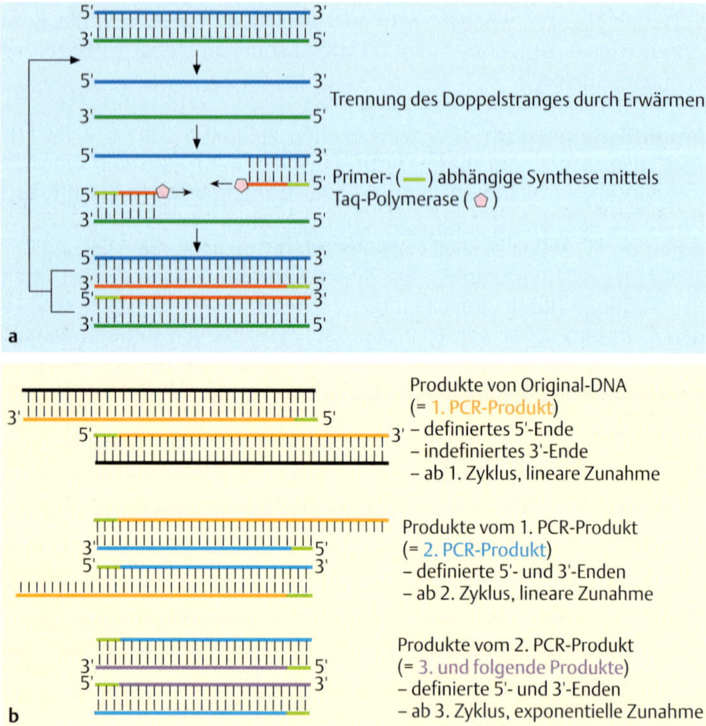

Abb. 7.**10** **a** Auf die durch Erwärmen getrennten DNA-Doppelstränge werden zwei Oligonukleotid-Primer hybridisiert. Eine anschließend zugegebene, hitzestabile Polymerase (z. B. Taq-Polymerase von *Thermus aquaticus*) verlängert diese Primer komplementär zum Matrixstrang. Die so entstandenen Doppelstränge werden danach wieder durch Erwärmen getrennt und die Reaktion wird wiederholt.
b Die im 1. Zyklus hergestellten DNA-Stränge (1. Generation) weisen ein definiertes 5′-Ende (entspricht dem Primer) und ein nichtdefiniertes 3′-Ende auf. Alle folgenden Tochterstränge (2. bis n-te Generation) haben eine einheitliche, definierte Länge.

Serodiagnose. Führt eine Virusinfektion zu humoraler Immunität (s. S. 47ff. und 91), können die entstehenden Antikörper zu einer Serodiagnose ausgenützt werden. Bei der Interpretation der serologischen Daten sieht man sich vor das Problem gestellt, zu entscheiden, ob die beobachteten Reaktionsausfälle für eine frische, kurrente Infektion sprechen oder für einen früheren Kontakt mit dem betreffenden Virus. Zu dieser Entscheidung können zwei Kriterien beitragen:

- Der **Nachweis von IgM** (ohne IgG) ist beweisend für das Vorliegen einer frischen Primärinfektion. Um nur IgM zu erfassen, muß sehr früh im Krankheitsablauf Blut entnommen werden. Wird die Probe etwas später im Krankheitsverlauf entnommen, spricht auch der gleichzeitige Nachweis von IgG und IgM für eine frische Infektion. Es kann sich allerdings auch um die Reaktivierung einer latenten Infektion oder um eine anamnestische Reaktion handeln (= unspezifisches Ansteigen der Antikörper als Reaktion auf eine nichtverwandte Infektion), weil auch in diesen beiden Fällen IgM gebildet werden kann.
- Ein **mindestens vierfacher IgG-Titeranstieg** innerhalb 10 – 14 Tagen früh bzw. ein ebenso großer Abfall später im Krankheitsverlauf wird ebenfalls als beweisend angesehen.

Ein IgM-Nachweis geschieht heute meist durch spezifisch gegen humanes IgM gerichtetes Serum im sog. Capture-Test, einem EIA (S. 123ff.).

Tab. 7.**7** (S. 418) faßt das übliche diagnostische Vorgehen bei den häufigsten Viren zusammen.

Tabelle 7.**7** Labordiagnose der wichtigsten in Europa vorkommenden Viren

Virusfamilie, Virusart	**Isolierung**	**Direktnachweis**	**Serologie**
Adenoviren	+	IF	KBR/EIA
Enteroviren			
Coxsackievirus	+	–	–
Poliovirus	+	PCR	NEUT
ECHO-Virus	+	–	–
Hepatitis-A-Virus	–	–	EIA
Flaviviren			
Zeckenenzephalitisvirus	–	–	EIA
Hepatitis-B- und -D-Virus	–	PCR, EIA	EIA
Hepatitis-C-Virus	–	PCR	EIA
Herpesviren			
Zytomegalievirus	+	PCR, IF	IIF, EIA
Epstein-Barr-Virus	–	PCR	IIF, EIA, HA
Herpes-simplex-Virus	+	EM, IF, EIA, PCR	IIF, EIA
Humanes Herpesvirus 6	–	PCR	IIF
Varizellen-/Zoster-Virus	+	EM, PCR	IIF, EIA
Myxoviren	+	IF	KBR, HAH
Paramyxoviren			
Masernvirus	–	IF	EIA
Mumpsvirus	+	IF	EIA
Parainfluenzavirus	+	IF	KBR/EIA
Respirat, Synzytialvirus	+	IF, EIA	KBR/EIA
Parvovirus B19	–	PCR	EIA
Reoviren			
Rotavirus	–	LA, EM, EIA	–
Retroviren			
HIV-1/HIV-2	+	EIA, PCR	EIA, WB
HTLV-1	–	PCR	EIA, WB
Togaviren			
Rötelnvirus	+	–	EIA

Die Tabelle listet heute gängige Methoden auf, die aber von Labor zu Labor variieren können. Auch erscheinen in rascher Folge Neuentwicklungen, vor allem bei der Anwendung der PCR. Die Auflistung dieser Methode ist daher unvollständig.
Abkürzungen: EIA = Enzym-Immuno-Assay, EM = Elektronenmikroskopie, (I)IF = (Indirekte) Immunofluoreszenz, HA(H) = Hämagglutinations(hemmung), KBR = Komplementbindungsreaktion, LA = Latex-Agglutination, NEUT = Neutralisationstest in Zellkulturen, PCR = Polymerase chain reaction, WB = Western Blot.

8 Viren als Krankheitserreger

K. A. Bienz

DNA-Viren

Parvoviren

Der einzige humanpathogene Vertreter, Parvovirus B19, ist der Erreger des Erythema infectiosum (Ringelröteln, „fünfte Krankheit") bei Kindern und Auslöser bei aplastischen Krisen von Anämiepatienten. Seine Beteiligung an Gelenkerkrankungen, spontanen Aborten und an Hydrops fetalis wird diskutiert. Diagnose: serologisch (IgG und IgM).

Erreger. Die Parvoviren gehören mit 19–25 nm Durchmesser zu den kleinsten Viren. Sie sind ikosaedrisch, ohne Hülle und besitzen eine einzelsträngige DNA (ssDNA) als Genom. Einige Parvoviren sind nur mit Hilfe eines Helfervirus (Adeno- oder Herpesvirus) vermehrungsfähig. Parvovirus B19, das bis jetzt einzige menschenpathogene Parvovirus der Gattung Erythrovirus, kann sich autonom replizieren, ebenso können dies gewisse tierpathogene Stämme bei Nagern, Hunden und Schweinen.

Pathogenese und Krankheitsbild. Das Parvovirus B19 vermehrt sich im Knochenmark in Vorstufen der Erythrozyten, welche dabei zerstört werden. Bei Patienten, die an einer Anämie (Sichelzellenanämie, chronische hämolytische Anämie) leiden, führt die Infektion zu sog. aplastischen Krisen, indem der fehlende Erythrozytennachschub eine empfindliche Unterversorgung zur Folge hat. Die Infektion verläuft beim sonst Gesunden meist asymptomatisch. Sie kann aber auch, besonders bei Kindern, eine harmlose, epidemisch auftretende Krankheit, das Erythema infectiosum (Ringelröteln oder „fünfte Krankheit") auslösen. Diese Kinderkrankheit, die früher als atypische Röteln angesehen wurde, ist durch ein plötzlich auftretendes, evtl. rezidivierendes Exanthem im Gesicht und an den Extremitäten charakterisiert. Bestimmte Arthritiden werden als Komplikation einer Parvovirus-B19-Infektion angesehen. In der Frühschwangerschaft scheint das Virus zu Aborten zu führen, und in der Spätschwangerschaft werden ihm Fetusschädigungen (Hydrops) zugeschrieben.

Diagnose. Mit EIA können Antikörper der IgG- und IgM-Klasse nachgewiesen werden. Während der virämischen Phase, also zu Beginn der klinischen Symptome, kann das Virus mit EM oder PCR im Blut gefunden werden. Eine In-vitro-Züchtung des Erregers ist nicht Routine.

Epidemiologie und Prophylaxe. Der Übertragungsweg des menschlichen Parvovirus B19 ist nicht bekannt. In Analogie zu anderen Parvoviren wird Tröpfcheninfektion oder der fäkal-orale Weg angenommen. Blut und Blutprodukte sind infektiös. Entsprechend läßt sich eine hohe Durchseuchung bei Patienten, die mehrfach eine Transfusion erhalten haben, und Drogenabhängigen feststellen. Es werden keine speziellen prophylaktischen Maßnahmen empfohlen.

Papovaviren

Die 70 Typen der Gattung **Papillomavirus** sind alle involviert in der Ätiologie von benignen Tumoren wie Warzen und Papillome, aber auch von Malignomen, v. a. im Genitalbereich (Zervixkarzinom). Unter den **Polyomaviren** ist das JC-Virus als Erreger der progressiven multifokalen Leukoenzephalopathie (PML) wichtig, da diese Krankheit als Folge von HIV-Infektionen eine starke Zunahme erfahren hat. Papillomviren lassen sich nicht und Polyomaviren nur schwer züchten. Die Diagnose wird daher durch einen direkten Virusgenomnachweis, bei den Polyomaviren auch durch Elektronenmikroskopie gestellt. Die Serologie spielt eine untergeordnete Rolle.

Erreger. Alle Papovaviren (Abb. 8.**1**) induzieren entweder in ihrem natürlichen oder in einem experimentellen Wirt gut- oder bösartige Tumoren. Der Name Papova leitet sich aus der alten Unterteilung in **Pa**pilloma-, **Po**lyomaviren und „**va**cuolating agent" (SV [simian virus] 40) ab. Heute werden zwei nicht sehr nahe verwandte Subfamilien unterschieden (Tab. 8.**1**):

- Papillomavirus, mit 70 Typen des humanen Papillomavirus;
- Polyomavirus, mit den beim Menschen gefundenen JC- und BK-Viren und mit für Tiere onkogenen Viren, wie SV 40, Polyomavirusarten der Maus usw.

Pathogenese und Krankheitsbild. Die menschlichen Papillomaviren (HPV) sind primär die Erreger der Warzen in ihren verschiedenen Erscheinungsformen (Abb. 8.**2**). Die vulgären und Plantarwarzen, die planen, juvenilen War-

Papovaviren (SV 40)

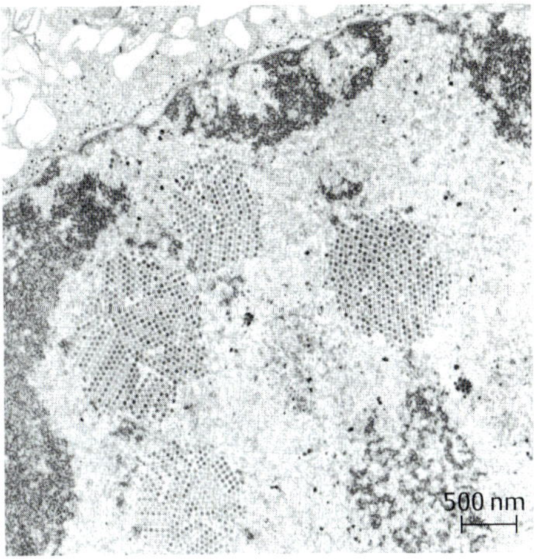

Abb. 8.1 Schnitt durch Virusanhäufungen im Kern der Wirtszelle (TEM).

Tabelle 8.1 Papovaviren

Virus-Subfamilie	Krankheiten	Diagnostik
Papillomaviren, 55 nm, Genom 8 kbp		
alle Typen	Warzen, Papillome	Histologie
Typen 6, 11	Condylomata acuminata, Karzinome	Histologie, In-situ-Hybridisierung
Typen 16, 18	intraepitheliale Neoplasien, Cervix-, Vulva-, Penisdysplasien	Histologie, In-situ-Hybridisierung
Polyomaviren, 45 nm, Genom 5 kbp		
JC-Virus	progressive multifokale Leukoenzephalopathie (PML) (v. a. bei AIDS)	PCR aus Liquor, Immuncytochemie (Autopsie, Biopsie)
BK-Virus	Cystitis nach Knochenmarktransplantation	EM aus Urin

Durch Papillomaviren verursachte Warzen

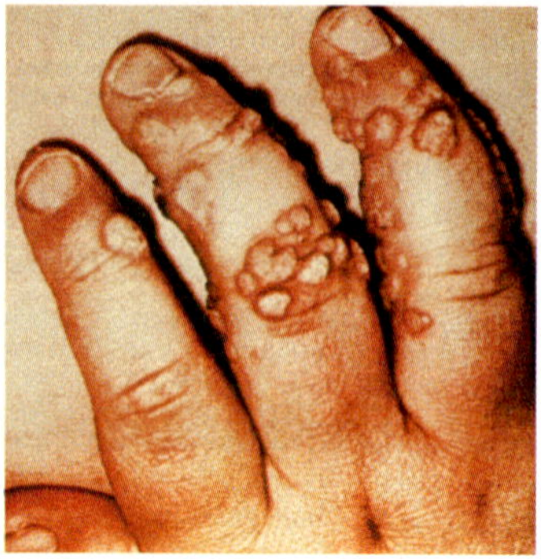

Abb. 8.**2**

zen sowie die juvenilen Larynxpapillome scheinen immer gutartig zu bleiben. Karzinomatös entarten können hingegen die durch Typ 6 und 11 hervorgerufenen genitalen Warzen (Condylomata acuminata). Unter den papillomavirusbedingten Zervixdysplasien enthalten 50 % HPV 16 und 20 % HPV 18.

Alle Warzenviren induzieren primär eine Proliferation der befallenen Zellen, wobei große Virusmengen in den Zellkernen nachgewiesen werden können. Ob es zu einer malignen Entartung kommt, ist offenbar, neben Zell- und Virustyp, abhängig vom Vorhandensein von Co-Karzinogenen. Bei Karzinomen liegt die DNA des Virus in integrierter Form im Wirtszellengenom eingebaut vor, während in prämalignen Veränderungen die Virusgenome episomal vorliegen. Die Papillomaviren besitzen Onkogene (E6- und E7-Gene), welche zelluläre Tumorsuppressorgene binden: E6 das p53-Genprodukt, E7 das Rb-Genprodukt (s. S. 400).

Bei den Polyomaviren sind das JC- und das BK-Virus humanmedizinisch wichtig. Beide Viren sind sehr weit verbreitet: Über 80 % der erwachsenen Bevölkerung besitzen Antikörper dagegen. Bei einer Schwächung des Immunsystems können diese Viren reaktiviert werden. Das JC-Virus verursacht, vor allem bei AIDS, durch Befall der Makroglia die progressive, multifokale Leukoenzephalopathie (PML), eine innerhalb eines Jahres zum Tode führende, zerstreut-herdförmige Demyelinisierung im Gehirn. Das BK-Virus kann bei Knochenmarktransplantierten eine hämorrhagische Zystitis auslösen.

Diagnose. Die menschlichen Papillomaviren sind nicht in vitro züchtbar. Ihr Nachweis erfolgt histologisch und, v. a. bei Malignomen, durch In-situ-Hybridisierung. Die Polyomaviren JC und BK sind zwar – wenn auch unter erheblichen Schwierigkeiten – züchtbar, aber nicht für diagnostische Zwecke (Nachweis s. Tab. 8.**1**).

Antikörperbestimmungen bei Papilloma- und Polyomaviren werden nicht routinemäßig durchgeführt und haben sehr wenig Aussagekraft.

Epidemiologie und Prophylaxe. Da im Warzengewebe Viren produziert und angesammelt werden, sind die Papillomaviren durch direkten Kontakt übertragbar. Auch eine Verschleppung von einer Körperstelle auf eine andere (Autoinokulation) ist möglich. Eine gewisse Prophylaxe kann durch hygienische Maßnahmen erreicht werden. Der Übertragungsweg der Polyomaviren ist, trotz des hohen Durchseuchungsgrads, unbekannt.

Adenoviren

Die insgesamt 41 Typen der **Adenoviren** können sehr verschiedene Krankheitsbilder verursachen. Wichtig sind die „grippalen Infekte" des oberen, seltener des unteren Respirationstrakts und die Augeninfektionen (follikuläre Konjunktivitis, Keratokonjunktivitis). Intestinale Infektionen werden vorwiegend durch die schwer zu züchtenden Virustypen 40 und 41 verursacht. Diagnose: Antikörpernachweis bei den respiratorischen Adenovirusinfektionen. Bei Augen- und intestinalen Infektionen ist die Serologie unzuverlässig. Bei den Augenaffektionen ist die Isolierung in Zellkulturen möglich, und die enteralen Adenoviren werden elektronenoptisch oder mittels EIA oder passiver Agglutination aus Stuhl erfaßt.

Erreger. Die Adenoviren sind unbehüllte, 70–90 nm große, ikosaedrische Viren, deren Morphogenese im Kern abläuft, wo sie auch zu großen Kristallen aggregieren (Abb. 8.**3**). Ihr Genom ist eine lineare dsDNA. Die ersten Adenoviren wurden ursprünglich in adenoidem Gewebe (Tonsillen) nachgewiesen, daher ihr Name.

8

Pathogenese und Krankheitsbild. Adenoviren verursachen 3 verschiedene Krankheitsbilder, die einzeln, aber auch in Kombination auftreten können: Infektionen der oberen (evtl. unteren) Luftwege, des Auges und des Intestinaltraktes.

- Infektionen des **Respirationstraktes** äußern sich je nach infizierendem Virustyp, aber vermutlich auch entsprechend der Disposition des Infizierten, in einer Rhinitis oder abakteriellen Pharyngitis, aber auch als akute, influenzaähnliche Infektion oder sogar, besonders bei Kleinkindern, als u. U. tödlich verlaufende Pneumonie.
- Die **Augeninfektionen**, die allein, aber häufig auch kombiniert mit Pharyngitis auftreten, reichen von einer follikulären Konjunktivitis bis zu einer manchmal mit bleibender Virusverminderung verlaufenden Keratokonjunktivitis.

Adenoviren

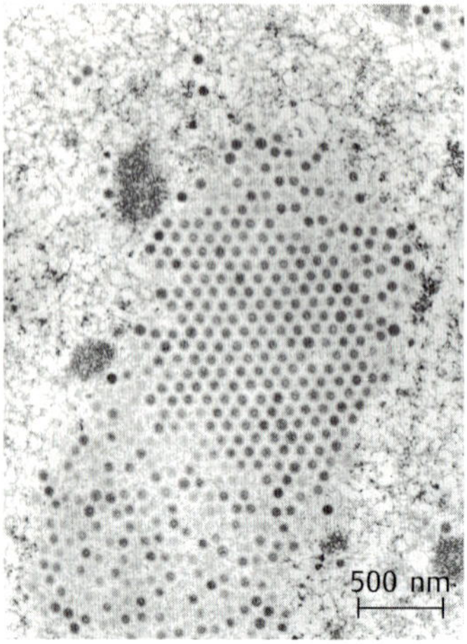

Abb. 8.3 Viruskristalle im Kern der Wirtszelle (TEM).

- Bei den **intestinalen Infektionen** ist zu beachten, daß die primären Gastroenteritiden durch die Virusstämme 40 und 41 verursacht werden, die sich schwierig züchten lassen.

Allgemein können die Viren über Monate in den regionären Lymphknoten oder den Tonsillen persistieren und nach Reaktivierung wieder in Erscheinung treten.

Diagnose. Der Antikörpernachweis im Patientenserum steht bei den respiratorischen Adenovirusinfektionen im Vordergrund. Bei Augen- und intestinalen Infektionen ist die Serologie unzuverlässig, weil bei diesen Lokalisationen der Infektion schlecht Antikörper gebildet werden. Die Isolierung der Viren durch Anzüchten in Zellkulturen ist bei den respiratorischen Erkrankungen aus Rachenmaterial oder allenfalls Bronchialsekret und bei den Augenaffektionen aus Konjunktivalabstrichen möglich. Die enteralen Adenoviren sind nur schwierig züchtbar. Ihr Nachweis hat elektronenoptisch aus Stuhl zu erfolgen. Auch wurden Antigennachweise mittels EIA oder passiver Agglutination entwickelt.

Epidemiologie und Prophylaxe. Infektionsquelle ist der Mensch. Die Empfänglichkeit ist allgemein, aber die Durchseuchung setzt schon so früh im Kindesalter ein, daß Adenovirusinfektionen beim Kleinkind eine wichtigere Rolle spielen als beim Erwachsenen. Die Übertragung der respiratorischen

Adenoviren erfolgt primär durch Tröpfcheninfektion, aber auch als Schmutz- oder Schmierinfektion, da das Virus auch im Stuhl ausgeschieden wird. Augeninfekte können daneben auch durch Badewasser oder, besonders die durch Adenovirus Typ 8 erregte Keratokonjunktivitis, iatrogen durch ungenügend sterilisierte augenärztliche Instrumente übertragen werden. Die enteralen Infektionen werden ebenfalls auf der fäkal-oralen Route übertragen, und zwar durch Kontakt und kaum durch Wasser oder Lebensmittel. Adenoviren sind übrigens bei Kleinkindern nach den Rotaviren (S. 448f.) als zweithäufigste Erreger von Diarrhöen zu betrachten.

Herpesviren

Die Mitglieder dieser Virusfamilie sind morphologisch praktisch identisch, biologisch wie auch in bezug auf die verursachten Krankheitsbilder aber recht uneinheitlich.

- Das **Herpes-simplex-Virus** (HSV, zwei Serotypen) ist Erreger von bläschenförmigem Exanthem (Fieberbläschen, Herpes labialis oder genitalis), von Enzephalitiden und einer generalisierten Neugeboreneninfektion (Herpes neonatorum).
- Das **Varizellen-/Zoster-Virus** (VZV) verursacht als Primärinfektion die Windpocken und als Rezidiv den Zoster (Gürtelrose).
- Das **Zytomegalievirus** (CMV) ist beim immunologisch Gesunden inapparent oder harmlos, beim Immunkompromittierten hingegen können generalisierte, tödlich verlaufende Infektionen auftreten.
- Das **Epstein-Barr-Virus** (EBV) ist der Erreger der Mononucleosis infectiosa und wird mit Lymphomen, auch dem Burkitt-Lymphom, und dem nasopharyngealen Karzinom in Zusammenhang gebracht.
- Die **humanen Herpesviren 6 und 7.** HHV6 ist der Erreger des Dreitagefiebers (Exanthema subitum, Roseola infantum) und, wie HHV7, vielleicht weiterer Krankheitsbilder.
- Das **humane Herpesvirus 8** ist der Auslöser des AIDS-assoziierten Kaposisarkoms.

Diagnose: bei HSV, VZV und CMV Virusnachweis durch Isolierung, Amplifikationskultur oder Direktnachweis; bei EBV und HHV6 wie auch bei VZV durch Antikörpernachweis.
Therapie: bei HSV, VZV und CMV stehen wirksame und gut verträgliche Chemotherapeutika (Aciclovir, Ganciclovir) zur Verfügung.

Biologie der Herpesviren

Bei Mensch und Tier sind mehrere hundert Herpesvirusarten beschrieben, die morphologisch nicht unterscheidbar sind (Abb. 8.**4a**). Ihr Genom besteht aus dsDNA. Die Morphogenese des Viruspartikels läuft im Kern der Wirtszelle ab, hernach wird bei Durchtritt durch die Kernmembran die Hülle (= innere Kernmembran) geformt (Abb. 8.**4b**), wobei aber je nach Zell- und Virusart eine größere oder kleinere Anzahl Viren die Hülle erst im Zytoplasma, an der Zellmembran oder gar nicht erhält. Die Hülle ist wesentlich für die Infektiosität des Virus (s. Kap. 7, S. 383). Es ist aber auch anzunehmen, daß sie einen gewissen Schutz vor der Immunabwehr bedeutet, da sie ja vor allem Wirtszelldeterminanten enthält.

Allen Herpesviren ist sowohl eine hohe Durchseuchungsrate (60–90%) gemeinsam, wie auch die Fähigkeit, über lange Zeit im Körper latent bleiben zu können. Je nach Virusart persistieren sie in verschiedenen Zellen, wobei der Zelltyp entscheidend ist, ob das Virus latent bleibt oder sich repliziert. Beim Herpes-simplex- und beim Varizellen-/Zoster-Virus werden in der Latenz keine Viruspartikel gebildet, wohl aber eine oder wenige mRNAs und die entsprechenden Proteine. Beim Zytomegalie- und beim Epstein-Barr-Virus scheinen daneben auch kleine Virusmengen ständig produziert und damit dauernd eine kleine Anzahl Zellen frisch infiziert zu werden. Es handelt sich also hier offenbar zusätzlich um eine persistierende, subklinische Infektion (S. 403). Die Reaktivierung des Virus kann durch verschiedene Faktoren ausgelöst werden (psychischer Streß, Reize wie Sonnenbestrahlung, Fieber oder Traumen, andere Infektionen, immunsuppressive Behandlung), aber die eigentlichen Mechanismen, die den lytischen Viruszyklus induzieren, sind unbekannt.

Die menschlichen Herpesviren, mit Ausnahme des Varizellen-/Zoster-Virus, und viele tierische Herpesarten werden auch mit der Auslösung von Malignomen in Zusammenhang gebracht. Das Epstein-Barr-Virus bzw. EBV-spezifische Sequenzen und Antigene werden in zwei Tumoren, dem Burkitt-Lymphom und dem nasopharyngealen Karzinom, gefunden. Das gehäufte Auftreten des Burkitt-Lymphoms in gewissen Teilen Afrikas wird auf einen Cofaktor zurückgeführt, der mit dem hyperendemischen Vorkommen von Malaria verbunden ist.

Herpes-simplex-Virus (HSV)

Erreger, Pathogenese und Krankheitsbild. Die Herpes-simplex-Viren werden in die beiden serologisch und biologisch (Wirtszellspektrum, Vermehrungstemperatur) unterscheidbaren Typen 1 und 2 unterteilt. Die Erstinfektion durch **Herpes simplex Typ 1** findet meist schon früh im Kindesalter statt. Die Eintrittspforte ist normalerweise die Mundschleimhaut, wobei sie sich meist als Gingivostomatitis äußert. Die Viren wandern anschließend via Axone ins ZNS, wo sie im Ganglion trigeminale (Gasseri) latent bleiben. Nach Reaktivierung (endogenes Rezidiv) gelangen sie auf dem gleichen Weg wieder in die Peripherie, wo sie das bekannte bläschenförmige Exanthem („Fieberbläschen", Herpes labialis, Abb. 8.**5**) verursachen. Solche Rezidive sind trotz bestehender Immunität deshalb immer wieder möglich, weil

Herpesviren

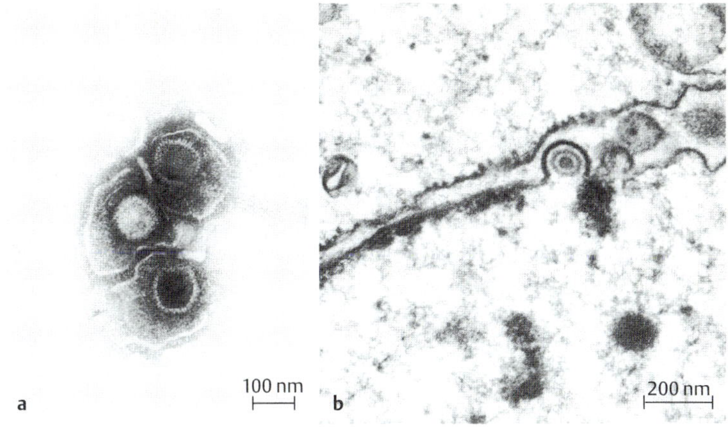

Abb. 8.**4** **a** Mit Hülle, **b** im Kern der Wirtszelle; Hüllenbildung an der Kernmembran. Das nackte Virion ist 100 nm groß, mit Hülle mißt das Virus bis 200 nm.

Herpes labialis

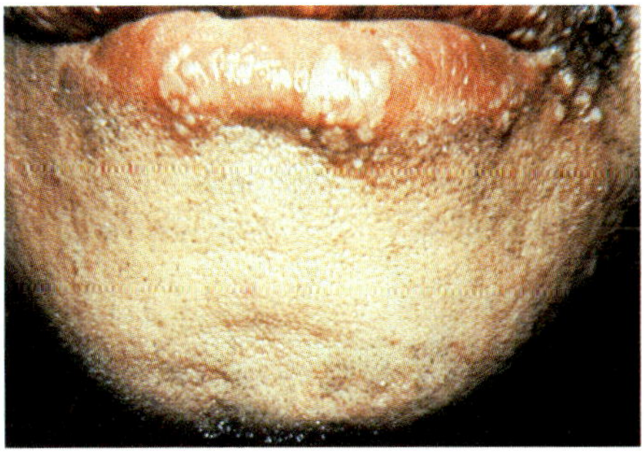

Abb. 8.**5** Die Herpes-simplex-Viren (HSV) persistieren nach der Infektion latent in Nervenzellen des ZNS. Nach der Reaktivierung gelangen sie durch die Axone dieser Zellen wieder in die Peripherie und verursachen das bläschenförmige Exanthem.

das Virus den Nervenbahnen entlang wandert, nicht in den interzellulären Raum gelangt und damit dem Zugriff des Immunsystems entzogen bleibt. Komplikationen sind Keratokonjunktivitis oder die mit hoher Letalität verlaufende Enzephalitis.

Die Erstinfektion mit **HSV Typ 2** findet üblicherweise im Urogenitalbereich statt und kann trotz einer bestehenden HSV-Typ-1-Infektion erfolgen. HSV Typ 2 bleibt in den Lumbosakralganglien oder im peripheren Gewebe latent und löst von dort die Episoden manifesten Herpes genitalis aus. Neurologische Komplikationen sind sehr selten und gutartiger als bei HSV Typ 1. Hingegen ist die Infektion des Neugeborenen (Herpes neonatorum), z. B. bei Herpes genitalis der Mutter, wegen der hohen Letalität gefürchtet.

Diagnose. Bei Herpes labialis oder genitalis ist der kulturelle Virusnachweis durch Anzüchten aus Bläscheninhalt die Methode der Wahl. Bei einer HSV-Enzephalitis ist zu beachten, daß normalerweise der Liquor keine oder wenig Viren enthält. Die Züchtung der Viren kann in diesem Fall nur aus Gewebe (Biopsie- oder Autopsiematerial) erfolgen.

Der direkte Virusnachweis mittels Elektronenmikroskopie ist nur bei einem Untersuchungsmaterial mit hohem Virusgehalt anzuwenden, also in praxi bei der Untersuchung von Bläscheninhalt. Das Virus kann aber auch mit Immunfluoreszenz oder In-situ-Hybridisierung (S. 414) direkt im Patientenmaterial nachgewiesen werden, wobei allerdings das Material virusinfizierte Zellen enthalten muß und nicht einfach nur, wie bei der Isolierung oder der Elektronenmikroskopie, Bläschenflüssigkeit sein darf.

Die serologische Abklärung ist bei HSV wegen der hohen Durchseuchungsrate nicht aussagekräftig.

Epidemiologie, Prophylaxe und Therapie. HSV Typ 1 wird durch Kontakt oder allenfalls als Schmierinfektion übertragen. Die Durchseuchung mit HSV beginnt deshalb schon früh im Kindesalter. Die Übertragung von HSV Typ 2 geschieht üblicherweise durch Geschlechtsverkehr, entsprechend setzt die Durchseuchung erst nach der Pubertät ein. Bei HSV ist zur Zeit keine Immunprophylaxe (Impfung) möglich, hingegen wird bei immunsupprimierten Patienten prophylaktisch Acycloguanosin eingesetzt (s. Kap. 7, S. 409).

Eine spezifische Therapie bei einer manifesten HSV-Infektion, vor allem auch bei der HSV-Enzephalitis, ist ebenfalls mit Acycloguanosin möglich.

Varizellen-/Zoster-Virus (VSV)

Erreger, Pathogenese und Krankheitsbild. Das VZV unterscheidet sich serologisch und in vielen biologischen Eigenschaften deutlich vom HSV. So ist es nur in Primatenzellen züchtbar, wo es viel langsamer wächst und stärker zellassoziiert bleibt als das HSV. Es sind keine Subtypen beschrieben.

Die Erstinfektion bei VZV läuft in der überwiegenden Mehrzahl der Fälle apparent unter dem Bild der Windpocken ab, einem schubweise auftretenden papulösen Exanthem (Abb. 8.**6**). Die Krankheit hinterläßt eine gute Immunität. Bei Patienten mit Immundefekten kann eine VZV-Infektion (oder Reaktivierung, s. unten) unter Einbezug weiterer Organe (Lunge, Gehirn) sehr schwer, oft tödlich, verlaufen.

Das VZV persistiert latent nach dem Abklingen der Symptome der Erstinfektion in Spinalganglien, evtl. aber auch in anderem Gewebe. Nach Reaktivierung entsteht der Zoster (Gürtelrose), wobei sich das Virus wieder neu-

Herpes zoster

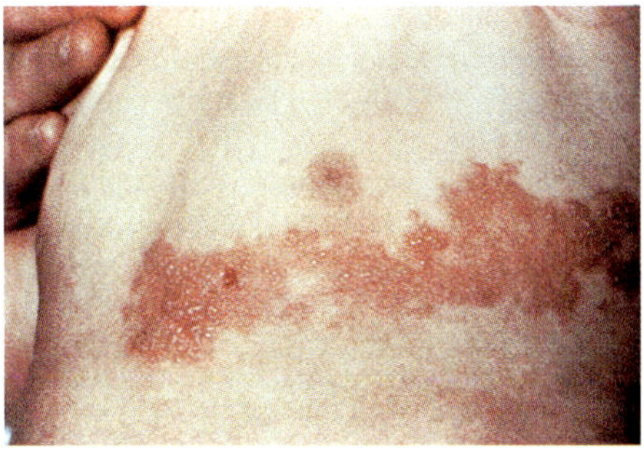

Abb. 8.**6** Die Varizellen-/Zoster-Viren (VSV) persistieren latent in Spinalganglienzellen. Nach der Reaktivierung verursachen sie Hauteffloreszenzen im dazugehörigen Dermatom.

rogen verbreitet und eine Neuralgie und die typischen Zostereffloreszenzen in dem Hautsegment bewirkt, das den entsprechenden sensiblen Nerven zugeordnet ist. Die Reaktivierung, durch äußere oder innere Einflüsse ausgelöst, wird möglich durch abnehmende zelluläre Immunität gegen das VZV, also bei normaler Immunitätslage typischerweise oberhalb des 45. Lebensjahres.

Diagnose. Möglich ist die Isolierung, der direkte Virusnachweis mittels Elektronenmikroskopie und der Nachweis von Virusantigen mittels IF in Gewebeproben oder Zellausstrichen. Allgemein ist aber die Serologie (Titeranstieg oder IgM-Nachweis) die Methode der Wahl, und zwar für Varizellen wie auch bei einer Gürtelrose.

Epidemiologie, Prophylaxe und Therapie. VZV, das hochkontagiös ist, wird aerogen übertragen. Die Erstinfektion, die als Varizellen verläuft, ist auch heute noch fast ausschließlich eine Kinderkrankheit. Zur Prophylaxe der Windpocken und evtl. des Zosters steht eine Impfung aus attenuierten Viren zur Verfügung. Ihre Anwendung ist zur Zeit aber umstritten. Bei immunsupprimierten Patienten kann gegen VZV auch mit Hyperimmunglobulin passiv prophylaktisch oder postexpositionell immunisiert werden. Zur Prophylaxe wie auch zur Therapie von VZV-Infektionen wird Acycloguanosin eingesetzt.

8

Zytomegalievirus (CMV)

Erreger, Pathogenese und Krankheitsbilder. Das CMV ist durch ein enges Wirtsspektrum und eine langsame Vermehrung – häufig unter Riesenzellbildung und langsam einsetzender, später Zytopathologie – charakterisiert.

Bei der Zytomegalie verläuft die Erstinfektion in den allermeisten Fällen inapparent, sogar wenn die Infektion früh, peri- oder postnatal erfolgt. Das Virus bleibt anschließend in mononukleären Zellen latent. Eine Reaktivierung kann asymptomatisch verlaufen, es können sich aber auch Symptome zeigen, die in der Regel relativ harmlos sind, wie mononukleoseartige Krankheitsbilder oder leichtere Hepatitiden sowie weitere, fieberhafte Erkrankungen. Wegen seiner weiten Verbreitung (über 90% der erwachsenen Bevölkerung ist infiziert), der häufigen Reaktivierung mit zum Teil monatelanger Virusausscheidung im Speichel und im Urin sowie dem vielfältigen Krankheitsbild ist es nicht immer leicht, das CMV als ätiologische Ursache einer beobachteten Krankheit verantwortlich zu machen. Das Virus kann auch als Folge, nicht als Ursache, z. B. einer grippalen Erkrankung in Erscheinung treten, oder, pointiert ausgedrückt, der Patient ist nicht primär erkrankt, weil er eine CMV-Infektion durchmacht, sondern er hat eine floride CMV-Infektion, weil er krank ist.

Anders sind die Verhältnisse bei AIDS-, Transplantations- oder Malignompatienten, wo eine CMV-Neuinfektion oder eine Reaktivierung, ähnlich wie bei HSV und VZV, zu schwersten, generalisierten Infektionen mit letalem Ausgang führen kann; dabei sind vor allem Leber und Lunge befallen. Bei AIDS wäre zusätzlich die Retinitis zu erwähnen, und im Falle Nierentransplantierter die CMV-Infektion der Mesangialzellen, die zu einer Abstoßung des Transplantats führen kann. Ebenfalls gefürchtet ist die intrauterine Infektion des Fetus, die in 10% der Fälle zu z. T. schweren Mißbildungen führt.

Diagnose. Zum Nachweis einer floriden CMV-Infektion ist die Amplifikationskultur (S. 415) aus Speichel, Urin, Buffy coat oder Gewebe bzw. BAL geeignet. Bei Transplantationspatienten kann das Risiko einer CMV-Erkrankung durch eine immunzytochemische Überwachung der Anzahl CMV-positiver Zellen im peripheren Blut („Antigenämie-Test") abgeschätzt werden, weil die Anzahl dieser Zellen regelmäßig einige Tage vor der klinischen Manifestation ansteigt. Dies erlaubt eine fristgerechte Einleitung einer antiviralen Therapie (Ganciclovir, Foscarnet). Der Virusnachweis mit PCR muß unter Kenntnis der Empfindlichkeit der verwendeten Methodik interpretiert werden, weil u. U. auch klinisch insignifikante Virusmengen erfaßt werden. Dies kann zu einer „Überdiagnose" führen, v. a. bei CMV-positiven Transplantatempfängern.

Die Serologie ist zur Abklärung einer floriden Infektion wegen der hohen Durchseuchung nicht aussagekräftig. Dazu kommt, daß bei Immuninkompetenten, bei denen diese Infektion speziell wichtig ist, die Serologie an sich problematisch sein kann. Sie hat aber ihren Stellenwert bei der Abklärung des CMV-Status bei Transplantatempfänger und -spender.

Epidemiologie, Prophylaxe und Therapie. CMV wird durch Kontakt oder allenfalls als Schmierinfektion meist schon in der Kindheit oder der Adoleszenz übertragen. Zur Prophylaxe, auch von Rezidiven, kann bei immunsupprimierten Patienten mit Hyperimmunglobulin passiv immunisiert werden. Als Therapie bei Transplantations- und vor allem bei AIDS-Patienten bewährt sich Ganciclovir und Foscarnet zur Bekämpfung der CMV-induzierten Pneumonie, Enzephalitis und Retinitis.

Epstein-Barr-Virus (EBV)

Erreger, Pathogenese und Krankheitsbilder. Das EBV hat ein enges Wirtsspektrum und zeigt eine sehr langsame Vermehrung. Es bleibt in B-Lymphozyten latent und kann zu einer Immortalisation und Tumortransformation der Zellen führen.

Das EBV wird über Schleimhäute aufgenommen. Es vermehrt sich in epithelialen Zellen des Oropharynx oder der Zervix und gelangt dann in B-Lymphozyten, wo es sich weiter vermehrt. Dies führt zum klinischen Bild der Mononucleosis infectiosa, eine von Fieber und einer generalisierten, aber vorwiegend zervikalen Lymphknotenschwellung charakterisierten Krankheit. Daneben treten Tonsillitis, Pharyngitis und zuweilen eine leichte Leberbeteiligung auf. Auch dieses Virus bleibt, wahrscheinlich lebenslang, in (immortalisierten) B-Zellen latent.

In jüngerer Zeit sind die folgenden, nach Organtransplantationen auftretenden lymphoproliferativen Erkrankungen als Folge einer EBV-Infektion erkannt worden:

- die unkomplizierte Mononucleosis infectiosa;
- eine benigne polyklonale B-Zell-Hyperplasie;
- deren maligne Transformation in ein polyklonales B-Zell-Lymphom und
- ein malignes, oligo- oder monoklonales B-Zell-Lymphom.

Bei der letzteren Erscheinungsform findet, im Gegensatz zu den drei ersten, keine EBV-Vermehrung statt.

Diagnose. Bei einer **akuten** Mononucleosis infectiosa können neben heterogenetischen Antikörpern, die Erythrozyten von verschiedenen Tieren agglutinieren, Antikörper gegen verschiedene virale Antigene nachgewiesen werden:

- **VCA** (= „virales Capsidantigen"). Die Antikörper gegen VCA erscheinen früh und persistieren lebenslang;
- **EA** (= „early antigen"). Antikörper gegen EA sind nur während der aktiven Krankheit nachweisbar.
- **EBNA** (= „Epstein-Barr nukleäres Antigen"). Antikörper gegen EBNA treten erst 2–4 Wochen nach Krankheitsausbruch auf und bleiben ebenfalls lebenslänglich erhalten.

Eine **chronische** Mononukleose ist charakterisiert durch Antikörper gegen VCA und EA.
Die Diagnostik der lymphoproliferativen Erkrankungen (s. oben) geschieht histologisch und durch Immuntypisierung der Zellen.

Epidemiologie und Prophylaxe. EBV wird mit Speichel und Rachensekreten ausgeschieden und durch engen Kontakt („kissing disease") übertragen. Die – wie bei allen Herpesviren – hohe Durchseuchung beginnt in der Kindheit und setzt sich in der Adoleszenz fort. Zur Zeit ist weder eine Immun- noch eine Chemoprophylaxe bekannt. Bei den unter Virusvermehrung verlaufenden lymphoproliferativen Erkrankungen ist eine Therapie mit Acyclovir und Ganciclovir möglich.

Humanes Herpesvirus (HHV) 6 und 7

Erreger, Pathogenese und Krankheitsbilder. Aus Patienten mit lymphoproliferativen Krankheiten und mit AIDS wurde 1986 das HHV6 und aus Gesunden 1990 das HHV7 isoliert. Beide zeigen T-Zell-Tropismus und sind biologisch unter sich und mit dem Zytomegalievirus verwandt, lassen sich aber antigenetisch und in der Basensequenz abgrenzen. HHV6 existiert in 2 Varianten, HHV6A und HHV6B.

HHV6B ist der Erreger des „Dreitagefiebers" (Exanthema subitum, Roseola infantum), einer fast immer harmlosen, plötzlich einsetzenden Krankheit mit hohem Fieber und typischem Exanthem bei Kleinkindern. Berichte über HHV6-bedingte Krankheitsfälle beim Erwachsenen sind spärlich und betreffen mononukleoseähnliche Bilder („EBV-negative Mononukleose"). Daneben kann das Virus offenbar aber schwere Infektionen (Lunge, Enzephalitis) bei Knochenmarktransplantierten auslösen. HHV6A und HHV7 konnten noch nicht schlüssig mit Krankheitsbildern in Zusammenhang gebracht werden.

Diagnostik und Epidemiologie. HHV6 kann in stimulierten Nabelschnur-Lymphozyten und HHV7 in aktivierten CD4-T-Lymphozyten kultiviert werden. Zur Diagnose ist bei HHV6 der Antikörpernachweis und die PCR möglich, bei HHV7 existiert noch keine Routinediagnostik.

Die Durchseuchung mit HHV6 und 7 beginnt beim Kleinkind und erreicht Werte von über 90 % in der erwachsenen Bevölkerung. HHV6 bleibt in der Speicheldrüse latent, und entsprechend geschieht die Übertragung von der Mutter auf das Kind am ehesten mit Speichel. HHV7 bleibt in T-Lymphozyten latent, sein Übertragungsmodus ist nicht klar.

Humanes Herpesvirus (HHV) 8

Krankheitsbild. In jüngster Zeit wurde HHV 8 als entscheidender Cofaktor bei Induktion des Kaposi-Sarkoms indentifiziert. Dieses Malignom wurde in seiner klassischen, sporadischen Form 1872 im mediterranen Raum beschrieben. Heute stellt es eine wesentliche (12%) Todesursache bei AIDS dar. Die wichtige Rolle von HHV 8 bei der Pathogenese des Kaposi-Sarkoms scheint in der Störung der Regulation der Zytokin- und Hormonproduktion zu bestehen.

Pockenviren

Das zur Gattung **Orthopoxvirus** gehörende **Variolavirus**, der Erreger der Pocken, kommt seit den späten 70er Jahren dank einer WHO-Impfkampagne nicht mehr natürlicherweise vor. Das **Vacciniavirus**, das Impfvirus gegen Pocken, wird in der Molekularbiologie und als Hybridvirus mit Determinanten von anderen Viren in experimentellen Impfstoffen verwendet. Unter den übrigen tierpathogenen Orthopoxviren sind vor allem die Affenpoxviren für den Menschen pathogen. Die bei Tieren vorkommenden **Parapoxviren** (Melkerknoten-, Orf-Viren) werden gelegentlich auf den Menschen übertragen, wo sie harmlose Exantheme verursachen.

Das *Molluscum contagiosum*-Virus kommt nur beim Menschen vor und verursacht gutartige Tumoren.
Diagnose: Ortho- und Parapoxviren: elektronenmikroskopisch, *Molluscum contagiosum* histologisch.

Erreger. Die Viren der Pockengruppe sind die größten Viren und mit 230 × 350 nm an der Grenze des Auflösungsvermögens gerade noch im Lichtmikroskop darstellbar. Sie sind komplex aufgebaut (Abb. 8.**7**) und vermehren sich als einzige DNA-Viren im Zytoplasma der Wirtszelle in einem abgegrenzten Bezirk, einer sog. „Virusfabrik" (Abb. 8.**8**).

Die Pocken (Variola) sowie die milde Verlaufsform Alastrim sind dank einer weltweiten Impfkampagne der Weltgesundheitsorganisation (WHO) im Laufe der 70er Jahre unseres Jahrhunderts aus der Bevölkerung ver-

Backsteinförmiges Orthopoxvirus

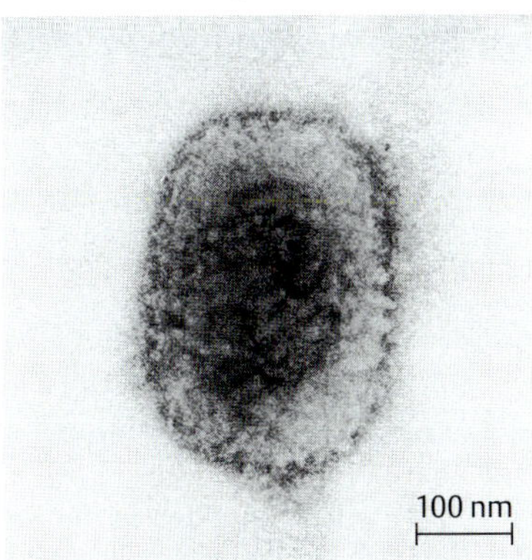

Abb. 8.**7** Die Pockenviren sind mit einem Durchmesser von 200–350 nm gerade noch im Lichtmikroskop zu erkennen (TEM).

Vaccinaviren

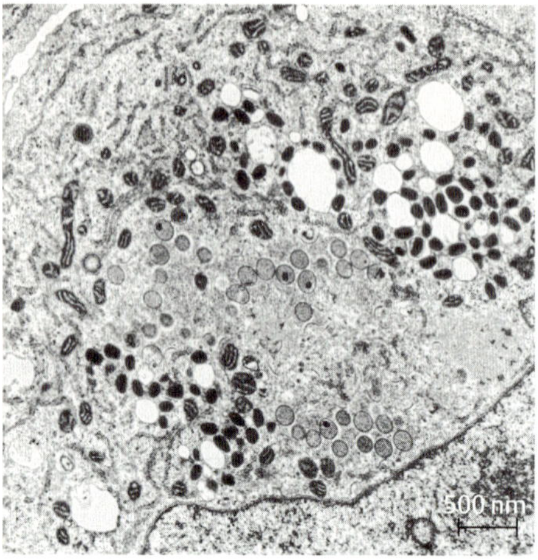

Abb. 8.**8** Die Viren, als dunkle, elektronendichte Einschlüsse zu erkennen, vermehren sich in einer abgegrenzten Region des Zytoplasmas (TEM).

schwunden. Der letzte Pockenkranke wurde 1977 in Somalia registriert, und 1980 wurde feierlich die Ausrottung der Pocken proklamiert. Das Virus wird seither nur noch in zwei Labors aufbewahrt.

Familie der *Poxviridae*

Sie wird in mehrere Genera unterteilt:

- die **Orthopox**-Viren mit den Variola- und Alastrimviren, dem zur Impfung gegen Pocken verwendeten Vacciniavirus, den nahe damit verwandten (aber nicht identischen) Kuhpockenviren und den Mäuse-, Kaninchen- und Affenpocken.

Weitere, ebenfalls menschenpathogene Stämme enthaltende Genera sind

- die **Parapox**-Viren mit dem Orf- und dem Melkerknotenvirus, wobei ersteres von Schafen, letzteres von Kühen (nicht zu verwechseln mit dem Kuhpockenvirus) auf den Menschen übertragen wird:
- die **Molluscipox**-Viren mit dem *Molluscum contagiosum*-Virus.

Pathogenese und Krankheitsbild. Variolaviren werden aerogen übertragen. Ihre Eintrittspforte sind die Schleimhäute des oberen Respirationstrakts. Von dort gelangen sie in die lymphatischen Organe und schließlich in die Haut, wo sich die typischen Eruptionen bilden, die sich im Gegensatz zu den Varizellenbläschen alle im gleichen Stadium befinden (Abb. 8.**9**). Auch die

Pocken (Variola)

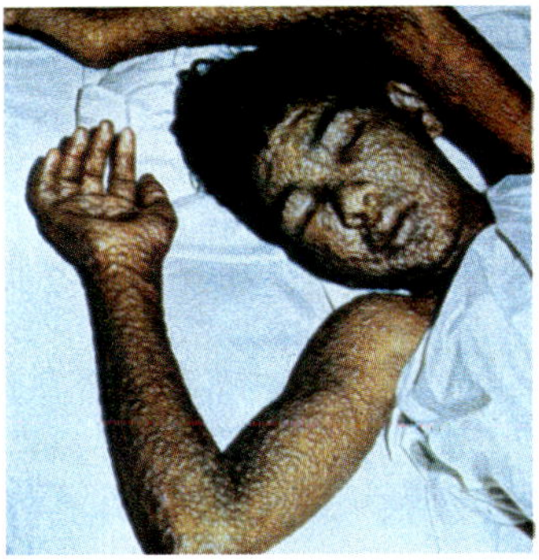

Abb. 8.**9** Im Gegensatz zu den Varizellenbläschen sind alle Pockenbläschen im gleichen Stadium.

Schleimhäute des Respirations- und Intestinaltrakts werden befallen. Die Letalität bei den Pocken (Variola major) betrug bis 40 %, bei Alastrim (Variola minor) 2 %, wobei bei den letal verlaufenden Fällen häufig eine Bronchopneumonie die Todesursache war.

Vacciniavirus, das früher als Impfvirus gegen Pocken verwendet wurde, führt zu pustelartigem Exanthem an der Kontaktstelle, meist begleitet von Fieber. Als Komplikation ist die Enzephalitis gefürchtet. Ihre Pathogenese ist nicht vollständig geklärt. Man vermutet eine Autoimmunreaktion als ausschlaggebend. Weitere Komplikationen sind die generalisierte Vacciniainfektion und die Vacciniakeratitis. Da seit der Ausrottung der Pocken von keinem Staat mehr bei der Einreise ein Pockenimpfzeugnis verlangt werden darf, sind Vacciniainfektionen und ihre Komplikationen ebenfalls weitgehend verschwunden. In molekularbiologischen Labors allerdings werden Vacciniaviren häufig als Vektoren verwendet. Es wird dabei empfohlen, der dem Vacciniavirus inhärenten Pathogenität Beachtung zu schenken.

Infektionen mit **Kuhpocken-, Orf-** und **Melkerknotenviren** sind selten und verlaufen fast immer harmlos. Die Läsionen bleiben auf der Haut (Kontaktstelle) lokalisiert; zusätzlich beobachtet man eine lokale Lymphadenitis. Diese Infektionen sind typische Berufskrankheiten (Landwirte, Tierärzte). Das **Molluscum-contagiosum-Virus** nimmt eine Sonderstellung ein, indem es bis heute nicht in vitro züchtbar ist. Eine Infektion mit diesem Virus hinterläßt auch keine Immunität. Es führt zu epidermalen, gutartigen Tumoren.

Diagnose. Die Viren der Pockengruppe können relativ leicht elektronenmikroskopisch im Pustelinhalt nachgewiesen werden.

Voraussetzung ist allerdings, daß die Pusteln noch nicht eingetrocknet und nicht bakteriell superinfiziert sind. Eine morphologische Unterscheidung zwischen Ortho- und Parapoxviren ist möglich, nicht aber eine solche innerhalb der Genera. *Molluscum contagiosum* wird histologisch diagnostiziert.

Epidemiologie und Prophylaxe. Das Reservoir von Variola und Alastrim war ausschließlich der Mensch. Die Übertragung erfolgte direkt aerogen und, obwohl das Virus auch in ausgetrocknetem Zustand sehr resistent ist, seltener über kontaminierte Gegenstände (Bettwäsche). Das Vacciniavirus kommt in der Natur nicht vor und wird heute allenfalls akzidentell (Laborinfektion) auf den Menschen übertragen. Z.Z. ist kein als Impfstoff konfektioniertes Vacciniavirus erhältlich.

Die tierischen Pockenviren werden ausschließlich durch Kontakt mit dem infizierten Tier und das *Molluscum contagiosum* durch Kontakt von Mensch zu Mensch übertragen.

Hepatitis-B- und Hepatitis-D-Virus

Eine Hepatitis-B-Virus-(HBV)-Infektion (Vermehrungsweise s. S. 388ff.) von Leberzellen führt zur Expression von viralem Antigen auf der Zelloberfläche und als Folge davon zu immunologisch bedingter Zellschädigung mit akuter, evtl. fulminanter, chronisch-persistierender oder chronisch-aggressiver Hepatitis. Endstadien können Leberzirrhose oder hepatozelluläres Karzinom sein. Eine gleichzeitige oder spätere Superinfektion mit dem defektiven, RNA-haltigen und HBV-abhängigen Hepatitis-D-Virus (HDV, Deltaagens) verschlimmert üblicherweise den Krankheitsverlauf. Die Übertragung beider Viren geschieht durch Blut oder Körperflüssigkeiten, wobei kleinste Mengen Blut für eine Infektion genügen können.
Diagnose: immunologischer Antigen- oder Antikörpernachweis im Patientenserum. Das beobachtete Muster der Antigene oder Antikörper gibt Hinweise auf Stadium und Verlauf der Krankheit.
Prophylaxe: aktive Immunisierung mit HBV-Oberfläche-(HB_s)-Antigen, postexpositionell simultan passive Immunisierung.

Hepatitis-B-Virus

Erreger. Das Hepatitis-B-Virus (HBV, Familie Hepadnaviren) ist ein DNA-Virus mit partiell doppelsträngigem Genom, in dessen Vermehrungszyklus eine RNA-Zwischenphase vorkommt (Details s. Kap. 7, S. 391f.).

Das HBV besteht aus einer Hülle, in deren zelluläre Lipiddoppelschicht das Oberflächenantigen oder HB_s-(surface-)Antigen, ein Polypeptid von 25 kDa, und seine Vorstufen PreS1 (40 kDa) und PreS2 (33 kDa) eingebaut sind (Abb. 8.**10**). Die Hülle umschließt das eigentliche Kapsid (das HB_c-[core-]Anti-

Hepatitis-B-Virus

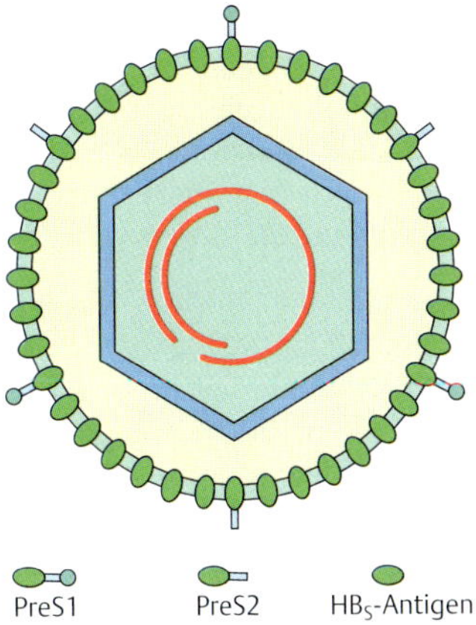

Abb. 8.**10** Das Kapsid, bestehend aus HB_c- und HB_e-Antigen, umschließt den kompletten DNA-Minus-Strang, den inkompletten Plus-Strang und die reverse Transkriptase (nicht gezeichnet). Die Hülle enthält die drei Formen des HB_s-Antigens: PreS1 = vollständiges Protein; PreS2 = verkürzte Form von PreS1; HB_s-Antigen = HB-Oberflächen-Antigen im engeren Sinne, verkürzte Form des PreS2.

gen von 21 kDa), das das Genom samt der DNA-Polymerase (eine reverse Transkriptase, S. 389) beherbergt. Das komplette Virion, nach seinem Entdekker auch Dane-Partikel genannt, hat einen Durchmesser von 42 nm, der Innenteil einen solchen von 27 nm. Die Vermehrung des Virus geschieht ausschließlich in den Leberzellen. Dane-Partikel und freies HB_s-Antigen, nicht aber HB_c-Antigen, werden ins Blut abgegeben, wobei das HB_s-Antigen in zwei Erscheinungsformen vorliegen kann, einem filamentösen Partikel von ca. 22 × 200 nm und sphärischen Formen von ebenfalls 22 nm Durchmesser. Ein weiteres virales Protein ist das HB_e-Antigen, das eine posttranslationell verkürzte („truncated") Form des HB_c-Antigens ist und nicht mehr die Fähigkeit hat, sich spontan zu Kapsiden zusammenzulagern. Es wird ebenfalls aus der Leberzelle ins Blut abgegeben.

8

Hepatitis-B-Virus-Mutanten

In den letzten Jahren wurden, dank verfeinerter molekularbiologischer Methoden, zunehmend HBV-Mutanten gefunden, die in bestimmten Proteinen eine oder wenige Aminosäuren ausgetauscht haben. Dabei sind HB_s- oder PräS-Mutanten sog. Flucht- („escape-") Mutanten, welche trotz bestehender Immunität durch anti-HB_s-Antikörper zu einem Wiederaufflammen der Infektion oder einer Neuinfektion führen. Ähnlich können Prä-HBV_c- oder HBV_c-Mutanten zu einer Reaktivierung der HBV-Replikation und damit zu einer chronischen Hepatitis B führen, da sie die Bildung des HB_e-Antigens und damit den Angriffspunkt der zellulären Immunabwehr blockieren. Diese HB_c-Mutanten werden oft unter Interferon-Therapie beobachtet.

Hepatitis-D-Virus (Deltaagens)

Ein je nach geographischer Gegend sehr stark wechselnder Prozentsatz von mit HBV infizierten Personen ist auch von einem zweiten, Ende der 70er Jahre in Italien entdeckten Hepatitisvirus befallen, dem Deltaagens oder Hepatitis-D-Virus (HDV). Es handelt sich dabei um ein unklassifiziertes RNA-Virus, dessen Kapsid aus HB_s-Antigen, also HBV-kodiertem Material besteht und das sich deswegen nur in HBV-infizierten Menschen replizieren kann.

Erreger. Das Deltaagens ist 36 nm groß und enthält eine für Viren sehr kurze RNA von 1683 Nukleotiden. Diese RNA hat Minus-Polarität, ist zirkulär und erinnert in Größe und Struktur an RNA der Pflanzenviroide (S. 480). Ihre Transkription und Replikation geschieht im Zellkern durch eine zelluläre Polymerase. Der dabei entstehende RNA-Plus-Strang enthält im Gegensatz zu Viroiden einen proteinkodierenden Teil von ca. 800 Nukleotiden, der durch die Zelle zu einer mRNA aufgearbeitet wird. Das HBV kodiert für zwei Proteine von 27 und 29 kDa (Deltaantigen), wobei früh im Replikationszyklus das kürzere, 195 Aminosäuren umfassende Protein hergestellt wird, welches die RNA-Replikation begünstigt. Später, nachdem sich (enzymatisch?) das Stop-Kodon der mRNA von UAG zu UGG gewandelt hat, wird das längere, 214 Aminosäuren umfassende Protein synthetisiert, welches die Replikation hemmt und die Enkapsidation der HDV-RNA in das HB_s-Antigen steuert.

Pathogenese und Krankheitsbild. Die Inkubationszeit der Hepatitis B beträgt 4 – 12 Wochen. Darauf folgt die akute Infektionsphase mit einem ikterischen oder anikterischen Verlauf und ebenfalls sehr unterschiedlicher Dauer von 2 – 12 Wochen. Die als Folge der HBV-Infektion auftretende Leberzellschädigung beruht nicht primär auf einer zytopathischen Wirkung des Virus, sondern auf einer humoralen und zellulären Immunreaktion, die sich gegen die virusinduzierten Membranantigene (HB_s, HB_c) auf der Oberfläche der infizierten Hepatozyten richtet. Bei 0,5 – 1 % der Erkrankten kommt es zu einer fulminanten, oft tödlich verlaufenden Hepatitis, bei 80 – 90 % verläuft die Infektion gutartig mit vollständiger Heilung und Elimination des HBV aus dem Körper, und bei 5 – 10 % entwickelt sich eine chronische Infektion (persistierende Virusinfektion, s. S. 398). Dabei werden schematisch 3 Formen unterschieden, die auch ineinander übergehen können:

- der gesunde HBV-Träger,
- die chronisch-persistierende Hepatitis (CPH) ohne Virusvermehrung, und schließlich
- die chronisch-aggressive Hepatitis (CAH) mit Virusvermehrung, die progredient verläuft.

Aus einer chronischen Infektion kann sich ein Karzinom (hepatozelluläres Karzinom, HCC) oder eine Leberzirrhose entwickeln, wobei die Inzidenz je nach geographischer Gegend sehr unterschiedlich ist. Das Deltaagens scheint auf den klinischen Verlauf einen ungünstigen Einfluß zu haben, indem im allgemeinen die Krankheit aggressiver, mit schlechterer Prognose und mit mehr Komplikationen abläuft.

Diagnose. Die Hepatitis B wird durch den Nachweis der verschiedenen HBV-Antigene bzw. der gegen sie gerichteten Antikörper diagnostiziert. Beide, Antigene wie Antikörper, lassen sich im Blut des Patienten mittels eines Solidphasentests (EIA) nachweisen. Die einzelnen Komponenten treten dabei nach gewissen Gesetzmäßigkeiten auf. Abb. 8.**11** zeigt die zeitliche Abfolge dieses Auftretens bei der unkomplizierten Hepatitis B. Daraus lassen sich Grundregeln der Labordiagnose bei HBV-Infektionen ableiten (Tab. 8.**2**).

Serologische Marker bei akuter Hepatitis B

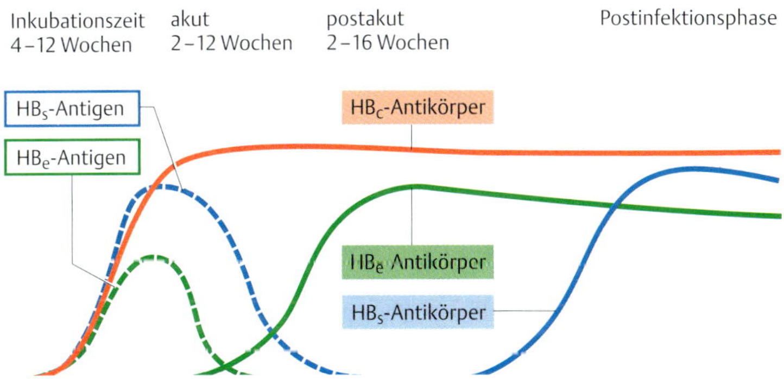

Abb. 8.**11** Typischer Verlauf der verschiedenen Antigen- und Antikörperkonzentrationen nach der Infektion.

Tabelle 8.**2** Labordiagnostik bei HBV-Infektionen

Fragestellung	**Marker**
Akute Infektion	HB_c-IgM, HB_s-Ag
Immunität (auch Impfung)	HB_s-IgG
Patient infektiös	HB_e- + HB_s-Ag
Ausschluß von HBV	HB_c-IgG neg.

Chronische Hepatitis B

Die Entwicklung zu einer chronischen Hepatitis-B-Infektion kann an einem veränderten Antigen-Antikörper-Profil abgelesen werden: Die beiden Antigene HB_s und HB_c (auch erhöhte Transaminasen) persistieren über mehr als 6 Monate, und das Auftreten der Anti-HB_e- und -HB_s-Antikörper unterbleibt. Falls sich später doch noch eine Serokonversion von HB_e-Antigen zu Anti-HB_e-Antikörper einstellt (sog. späte Serokonversion), spricht dies für einen prognostisch günstigeren Verlauf. Zur genaueren Abklärung von chronischen Fällen muß der immunhistologische Nachweis der HBV-Antigene in Leberbiopsien herangezogen werden. In Einzelfällen kann die HBV-DNA-Polymerase oder, mittels PCR, die HBV-DNA im Serum des Patienten als Indikator für das Vorhandensein von Dane-Partikeln bestimmt werden.

Epidemiologie und Prophylaxe. Das Reservoir des HBV ist ausschließlich der Mensch. Die Übertragung geschieht parenteral, entweder durch Blut oder – seltener – durch HBV-haltige Körperflüssigkeiten (Sperma), die in Kontakt mit Schleimhäuten oder Mikroläsionen der Haut kommen. Bei der Übertragung durch Blut genügen kleinste Mengen, wie sie an mit Blut kontaminierten Gegenständen wie Spritzennadeln, Ohrstechern, Tätowierinstrumenten usw. zu finden sind. Durch die konsequente Untersuchung der Blutspender auf HB_s-Antigen ist die Hepatitis B als Folge von Bluttransfusionen stark zurückgegangen, aber trotzdem bilden Patienten, die zahlreiche Transfusionen erhalten haben, oder solche von Dialysestationen eine besondere Risikogruppe. Ebenso gelten Angehörige von Medizinalberufen, die mit Blut in Kontakt kommen, als Risikogruppe, und es soll in Erinnerung gerufen werden, daß alle Blutproben als potentiell infektiös zu gelten haben und nur mit Wegwerfhandschuhen verarbeitet werden dürfen. Speziell gefährdet sind bekanntlich auch Drogensüchtige, die sich Drogen einspritzen.

Da zur Zeit bei HBV noch keine wirklich erfolgreiche Chemotherapie existiert, empfiehlt die WHO eine generelle Hepatitis-B-Prophylaxe durch eine aktive Immunisierung mit HB_s-Antigen. Bei plötzlichem, hohem Infektionsrisiko (akzidentelle Inokulation mit infektiösem Material) sollen nicht sicher immune Personen simultan auch passiv mit menschlichem Anti-HB_s-Antiserum geimpft werden, und zwar möglichst innerhalb von Stunden nach dem Kontakt.

Das HBV läßt sich bis jetzt nicht in vitro züchten. Das zur Impfung verwendete Antigen kann aus menschlichem Blut isoliert werden. Das Auftreten von AIDS hat aber zu emotionellen, faktisch jedoch unbegründeten Widerständen gegen diesen Impfstoff geführt. Da es gelungen ist, mit Hilfe der Gentechnik das HB_s-Antigen durch Hefepilze synthetisieren zu lassen, steht jetzt ein alternativer Impfstoff zur Verfügung.

Prophylaxe: Auffrischung gegen Hepatitis B. Um einen genügenden Impfschutz aufrechtzuerhalten, wurde während einiger Zeit eine periodische Wiederimpfung, speziell von Risikopersonen, empfohlen. Da bei allen einmal erfolgreich Geimpften nach erneutem Kontakt sehr rasch wieder eine Immunität aufgebaut wird („immunologisches Gedächtnis", s. S. 89ff.), wurde diese Empfehlung aber heute in verschiedenen Ländern durch die folgende abgelöst:

Nach einer Immunisierung nach klassischem Schema (0, 1 und 6 Monate) soll innerhalb von 1 – 3 Monaten der anti-HB_s-Antikörpertiter bestimmt werden. Für Responder (Titer > 100 IE/l) ist keine Auffrischimpfung notwendig. Für Hypo- und Non-Responder (Titer < 100 IE/l) soll mit max. 3 weiteren Impfungen versucht werden einen Titer > 100 IE/l zu erreichen.

RNA-Viren

Picornaviren

Die humanmedizinisch wichtigen Genera der Picornaviren sind die

- **Enteroviren** mit den Polioviren (Kinderlähmung) und den Coxsackie- und Echo-Viren,
- **Hepatoviren** mir dem Hepatitis-A-Virus und
- **Rhinoviren** (Erreger des Schnupfens).

Die Übertragung der Enteroviren und der Hepatoviren geschieht fäkal-oral, die Viren vermehren sich zunächst im Darm, von wo sie via Blut ihr „Zielorgan" erreichen. Charakteristisch ist eine hohe Zahl inapparenter Infektionen.

Die Rhinoviren werden durch Tröpfcheninfektion übertragen und bleiben streng in der Mucosa der oberen Luftwege lokalisiert.

Diagnose: Enteroviren durch Isolierung in Zellkulturen oder mittels PCR; Hepatitis A serologisch (IgM) und Rhinoviren, wenn überhaupt, durch Isolierung.

Prophylaxe: aktive Polioimpfung mit Lebend-, Hepatitis A mit Tot-Impfstoff; bei Rhinoviren Expositionsprophylaxe.

Die Picornaviren (z. B. Polioviren, Abb. 8.**12**) gehören zu den bestuntersuchten Viren. Sie enthalten eine RNA mit Plus-Polarität. Diese ist an ihrem 3′-Ende polyadenyliert und besitzt am 5′-Ende kein Cap, sondern ein ca. 2 kDa großes, basisches Protein, das VPg (**v**irus **p**rotein, **g**enome-linked). Die RNA besteht aus ca. 7500 Basen, die 2207 kodierende Triplets bilden (Poliovirus). Die Kombination der Ribosomen mit der RNA geschieht nicht

Polioviren

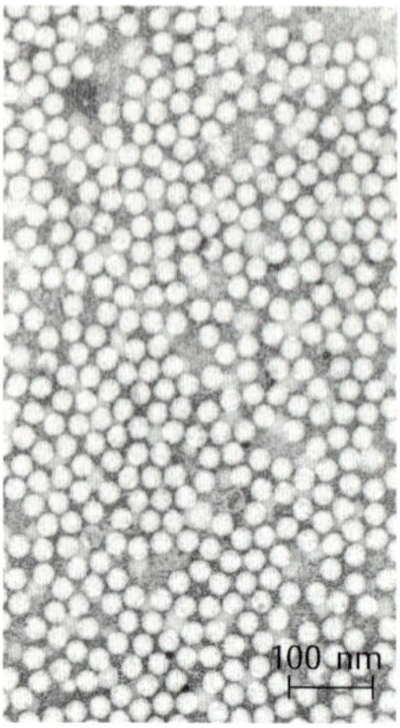

Abb. 8.**12** Die 24–30 nm großen Polioviren sind die Erreger der Kinderlähmung.

wie bei Zell-mRNA am Cap des 5′-Endes (Scanning-Modell), sondern intern in der ca. 750 Nukleotide langen nichttranslatierten Region (NTR), die vor dem kodierenden Teil liegt. Das Translationsprodukt dieser RNA ist ein Polyprotein von ca. 250 kDa, das noch während oder sofort nach seiner Synthese proteolytisch in etwa 20 einzelne, funktionelle Proteine zerlegt wird. Am N-terminalen Ende des Polyproteins finden sich die Kapsidproteine, in der mittleren Region Proteine, die bei der Ausprägung der Strukturen für die RNA-Replikation und der Ausbildung des CPE eine Rolle spielen (S. 398), und im C-terminalen Teil der Proteine mit enzymatischem Charakter (Protease zur proteolytischen Zerlegung des primären Translationsprodukts, s. oben, und die RNA-abhängige RNA-Polymerase, s. S. 390ff.) sowie das VPg, das Primer-Funktion für die RNA-Synthese hat.

Enteroviren (Polio, Coxsackie, Echo)

Erreger. Unter den Enteroviren finden sich die Arten:

- Poliovirus mit 3 Serotypen,
- Coxsackie-Virus der Gruppe A mit 24 Serotypen,
- Coxsackie-Virus der Gruppe B mit 6 Serotypen,
- Echo-Virus mit 34 Serotypen,
- die Enteroviren Nummer 68 bis 71.

Pathogenese und Krankheitsbilder. Die Enteroviren werden per os aufgenommen und vermehren sich zunächst im lymphatischen Gewebe des Rachenraumes und später vor allem in der Darmwand. Anschließend erreichen sie auf dem Blutweg ihr „Zielorgan", und es kommt zur Organmanifestation. Letztere tritt allerdings nur in einem kleinen Prozentsatz der Fälle ein; die weitaus meisten Enterovirusinfektionen verlaufen asymptomatisch. Die immer auftretende Virämie ist aber der Grund, weshalb auch symptomlose Enterovirusinfektionen eine gute Immunität hinterlassen. Die manifesten Enterovirusinfektionen verlaufen häufig uncharakteristisch und mit schwach ausgeprägten klinischen Symptomen. Ein und derselbe Virustyp kann dabei eine Vielzahl von Symptomen verursachen, und umgekehrt kann ein klinisches Symptom von mehreren Serotypen ausgelöst werden.

Die folgenden Krankheitsbilder sind bei Enteroviren beschrieben (Tab. 8.**3**):

Tabelle 8.**3** Enteroviren: Klinische Syndrome

Virusarten	**wichtigste Syndrome**
Polioviren	Paralyse, aseptische Meningitis, Enzephalitis
Coxsackieviren, A & B, Echoviren, Enterovirus 68–70	Meningitis, Paralyse (selten), Pharyngitis (Herpangina), Pneumonie, Hepatitis, makuläre und vesikuläre Exantheme
Coxsackieviren B (zusätzlich)	Myalgie, epidemische Pleurodynie (= Bornholmsche Krankheit), Perikarditis, Myokarditis, Pankreatitis, Diabetes
Enterovirus 71	akute hämorrhagische Konjunktivitis

Diagnose. Die Labordiagnose erfolgt durch Anzüchten der Viren aus Liquor, Rachenabstrich oder -spülwasser, in jedem Fall aber auch mit bester Erfolgschance aus Stuhl. Für den Nachweis aus Liquor ist ein kommerzieller PCR-Kit entwickelt worden. Die Serodiagnose spielt eine untergeordnete Rolle.

Epidemiologie und Prophylaxe. Bei den Enteroviren ist der Mensch das Reservoir. Die Übertragung erfolgt direkt (Schmutz- und Schmierinfektion) oder aber über Lebensmittel und Wasser, bei hohem Hygiene-Standard spielt auch die Tröpfcheninfektion eine Rolle. Eine spezielle Prophylaxe bei den Coxsackie- und Echoviren ist weder praktikabel noch im allgemeinen notwendig.

Zur Prophylaxe der Poliomyelitis wurde 1954 durch Salk ein abgetöteter Impfstoff (IPV, inaktivierte Poliovakzine) eingeführt, bestehend aus den drei mit Formalin inaktivierten Poliovirustypen. Fünf Jahre später war der

Lebendimpfstoff (OPV, orale Poliovakzine nach Sabin) erhältlich, der einzeln oder kombiniert die drei lebenden, aber nicht mehr neurovirulenten Poliovirusstämme enthält. Dort, wo die Impfstoffe verwendet wurden, konnte die Poliomyelitis ausgerottet werden.

Polio-Impfstoffe: Vor- und Nachteile

Der **abgetötete Impfstoff** hat den Vorteil einer guten Haltbarkeit und praktisch vollständigen Sicherheit; den Nachteil, daß er teuer ist, 3mal injiziert werden muß und einen schlechteren oder zumindest kürzeren Schutz verleiht als der attenuierte, wie Polioausbrüche in IPV-geimpften Populationen (z. B. Finnland 1984/85) gezeigt haben.

Der **Lebendimpfstoff** hat den Vorteil, daß er per os verabreicht wird, billig und sehr effizient ist; den Nachteil der Thermolabilität, was in tropischen Ländern zu deutlich weniger Serokonversionen führt, und die seltenen ($1:1 \times 10^6$) paralytischen Fälle als Folge einer Impfung. In dieser Zahl sind allerdings auch Immundefiziente (Agammaglobulinämie) eingeschlossen.

Wie auf S. 396 ausgeführt, entsteht in einer Passage durch einen Impfling aus OPV wegen des Phänomens der Quasispezies wieder neurovirulentes Virus, was eine breite Durchimpfung der Bevölkerung notwendig macht. Dies führt zur paradoxen Situation, daß mit der potenten OPV zwar die Krankheit Poliomyelitis, nicht aber das Poliovirus ausgerottet werden kann. Dies scheint die von der WHO geplante, weltweite Ausrottung der Polio bis zum Jahr 2000 nicht zu beeinträchtigen.

Hepatoviren (Hepatitis-A-Virus)

Erreger. Das Hepatitis-A-Virus weicht in manchen Charakteristika von den Enteroviren, zu denen es lange gezählt wurde, ab. Es ist auch schwierig in Zellkulturen zu züchten, wo es nur zu niedrigen Titern heranwächst. Bis jetzt ist nur ein Serotyp bekannt.

Pathogenese und Krankheitsbild. Die Klinik der Hepatitis A, der sog. epidemischen oder infektiösen Hepatitis, unterscheidet sich im Prinzip nicht von derjenigen der Hepatitis B (S. 438), nur ist der Verlauf gutartig und nicht chronisch. Die Pathogenese entspricht zunächst derjenigen der Enteroviren, wobei das Hepatitis-A-Virus sich im Darm vermehrt und dann, nach einer kurzen Virämie, die Leber als „Zielorgan“ befällt. Bei der Krankheitsauslösung spielen aber, weitgehend im Gegensatz zu den Enteroviren und ähnlich wie bei Hepatitis B, immunologische Prozesse eine Rolle.

Diagnose. Die Diagnose wird durch einen IgM-Nachweis gestellt, da diese Antikörper im Serum des Patienten regelmäßig so früh vorhanden sind, daß ein Fehlen von Hepatitis-A-Antikörpern zu Beginn der klinischen Erkrankung eine Hepatitis A ausschließt.

Epidemiologie und Prophylaxe. Die Übertragung geschieht durch Lebensmittel oder Wasser sowie in Form von Schmutz- und Schmierinfektion. Bei der Hepatitis A besteht ein ausgesprochenes Süd-Nord-Gefälle, sie ist in Mitteleuropa eine eigentliche Reisekrankheit geworden. Eingeschleppte Fälle führen aber häufig zu kleinen Ausbrüchen in Familien oder Schulen. Zur HAV-Prophylaxe existiert eine aktive Immunisierung mit abgetötetem Impfstoff. Diese Impfung hat die früher angewandte, passive Immunisierung abgelöst.

Rhinoviren

Erreger. Die Genomorganisation und die Vermehrungsweise der Rhinoviren (bis heute 117 Serotypen) entspricht völlig derjenigen der Enteroviren, von denen sie sich nur durch ihre Säureempfindlichkeit und ihre leicht höhere Dichte unterscheiden.

Pathogenese und Krankheitsbild. Die Rhinoviren, die Erreger des banalen Schnupfens, infizieren die Schleimhäute des Nasen- und Rachenraums. Sie bleiben dort streng lokalisiert und verursachen keine generalisierte Infektion. Seltenerweise können sie, vor allem bei Kindern, eine Bronchitis oder Bronchopneumonie verursachen. Das Krankheitsbild wird häufig durch bakterielle Superinfektionen verschlimmert.

Diagnose. Bei einer Rhinovirusinfektion wird man nur in Spezialfällen eine Labordiagnose benötigen. Die Viren sind in Zellkulturen züchtbar.

Epidemiologie und Prophylaxe. Die Rhinoviren werden durch Tröpfcheninfektion oder Kontakt von Mensch zu Mensch übertragen, wobei eine mechanische Inokulation (Einbringen in den Nasen- oder Rachenraum mit den Fingern) eine Rolle zu spielen scheint. Rhinoviren kommen weltweit vor, gehäuft in den Wintermonaten. Die nur kurz dauernde, typenspezifische Immunität, zusammen mit dem großen Typenreichtum, erklärt die häufig wiederkehrenden Schnupfenepisoden im Leben jedes einzelnen. Experimentell wurde gezeigt, daß es sich aber immer um exogene Infektionen handelt, nicht um Reaktivierungen durch Kälte, Nässe usw. Als Prophylaxe kommt höchstens Expositionsprophylaxe durch Meiden von Menschenansammlungen in Frage.

Astro- und Caliciviren; Hepatitis E

Die 28 – 30 nm großen Astroviren und die 30 – 35 nm großen Caliciviren sind virale Enteritiserreger bei Kleinkindern.

Der Erreger der Hepatitis E wird vorläufig auch den Caliciviren zugerechnet. Das Hepatitis-E-Virus (HEV) kommt epidemisch und endemisch in asiatischen, mittelamerikanischen und afrikanischen Ländern vor. Es wird fäkal-oral, vor allem über Trinkwasser, übertragen und ist außer für Schwangere relativ gutartig. Hepatitis E gilt als Reisekrankheit.

Einzelfälle oder kleinere Ausbrüche von Enteritiden werden gerne unspezifiziert als Virusinfektionen bezeichnet. Neben nicht erkannten bakteriellen Infektionen kommen als virale Erreger Adeno-, Rota-, Astro- und Caliciviren in Frage, wobei die Systematik der zwei letzteren noch unsicher ist. Auch die Einteilung des Hepatitis-E-Virus (HEV) in die Familie der Caliciviren ist noch nicht definitiv.

Astroviren

Erreger. Das 28 – 30 nm große Astrovirus verdankt seinen Namen dem sternartigen Aussehen. Es enthält eine ca. 7500 Nukleotide umfassende RNA von plus-Polarität und scheint in seiner Replikationsstrategie den Picornaviren nahezustehen.

Pathogenese und Krankheitsbild. Die tierischen und menschlichen Astroviren werden in Zusammenhang mit fast immer harmlosen Durchfallerkrankungen gebracht, wobei aber die ätiologische Rolle dieser Viren durchaus nicht immer geklärt ist. Astroviren scheinen wenig pathogen zu sein, und an dieser Stelle muß darauf hingewiesen werden, daß die Rolle von Viren bei Enteritiden allgemein häufig überschätzt wird.

Diagnose. Elektronenmikroskopie.

Epidemiologie. Astroviren sind weltweit verbreitet. Sie infizieren eher jüngere Kinder oder durch andere Krankheiten geschwächte, ältere Leute.

Caliciviren

Erreger. Caliciviren sind 30 – 35 nm groß, besitzen nur ein Kapsidprotein und eine polyadenylierte RNA von 7500 Nukleotiden mit einem VPg am 5′-Ende. Ihre Oberfläche besitzt eine charakteristische Struktur und weist kleine, kelchartige (calyx = Kelch), regelmäßig angeordnete Vertiefungen auf, die dem Kapsid die Form eines Davidsterns verleihen.

Man teilt Caliciviren auf Grund ihrer Genomähnlichkeiten in die klassischen humanen Caliciviren (HuCV) und die üblicherweise als „SRSV" (= small round-structured viruses) bezeichneten Viren ein, welche ihrerseits in zwei Subtypen I und II unterteilt werden. Typ I umfaßt unter anderem das Norwalk-Virus und eine Reihe ähnlicher, nach dem geographischen Ort ihres Auftretens benannten Viren, die z. T. antigenetisch vom Norwalk-Virus verschieden sind.

Krankheitsbild. Die Caliciviren verursachen Enteritiden. Sie sind neben den Rota- (S. 448) und den Adenoviren (S. 424) bei Kindern die häufigsten viralen Enteritiserreger und führen, vor allem in den Wintermonaten, immer wieder zu kleineren Epidemien (winter vomiting disease).

Diagnose. Elektronenmikroskopie oder Antigennachweis im Stuhl.

Epidemiologie. Zwei Drittel der erwachsenen Bevölkerung der gemäßigten Zone besitzen Antikörper gegen Norwalk-Virus. SRV werden immer wieder im Zusammenhang mit kleineren Epidemien und Familienausbrüchen beschrieben. Der Übertragungsweg ist nur beim Norwalk-Virus untersucht und verläuft neben der direkten fäkal-oralen Route auch über Wasser und ungekochte Lebensmittel.

Hepatitis-E-Virus (HEV)

Erreger. In Asien, Mittelamerika und Teilen Afrikas kommt eine infektiöse Leberentzündung vor, die offensichtlich fäkal-oral übertragen wird. Das RNA-Genom des verantwortlichen Agens wurde neuerdings sequenziert und das Virus, das Hepatitis-E-Virus (HEV), vorläufig den Caliciviren zugeordnet, mit denen es auch morphologische Ähnlichkeiten aufweist. Es läßt sich bis jetzt nicht in vitro züchten.

Pathogenese und Krankheitsbild. Die Klinik der Hepatitis E ist eher gutartig und ähnlich derjenigen der Hepatitis A. Sie zeigt keine Chronizität. Bei Schwangeren im 3. Trimenon verläuft die Infektion allerdings mit einer Letalität von 10–40 %.

Diagnose. Es existiert ein Antikörpernachweis auf EIA-Basis. Seine Spezifität ist aber, offenbar wegen Kreuzreaktionen mit anderen Caliciviren, umstritten. Die Diagnose wird häufig auch klinisch und anamnestisch (Reisen in Endemiegebiete) gestellt.

Epidemiologie. HEV führt in den oben erwähnten Ländern immer wieder zu recht großen Ausbrüchen. Die Infektionen lassen sich dabei auf kontaminiertes Trinkwasser zurückführen. Nach Mitteleuropa wird Hepatitis E als Reisekrankheit eingeschleppt, jedoch offenbar seltener als Hepatitis A. Eine spezifische Prophylaxe existiert nicht.

Reoviren

Unter den Reoviren sind die Rotaviren humanmedizinisch die bedeutendsten. Sie sind Erreger von Diarrhöen bei Kleinkindern und älteren Personen, aber auch mit z. T. schweren Folgen bei Immunsupprimierten.
Diagnose: Antigennachweis oder Elektronenmikroskopie, da die Isolierung dieser Viren in Zellkulturen keine Routinemethode ist.

Erreger. In der Familie der Reoviren finden sich neben den pflanzen- und tierpathogenen Stämmen 3 Genera, die auch humanpathogene Vertreter beherbergen:

- die **Coltiviren**, die eine große Zahl veterinärmedizinisch wichtige Virusarten und das menschenpathogene Virus des Colorado-Zeckenfiebers umfassen;
- die **Reoviren** im engeren Sinne mit drei Serotypen;
- die **Rotaviren** mit den Gruppen A bis F, die wiederum in Untergruppen, Serotypen und Elektrophärotypen (s. unten) unterteilt werden.

Pathogenese und Krankheitsbild. Coltiviren. Das Colorado-Zeckenfieber ist eine fast immer mild verlaufende Krankheit mit Fieber, Myalgien, Übelkeit und Erbrechen, selten leichten Enzephalitiden.

Reoviren. Die Beziehung dieser Viren zu Krankheiten ist unklar. Sie sollen, vor allem bei Kindern, den Respirations- und Intestinaltrakt befallen können. Da aber diese Viren auch sehr häufig bei symptomlosen Personen gefunden werden, ist eine Zuordnung zu Krankheitsbildern schwierig (Reo = respiratory enteric orphan, orphan = Waise, d. h. keine klare Assoziation zu einer Krankheit).

Rotaviren. Mitte der 70er Jahre wurden diese Viren als Durchfallerreger bei Säuglingen und Kleinkindern erkannt (Abb. 8.**13**). Sie sind der häufigste Grund für Diarrhöen bei Kindern im Alter zwischen 6 Monaten und 2 Jahren. Wie in neuerer Zeit gefunden wurde, spielen sie aber auch eine Rolle in höherem Alter und vor allem bei Immunsupprimierten (Knochenmarktransplantierten), wo sie schwere Krankheitsbilder auslösen können. Rota-

Rotaviren

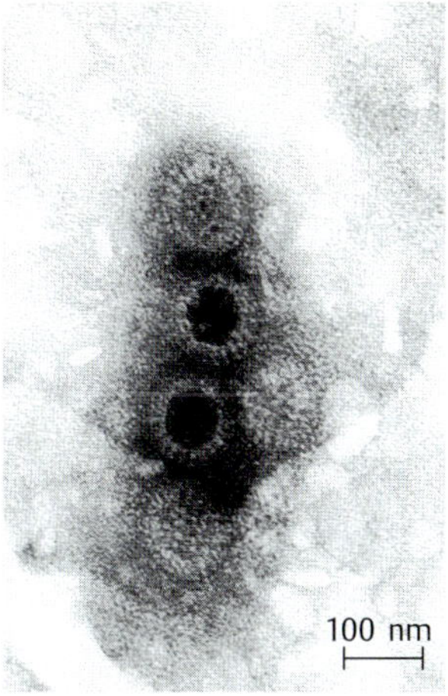

Abb. 8.**13** TEM-Aufnahme von Rotaviren aus dem Stuhl eines durchfallkranken Säuglings. Alle Viren der Reofamilie haben ein doppeltes Kapsid von ikosaedrischer Form. Das äußere Kapsid hat einen Durchmesser von ca. 70 nm, das innere einen von ca. 40 nm. Es enthält das segmentierte RNA-Genom, das – je nach Virusart – aus 10–12 doppelsträngigen Untereinheiten besteht.

viren werden per os oder evtl. durch Tröpfcheninfektion aufgenommen, vermehren sich in den Dünndarmzotten und führen zu Durchfall mit der Gefahr der Exsikkose.

Diagnose. Das Colorado-Zeckenfieber kann serologisch und die Reovirusinfektionen können durch Isolierung der Erreger in Zellkulturen diagnostiziert werden. Die Rotaviren lassen sich für diagnostische Zwecke nicht ohne weiteres in Zellkulturen züchten. Der Nachweis geschieht elektronenmikroskopisch oder als Antigennachweis mit Hilfe auch kommerziell erhältlicher Solidphasentests (EIA, Agglutination). Eine Typisierung der verschiedenen Rotavirusstämme kann elegant durch eine Analyse der elektrophoretischen Mobilität der 11 dsRNA-Stränge des Virusgenoms durchgeführt werden.

Das Reservoir der säuglingspathogenen Rotaviren ist der Mensch. In Entwicklungsländern gehören Durchfallerkrankungen zu den wichtigsten Todesursachen von Kleinkindern; 20% davon sind rotavirusbedingt. In der gemäßigten Zone spielen die Rotaviren weniger für Einzelfälle als vor allem in Krankenhäusern und Kleinkinderheimen, vornehmlich im Winter, eine Rolle. Auf Gegenständen und auf der Haut (Hände!) überleben Rotaviren lange und werden daher von Erkrankten oder gesunden Trägern sehr rasch weiterverbreitet. Die beste Prophylaxe besteht in der Einhaltung einer peinlich genauen Hygiene.

Impfstoffe aus attenuierten, lebenden Stämmen, in denen die 11 Genomabschnitte reassortiert wurden, sind in Vorbereitung. Die Durchseuchung ist mit dem Schuleintritt praktisch 100%, aber ein Trägertum und Reinfektionen sind trotz vorhandener Immunität möglich.

Togaviren

Die von Arthropoden übertragenen Alphavirus-Infektionen treten bei uns hauptsächlich nach Reisen in die Tropen und Subtropen auf. Ihre Klinik ist variabel, schließt aber fast immer Gelenkschmerzen (Arthralgien) ein. Die Gattung Rubiviren enthält als wichtigste Virusart das Rötelnvirus, das neben der meist harmlosen Kinderkrankheit im ersten Trimenon der Schwangerschaft schwerwiegende Embryopathien verursachen kann.

Erreger. Unter dem Begriff Toga- oder Arboviren (Arbo = arthropode borne) wurden früher verschiedene Virusarten, einschließlich der heutigen Flaviviren zusammengefaßt. Heute gehören zu den Togaviren, neben den veterinär-medizinisch wichtigen Pestiviren, das Genus Rubivirus mit nur 1 Art, dem Rötelnvirus und die Alphaviren mit 25 Arten. Die reisemedizinisch wichtigsten Alphaviren sind das Chikungunya-Virus (Afrika, Asien), das Sindbis-Virus (Afrika, Asien, Australien), das Ross-River-Virus (Australien, Ozeanien) und das Mayaro-Virus (Südamerika). Ihre Übertragung von infizierten Tieren auf den Menschen geschieht durch blutsaugende Mücken.

Die Togaviren besitzen ein ikosaedrisches Kapsid und eine enganliegende Hülle, wobei die Größe des Kapsids 35–40 nm, die des ganzen Virions 60–65 nm beträgt. Das Genom der Togaviren ist eine einzelsträngige, polyadenylierte RNA von Plus-Polarität. Bei der Replikation entsteht nicht nur neue Genom-RNA von ca. 40S, sondern auch ein subgenomisches Teilstück, eine 26S-RNA, die für die Kapsidproteine kodiert. Die Freisetzung der Viren erfolgt durch Abschnüren („budding") an der Zelloberfläche.

Pathogenese und Krankheitsbild. Die durch Arthropoden übertragenen Alphaviren, Zoonosen der tropischen und subtropischen Regionen, führen häufig zu asymptomatischen oder gutartig verlaufenden Infektionen mit Fieber, Exanthem und Gelenkschmerzen. Gelegentlich treten jedoch langdauernde (Monate, evtl. Jahre) Arthralgien und Polyarthritiden, u. U. mit Gelenkdestruktionen auf. Daneben kommen seltener Enzephalitiden und Meningoenzephalitiden vor, die aber eine hohe Letalität aufweisen.

Die durch direkten Kontakt übertragenen Röteln (Rubiviren) sind für Kinder und Jugendliche eine harmlose exanthematische Krankheit, die in fast der Hälfte der Fälle inapparent verläuft. Das Virus vermehrt sich zunächst in lymphatischen Organen an der Eintrittspforte, dem Nasen-Rachen-Raum, und führt dann zu einer Virämie, die schon vor dem Exanthem auftritt. Bei

Schwangeren gelangt das Virus auf diesem Weg über die Plazenta in den Embryo, was besonders in den 3 ersten Schwangerschaftsmonaten zu Mißbildungen oder dem Fruchttod führen kann. Diejenigen Organe, die sich gerade in einem empfindlichen Stadium ihrer Entwicklung befinden, zeigen am ehesten Auswirkungen der Rötelninfektion. Am häufigsten werden Taubheit, Katarakt, Herzfehler, Mikrozephalie und Spina bifida beobachtet. Ein intrauteriner Fruchttod tritt meistens durch eine Myokardschädigung ein. Deshalb ist eine durch IgM-Nachweis oder Antikörpertiteranstieg nachgewiesene Rötelninfektion im ersten Trimenon Grund zur Vornahme eines Schwangerschaftsabbruchs.

Diagnose. Für die Alpha- wie die Rubiviren wird man die Serodiagnose anwenden. Auch stehen EIA-Methoden zur Verfügung, die eine Bestimmung der IgM ermöglichen.

Prophylaxe. Gegen einzelne Alphaviren, wie auch gegen Röteln, existieren Impfstoffe. Die Rötelnprophylaxe ist primär eine Prophylaxe der Rötelnembryopathie. Da 10–15% der jungen Erwachsenen noch rötelnempfänglich sind und da ein Lebendimpfstoff mit wenig Nebenwirkungen und gutem Immunisierungsvermögen erhältlich ist, werden die Kinder (Mädchen und Knaben!) noch vor der Pubertät durchgeimpft. Es kann dabei wegen der guten Verträglichkeit des Impfstoffs auf eine vorherige Aufnahme des Immunstatus verzichtet werden.

Flaviviren

Zur Flavivirus-Familie gehören die **von Arthropoden übertragenen Viren** (Prototyp: Gelbfiebervirus), die einen biphasischen Krankheitsverlauf mit z.T. schweren Folgen (hämorrhagisches Fieber mit hoher Letalität) auslösen. In südlichen und östlichen Ländern sind diese Viren von großer medizinischer Bedeutung, in Europa kommt nur ein Vertreter, der Erreger der Zeckenenzephalitis vor. Nicht von Arthropoden übertragene Flaviviren sind die **Hepatitis-C-** und **-G-Viren**. Das Hepatitis-C-Virus (HCV) wird vor allem durch Blut (Transfusion, Blutprodukte, intravenöser Drogenkonsum) übertragen und zeigt sehr häufig chronische Verlaufsformen (70%), einschließlich Leberzirrhose und hepatozellulärem Karzinom. Das Hepatitis-G-Virus (HGV) ist dem HCV verwandt, aber erst in jüngster Zeit entdeckt worden und noch wenig charakterisiert.

Flaviviren sind morphologisch einheitliche Viren mit ikosaedrischem Kapsid und enganliegender Hülle mit Protrusionen. Die Größe des Kapsids beträgt ca. 30 nm, die des ganzen Virions 45 nm. Das Genom der Flaviviren ist eine einzelsträngige Plus-Strang-RNA von ca. 10 kb. Sie kodiert für 3 Struktur- und 7 Nichtstrukturproteine, wobei eine co- und posttranslationelle Aufarbeitung der Proteine (cleavage, S. 390), ähnlich wie bei den Picornaviren, beschrieben wurde. Die Morphogenese des Virus findet am ER statt, in dessen Lumen die fertigen Viren hineinsprossen. Für das Hepatitis-C-Virus (HCV), das nicht in vitro gezüchtet werden kann, sind diese Charakteristika nicht direkt nachgewiesen.

Von Arthropoden übertragene Flaviviren (Gelbfieber-Typ)

Erreger. Zu den Flaviviren gehören 63 Arten, darunter das Prototypvirus der Familie, das Gelbfiebervirus, das Dengue-Virus und das Virus der europäischen Zeckenenzephalitis (Frühsommer-Meningoenzephalitis, FSME). Die reisemedizinisch wichtigen Flaviviren sind in Tab. 8.**4** zusammengestellt.

Pathogenese und Krankheitsbild. Die durch Arthropoden übertragenen Flaviviren lösen Krankheitsbilder unterschiedlichen Schweregrades aus. Typischerweise verlaufen die Infektionen biphasisch mit einer ersten, wenig charakteristischen Phase mit Fieber, Kopf- und Muskelschmerzen und evtl. einem Exanthem (dengueartiges Syndrom). In dieser Phase besteht eine ausgesprochene Virämie. Die Krankheit, die in diesem Stadium häufig nicht als Flavivirusinfektion erkannt wird, kann nun beendet sein oder aber nach 1–3 Tagen in ein zweites, schwereres Krankheitsbild übergehen, ein hämorrhagisches Fieber, das mit Blutungen und intravasaler Gerinnung einhergeht und eine hohe Letalität aufweist. Beim Dengue-Fieber wird diese Verlaufsform zunehmend häufiger beobachtet und je nach Ausprägung Dengue-hämorrhagisches Fieber (DHF) oder Dengue-Schock-Syndrom (DSS) genannt.

Dengue-hämorrhagisches Fieber (DHF)/Dengue-Schock-Syndrom (DSS)

Ein Grund für die zunehmend schweren Dengue-Manifestationen wird in der heutigen Mobilität der Bevölkerung gesehen, durch die immer mehr Menschen nach Überstehen einer Dengue-Infektion in ein geographisches Gebiet, in dem ein anderer Dengue-Serotyp vorherrscht, gelangen. Jetzt tritt das „antibody dependend enhancement of viral infection“ oder „antikörperbedingte Krankheitsverstärkung“ ein (ADE, s. S. 403), indem die neuen Viren zwar mit Antikörpern der Erstinfektion beladen, aber nicht neutralisiert, sondern im Gegenteil via Fc-Rezeptoren in Zellen aufgenommen werden, was zu DHF und DSS führt. Derselbe Mechanismus kann auch bei Kindern im 1. Lebensjahr, die noch Antikörper von der Mutter besitzen, zu solchen schweren Erkrankungen führen.

Tabelle 8.**4** Übersicht über die wichtigsten von Arthropoden übertragenen Flaviviren

Virusart	**Überträger**	**geographische Verbreitung**	**Syndrom**
Dengue	Moskito (*Aëdes, Stegomyia*)	Westafrika, Pazifik, Süd- und Südostasien, Karibik, Venezuela, Kolumbien, Brasilien	Dengue-Syndrom, DHF, DSS
Gelbfieber	Moskito (*Aëdes*)	West- und Zentralafrika, Süd- und Zentralamerika	hämorrhagisches Fieber
japanische B-Enzephalitis	Moskito (*Culex*)	Ost-, Südost- und Südasien, Westpazifik	Enzephalitis
St.-Louis-Enzephalitis	Moskito (*Culex*)	Nord- und Mittelamerika, Brasilien und Argentinien	Enzephalitis
West-Nil-Fieber	Moskito (*Culex*), Zecken (Argasiden)	Ost- und Westafrika, Süd- und Südostasien, Mittelmeerstaaten	Dengue-Syndrom
Zeckenenzephalitiden (zentraleuropäische* und russische)	Zecken (*Ixodes*)	Zentraleuropa, Rußland	Enzephalitis

* Synonym: Frühsommer-Meningoenzephalitis (FSME)

Diagnose. Die Flaviviren führen immer zu einer Virämie (Übertragung durch blutsaugende Arthropoden!). Sie können aus dem Blut durch Überimpfen auf Zellkulturen oder auf Säuglingsmäuse isoliert werden. Bei Fällen mit letalem Ausgang kann die Isolierung aus Lebergewebe vorgenommen werden. Die Viren sind aber recht labil, und ihre Identifizierung kann, wegen der antigenen Kreuzreaktionen zwischen den Arten, langwierig sein, so daß die Serologie (Titeranstieg oder IgM-Bestimmung) im Vordergrund steht.

Epidemiologie und Prophylaxe. Bei den durch Arthropoden übertragenen Flaviviren hat sich in den meisten Fällen ein Zyklus zwischen dem Vertebratenwirt (Säugetiere, Vögel) und dem Überträger (Stechmücken und -fliegen, Zecken) herausgebildet, der für das Virus effizient und für die Wirte relativ unschädlich ist. Der Vertebratenwirt zeigt häufig wenig Krankheitszeichen und übersteht die Infektion gut mit einer kurzdauernden Virämie. Während dieser Zeit infiziert sich der blutsaugende Überträger, der daraufhin das Virus mit dem Speichel ausscheidet und lebenslänglich infektiös bleibt. Bei Zecken ist auch eine transovarielle Weitergabe des Virus möglich. Der Mensch ist für das Virus eine Sackgasse und nimmt normalerweise nicht an diesem Kreislauf teil. Ausnahmen bilden das urbane Gelbfieber und Dengue. Für das Dengue-Virus ist nur der Mensch als Hauptwirt bekannt. Beim Gelbfieber existieren zwei Formen: das rurale oder Dschungelgelbfieber mit dem Kreislauf Affe – Stechmücke – Affe (oder gelegentlich Mensch) und die urbane Form, die im Zunehmen begriffen ist und bei der die Menschen als Hauptwirte und Aëdesmücken, die sich in kleinsten Wasseransammlungen (Konservendose usw.) fortpflanzen können, als Überträger auftreten.

Impfstoffe existieren gegen Gelbfieber (Lebendvakzine) und gegen die europäische Zeckenenzephalitis (Totimpfstoff).

Hepatitis C und G

Erreger. Nach Bluttransfusionen traten und treten immer wieder Hepatitiden auf, die weder als Hepatitis A (S. 444) noch als Hepatitis B (S. 436) identifiziert werden konnten und die deswegen „Non-A-non-B-(NANB-)Hepatitiden" genannt wurden. 1988 ist die Entdeckung eines der NANB-Hepatitisviren, des Hepatitis-C-Virus (HCV) mit Hilfe der Molekularbiologie elegant auf folgende Weise geglückt: Aus dem Plasma eines infizierten Schimpansen wurde RNA extrahiert, mit Random priming und reverser Transkriptase cDNA hergestellt, diese kloniert und Proteine exprimiert. Etwa 1 Million Klone wurden auf ihre Reaktivität mit Seren von Patienten mit chronischer NANB-Hepatitis geprüft. Nachdem auf diese Weise ein Protein gefunden wurde, das mit Anti-NANB-Antikörpern reagierte, wurde der entsprechende Klon als Sonde benutzt, um weitere, überlappende virale Genstücke zu identifizieren. Sie gehören zu einem Virus mit Plus-Strang-RNA von ca. 10 kb, das den Flaviviren zugeordnet wird und mehrere Gentypen umfaßt. Eine ähnliche Strategie führte kürzlich zur Identifizierung eines weiteren Flavivirus, das Hepatitiden verursacht und Hepatitis-G-Virus (HGV) genannt wird.

Pathogenese und Krankheitsbild. Die Hepatitis C ähnelt in vielem der Hepatitis B, aber sie verläuft viel häufiger als persistente Infektion (85 %) und in 70 % als chronische Hepatitis, die innerhalb von 20 Jahren zur Leberzirrhose und in weiteren 10 Jahren zum hepatozellulären Karzinom (HCC) führt. Der Grund für die hohe Viruspersistenz wird im Entgehen der Immunabwehr durch die hohe Mutabilität (Quasispezies der RNA-Viren, S. 396) gesehen. Das HGV scheint nach den bis jetzt vorliegenden Erkenntnissen nicht oder sehr selten chronisch zu werden.

Diagnose. Die Diagnose der Hepatitis C geschieht durch Antikörpernachweis in einem EIA, wobei früher das zuerst gefundene virale Nichtkapsidprotein C100-3 als Antigen benutzt wurde. Dieser Test wird erst nach ca. 9 Wochen im Krankheitsablauf positiv. Heute wird ein EIA mit gentechnisch hergestellten Kapsidproteinen benützt, der schon nach 4 Wochen positiv wird. Eine Bestätigung des Resultats ist durch ein Western-Blot (RIBA = recombinant immunoblot assay) möglich. Ein RNA-Nachweis durch RT-PCR ist zwar früh möglich, aber wegen der kleinen Virusmengen im Blut zuweilen unzuverlässig. Die PCR kann aber benutzt werden, um persistierende von abgeheilten HCV-Infektionen zu unterscheiden. Für HGV ist noch keine Routinediagnostik erhältlich.

Epidemiologie und Prophylaxe. Die Inzidenz von HCV beträgt in Europa ca. 0,3 %, wobei die Tendenz in der jüngeren Bevölkerung rückläufig ist. Bis 50 % der akuten Hepatitiden sind HCV-Infektionen. Die Übertragung geschieht durch Blut und Blutprodukte; speziell gefährdet sind Dialysepatienten, Medizinalpersonal und i. v.-Drogenkonsumenten. Perinatale Übertragung ist möglich, hingegen scheint Sexualkontakt kein Risikofaktor zu sein. Bei einem wesentlichen Teil der Infektionen ist der Übertragungsweg nicht klar, man spricht von Haushalt-Übertragung oder „community acquired infection". Die Möglichkeiten einer Expositionsprophylaxe sind die gleichen wie bei Hepatitis B; eine Immunprophylaxe existiert nicht. Als Therapie wird Interferon verabreicht, was bei persistierenden Infektionen, besonders auch in Kombination mit Ribavirin (S. 409), zur Elimination des Virus und damit zur Verhinderung der Leberzirrhose und des HCC führen kann.

Coronaviren

Die Coronaviren, die bei Tieren weit verbreitet sind, lösen im Menschen schnupfenartige Infektionen des oberen Respirationstrakts aus.
Diagnose: serologisch oder EM, wenn überhaupt.

Erreger. Die Familie der *Coronaviridae* umfaßt ein Genus mit mehreren Virusarten, die Vertebraten infizieren können. Der Name (corona = Kranz) leitet sich vom Aussehen der Viren ab (Abb. 8.**14**).

Nur eine Coronavirusart ist menschenpathogen, das HCV (**h**umanes **C**orona**v**irus; die gleiche Abkürzung wird auch für das Hepatitis-C-Virus verwendet!) mit wenigstens zwei Serotypen und wahrscheinlich einer Reihe von serologischen Varianten. Die übrigen Coronaviren infizieren verschiedene Tierarten wie Hund, Katze, Rind, Schwein, Nager und Geflügel.

Coronavirus

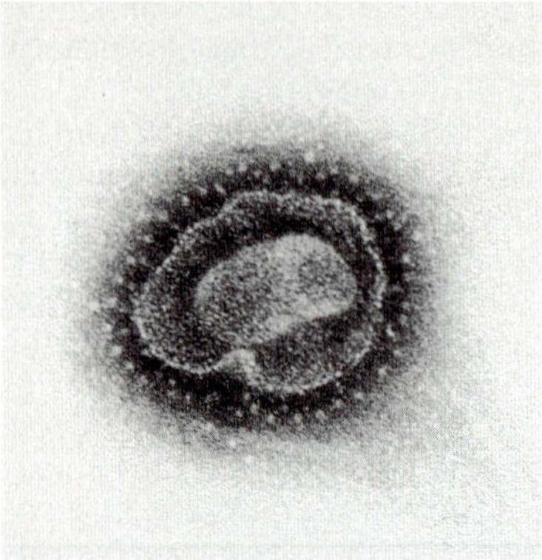

Abb. 8.**14** Auf der pleomorphen Hülle von 80–220 nm Durchmesser sitzen in regelmäßigen, relativ großen Abständen „spikes“ mit keulen- oder trommelschlegelartigen Auftreibungen.

Genom und Virusreifung

Das Genom besteht aus der längsten bekannten Plus-Strang-RNA von über 30 kb, die als helikales Ribonukleoprotein in die Hülle eingebaut ist. Bei der RNA-Replikation entstehen aus zum Genom komplementären Minus-Strang-Zwischenformen 7 subgenomische Plus-Strang-mRNA, die je für ein virales Protein kodieren. Die Virusmaturation geschieht im rauhen endoplasmatischen Retikulum nach Entfernung zellulärer und dem Einbau viraler Proteine in die Membranen. Anschließend werden die Viren in den Golgi-Apparat transportiert. Der Mechanismus der Virusfreisetzung ist unbekannt.

Pathogenese und Diagnose. Das HCV verursacht banale respiratorische Infekte, wobei die Infektion auf die Flimmerepithelien von Nase, Trachea und Alveolen beschränkt bleibt. Es ist für ca. 30 % der Erkältungskrankheiten verantwortlich.

Die Immunität ist offenbar IgA-abhängig und kurzzeitig. Reinfektionen sind entsprechend häufig, wobei aber auch die antigenetische Variabilität des Virus eine Rolle spielen könnte. Es wurden auch beim Menschen verschiedentlich enterale Coronaviren beschrieben. Obwohl deren Morphologie derjenigen des HCV ähnlich ist, ist z. Z. nicht klar, ob es sich um „echte“ Coronaviren handelt. Ebenso ist ihre Pathogenität und damit ihre Rolle bei Diarrhöen ungeklärt. Das HCV kann in Organkulturen menschlicher Trachea oder in menschlichen diploiden Zellen gezüchtet werden. Die Virusisolierung für diagnostische Zwecke ist üblicherweise zu aufwendig. Hingegen ist eine Serodiagnose mittels Komplementbindungsreaktion, IF oder EIA und ein Virusnachweis mit EM möglich.

Orthomyxoviren

Von den drei Influenzavirustypen ist der Typ A der wichtigste. Er ist der Erreger von Epidemien und Pandemien, da seine Antigenitätsstruktur in kleinerem Rahmen durch Punktmutation (häufiger) und in größerem Ausmaß durch Rekombination (etwas seltener) wechselt. Typ B kommt eher endemisch und Typ C selten vor. Influenzaviren sind die klassischen Grippeerreger, wobei die Klinik sehr häufig durch bakterielle Superinfektionen mitbestimmt wird.
Diagnose: Isolierung in der Zellkultur, später im Krankheitsablauf Serologie.
Prophylaxe: Totimpfstoff für gefährdete, z. B. kreislaufkranke Personen.

Erreger. In dieser Familie kennt man ein Genus, **Influenzavirus**, mit den 3 Typen Influenza A, B und C. Influenza A ist das wichtigste und am häufigsten auftretende Influenzavirus. Es verursacht immer wieder Epidemien und in größeren Abständen sogar eigentliche Pandemien, im Gegensatz zum Influenzavirus B, das eher endemisch vorkommt und wenig zu eigentlichen Ausbrüchen führt. Influenza C ist ein selten isoliertes Virus, das vor allem Jugendliche infiziert. Es spielt medizinisch gesehen eine untergeordnete Rolle.

Aufbau und Vermehrung

Alle Influenzatypen sind gleich aufgebaut (s. Abb. 7.**3**, S. 383) und zeigen einen ausgesprochenen Pleomorphismus. Im Menschen und bei Frischisolaten findet man z. T. mehrere Mikrometer lange, filamentöse und nach einigen Laborpassagen mehr und mehr runde Formen. Das Genom der Influenzaviren besteht aus 8 separaten RNA-Abschnitten mit Minus-Polarität, von denen jeder für ein eigenes Protein kodiert. Sie bilden zusammen mit dem Nukleoprotein das helikale Nukleokapsid. Damit eng assoziiert ist der RNA-Polymerase-Komplex, der aus 3 hochmolekularen Proteinen mit unterschiedlicher Funktion besteht. Das Nukleokapsid ist seinerseits in ein Protein (sog. Membran- oder Matrixprotein) eingebettet. Umgeben wird das Virus von einer Hülle, die aus Lipiden der Zellmembran mit eingelagerten viralen Proteinen (Hämagglutinin und Neuraminidase, verantwortlich für Infektiosität und für Freisetzung aus der Zelle) besteht. Beide Proteine sind als Protrusionen („spikes") elektronenmikroskopisch auf der Virusoberfläche darstellbar.
Die Vermehrung der Influenzaviren geschieht, wie auf S. 392f. für die Minus-Strang-Viren besprochen, wobei das **Cap** der viralen mRNA durch einen einzigartigen Mechanismus beschafft wird. Zunächst wird durch ein Protein des Polymerasekomplexes das Cap, zusammen mit 10–13 Nukleotiden, von zellulären RNA-Molekülen abgespalten. Diese kurze, captragende Sequenz dient als Primer bei der Synthese der viralen mRNA. Damit beginnt die virale mRNA mit einem zellulären Cap und ►

Fortsetzung: **Aufbau und Vermehrung**

einem kleinen Stück zellulärer RNA. Die enge Verflechtung zellulärer und viraler Transkription zeigt sich auch in der Tatsache, daß die RNA-Synthese der Myxoviren im Kern der Wirtszelle und nicht, wie sonst bei den RNA-Viren, im Zytoplasma abläuft.

Pathogenese und Krankheitsbild. Die aerogen übertragenen Influenzaviren vermehren sich normalerweise zunächst in den Schleimhäuten des Nasopharynx, was zu Pharyngitis, allenfalls zu einer Tracheobronchitis führt. Ein Lungenbefall kann in der Folge einer Infektion der oberen Luftwege oder aber auch unter ihrer Umgehung stattfinden, wobei der zweite Fall prognostisch im allgemeinen ungünstiger ist. Eine reine Grippepneumonie ist selten. Die Regel sind bakterielle Superinfektionen mit Staphylo-, Strepto-, Pneumokokken und Haemophilus. Diese Infektionen, früher normalerweise die Todesursachen bei Grippe (*Haemophilus influenza* bei der „spanischen Grippe" 1918) sind heute mit Antibiotika beherrschbar.

Diagnose. Influenzaviren können durch Anzüchten in empfindlichen Wirtssystemen (Allantoishöhle des Hühnerembryos, Zellkulturen) isoliert werden, wenn das Untersuchungsmaterial sehr früh, d.h. in den ersten 1–2 Krankheitstagen, entnommen wird. Zur Virusisolierung eignen sich Rachenspülwasser und -abstriche. Die letzteren müssen sofort nach der Entnahme zur Vermeidung des Austrocknens in ein entsprechendes Transportmedium gegeben werden. Die Identifizierung der gezüchteten Viren geschieht durch Ausnützung der hämagglutinierenden Eigenschaften der Myxoviren im Hämagglutinations-Hemmtest. Dabei versucht man, die Hämagglutinationsfähigkeit einer definierten Menge des zu typisierenden Virus durch verschiedene bekannte Antiseren zu hemmen und so den Virustyp zu bestimmen.

Wenn der Zeitpunkt der Materialentnahme für eine Virusisolierung verpaßt wurde, kann die Diagnose serologisch gestellt werden. Dazu wird ein Antikörpertiteranstieg im Patientenserum nachgewiesen.

Epidemiologie und Prophylaxe. Influenza-A-Viren sind genetisch variabel. Kleinere Antigenveränderungen treten fortwährend auf (antigenic drift, Quasispezies, S. 396) und werden durch Selektion von Punktmutanten im Hämagglutinin unter immunologischen Druck erklärt. Größere Veränderungen (antigenic shift) erklären die periodisch auftretenden Influenza-A-Epidemien und -Pandemien.

Für die Grippeprophylaxe stehen ein inaktivierter Adsorbatimpfstoff und z. T. Spaltimpfstoffe zur Verfügung. Die Impfung wird vor allem bei beruflich exponierten Personen sowie älteren oder speziell durch Herz-Kreislauf-Leiden vorgeschädigten Menschen empfohlen.

Tabelle 8.**5** Klassifizierung und Antigenstruktur der Influenza-A-Viren

Virusprototyp	**Vorherrschend von – bis**	**Antigenformel**	
		Hämagglutinin (H)	**Neuraminidase (N)**
A/WS/33 A/PR8/34	1932 – 1946	H0	N1
A/Cambridge/46 A/F/M1/47	1946 – 1957	H1	N1
A/Singapore/57	1957 – 1968	H2	N2
A/Hongkong/68	1968	H3	N2
A/USSR/77	1977	H1	N1

Antigenic shift

Man stellt sich vor, daß ein Antigenic shift durch Austausch von Genabschnitten zwischen verschiedenen Influenzastämmen auf folgende Weise entsteht: Es bestehen 2 große Reservoirs für Influenza-A-Viren, der Mensch und bestimmte (Wasser-) Vogelarten, wobei im letzteren Influenza-A-Viren mit 13 Hämagglutinin und 9 Neuraminidasearten in fast allen Kombinationen vorkommen. Mischinfektionen mit tierischen und menschlichen Typen finden im Schwein statt, was durch bestimmte landwirtschaftliche Praktiken begünstigt wird, z. B. in Asien, wo Enten- und/oder Schweinehaltung mit Fischzucht kombiniert wird. Damit ist eine Vermehrung verschiedener Virusstämme im gleichen Wirt und Infektionen einer Zelle durch 2 Stämme möglich, was in der Folge eine genetische Rekombination zwischen verschiedenen Influenza-A-Stämmen bewirken kann. Tab. 8.**5** zeigt die antigenen Veränderungen des Hämagglutinins und der Neuraminidase, die das menschliche Influenza-A-Virus seit den 30er Jahren durchgemacht hat.

8

Paramyxoviren

- Diese Familie enthält die 4 Gattungen
  - **Paramyxovirus** mit den Parainfluenzaviren;
  - **Rubulavirus** mit dem Mumpsvirus;
  - **Morbillivirus** mit dem Masernvirus;
  - **Pneumovirus** mit dem respiratorischen Synzytialvirus (RS).

Die klinischen Manifestationen umfassen respiratorische Infekte (Parainfluenza, Mumps, RS), Parotitis und Infektionen anderer drüsiger Organe (Mumps), Exanthem (Masern) und ZNS-Infektionen (Mumps, Masern).
Diagnose: Isolierung aus Rachenmaterial, Serologie.
Prophylaxe: Masern und Mumps Lebendimpfstoff, übrige Paramyxoviren keine Immunprophylaxe.

Erreger. Die Familie der *Paramyxoviridae* ist biologisch und in bezug auf die pathogenetischen Eigenschaften recht heterogen. Sie umfaßt 2 Subfamilien:

- **Paramyxovirinae** mit den 3 Gattungen
  – *Paramyxovirus* mit den humanpathogenen Arten Parainfluenzavirus Typ 1 und 3;
  – *Rubulavirus* mit dem Mumpsvirus und den Parainfluenzaviren Typ 2 und 4;
  – *Morbillivirus* mit dem humanpathogenen Masernvirus, mehreren tierpathogenen Arten, die bei verschiedenen Tieren (Hunde [„Staupe"], Katzen, Rindern, Seehunden, Delphinen, Schildkröten) schwere respiratorische Infekte verursachen, sowie einem erst kürzlich beschriebenen Morbillivirus, das für z. T. letal verlaufende, interstitielle Pneumonien beim Menschen und bei Pferden verantwortlich war.
- **Pneumovirinae,** Gattung *Pneumovirus* mit wahrscheinlich mehreren Typen des RS-Virus (= **r**espiratory **s**yncytial **v**irus).

Parainfluenzavirus

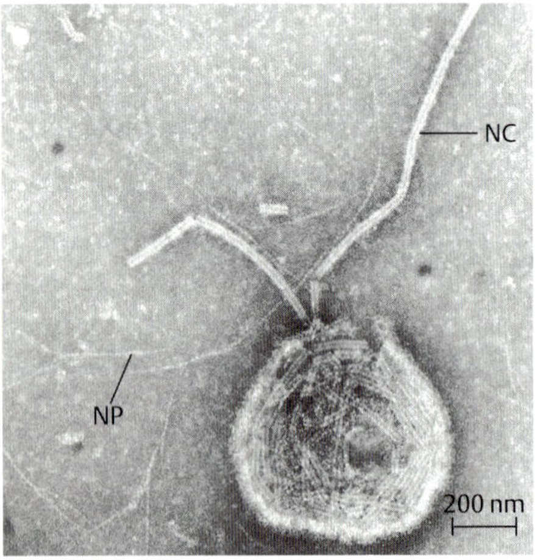

Abb. 8.**15** Die Hülle ist aufgerissen, so daß das helikale Nukleokapsid (NC) austritt. NP: Primärspirale des Nukleoproteins (TEM).

Aufbau der Paramyxoviren

Alle Paramyxoviren sind ähnlich aufgebaut (Abb. 8.**15**). Sie sind pleomorph. Die kleinsten Formen sind 120–150 nm groß (mit Ausnahme des etwas kleineren RS-Virus), und sie besitzen eine Hülle, die das Nukleokapsid umschließt. Das Genom besteht aus einer einzelsträngigen RNA von negativer Polarität. Die Hülle leitet sich aus der Zellmembran ab. Darin eingebaut sind verschiedene virale, als „spikes" sichtbare Proteine. Die Parainfluenza- und Mumpsviren besitzen zwei Spikes-Arten, die einen enthalten das Hämagglutinin, gekoppelt mit Neuraminidase (HN-Protein), und die anderen das sog. Fusions(F-)Protein (verantwortlich für die Fusion der Hülle mit der Zellmembran). Die Masernviren enthalten keine Neuraminidase, die Pneumoviren nur das F-Protein.

Pathogenese und Krankheitsbild.

- Die **Parainfluenzaviren** führen vor allem bei Kleinkindern zu grippeartigen Erkrankungen, die gelegentlich in einer Bronchitis oder sogar Pneumonie resultieren. Zuweilen kommt es zum bedrohlichen Bild eines Kruppsyndroms. Bakterielle Superinfektionen sind häufig. Auch Reinfektionen kommen oft vor und sind in der Regel harmlos.
- Beim **Mumpsvirus** kommt es nach der Vermehrung des Virus im Respirationstrakt zu einer Virämie und dann vor allem zu einer Parotitis und nicht selten auch zu einer Mumpsmeningitis. Als Komplikation tritt der Befall verschiedener drüsiger Organe auf. So ist speziell eine bei Infektionen nach der Pubertät auftretende schmerzhafte Orchitis zu erwähnen.
- **Masern.** Die Pathogenese der Masern ist nicht gut bekannt. Man nimmt an, daß das Virus sich nach einer primären Vermehrung in lymphatischem Gewebe in zwei Schüben hämatogen verteilt. Danach erscheinen auf der Mundschleimhaut ein Enanthem und die „Koplik-Flecken", worauf sich unter erneutem Fieberanstieg das typische Masernexanthem manifestiert (Abb. 8.**16**). Komplikationen sind hier Otitis als bakterielle Superinfektion, weiter Pneumonie und Enzephalitis. Eine selten (1:1 Million) auftretende Spätfolge ist die subakute sklerosierende Panenzephalitis (SSPE), bei der sich Nukleokapside in den Gehirnzellen akkumulieren, wobei aber wegen fehlenden Matrixproteins keine oder wenig Virusnachkommen gebildet werden. Die Krankheit tritt zwischen dem 2. und 21. Lebensjahr auf und führt meist innerhalb von 6–12 Monaten unter Gedächtnisdefekten und Persönlichkeitsveränderungen zum Tod.
- **RS-Viren** führen vor allem bei Kleinkindern bis zum Alter von 6 Monaten, selten bis zu 2 Jahren zu einer Bronchiolitis oder zu einer Pneumonie. Der Immunstatus scheint eine wichtige Rolle beim Krankheitsverlauf zu spie-

Masernexanthem

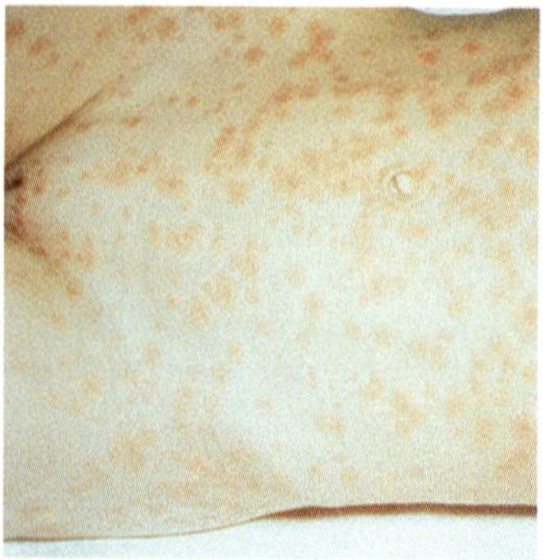

Abb. 8.**16** Das typische Exanthem manifestiert sich vermutlich im 2. hämatogenen Verteilungsschub der Morbilliviren.

len. Man hat festgestellt, daß nach einer Impfung mit **abgetötetem** Impfstoff (ähnlich wie bei Masern) die Krankheit schwerer verläuft. Es wird vermutet, daß dies durch Antikörper, im Falle der Kleinkinder durch die diaplazentar erworbenen mütterlichen Antikörper, bewirkt wird. Andererseits sind auch Immunsupprimierte, z. B. Knochenmarktransplantierte, durch RSV bedroht.

Diagnose. Für alle Paramyxoviren sind neben der Serodiagnose heute sensitive Direktnachweise auf IF- oder EIA-Basis erhältlich. Alle Paramyxoviren vermehren sich gut in Zellkulturen menschlicher Herkunft.

Epidemiologie und Prophylaxe. Paramyxoviren werden durch Tröpfcheninfektion übertragen. Die Durchseuchung der Bevölkerung ist schon im Kindesalter sehr groß; so beträgt sie für die Parainfluenzaviren vom Typ 1 – 3 bei den 10jährigen 90 %. Für Masern und Mumps stehen **attenuierte** Lebendimpfstoffe zur Verfügung. Der **abgetötete** Impfstoff soll wegen seiner oben erwähnten aggravierenden Wirkung nicht verwendet werden. Beim RS-Virus und bei Parainfluenza existieren z. Z. keine Impfstoffe.

Rhabdoviren

■ Unter den Rhabdoviren ist nur das Tollwutvirus, auch Rabies- oder Lyssavirus genannt, von humanmedizinischer Bedeutung. Es wird durch Biß eines infizierten Tieres mit dem Speichel übertragen und führt zu einer immer letalen Enzephalitis. Reservoir sind in Europa und Amerika Füchse und andere

Wildtiere (silvatische Tollwut), in Asien Hunde (urbane Tollwut).
Diagnose: Direktnachweis mit IF in Korneazellen und Hautbiopsien, post mortem auch Isolierung aus dem Gehirn.
Prophylaxe: Wegen der wochen-, evtl. monatelangen Inkubationszeit ist eine postexpositionelle Prophylaxe mit kombinierter aktiver (Totimpfstoff) und passiver (humanes Immunglobulin) Impfung möglich. Eine präexpositionelle Prophylaxe gefährdeter Personen geschieht mit Totimpfstoff.

Erreger. Bei den Rhabdoviren ist nur das Tollwutvirus (Rabiesvirus, Lyssavirus Serotyp I) humanmedizinisch von Bedeutung. Die übrigen Rhabdoviren sind entweder von veterinärmedizinischer (VSV = vesikuläres Stomatitisvirus) oder von untergeordneter Wichtigkeit (gewisse von Mensch und Tier isolierte Lyssaviren weiterer Serotypen mit nichtrabiesartiger Klinik). Das Tollwutvirus kommt in zwei Formen vor: dem „Straßenvirus", wie es von Mensch und Tier isoliert wird, und dem auf Pasteur zurückgehenden „virus fixe", das durch Hirn-Hirn-Passagen in Labortieren so an Hirngewebe adaptiert wurde, daß es sich nicht mehr in extraneuralem Gewebe vermehren kann.

Die Lyssaviren sind stäbchenförmig, 60 × 180 nm groß, mit einem geraden und einem abgerundeten Ende („geschoßförmig") und besitzen eine mit „spikes" versehene Hülle, die ein Nukleokapsid ähnlich dem der Myxoviren umgibt. Das Genom besteht aus Minus-Strang-RNA.

Pathogenese und Krankheitsbild. Das Tollwutvirus wird fast immer durch den Biß eines tollwütigen Tieres übertragen (Ausnahme s. unten). Das Virus vermehrt sich zunächst an der Eintrittspforte in Muskel- und Bindegewebe und wandert dann den Nervenfasern entlang in das ZNS, wo eine weitere Virusvermehrung stattfindet. Auf dem gleichen Weg verbreitet sich das Virus, ausgehend vom ZNS, in periphere Organe, wie vor allem die Speicheldrüse, aber auch in die Kornea und die Nieren. Das eigentliche Krankheitsbild bestimmt eine Enzephalitis, die, einmal ausgebrochen, für Mensch und Tier praktisch immer tödlich verläuft.

8

Klinischer Verlauf der Tollwut

Die Krankheit verläuft in 3 Stadien, zunächst dem Prodromalstadium mit Kribbeln und Brennen an der Eintrittspforte (Bißwunde), Übelkeit, Erbrechen und evtl. melancholischer Verstimmung. Im 2. Stadium, dem Exzitationsstadium, stehen Krämpfe und Spasmen des Pharynx und Larynx im Vordergrund, was einen sehr schmerzhaften Schluckakt zur Folge hat. Die Spasmen können durch den bloßen Anblick von Wasser ausgelöst werden („Hydrophobie"). Aber auch geringe andere akustische und optische Reize können zu unverhältnismäßigen Reaktionen ▶

Fortsetzung: **Klinischer Verlauf der Tollwut**

mit Krampf- und Wutanfällen, Schlagen, Beißen und Schreien führen. Der Tod tritt frühestens nach 3–4 Tagen ein. Es kann sich aber auch das 3., das Lähmungsstadium, anschließen, bei dem es nach einer aufsteigenden Paralyse unter Asphyxie zum Exitus kommt. Die Therapie ist lediglich symptomatisch, und da der Patient die Krankheit bei vollem Bewußtsein erlebt, werden vor allem Medikamente zur Linderung der Schmerz- und Angstzustände eingesetzt. Die Krankheit verläuft bei Mensch und Tier im Prinzip gleich, wobei bei Tieren die Verhaltensweisen oft auffällig verändert sein können. Wilde Tiere verlieren dabei ihre Scheu vor dem Menschen, und zahme Haustiere werden aggressiv. Verläuft die Krankheit mit einem Exzitationsstadium, spricht man von „wilder Wut", fehlt dieses, von „stiller Wut".

Diagnose. Intra vitam wird die Labordiagnose durch die Untersuchung eines Abklatschpräparates der Kornea oder in Hautbiopsien mittels Immunfluoreszenz gestellt. Post mortem kann das Tollwutvirus im Gehirn von Mensch und Tier nachgewiesen werden. Das Virus kann auch durch Verimpfen von Gehirn oder Speichel auf Säuglingsmäuse oder Zellkulturen isoliert werden.

Eine Serodiagnose ist wegen der spät einsetzenden Antikörperproduktion nicht praktikabel; die serologische Untersuchung wird aber zur Überprüfung des Impfschutzes benützt. Technisch kann ein EIA oder der RFFIT (rapid fluorescent focus inhibition test = Hemmung der mittels Immunfluoreszenz nachweisbaren fokalen Virusvermehrung in Zellkulturen) benützt werden. Für die Labordiagnose sind Speziallabors zuständig.

Epidemiologie. Die Rabies ist in Nordamerika und Europa in Wildtieren (silvatische Tollwut) und in gewissen tropischen Gebieten auch in Haustieren, vor allem Hunden, endemisch (urbane Tollwut). Das Virus wird mit dem Speichel ausgeschieden und gelangt durch den Biß eines erkrankten oder am Ende der Inkubation stehenden Tieres in den Menschen. Eine Übertragung durch mit Speichel kontaminierte Gegenstände ist wegen der Labilität des Virus äußerst selten. Eine Mensch-zu-Mensch-Übertragung ist bisher nicht nachgewiesen, mit Ausnahme jener Fälle von Hornhautverpflanzungen, bei denen der Spender unerkannt mit Tollwut infiziert war.

Prophylaxe. Wegen der langen Inkubationszeit der Tollwut, die beim Menschen je nach Lokalisation und Schwere der Bißwunde mehrere Wochen, aber auch Monate betragen kann, ist eine postexpositionelle Impfprophylaxe möglich. Die Impfung geht auf Pasteur zurück, der einen abgetöteten Impfstoff aus Neuralgewebe infizierter Tiere verwendete. Dies führte häufig zu ernsten Nebenreaktionen mit allergischen Enzephalomyelitiden. Heute werden Vakzinen benutzt, die in diploiden menschlichen embryonalen Zellen (HDCV = **h**uman **d**iploid **c**ell **v**accine), Hühnerfibroblasten oder Entenembryonen hergestellt werden. Mit diesen Impfstoffen sind keine Zwischenfälle mehr beschrieben worden, so daß die frühere Scheu vor der Tollwutimpfung nicht mehr berechtigt ist.

Das Vorgehen nach einer Tollwutexposition richtet sich nach der Art des Kontaktes, der Art und dem Zustand des beißenden Tieres und der epidemiologischen Situation (Tab. 8.**6**). Ein Biß, eine Kontamination einer Wunde mit

Tabelle 8.**6** Tollwut: Postexpositionsprophylaxe (nach: Empfehlungen der Weltgesundheitsorganisation [WHO], Genf, Stand 1992)

Tierart, epidemiologische Situation	**Zustand der Tiere**	**Behandlung der exponierten Person**[1]
Haustier		
Endemiegebiet:	–	HDCV und RIG[2]
nicht aus Endemiegebiet:		
Hund, Katze	gesund, kann für 10 Tage beobachtet werden	keine; wenn das Tier während der Beobachtungszeit Tollwut entwickelt sofort HDCV/RIG
	tollwutverdächtig oder tollwütig, unbekannt, entkommen	HDCV und RIG
anderes Haustier	–	je nach epidemiologischer Situation
Wildtier		
Wildkarnivoren, Fledermäuse	immer als tollwütig anzusehen, bis zu negativem Laborbefund	HDCV und RIG
andere Wildtiere:		
aus Endemiegebiet	–	HDCV und RIG
nicht aus Endemiegebiet	–	je nach epidemiologischer Situation

HDCV: human diploid cell vaccine (aktive Imfpung); RIG: Rabiesimmunglobulin menschlicher Herkunft (passive Impfung).

[1] Die Behandlung besteht in der Verabreichung von RIG und HDCV (s. Text). Die WHO-Empfehlungen erlauben bei leichter Exposition (Belecken der Haut) auch die Verwendung von HDCV allein.

[2] Abbruch der Behandlung, wenn das Tier beobachtet werden kann und während 10 Tagen gesund bleibt.

Speichel und das Belecken der Mukosa gilt als Exposition, nicht aber einfacher Kontakt wie Streicheln. In endemischen Regionen gilt jedes Tier, das unprovoziert beißt, als tollwutverdächtig.

Die postexpositionelle Prophylaxe beginnt mit einer Wundtoilette, wobei die wichtigste Maßnahme ein gründliches Auswaschen der Wunde mit Wasser, Seife und Desinfektionsmittel ist. Anschließend wird eine passive Immunisierung mit 20 IU/kg menschlichen Rabiesimmunglobulins (RIG) durchgeführt, wobei die Hälfte der Dosis um die Wunde instilliert und die andere Hälfte intramuskulär injiziert wird. Gleichzeitig wird eine aktive Immunisierung mit 6 Dosen HDVC begonnen, von denen je eine am Tage 0, 3, 7, 14, 30 und 90 ebenfalls i. m. verabreicht wird. In Tab. 8.**6** sind die zur Zeit empfohlenen Maßnahmen zusammengestellt.

Personen mit erhöhtem Tollwutrisiko können auch präexpositionell prophylaktisch mit 3 Dosen HDCV immunisiert werden. Die postexpositionelle Prophylaxe beschränkt sich dann auf eine Wundtoilette und Injektionen von HDCV.

Bei Tieren ist eine postexpositionelle Prophylaxe wirkungslos; entsprechend sind vor allem Hunde und Katzen mit der lebenden Vakzine aus Entenembryonen zu immunisieren. Bei freilebenden Tieren (Füchsen) wird mit gutem Erfolg die orale Impfung durch ausgelegte Köder durchgeführt. Falls dazu attenuiertes Rabiesvirus verwendet wird, gilt ein Kontakt mit dem Impfstoff als Tollwutexposition und die postexpositionelle Prophylaxe ist durchzuführen. Bei der Verwendung von rekombiniertem Vacciniavirus gilt dies nicht; auf die Pathogenität des Vacciniavirus wurde jedoch auf S. 435 hingewiesen.

Filoviren (Marburg- und Ebolavirus)

Unter dem Namen Filoviren werden 2 verwandte, afrikanische Viren zusammengefaßt, das Marburg- und das Ebolavirus, die zu hämorrhagischen Fiebern mit hoher Letalität führen. Die wenigen beschriebenen Marburg-Ausbrüche scheinen im Zusammenhang mit Affen zu stehen, das Reservoir der Filoviren ist aber nicht bekannt.
Diagnose durch Antigennachweis, EM und Anzüchten.

Erreger. Das Marburgvirus wurde erstmals 1967 bei 3 gleichzeitigen Ausbrüchen unter Laborpersonal in Marburg, Frankfurt und Belgrad isoliert. Die Erkrankten waren mit der Verarbeitung von Organen von Cercopithecus-Affen aus Uganda beschäftigt. Die Filoviren bestehen aus fadenförmigen, bis 14 µm langen, z. T. sogar verzweigten und konstant 80 nm dicken Partikel, deren Oberfläche eine Hülle aus Wirtszellmembran mit viralen Spikes bildet. Das Genom besteht aus einer Minus-Strang-RNA, die in einem helikalen Nukleokapsid von 50 nm Durchmesser untergebracht ist.

Pathogenese und Krankheitsbild. Marburg- wie Ebolavirus rufen beide ähnliche Krankheitsbilder hervor, sog. hämorrhagische Fieber, die zunächst durch Fieber, Kopf- und Halsschmerzen, Konjunktivitis und Durchfall gekennzeichnet sind. Es folgen eine Beteiligung von Leber, Niere, ZNS und schließlich, als Folge einer Verbrauchskoagulopathie, ausgedehnte Blutungen und terminal Schockzustände. Pathologisch-anatomisch zeigen fast sämtliche Organe Hämorrhagien und Fibrinablagerungen.

Diagnose. Virusisolierungen sollen nur in Laboratorien mit speziellen Sicherheitseinrichtungen (mindestens BL3) durchgeführt werden. Der Virusnachweis gelingt entweder elektronenoptisch aus Blut oder fluoreszenzserologisch aus Gewebeproben. Eine Anzüchtung ist in Zellkulturen möglich. Auch eine Serodiagnose ist durchführbar.

Epidemiologie und Prophylaxe. Das Reservoir der Marburg- und Ebolaviren ist unbekannt, und ihr Auftreten hat ausgesprochen episodischen Charakter. Nach dem erwähnten Marburgvirus-Ausbruch 1967 unter Laborpersonal traten diese Viren seither nur noch in Afrika auf. Das Ebolavirus, benannt nach einem Fluß in Zaire, führte zu mehreren Ausbrüchen 1976, 1979 und 1995 in Zaire und Sudan mit insgesamt ca. 1000 Fällen, von denen 50 – 90 % verstarben. Auch in Affenkolonien in den USA und Italien wurden Ebola-Infektionen festgestellt, möglicherweise eingeschleppt aus den Philippinen. In keinem Fall ließ sich aber die ursprüngliche Ansteckungsquelle eruieren. Auch die Affen, von denen die europäische Marburg-Epidemie ausging, waren offenbar nur akzidentell infiziert.

Bei der Pflege von Marburg- und Ebolapatienten werden heute nicht mehr Schutzanzüge und Unterdruckzelte (wie bei Lassafieber) empfohlen, da die Übertragung von Mensch zu Mensch durch Ausscheidungen (Schmierinfektion) oder Blut und nicht aerogen erfolgt. Trotzdem ist bei Autopsien und Laborarbeit die hohe Infektiosität von allfälligen Aerosolen aus Patientenmaterial zu beachten.

Bunyaviren

Die Bunya- und Phlebovirus-Arten werden durch Arthropoden übertragen und sind Erreger gutartiger fieberhafter Infekte, seltener von Infektionen des ZNS und von hämorrhagischem Fieber. Bestimmte Typen der Hantaviren sind die Erreger des „hämorrhagischen Fiebers mit renalem Syndrom" (HFRS), andere Typen lösen das „Hantavirus pulmonale Syndrom" (HPS) aus. Die Hantaviren-Arten werden aerogen von Mäusearten auf den Menschen übertragen.

Diagnose: serologisch.

Prophylaxe: Expositionsprophylaxe.

Erreger. Die Familie der Bunyaviridae umfaßt mehr als 200 Virusarten, darunter die 4 menschenpathogenen Genera Bunya-, Nairo-, Phlebo- und Hantavirus. Die Bunyaviren sind sphärisch, 80 – 110 nm groß und besitzen Hüllen mit Spikes, die an Membranen des glatten endoplasmatischen Retikulums gebildet werden. Das Genom besteht aus 3 Minus-Strang-RNA-Segmenten, wobei jedes Segment einen separaten Ribonukleoproteinkomplex bildet, so daß das Virion als Eigenart 3 helikale Nukleokapside enthält.

Pathogenese und Krankheitsbild.

- Gattung **Bunyavirus**: Diese Viren werden durch Arthropoden übertragen und verursachen benigne Enzephalitiden, wie die kalifornische Enzephalitis und die Infektion durch das La-Crosse-Virus, beide in den USA vorkommend, oder das Oropouchevirus in Brasilien.
- Gattung **Nairovirus**: Menschenpathogen ist hier vor allem der Erreger des Krim-Kongo-hämorrhagischen Fiebers (Crimean-Congo-Virus), dessen Letalität bis zu 50 % beträgt. Das Virus ist in Südosteuropa, Zentralasien, China, Arabien und Afrika endemisch und wird durch Zecken, aber auch durch direkten Kontakt mit infizierten Tieren oder Patienten übertragen.
- Gattung **Phlebovirus**: Darunter sind die Erreger des benignen Pappataci- oder Phlebotomusfiebers („sandfly fever"), das in Europa (Italien, Jugoslawien), Nordafrika, Asien und Südamerika vorkommt und durch Phlebotomusmücken (Schmetterlingsmücken) übertragen wird.

  Das Rift-Valley-Fieber (RVF), eine akute, fieberhafte Erkrankung, selten mit hämorrhagischem Fieber, wird durch Mücken übertragen und tritt endemisch in Afrika auf, in der Regel nach einer Epizootie bei Nutztieren. Die Ansteckung erfolgt auch durch Aerosole (Schlachten). Epidemien mit über 200 000 Erkrankungsfällen in Ägypten, 25 000 Fällen im Senegal und neuerdings im Sudan wurden beschrieben.
- Gattung **Hantavirus** enthält mehrere Arten (oder Serotypen) von Viren, die man nach den klinischen Symptomen, die sie verursachen, in 2 Gruppen einteilen kann (Tab. 8.**7**):
  - die Erreger der **Nephropathia epidemica** (NE) und des **hämorrhagischen Fiebers mit renalem Syndrom** (HFRS),
  - und des **Hantavirus pulmonalen Syndroms** (HPS).

  Die Infektionsquelle sind Nager (Mäuse und Ratten) und die Infektion erfolgt durch Inhalation von Aerosolen von Urin, Fäzes und Speichel der Tiere. Bei der NE und beim HFRS kommt es, nach influenzaähnlichen Symptomen, zur Beeinträchtigung der Nierenfunktion. Beim HPS kommt es zu einem rasch progredienten, akuten Atemnotsyndrom mit Lungenödem, das in 60 % letal verläuft.

Tabelle 8.7 Serotypen der Hantaviren

Serotyp	Syndrom	geographische Verbreitung
Hantaan	HFRS, schwere Form	Asien, Südosteuropa
Belgrad	HFRS, schwere Form	Südosteuropa
Puumala	NE	Mittel- u. Nordeuropa
Seoul	HFRS, milde Form	weltweit
Sin nombre[1]	HPS	USA, Kanada
Louisiana	HPS	USA Ostküste

[1]Synonyme: Muerto-Canyon-, Four-Corner-, Convict-Creek-Virus.
Genotypisch sind die Hantaan-, Belgrad- und Seoul- einerseits und die Sin-nombre-, Louisiana- und Puumala-Serotypen andererseits untereinander näher verwandt.

Diagnose. Die Virusisolierung aus dem Blut ist möglich, aber langwierig und für die Routinediagnostik zu aufwendig. Die Serologie (IgM-Nachweis) ist die Methode der Wahl, allerdings ist sie bei den Bunyaviren zuweilen schwierig zu interpretieren, weil viele Virusarten stark wechselnde antigenetische Varianten ausbilden. Dies ist, ähnlich wie bei den Myxoviren, wahrscheinlich auf die Möglichkeit genetischer Rekombination des segmentierten Genoms zurückzuführen.

Epidemiologie und Prophylaxe. Die Bunya- und Phleboviren werden durch blutsaugende Arthropoden übertragen, wobei entweder ein Zyklus nur zwischen Mensch und Überträger oder aber, wie bei den Toga- und Flaviviren, ein vom Menschen unabhängiger Kreislauf Warmblüter – Arthropode – Warmblüter existiert, in dem der Mensch eine Sackgasse darstellt. Hantaviren werden von Nagern, in denen die Viren apathogen lebenslänglich persistieren, aerogen auf den Menschen übertragen. Auch die neuesten Isolate der HPS-Erreger sind offenbar schon lange in den entsprechenden Reservoirtieren vorhanden und wurden gelegentlich auf Menschen übertragen, wie retrospektive Analysen von Blut- und Gewebeprobe zeigten. Ihr gehäuftes Auftreten wird mit einer plötzlichen Mäuseplage erklärt. Die Prophylaxe besteht in einer Expositionsprophylaxe (Vermeiden von Insektenstichen und Nagerkontakt). Gegen RVF existiert eine aktive Impfung.

Arenaviren

■ Die Arenaviren haben als „Ambisense-Viren" Genomteile mit Minus- und solche mit Plus-Polarität. Ihr Reservoir ist in Nagern, von wo aus sie Menschen infizieren können. Eine Infektion mit LCM-Virus (**l**ymphozytäre **C**horio**m**eningitis) ist normalerweise harmlos, mit dem afrikanischen Lassa- oder den südamerikanischen Junin- und Machupoviren hingegen mit hoher Letalität (hämorrhagisches Fieber) behaftet.
Diagnose: Lassa: Virusisolierung in Speziallabors von höchster Sicherheitsstufe (biosafety level 4). LCM: Serologie. ■

Erreger. Die meisten Mitglieder der Familie der Arenaviren sind erst seit den 60er Jahren bekannt, ihr Prototyp, das Virus der lymphozytären Choriomeningitis (LCM), aber 30 Jahre länger. Das Studium dieses Virus hat viel zum Verständnis der infektionsbedingten Immunpathologie, aber auch der zellvermittelten Immunität allgemein beigetragen.

Lymphozytäre Choriomeningitis (LCM)

Grundlegende Daten dazu wurden durch experimentelle Infektionen der Labormaus gefunden und lassen sich folgendermaßen zusammenfassen: Wenn eine Maus prä- oder perinatal mit LCM infiziert wird, beherbergt sie das Virus lebenslang in großen Mengen in verschiedenen Organen. In den meisten Fällen zeigt sie keine Krankheitszeichen. Wenn hingegen eine erwachsene Maus infiziert wird, entwickelt sich eine akute, häufig tödlich verlaufende Krankheit. Man hat diese Phänomene damit erklärt, daß die Säuglingsmaus immuntolerant wird. Allerdings ist nur ihr T-Zell-System betroffen, und die Antikörper, die aber nicht zur Elimination des Virus ausreichen, werden normal produziert. Die ältere Maus dagegen reagiert auch mit ihrem T-Zell-System auf die Infektion. Da das Virus aber das infizierte Gewebe so stark verändert, daß es als „fremd" betrachtet wird, treten abstoßungsähnliche Reaktionen auf, die zum Tod des Tieres führen.

Unter den Arenaviren sind das LCM-Virus (Europa, Amerika), das Lassavirus (Afrika) und die Junin- und Machupoviren (Südamerika) menschenpathogen. Alle Arenaviren sind sphärisch bis pleomorph, 50 – 300 nm groß (Mittel 110 – 130 nm). Sie bestehen aus einer von der Plasmamembran abgeleiteten Hülle mit „spikes", die eine im Ultradünnschnitt granuliert erscheinende Innenstruktur umschließt. Diese Granula haben der Virusfamilie den Namen (arenosus = sandig) gegeben. Sie werden als Wirtszellribosomen angesehen. Das Virion enthält mindestens 3 Stränge Wirts-RNA, neben den 2 viralen RNA-Segmenten.

Ambi-Sense-Genom

Das Genom der Arenaviren enthält Teile von Plus- wie auch von Minus-Polarität (Ambisense-Anordnung, s. S. 390). Es ist folgendermaßen aufgebaut: Der kleinere S-Teil (s = small) kodiert im 3′-Teil als Minus-Strang-RNA für das Nukleokapsid-Protein (NP) und im 5′-Teil als Plus-Strang-RNA für ein virales Glykoprotein. Jedes Protein wird separat von subgenomischer RNA translatiert, das NP erst nach ihrer Transkription in eine Plus-Strang-RNA. Der L-Teil (l = large) kodiert für die virale Polymerase in Minus-Strang-Orientierung und am 5′-Ende in Plus-Strang-Orientierung für ein regulatorisches, RNA-bindendes Protein.

Pathogenese und Krankheitsbild. Bei allen menschenpathogenen Arenaviren ist die Infektionsquelle primär bei Nagetieren zu suchen. Die Aufnahme geschieht per os, aerogen oder evtl. auch über Hautkontakt. Es besteht zunächst eine ausgesprochene Virämie, der sich Organmanifestationen anschließen. Bei LCM sind diese meist harmlos, grippeartig, können aber auch zu Meningitis oder Enzephalomyelitis mit – selten – tödlichem Ausgang führen. Das Lassavirus ist pantrop. Es führt zu einem „hämorrhagischen Fieber“ mit hoher Letalität, wobei fast alle inneren Organe befallen werden. Der Tod tritt unter Schock und Anoxie ein. Das Krankheitsbild von Junin- und Machupovirusinfektionen ist ähnlich. Eine Beteiligung des ZNS ist häufiger, und die Letalität ist offenbar etwas niedriger als beim Lassavirus.

Diagnose. Im Akutstadium können die Arenaviren aus dem Blut des Patienten isoliert werden. Postmortal erfolgt die Isolierung am besten aus der Leber. Bei den hämorrhagischen Fiebern, vor allem dem Lassafieber, ist die extrem hohe Infektiosität des Blutes bei dessen Handhabung (Aerosolbildung!) zu beachten. Die Isolierung gelingt relativ leicht in Zellkulturen. Sie ist aus Sicherheitsgründen aber auf Labors mit den entsprechenden „High-security“-Einrichtungen beschränkt (z. B. CDC, Atlanta, Georgia, USA).

Eine Serodiagnose ist mit den üblichen serologischen Techniken ebenfalls möglich.

Epidemiologie und Prophylaxe. Alle Arenaviren sind in Nagern endemisch und werden von ihnen auf Menschen übertragen.

Für keines der erwähnten Viren existiert eine spezifische Immunprophylaxe. Was die Expositionsprophylaxe betrifft, so ist zu beachten, daß das LCM-, das Junin- und das Machupovirus nicht von Mensch zu Mensch übertragen werden, wohl aber das Lassavirus. Bei der Pflege lassakranker Patienten ist deshalb größte Vorsicht geboten. So werden, neben Verwendung spezieller Kleidung und Gesichtsmasken durch das Personal, Unterdruckplastikzelte zur Unterbringung der Patienten empfohlen. Zur Therapie wird Ribavirin und humanes Immunglobulin eingesetzt.

Retroviren

An menschenpathogenen Retroviren sind z. Z. die beiden Typen des HTLV (**h**uman **T**-cell **l**eukemia **v**irus) und des HIV (**h**uman **i**mmunodeficiency **v**irus) bekannt. Die ersteren sind Erreger von T-Zell-Malignomen, die letzteren des „acquired immune deficiency syndrome" oder AIDS.

AIDS ist nach einer mittleren Inkubationszeit von 10 Jahren charakterisiert durch eine Abnahme der T-Helferzellen, gefolgt von einem Zusammenbruch der zellulären Immunität, was das Auftreten typischer opportunistischer Infektionen (Pneumocystis-Pneumonie, Pilz- und Mykobakterien-Infektionen, CMV- und anderer Virusinfektionen), aber auch von Lymphomen und dem Kaposi-Sarkom zur Folge hat. Die Übertragung geschieht prä- und perinatal durch Blut und Blutprodukte und durch Geschlechtsverkehr.

Diagnose: Die HIV-Infektion wird routinemäßig serologisch (Antikörper oder evtl. Virusantigen) nachgewiesen, je nach Situation auch durch Virusisolierung oder PCR. Die Diagnose AIDS setzt einen positiven HIV-Infektionsnachweis voraus und wird klinisch gestellt.

Therapie: Nukleosidanaloge und Proteasehemmer.

Prophylaxe: Expositionsprophylaxe beim Kontakt mit Blut (Drogenkonsum, Medizinalpersonal) und beim Geschlechtsverkehr.

Erreger. In die Familie „Retroviridae" werden alle Viren, mit Ausnahme des Hepatitis-B-Virus, mit einer während ihres Vermehrungszyklus vorkommenden „Rückwärtstranskription" von RNA zu DNA (RNA-abhängige DNA-Synthese) eingeordnet (S. 391f.). Lange Zeit waren nur tierpathogene Retroviren bekannt. Seit 1980 sind aber auch Retroviren beim Menschen gefunden worden, die HTLV (**h**uman **T**-cell **l**eukemia [oder **l**ymphotropic] virus) Typen I und II und die beiden Typen des HIV (**h**uman **i**mmunodeficiency **v**irus). Die Familie der Retroviren umfaßt 3 Gattungen:

- **HTLV-Retroviren,** mit den HTL-Viren I und II,
- **Spumaviren,** die mit einer beim Menschen gefundenen Ausnahme nur bei Tieren vorkommen, und
- **Lentiviren,** unter denen, neben dem Maedivirus (interstitielle Pneumonie) und Visnavirus (Enzephalomyelitis) der Schafe, das HIV 1 und 2 zu finden ist.

HTLV I wird bei erwachsenen Patienten mit T-Zell-Malignomen gefunden. HTLV II wurde bis jetzt erst einmal, und zwar von einem Patienten mit „hairy cell leukemia" isoliert. Beide Viren zeigen einen Tropismus für T-Helferzellen (CD4-T-Zellen), deren Funktionen sie mittels eines „*tax*" genannten und dem „*tat*"-Gen des HIV (s. unten) vergleichbaren Regulatorgens verändern, offenbar auch „immortalisieren" können. Das *tax*-, wie auch das *tat*-Gen, ist aber nicht mit einem Onkogen (S. 399) gleichzusetzen.

Im folgenden sollen die humanmedizinischen Aspekte des HIV einschließlich seiner Relation zum „acquired immune deficiency syndrome" (AIDS) zusammengefaßt werden. Das HIV kann ebenfalls T4-Lymphozyten, aber auch andere Zellen (Makrophagen), die den CD4-Marker an ihrer Oberfläche tragen, infizieren. Das CD4-Molekül ist der Rezeptor für das HIV, genauer für sein gp120 (Abb. 8.**17**). Die Virusvermehrung verläuft nun im Prinzip so, wie auf S. 392 für Retroviren dargestellt.

HIV-Replikation

Für das HIV wurde neben dem LTR, das bei Retroviren allgemein Promotorfunktion hat (S. 399), eine Reihe zusätzlicher Steuerungsgene beschrieben (s. a. Abb. 8.**17**), deren Zusammenspiel für die lange Viruslatenz und die nachfolgende Virusreplikation verantwortlich ist (Tab. 8.**8**). Die Replikation des HIV verläuft als lytischer Zyklus, führt also zur Zerstörung der Wirtszelle, was für Retroviren eine Ausnahme darstellt. Allerdings sind weder die Mechanismen bekannt noch ist vor allem die Ausprägung dieses „zytopathischen Effekts" bis heute klar umschrieben. In vivo wie in vitro wird als Hauptmerkmal der virusinduzierten Zellschädigung Polykaryozytenbildung angegeben. Deren Ausmaß wechselt von Virusstamm zu Virusstamm und soll mit der Pathogenität der verschiedenen HIV-Stämme für den Menschen korrelieren. In vitro scheint auch erhöhte, evtl. durch das tat-Protein verstärkt induzierte Apoptose eine Rolle zu spielen.

Pathogenese und Krankheitsbild. 1981 wurde AIDS als eigenständige Krankheit des Immunsystems beschrieben. Der Krankheit zugrunde liegt eine Unterdrückung der zellvermittelten Immunität, was sich in einer Verschiebung des Verhältnisses T-Helferzellen (CD4) zu T-Suppressorzellen (CD8) zuungunsten der T-Helferzellen äußert (CD4 : CD8 kleiner als 0,7; normal $1{,}7 \pm 0{,}5$).

Die Erstinfektion bleibt entweder inapparent oder verläuft als harmlose, mononukleoseähnliche Krankheit, evtl. verbunden mit einer benignen, transitorischen Meningoenzephalitis. Diesem Stadium schließt sich eine lange (es werden heute Inkubationszeiten von > 10 Jahren angegeben) Zeit der klinischen Inapparenz an, während der Träger klinisch gesund ist, aber das Virus weitergeben kann. Das Virus kann dabei in CD4-T-Lymphozyten und in Makrophagen, inklusive der Langerhans-Zellen der Haut, latent bleiben, daneben findet aber offenbar dauernd eine Virusvermehrung statt, vor allem in lymphatischen Organen. Es ist nicht klar, wie weit die Akkumulierung von Virus bzw. virusinfizierten Zellen und wie weit Aktivierung des latenten Virus und Cofaktoren zum Ausbruch des eigentlichen Immunmangelsyndroms führen. Allgemein akzeptiert ist, daß wiederholte (virale) Infektionen oder

Aufbau und Genomorganisation des HIV

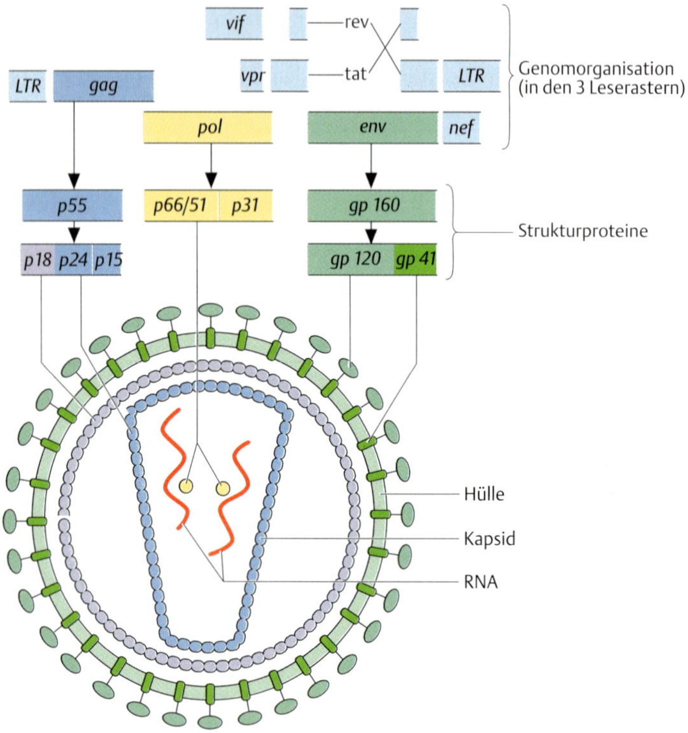

Abb. 8.**17**

Gen	Genprodukt	Funktion
Strukturgene:		
gag	p55	Nukleokapsid, Vorläufer von p18, p24, p15
	p18	Matrixprotein
	p24	Kapsidprotein
pol		Polymeraseregion
	p66/51	reverse Transkriptase
	p31	Integrase
env	gp160	Glykoprotein, Vorläufer von gp120, gp41
	gp120	Oberflächenprotein (bindet an CD4-Molekül der Wirtszelle)
	gp41	Transmembranprotein

Regulatorgene s. Tab. 8.**8**.

Tabelle 8.**8** Steuerungsgene bei HIV

Gen	Funktion
Gene, die für die Virusreplikation unentbehrlich sind:	
tat	Aktivatorprotein, erhöht die Expression viraler Proteine durch Bindung an TAR-Region im LTR
rev	Umschalten von früher (splicing von *env* und Herstellung von Regulatorprotein) zu später Proteinsynthese (Herstellung von Strukturproteinen)
Gene, die für die Virusreplikation nicht essentiell sind:	
vif	erhöht die Infektiosität des Virus, beeinflußt Viruszusammenbau
vpr	ermöglicht zusammen mit Matrixprotein Einwandern der cDNA in Zellkern; steuert Replikationsgeschwindigkeit
vpx	nur bei HIV 2; steuert Replikationsgeschwindigkeit
vpu	nur bei HIV 1; hilft bei Virusfreisetzung, hemmt Synzytiumbildung, degradiert CD4-Molekül im ER
nef	hemmt virale Transkription durch Bindung auf LTR, Einfluß auf T-Zell-Aktivierung

andere Antigenkontakte den Ausbruch des eigentlichen AIDS beschleunigen können.

Klinisch zeigen sich nach einer Periode mit Lymphadenopathie und Allgemeinsymptomen entweder Infektionen mit opportunistischen Erregern (Tab. 8.**9**), häufig kombiniert mit Lymphomen oder dem sonst seltenen Kaposi-Sarkom, oder die sog. AIDS-Enzephalopathie (subakute AIDS-Enzephalitis, AIDS-Demenz). Ähnliche neurologische Symptome können auch, im Gefolge der HIV-induzierten Immunsuppression, durch Toxoplasma oder Papovaviren (als PML, s. S. 422) oder durch Lymphome ausgelöst werden. Tab. 8.**9** zeigt die Klassifikation der verschiedenen Stadien der HIV-Infektion.

8

Labordiagnose. Zur Zeit stehen folgende Möglichkeiten für den Nachweis einer HIV-**Infektion** zur Verfügung, wobei aber betont werden soll, daß ein HIV-Nachweis *nicht* die Diagnose „AIDS" bedeutet, welche klinisch, unter Einbeziehung von histologischen, hämatologischen und mikrobiologischen Befunden (Tab. 8.**9**), gestellt wird:

- **HIV-Antikörpernachweis.** Als Screening-Tests stehen heute EIA mit gentechnisch bzw. synthetisch hergestellten Virusantigenen zur Verfügung.

Tabelle 8.**9** Klassifikation der Krankheitsbilder bei AIDS

Stadium	**Definition** (positiver HIV-Antikörper-, Antigen- oder Virusnachweis vorausgesetzt)
I	mit der Serokonversion assoziierte Syndrome (Meningitis, mononukleoseähnliche Infektion, usw.; die meisten Serokonversionen verlaufen asymptomatisch)
II	symptomlos, ohne Lymphadenopathie
III	generalisierte Lymphadenopathie
IV	symptomatische HIV-Infektion. Als AIDS definiert, wenn eine der folgenden Diagnosen gestellt werden kann:
IVa	Allgemeinsymptom (Fieber, Diarrhö, Gewichtsverlust)
IVb	neurologische Symptome (HIV-Demenz, Neuropathie)
IVc1	Opportunistische Infektionen: – *Protozoen: Pneumocystis-carinii*-Pneumonie, Toxoplasmose, Kryptosporidiose, Isosporiasis. – *Pilze:* ösophageale Kandidiasis, Kryptokokkose, Histoplasmose, Kokkzidiomykose. – *Bakterien:* disseminierte TB- oder atypische Mykobakterien, Salmonellensepsis. – *Viren:* Zytomegalie- und Herpes-simplex-Infektionen, PML.
IVc2	andere Infektionen: Herpes zoster, pulmonale Tuberkulose, Candida-Stomatitis, orale Leukoplakie
IVd	Malignome: Kaposi-Sarkom, Lymphome (im ZNS, B-Zell- oder unbestimmbarer Typ)
IVe	andere HIV-assoziierte Krankheiten, wie interstitielle Pneumopathie, Enteropathie usw.

Jedes positive Resultat muß durch einen alternativen Test (z. B. Western-Blot, s. S. 119) bestätigt werden. Dabei müssen, je nach Land und Institution (WHO, CDC etc.), Antikörper gegen 2–3 Proteine aus verschiedenen Genregionen nachgewiesen werden.

- **HIV-Antigennachweis.** Hier wird ebenfalls mit einem EIA im Serum ein Virusprotein, meist das Kapsidprotein p24, nachgewiesen. 2–3 Wochen nach Infektion wird HIV-Antigen im Serum nachweisbar und nach 8–12 Wochen verschwindet es wieder. Mit den neuesten Antikörpertests lassen sich die ersten HIV-Antikörper häufig schon 3 Wochen nach Infektion nachweisen. Das immunologische Fenster läßt sich also mit dem

Antigennachweis, im Gegensatz zu früher, nicht mehr wesentlich verringern. Monate oder Jahre später kann HIV-Antigen wieder nachweisbar werden (transitorisch oder persistierend). Dieses erneute Auftreten von HIV-Antigen ist meist vom Erscheinen von AIDS gefolgt, es wird also als prognostisch ungünstig angesehen.

- **HIV-Isolierung.** Die Isolierung des HIV geschieht durch Co-Kultivierung von Lymphozyten aus dem Blut des Patienten mit normalen menschlichen Lymphozyten. Die Züchtung dieser Zellen ist möglich durch Zugabe von Interleukin 2. Der Nachweis des Virus in diesen Kulturen geschieht elektronenoptisch, mit dem Antigennachweis oder durch den Nachweis der reversen Transkriptase. Die Züchtung, Isolierung und Identifizierung von HIV ist angezeigt bei Neugeborenen oder Kleinkindern HIV-positiver Mütter, da aufgrund des diaplazentaren Übertritts von IgG mit der Serologie in den meisten Fällen eine Infektion nicht ausgeschlossen oder bewiesen werden kann. Allenfalls kann auch bei Risikopersonen mit mehrmaligem, unklarem Serologiebefund die Isolierung versucht werden.

- **PCR.** Zunehmend wird auch die Polymerase-Kettenreaktion (PCR, s. S. 415f.) eingesetzt. Die heute wichtigste Anwendung dieser Technik ist die Bestimmung des sog. „viral load“, wobei mittels einer kommerziellen quantitativen RT-PCR (RT für „reverse Transkriptase“) unter Einbezug von zugesetzten Standardmengen von HIV-RNA die Viruskopienzahl pro ml Blut bestimmt wird. Diese Untersuchung gibt eine prognostische Aussage darüber, wie hoch das Risiko des Auftretens einer AIDS-definierenden Erkrankung (Tab. 8.**9**) innerhalb eines bestimmten Zeitraums ist. Weiter erlaubt sie eine gezielte Langzeittherapie mit RT- und Proteasehemmern (S. 409f.), um schon so früh wie möglich die Virusmenge auf möglichst tiefe Werte zu senken.

Heute wird folgendes praktisches Vorgehen in der HIV-Diagnostik empfohlen (Abb. 8.**18**): Zur Diagnose einer HIV-Infektion sollte zuerst ein HIV-Antikörper-Screening-Test durchgeführt werden. Ist dieser positiv und bestätigt, sollte zwecks Ausschluß einer Serumverwechslung eine zweite Serumprobe untersucht werden (Sreeningtest genügt). Ist der Screening-Test negativ, jedoch ein begründeter Verdacht auf eine HIV-Infektion vorhanden, kann HIV-Antigen bestimmt und die Isolierung oder die PCR eingesetzt werden.

Epidemiologie, Prophylaxe und Therapie. Die Übertragung des HIV geschieht durch Blut und Blutprodukte sowie durch den Geschlechtsverkehr, wobei schon ein einziger homosexueller Kontakt ausreichen sein kann. Die Übertragungsrate bei heterosexuellen Kontakten ist nicht bekannt. Von der Mutter auf das Kind wird das Virus intrauterin, perinatal oder durch Muttermilch übertragen. Hingegen nicht nachgewiesen ist eine Infektion

Vorgehen zur HIV-Diagnostik

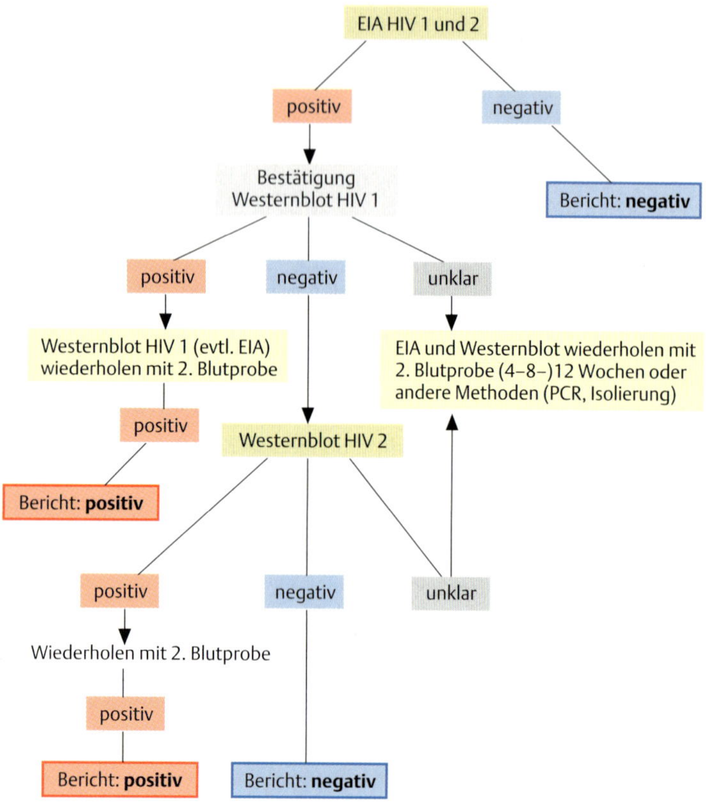

Abb. 8.**18** Bei positiven sowie bei unklaren Ergebnissen muß immer eine 2. Blutprobe genommen und erneut getestet werden.

durch Speichel oder Insektenstiche. Entsprechend werden heute drei Verhaltensregeln zur Nichtweiterverbreitung des HIV propagiert: Bei jedem Geschlechtsverkehr qualitativ gute Kondome benutzen, bei i. v. Drogenkonsum nur sterile Spritzen und Nadeln verwenden und diese niemals austauschen oder weitergeben, und schließlich sollen Paare mit einem HIV-positiven Partner eine Schwangerschaft vermeiden.

An einer aktiven Schutzimpfung wird verschiedentlich intensiv gearbeitet, und mehrere Impfungen stehen heute vor Feldversuchen, wobei entweder Spaltvakzine (S. 407), genomfreie Partikel, attenuierte Viren, nackte DNA oder inaktivierte Vollviren zur Diskussion stehen. Das Gebiet ist aber zu sehr im Fluß, um hier im Detail abgehandelt zu werden.

Ähnliches gilt für die Therapie. Es wird heute vor allem Azidothymidin (AZT, s. S. 409) eingesetzt, daneben auch verwandte Dideoxynucleosid-Analoge. Der Nachteil dieser Verbindungen liegt auf die Dauer in der Toxizität, vor allem für das hämatopoetische System. Daneben sind Substanzen entwickelt worden, die spezifisch virale Funktionen beeinflussen können, wie z. B. Hemmer der viralen Protease.

Zur Phrophylaxe anderer, auch opportunistischer Infektionen können bei HIV-Infizierten, vor allem Kindern ohne Symptome, die üblichen Impfstoffe verwendet werden. Lediglich bei Polio wird die Verwendung des Totimpfstoffs empfohlen. Bei Personen mit AIDS-Symptomen sollen generell keine Lebendimpfstoffe verwendet werden.

Vorsichtsmaßnahmen für Medizinalpersonal

Für das Medizinalpersonal muß betont werden, daß AIDS nicht hochkontagiös ist und die gleichen Vorsichtsmaßnahmen wie bei Hepatitis B als genügend erachtet werden, also das Tragen von Handschuhen bei allen Situationen, bei denen ein Kontakt mit Blut möglich ist. Sind Spritzer zu erwarten, sollen auch Maske und Brille getragen werden.

Wenn trotzdem eine Kontamination einer Wunde oder Schleimhaut mit HIV-haltigem Material stattgefunden hat, so ist neben einer energischen Wundtoilette und Desinfektion die sofortige (innerhalb von Minuten) Einnahme von Azidothymidin angezeigt. Es existieren z. Z. keine offiziellen Richtlinien für eine postexpositionelle Prophylaxe, und die weitere Einnahme von AZT kann im Einzelfall abgewogen werden.

Subvirale Erreger: Viroide und Prionen

Viroide sind phytopathologisch wichtige, nichtkodierende RNA-Moleküle, die als „Anti-sense-RNA" in die Zellregulation eingreifen. Das Hepatitis-D-Virus hat eine teilweise strukturelle Ähnlichkeit mit Viroiden.
Prionen bestehen aus einem zellkodierten Protein (PrP: Prion-Protein), welches konformationell und durch Punktmutation verändert ist. Sie sind infektiös und können normales, zelluläres PrP in die pathologische Konfiguration überführen. Sie lösen die spongiformen Enzephalopathien (Creutzfeldt-Jacob-Erkrankung [CJD] und Gerstmann-Sträussler-Scheinker[GSS-]Syndrom) sowie Tierkrankheiten (Scrapie, BSE) aus, die durch Neuronenvakuolisation und -verlust sowie durch sog. amyloide Plaques charakterisiert sind.
Diagnose: histologisch, da keine Immunantwort.
Prophylaxe: Expositionsprophylaxe (iatrogene und alimentäre Übertragung).

Viroide

Bei der Untersuchung von Pflanzenkrankheiten wurden Ende der 60er Jahre die Viroide entdeckt. Diese bestehen aus infektiöser, nackter ssRNA, die zirkulär geschlossen ist und durch ausgedehnte Basenpaarung einen stäbchenförmigen Strang von 50 nm Länge darstellt. Diese RNA ist 10mal kleiner als die kleinste Virusnukleinsäure und besteht, je nach Art, aus nur 250–350 Nukleotiden. Sie wirkt nicht als mRNA und kodiert nicht für Proteine. Ihre Vermehrungsweise ist unbekannt, geschieht aber sicher durch zelluläre Enzyme.

Viroide lösen eine Reihe ökonomisch wichtiger Pflanzenkrankheiten aus. Als Pathogenitätsmechanismus wird z.Z. folgende Hypothese diskutiert: Viroide besitzen komplementäre Sequenzen zur zellulären 7S-RNA, welche zusammen mit 6 Proteinen das „signal-recognition particle" ausmacht. Dieses Partikel steuert die posttranslationelle Membraninsertion von Proteinen. Viroide können demnach als „Antisense-RNA" mit der Funktion der 7S-RNA und damit dem Membranaufbau interferieren.

Der einzige humanmedizinische wichtige Erreger, der strukturell mit Viroiden verwandt ist, ist das Hepatitis-D-Virus (HDV, Deltaagens, s. S. 438). HDV besteht aus einer viroidähnlichen, ebenfalls ringförmigen RNA, in die zusätzlich eine für das Deltaantigen kodierende RNA in Minus-Polarität eingefügt ist.

Prionen

Erreger. Ursprünglich fiel auf, daß die physikalischen Eigenschaften von bestimmten Enzephalopathie-Erregern von denen von Viren sehr verschieden sind, so war vor allem die Widerstandsfähigkeit gegen Sterilisationsverfahren und gegen Bestrahlung sehr hoch. In der Folge wurde gefunden, daß diese Erreger – in völligem Gegensatz zu Viren und Viroiden – zur Ausübung ihrer Infektiosität und Pathogenität nur des Proteins und keiner Nukleinsäure bedürfen. Daher wurde der Ausdruck „Prion" geprägt, der sich von „proteinaceous infectious particle" ableitet. Intensive Suche nach im Partikel vorhandener Nukleinsäure blieb immer erfolglos. Heute weiß man, daß Prionen aus einem einzigen Protein (PrP = Prion-Protein) bestehen, welches nichts anderes ist als eine modifizierte Form eines an der Oberfläche von Neuronen natürlich vorkommenden Wirtsproteins unbekannter Funktion. Die für dieses Protein kodierende Region liegt in einem einzigen Exon und stammt von einem zellulären Gen, das im gesunden wie im kranken Hirn gleicherweise exprimiert wird. Das krankheitsassoziierte PrP zeigt je nach Wirtsspezies eine mehr oder weniger starke Speziesspezifität. Das bestuntersuchte Prion ist der Erreger von Scrapie (s. unten), und sein Protein wird als PrP^{sc} (sc von Scrapie) bezeichnet. Es unterscheidet sich vom normalen PrP^{c} (c = cell) dadurch, daß es weitgehend resistent gegen Proteasen ist und daß es eher im Zellinnern akkumuliert wird. Man stellt sich vor, daß das infektiöse PrP^{sc} die Umwandlung des natürlich vorkommenden PrP^{c} in PrP^{sc} bewirkt, was zu einer autokatalytischen Kettenreaktion führt. Das Wesen dieser Umwandlung ist nicht klar, man nimmt eine Konfigurationsänderung an. Die infektiöse PrP-Form im Prion ist ein verkürztes PrP von 27 – 30 kDa (PrP^{27-30}).

Die verschiedenen PrP-Formen werden folgendermaßen definiert:

Prion:	infektiöses Partikel, Erreger von Enzephalopathien (s. unten);
PrP^{c}	zelluläres, nichtpathologisches PrP, Molekulargewicht 33 bis 35 kDa;
PrP^{sc}	pathologische (Scrapie-)Form, MW 33 – 35 kDa;
PrP^{27-30}	Hauptkomponente der gereinigten Prionen und offenbar der amyloiden Plaques (s. unten) kann auch artifiziell aus PrP^{sc} durch Protease-Behandlung hergestellt werden. MW 27 bis 30 kDa.

Pathogenese und Krankheitsbild. Die folgenden Enzephalopathien werden als Prioneninfektionen betrachtet:

- Beim Menschen:
  - Creutzfeldt-Jacob-Erkrankung [CJD],
  - Gerstmann-Sträussler-Scheinker-Erkrankung [GSS],
  - Kuru.

8

- Bei Tieren:
  - Scrapie- oder Traberkrankheit (Schafe, Ziegen),
  - transmissible mink encephalopathy [TME] (Nerze),
  - wasting disease (Hirsche),
  - bovine spongiforme Enzephalopathie [BSE, „Rinderwahnsinn"] (Rinder).

Alle diese Krankheiten werden als übertragbare spongiforme Enzephalopathien bezeichnet und sind charakterisiert durch jahrelange Inkubationszeiten, lange Krankheitsdauer (1 bis mehrere Jahre beim Menschen) und tödlichen Verlauf unter Bewegungsstörungen (Tier) und fortschreitender Demenz (Mensch). Die Infektion beginnt offenbar im Gehirn in den Astrozyten. Histologisch findet man keine Entzündung, sondern eine Vakuolisierung der Neuronen, Neuronenverluste, Proliferation der Gliazellen und die sog. amyloiden Plaques, welche fibrilläre Anhäufungen von PrP^{27-30} darstellen.

Diagnose. Die Diagnose wird histologisch gestellt. Da keine Immunantwort gegen die pathologischen PrP auftritt, kann bei Mensch und Tier intra vitam eine Infektion nicht nachgewiesen werden.

Epidemiologie und Prophylaxe. Die CJD, die sporadisch (1:1 Million pro Jahr) auftritt, entsteht jedesmal durch eine Mutation im PrP^{c} neu, abgesehen von den iatrogen (Hirnelektroden!) übertragenen Fällen. Auch die Pathogenität des GSS-Prions (PrP^{gss}) beruht auf einer einzigen Aminosäureänderung, allerdings scheinen genetische Faktoren für die Erkrankung zu prädisponieren, da eine familiäre Form existiert. Kuru wurde in Neu-Guinea durch kannibalistische Riten verbreitet, wahrscheinlich ausgehend von einem CJD-Fall. Es existiert heute nicht mehr.

Auch bei Tieren ist eine alimentäre Übertragung möglich, so wurde PrP^{sc} durch Verfütterung von aus scrapieinfizierten Schafen hergestelltem Tiermehl auf Rinder übertragen, was dann zum Auftreten der BSE führte. Im Prinzip ist die Übertragung von Prionen von einer Spezies auf die andere nicht leicht, und es braucht experimentell eine längere Adaptation. Epidemiologisch konnte z. B. auch nie ein Zusammenhang von Scrapie und menschlichen spongiformen Enzephalopathien nachgewiesen werden. Ob eine Übertragung von BSE auf den Menschen möglich ist, ist ungewiß.

V Parasitologie

Trichinella spiralis

9 Protozoen

J. Eckert

Allgemeines zu Parasiten. Ein Parasit (= Mitesser, Schmarotzer; para = bei, sitos = Speise) ist ein Lebewesen, das zu einem Wirt in einer mehr oder weniger engen Beziehung steht und auf dessen Kosten lebt. Im weiteren Sinne bezieht sich der Begriff „Parasit" sowohl auf Pflanzen als auch auf Tiere; im medizinischen Bereich wird er auf Erreger aus dem Tierreich beschränkt, von denen die wichtigsten zu den Protozoen (Kap. 9), Helminthen (Kap. 10) und Arthropoden (Kap. 11) gehören. Parasiten verursachen zahlreiche Krankheiten (= Parasitosen), von denen einigen eine herausragende Bedeutung zukommt. So treten nach Angaben der World Health Organization (WHO, 1996) pro Jahr 300–500 Millionen neue Fälle von Malaria auf, und 1,5–2,7 Millionen Menschen sterben an dieser Krankheit.

In den folgenden Kapiteln werden die wichtigsten, durch Protozoen, Helminthen und Arthropoden verursachten Parasitosen des Menschen vorgestellt. Durch Parasiten verursachte Zoonosen sind in Tab. 1.**10** (S. 26f.) aufgeführt.

Protozoen sind eukaryontische, einzellige Mikroorganismen, die von einer Zellmembran umschlossen sind und je nach Art meist einen und selten 2 Zellkerne besitzen. In verschiedenen Phasen der Entwicklung kann allerdings im Verlauf von Vermehrungsvorgängen Vielkernigkeit auftreten. Die einzelnen Gruppen von Protozoen sind mit einer variablen Palette von Zellorganellen ausgestattet, von denen einige auch bei höher organisierten Eukaryonten vorkommen, z. B. bestimmte Elemente des Zytoskeletts, Mitochondrien, endoplasmatisches Retikulum, Golgiapparat und Lysosomen. Protozoen haben jedoch meist nur ein einziges Mitochondrion, das aber auch fehlen kann (z. B. bei *Giardia*, Trichomonaden und Microsporidien). Andererseits weisen gewisse Protozoenarten recht spezifische oder sogar einzigartige Zellorganellen in unterschiedlicher Ausprägung auf, u. a. besondere Strukturen des Zytoskeletts (Apikomplex, Flagellenstrukturen u. a.), abweichende Formen des Golgiapparates, den Kinetoplasten, Glykosomen und Hydrogenosomen (Erläuterungen bei den einzelnen Gruppen von Protozoen). Die Vermehrung erfolgt bei vielen Arten nur ungeschlechtlich durch Zweiteilung oder Vielfachteilung (Merogonie = Schizogonie), einige Arten sind auch zur geschlechtlichen Fortpflanzung befähigt.

Die systematisch-taxonomische Einteilung der Protozoen erfolgt vorwiegend aufgrund morphologisch-biologischer Kriterien, in zunehmendem Maße aber auch anhand biochemischer und genetischer Merkmale, die zum Teil auch diagnostische Relevanz haben. Taxonomisch bilden die Protozoen ein Unterreich, das in verschiedene Stämme und weitere Gruppen aufgeteilt wird (Tab. 9.**1**).

Tabelle 9.**1** Übersicht zur Taxonomie der im Text erwähnten Protozoen

Stamm ■ **Klasse**	**Ordnung** ■ **Unterordnung**	**Gattung**
Sarcomastigophora		
■ Zoomastigophorea	Kinetoplastida	*Trypanosoma, Leishmania*
	Diplomonadida	*Giardia, Enteromonas*
	Trichomonadida	*Trichomonas, Pentatrichomonas, Dientamoeba*
	Retortamonadida	*Chilomastix*
■ Lobosea	Amoebida	*Entamoeba, Iodamoeba, Endolimax, Acanthamoeba*
	Schizopyrenida	*Naegleria*
Apicomplexa		
■ Sporozea	Eucoccidiida	
	■ Eimeriina	*Toxoplasma, Isospora, Cyclospora, Sarcocystis, Cryptosporidium*
	■ Haemosporina	*Plasmodium*
	Piroplasmida	*Babesia*
Microspora		
■ Microsporea	Microsporida	*Encephalitozoon, Enterocytozoon, Microsporum, Nosema, Trachipleistophora, Vittaforma*
Ciliophora		
■ Ciliata	Trichostomatida	*Balantidium*
Incerta[1]		
		Pneumocystis, Blastocystis

[1]unsichere taxonomische Stellung

9

Trypanosoma

Erreger der Afrikanischen Trypanosomose (Schlafkrankheit) bzw. der Amerikanischen Trypanosomose (Chagas-Krankheit)

Trypanosoma brucei gambiense und *Trypanosoma brucei rhodesiense* sind die Erreger der Afrikanischen Trypanosomose (Schlafkrankheit) und werden durch den Stich von Tsetsefliegen (Glossinen) übertragen. Antilopen sowie andere Wild- und Haustiere sind Erregerreservoire. Die Schlafkrankheit (Fieber, später Meningoenzephalitis) ist als eher chronische Erkrankung (*T. gambiense*) vorwiegend in West- und Zentralafrika bzw. als akute Form (*T. rhodesiense*) hauptsächlich in Ost- und Südostafrika verbreitet.

Trypanosoma cruzi, der Erreger der Amerikanischen Trypanosomose (Chagas-Krankheit), kommt beim Menschen und zahlreichen Wirbeltieren in Mittel- und Südamerika vor und wird durch den Kot von Raubwanzen übertragen. Die Chagas-Krankheit ist vor allem wegen ihrer Spätfolgen gefürchtet.

Allgemeines. Die Gattungen *Trypanosoma* (trypanon: Bohrer, soma: Körper) und *Leishmania* gehören zur Familie der *Trypanosomatidae* (Ordnung: *Kinetoplastida*) (Tab. 9.**1**). Es sind spindelförmige oder rundliche Blut- oder Gewebeparasiten, die einen Kern, einen Kinetoplasten und eine Geißel besitzen (Abb. 9.**1a**). Diese entspringt in einer Geißeltasche aus einem im Plasma gelegenen Basalkörper, tritt frei aus dem Zelleib hervor und zieht nach vorn, wobei sie sich stellenweise an die Zelloberfläche anheften kann (dadurch entsteht lichtmikroskopisch der Eindruck einer „undulierenden Membran") (Abb. 9.**1a**). Bei den amastigoten Formen (s. unten) ist elektronenmikroskopisch eine reduzierte Geißel nachweisbar, die jedoch nicht an die Zelloberfläche hervortritt (Abb. 9.**1b**). Der lichtmikroskopisch im gefärbten Präparat sichtbare Kinetoplast besteht aus einem DNA-Netzwerk, das in einer Aussparung des einzigen Mitochondrions in der Nähe des Geißelursprungs liegt. Eine Besonderheit der Kinetoplastida stellen die von einer Membran umschlossenen Glykosomen dar, in denen – im Gegensatz zu allen anderen Organismen – die Enzyme der Glykolyse in einem gesonderten Kompartiment eingeschlossen sind, was offenbar die besonders hohe Glykolyserate bei den Blutformen der Trypanosomen begünstigt.

Charakteristisch für die *Trypanosomatidae* ist der Formenwandel während des Entwicklungsganges. Je nach Lage von Kinetoplast und Geißelursprung sowie aufgrund der Körpergestalt werden mehrere Formen unterschieden (Abb. 9.**1b**). Die Vermehrung der *Trypanosomatidae* erfolgt durch Zweiteilung. Bei *Trypanosoma brucei brucei* (s. u.) gibt es Hinweise für einen Genaus-

Trypanosomatidae

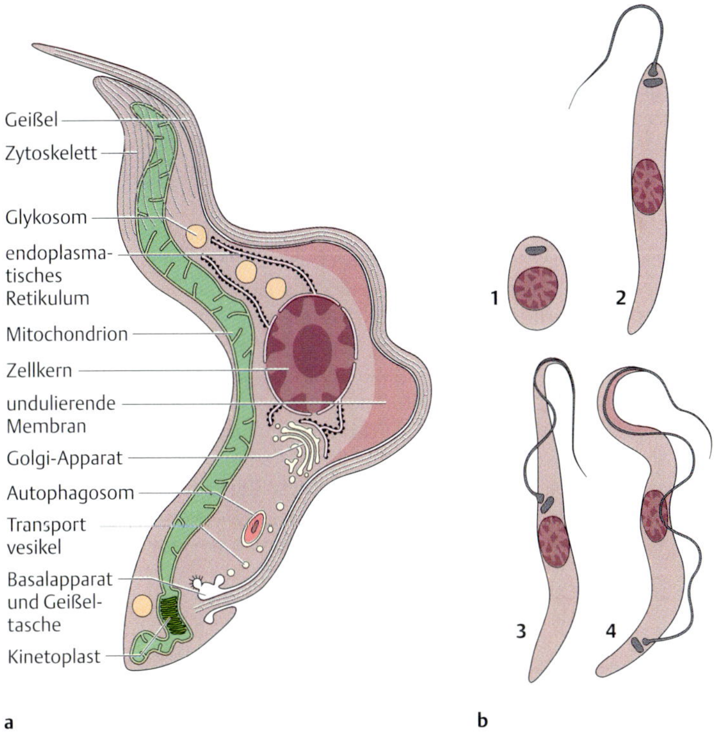

Abb. 9.**1** **a** Ultrastruktur von *Trypanosoma* (nach Warren KS, ed. Immunology and Molecular Biology of Parasitic Infections. 3rd ed. Boston: Blackwell; 1993). **b** Entwicklungsformen: **1** amastigot, **2** promastigot, **3** epimastigot, **4** trypomastigot.

tausch während der Entwicklung im Vektor (= genetische Rekombination, sexueller Prozeß). Der Entwicklungszyklus der in diesem Kapitel berücksichtigten *Trypanosoma*-Arten ist mit einem Wirtswechsel zwischen Vertebraten und Insekten verbunden.

Trypanosoma brucei gambiense und Trypanosoma brucei rhodesiense

Erreger der Afrikanischen Trypanosomose (Schlafkrankheit)

Erregerarten und Vorkommen. Die Erreger der Schlafkrankheit werden als Unterarten von *Trypanosoma brucei* angesehen und heißen daher taxonomisch korrekt *Trypanosoma brucei gambiense* und *Trypanosoma brucei rhodesiense*. Zur Vereinfachung werden sie im folgenden Text kurz als *T. gambiense* und *T. rhodesiense* bezeichnet.

Diese beiden Arten unterscheiden sich morphologisch weder untereinander noch von *Trypanosoma brucei brucei*, einem Erreger der Nagana der Haustiere, der für den Menschen nicht infektiös ist. Eine Differenzierung der Unterarten ist aufgrund biologischer Kriterien (u. a. Wirtsspezifität, Empfindlichkeit gegen Humanserum) sowie durch Isoenzym- und DNA-Analysen möglich. Innerhalb der humanpathogenen Arten werden verschiedene Stämme mit unterschiedlicher Virulenz unterschieden.

Die Schlafkrankheit tritt nur in Afrika südlich der Sahara auf, etwa zwischen dem 14. nördlichen und dem 20. südlichen Breitengrad (Abb. 9.**2**). Ihr Vorkommen ist an die Verbreitungsgebiete der Überträger (Tsetse-Fliegen) gebunden. Gegenwärtig sind in ländlichen Regionen des Endemiegebietes 55 Millionen Menschen einem Infektionsrisiko ausgesetzt. Die Zahl der

Verbreitung der Schlafkrankheit

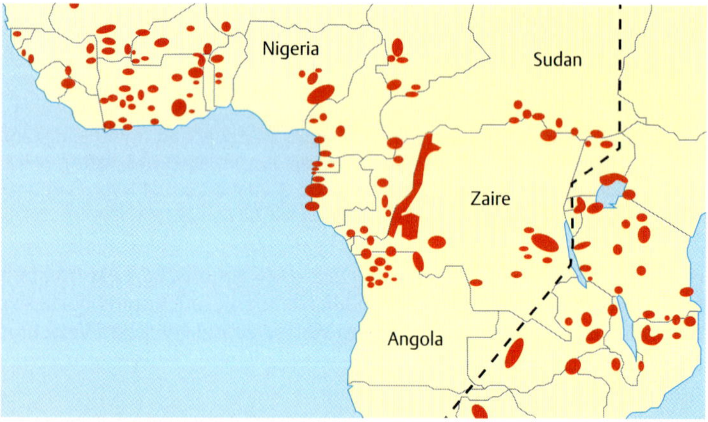

Abb. 9.**2** Westlich der unterbrochenen Linie vor allem *Trypanosoma gambiense*, östlich der Linie *T. rhodesiense*. (Nach Molyneux DH, Pentreath V, Doua F. In: Cook CG, ed. Manson's Tropical Diseases. 20th ed. London: Saunders; 1996:1172.)

jährlichen Neuerkrankungen wird auf 25 000 geschätzt, dürfte tatsächlich aber weitaus höher sein, da die Mehrzahl der Fälle nicht diagnostiziert wird (WHO, 1997). Für Reisende ist das Infektionsrisiko bei Kurzaufenthalten in Endemiegebieten sehr gering.

Entwicklung. *T. gambiense* und *T. rhodesiense* parasitieren extrazellulär im Blut oder in anderen Körperflüssigkeiten. Im Blut des Menschen treten sie pleomorph auf (Abb. 9.**4**:) bei ansteigender Parasitämie als schlanke Formen von 25 – 40 µm Länge mit einem das Vorderende überragenden Geißelende, die sich durch Längsteilung vermehren, und bei abklingender Parasitämie als kurze, plumpere, etwa 12 – 25 µm lange Formen ohne freies Geißelende, die sich im Blut nicht teilen, aber für Glossinen (Tsetse-Fliegen) infektiös sind. Lichtmikroskopisch sind die Trypanosomen im Giemsa-gefärbten Blutausstrich als spindelförmige Gebilde mit zentral gelegenem Zellkern, punktförmigem, am Hinterende lokalisierten Kinetoplasten (beide violett gefärbt) und undulierender Membran erkennbar (Abb. 9.**3**). Die Zelloberfläche der Blutformen ist mit einer etwa 10 – 15 nm dicken Schicht eines bestimmten Typs eines Glykoproteins bedeckt, das gegen ein neues ausgetauscht werden kann. Daher spricht man von variantenspezifischen Oberflächenantigenen (VOA), deren Expression durch etwa 1000 Gene gesteuert wird und Grundlage der Antigenvarianz ist (s. u.).

Trypanosoma brucei rhodesiense

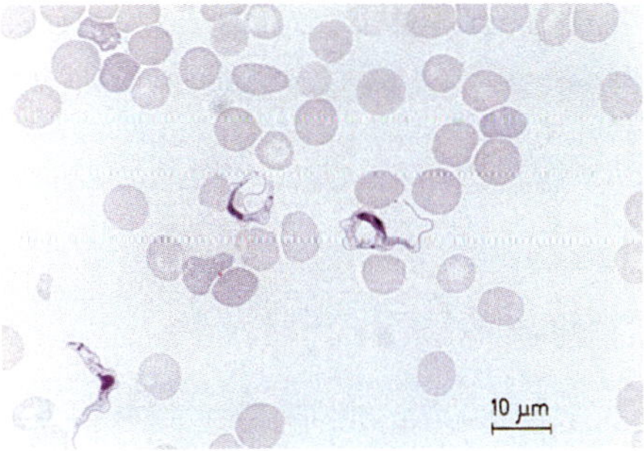

Abb. 9.**3** Giemsa-Färbung eines Blutausstrichpräparats.

In Vertebraten leben die Erreger der Schlafkrankheit extrazellulär im Blut, in der Gewebeflüssigkeit und im Liquor. Die von Glossinen (Tsetse-Fliegen) beim Blutsaugen an einem infizierten Wirt aufgenommenen Trypanosomen durchlaufen in den Insekten innerhalb von 15 – 35 Tagen einen komplizierten Entwicklungszyklus (Abb. 9.**4**).

Die daraus hervorgehenden Stadien können bei einer weiteren Blutmahlzeit mit dem Speichel in die Haut eines Wirtes inokuliert werden. Infizierte

Trypanosoma: Entwicklungszyklus

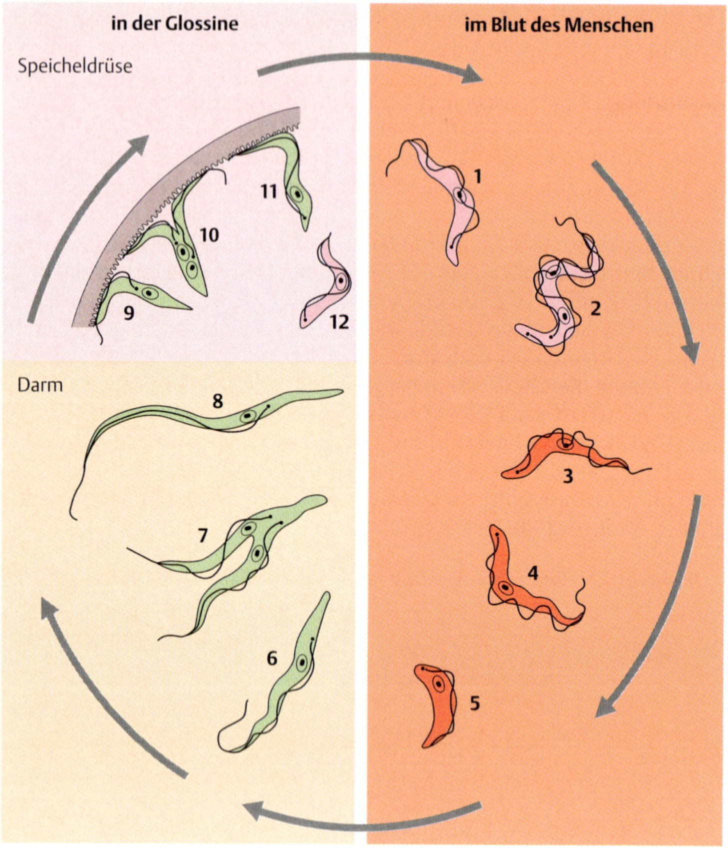

Abb. 9.**4** **Blut des Menschen: 1** Trypomastigote, schlanke Form mit variantenspezifischem Oberflächenantigen (VOA); **2** Teilungsform; **3–4** schlanke Formen mit anderem Typ von VOA; **5** kurze Form.
Darm der Glossine: 6–8 trypomastigote Formen ohne VOA (= prozyklische Formen, Vermehrung durch Längsteilung); Kinetoplast und Geißelursprung sind in Richtung Kern verlagert.
Speicheldrüse der Glossine: 9–10 epimastigote Formen am Epithel: **11** trypomastigote Form ohne VOA (erneute Vermehrung); **12** trypomastigote Form mit VOA (= metazyklische Form). (Nach Vickerman K, Barry JE. In: Kreier JP, Baker JR, eds. Parasitic Prozozoa.Vol. 2. San Diego: Academic Press; 1992:94.)

Glossinen sind während ihrer gesamten Lebensdauer – d. h. bis zu 6 Monaten – in der Lage, die Erreger zu übertragen.

Die Glossinen sind 6 – 12 mm lange Fliegen mit waagerecht vorgestrecktem Stechrüssel und typischer Flügelhaltung in Ruhestellung, wobei der Umriß der über dem Hinterleib zusammengelegten und sich deckenden Flügel zungenförmig ist (Glossa: Zunge).

Epidemiologie. Epidemiologisch bestehen zwischen *T. gambiense* und *T. rhodesiense* Unterschiede (Tab. 9.**2**). Wesentlich dabei ist, daß *T. rhodesiense* in einem latent-enzootischen Zyklus in Savannengebieten bei Wild- und Haustieren existiert und normalerweise durch Glossinen von Tier zu Tier und seltener auch auf den Menschen übertragen wird. Dagegen wird *T. gambiense* durch Glossinen vorwiegend von Mensch zu Mensch übertragen, doch wurden verschiedene Tierarten als Reservoire von *T. gambiense*-Stämmen identifiziert, die für Menschen infektiös sind (Tab. 9.**2**).

Tabelle 9.**2** Epidemiologische Unterschiede zwischen *Trypanosoma gambiense* und *T. rhodesiense*

Parameter	**T. gambiense**	**T. rhodesiense**
Verbreitung	West- und Zentralafrika	Ost- und Zentralafrika
Überträger	*Glossina palpalis*-Gruppe: Feuchtbiotope	*G. morsitans*-Gruppe: Savannenbiotope
Übertragungsorte		
▪ häufig fokal	an Flüssen, Seen, Wasserstellen usw.	–
▪ weniger lokalisiert	in feuchten Waldgebieten	Savannen
Dominierende Zyklen	Mensch → Mensch	Wild- und Hauswiederkauer, andere Wildtiere → Mensch
Erreger-Reservoire (für bestimmte Stämme)	Schwein, Rind, Hund, wenige Antilopenarten	Antilopenarten, Rind, Schaf, Ziege, Löwe, Hyäne, Hund u. a.

Krankheitsbild. Die Schlafkrankheit manifestiert sich in einer initialen Phase als fieberhafte Allgemeinerkrankung mit Lymphadenopathie und ist später durch meningoenzephalitische Symptome gekennzeichnet. Im Infektionsverlauf sind zwei Stadien zu unterscheiden: Das febrilglanduläre oder hämolymphatische Stadium 1 und das meningoenzephalitische Stadium 2. Diese Unterscheidung ist im Hinblick auf die Therapie wichtig. Im Stadium 1 vermehren sich die Trypanosomen nach der Übertragung zunächst in der Gewebeflüssig-

Tabelle 9.3 Infektionsverlauf und Krankheitsbild bei der Schlafkrankheit

Stadium, Verlauf und Symptome	*T. gambiense*	*T. rhodesiense*
1. Stadium: Febril-glanduläre oder hämolymphatische Phase		
▪ Trypanosomenschanker	bei Afrikanern: < 5 % bei Europäern: um 20 %	um 50 %
▪ Parasitämie-Beginn:	2 – 3 Wochen p. i.	1 – 2 Wochen p. i.
▪ Art der Parasitämie:	niedrig, intermittierend	hoch, oft anhaltend
▪ Parasitämie-assoziierte Symptome:	Fieber, Schüttelfrost, Kopfschmerzen, Gelenk- und Muskelschmerzen, flüchtige Ödeme, Gewichtsverlust, allgemeine Lymphadenopathie (Schwellung der Lymphknoten am Nacken = Winterbottom-Zeichen); Störungen der Herzfunktion (besonders bei *T. rhodesiense*-Infektion), Anämie, Thrombozytopenie, erhöhte IgM-Spiegel im Serum	
▪ Verlauf:	chronisch (auch akut bei Nicht-Immunen)	
2. Stadium: Meningoenzephalitische Phase		
▪ Eindringen der Erreger in das ZNS:	4 – 6 Monate p. i. oder später	oft bereits nach wenigen Wochen
▪ Symptome:	progrediente Zeichen der Meningoenzephalitis, epileptiforme Krämpfe, später Somnolenz, Apathie, Koma. Pleozytose im Liquor, erhöhte Gesamtprotein- und IgM-Spiegel	
Krankheitsdauer beider Stadien:	Monate bis > 6 Jahre	selten > 3 – 7 Monate

keit an der Stichstelle. Als Reaktion darauf kann innerhalb von 2 – 4 Tagen eine entzündliche, ödematöse Schwellung entstehen, der Primäreffekt oder Trypanosomenschanker, der innerhalb von etwa 3 Wochen verschwindet. Nach etwa 2 Wochen gehen die Erreger zunächst in die Blutbahn und in das Lymphsystem und später im 2. Stadium in das Zentralnervensystem über. Weitere Angaben zur Erkrankung sind in Tab. 9.3 zusammengefaßt.

Pathogenese und Immunologie. An der Genese der Erkrankungen sind viele Faktoren beteiligt, unter anderem die Freisetzung von Kininen durch immunologische Reaktionen (Folge: Störungen der Gefäßpermeabilität, Ödembildung, Hämostase, Gewebshypoxie, Gewebeschäden), disseminierte intravasale Gerinnung, Anämie, Ablagerung von Immunkomplexen in Nieren und anderen Organen, Immunsuppression, endokrine Störungen und Schädigungen des ZNS.

Im Verlauf der Infektion des Vertebraten entstehen mehrere aufeinanderfolgende Populationen von Trypanosomen mit unterschiedlicher Antigenität, die auf der Fähigkeit der Parasiten beruht, die Zusammensetzung der oberflächlichen Glykoproteine zu ändern (= Antigenvarianz). Daher sind die während der Infektion gebildeten Antikörper spezifisch gegen bestimmte Antigenvarianten gerichtet. Erfolgt eine Reinfektion mit Trypanosomen anderer Antigenstruktur, so besitzt der Organismus keinen Schutz.

Trypanosomen stimulieren die Proliferation von B-Zellen. Dies führt einerseits zur vermehrten Produktion von Immunglobulinen (IgM, IgG), andererseits aber auch zur Verarmung antigenreaktiver B-Zellen. Ab dem 7. Tag nach der Infektion ist eine Zunahme der IgM-Konzentration im Serum und später im 2. Stadium der Erkrankung auch im Liquor cerebrospinalis feststellbar. Außerdem treten als Gegenreaktion immunsuppressiv wirkende Makrophagen und T-Zellen auf. Insgesamt resultiert daraus ein Zustand der Immunsuppression.

Diagnose. Besonders wichtig ist der direkte Erregernachweis im Blut, Lymphknotenpunktat und bei zerebraler Form im Liquor (Abb. 9.**2**). Im Blut sind Trypanosomen vor allem während febriler Phasen vorhanden. Sie lassen sich im Nativpräparat und in Giemsa-gefärbten Ausstrichen bzw. „Dicken Tropfen“ nachweisen (S. 636). Da häufig nur geringe Parasitämien vorliegen, sind nötigenfalls zusätzlich Anreicherungsverfahren einzusetzen, z. B. Mikrohämatokrit-Zentrifugationstechnik, Anionenaustausch-Chromatographie oder die QBC-Technik (S. 539). Weitere Möglichkeiten sind der kulturelle Nachweis und der Inokulationstest bei Labortieren (vor allem geeignet für *T. rhodesiense*). Die Untersuchung von Lymphknotenpunktat ist besonders bei Infektion mit *T. gambiense* von diagnostischem Wert. Zum Nachweis oder Ausschluß einer Infektion des ZNS ist Liquor zu entnehmen, zu zentrifugieren und das Sediment auf Trypanosomen zu untersuchen. Zirkulierende Antikörper und Antigene lassen sich mit verschiedenen Methoden nachweisen (S. 639).

Therapie. Die zur Behandlung der Schlafkrankheit verfügbaren Medikamente haben eine geringe therapeutische Breite. Zur Therapie des 1. Stadiums werden Suramin (Bayer 205) sowie Pentamidin (Pentacarinat) eingesetzt, wobei letzteres nur bei der *T. gambiense*-Infektion ausreichend wirksam ist. Diese Präparate vermögen jedoch nicht in die Zerebrospinalflüssigkeit zu gelangen, so daß im 2. Stadium (liquorpositive Fälle) die recht toxische Arsenverbindung Melarsoprol (Arsobal) verabreicht werden muß. Bei solchen Behandlungen sterben jährlich fast 1000 Personen an einer durch Arsen ausgelösten Enzephalopathie (WHO, 1996). Mit Eflornithin (Ornidyl), einem neueren, besser verträglichen Präparat (Hemmer der Ornithindecarboxylase) wurden bei der *T. gambiense*-Infektion im 1. und 2. Stadium bei über 95 % der Patienten gute Therapieerfolge erzielt (WHO, 1995).

Bekämpfung und Prophylaxe. Wichtig sind individuelle Prophylaxemaßnahmen gegen die tagaktiven (!) Glossinen: Haut weitgehend durch Kleidung abdecken, unbedeckte Hautpartien mit Repellentien behandeln (s. Malaria, S. 545), Innenraum von Autos auf Tsetsefliegen inspizieren und mit Insektiziden aussprühen. Die Glossinen werden durch gezieltes Versprühen von Insektiziden und in den letzten Jahren vermehrt durch Fangen in farblich und olfaktorisch für Glossinen attraktiven, insektizidbeladenen Fliegenfallen bekämpft.

Trypanosoma cruzi

Erreger der Amerikanischen Trypanosomose (Chagas-Krankheit)

Vorkommen. *Trypanosoma cruzi*, 1908 von Chagas entdeckt, ist der Erreger der Amerikanischen Trypanosomose, die nach ihrem Entdecker auch als Chagas-Krankheit bezeichnet wird. Der Erreger wird vorwiegend durch Raubwanzen übertragen und kann sich in Vektor-Wirbeltier-Zyklen ohne Beteiligung des Menschen entwickeln. Solche Zyklen kommen von Kalifornien (42 ° N) bis zum südlichen Chile und Argentinien (45 ° S) vor. Autochthone Infektionen bei Menschen treten ab Mexiko bis nach Chile und Argentinien in regional unterschiedlich großen Endemiegebieten auf. In diesen sind 16 – 18 Millionen Menschen infiziert, und jährlich treten 1 Million Neuerkrankungen sowie 45 000 Todesfälle auf (WHO, 1996).

Erreger und Entwicklung. Im natürlichen Zyklus wird *T. cruzi* durch Raubwanzen auf den Menschen übertragen. Diese nehmen trypomastigote Formen des Erregers bei einer Blutmahlzeit an infizierten Wirten auf. Im Darm der Überträger durchlaufen die Erreger einen Wandel von epimastigoten, sich stark vermehrenden Stadien zu trypomastigoten Formen, die nach 6 – 7 Tagen mit dem Kot ausgeschieden werden. Beim Blutsaugen setzen die Raubwanzen infizierten Kot auf die Haut des Menschen ab, von wo aus die trypomastigoten Formen durch kleine Läsionen der Haut oder Schleimhaut in den Körper gelangen.

Im Körper des Menschen werden die Erreger von Makrophagen phagozytiert, oder sie dringen in Zellen ein, hauptsächlich in Muskelzellen (Herz, Skelett, glatte Muskulatur) und in die Neuroglia. In den Zellen wandeln sie sich in amastigote Formen (1,5 – 4,0 µm) um und vermehren sich durch Zweiteilung. Die mit bis zu 500 Parasiten angefüllten Zellen werden als „Pseudozysten" bezeichnet. Nach ungefähr 5 Tagen nehmen die Erreger über epimastigote Stadien wieder die trypomastigote Form an und gehen ins Blut zurück, worauf sich die Zellinfektion wiederholt.

Das im Blut infizierter Wirte (Mensch, Säugetiere) auftretende *T. cruzi* ist 16–22 µm lang. Es besitzt ein zugespitztes Hinterende und einen großen Kinetoplasten. Im Blut erfolgt keine Vermehrung. Eine Antigenvariation wie bei afrikanischen Trypanosomen ist bei *T. cruzi* nicht bekannt.

Epidemiologie. Die Raubwanzen (*Triatoma infestans, Rhodnius prolixus, Panstrongylus megistus* und andere Arten) leben am Tage in Schlupfwinkeln und kommen nachts zum Blutsaugen hervor. Ihre natürlichen Habitate sind Nester, Höhlen und andere Aufenthaltsorte von Wirbeltieren, von deren Blut sie sich ernähren. Einige Arten haben aber peridomestische und domestische Habitate erobert und kommen auch in einfachen menschlichen Behausungen (z. B. Lehmhütten) vor. Über 150 Arten von Wild- und Haussäugetieren können Träger von *T. cruzi* sein. Davon sind Haushund, Nagetiere, Opossum und Gürteltiere die epidemiologisch wichtigsten Reservoirwirte. Außer durch Raubwanzen kann *T. cruzi* von Mensch zu Mensch durch Bluttransfusion, diaplazentar und durch Organtransplantate übertragen werden.

Krankheitsbild. Als Reaktion auf den Erregereintritt durch die Haut bzw. die Konjunktiva kommt es bei einem Teil der Infizierten zu einer lokalen, entzündlichen Hautreaktion (Chagom) bzw. zur ein- oder beidseitigen Konjunktivitis mit Lidödem (Romaña-Zeichen). Weitere Phasen im Infektionsverlauf sind in Tab. 9.**4** zusammengefaßt.

Tabelle 9.**4** Phasen der Chagas-Krankheit

Akute Phase:	Inkubation: 7–30 Tage. Bei 1–2 % der Infizierten, vor allem bei Kindern < 15 Jahren: Fieber, Ödeme, Lymphknotenschwellung, Hepato- und Splenomegalie, Myokarditis (Letalität: 2–3 %), seltener Meningoenzephalitis (Letalität bei Kindern bis 50 %).
Latente Phase:	8–10 Wochen nach akuter Phase. Krankheitszeichen fehlen; es sind Antikörper nachweisbar und in 20–60 % der Fälle auch Erreger durch Xenodiagnose (s. u.).
Chronische Phase:	bis zu 10–20 Jahre nach akuter Phase. Folgen der Schädigung von Gewebszellen und von Ganglien des autonomen Nervensystems:

- 30 % chronische Kardiopathie (Megakor)
- 6 % chronische Schäden am Verdauungstrakt (Megaösophagus, Megakolon u. a.)
- 3 % neurologische Störungen.

9

Diagnose. In der akuten Phase sind im peripheren Blut frühestens 1 – 2 Wochen nach der Infektion Trypanosomen in Blutausstrichen, „Dicken Tropfen“, durch Anreicherungsverfahren (Zentrifugation in Hämatokritröhrchen) oder in der Blutkultur nachweisbar (Sensitivität je nach Methode < 60 – 100 %). In der chronischen Phase gelingt der Erregernachweis mit den üblichen Methoden nur noch selten oder nicht mehr (Sensitivität < 10 %). Ein Hilfsmittel zur Erfassung geringer Parasitämien ist die Xenodiagnose (xenos: fremd), wobei trypanosomenfreie Raubwanzen an infektionsverdächtigen Patienten zum Blutsaugen angesetzt und im positiven Fall die Trypanosomen einige Wochen später im Enddarm oder in den Fäzes der Tiere nachgewiesen werden. Heute kann man die Raubwanzen auch mit Patientenblut über Membranen füttern. Außerdem stehen serologische Verfahren zur Verfügung, denen besonders in der chronischen Phase eine hohe Bedeutung zukommt (Tab. 11.**5**, S. 639). Neuerdings kann auch die PCR diagnostisch eingesetzt werden.

Therapie und Prophylaxe. In der Frühphase der Infektion sind mit Nifurtimox (Lampit) und Benznidazol (Radanil, Ragonil, Rochagan) Heilungsraten um 80 % erzielt worden. Bei beiden Präparaten treten häufig Nebenwirkungen auf. Ob solche Behandlungen die Spätschäden verhindern können, wird noch geprüft (WHO, 1995). Der Prophylaxe dienen u. a. die großflächige Vektorbekämpfung mit Insektiziden, Verbesserungen der Wohnverhältnisse, individueller Schutz vor Stichen der Raubwanzen durch Gebrauch von Moskitonetzen (s. Malaria, S. 545) sowie Maßnahmen zur Verhinderung der Infektionen durch Bluttransfusion und Organtransplantation.

Leishmania

Erreger der Leishmaniose

■ Die Leishmanien werden durch Sandmücken (Phlebotomen) übertragen und verursachen in Subtropen (Mittelmeergebiet u. a.) und Tropen folgende Hauptformen von Leishmaniosen: Viszerale Leishmaniose (Kala-Azar), kutane Leishmaniose (Orientbeule) sowie Haut- und Schleimhautleishmaniose. ■

Vorkommen. Die Leishmaniose kommt in 88 Ländern subtropischer und tropischer Gebiete aller Kontinente vor, mit Ausnahme von Australien (Abb. 9.**5**). Die Zahl der infizierten Personen wird auf 12 Millionen geschätzt, die jährliche Inzidenz von Neuerkrankungen auf 2 Millionen (WHO, 1995). In den letzten Jahren hat die Leishmaniose als HIV-assoziierte Infektion zusätzliche Bedeutung gewonnen.

Verbreitung von Leishmaniosen

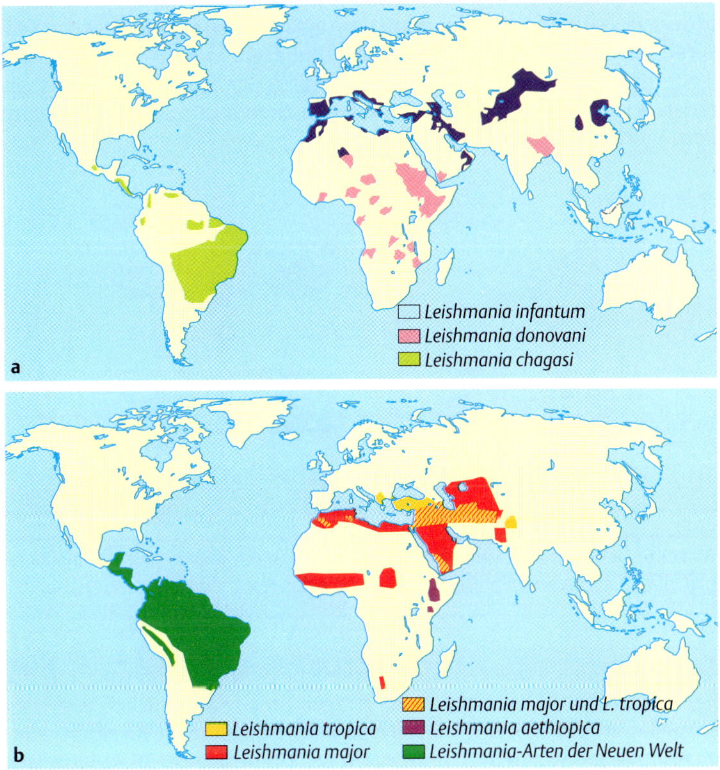

Abb. 9.**5** **a** Viszerale Leishmaniosen, **b** kutane und mukokutane Leishmaniosen. (Nach Bryceson ADM. In: Cook GC, ed. Manson's Tropical Diseases. 20th ed. London: Saunders; 1996:1217 – 1219.)

Erreger und Entwicklung. Die verschiedenen (> 10) humanpathogenen Arten und Unterarten der Gattung *Leishmania* sind morphologisch nicht unterscheidbar. Ihre Differenzierung und die taxonomische Aufgliederung beruhen auf biologischen und biochemischen Kriterien (u. a. Isoenzymmuster, DNA-Analyse), auf den unterschiedlichen Krankheitsbildern und epidemiologischen Gegebenheiten (Tab. 9.**5**, S. 500).

Im Menschen und Wirbeltier parasitieren die Leishmanien als amastigote Formen und sind lichtmikroskopisch nach Giemsa-Färbung am rundovalen Zelleib von 2 – 5 µm Durchmesser, dem Zellkern sowie dem kleinen, stäbchenförmigen Kinetoplasten erkennbar (Abb. 9.**6**). Elektronenmikroskopisch werden außerdem eine rudimentäre Geißel, ein einzelnes Mitochondrion und andere Zellorganellen sichtbar. Diese amastigoten Stadien leben in Zellen des retikuloendothelialen Systems (Makrophagen, Monozyten, Langerhans-Zellen) und vermehren sich durch Zweiteilung. Beim Zerfall von Wirtszellen werden Leishmanien frei, die neue Zellen infizieren und sich dort wiederum teilen.

Leishmanien

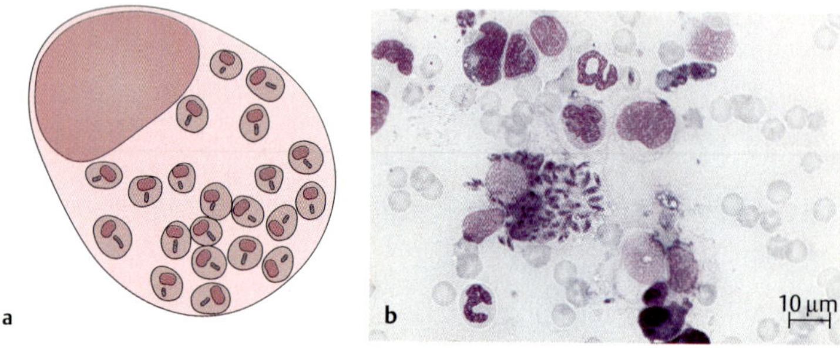

Abb. 9.**6** **a** Leishmanien in einem Makrophagen. **b** *Leishmania infantum* in einem platzenden Makrophagen; Giemsa-Färbung eines Knochenmarkausstrichs.

Die Leishmanien werden durch weibliche Schmetterlingsmücken (Gattungen *Phlebotomus, Lutzomyia*) übertragen (auch Sandmücken oder „sand flies" genannt) (Abb. 9.**7**). Die durch eine Blutmahlzeit in die Insekten gelangten Leishmanien wandeln sich im Darm der Überträger in 10 – 15 µm lange, schlanke, begeißelte promastigote Formen um, die sich vermehren und schließlich in den Stechrüssel einwandern. Diese Entwicklung dauert bei tropischen Temperaturen 5 – 8 Tage.

Beim Stich gelangen die promastigoten Formen aus dem Stechrüssel in den als Blutspender dienenden Wirt (Wirbeltier, Mensch). Durch Zerdrücken von infizierten Mücken können ebenfalls Leishmanien freigesetzt werden und an Hautstellen, die kleine Verletzungen aufweisen, Infektionen hervorrufen. Die in den Wirt inokulierten promastigoten Stadien werden von Makrophagen oder anderen Phagozyten aufgenommen, in denen sie sich in kurzer Zeit in amastigote Formen umwandeln, die sich in einer parasitophoren Vakuole der Zelle durch Zweiteilung vermehren, bis die Zelle platzt.

Leishmania infantum: Entwicklungszyklus

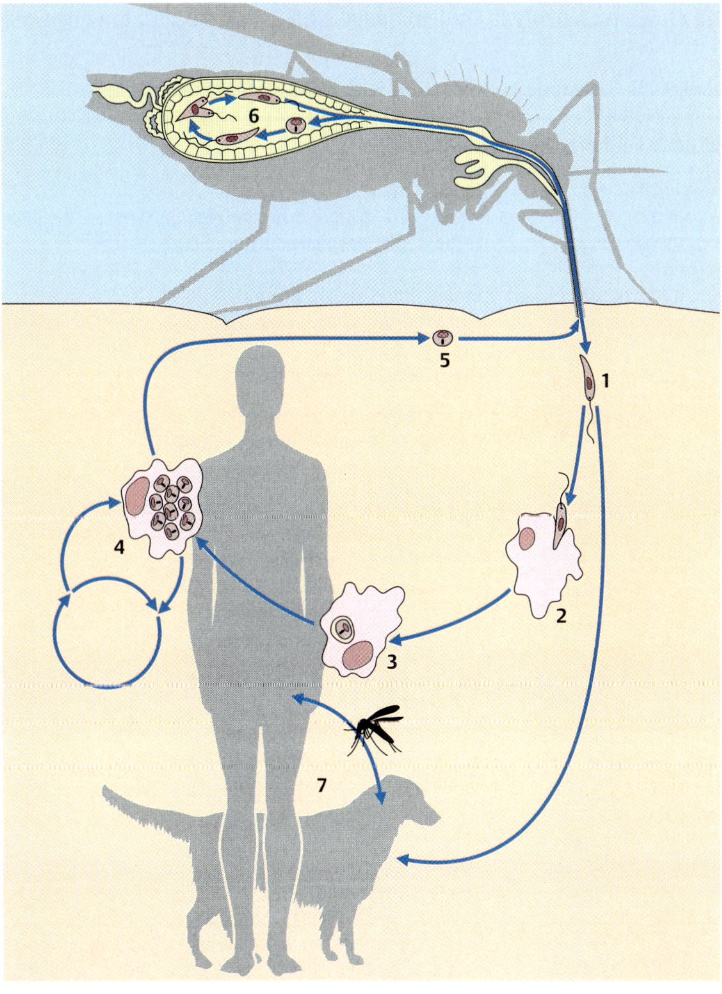

Abb. 9.**7** **1** Inokulation von promastigoten Stadien durch Sandmücke; **2** Aufnahme des Parasiten durch Phagozyten (Langerhans-Zellen, dendritische Zellen, Makrophagen); **3** amastigote Form in parasitophorer Vakuole eines Makrophagen; **4** Vermehrung amastigoter Formen in einem Makrophagen; **5** Aufnahme amastigoter Formen beim Blutsaugen durch Sandmücke; **6** Umwandlung in promastigote Form und Vermehrung im Insekt; **7** Hund als Reservoirwirt.

Krankheitsbilder (Leishmaniosen) **und Epidemiologie.** Die wichtigsten Leishmanioseformen des Menschen, die sie verursachenden Erregergruppen und einige Angaben zur Epidemiologie sind in Tab. 9.**5** zusammengestellt.

Tabelle 9.**5** Wichtige Leishmaniose-Formen des Menschen*

Viszerale Leishmaniose (Kala-Azar)[1]:	
Hauptlokalisation:	innere Organe, selten Haut
Inkubation:	meist 3–6 Monate, seltener wenige Wochen bis Jahre
Leitsymptome:	Fieber, Splenomegalie, progrediente Anämie
■ *L. d. donovani*[2]*: (Asien)*	Indien, Bangladesh, Burma; vorwiegend bei Erwachsenen; Reservoir: Mensch; Überträger: *Phlebotomus*-Arten.
■ *L. d. donovani:* (Afrika)	Sudan, Kenia, südliches Afrika; Reservoire: Mensch (Nager, Hund?)[3]; Überträger: *Phlebotomus*-Arten.
■ *L. d. infantum*[2]*:*	Mittelmeerraum (Iberische Halbinsel bis Türkei, Nordafrika), Mittlerer Osten und Zentralasien, China; bei Kindern und Erwachsenen; bei Erwachsenen auch Hautmanifestation; Reservoire: Hund, Wildkaniden; Überträger: *Phlebotomus*-Arten.
■ *L. d. chagasi*[2]*:*	Mittel- und nördl. Südamerika, vor allem Brasilien und Venezuela; vorwiegend bei Jugendlichen; Reservoire: Hund, Fuchsarten, Opossum; Überträger: *Lutzomyia*-Arten.
Kutane Leishmaniose (Orientbeule):	
Hauptlokalisation:	Haut
Inkubation:	Wochen bis Monate
Leitsymptome:	an Hautstellen, die Phlebotomen zugänglich sind, Entwicklung solitärer oder multipler, trockener, später evtl. geschwürig zerfallender Papeln; selten Ausbreitung in Lymphgefäße und Lymphknoten. Heilung unter Narbenbildung; es entwickelt sich eine solide Immunität

Tabelle **9.5** *Fortsetzung: Wichtige Leishmaniose-Formen des Menschen*

■ *L. major:*	Nordafrika, Mittlerer Osten, Sahelzone, Westasien; Inkubation: bis 2 Monate; „feuchte " oder „ländliche" Form; schnelle Vergrößerung der Hautläsion, später geschwüriger Zerfall und Heilung innerhalb von 6 Monaten; Reservoire: Nagetiere. Überträger: *Phlebotomus*-Arten.
■ *L. tropica:*	Mittelmeerraum, Südwestasien bis Indien; Inkubation: 2–24 Monate; „trockene" oder „städtische" Leishmaniose; Entwicklung der Läsion und Persistenz länger als bei *L. major*; Reservoir: Mensch (Hund, Dachs?); Überträger: *Phlebotomus*-Arten
Amerikanische Haut- und Schleimhautleishmaniose	
Hauptlokalisation:	Haut, Schleimhaut
Leitsymptome:	Hautveränderungen ähnlich der Orientbeule, bei einigen Formen jedoch Tendenz zur Ausbreitung in Schleimhäute und zu starker Gewebezerstörung
■ *L. braziliensis*[4]-Komplex	Gebiete in Zentral- und Südamerika mit verschiedenen Unterarten; mukokutane Form („Espundia"); Reservoire: Waldnager, Faultier, Opossum; Überträger: *Lutzomyia*-Arten
■ *L. mexicana*[5]-Komplex	Gebiete in Zentral- und Südamerika mit verschiedenen Unterarten; kutane Form; Reservoire: Waldnager; Überträger: *Lutzomyia*-Arten
■ *L. peruviana*[4]	Peru (Anden); kutane Form („Uta"); Reservoir: Hund; Überträger: *Lutzomyia*-Arten.

[1] Kala (hindustani), Azar (persisch). Im Persischen ist das Geschlecht nicht festgelegt, Azar wird im Hindustani als maskulin behandelt. Es sollte daher der Kala-Azar heißen.
[2] Untergattung donovani = d.
[3] Fragliche Reservoirwirte.
[4] Untergattung: braziliensis,
[5] Untergattung: mexicana.
* Weitere Informationen in WHO: Techn. Rep. Ser. No. 793. Genf: 1990.

Diagnose. Die ätiologische Diagnose der viszeralen Leishmaniose erfolgt durch direkten Erregernachweis aus Punktionsmaterial von Lymphknoten oder Knochenmark in Giemsa-gefärbten Ausstrichen (unsicher!), in Kulturen (in denen sich Promastigote entwickeln) oder durch die PCR. Kultur und PCR haben eine hohe, etwa gleichwertige Sensitivität. Ferner sind im Serum eines großen Teiles der immunkompetenten Patienten (um 99 %) Antikörper nachweisbar (Tab. 11.**5**, S. 639).

Bei den Hautleishmaniosen wird die Diagnose meist klinisch gestellt. Die ätiologische Verifizierung erfolgt durch direkten Erregernachweis (s. o.) in Ausstrichen und/oder Probeexzisaten aus den Randgebieten der veränderten Hautbezirke. Nur bei einem kleinen Teil der Fälle lassen sich serologisch Antikörper nachweisen.

Therapie. Zur Behandlung der viszeralen Leishmaniose werden vor allem Antimonpräparate (Pentostam, Glucantime) eingesetzt, zum Teil auch in Kombination mit Allopurinol (Allopur u. a.), Pentamidin (Pentacarinat) oder Amphotericin B (Fungizone). Die Rückfallrate ist relativ hoch, besonders bei HIV-Patienten. Verschiedene Formen kutaner Leishmaniose (u. a. *L. major* und *L. tropica*) sind durch Injektion von Antimonpräparaten in die Läsionen zu beeinflussen, mukokutane Leishmaniose (*L. braziliensis*) wird systemisch mit Antimonpräparaten (s. o.), Amphotericin B (Fungizone) oder Pentamidin (Pentacarinat) behandelt.

Prophylaxe. Eine wirksame Chemoprophylaxe gibt es bisher nicht. Wichtig ist daher der Schutz vor den Stichen der Phlebotomen mit kleinmaschigen, insektizidimprägnierten „Moskitonetzen“ (S. 545). Die Überträger werden mit Insektiziden und durch Beseitigung ihrer Brutstätten bekämpft.

Trichomonas vaginalis

Erreger der Trichomonose

■ *Trichomonas vaginalis* ist eine recht häufige, weltweit verbreitete, mehrgeißelige Flagellatenart, die vorwiegend beim Geschlechtsakt übertragen wird und bei Frauen Vaginitis sowie bei Männern Urethritis verursacht. ■

Vorkommen. Weltweit wird die Zahl der Neuinfektionen auf 200 Millionen pro Jahr geschätzt (WHO, 1995). In entwickelten Ländern sind in der Normalbevölkerung < 5 – 20 % der Frauen infiziert, bei Männern liegen die Infektionsraten meist unter 5 %.

Erreger, Entwicklung und Epidemiologie. *Trichomonas vaginalis* ist ein birnenförmiges Protozoon von 10 – 20 µm Länge und 2 – 14 µm Breite (Abb. 9.**8**). Am vorderen Pol entspringen aus einem Basalapparat 5 Geißeln, von denen 4 nach vorne frei aus der Zelle austreten, während eine den Randfaden der undulierenden Membran bildet, die nur bis kurz über die Körpermitte nach hinten reicht. Ein aus Mikrotubuli bestehender Achsenstab (Axostyl) tritt am Hinterende als freie Spitze aus der Zelle hervor. Der ovale Zellkern liegt im vorderen Teil des Protozoons. Trichomonaden sind anaerobe Protozoen, die als besondere Organellen Hydrogenosomen besitzen, die H_2 als Stoffwechselprodukt bilden.

Trichomonas vaginalis

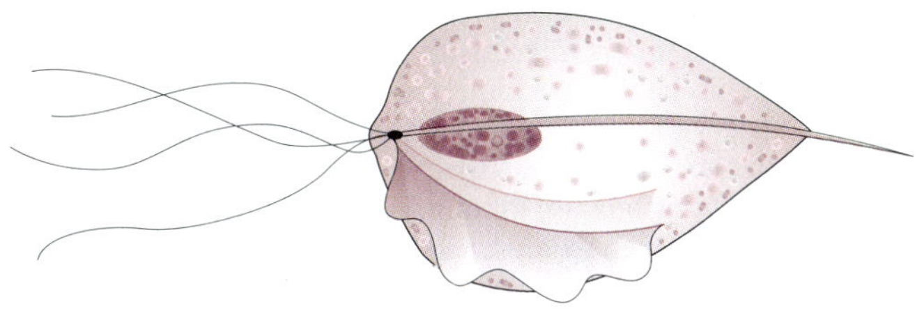

Abb. 9.**8**

T. vaginalis besiedelt die Schleimhäute des Urogenitaltraktes und vermehrt sich durch longitudinale Zweiteilung. Zur Bildung von Zysten sind Trichomonaden nicht befähigt; dagegen werden abgerundete, bewegungslose Formen beobachtet, die degenerierende Stadien, sog. „Rundformen", darstellen, denen keine Bedeutung bei der Übertragung der Krankheit zukommt.

Reservoir für *T. vaginalis* ist nur der Mensch. Die Erregerübertragung erfolgt fast ausschließlich beim Geschlechtsverkehr. Etwa 2 – 17 % der weiblichen Säuglinge von infizierten Müttern erwerben die Infektion perinatal.

Die Tenazität von *T. vaginalis* an der Außenwelt ist gering, doch können sie in Wasser von nicht chlorierten Thermalbädern vereinzelt bis zu 5 Stunden und in Leitungswasser mit dem üblichen Chlorzusatz 5 Minuten bis zu 24 Stunden überleben; in Schwimmbadwasser mit erhöhtem Chlorzusatz (44 mg/l) gehen sie in wenigen Minuten zugrunde. Übertragungsmöglichkeiten durch feuchte Badekleidung, Schwämme, Handtücher usw. sowie Infektionen in nicht chlorierten Thermalbädern oder schlecht gewarteten Schwimmbecken sind nicht ganz auszuschließen, dürften jedoch nach den bisherigen Beobachtungen kaum von Bedeutung sein.

Krankheitsbild. Bei der Frau besiedelt *T. vaginalis* in erster Linie die Schleimhaut der Vagina und seltener der Zervix. In etwa 20–50% der Fälle verläuft die Infektion symptomlos, doch kann es nach einer Inkubationszeit von 2–24 Tagen zur Vaginitis kommen. Dabei entsteht, u. a. im Zusammenhang mit der Vermehrung bestimmter Bakterienarten, ein eitriger dünnflüssiger, gelblicher Ausfluß, in dem Trichomonaden, Eiterzellen und Bakterien nachweisbar sind. Der Erreger dringt in etwa 75–90% der Fälle auch in die Harnröhre ein, wo er ebenfalls Entzündungserscheinungen hervorrufen kann, gelangt aber nur ausnahmsweise in die Harnblase und den Uterus. Beim Mann verläuft die Infektion meistens symptomlos (50–90%); sie kann aber zu einer manifesten Urethritis führen, selten mit Befall der Prostata und der Samenblasen.

Diagnose. Zum Nachweis von Trichomonaden wird frisch entnommenes Sekret aus Vagina oder Urethra nach Vermischen mit physiologischer Kochsalzlösung im Deckglaspräparat mikroskopisch untersucht. Dabei lassen sich die Erreger an der typischen Körperform und an der taumelnden Bewegung leicht erkennen. Hingegen sind Rundformen von Trichomonaden kaum von Leukozyten zu unterscheiden. In Ausstrichen können die Trichomonaden auch nach Giemsa-Färbung oder im Immunfluoreszenz-Test mit monoklonalen Antikörpern nachgewiesen werden. Die Kultivierung in flüssigen Spezialmedien bei 35–37 °C erbringt, vor allem bei asymptomatischen Infektionen, oft bessere Ergebnisse als die mikroskopische Untersuchung.

Therapie und Prophylaxe. Der Behandlung haben sich stets beide Geschlechtspartner zu unterziehen. Dafür stehen u. a. folgende spezifisch wirksame Nitroimidazolpräparate zur Verfügung, die oral – bei der Frau auch zusätzlich vaginal – anwendbar sind: Metronidazol (Flagyl, Clont), Tinidazol (Fasigyn), und Ornidazol (Tiberal). In der frühen Schwangerschaft sind diese Mittel kontraindiziert. Die Vorbeugungsmaßnahmen entsprechen denen bei anderen venerischen Krankheiten.

Giardia intestinalis

Erreger der Giardiose, Lambliose

■ *Giardia intestinalis* (Synonyma: *Giardia lamblia, G. duodenalis*) ist ein weltweit verbreiteter, auch in Europa relativ häufig vorkommender Dünndarmparasit des Menschen, der Enteritiden verursachen kann. Die Infektion erfolgt peroral durch Aufnahme von Zysten. Verschiedene Säugetierarten sind wahrscheinlich Reservoirwirte. ■

Vorkommen. *G. intestinalis* ist weltweit verbreitet mit Prävalenzraten in der europäischen Normalbevölkerung um 3–4% und mit sehr hohen Raten bis > 50% in vielen Entwicklungsländern. Besonders betroffen sind Kinder bis zum Alter von 5 Jahren.

Erreger und Entwicklung. Morphologisch sind vegetative Stadien (Trophozoiten) und Zysten zu unterscheiden. Die auf der Schleimhaut des Dünndarmes (selten auch der Gallenblase) lebenden Trophozoiten ähneln einer längsgespaltenen Birne. Sie sind 9–21 μm lang und 5–12 μm breit, besitzen 8 Geißeln, zwei zu beiden Seiten der Längsachse gelegene Kerne und zwei gebogene Mediankörper (Abb. 9.**9** und 9.**11a**). Ihre Dorsalfläche ist gewölbt, die flache Ventralseite ist vorne zu einer Adhäsionsscheibe vertieft. Die Vermehrung erfolgt durch Längsteilung der Trophozoiten, die in der Lage sind, unterschiedliche Oberflächenproteine zu produzieren. *G. intestinalis* bildet ovale Zysten (8–14 × 8–10 μm), die 4 Kerne, Geißeln und sichelförmige Mediankörper enthalten. Die Zysten (seltener Trophozoiten) werden im Stuhl ausgeschieden. Der Entwicklungszyklus von *G. intestinalis* ist in Abb. 9.**9** dargestellt.

Zur Gattung *Giardia* gehören mehrere Arten (*G. duodenalis, G. muris, G. agilis* u. a.), die sich morphologisch und molekularbiologisch unterscheiden. Aus Menschen und verschiedenen Arten von Haus- und Wildsäugetieren gewonnene *Giardia*-Isolate sind morphologisch einheitlich und entsprechen *G. duodenalis*. Dabei handelt es sich jedoch um eine genetisch heterogene Art, die aufgrund von Isoenzym- und DNA-Analysen in verschiedene Genotypen aufgeteilt werden kann. Einige identische Genotypen wurden sowohl bei Menschen als auch bei Haustieren (z. B. Rind, Schaf, Hund) gefunden. Aus Nordamerika liegen deutliche Hinweise dafür vor, daß Biber für die Kontamination von Trinkwasser mit *Giardia*-Zysten und für Krankheitsausbrüche beim Menschen verantwortlich sein können. Daraus läßt sich der vorläufige Schluß ziehen, daß zumindest einige Stämme von *G. duodenalis* von Wirbeltieren auf den Menschen übertragbar sind und es sich bei der Giardiose um eine Zoonose handelt, doch ist dies noch nicht definitiv bewiesen.

Epidemiologie. Für die Verbreitung der Infektion sind die im Stuhl ausgeschiedenen Zysten verantwortlich, die in feuchter Umgebung bei 21 °C bis zu 3 Wochen, in kühlem Wasser (8 °C) etwa 3 Monate lebensfähig bleiben, während die Trophozoiten sehr hinfällig sind. Die Ansteckung erfolgt per os, wobei Zysten auf fäkal-oralem Weg von Person zu Person (innerhalb von Familien, Kindergärten, unter Homosexuellen u. a.) oder durch Trinkwasser und Nahrungsmittel übertragen werden. In den USA sind > 100 trinkwasservermittelte, epidemische Ausbrüche von Giardiose beschrieben worden, von denen lokal bis zu 7000 Personen betroffen waren.

Giardia intestinalis: Entwicklungszyklus

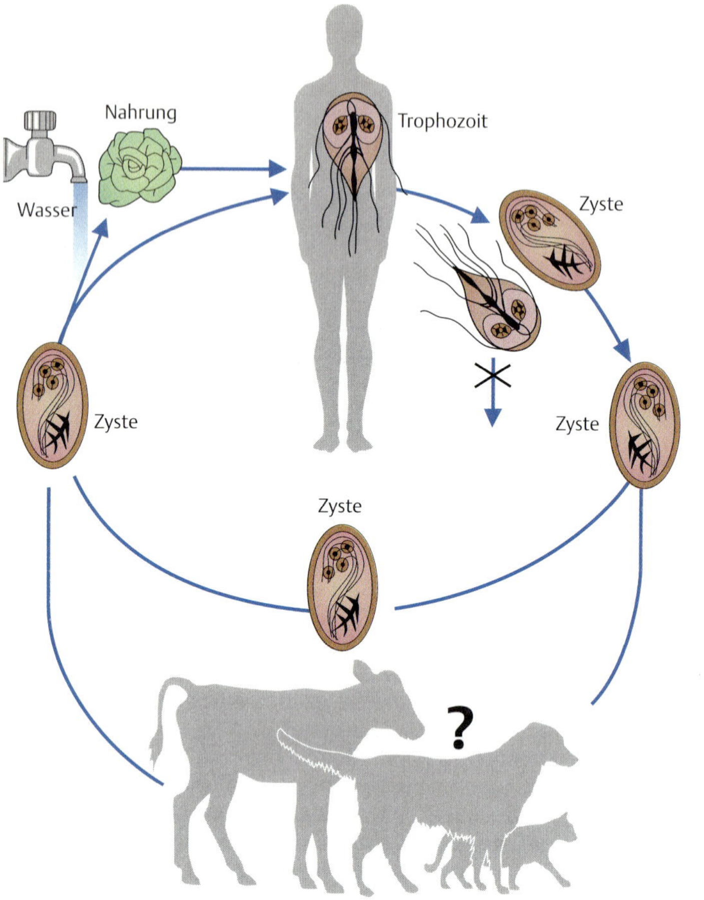

Abb. 9.**9** Erklärung im Text. Die Rolle von Tieren als Reservoirwirte ist noch nicht definitiv geklärt.

Pathogenese und Krankheitsbild. *G. intestinalis* kann im Dünndarm Entzündungserscheinungen und andere morphologische Veränderungen sowie Resorptionsstörungen verursachen. Auch Infektionen der Gallenblase wurden beschrieben.

Die Infektion verläuft häufig symptomlos; der Erreger kann innerhalb weniger Wochen spontan eliminiert werden, aber auch jahrelang persistieren. Bei der Elimination bzw. Persistenz könnte die Fähigkeit zur Bildung unterschiedlicher Oberflächenproteine eine Rolle spielen. Patienten mit manifester Infektion zeigen chronisch-rezidivierende Durchfälle, Steatorrhö und Anzeichen von Malabsorption, ferner Oberbauchschmerzen, Erbrechen, gelegentlich auch Fieber und Gewichtsabnahme.

Diagnose, Therapie und Prophylaxe. Das Standardverfahren zur Diagnose ist die Stuhluntersuchung mit Hilfe der SAF- oder MIF-Technik auf Zysten bzw. (seltener) Trophozoiten (S. 635). Trophozoiten können auch im Duodenalaspirat nachgewiesen werden. Neuerdings stehen auch ELISA-Kits zur Detektion von *Giardia*-spezifischem Koproantigen zur Verfügung. Zur Chemotherapie werden Nitroimidazolverbindungen eingesetzt, u.a. Metronidazol (Clont, Elyzol, Flagyl), Ornidazol (Tiberal) und Tinidazol (Fasigyn) und neuerdings auch die Benzimidazolverbindung Albendazol (Zentel). Die Prophylaxe entspricht der bei Amöbose (S. 515).

Entamoeba histolytica und andere Darmamöben

Erreger der Amöbose (Entamöbose, Amöbiasis)

Von verschiedenen, im Darm des Menschen parasitierenden pathogenen und apathogenen Amöbenarten ist *Entamoeba histolytica* als Erreger der weltweit verbreiteten, vor allem aber in warmen Ländern häufigen Entamöbose von großer Bedeutung. Die vegetativen Stadien (Trophozoiten) von *E. histolytica* leben im Dickdarm und bilden enzystierte Stadien (Zysten), die mit den Fäzes ausgeschieden werden. Durch diese Zysten wird die Infektion von Mensch zu Mensch übertragen. Die Trophozoiten von *E. histolytica* können in die Darmwand eindringen und auf dem Blutweg in die Leber sowie in andere Organe gelangen und klinische Formen der Amöbose hervorrufen, u.a. die Darmamöbose („Amöbenruhr") oder die Leberamöbose („Amöbenleberabszeß"). Zymodem- und DNA-Analysen haben in jüngster Zeit gezeigt, daß die bisher als einheitlich angesehene *E. histolytica* aus einem Artenkomplex besteht, nämlich aus der pathogenen *E. histolytica* und der apathogenen, morphologisch identischen Art *Entamoeba dispar*. Daher wird im folgenden Text vom *E. histolytica/E. dispar*-Komplex gesprochen. Die Diagnose der Darminfektion erfolgt primär durch Erregernachweis im Stuhl, bei Verdacht auf invasive, intestinale oder extraintestinale Infektionen mit *E. histolytica* kann außerdem die serologische Untersuchung auf Antikörper wichtige Hinweise geben.

Vorkommen. In endemischen Gebieten Afrikas, Asiens sowie Mittel- und Südamerikas sind bis zu 70–90 % der Bewohner Träger von *E. histolytica/E. dispar*, in den USA und Europa etwa 1–4 %. Weltweit wird die Zahl der infizierten Personen auf 500 Millionen geschätzt, von denen 40–50 Millionen erkranken und 40 000–100 000 sterben (WHO, 1991).

Erreger. Bei *Entamoeba histolytica* unterscheidet man Trophoziten (= vegetative Stadien) und Zysten (Abb. 9.**10** u. 9.**11c**).

- Die **Trophozoiten** von *E. histolytica* sind Zellen variabler Form und Größe (Länge: 10–60 µm), die lokale, ziemlich breite Ausstülpungen von Zellmembran und Ektoplasma bilden (Lobopodien), welche eine „fließende" Bewegung ermöglichen. Charakteristisch für die Gattung *Entamoeba* ist der im gefärbten Präparat ringförmig erscheinende Kern mit zentralem Kernkörperchen und an der Kernmembran angelagerten Chromatingranula. Wenn Trophoziten Gewebeschäden verursachen (s. u.), enthalten sie oft phagozytierte Erythrozyten.
- Die kugelförmigen, unbeweglichen **Zysten** (10–16 µm) sind mit einer widerstandsfähigen Hülle versehen und enthalten zunächst je eine einkernige Amöbe, in Vakuolen abgelagertes Glykogen und zigarrenförmige sog. Chromidialkörper. Durch Kernteilung entstehen dann zweikernige und später die vierkernigen, infektionsfähigen Zysten (Abb. 9.**1c**). Die Zysten werden allein oder gemeinsam mit Trophozoiten im Stuhl infizierter Personen ausgeschieden.

Die apathogene *E. dispar* und die pathogene *E. histolytica* sind morphologisch identisch, sie lassen sich aber durch Zymodem- und DNA-Analyse sowie immunologisch mit monoklonalen Antikörpern unterscheiden.

Entwicklung und Pathogenese.

- **Darmamöbose.** Nach peroraler Aufnahme einer reifen Zyste von *E. histolytica* wird im Dünn- oder Dickdarm die vierkernige Amöbe frei, aus der durch Teilung 4 oder 8 einkernige Trophozoiten hervorgehen, die sich weiter vermehren und Zysten bilden können (Abb. 9.**10**). Die Trophozoiten

Abb. 9.**10** **1** Zyste von *E. histolytica* nach peroraler Aufnahme im Magen; **2** Schlüpfen der Amöbe aus der Zyste; **3** Teilungsstadium der Amöbe; **4** aus der Teilung hervorgegangener einkerniger Trophozoit; **4a** invasives Stadium mit phagozytierten Erythrozyten, extraintestinal; **5** Zystenbildung; **6** mit dem Stuhl ausgeschiedene Zysten und verschiedene Übertragungswege, **7** perorale Aufnahme von Zysten. ▶

Entamoeba histolytica: **Entwicklungszyklus**

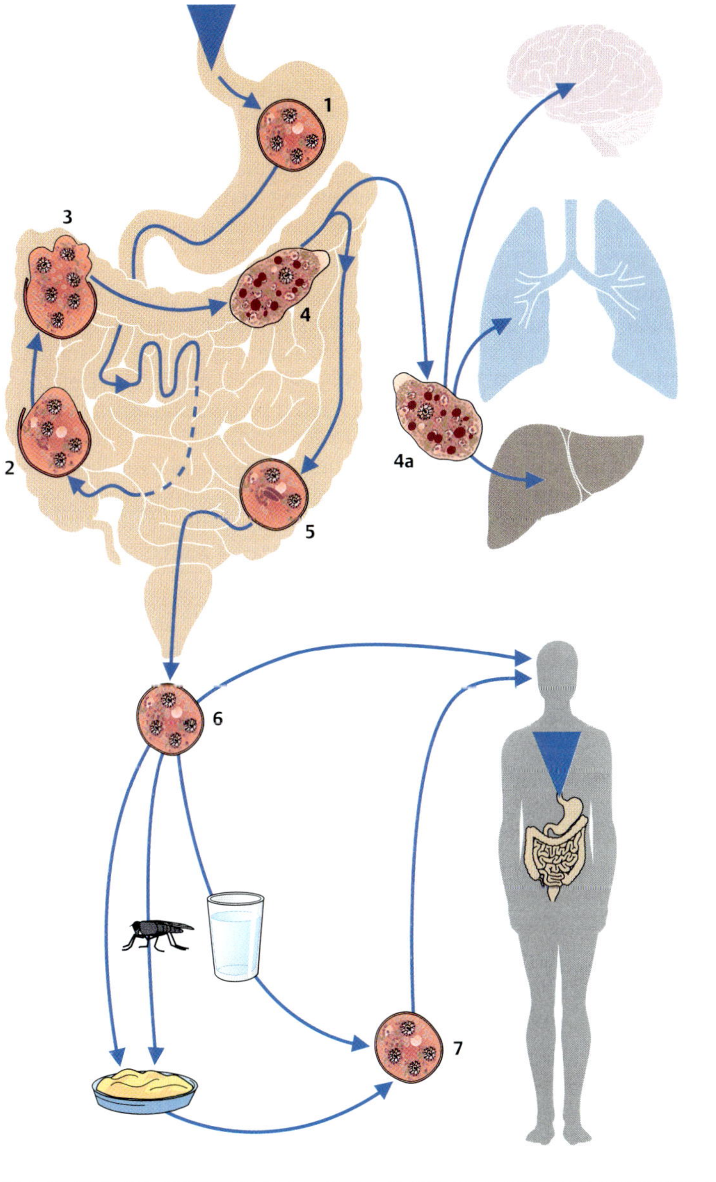

parasitieren im Dickdarm auf der Schleimhaut oder im Darmlumen. Sie sind in der Lage – offenbar mit Hilfe von Enzymen (Kollagenase) und anderen Substanzen („pore forming protein") – Gewebe aufzulösen („histolytica") und in die Darmwand einzudringen. Im Gewebe vermehren sich die Amöben in herdförmigen Ansammlungen, wodurch Nekroseherde entstehen, die von stärkeren Entzündungsreaktionen umgeben werden. Es entstehen flaschenförmige Geschwüre mit überhängenden Rändern, die manchmal bis zur Serosa reichen und in die Peritonealhöhle perforieren. Heilungsvorgänge mit Narbenbildung können zur Verengung des Darmlumens und starke Entzündungsreaktionen zur tumorartigen Verdickung der Darmwand führen (= Amöbom).

- **Extraintestinale Amöbose.** Von der Darmwand aus ist eine hämatogene Streuung von *E. histolytica* in andere Organe möglich, am häufigsten in die Leber (Abb. 9.**10**). Infolge der Lyse von Parenchymzellen entstehen zunächst kleine Nekroseherde, sog. Abszesse, die allmählich an Umfang zunehmen und große Teile der Leber erfassen können. Bakterien sind nur in etwa 5 % der Fälle beteiligt, weshalb in der Peripherie des Herdes gewöhnlich nur geringe Entzündungsreaktionen auftreten. Im Zerfallsherd befindet sich eine meist bakteriologisch sterile, bräunliche oder gelbliche, eiterähnliche Flüssigkeit oder nach deren Eindickung eine nekrotische Masse; Amöben sind oft nur in der Zone des Übergangs zum intakten Lebergewebe nachweisbar.

Leberabszesse brechen manchmal in die Pleurahöhle oder in die Lunge durch; seltener führt eine hämatogene Aussaat von Amöben zur Besiedelung von Milz, Gehirn und anderen Organen. *Hautamöbose* besteht am häufigsten in der Perianalgegend, ausgehend von Rektumveränderungen.

Die Entwicklung von *E. dispar* dürfte analog verlaufen, ist aber auf das Darmlumen beschränkt.

Epidemiologie. Erregerreservoir ist vor allem der Mensch (sehr selten Affen und Hunde). Die Infektion erfolgt durch reife Zysten, die durch kontaminierte Nahrungsmittel (Obst, Gemüse), Trinkwasser oder fäkalienkontaminierte Hände übertragen werden. Fliegen und Schaben können Zysten von den Fäzes eines Ausscheiders auf Lebensmittel verschleppen und so als Zwischenträger fungieren. Die Zysten besitzen im Gegensatz zu den Vegetativformen in feuchter Umgebung eine beachtliche Tenazität (bei + 28 – 34 °C etwa 8 Tage, bei + 10 °C etwa einen Monat); bei Austrocknung und Temperaturen über + 55 °C gehen sie in kurzer Zeit zugrunde. Der übliche Chlorzusatz zum Trinkwasser reicht zur Abtötung der Zysten nicht aus.

Krankheitsbild. Krankheitserscheinungen können bereits 2–4 Wochen nach der Infektion oder erst nach einer monate- bis jahrelangen symptomfreien Latenzzeit auftreten. Symptomatische Formen (Kolitis, Leberabszeß) sind auf die pathogene *E. histolytica* zurückzuführen, die asymptomatische intestinale Form dagegen vorwiegend, jedoch nicht ausschließlich, auf die apathogene *E. dispar*. Folgende Formen der Amöbose sind zu unterscheiden:

- **Intestinale Formen**
  - **Asymptomatische Form.** *E. histolytica* kann die Darmschleimhaut besiedeln, sich vermehren und längere Zeit persistieren, ohne invasiv zu werden und Veränderungen bzw. Symptome zu verursachen. Da die apathogene *E. dispar* häufiger vorkommt als *E. histolytica*, dürfte die Mehrzahl der asymptomatischen Infektionen auf die erstgenannte Art zurückzuführen sein. Im Stuhl werden dabei Trophozoiten und häufiger Zysten des *E. histolytica/E. dispar*-Typs ausgeschieden, im Serum sind keine Antikörper gegen *E. histolytica*-Antigen nachweisbar.
  - Die **invasive Darmamöbiasis** ist Folge der Invasion der Darmwand durch die pathogene *E. histolytica* und Ausdruck einer Erkrankung des Dickdarmes. Die betroffenen Darmabschnitte (Kolon, Zäkum, Rektum, gelegentlich terminales Ileum) weisen eng begrenzte oder mehr flächenhafte Veränderungen unterschiedlicher Intensität auf, die von ödematöser Schwellung und Rötung über stecknadelkopfgroße Herde mit zentraler Nekrose bis zu größeren, tief in die Darmwand vordringenden, flaschenförmigen Geschwüren mit aufgewulsteten Rändern sowie großen Zerfallsherden reichen. Mögliche Komplikationen dieser Veränderungen sind u. a. Fisteln, Strikturen, Verwachsungen und Peritonitis.

    Die **akute Krankheit** beginnt meist mit Abdominalbeschwerden und Durchfallepisoden unterschiedlicher Dauer, wobei anfänglich breiiger, dann zunehmend schleimiger und auch blutiger tingierter „himbeergeleeartiger" Stuhl abgesetzt wird, in dem sich Amöben des *E. histolytica/E. dispar*-Typs nachweisen lassen, u. a. auch erythrozytenhaltige Trophozoiten. In diesen Fällen treten in der Regel Antikörper im Serum auf. Die Symptome können spontan zurückgehen, doch entwickelt sich nicht selten eine über Monate oder Jahre anhaltende, rezidivierende **chronische Kolitis**. Bei Kindern und geschwächten Personen kann die Infektion fulminant verlaufen und rasch zu schwerer Exsikkose und bedrohlichen Komplikationen führen.

- **Extraintestinale Formen**
  - **Leberabszeß.** Extraintestinale Formen entstehen nach vom Darm ausgehender hämatogener Streuung von *E. histolytica*. Am häufigsten ist der sog. „Leberabszeß", der sich bei einem Teil der Infizierten (bis 20%) entwickeln kann. Zu beachten ist, daß nur bei rund 10% der Patienten mit Leberabszeß gleichzeitig eine Amöbenkolitis vorliegt; dabei sind mit ko-

9

Differentialdiagnose von Darmprotozoen

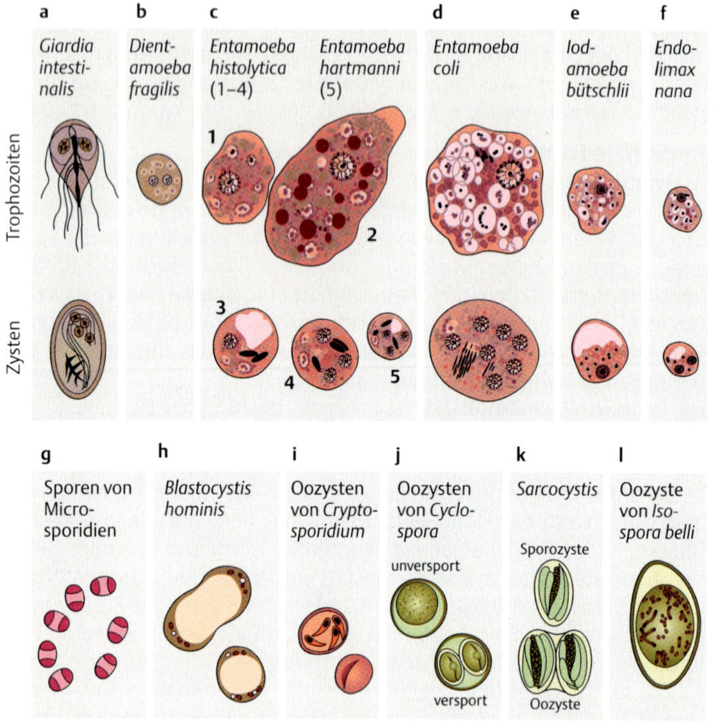

proskopischen Methoden häufig keine Amöben im Stuhl zu finden. Der Leberabszeß löst zum Teil hohes, remittierendes Fieber, Oberbauchschmerzen, Lebervergrößerung, Zwerchfellhochstand, allgemeine Schwäche und andere Symptome aus. Große und nicht rechtzeitig behandelte Leberabszesse führen oft zum Tode. Antikörper sind in einem großen Teil der Fälle (> 95 %) nachweisbar (s. auch Diagnose).

– **Andere Formen.** Weitaus seltener sind andere Formen der extraintestinalen Amöbose, u. a. der Befall von Lunge, Gehirn und Haut.

Immunität. Reinfektionen sind möglich, da im Verlauf einer Infektion kein ausreichender Immunitätsschutz entsteht. Bei invasiver, durch *E. histolytica* verursachter intestinaler und extraintestinaler Amöbose sind in der Regel Antikörper im Serum nachweisbar.

◄ Abb. 9.**11** **a *Giardia intestinalis*** (pathogen):
Trophozoiten: 9 – 21 × 5 – 12 µm;
Zysten: 8 – 14 × 8 – 10 µm (s. a. S. 506).
b *Dientamoeba fragilis* (apathogen oder fakultativ pathogen):
Trophozoiten: 5 – 15 µm, 3/4 der Stadien mit zwei Kernen, der Rest mit einem; Karyosom aus 4 – 6 Granula;
Zysten: keine.
c *Entamoeba histolytica* (pathogen) und andere Arten:
Trophozoiten: kleine Form (**1**) 10 – 20 µm, mit *Entamoeba*-Kern und wenigen bakterienhaltigen Vakuolen; größere Form (**2**) 20 – 60 µm, mit phagozytierten Erythrozyten; Zysten: 10 – 16 µm, 1 – 4 Kerne. Im Bild zweikernige Zysten mit Glykogenvakuole und balkenförmigen Chromatoiden (**3**) sowie eine vierkernige Zyste (**4**).
Entamoeba dispar (apathogen): von *E. histolytica* morphologisch nicht unterscheidbar (s. Text).
Entamoeba hartmanni (apathogen, **5**): ähnlich wie *E. histolytica*, jedoch kleiner. Trophozoiten und Zysten ca. 3 – 10 µm.
d *Entamoeba coli* (apathogen):
Trophozoiten: mit *Entamoeba*-Kern, 10 – 50 µm, meist viele Vakuolen mit Bakterien und Partikeln;
Zysten: 15 – 25 µm, 1 – 8 Kerne, Chromatoide schlank, splitterförmig.
e *Iodamoeba bütschlii* (apathogen):
Trophozoiten: 6 – 20 µm, Kern mit großem, zentral gelegenen oder der Kernmembran anliegendem Karyosom;
Zysten: 5 – 18 µm, 1 Kern, selten 2.
f *Endolimax nana* (apathogen):
Trophozoiten: 6 – 15 µm, Kern mit Karyosom;
Zysten: gewöhnlich oval, 8 – 12 µm lang.
g Mikrosporidien (pathogen):
Sporen: sehr klein (!), je nach Art 1 – 3,5 µm lang, oval, in Chromotropfärbung nach Weber Sporen oft nicht homogen gefärbt (s. a. Abb. 9.**20c**, S. 550);
h *Blastocystis hominis* (fakultativ pathogen?):
Einzelzellen: 5 – 20 µm.
i *Cryptosporidium parvum* (pathogen):
Oozysten: 4 – 5 µm (s. a. Abb. 9.**14c**, S. 526).
j Cyclospora cayetanensis (pathogen):
Oozysten: 8 – 10 µm, kugelig, in frischem Stuhl unversport; nach Sporulation mit 2 Sporozysten und je 2 Sporozoiten (s. a. Abb. 9.**14a, b**, S. 526.
k *Sarcocystis sp.* (pathogen):
Sporozyste: 14 × 9 µm; Oozyste: 20 × 13 µm.
l *Isospora belli* (pathogen):
Oozyste: 20 – 33 × 10 – 19 µm.

9

Diagnose

Intestinale Amöbose

- **Koproskopische Diagnose.** Zur Diagnose der intestinalen Amöbose wird eine lebenswarme Stuhlprobe sofort in SAF- oder MF-Lösung fixiert (S. 635) und nach Aufbereitung im Labor mikroskopisch untersucht. Die Sensitivität einer einmaligen Stuhluntersuchung ist mit etwa 60 % gering. Eine ausreichende Sensitivität von etwa 95 % wird bei der Untersuchung von 3 an aufeinanderfolgenden Tagen entnommenen Stuhlproben erreicht. Mikroskopisch sind *E. histolytica* und *E. dispar* nicht unterscheidbar. Daher müssen diese Amöben in der mikroskopischen Diagnostik zum *E. histolytica/E. dispar*-Komplex zusammengefaßt werden.
  Wichtig ist die differentialdiagnostische Abgrenzung des *E. histolytica/ E. dispar*-Komplexes von im Stuhl enthaltenen Darmepithelien, Granulozyten, Makrophagen und Pilzen sowie von weiteren, apathogenen Darmprotozoen (Amöben: *Entamoeba coli, E. hartmanni, E. polecki, Iodamoeba bütschlii, Endolimax nana*; Flagellaten: *Dientamoeba fragilis, Enteromonas hominis*) (Abb. 9.**11**). *D. fragilis* wird von einigen Autoren als potentiell pathogen eingestuft. In Stuhlproben wird häufig *Blastocystis hominis* (Abb. 9.**11 h**) nachgewiesen, ein teils als Pilz und teils als Protozoon angesehener Darmbewohner, dem von einigen Autoren eine gewisse Bedeutung als Durchfallerreger zugesprochen wird, was aber umstritten ist. Zu beachten ist, daß verschiedene Medikamente die Ausscheidung von Darmprotozoen im Stuhl beeinträchtigen.
- **Unterscheidung von E. histolytica und E. dispar.** Diese Arten lassen sich nach Anzüchtung von Trophozoiten aus Nativstuhl durch Zymodem- und DNA-Analyse sowie immunologisch mit monoklonalen Antikörpern unterscheiden.
- **Nachweis von Koproantigen.** Ein auf monoklonalen Antikörpern basierender ELISA zum Nachweis von Koproantigen soll sensitiver als der mikroskopische Nachweis sein und außerdem eine Differentialdiagnose zwischen *E. histolytica* und *E. dispar* ermöglichen. Dieser Test steht noch nicht zur Verfügung.
- **Serologischer Antikörpernachweis.** Bei 95 – 100 % der Patienten mit Amöben-Leberabszeß sind serologisch Antikörper nachweisbar. Nach neuen Erkenntnissen scheint dies auch regelmäßig bei invasiver, durch *E. histolytica* verursachter Darmamöbose der Fall zu sein. Hingegen treten bei Infektionen mit der apathogenen *E. dispar* keine Antikörper auf. Bei Nachweis von Stadien des *E. histolytica/E. dispar*-Komplexes im Stuhl kann diese Tatsache zur Differentialdiagnose von invasiver und nichtinvasiver intestinaler Amöbose genutzt werden.

Extraintestinale Amöbose

Die extraintestinale Amöbose ist mit Hilfe klinischer Methoden (Ultraschall, Computertomographie u. a.) sowie durch serologischen Antikörpernachweis zu diagnostizieren (s. oben).

Therapie. Je nach Form und Stadium der Infektion mit *E. histolytica* sind die nur im Darmlumen wirkenden Kontaktamöbizide oder die im Gewebe und Darm aktiven Gewebs- und Kontaktamöbizide einzusetzen. Eine Übersicht über einige Behandlungsmöglichkeiten bietet Tab. 9.**6**.

Bei symptomatischen intestinalen und extraintestinalen Formen der Amöbose sind Nitroimidazolderivate gut wirksam, bei symptomloser Darmamöbose erweisen sich Kontaktamöbizide (z. B. Furamide) den Gewebs- und Kontaktamöbiziden als überlegen. Außer der kausalen Chemotherapie sind evtl. weitere Maßnahmen notwendig, z. B. Punktion von Leberabszessen, chirurgische Eingriffe und symptomatische Behandlung.

Prophylaxe. Reisenden ist zu empfehlen, in Endemiegebieten Trinkwasser durch Abkochen oder Filtration zu entkeimen, auf den Genuß von Salaten zu verzichten, nur selbst geschältes Obst zu essen und bei der Nahrungsumstellung vorsichtig zu sein. Eine Möglichkeit zur Chemopropyhlaxe besteht nicht.

Tabelle 9.**6** Chemotherapie bei Amöbose (Auswahl)

Gruppe	Wirkstoff	Handelspräparate*	Indikation
Kontaktamöbizide	Diloxanidfuroat Paromomycin	Furamide Humatin	asymptomatische Zystenausscheider, Nachbehandlung der symptomatischen intestinalen Form
Kontakt- und Gewebsamöbizide	Nitroimidazole: Metronidazol Ornidazol Tinidazol	 Flagyl, Clont u. a. Tiberal Fasigyn	extraintestinale und symptomatische intestinale Formen

*Applikation: per os

Naegleria und Acanthamoeba

Erreger der Naegleriose bzw. der Akanthamöbose

Naegleria und *Acanthamoeba*

Freilebende Amöben der Gattungen *Naegleria* und *Acanthamoeba* können zum Parasitismus in Vertebraten übergehen und auch beim Menschen Erkrankungen verursachen, u. a. die „Primäre Amöben-Meningoenzephalitis".

Naegleria. *Naegleria fowleri* verursacht die „Primäre Amöben-Meningoenzephalitis" (PAM). Diese Amöbenart kommt in weltweiter Verbreitung in Süßwasser vor, und zwar vorwiegend in erwärmten Wasser, z. B. in Schwimmbecken, Vorratsbehältern oder thermisch belasteten Flüssen und Seen.
Die Infektion von Menschen erfolgt auf nasalem Wege durch trophozoitenhaltiges Wasser beim Schwimmen oder Duschen. Die vom Riechepithel entlang den Nervenbahnen in das ZNS eindringenden Amöben verursachen nach einer Inkubationszeit von 2–7 (selten bis 15) Tagen eine perakute bis akute purulente, meist letal verlaufende Meningoenzephalitis, vorwiegend bei Kindern und Jugendlichen. Sporadische Fälle sind von allen Kontinenten bekannt. In wenigen Fällen wurden mit Amphoterizin B (Fungizone) Behandlungserfolge erzielt.

Acanthamoeba. Von den Acanthamöben sind *Acanthamoeba culbertsoni* und einige andere Arten potentiell humanpathogen. Diese weltweit verbreiteten Amöben kommen in Erde, Sand, Staub (auch in Häusern), in der Luft sowie in Wasser (auch in Leitungswasser) vor. Die Zysten können sogar in Trockenheit einige Jahre überleben und durch Staub verbreitet werden. Die Einatmung von Zysten mit Staub gilt als wichtiger Übertragungsweg.
Acanthamöben besiedeln häufig die Nasenschleimhaut von Menschen, sie wurden auch von der Mundschleimhaut, aus Hautläsionen und von der Kornea isoliert. Offensichtlich sind Acanthamöben in der Lage, sich von einer Eintrittspforte aus im Körper zu verbreiten.
Acanthamoeba-Infektionen des Menschen verlaufen häufig symptomlos. Von zunehmender Bedeutung sind durch *Acanthamoeba* verursachte sklerotisierende Keratitiden, vor allem bei Linsenträgern (kultureller Nachweis der Amöben in Spülflüssigkeit von Konjunktiva und Kontaktlinsen). Zur Verhütung solcher Infektionen ist es wichtig, nur sterile Linsenspülflüssigkeit zu verwenden. Bei generalisierten Infektionen können sie vor allem bei immundefizienten Patienten, eine „Granulomatöse Amöben-Enzephalitis" (GAE) sowie granulomatöse Veränderungen der Lunge und anderer Organe hervorrufen.

Toxoplasma gondii

Erreger der Toxoplasmose

Toxoplasma gondii ist der weltweit verbreitete Erreger einer Zoonose mit hoher Prävalenz in der Bevölkerung (regional und altersabhängig bis > 80 %). Menschen infizieren sich durch perorale Aufnahme von Oozysten, die von Endwirten (Katzen) ausgeschieden werden, oder durch Verzehr von Fleisch, das *Toxoplasma*-Zysten enthält. Wenn sich Frauen während der Schwangerschaft erstmalig mit Toxoplasmen infizieren, ist eine diaplazentare Übertragung des Erregers auf den Fötus möglich, die schwerwiegende Folgen haben kann (u. a. Mißbildungen, Augenschäden, Erkrankungen im Kindesalter). Bei Frauen, die bereits vor Eintritt der ersten Schwangerschaft infiziert sind und Antikörper im Serum aufweisen (etwa 35 – 45 %), besteht dagegen kein Risiko für den Fötus. Latente Infektionen können bei Immundefizienz (z. B. bei AIDS-Patienten) aktiviert werden und zu zerebraler oder generalisierter, symptomatischer Toxoplasmose führen. Zur Vorbeugung gegen die Auswirkungen pränataler Infektionen sind serologische Vorsorgeuntersuchungen bei Schwangeren wichtig.

Vorkommen. *T. gondii* ist weltweit verbreitet. Seine geringe Wirtsspezifität befähigt den Erreger zur Infektion eines breiten Spektrums warmblütiger Vertebraten (u. a. Mensch, Schaf, Schwein, Rind, Pferd, Hund, Katze, wildlebende Säugetiere, Vogelarten). Nach Schätzungen ist etwa ein Drittel der Weltbevölkerung mit *T. gondii* infiziert. Die Prävalenz der *Toxoplasma*-Infektion ist jedoch altersabhängig und regional unterschiedlich. In der Schweiz erwiesen sich nach einer kürzlich (1995) publizierten seroepidemiologischen Studie von 4000 Personen im Alter von < 1 – 70 Jahren im Durchschnitt 52 % als infiziert mit folgenden Seroprävalenzraten in verschiedenen Altersgruppen: 1 – 19 Jahre: 24 %, 20 – 39 Jahre: 43 % und 40 – 70 Jahre: 69 %. Von rund 9000 schwangeren Frauen waren 46 % infiziert. In anderen Ländern Europas wurden bei Frauen im gebärfähigen Alter teils höhere, teils niedrigere Seroprävalenzraten festgestellt. Demnach ist die *Toxoplasma*-Infektion bei Menschen sehr häufig. Auch bei verschiedenen Tierarten finden sich hohe Durchseuchungsquoten.

Erreger. Innerhalb der Art *T. gondii* sind verschiedene Stämme bekannt, die sich in der Virulenz sowie in gewissen biologischen und genetischen Eigenschaften unterscheiden. Im Entwicklungszyklus tritt *T. gondii* in verschiedenen Stadien auf:

- **Endozoiten** (Tachyzoiten) (Abb. 9.**12a, b**) sind Proliferationsformen, die sich innerhalb einer parasitophoren Vakuole in kernhaltigen Zellen des

Toxoplasma gondii

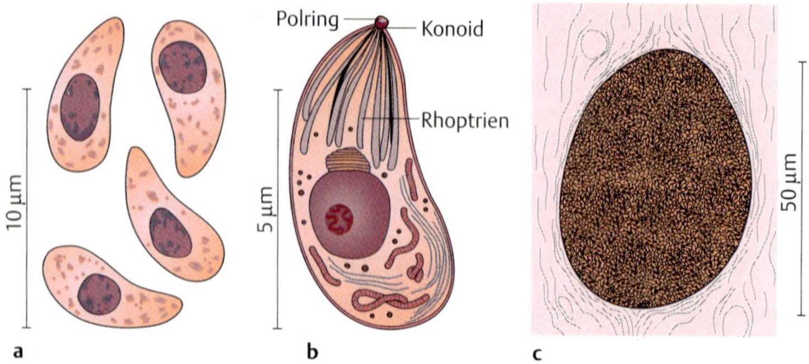

Abb. 9.**12** **a** Endozoiten, **b** Ultrastruktur eines Endozoiten, **c** Zyste mit Zystozoiten.

Wirtes durch Endodyogenie schnell vermehren. Dabei entstehen innerhalb einer Mutterzelle zwei Tochterindividuen. Die von der Doppelmembran der parasitophoren Vakuole umgebenen Ansammlungen von Endozoiten werden auch als „Pseudozysten“ bezeichnet.

Die Endozoiten sind sichelförmige („bogenförmige“; toxon: Bogen) Zellen, etwa 4–7 µm lang und 2–4 µm breit. Am vorderen Pol befindet sich ein Apikalkomplex, der im wesentlichen aus dem Konoid (= konische Struktur aus spiralig angeordneten Mikrotubuli), mehreren Polringen und den Rhoptrien besteht. Mit Hilfe des Apikalkomplexes tritt der Parasit beim Eindringen in die Wirtszelle in Kontakt zur Wirtszellmembran. Dabei werden aus den schlauchförmigen und am Hinterende kolbig verdickten Rhoptrien Inhaltsstoffe abgegeben, die offenbar beim Penetrationsvorgang eine Rolle spielen. Der Kern liegt in der hinteren Zellhälfte. Endozoiten lassen sich in Versuchstieren und in Gewebekulturen zur Vermehrung bringen. An der Außenwelt sind sie sehr hinfällig; nach peroraler Aufnahme überstehen sie die Magenpassage im allgemeinen nicht.

- **Zystozoiten** (Bradyzoiten) sind durch langsame Vermehrung innerhalb von Zysten gebildete Stadien (4–8 × 2–4 µm). Die **Zysten** entwickeln sich intrazellulär in verschiedenen Geweben (s. unten), sie haben eine relativ widerstandsfähige Wand, werden bis zu 150 µm groß und können bis zu mehrere Tausend Zystozoiten enthalten (Abb. 9.**12**). Im Wirt haben sie eine lange Lebensdauer. Menschen und Tiere können sich durch perorale Aufnahme zystenhaltigen Fleisches infizieren (Abb. 9.**13**).

Toxoplasma gondii: Entwicklungszyklus

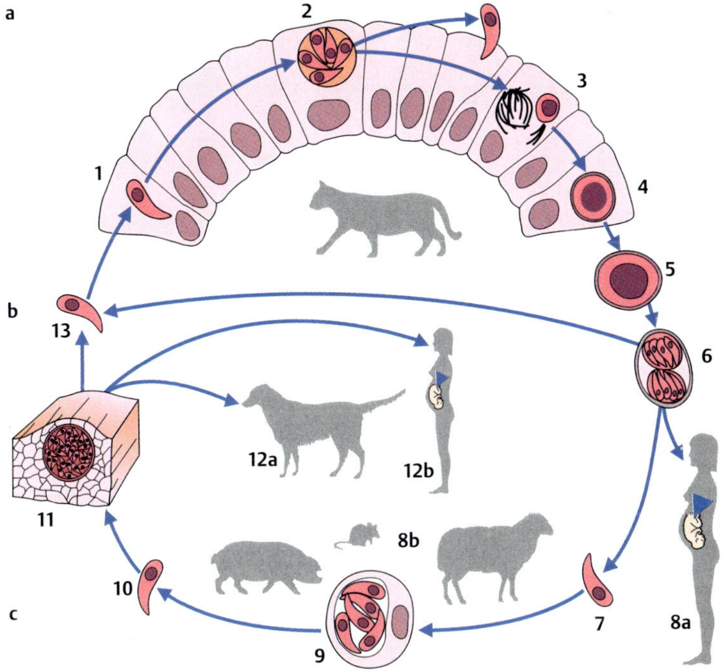

Abb. 9.**13** **a Entwicklung im Endwirt (Katze):** Enteroepitheliale Phase mit Ausbildung von Geschlechtsformen: **1** In Epithelzelle des Dünndarms eingedrungenes Toxoplasma; **2** ungeschlechtliches Vermehrungsstadium mit Merozoiten (diese Vermehrung kann über mehrere Generationen erfolgen; **3** Ausbildung der Geschlechtsformen (Gamogonie) und Bildung der Zygote; **4** Oozyste.
b Externe Phase mit Sporogonie: 5 Im Kot der Katze ausgeschiedene, unsporulierte Oozyste; **6** sporulierte Oozyste mit 2 Sporozysten und 4 Sporozoiten.
c Entwicklung im Zwischenwirt (Säugetiere, Vögel, Mensch): Extraintestinale Phase, nur ungeschlechtliche Vermehrung des Parasiten: **7** Im Organismus freigewordener Sporozoit nach oraler Aufnahme von Oozysten; **8a** Infektion des Menschen; **8b** Infektion verschiedener Tierarten; **9** ungeschlechtliche Vermehrungsstadien (Endozoiten = Tachyzoiten) in einer Körperzelle; **10** freier Endozoit; **11** Zyste mit Zystozoiten (= Bradyzoiten) in der Muskulatur; **12a** Infektion von Karnivoren mit Toxoplasma-Zysten im Fleisch von Tieren; **12b** Infektion des Menschen mit Toxoplasma-Zysten; **13** Infektion der Katze mit infektiösen Stadien aus Oozysten oder Zysten im Fleisch.

- **Oozysten** sind rundliche, mit einer resistenten Hülle ausgestattete, ca. $9 \times 14\,\mu m$ große Dauerstadien, die als Endprodukt eines im Darmepithel von katzenartigen Tieren ablaufenden geschlechtlichen Zyklus entstehen, eine Zygote enthalten und mit dem Kot ausgeschieden werden (Abb. 9.**13**). Innerhalb von 2–4 Tagen erfolgt die Sporulation, bei der 2 Sporozysten mit je 4 Sporozoiten entstehen. Sporulierte Oozysten sind für Menschen und Tiere infektiös.

Entwicklung. In der Entwicklung von *T. gondii* werden eine enteroepitheliale, eine externe und eine extraintestinale Phase unterschieden (Abb. 9.**13**).

- Die **enteroepitheliale Phase** mit Ausbildung von Geschlechtsformen (Gametogonie) vollzieht sich nur in Endwirten. Als solche sind nur die Hauskatzen und einige andere, epidemiologisch aber unbedeutende katzenartige Tierarten bekannt. In Zwischenwirten (Schwein, Schaf, viele andere Tierarten) oder in Fehlwirten (z. B. Mensch) findet nur eine extraintestinale Entwicklung statt.

  Nach peroraler Erstinfektion einer Katze mit *Toxoplasma*-Zysten in rohem Fleisch entwickeln sich im Dünndarmepithel zunächst ungeschlechtliche Vermehrungsformen und später geschlechtlich differenzierte Gamonten. Diese enteroepitheliale Phase endet mit der Entstehung von Oozysten, die eine Zygote enthalten und frühestens nach einer Präpatenzzeit von 3–9 Tagen im Kot ausgeschieden werden. Infizieren sich Katzen mit sporulierten Oozysten, ist die Präpatenzzeit auf 20–35 Tage verlängert, da zunächst eine extraintestinale ungeschlechtliche Vermehrung der Toxoplasmen stattfindet (s. unten). Die Ausscheidung von Oozysten hält nur wenige Tage bis etwa 3 Wochen an, kann aber sehr intensiv sein (im Verlauf der Patenz bis zu 600 Millionen Oozysten pro Tier!).

- **Externe Phase.** Die im Katzenkot unversport ausgeschiedenen Oozysten sporulieren bei Zimmertemperatur innerhalb von 2–4 Tagen und werden dadurch infektiös. In feuchter Umgebung bleiben sie bis zu 5 Jahren infektiös, durch die üblichen Desinfektionsmittel werden sie nicht abgetötet. Bei Temperaturen über 55 °C sterben sie in wenigen Minuten ab.

- **Extraintestinale Phase.** Diese Phase schließt sich an eine perorale Infektion mit Oozysten oder Zysten an und kommt bei Zwischenwirten (Hund, Schaf, Schwein, andere Säugetiere, Vögel) und Fehlwirten (Mensch), aber auch bei Endwirten (Katze) vor. Vom Darm aus gelangen die Toxoplasmen, vorwiegend wohl eingeschlossen in Makrophagen, im Blut oder der Lymphe in verschiedene Organe und vermehren sich in kernhaltigen Wirtszellen, vorzugsweise im retikulohistiozytären System, in der Muskulatur und im ZNS. Durch wiederholte Endodyogenie entstehen in der sich erweiternden Wirtszelle bis zu 32 Tochterindividuen, bis die Zelle platzt. Die dabei freiwerdenden Endozoiten befallen benachbarte Zellen. Diese Vorgänge führen im befallenen Gewebe zu fokalen Nekrosen und entzündlichen Reaktionen. Im Rahmen einer Generalisation kann es auch zur Besiedlung der Plazenta und etwa 3–4 Wochen später auch zur Infektion des Fötus kommen.

Relativ früh im Verlauf der Infektion entstehen Zysten, die in ihrer Umgebung keine entzündlichen Reaktionen hervorrufen. Solche Zysten (= Gewebezysten) findet man vor allem im ZNS, in der Skelett- und Herzmuskulatur, aber auch in der Retina, der Uteruswand und in anderen Organen. Sie können jahrelang am Leben bleiben, ohne den Wirt merklich zu schädigen.

Immunität. Durch verschiedene *Toxoplasma*-Antigene werden humorale und zelluläre Reaktionen der Immunabwehr ausgelöst, die nach einer Primärinfektion einerseits zur Antikörperbildung und andererseits zur Limitierung der Vermehrung von Endozoiten führen. Mit der ziemlich rasch einsetzenden Bildung von Zysten entziehen sich die Toxoplasmen der Immunabwehr (= Immunevasion). Sie sind dadurch in der Lage, in immunkompetenten Wirten über viele Jahre latent zu persistieren, und erhalten durch die permanente Präsentation von Antigenen einen Immunitätsstatus aufrecht, der vor erneuter Infektion schützt.

Die Immunabwehr beruht hauptsächlich auf zellulären Mechanismen und der Bildung von γ-Interferon. Dieses stimuliert $CD8^+$-Zellen und Killerzellen, die dadurch gegenüber *Toxoplasma*-infizierten Zellen zytotoxische Eigenschaften annehmen, und hemmt außerdem die intrazelluläre Vermehrung der Erreger in Makrophagen. Während bei der akuten Infektion hauptsächlich $CD8^+$-Zellen eine Rolle spielen, wird die chronische Infektion durch ein Zusammenspiel von $CD4^+$- und $CD8^+$-Zellen kontrolliert. Zystozoiten sind in der Lage, aus Zysten (auch ohne Zystenruptur) zu emigrieren, sie werden jedoch bei bestehender Immunkompetenz lokal, manchmal unter Bildung von Satellitenzysten, inaktiviert. Bei zellulärer Immundefizienz entfällt diese Kontrolle und die latente Infektion geht in eine akute, manifeste Toxoplasmose über. Damit steht im Einklang, daß bei AIDS-Patienten die latente *Toxoplasma*-Infektion gewöhnlich dann aktiviert und symptomatisch wird, wenn die Zahl der $CD4^+$-Zellen auf Werte unter 200 pro μl abfällt.

Pathogenese und Krankheitsbild. Fokal nekrotisierende und entzündliche Prozesse sowie immunpathologische Vorgänge bilden die Grundlage für die Pathogenese und das vielgestaltige Krankheitsbild der Toxoplasmose, bei der man postnatal und pränatal erworbene Formen unterscheidet.

Formen der postnatalen Toxoplasma-Infektion

- **Primärinfektion bei Immunkompetenten.** Häufigste Form ohne klinische Manifestation, erkennbar an spezifischen Antikörpern im Serum. Die Infektion kann lebenslang persistieren und bei Immunsuppression exazerbieren. Bei etwa 1 % der Infizierten im Halsbereich subakute Lymphadenitis.
- **Primärinfektion während der Schwangerschaft.** Kann zu pränataler Infektion des Fötus führen und somit besondere Bedeutung erlangen (s. pränatal erworbene Toxoplasmose).
- **Primärinfektion bei Immunsupprimierten.** Bei Immunsuppression (erhebliche Störungen der $CD4^+$- und $CD8^+$-T-Zellfunktionen) und immunsuppressiven Therapien (z. B. bei Organtransplantation) fieberhafte Allgemeinerkrankung mit makulopapulösem Exanthem, generalisierter Lymphadenitis, nekrotisierender interstitieller Pneumonie, Hepatosplenomegalie, Myokarditis, Meningoenzephalitis, Augenschäden (bilateral) und anderen Erscheinungen. Hohe Letalität.
- **Reaktivierungs-Toxoplasmose bei Immunsuppression.** Örtliche oder generalisierende Reaktivierung einer *Toxoplasma*-Infektion, ausgehend von Gewebezysten. Am häufigsten sind zerebrale Manifestationen (bis etwa 40 % der Patienten in manifestem AIDS-Stadium), u. a. mit multiplen Koagulationsnekrosen, kleinherdigen Blutungen und Umgebungsödem. Seltener (etwa 15 % der Fälle) sind andere Organsysteme betroffen, z. B. Myokard und Lungen.

Pränatal erworbene Toxoplasmose

Vorkommen. Nur bei Frauen, die sich während der Schwangerschaft *erstmalig* mit Toxoplasmen infizieren! Bei Frauen, die zu Beginn der Schwangerschaft bereits latent infiziert sind und Antikörper (IgG) aufweisen (in verschiedenen europäischen Ländern meist < 50 % der Frauen im gebärfähigen Alter), besteht keine Gefahr der pränatalen Infektion des Fötus.

Inzidenz. Die Rate der verifizierten Erstinfektionen bei Schwangeren wurde 1995 in Deutschland, Österreich und der Schweiz auf 0,6 – 0,7 % geschätzt. In etwa einem Drittel dieser Fälle ist mit einer pränatalen Infektion des Fötus zu rechnen, wobei das Infektionsrisiko für den Fötus im ersten Trimenon geringer ist als in den folgenden. Demnach wird die Häufigkeit der Toxoplasmose bei Neugeborenen in verschiedenen europäischen Ländern auf 0,1 % – 0,2 % geschätzt. In einigen Ländern ist diese Rate niedriger, z. B. in Österreich

(0,01 %) wo seit vielen Jahren obligatorische Überwachungsuntersuchungen bei Schwangeren durchgeführt werden (Aspöck et al. 1994).

Mögliche Folgen der pränatalen Infektion:

- 10 % klinisch gravierende Fälle, davon 85 % Gehirnschäden (u. a. Hydrozephalus, intrazerebrale Verkalkungen), 15 % perinataler Tod,
- 15 % mildere Symptomatik (99 % Chorioretinitis, 1 % Gehirnschädigung),
- 75 % subklinische Fälle (15 % keine Schädigung, 85 % Chorioretinitis).

Die Kinder der letztgenannten Gruppe erscheinen bei der Geburt klinisch unauffällig, doch können später im Säuglings- und Kleinkindalter Anzeichen von Hirn- und Augenschäden sowie andere Symptome auftreten.

Diagnose. Bei **immunkompetenten Erwachsenen** wird die Toxoplasmose vorwiegend serologisch durch Nachweis parasitenspezifischer IgG- und IgM-Antikörper diagnostiziert (IIF, SFT, ELISA, SFT, KBR) (Tab. 11.**5**, S. 639). IgM-Antikörper sind bereits etwa 1 Woche nach der Erstinfektion nachweisbar, sie erreichen innerhalb von 2 – 4 Wochen Maximalwerte und sinken im Verlauf einiger Wochen bis weniger Monate unter die Nachweisgrenze; in einigen Fällen persistieren sie länger in niedrigen Titerstufen. IgG-Antikörper treten etwas später auf, erreichen nach 2 bis 4 Monaten Maximalwerte und persistieren über viele Jahre. Hohe oder ansteigende IgG-Titer bei gleichzeitigem Nachweis von IgM sind Anzeichen für eine akute Erstinfektion. Die isolierte **okuläre Toxoplasmose** ist serologisch meist nicht erfaßbar.

Bei **immundefizienten Patienten** sind serologische Befunde wegen der verminderten Antikörperproduktion oft nicht aussagekräftig. Die bei Reaktivierungstoxoplasmose häufig auftretende zerebrale Form der Infektion wird daher in der Regel mit bildgebenden Verfahren diagnostiziert.

Im Rahmen der **pränatalen Diagnostik** wird in zunehmendem Maße die PCR zum direkten Erregernachweis aus Fruchtwasser eingesetzt. Der Nachweis von *Toxoplasma*-DNA in diesem Verfahren ist ein sicherer Beweis für die Infektion des Fötus und hat entsprechende Konsequenzen bezüglich Chemotherapie oder anderer Maßnahmen. Schwierig, aber besonders wichtig, ist die Diagnose der **pränatal erworbenen Toxoplasmose** bei Neugeborenen. Da IgG-Antikörper von der Mutter diaplazentar auf das Kind übertragen werden, bieten sie keine verläßlichen diagnostischen Anhaltspunkte. IgM ist nur bei etwa 50 % der pränatal infizierten Kinder nachweisbar. In Verdachtsfällen kann versucht werden, den Erreger mittels PCR in Blut oder Liquor nachzuweisen.

Therapie. Behandlungsbedürftig sind akute oder subakute, klinisch manifeste Infektionen bei Kindern und Erwachsenen sowie symptomatische oder asymptomatische Erstinfektionen bei Schwangeren.

Bei **akuter Erstinfektion während der Schwangerschaft** kann durch eine sofort eingeleitete Chemotherapie das Infektionsrisiko für das werdende Kind unterbunden werden. In dieser Indikation wird von der Mehrzahl der Autoren für die 1.–20. Schwangerschaftswoche die Behandlung mit Spiramycin (Rovamycine) und ab der 20. Woche eine Kombinationsbehandlung mit Sulfonamid (Sulfadiazin) und Pyrimethamin (Daraprim) (mit zusätzlichen Folsäuregaben) empfohlen. Zur Behandlung der Toxoplasmose bei AIDS gibt es verschiedene Behandlungsschemata, z. B. Pyrimethamin/Sulfadiazin oder Pyrimethamin/Clindamycin (Dalacin). Bezüglich anderer Indikationen sei auf die Spezialliteratur verwiesen (Aspöck et al. 1993; Pohle und Remington 1994; WHO 1995).

Epidemiologie und Prophylaxe. Der Mensch kann sich durch perorale Aufnahme rohen, zystenhaltigen Fleisches oder sporulierter Oozysten infizieren. Ferner wird *T. gondii* diaplazentar und auch bei Transplantation infizierter Organe auf nicht infizierte Empfänger übertragen.

Als häufigster Ansteckungsweg wird die Aufnahme zystenhaltigen Fleisches angesehen, doch mehren sich die Hinweise dafür, daß – zumindest regional – die Infektion mit Oozysten eine größere Rolle spielen könnte. In Europa sind < 1 %–6 % der Katzen Ausscheider von Oozysten. Schweine und Schafe sind relativ häufig (etwa 10–30 %) Träger von *Toxoplasma*-Zysten, weniger häufig Pferde, selten auch Rinder und Hühner. Milch und Eier gelten nicht als Ansteckungsquelle.

Im Fleisch überleben Toxoplasma-Zysten bei + 4 °C bis 3 Wochen. Bei Tiefgefriertemperaturen von – 20 °C gehen die Zystozoiten innerhalb von 3 Tagen, durch Erhitzen auf > 70 °C innerhalb weniger Minuten zugrunde. *Toxoplasma*-Oozysten sind sehr umweltresistent; sie können durch Hitze (> 70 °C) rasch abgetötet werden.

Werdende Mütter sollten nur durch gründliches Erhitzen oder Tiefgefrieren vorbehandeltes Fleisch zu sich nehmen. Ein zu intensiver Kontakt mit Katzen ist möglichst zu meiden. Im Haus stehende Kotkästen von Katzen sind täglich zu reinigen und mit kochendem Wasser auszuwaschen (Gummihandschuhe tragen!). Einer Infektion der Katzen kann durch Verfüttern gekochten Fleisches (Dosenfleisch) vorgebeugt werden. Von besonderer Bedeutung zur Vorbeuge gegen pränatale Toxoplasmose sind serologische Vorsorgeuntersuchungen bei Schwangeren, die in einigen Ländern obligatorisch durchgeführt werden, z. B. in Österreich, und zwar eine Kontrolle pro Trimenon (Aspöck und Pollak 1992).

Isospora

Erreger der Isosporose

Isospora

Erreger der seltenen Isosporose des Menschen sind *Isospora belli* und *Isospora natalensis*. Bei *Isospora belli* erfolgt die Infektion des Menschen durch perorale Aufnahme sporulierter Oozysten. Die Entwicklung im Dünndarm umfaßt die Schizogonie zur Gamogonie und Oozystenbildung. Die Entwicklung von *I. natalensis* ist unbekannt.
Die Infektion mit *I. belli* verläuft latent oder symptomatisch mit Durchfall, Steatorrhö, Gewichtsverlust und Fieber, vor allem bei Patienten mit AIDS. Durch Nachweis unsporulierter Oozysten (20 – 30 µm lang) im Stuhl wird die Infektion diagnostiziert (Abb. 9.**11l**, S. 512). Zur Behandlung wird Cotrimoxazol (Bactrim) in erhöhter Dosis empfohlen.

Cyclospora cayetanensis

Erreger der Zyklosporose

Erreger und Vorkommen. *Cyclospora cayetanensis* ist ein seit 1979 bekannter Erreger, der zunächst zur Verwandtschaftsgruppe der Cyanobakterien gezählt wurde, kürzlich (1993/94) aber als Sporozoon aus der Familie der Eimeriidae identifiziert werden konnte. *C. cayetanensis* kommt wahrscheinlich in weltweiter Verbreitung bei Kindern und Erwachsenen vor und wurde bisher am häufigsten in Entwicklungsländern gefunden.

Morphologie und Entwicklung. Die Entwicklung ist im Detail noch nicht bekannt. Sie vollzieht sich in Enterozyten des Duodenums und Jejunums und führt zur Bildung von 8 – 10 µm großen, kugeligen Oozysten, die nach einer Präpatenz von etwa 1 Woche unversport im Stuhl ausgeschieden werden, in der Außenwelt bei 25 – 32 °C innerhalb von 5 – 12 Tagen sporulieren und somit für einen neuen Wirt infektiös werden. Die versporten Oozysten enthalten 2 Sporozysten mit je 2 Sporozoiten (Abb. 9.**11j**, S. 512). Die Infektion erfolgt peroral.

Krankheitsbild. Villusatrophie, Kryptenhyperplasie und entzündliche Veränderungen der Darmschleimhaut bilden die pathologische Grundlage für Krankheitserscheinungen, die nach einer Inkubation von etwa 1 Woche einsetzen und sich bei Immunkompetenten als selbstlimitierende Diarrhö

Cyclospora und _Cryptosporidium_

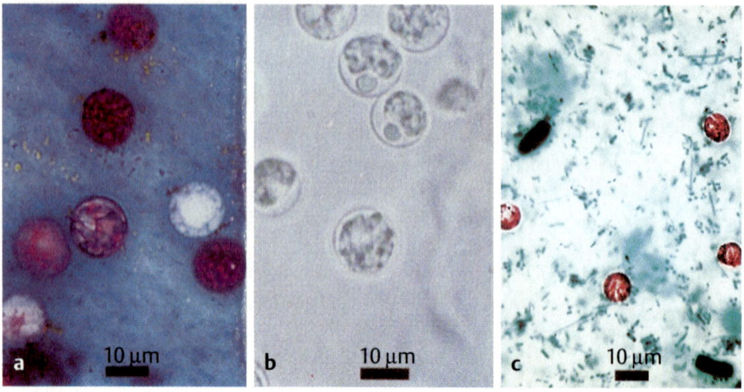

Abb. 9.**14** **a** Oozysten von *Cyclospora cayetanensis* im Stuhlausstrich, modifizierte Ziehl-Neelsen-Färbung. **b** Oozysten von *Cyclospora*, ungefärbt nach Isolation aus Stuhl. **c** Oozysten von *Cryptosporidium parvum* im Stuhlausstrich. Färbung wie bei **a.** (**b** und **c** aus Bench Aids for the Diagnosis of Intestinal Parasites. Genf: WHO; 1994.)

(Dauer etwa 2–3 Wochen) mit Appetitverlust, Blähungen und Unwohlsein, meist ohne Fieber, manifestieren. Bei immundefizienten Patienten kann die Diarrhö monatelang anhalten.

Diagnose und Therapie. Die Oozysten können mit verschiedenen Verfahren aus Stuhlproben angereichert und in Stuhlausstrichen nach Färbung (modifizierte Ziehl-Neelsen-Färbung, modifizierte Karbolfuchsinfärbung) nachgewiesen werden; sie sind leicht mit Oozysten von Cryptosporidien zu verwechseln (Abb. 9.**14**). In einer Reihe von Fällen verliefen Behandlungen mit Cotrimoxazol (Bactrim) erfolgreich.

Sarcocystis

Erreger der Sarkozystiose

Erreger, Entwicklung und Epidemiologie. Beim Menschen sind *Sarcocystis hominis* und *S. suihominis* als Darmparasiten bekannt. Die Infektion erfolgt durch Aufnahme rohen oder ungenügend erhitzten Fleisches vom Rind oder Schwein, das häufig Muskelzysten der genannten Arten enthält. Im Dünndarm werden aus den Muskelzysten Zystozoiten freigesetzt, die in der Lamina propria der Zotten ohne Einschaltung einer ungeschlechtlichen Vermehrung eine Gamogonie durchlaufen. Diese Entwicklung führt zur Bildung dünnwandiger Oozysten, die bereits in der Darmwand sporulieren. Nach Platzen der hinfälligen Oozystenwand werden in der Regel freie Sporozysten ausgeschieden, die 4 Sporozoiten enthalten. Diese sind für Zwischenwirte infektiös. Für *S. hominis* und *S. suihominis* werden Präpatenzzeiten von 14 – 18 bzw. 11 – 13 Tagen angegeben. Bei einer Untersuchung in der Bundesrepublik Deutschland erwiesen sich 7 % der untersuchten Personen als Ausscheider von *Sarcocystis*.

Krankheitsbild, Diagnose und Prophylaxe. Beide Arten können innerhalb von 24 Stunden nach Verzehr zystenhaltigen Fleisches kurzdauernde (6 – 48 Stunden) Krankheitserscheinungen hervorrufen, wie Nausea, Erbrechen und Diarrhö sowie leichtes Fieber.

Der Darmbefall mit *Sarcocystis* kann durch Nachweis von Sporozysten ($14 \times 9\,\mu m$) und seltener von Oozysten (ca. $20 \times 13\,\mu m$) (Abb. 9.**11k**, S. 512) im Stuhl mit Hilfe des MIFC- oder SAFC-Verfahrens oder der Flotationsmethode diagnostiziert werden (S. 635). Eine wirksame Chemotherapie ist noch nicht bekannt. Die Prophylaxe besteht im Kochen oder Tiefgefrieren (−20 °C für 3 Tage) des Rind- und Schweinefleisches.

Cryptosporidium

Erreger der Kryptosporidiose

Die durch *Cryptosporidium parvum* verursachte Kryptosporidiose ist eine Zoonose, bei der vor allem Kälber, aber auch viele andere Haus- und Wildsäugetiere als Erregerreservoire in Betracht kommen. Menschen infizieren sich durch perorale Aufnahme der infektiösen Oozysten, auch besteht die Möglichkeit der endogenen Autoinfektion. Bei immunkompetenten Personen verläuft die Infektion latent oder als selbstlimitierende Durchfallerkrankung. Hingegen kann es bei AIDS-Patienten zu langanhaltenden, choleraähnlichen, lebensbedrohlichen Diarrhöen kommen.

Erregerarten und Vorkommen. Verschiedene Arten der Gattung *Cryptosporidium* sind vorwiegend Parasiten des Darmes (selten der Lunge und anderer Organe) bei Mensch und bei, zahlreichen Arten von Säugetieren, Vögeln, Reptilien und Fischen. Beim Menschen und zahlreichen Säugetierarten (u. a. Wiederkäuer, Hund, Katze, Kaninchen, Nager) kommt *Cryptosporidium parvum* vor. Da wechselseitige Übertragungen des Erregers möglich sind, handelt es sich um eine Zoonose. Die Prävalenz von *C. parvum* beträgt in

9

Europa bei immunkompetenten Personen etwa 2–4%, bei HIV-infizierten bis zu 20%. Unter den Haustieren weisen junge Kälber besonders hohe Prävalenzraten auf (nicht selten > 20%–100%). Bei einem AIDS-Patienten wurde die aus Vögeln stammende Art *C. baileyi* gefunden.

Morphologie und Entwicklung. *C. parvum* parasitiert vorwiegend im Dünndarm und bildet Oozysten von 4–5 µm Durchmesser. Nach peroraler Aufnahme infektiöser Oozysten, die 4 Sporozoiten enthalten, dringen die im Verdau-

***Cryptosporidium sp.*: Entwicklungszyklus**

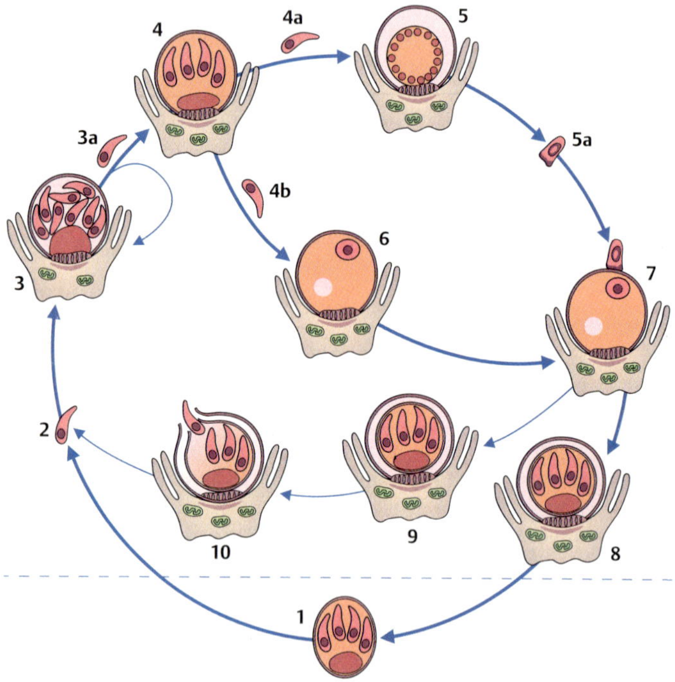

Abb. 9.**15** **1** Infektiöse Oozyste; **2** Sporozoit vor dem Eindringen in einen Enterozyten; **3** Schizont Typ I mit 8 Merozoiten; **3a** freier Merozoit; **4** Schizont Typ II mit 4 Merozoiten; **4a,b** freie Merozoiten; **5** Mikrogamont; **5a** Mikrogamet; **6** Makrogamont; **7** Makrogamet, der von einem Mikrogameten befruchtet wird; **8** dickwandige Oozyste (wird im Stuhl ausgeschieden); **9–10** dünnwandige Oozyste, aus der im Darm des Wirts Sporozoiten freigesetzt werden (Autoinfektion). (Nach Current).

ungstrakt freigesetzten Sporozoiten in den Mikrovillussaum des Dünndarms ein, wo sie sich intrazellulär, dicht unter der Zellmembran, entwickeln. Diese Lokalisation ist für Cryptosporidien charakteristisch (Abb. 9.**15**). Nach einer ungeschlechtlichen Vermehrung (Schizogonie) folgt eine geschlechtliche Phase (Gamogonie), die mit der Ausbildung von etwa 80 % dickwandiger und 20 % dünnwandiger Oozysten endet. Die Oozysten sporulieren bereits im Darm, sie enthalten dann 4 Sporozoiten und sind in diesem Zustand infektiös. Die dünnwandigen Oozysten können, wie Untersuchungen an Tieren zeigten, im Wirt platzen und Sporozoiten freisetzen, die endogene Autoinfektionen verursachen. Mit den nach kurzer Präpatenz (2–4, gelegentlich bis 12 Tage) in den Fäzes ausgeschiedenen, dickwandigen Oozysten können sich neue Wirte infizieren.

Epidemiologie. Wichtige Erregerreservoire für *C. parvum* sind vor allem Kälber, doch kommen auch viele andere Haus- und Wildsäugetiere dafür in Betracht. Als Übertragungswege für Oozysten sind bekannt: Mensch → Mensch, Tier → Mensch oder Umgebung → Mensch, vor allem durch Trinkwasser. Die Oozysten von *C. parvum* bleiben in kühlem Wasser monatelang lebensfähig. Daher ist zu erklären, daß bei fäkaler Kontamination und mangelhafter Aufbereitung des Trinkwassers große Epidemien entstehen können. Eine solche ereignete sich z. B. 1993 in Milwaukee (USA), von der 403 000 Personen betroffen waren. Abwasser enthielt bis zu 13 700 Oozysten, Oberflächenwasser bis zu 112 Oozysten pro Liter. Die infektiöse Dosis für einen Menschen beträgt 30–100 Oozysten.

Krankheitsbild. Die Kryptosporidien besiedeln vorwiegend den Dünndarm, wo sie u. a. Zerstörungen der Mikrovilli, Verkürzung und Schwellung der Zotten, Zottenfusionen sowie zellige Infiltrationen der Mukosa verursachen können. Schweregrad und Krankheitsverlauf sind vom Immunstatus des Infizierten abhängig.

- **Immunkompetente Personen.** Die Infektionen verlaufen latent oder führen nach Inkubationszeiten von 5–28 Tagen zu akuten, selbstlimitierenden, meist milden Erkrankungen von 1–26 Tagen Dauer mit Durchfall und verschiedenen Allgemeinsymptomen.
- **Immundefiziente Patienten.** Chronischer Krankheitsverlauf mit schweren Diarrhöen und langanhaltender Erregerausscheidung, z. B. bei AIDS-Patienten. Die Diarrhö ist wäßrig, voluminös, choleraähnlich und oft mit anderen Symptomen (Bauchschmerzen, Nausea, Erbrechen, leichtes Fieber u. a.) assoziiert. Bei HIV-Patienten werden Kryptosporidien auch in anderen Lokalisationen gefunden (Gallenblase, Gallen- und Pankreasgänge, Ösophagus, Magen, Dickdarm, Respirationstrakt; bei letzterem sind die Infektionswege noch unklar).

Diagnose, Therapie und Prophylaxe. Die Kryptosporidien lassen sich im gefärbten Stuhlausstrich oder mit Flotationsverfahren als ca. 4–5 μm große, kugelige Gebilde in Stuhlproben nachweisen (Abb. 9.**11i**, S. 512; Abb. 9.**14c**, S. 526). Neuerdings stehen auch immundiagnostische Methoden zum Nachweis von Koproantigen zur Verfügung. Die Therapie ist symptomatisch, da kausal wirksame Medikamente bisher nicht bekannt sind.

Zur Verhütung der Infektion sind zu empfehlen: Hygiene beim Umgang mit Erregerausscheidern (Menschen, Tiere) und Untersuchungsmaterial sowie in gewissen Gebieten Verbesserung der kommunalen Trinkwasseraufbereitung bzw. individuelle Maßnahmen.

Plasmodium

Erreger der Malaria

Die Malaria ist bei Tropenreisenden wichtig! Ein besonders hohes Ansteckungsrisiko besteht in Afrika südlich der Sahara. Die Infektion mit Plasmodien (*Plasmodium vivax, P. ovale, P. malariae, P. falciparum*) erfolgt durch den Stich von *Anopheles*-Mücken. Da sich die Malaria zunächst in uncharakteristischen Symptomen (u. a. Kopfschmerzen, Mattigkeit, Übelkeit, Fieber) manifestiert und bei Infektion mit *Plasmodium falciparum* (Malaria tropica) rasch letal verlaufen kann, sind eine genaue Anamnese, die rasche ätiologische Diagnose durch mikroskopischen Erregernachweis in Blutausstrichen sowie eine sofortige Behandlung besonders wichtig. Bei Reisen in Malariagebiete sind prophylaktische Maßnahmen (Schutz vor Mückenstichen, Chemoprophylaxe) unerläßlich.

Verbreitung der Malaria

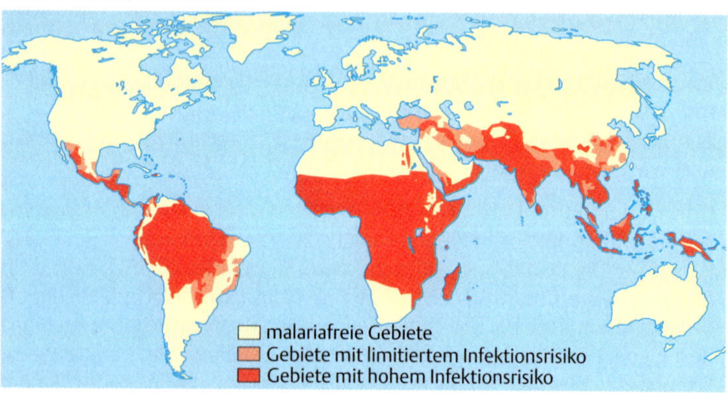

Abb. 9.**16** Stand: 1993 (nach WHO Weekly Epidem. Rec. 1996:71:37–39).

Bedeutung und geographische Verbreitung. Die Malaria ist auch heute noch eine der bedeutendsten Infektionskrankheiten des Menschen. Nach Angaben der WHO (1996) ist die Malaria in 90 Ländern von Afrika, Asien, Ozeanien, Zentral- und Südamerika und in der Karibik endemisch. Die jährliche Inzidenz neuer Malariafälle wird auf 300 – 500 Millionen geschätzt, die der Todesfälle auf 1,5 – 2,7 Millionen. Die meisten Erkrankungs- und Todesfälle treten im tropischen Afrika auf. In Europa wurden 1992 etwa 8000 importierte Malariafälle gemeldet. Den Stand der Malariaverbreitung (WHO 1993) zeigt Abb. 9.**16**.

Erreger. Beim Menschen kommen 4 *Plasmodium*-Arten vor, die verschiedene Formen der Malaria verursachen:

- *Plasmodium vivax:* Malaria tertiana
- *Plasmodium ovale:* Malaria tertiana
- *Plasmodium malariae:* Malaria quartana
- *Plasmodium falciparum:* Malaria tropica

Die einzelnen *Plasmodium*-Arten lassen sich während der im Menschen ablaufenden erythrozytären Phase ihrer Entwicklung morphologisch identifizieren und differentialdiagnostisch voneinander abgrenzen (Abb. 9.**18**, S. 540). Die morphologische Identifikation der Erreger im Blutausstrich und die Abschätzung der Parasitämie sind diagnostisch sehr wichtig (s. u.).

Entwicklung. Der Entwicklungszyklus der Malariaplasmodien ist mit einem Generationswechsel (ungeschlechtliche/geschlechtliche Vermehrung) und einem obligaten Wirtswechsel verbunden, der sich zwischen Mensch und *Anopheles*-Mücke abspielt (Abb. 9.**17**). Die Entwicklung im Menschen (asexuelle Entwicklung) verläuft wie folgt:

- **Exoerythrozytäre Entwicklung.** Die Ansteckung erfolgt durch den Stich weiblicher *Anopheles*-Mücken, die sich zuvor an einem *Plasmodien*-Träger infiziert haben und bei einer erneuten Blutmahlzeit am Menschen mit ihrem Speichel die als Sporozoiten bezeichneten, spindelförmigen infektiösen Stadien in die Blutbahn oder in Lymphspalten inokulieren. Zur Infektion eines Menschen reichen sehr wenige Sporozoiten aus (etwa 10 bei *Plasmodium falciparum*). Innerhalb von 15 – 45 Minuten nach der Inokulation gelangen die Sporozoiten **aller** *Plasmodium*-Arten auf dem Blutweg zur Leber und dringen in Hepatozyten ein, in denen eine asexuelle Vermehrung stattfindet. Dabei entwickeln sich die Sporozoiten zu vielkernigen, recht großen (30 – 70 µm) Schizonten (= Meronten, Gewebeschizonten) aus denen nach zytoplasmatischer Teilung je 2000 (*P. malariae*) bis 30 000 (*P. falciparum*) Merozoiten hervorgehen. Diese Entwicklung dauert

6 (*P. falciparum*) bis 15 (*P. malariae*) Tage. Kurz danach werden durch Platzen der Gewebeschizonten die Merozoiten freigesetzt, die anschließend Erythrozyten befallen.

Bei *P. vivax* und *P. ovale* entstehen aus den Sporozoiten die oben beschriebenen Gewebeschizonten und zusätzlich sog. Hypnozoiten. Bei letzteren handelt es sich um kleine, einkernige Gebilde, die in den Hepatozyten lange Zeit (Monate bis Jahre) persistieren können und sich erst später in zeitlich verschiedenen Schüben zu Schizonten entwickeln. Die aus diesen hervorgehenden Merozoiten befallen Erythrozyten und sind für Malariarückfälle verantwortlich (s. S. 535).

- **Erythrozytäre Entwicklung.** Die aus der Leberinfektion hervorgegangenen Merozoiten befallen in der Blutbahn Erythrozyten, in denen zunächst eine asexuelle Vermehrung erfolgt. Die Merozoiten sind kleine, ovoide, etwa 1,5 µm lange, bewegliche Gebilde, die sich offenbar durch Vermittlung eines Rezeptors (nachgewiesen bei *P. vivax*) an der Erythrozytenoberfläche anheften und danach die Zelle invadieren. Dabei werden die Plasmodien im Zytoplasma in eine membranbegrenzte parasitophore Vakuole eingeschlossen. Von *P. malariae* werden vorwiegend ältere Erythrozyten befallen, von *P. vivax* und *P. ovale* Retikulozyten und von *P. falciparum* junge und ältere Erythrozyten.

Der frisch in den Erythrozyten eingedrungene Erreger (< 12 Stunden) erscheint lichtmikroskopisch im Giemsa-gefärbten Blutausstrich ringförmig mit dünnem Zytoplasmasaum, einer zentralen Nahrungsvakuole und randständig gelegenem, dunkel gefärbten Kern. Dieses Stadium ist bei allen 4 *Plasmodium*-Arten sehr ähnlich (Abb. 9.**18**, S. ■). Die Ringformen wachsen zu Schizonten heran, die als Nahrung Glukose und Hämoglobin aufnehmen. Letzteres wird nach Abtrennung der durch die Plasmodien genutzten Aminosäuren zu einem braunschwarzen Pigment (Hämozoin) abgebaut und in

Abb. 9.**17** **a Im Menschen: 1** Sporozoit aus infizierter *Anopheles*-Mücke; **2** Entwicklung in der Leber; **2a** primäre Gewebeschizonten und Schizogonie in Hepatozyten (bei allen *Plasmodium*-Arten); **2b** Hypnozoiten und spätere Schizogonie in Hepatozyten (nur bei *P. vivax* und *P. ovale*); **3** schizogene Weiterentwicklung in Erythrozyten; **3a** Entwicklung geschlechtlich differenzierter Plasmodien (weibliche Makrogametozyten und männliche Mikrogametozyten).
b In der *Anopheles*-Mücke: 4 Aufnahme von Makro- und Mikrogametozyten durch blutsaugende Mücke; **5** Befruchtung von Makrogameten (rundlich) durch Mikrogameten (länglich); **6** befruchteter Makrogamet (Ookinet) in der Darmwand der Mücke; **7** Oozyste mit Sporozoiten in der Darmwand; **8** Infektionstüchtige Sporozoiten in der Speicheldrüse. (Nach Peters W. Chemotherapy and Drug Resistance in Malaria. Vol. 1. London: Academic Press; 1987:16.) ▶

Malariaplasmodien: Entwicklungszyklus

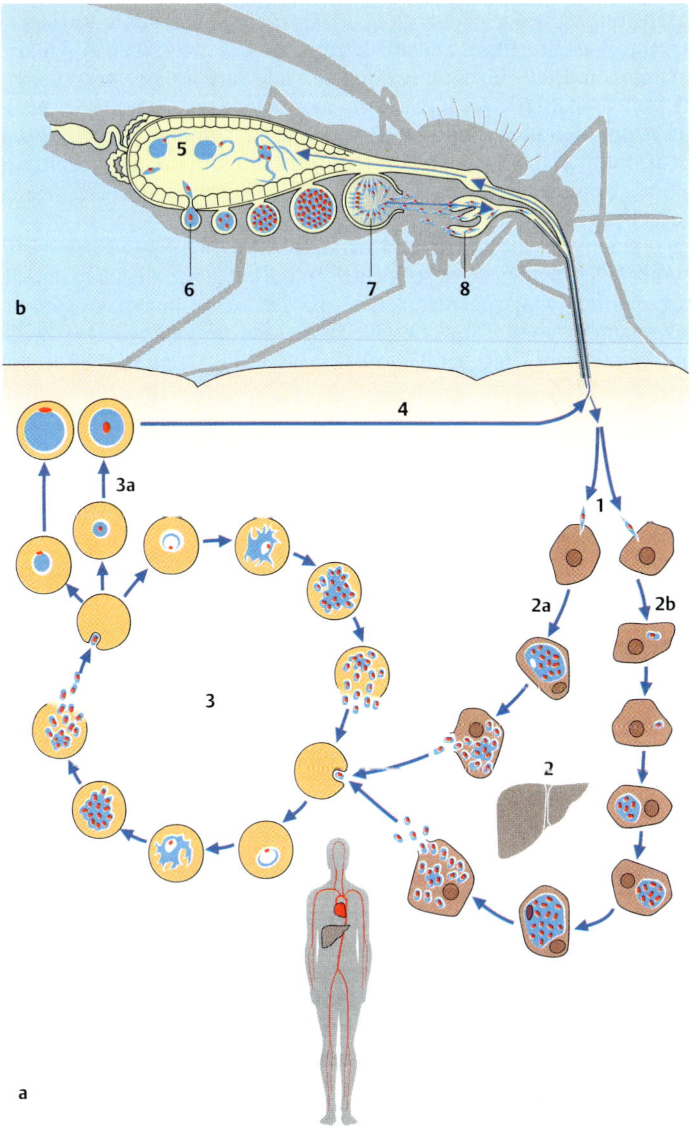

der Nahrungsvakuole des Parasiten abgelagert. Nach Vielfachteilung zerfällt der Schizont in eine je nach *Plasmodium*-Art unterschiedliche Anzahl (6–36) von Merozoiten, die nach Zerstörung des Erythrozyten in das Blutplasma gelangen und nach Infektion anderer Erythrozyten den asexuellen Zyklus erneut beginnen. Die Schizogoniezyklen verlaufen nach einer kurzen Initialphase in regelmäßigen Zeitintervallen und dauern bei *P. vivax*, *P. ovale* und *P. falciparum* 48 Stunden und bei *P. malariae* 72 Stunden. Da beim Platzen der Schizonten und beim Massenzerfall roter Blutkörperchen Fieber ausgelöst wird, kommt es zu bestimmten Verlaufsformen der Fieberkurven („Wechselfieber").

Nach einer oder mehreren Schizogoniegenerationen entwickeln sich jeweils einige Plasmodien zu Geschlechtsformen, und zwar zu den männlichen Mikrogamonten (= Mikrogametozyten) und den weiblichen Makrogamonten (= Makrogametozyten). Diese Geschlechtsformen persistieren eine Zeitlang im Blut (bei *P. vivax* 1 Tag, bei *P. falciparum* bis 22 Tage) und sterben ab, wenn sie nicht von blutsaugenden *Anopheles*-Weibchen aufgenommen werden.

Entwicklung in der Stechmücke (sexuelle Entwicklung und Sporogonie)

Diese Entwicklung ist in Abb. 9.**18b** dargestellt und wird hier stichwortartig beschrieben. Im Mitteldarm der Mücke → Entwicklung von meist 8 einkernigen, begeißelten Mikrogameten aus einem Mikrogamonten und Umwandlung der Makrogamonten zu Makrogameten → Verschmelzung eines Mikrogameten mit einem Makrogameten zu einer beweglichen Zygote (= Ookinet) → Ansiedelung des Ookineten zwischen Epithelschicht und Basalmembran des Mitteldarms → morphologische Umwandlung zur Oozyste (bis 500 µm groß) → in dieser Kernvermehrung und Bildung Tausender von Sporozoiten → Wanderung der Sporozoiten in der Hämolymphe durch die Leibeshöhle zu den Speicheldrüsen. Von dort aus können sie auf einen neuen Wirt übertragen werden. Die Dauer des Zyklus in der Mücke ist abhängig von der Plasmodienart sowie von der Außentemperatur und beträgt bei 20–28 °C 8–14 Tage.

Krankheitsbild

- **Inkubationszeiten.** Die klinischen Erscheinungen der Malaria werden durch die asexuellen Stadien der erythrozytären Entwicklung ausgelöst und setzen demzufolge frühestens kurz nach Beginn der Parasitämie ein. Die Inkubationszeiten variieren je nach *Plasmodium*-Art zwischen 7 und 35 Tagen nach der Erregerübertragung. Diese Zeiten können aber um Wochen bis Monate verlängert sein, besonders bei Unterdrükkung der Infektion durch medikamentöse Prophylaxe.

- **Klinische Manifestation.** Die klinische Manifestation der Malaria hängt von verschiedenen Faktoren ab, vor allem von der Erregerart und vom Immunstatus der betroffenen Personen. Die pathogenste *Plasmodium*-Art ist

P. falciparum, der Erreger der „bösartigen", oft letal verlaufenden Malaria tropica, während die anderen *Plasmodium*-Arten mildere Formen der Malaria („gutartige Malaria") verursachen. Besonders anfällig sind nichtimmune Erwachsene und Kinder aus malariafreien Gebieten (z. B. Touristen aus Europa) sowie in endemischen Gebieten Kinder im Alter von 6 Monaten bis zu 3 Jahren. Bei nichtimmunen Personen treten Krankheitserscheinungen bereits bei geringeren Parasitämien auf als bei partiell immunen.

Initialsymptome. Die Malaria beginnt mit unspezifischen, einige Tage anhaltenden Initialsymptomen, u. a. mit Kopf- und Gliederschmerzen, allgemeiner Abgeschlagenheit, Frösteln und gelegentlich Übelkeit sowie anfänglich kontinuierlichem oder unregelmäßig intermittierendem Fieber. Diese Symptome können leicht mit denen eines grippösen Infekts verwechselt werden!

Fiebertypen. Einige Tage bis eine Woche nach Beginn der Parasitämie erfolgt eine Synchronisierung des Schizogoniezyklus, der bei *P. vivax, P. ovale* und *P. falciparum* innerhalb von 48 Stunden und bei *P. malariae* in 72 Stunden abläuft. In gleichen Zeitintervallen treten Fieberanfälle auf, d. h. am Tag 1 und wieder nach 48 Stunden oder am Tag 3 (daher „Malaria tertiana") bzw. am Tag 1 und nach 72 Stunden oder am Tag 4 (daher „Malaria quartana"). (Das System dieser Benennung geht auf den römischen Brauch zurück, das Heute als Tag 1, das Morgen als Tag 2 usw. zu bezeichnen.) Besonders muß darauf hingewiesen werden, daß bei Malaria tropica das Fieber häufig nicht einem typischen Rhythmus entspricht.

Klassischer Malariaanfall. Nach anfänglichem Temperaturanstieg auf etwa 39 °C tritt in Verbindung mit peripherer Vasokonstriktion Schüttelfrost auf (Dauer etwa 10 Min. bis 1 Std.), die Temperatur steigt weiter auf 40 – 41 °C an (Dauer des Fieberstadiums 2 – 6 Std.), worauf periphere Vasodilatation und Schweißausbruch folgen. Die Anfälle ereignen sich meist in den Nachmittags- und Abendstunden.

Nach Abklingen des Anfalls und Rückgang des Fiebers fühlt sich der Patient wieder wohl, bis der nächste Anfall einsetzt. Bei schwerer Malaria tropica kann es jedoch zu Kreislaufstörungen mit Kollaps sowie zu deliriösen Zuständen ohne Fieber kommen (= algide Malaria).

Infektionsverlauf und Rückfälle. Die Malariaanfälle wiederholen sich in Intervallen, bis die Erregervermehrung in den Erythrozyten durch Chemotherapie oder die Wirtsimmunität unterdrückt wird. Bei Persistenz von Erregern im Organismus sind längere Zeit (Monate bis Jahre) nach der Infektion Rückfälle möglich. Diese können einerseits aus persistierenden erythrozytären Formen hervorgehen (= Rekrudeszenzen) oder durch Reaktivierung von Hypnozoiten (S. 532) verursacht werden (= Rezidive).

Formen der Malaria

- **Malaria tertiana** (verursacht durch *P. vivax* oder *P. ovale*)
  Inkubationszeit: 9–20 Tage, auch bis mehrere Wochen oder Monate.
  Parasitämie: im allgemeinen niedrig, bis maximal etwa 1–2%.
  Verlauf: meist gutartig („benigne Malaria"). Fieberstadium von etwa 3–4 Stunden Dauer, Wiederauftreten nach 48 Stunden. Dauer der unbehandelten Erkrankung 3–8 Wochen und länger.
  Rückfälle: häufig Rezidive, auch nach Monaten bis zu 5 Jahren, Achtung: Gefahr von Fehldiagnosen!
  Besonderheiten: „Tertiana quotidiana" ist durch tägliche Fieberanfälle gekennzeichnet und kommt bei Überlagerung der Zyklen zweier Parasitenpopulationen zustande.

- **Malaria quartana** (verursacht durch *P. malariae*)
  Inkubationszeit: 15–40 Tage (= i. d. R. länger als bei anderen Arten).
  Parasitämie: im allgemeinen niedrig, bis maximal etwa 1%.
  Verlauf: meist gutartig. Fieberstadium von 4–5 Stunden Dauer, Wiederauftreten alle 72 Stunden. Dauer der unbehandelten Erkrankung 3–24 Wochen und länger.
  Rückfälle: häufig Rekrudeszenzen, auch nach Monaten bis Jahrzehnten (30 Jahre). Achtung: Gefahr von Fehldiagnosen!
  Besonderheiten: Nephrotisches Syndrom, vor allem bei Kindern in Afrika.

- **Malaria tropica** (verursacht durch P. falciparum). **Bösartige Malaria!!!**
  Inkubationszeit: 7–15 Tage und länger.
  Parasitämie: oft hoch, bis maximal 20% und mehr!!
  Verlauf: Initialsymptome oft ausgeprägter als bei anderen Formen. Rascher, gravierender Verlauf bei nichtimmunen Personen, hohe Letalitätsrate!
  Fieber nach kurzer Anfangsphase hoch, kontinuierlich oder mit Rhythmus < 48 Stunden, selten periodisch mit Intervallen von 48 Stunden. Dauer der unbehandelten Erkrankung 2–3 Wochen.
  Rückfälle: Rekrudeszenzen selten, meist innerhalb eines Jahres.
  Besonderheiten: **schwere Komplikationen möglich**, vor allem zerebrale Malaria (u. a. Konvulsionen, Seh- und Koordinationsstörungen, Bewußtseinstrübung, Koma); schwere normozytische Anämie; Lungenödem und Ateminsuffizienz; Niereninsuffizienz; gastrointestinale Störungen; Kreislaufschock; Hypoglykämie; Flüssigkeits- und Elektrolytimbalanzen; Spontanblutungen; disseminierte intravasale Koagulation; Hyperpyrexie (39,5–42 °C); Hämoglobinurie („Schwarzwasserfieber"); Hyperparasitämie.

- **Mischinfektionen**
  Mischinfektionen mit 2 *Plasmodium*-Arten treten etwa in 3–4% aller Erkrankungsfälle auf, was Besonderheiten im Krankheitsverlauf bedingen kann.

Pathogenese und pathologische Anatomie. Die klinischen Erscheinungen der Malaria werden durch die erythrozytären Entwicklungsstadien der Plasmodien ausgelöst und beruhen auf multifaktoriellen pathogenetischen Vorgängen, die viele Organe betreffen. Hier können nur einige Aspekte gestreift werden.

- **Rolle von Zytokinen.** Bei der Freisetzung von Merozoiten aus Schizonten im Blut kommt es zur Ausschüttung von Glykolipidmaterial, das Makrophagen und Monozyten zur Produktion von Zytokinen wie Tumornekrose-Faktor (TNF) und Interleukinen (IL-1, IL-6, IL-8) stimuliert. Diese Substanzen sind an der Auslösung von Fieberanfällen und anderen Symptomen des Malariaanfalles beteiligt. Andererseits stimulieren Zytokine Leukozyten und eventuell andere Zellen zur Abtötung von Parasiten.
- **Anämie.** Bei der Schizogonie gehen zum Teil große Mengen der infizierten, aber auch der nicht infizierten Erythrozyten zugrunde. Dieser Vorgang führt – zusammen mit anderen, zum Teil noch ungeklärten Faktoren – zur Anämie.
- **Zytoadhärenz und Rosettenbildung.** Diese Vorgänge spielen in der Pathogenese der Malaria tropica eine wesentliche Rolle. Etwa 24–36 Stunden nach Beginn der erythrozytären Entwicklung von *P. falciparum* wird in knopfförmigen Vorwölbungen an der Oberfläche der befallenen Erythrozyten ein hochmolekulares Antigen präsentiert, das an spezifische Rezeptoren der Endothelzellen bindet und somit eine Anheftung dieser Erythrozyten an die Wand von Kapillaren bewirkt. Folgen davon sind die Behinderung der lokalen Blutzirkulation mit ungenügender, durch die Anämie verstärkter Hypoxie des Gewebes und schließlich Zell- und Organschädigungen, die sich vor allem im ZNS gravierend auswirken. Bei der Rosettenbildung handelt es sich um eine Zusammenballung von mit *P. falciparum* infizierten und nicht infizierten Erythrozyten, die auf ähnlichen Mechanismen wie die Zytoadhärenz beruht, bei der aber andere Oberflächenantigene eine Rolle spielen.
- **Andere Vorgänge (Auswahl).** Durch den Zerfall von Erythrozyten und Parasiten werden phagozytierende Zellen des retikulohistiozytären Systems aktiviert. Ein Zeichen dafür ist die im Verlauf der Erkrankung auftretende Milzschwellung. Akute (bei Malaria tropica) oder chronisch-progressiv auftretende Nephritiden (bei Malaria quartana) sind auf die Ablagerung von Immunkomplexen in den Nierenkapillaren zurückzuführen. Plasmodien können auch Immunsuppression verursachen.

Pathologische Veränderungen. Diese sind besonders gut bei der Malaria tropica-Infektion bekannt. Man findet im Gehirn durch infizierte Erythrozyten verstopfte Kapillaren, Hämorrhagien als Folge von Gefäßwandschädigungen sowie an obturierten Gefäßen Nekroseherde, die von einer entzündlichen Reaktion umgeben sind. Diese perikapillären Zellansammlungen werden als Dürck-Granulome bezeichnet. In den infizierten Erythrozyten befinden sich Plasmodien mit einem dunkelbraunen Pigment. Weitere Veränderungen können an Milz und Leber (u.a. Schwellung, Hyperplasie phagozytierender Zellen, die Plasmodien und Pigment enthalten), am Herzen, an der Lunge, an Nieren und anderen Organen vorhanden sein.

Resistenz und Immunität. Bestimmte Bluteigenschaften sind Ursachen einer erhöhten natürlichen Resistenz gegen Malaria: Heterozygote Träger des Sichelzellgens und damit des anormalen Hämoglobins S (HbS) sind gegen die Auswirkungen einer *P. falciparum*-Infektion widerstandsfähiger als Personen mit normalem Hämoglobin. Thalassämie und Glucose-6-Phosphat-Dehydrogenase-Mangel (GPDM) verleihen ebenfalls einen gewissen Schutz gegen Infektionen mit *P. falciparum*. Andererseits sind Personen mit GPDM gegen bestimmte Antimalariamittel (Chinin, 8-Aminochinoline) empfindlicher. Personen, denen das „Duffy"-Blutgruppenantigen fehlt, sind gegen *P. vivax* resistent. Bei Milchdiät wird die Entwicklung der Malariaparasiten in den Erythrozyten partiell gehemmt, bedingt durch mangelnde Zufuhr von p-Aminobenzoesäure (Vitamin H_1). Dementsprechend nimmt die Malaria einen milderen Verlauf, z.B. bei Säuglingen.

Im Laufe der Malariainfektion setzen im Wirtsorganismus Immunitätsmechanismen ein, die sich allerdings nicht in einem völligen Schutz, jedoch in einer erhöhten Widerstandsfähigkeit gegenüber neuen Infektionen äußern. Dementsprechend ist der Krankheitsverlauf in stark durchseuchten Bevölkerungspopulationen ein anderer als bei Personen, die der Infektion weniger häufig oder erstmalig ausgesetzt sind. In endemischen Gebieten sind vor allem Kinder im Alter von 1–10 Jahren Opfer der Malaria, während die Krankheit in höheren Alterstufen seltener und in abgeschwächter Form auftritt. Säuglinge von Müttern, die Malaria überstanden haben, erkranken in den ersten Lebensmonaten meist nicht, da Antikörper diaplazentar übertragen werden und die Milchdiät eine gewisse Schutzwirkung hat. Andererseits können durch maternale Antikörper nicht geschützte Kinder sehr schwer erkranken, weil sich die eigene Immunabwehr erst allmählich entwickelt. Besonders gefährdet sind auch nicht immune Reisende aus malariafreien Gebieten.

Die von den Plasmodien im Menschen ausgelöste Immunität entwickelt sich langsam und ist spezifisch gegen bestimmte Stämme und Stadien der Plasmodien gerichtet, die zur Antigenvarianz befähigt sind. Eine besonders wichtige Komponente der allgemeinen Immunreaktion scheint jene zu sein, die durch asexuelle Blutformen ausgelöst wird und bei erneuter Infektion protektiv wirkt. Die Abwehr gegen Plasmodien beruht sowohl auf unspezifischen als auch antigeninduzierten, spezifischen humoralen und zellulären Mechanismen. Diesbezüglich sei auf die Spezialliteratur verwiesen. Seit vielen Jahren wird an der Entwicklung von Impfstoffen gegen Malaria gearbeitet; einige Prototypen befinden sich derzeit in Erprobung.

Epidemiologie. Für die vektorielle Übertragung der Malaria sind einige Wochen anhaltende Mindesttemperaturen von 16 – 18 °C erforderlich, als optimal gelten Temperaturen zwischen 20 und 30 °C und hohe Luftfeuchtigkeit. Weitere Voraussetzungen für den Zyklus sind ein epidemiologisch relevantes Erregerreservoir in der Bevölkerung und das Vorhandensein geeigneter Vektoren.

Überträger der Malariaparasiten sind weibliche Stechmücken der Gattung *Anopheles* (*Anopheles gambiae*-Komplex u. a.). Von den annähernd 400 Arten dieser Gattung sind ungefähr 60 als Malariaüberträger von Bedeutung. Die Larven- und Puppenstadien von Anophelen entwickeln sich in stehenden, sauerstoffreichen Gewässern, oft in der Nähe der Behausungen von Menschen. Die Anophelen sind während der Dämmerung und der Nacht aktiv, die Weibchen stechen sowohl im Freiland als auch innerhalb von Gebäuden. Oft tritt die Malaria in Abhängigkeit von der Regenzeit auf, die den Mücken gute Entwicklungsmöglichkeiten bietet.

Meistens tritt die Malaria in endemischer Form auf, sie kann aber gelegentlich auch epidemischen Charakter annehmen. Die Häufigkeit von Erkrankungen ist großen Schwankungen unterworfen. Dabei spielt die Immunitätslage der Bevölkerung eine wesentliche Rolle (s. Immunität, S. 538). Reisemedizinische Aspekte der Epidemiologie werden im Kapitel Prophylaxe, S. 544 besprochen.

Malariaplasmodien können auch diaplazentar sowie durch Bluttransfusion (Lebensfähigkeit in Blutkonserven um 5 Tage, selten länger) und bei der Injektion von Drogen übertragen werden.

Diagnose. Ätiologisch gesichert wird die klinische Diagnose durch den Nachweis von Malariaparasiten im Blut (Abb. 9.**18**). Kapillarblut wird vor Einnahme von Antimalariamitteln und möglichst zu Beginn des Fieberanfalles entnommen und in dünnen Ausstrichen sowie parallel dazu in „dicken Tropfen" nach Giemsa-Färbung mikroskopisch untersucht (S. 636). Im Blut sind Entwicklungsstadien von *P. falciparum*, *P. vivax* und *P. ovale* frühestens 5 – 8 Tage nach der Infektion nachweisbar, bei *P. malariae* nach 13 – 16 Tagen. Als Anreicherungsverfahren für Plasmodien wird das QBC-Verfahren eingesetzt („Quantitative Buffy Coat Method"). Neuerdings steht ein einfacher, recht sensitiver und spezifischer Schnelltest zum Nachweis von *P. falciparum*-Antigen zur Verfügung (ParaSight). In der praktischen Diagnostik spielt

Malariaplasmodien: Differentialdiagnose im Blutausstrich

Plasmodium falciparum

Infizierter Erythrozyt: Größe und Form normal, multipler Befall häufiger als bei anderen *Plasmodium-Arten*, selten Maurer-Flecken

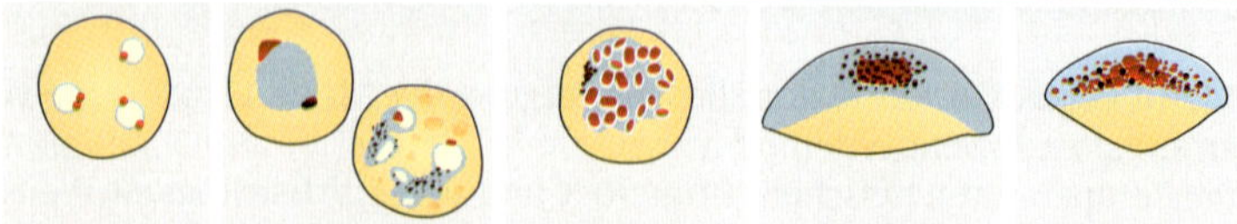

A: Junger Trophozoit	B: Älterer Trophozoit	C: Schizont	D: Makrogametozyt	E: Mikrogametozyt
kleine Ringe, 1/3 bis 1/5 des EDM, häufig Doppelkerne, schmaler Plasmasaum, Vakuole klein	Vakuolen klein oder fehlend, Pigment zerstreut oder in Klumpen	8–24 Merozoiten, manchmal mehr, Pigment meist peripher	sichelförmig, Kern kompakt und zentral, Pigment um Kern angeordnet	sichelförmig, plumper als D, Kern größer und weniger kompakt

Plasmodium vivax

Infizierter Erythrozyt ab Stadium B: häufig größer als normal, oft mit roter Schüffner-Tüpfelung

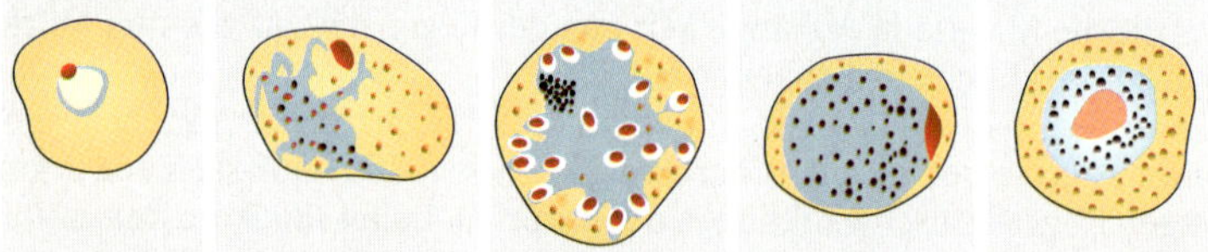

A: Junger Trophozoit	B: Älterer Trophozoit	C: Schizont	D: Makrogametozyt	E: Mikrogametozyt
Ringe von 1/3 bis 1/2 des EDM, Vakuole groß, Plasmasaum schmal	große Ringe oder unregelmäßig zerklüftete Gebilde mit diffus verteiltem Pigment	12–24 Merozoiten, 1 bis 2 Pigmentklumpen peripher oder zentral	rundlich, größer als EDM, Kern klein und exzentrisch, Pigment diffus verteilt	rundlich, Kern größer als bei D, zentral oder exzentrisch, Pigment feiner als bei D und diffus verteilt

Abb. 9.**18** EDM = Erythrozytendurchmesser. (Nach Geigy R, Herbig A. Erreger und Überträger tropischer Krankheiten. Basel: Verlag für Recht und Gesellschaft; 1995.)

auch die Prüfung der Arzneimittelresistenz von *P. falciparum*-Isolaten eine Rolle.

Spezifische Antikörper sind bei Erstinfizierten frühestens 6 – 10 Tage nach Krankheitsbeginn feststellbar. Daher sind serologische Methoden zur Dia-

Malariaplasmodien: Differentialdiagnose im Blutausstrich

A: Junger Trophozoit	B: Älterer Trophozoit	C: Schizont	D: Makrogametozyt	E Mikrogametozyt

Plasmodium ovale
Infizierter Erythrozyt ab Stadium A: etwas größer als normal, oft oval mit ausgefransten Rändern, Schüffner-Tüpfelung ausgeprägter als bei *Plasmodium vivax*

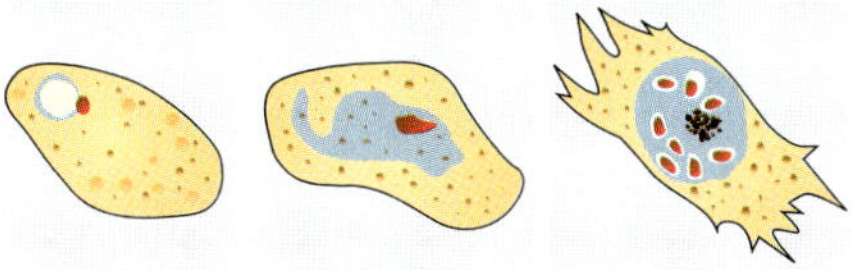

Ringe ähnlich wie bei *Plasmodium vivax*	rundlich oder zerklüftet, Pigment ziemlich unauffällig	8 Merozoiten, Pigment zentral	ähnlich wie bei *Plasmodium vivax*, selten in ovalen Erythrozyten	ähnlich wie bei *Plasmodium vivax*, selten in ovalen Erythrozyten

Plasmodium malariae
Infizierter Erythrozyt: Größe normal oder etwas kleiner als üblich, multiple Infektion selten

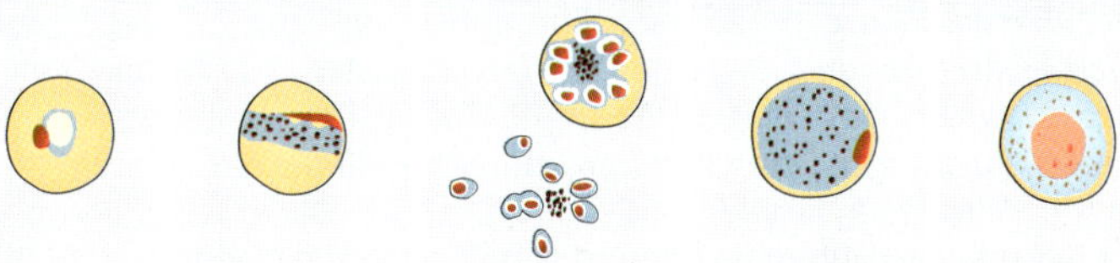

Plasmaring breit, Vakuole mittelgroß	Bandform oder rundlich, Vakuolen fehlend oder klein, Pigment dunkelbraun	6–12 Merozoiten, oft in Rosettenform, Pigment meist zentral	ähnlich *P. vivax*, aber kleiner	ähnlich *P. vivax*, aber kleiner

Abb. 9.**18** Fortsetzung

9

gnose des akuten Malariaanfalles nicht geeignet, doch stellen sie zum Nachweis länger bestehender Infektionen wertvolle Hilfsmittel dar. Am häufigsten werden heute der indirekte Immunfluoreszenztest und der ELISA eingesetzt.

Therapie. Erstmalig infizierte Patienten (z. B. Europäer nach kurzfristigem Tropenaufenthalt) können akut und schwer erkranken. Daher ist schnelles Eingreifen erforderlich, besonders bei Malaria tropica. Schwere Formen der Malaria erfordern neben der kausalen Chemotherapie zum Teil umfangreiche zusätzliche Behandlungsmaßnahmen. Eine Übersicht über verschiedene Antimalariamittel und ihr Wirkungsspektrum enthält Tab. 9.**7**. Zum sehr komplexen Gebiet der Malariatherapie können hier nur einige Grundsätze dargestellt werden.

- **Behandlung der akuten Erkrankung.** Die klinischen Symptome der Malaria werden durch die asexuellen Formen des erythrozytären Schizogoniezyklus hervorgerufen. Zur Erzielung einer klinischen Heilung ist daher die Beseitigung dieser Stadien durch sog. Schizontenmittel (= Schizontozide) erforderlich (Tab. 9.**7**). In dieser Indikation werden bevorzugt die rasch und sicher wirkenden Schizontozide eingesetzt wie Chinin, Mefloquin und Chloroquin. Chloroquinresistente Plasmodienstämme lassen sich meist durch Chinin, Mefloquin, Halofantrin oder Kombinationspräparate (z. B. Fansidar, Fasimef) beeinflussen. Bei Resistenz gegen Fansidar können u. a. Mefloquin oder Chinin plus Tetracyclin oder Doxycyclin verwendet werden.
- **Rezidivverhütung (= radikale Therapie).** Von den Schizontenmitteln werden die latenten Gewebeformen (Hypnozoiten) von *Plasmodium vivax* und *P. ovale* in der Leber nicht erfaßt. Zur Rezidivverhütung können die Gewebeformen im Anschluß an die Behandlung des akuten Anfalles durch Primaquin beseitigt werden (Tab. 9.**7**). Diese Rezidivprophylaxe ist bei *P. falciparum* und *P. malariae* nicht nötig, da Hypnozoiten fehlen.

Arzneimittelresistenz. Ein Problem wachsender Bedeutung stellt die Resistenz von Malariaplasmoiden gegen bestimmte Medikamente dar, die in die Grade I (niedrig) bis III (hoch) eingeteilt wird. Sie ist vor allem bei der Malaria tropica von praktischer Bedeutung. Hinweise über die Regionen, in denen resistente *P. falciparum*-Stämme festgestellt wurden, gibt Abb. 9.**19** (S. 547). In Therapie und Prophylaxe muß dieses Problem bei der Auswahl der Mittel und der Dosierung berücksichtigt werden. Zur Resistenzprüfung stehen In-vitro-Methoden zur Verfügung.

Prophylaxe. Vor einer Reise in ein Malariagebiet sollten Reisende rechtzeitig über das Infektionsrisiko am Zielort und über Vorbeugungsmaßnahmen informiert werden. Reisemedizinische Auskünfte erteilen u. a. Fachärzte für Tropenmedizin, tropenmedizinische und parasitologische Institute und Fachgesellschaften sowie Impfstellen. Die WHO in Genf publiziert detaillierte Unterlagen: „International Travel and Health“ (WHO 1996). Entsprechende Informationen sind auch vom Internet abrufbar (http://www.who.ch/ → International Travel and Health) oder als Software erhältlich (z. B. Tropi-

Tabelle 9.7 Antimalariamittel (Auswahl)

Wirkstoffgruppe und Wirkstoffe	Handelspräparate (Auswahl)	Wirkungsspektrum[1]			
		AB	GB	GL	HL
Arylaminoalkohole					
Chinin	Chininsulfat oder -hydrochlorid, Kinin, Quinoforme, Quindane u. a.	++	VOM	○	○
Mefloquin (P)	Lariam, Lariacur, Mephaquin	++	VOM	○	○
4-Aminochinoline					
Chloroquin (P)	Aralen, Avloclor, Chlorochin, Lagaquin, Nivaquine, Pharma-quine, Plaquenil, Resochin, Rivoquine, Weimerquin u. a.	++	VOM	○	○
8-Aminochinoline					
Primaquin	Neo-Quiphenyl, Primaquine	+/–	+	+	+
Phenanthrenmethanole					
Halofantrin	Halfan	++	○	○	○
Pyridinmethanole					
Artemisinin (= Qinghaosu)	kein Handelspräparat	++	?	○	○
Antimetaboliten					
Dapson[3]	Avlosulfon, Dapson, Sulfona	+	○	F	○
Proguanil[2] (P)	Guanatol, Paludrine, Palusil	+	○	F	○
Pyrimethamin[2]	Daraprim, Malocide	+	○	?	○
Sulfadoxin[3]	siehe Kombinationspräparate	F	○	○	○

Tabelle 9.7 *Fortsetzung: Antimalariamittel (Auswahl)*

Wirkstoffgruppe und Wirkstoffe	Handelspräparate (Auswahl)	Wirkungsspektrum[1]			
		AB	GB	GL	HL
Tetracycline					
■ Doxycyclin (P)	Doxybasan, Doxycyclin, Doxylag, Rudocyclin, Supracyclin, Vibramycin	+	○	F	○
■ Tetracyclin	Achromycin	+	○	F	○
Kombinationspräparate					
■ Dapson[3] + Pyrimethamin[2]	Maloprim	++	○	F	○
■ Sulfadoxin[3] + Pyrimethamin[2]	Fansidar	++	○	○	○
■ Sulfadoxin[3] + Pyrimethamin[2] + Mefloquin	Fansimef	++	VOM	○	○

(P) Zur Chemoprophylaxe eingesetzte Wirkstoffe
[1] **AB:** Asexuelle Stadien im Blut; **GB:** Gametozyten im Blut; **GL:** Gewebeschizonten in der Leber; **HL:** Hypnozoiten von *P. vivax* und *P. ovale* in der Leber.
Wirksamkeit: +: wirksam; +/–: mäßig wirksam; ?: Wirkung fraglich; ○: keine Wirkung.
F: wirksam gegen *P. falciparum*; VOM: wirksam gegen *P. vivax, P. ovale, P. malariae.*
[2] Dihydrofolatreduktase-Hemmer (= Antifolate).
[3] Dihydropteroatsynthetase-Hemmer (= Sulfonamide und Sulfone).

med-Datenbank für Reisemedizin, erhältlich in Versionen für Deutschland und die Schweiz). **Zu beachten ist, daß die Empfehlungen zur Malariaprophylaxe in den einzelnen Ländern variieren und raschen Änderungen unterliegen.**

Vorbeugemaßnahmen sind für Aufenthalte in Malariagebieten von **Afrika, Mittel**- und **Südamerika** und **Asien** indiziert. Als Hochrisikogebiet ist vor allem **Afrika südlich der Sahara** anzusehen. Innerhalb eines Endemiegebietes kann das Infektionsrisiko saisonal, lokal und in Abhängigkeit von der Aufenthaltsdauer des Reisenden schwanken oder auch fehlen. Die prophylaktischen Maßnahmen müssen darauf abgestimmt werden.

Zur **Verhütung von Erkrankungen an Malaria** bestehen folgende Möglichkeiten:

- Mückenabwehr,
- medikamentöse Prophylaxe (= Chemoprophylaxe),
- Notfallbehandlung (sog. „standby therapy").

Hauptziel dieser Maßnahmen ist der Schutz vor der lebensbedrohenden Malaria tropica.

Mückenabwehr: Angesichts der weitverbreiteten Arzneimittelresistenz von Plasmodien sind Maßnahmen zur Abwehr von Mücken besonders wichtig. Bei deren Durchführung ist zu beachten, daß die *Anopheles*-Mükken ab Beginn der Dämmerung **nachts aktiv** sind und sowohl im Freien als auch in Gebäuden stechen. In Städten ist das Risiko, von *Anopheles* gestochen zu werden, im allgemeinen geringer als in ländlichen Gebieten, oder es fehlt ganz (Ausnahme: viele Städte im tropischen Afrika). Folgende Schutzmaßnahmen sind zu empfehlen:

- In der Dämmerung und nachts **Kleidung** tragen (lange Ärmel, lange Hosen), die Mückenstiche möglichst verhindert. Kleidung mit rasch wirkendem Insektizid (Pyrethrin, z. B. Tyrax) besprühen.
- Unbedeckte Hautstellen mit einem **Repellent** einreiben oder besprühen. (Mittel mit > 20 % Diäthyl-m-Toluamid als Wirkstoff: Anti Brumm, Anti Brumm forte, Autan, Kik, Ulthrathon u. a. Wirkungsdauer > 5 Stunden).
- Räume gegen Mücken **abschirmen** (Fenster und Türen schließen, engmaschige Gitter vor Fenstern und Türen).
- Sitzstellen der Mücken im Raum mit **Insektizid** besprühen, Insektiziddispenser mit auswechselbaren Insektizidplättchen oder Pyrethroid-Rauchspiralen einsetzen.
- Betten durch **Moskitonetze** schützen, die mit einem Insektizid imprägniert sind (Pyrethroide: Permethrin, Deltamethrin). Bei der Imprägnierung und Anwendung sind genaue Anweisungen zu befolgen (Tropimed, S. 544).

9

Chemoprophylaxe und Notfallbehandlung. Die **Chemoprophylaxe** besteht in der regelmäßigen peroralen Einnahme von Antimalariamitteln vor Beginn, während und eine Zeitlang nach dem Aufenthalt im Malariagebiet. Je nach Angriffspunkt des verwendeten Medikaments unterscheidet man eine „suppressive" und eine „kausale" Prophylaxe. Erstere unterdrückt das Entstehen klinischer Erscheinungen durch Beeinflussung der asexuellen Stadien in den Erythrozyten, letztere greift auch die Gewebeschizonten von *P. falciparum* in der Leber an und verhindert somit den erythrozytären Zyklus. Die meisten der derzeit eingesetzten Mittel haben eine suppressive Wirkung (Tab. 9.**7**). Für Aufenthalte in gewissen Gebieten wird empfohlen, ein Antimalariamittel als **Notfallmedikament** mitzuführen und eine Selbstbehandlung dann durchzuführen, wenn malariaverdächtige Symptome auftreten und innerhalb von 12 Stunden kein Arzt erreichbar ist. Bei diesen Maßnahmen sind die folgenden Hinweise besonders zu beachten:

- **Eine garantiert sicher wirksame Chemoprophylaxe gibt es derzeit nicht. Daher muß unverzüglich ein Arzt konsultiert werden, wenn während oder nach Abschluß der Chemoprophylaxe Fieber auftritt.**
- Für die Chemoprophylaxe und Notbehandlung müssen ganz bestimmte, von Spezialisten empfohlene Antimalariamittel eingesetzt werden. Diese können Nebenwirkungen verursachen.
- Besonders wichtig ist eine **spezialisierte Beratung** der Reisenden unter besonderer Berücksichtigung der individuellen Situation (allgemeiner Gesundheitszustand, Schwangere, Alte, Kleinkinder, Allergiker usw.) und der Gegebenheiten im Zielgebiet.
- **Beginn** der Chemoprophylaxe: spätestens *1 Woche vor der Einreise* in ein Malariagebiet, weil diese Zeitspanne die Erkennung eventueller Nebenwirkungen, entsprechende Gegenmaßnahmen und einen Wechsel der Medikamente ermöglicht.
- **Dauer** der Chemoprophylaxe: *während* und *4 Wochen nach dem Aufenthalt* im Malariagebiet. Diese Maßnahme richtet sich gegen das Auftreten der Malaria tropica, doch werden die Hypnozoiten von *P. vivax* und von *P. ovale* nicht erfaßt. (Evtl. Behandlung zur Rezidivverhütung mit 8-Aminochinolinen, s. o.).
- Die **Einnahme der Medikamente** erfolgt mit Flüssigkeit nach den Mahlzeiten. Die vorgeschriebenen Dosierungen, die Intervalle für die Medikation und Anwendungsbeschränkungen (z. B. für Schwangere) sind streng zu beachten.

■ **Beispiele für die Chemoprophylaxe und den Einsatz von Notfallmedikamenten.** Als Beispiel sind die Empfehlungen der Deutschen Tropenmedizinischen Gesellschaft aufgeführt (Tab. 9.**8**), die auf Angaben der WHO (1996) beruhen. Die Empfehlungen in anderen Ländern können davon abweichen! Diese Maßnahmen sind in verschiedenen Risikozonen unterschiedlich (Abb. 9.**19**) und gelten für Kurzaufenthalte in Malariagebieten bis zu 3 Monaten Dauer und für nichtimmune Personen. Bei Langzeitaufenthalten (über 3 Monate) wird empfohlen, die Prophylaxe wie bei Kurzaufenthalten zu beginnen und sich nach Einreise in ein Endemiegebiet über längerfristige Maßnahmen ärztlich beraten zu lassen.

Bekämpfung. Die Bekämpfungsmaßnahmen haben das Ziel, den Entwicklungszyklus zu unterbrechen, dadurch das Infektionsrisiko für den Menschen zu reduzieren und schließlich die Malaria zu tilgen. Hauptsäulen dieser Maßnahmen sind die *Anopheles*-Bekämpfung durch Einbringen umweltfreundlicher Larvizide in Brutgewässer sowie durch Besprühen von Wohn- und Stall-

Tabelle 9.**8** Beispiel für den Einsatz von Medikamenten zur Chemoprophylaxe und zur Notfallmedikation nach Risikozonen

Risikozonen[1]	**Medikamente zur Prophylaxe**[2]	**Medikamente zur Notfallmedikation**[2]
A: Risiko gering, saisonal oder fehlend:	Chloroquin	keine
P. falciparum fehlt oder empfindlich gegen Chloroquin	keine	Chloroquin
B: Risiko meist gering; Chloroquinresistenz kommt vor	Chloroquin + Proguanil	Mefloquin
	keine	
C: Meist hohes Risiko: in vielen Gebieten des tropischen Afrika sowie in Teilen des Amazonasgebietes und Asiens; hochgradige Cloroquin- oder Multiresistenz von *P. falciparum* weit verbreitet	1. Wahl: Mefloquin (Doxycylin)[3]	keine
	2. Wahl: Chloroquin + Proguanil	Mefloquin
	keine (bei geringem Risiko)	

[1]Modifiziert nach International Travel and Health, WHO 1996. [2]Nach: Empfehlungen zur Malariavorbeugung. Deutsche Tropenmedizinische Gesellschaft, April 1996.
[3]In bestimmten Gebieten von Südostasien.

Malaria-Risikozonen

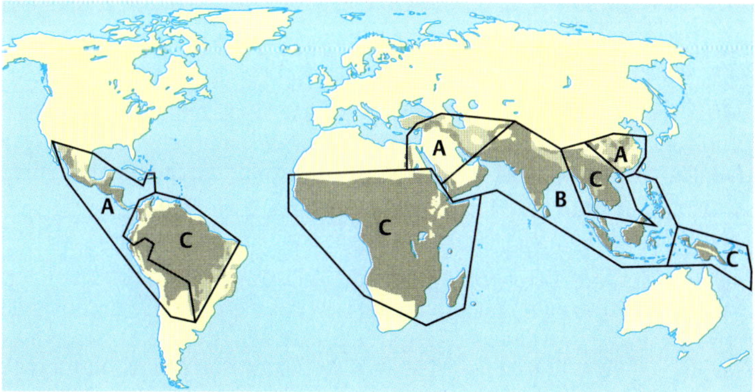

Abb. 9.**19** Erklärung s. Tab. 9.**8** (Nach International Travel and Health. Genf: WHO; 1996.)

räumen mit Insektiziden und die gleichzeitige Chemoprophylaxe bei der Bevölkerung. Seit einigen Jahren werden vermehrt insektizidimprägnierte Bettnetze eingesetzt, die sowohl das Infektionsrisiko für die Bevölkerung als auch die Mückenpopulation reduzieren können. Impfstoffe gegen Malaria sind in Erprobung, doch stehen sie für den allgemeinen Einsatz noch nicht zur Verfügung.

Babesia

Erreger der Babesiose

Babesia

Babesien sind Blutprotozoen aus der Ordnung der Piroplasmida, die bei Haus- und Wildtieren ziemlich häufig vorkommen und durch Schildzeckenarten übertragen werden. Sie parasitieren in den Erythrozyten und sind im gefärbten Blutausstrich als kleine Ringformen oder als etwa 2 – 2,5 µm lange tropfenförmige Gebilde nachweisbar. Exoerythrozytäre Formen sind nicht bekannt. Gelegentlich kommen Infektionen mit Babesien auch beim Menschen vor, vor allem bei splenektomierten Patienten. Als Ursachen wurden *Babesia microti* aus Nagetieren, *B. divergens* aus Rindern und bisher unbekannte Babesien identifiziert, die verwandtschaftliche Beziehungen zu *B. gibsoni* aus dem Hund aufweisen. Solche Infektionen können malariaähnliche Symptome hervorrufen.

Microspora

Erreger der Microsporidose

Microspora sind eine besondere Protozoengruppe mit zunehmender Bedeutung als „opportunistische Parasiten" bei HIV-Patienten. Am wichtigsten ist *Enterocytozoon bieneusi*. Die Übertragung erfolgt durch charakteristische Sporen. Über die Epidemiologie ist nur sehr wenig bekannt.

Erreger. Im Stamm Microspora sind rund 100 Gattungen und 1000 Arten sporenbildender Protozoen mit intrazellulärer Entwicklung zusammengefaßt, die bei zahlreichen wirbellosen Tieren (z. B. Insekten) und bei Vertretern aller 5 Klassen von Vertebraten parasitieren. Das Fehlen von Mitochondrien, Peroxisomen und typischer Golgimembranen sowie Analysen der ribosomalen RNA weisen darauf hin, daß die Microspora während der Evolution von Prokaryonten zu Eukaryonten in einer frühen Phase als eigener Zweig hervorgegangen sind. Ein Charakteristikum der Microspora ist die einzigartige Morphologie der Sporen (s. u.).

Die bereits seit Mitte des vorigen Jahrhunderts bekannten Microspora haben als humanpathogene Erreger erst im Rahmen der AIDS-Epidemie klinische Bedeutung erlangt. Beim Menschen sind bereits 6 Gattungen und mehrere Arten von Microspora aus der Ordnung Microsporida nachgewiesen worden (Tab. 9.**1**, S. 485), daneben kommen weitere, noch nicht genau charakterisierte Erreger dieser Gruppe vor. Einige Arten wurden erst in jüngster Zeit (seit 1985) beschrieben.

Morphologie und Entwicklung. Die Microsporidien vermehren sich intrazellulär durch wiederholte, ungeschlechtliche Zwei- oder Vielfachteilung (= Merogonie) und bilden im Anschluß an diese Phase Sporen (= Sporogonie). Dabei liegen die Entwicklungsstadien frei im Zytoplasma der Wirtszelle (*Enterocytozoon* und *Nosema*) oder innerhalb einer parasitophoren Vakuole (*Encephalitozoon*); bei *Pleistophora* sind die intrazellulären Entwicklungsstadien durch eine dicke Schicht (Pansporoblastschicht) vom Zytoplasma getrennt. Die Sporogonie beginnt mit der Bildung von Sporonten, die aus Zellen der Merogonie hervorgehen und durch eine dickere Zellwand gekennzeichnet sind. Nach Teilung des Sporonten in Sporoblasten kommt es zur morphologischen Differenzierung der Sporen.

Diese Sporen haben eine typische Feinstruktur (Abb. 9.**20a, b**). Die zweischichtige Sporenwand (Exo- und Endospore) umschließt ein einkerniges (selten zweikerniges) Erregerstadium, das als Sporoplasma oder Amöboidkeim bezeichnet wird und einen komplexen Expulsionsapparat, bestehend aus einem aufgewundenen Schlauch (= Polfaden, besser Polschlauch) und einem membranösen Verankerungsapparat (Polaroplast). Die Größe der Sporen der humanpathogenen Microsporidien-Arten schwankt zwischen etwa 1 und 4 μm. Diagnostisch wichtig sind die Anzahl und die Lagerung der Windungen des Polschlauches, wie sie im Schnittbild bei der elektronenmikroskopischen Untersuchung sichtbar werden (Abb. 9.**20a, b**).

Die Sporen gelangen – soweit heute bekannt ist – in den Fäzes, im Urin oder im Sputum ins Freie. Nach peroraler Aufnahme durch einen geeigneten neuen Wirt schwillt der Polarplast an, es entsteht in der Spore erhöhter Innendruck, und der bis zu 100 μm lange Polschlauch wird rasch herausgeschleudert. Wenn die Spitze des Polschlauches die Wand eines Enterozyten penetriert, wandert der Amöboidkeim durch den hohlen Schlauch in die Wirtszelle ein. Die Microsporidien vermehren sich dann lokal in Zellen der Darmwand, oder sie können von dieser und eventuell von anderen Eintrittspforten aus im Körper verbreitet werden.

Die Mechanismen der Erregerverbreitung im Körper sind noch ziemlich unklar. Wie aus Beobachtungen infizierter Zellkulturen hervorgeht, können durch Ausschleudern des Polschlauches und Injektion des Amöboidkeimes

Microsporidien

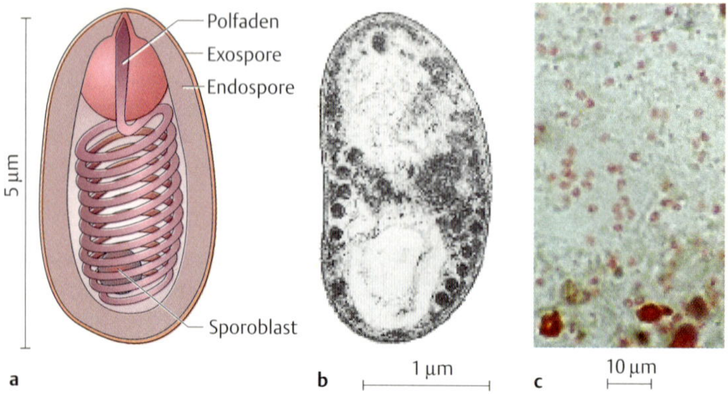

Abb. 9.**20** **a** Spore. Ex: Exospore, En: Endospore, P: Polschlauch, Sp: Sporoplasma (nach Binford CH, Connor D, ed. Pathology of Tropical and Extraordinary Diseases. Vol. 1. Washington: Armes Forces Institute of Pathology; 1987:336); **b** unreife Spore von *Encephalitozoon hellem* (TEM); **c** Sporen von *Enterocytozoon bieneusi* im Stuhlausstrich, Chromotropfärbung nach Weber.

benachbarte Zellen eines Gewebes befallen werden. Andererseits wird vermutet, daß Merogoniestadien oder Sporen auch durch Wirtszellen phagozytiert und durch migrierende Phagozyten direkt oder auf dem Blutweg im Körper verbreitet werden können.

Bei *E. hellem* wird auch eine aerogene Infektion in Betracht gezogen. Bei verschiedenen Tierarten ist die diaplazentare Übertragung von *E. cuniculi* gesichert.

Krankheitsbild. Klinisch relevant sind die Microsporidien fast ausschließlich bei immundefizienten Patienten. Die durch die einzelnen Arten verursachten Krankheitsformen und einige diagnostische Hinweise sind in den folgenden Übersichten zusammengefaßt.

Enterocytozoon bieneusi

Vorkommen: wahrscheinlich weltweit; Prävalenz bei HIV-Patienten mit chronischer Diarrhö etwa 8–20 %, selten auch bei asymptomatischen Trägern. Kürzlich (1996) ist der Erreger auch bei Schweinen nachgewiesen worden.

Lokalisation: **vorwiegend im Dünndarm** in Enterozyten an Villusspitzen, seltener auch im Kolon sowie in Gallengängen,

	Gallenblase, Pankreasgängen, Bronchien, Trachea und Nasenschleimhaut.
Symptome:	**chronische Diarrhö**; auch Cholangiopathie, Bronchitis u. a.
Diagnostik:	Nachweis sehr kleiner Sporen (1,1 – 1,6 × 0,7 – 0,9 µm) in gefärbten Stuhlausstrichen. Intrazelluläre Lage direkt im Plasma ohne parasitophore Vakuole, Sporen mit 5 – 8 Windungen des Polschlauches, angeordnet in Doppelreihe (bei anderen Arten nur eine Reihe!).

Encephalitozoon intestinalis (früher *Septata intestinalis*)

Vorkommen:	selten; bei HIV-Patienten (in einer Studie bei 5 von 16 Patienten). Tierreservoire nicht bekannt.
Lokalisation:	**vorwiegend Dünndarm** in Enterozyten, Lamina propria, Fibroblasten, Makrophagen und Endothelzellen, auch disseminiert, u. a. in Gallenwegen, Luftwegen und Nieren. Innerhalb der Zelle Lage in „Kammern“, die von Septen umgrenzt werden (daher früher: *Septata*).
Symptome:	chronische Diarrhö wie bei *E. bieneusi*, andere Symptome entsprechend Organlokalisation.
Diagnostik:	Sporennachweis im Stuhl oder Urin. Sporen größer als bei *E. bieneusi* (2,5 – 3,3 × 1,3 – 2,1 µm), 4 – 7 Windungen des Polschlauches.

Encephalitozoon cuniculi

Vorkommen:	weltweit; häufig bei Haus- und Wildkaninchen, außerdem bei vielen anderen Tierarten beschrieben; selten bei HIV-Patienten. Die Erreger aus Kaninchen und Menschen sind identisch (= Zoonose).
Lokalisation und Symptome:	Entwicklung intrazellulär in parasitophorer Vakuole. Bei Kaninchen vorwiegend in Nierentubuli und ZNS. Bei HIV-Patienten mit disseminierter Infektion: Hepatitis, Peritonitis, Nephritis, Pneumonie, Sinusitis, Keratokonjunktivitis, Enzephalitis.
Diagnostik:	Nachweis von Sporen im Urin und in Organproben. Sporen 2,5 × 1,5 µm, mit 4 – 6 Windungen des Polschlauches, morphologisch nicht von *E. hellem*-Sporen zu unterscheiden (s. *E. hellem*).

Encephalitozoon hellem

Vorkommen: selten; bei HIV-Patienten.

Lokalisation und Symptome: Keratokonjunktivitis, Sinusitis, Bronchitis, Pneumonie, Nephritis, Harnwegsinfektion, dissemenierte Infektion.

Diagnose: Morphologisch mit *E. cuniculi* identisch, Unterscheidung immunologisch und molekularbiologisch möglich.

Andere humanpathogene Arten

Nosema connori (disseminiert in inneren Organen), *Nosema ocularum* (Keratitis), *Microsporidium africanum, M. ceylonensis* (Kornea-Ulkus), *Vittaforma corneae* (früher *Nosema corneum*) (Keratitis), *Trachipleistophora hominis* (früher *Pleistophora sp.*) (Myositis).

Epidemiologie. Epidemiologisch ist über Microsporidien wenig bekannt. Außer der peroralen Übertragung von Sporen muß auch die Möglichkeit aerogener Infektionen in Betracht gezogen werden, z. B. bei Keratitis oder Befall der oberen Atemwege. Bei *E. cuniculi* besteht ein Erregerreservoir in Tieren; Isolate dieses Erregers aus Kaninchen und Menschen sind morphologisch, immunologisch und genetisch identisch. Kürzlich ergaben sich erste Hinweise auf das Vorkommen von *E. bieneusi* beim Schwein. Die epidemiologische Bedeutung der Tierreservoire ist noch unklar. Für die anderen Microsporidienarten sind bisher nur Menschen als Erregerreservoire bekannt, oder es liegen gar keine Informationen vor.

Diagnose. Die Diagnose der Mikrosporidiose beruht hauptsächlich auf dem direkten Erregernachweis unter Berücksichtigung der artspezifischen Besonderheiten (s. Abb. 9.**11a**, 9.**20c**). *Encephalitozoon*- und *Nosema*-Arten lassen sich in verschiedenen Zellarten auch kulturell anzüchten und anreichern. Daraus gewonnenes Material ist für die Identifikation von Arten oder Stämmen durch Antigenanalyse (Western Blot) oder PCR wichtig. Bisher ist es nicht gelungen, *Enterocytozoon* in vitro zu züchten. Serologische Verfahren zum Antikörpernachweis sind noch in Evaluation und spielen derzeit in der praktischen Diagnostik eine untergeordnete Rolle.

Therapie und Prophylaxe. Nach kasuistischen Berichten wirkt sich die Behandlung mit Albendazol (Zentel) bei enteralem und auch systemischem Befall mit *Encephalitozoon*-Arten klinisch und parasitologisch günstig aus. Hingegen waren Albendazol und verschiedene andere Medikamente gegen *Enterocytozoon bieneusi* nicht wirksam.

Balantidium coli

Erreger der Balantidiose

Balantidium coli

Balantidium coli ist ein weltweit verbreiteter Ziliat von sehr variabler Größe (30–300 µm lang), der als Dickdarmbewohner bei Affen, Ratten und besonders bei Schweinen häufig, bei Menschen allerdings selten vorkommt und gelegentlich Dickdarmentzündungen mit Geschwürbildung verursacht. Die Übertragung von Wirt zu Wirt erfolgt auf peroralem Weg durch kugelförmige Zysten (40–60 µm). Die Diagnose beruht auf dem Nachweis von Zysten oder der vegetativen Formen. Therapeutisch sind Tetrazykline und Metronidazol wirksam.

Pneumocystis carinii

Erreger der Pneumozystiose

Pneumocystis carinii kommt in weltweiter Verbreitung und recht häufig latent in der Bevölkerung vor und löst bei Personen mit Störungen der zellulären Immunabwehr, vor allem bei HIV-Patienten, die *Pneumocystis*-Pneumonie und seltener extrapulmonale Veränderungen aus. Die Infektion erfolgt durch Inhalation von Zysten. Neuere Daten weisen darauf hin, daß die bei Tieren vorkommenden Varianten von *P. carinii* für die Infektion des Menschen wahrscheinlich keine Bedeutung haben.

Erreger und Vorkommen. *P. carinii* ist ein einzelliger, eukaryontischer Parasit mit unklarer systematischer Stellung. Nach neueren molekularbiologischen Untersuchungen hat *P. carinii* mit niederen Pilzen (Zygomyceten) nähere verwandtschaftliche Beziehungen als mit Protozoen.

Der Erreger kommt in der Lunge vieler Säugetierarten (u. a. Ratte, Maus, Kaninchen, Hund, Schaf, Pferd, Affe) und beim Menschen in latenter Infektion und in weltweiter Verbreitung vor (s. a. Epidemiologie). Durch *P. carinii* verursachte Erkrankungen betreffen aber fast ausschließlich immundefiziente Personen, vor allem HIV-Patienten im Spätstadium, und selten frühgeborene und immunologisch geschädigte Kinder.

P. carinii-Isolate aus Menschen und Ratten weisen deutliche genetische und antigenetische Unterschiede auf, und man vermutet, daß sie spezifisch für die homologe Wirtsart sind. Demnach erscheinen zoonotische Übertragungen von Ratten auf Menschen und umgekehrt eher unwahrscheinlich,

Pneumocystis carinii: Diagnose und Differentialdiagnose

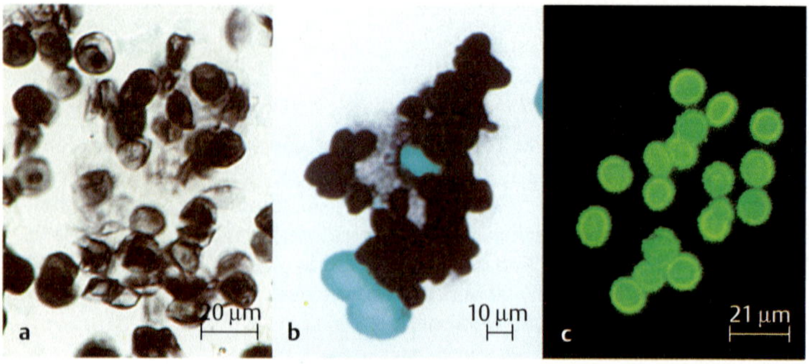

Abb. 9.**21** **a** Zysten von *P. carinii*, Grocott-Färbung; **b** Pilze, Grocott-Färbung; **c** Zysten von *P. carinii*, spezifischer Nachweis in der Immunfluoreszenz mit monoklonalen Antikörpern (Pilze fluoreszieren nicht).

doch sind definitive Aussagen – auch in bezug auf die Erregerisolate aus anderen Tierarten – noch nicht möglich.

Morphologie und Entwicklung. Die Entwicklung findet extrazellulär in den Alveolen des infizierten Wirtes statt. Der nur unvollständig bekannte Zyklus läßt sich wie folgt zusammenfassen: Nach Inhalation von Zysten (s. unten) werden aus diesen 8 einkernige „intrazystische Körperchen" (1–2 µm) frei. Sie wandeln sich in amöboide Trophozoiten (2–5 µm) um, die sich teilen und mittels oberflächlicher, pellikulärer Protrusionen an Pneumozyten vorübergehend anheften können. Einige Trophozoiten fusionieren zu einer Zygote, die sich anschließend mit einer dünnen Zystenwand umgibt und dann als Präzyste (4 × 3,5 µm) bezeichnet wird. In dieser entstehen durch mehrere Teilungsschritte 8 intrazystische Körperchen, womit die Präzyste zu der dickwandigeren reifen Zyste wird. Diese ist ein rundliches Gebilde (5–8 µm), das mit Methenamin-Silbernitrat (Grocott-Gomori-Färbung) dunkel anfärbbar ist (Abb. 9.**21**). Nach Färbung sind in einigen Zysten intrazystische Körperchen in wechselnder Zahl erkennbar, andere erscheinen leer. Die Wand mancher Zysten ist gefaltet, ein Teil der Zysten ist kollabiert und nimmt dadurch eine halbmondförmige oder kaffeebohnenähnliche Gestalt an. Die Zysten können ausgeschieden werden oder aber im Wirt platzen und dadurch zur Autoinfektion führen.

Epidemiologie. Als gesichert wird angenommen, daß die Erregerübertragungen aerogen durch Inhalation von *P. carinii*-Zysten in Tröpfchen oder Staub erfolgt. Epidemiologisch bedeutend ist, daß *P. carinii* recht häufig latent in der

Bevölkerung vorkommt. Nach serologischen Untersuchungen sind in den USA und einigen europäischen Ländern rund 2/3 der gesunden Kinder im Alter von 2–4 Jahren Träger von *P. carinii*. Latent bestehende Infektionen können bei Immundefizienz aktiviert werden und zur Erkrankung führen.

Im Gegensatz zur früheren Lehrmeinung, es handle sich bei der *P. carinii*-Infektion um eine Zoonose, wird heute angenommen, daß der Erreger von Mensch zu Mensch bzw. von Tierart zu Tierart übertragen wird (s. o.).

Krankheitsbild. Die *Pneumocystis*-Infektion verläuft in den meisten Fällen latent. Prädisposition für die Erkrankung ist eine Schwächung der zellvermittelten Immunabwehr, besonders bei Absinken der Zahl der CD_4-Zellen auf < 200 pro µl. Im Krankheitsbild sind pulmonale und extrapulmonale Formen zu unterscheiden.

- **Pulmonale Form.** In früheren Jahren war die Pneumozystiose vor allem als seuchenhafte Erkrankung von Frühgeborenen und geschwächten Säuglingen gefürchtet, bei denen sie sich als interstitielle, plasmazelluläre Pneumonie manifestiert. In jüngerer Zeit wird die Erkrankung vermehrt bei Personen aller Altersgruppen, vor allem aber bei Erwachsenen beobachtet, bei denen die zelluläre Immunabwehr durch andere Erkrankungen (angeborene oder erworbene Immunmangelsyndrome, chronische Infektionen), immunsuppressive Therapie bei Tumor- und Transplantationspatienten) und chronische Mangelernährung geschwächt ist. Bei HIV-Infizierten stellt die Pneumozystiose eine sehr häufige (35–90% der Fälle) Komplikation dar, bei anderen Formen der Immundefizienz ist sie seltener (< 2% der Fälle).

  Nach einer Inkubationszeit von vermutlich mehreren Wochen entwikkeln sich bei den Patienten Anzeichen der Pneumonie mit unproduktivem Husten, Fieber oder subfebrilen Temperaturen, progredienter Dyspnoe, Tachypnoe und anderen Symptomen. Der Verlauf kann akut oder subakut bis chronisch sein. In den ersten Jahren der AIDS-Epidemie lag die durch Pneumozystiose verursachte Letalität bei etwa 50%, durch Therapie- und Prophylaxemaßnahmen kann sie jetzt erheblich auf etwa 10% gesenkt werden.

In fortgeschrittenen Fällen der Pneumonie sind die Alveolen in den betroffenen Lungenbezirken mit Flüssigkeit und einem stark vakuolisierten, amorphen, eosinophilen Material ausgefüllt, in dem sich Erreger nachweisen lassen. Daneben finden sich interstitielle Infiltrate, vornehmlich aus Lymphozyten, Plasmazellen und Histiozyten. Dadurch wird der Gasaustausch erheblich behindert,

- **Extrapulmonale Formen.** Extrapulmonale Komplikationen werden vor allem bei Patienten im fortgeschrittenen Stadium von AIDS beobachtet (etwa 2,5 % der Fälle), z. B. Infektion des äußeren Gehörganges und des Mittelohres, der Augen, des ZNS, der Lymphknoten, der Leber, des Pankreas, des Knochenmarks usw. Dabei wird eine Verbreitung der Erreger durch die Eustachische Röhre (bei Ohrinfektion) bzw. auf dem Blutweg angenommen.

Diagnose. Die ätiologische Diagnose erfolgt durch den direkten Erregernachweis (Färbungen: Grocott-Gomori, Giemsa, Toluidinblau u. a.; Immunfluoreszenz-Test (IFT) mit monoklonalen Antikörpern) oder mittels PCR. Als Ausgangsmaterial dient in erster Linie „induziertes" Sputum, das 10 – 20 Minuten nach Inhalation eines Aerosols aus 3 %iger Kochsalzlösung gewonnen wird. Bei einmalig oder wiederholt negativem Resultat wird eine Bronchiallavage durchgeführt und das Sediment der Spülflüssigkeit untersucht. Färbemethoden haben dabei eine Sensitivität von etwa 75 – 80 %, mit dem IFT und der PCR werden Sensitivitäten bis zu 95 % erreicht. Differentialdiagnostisch sind vor allem Pilze (*Candida*) zu berücksichtigen (Abb. 9.**21**). Serologische Methoden zum Nachweis von Antikörpern oder Antigen im Serum sind nicht ausreichend zuverlässig.

Therapie und Prophylaxe. Die akute Pneumozystiose wird mit Cotrimoxazol (Bactrim), Pentamidin (Pentacarinat) oder einer Kombination beider Wirkstoffe behandelt. Beide Präparate rufen bei einem hohen Prozentsatz (> 45 %) der AIDS-Patienten Nebenwirkungen hervor. Pentamidin-Inhalation wird bei AIDS-Patienten zur sekundären Prophylaxe im Anschluß an die Akuttherapie eingesetzt.

10 Helminthen

J. Eckert

Helminthen (helmins: Wurm) sind parasitisch lebende Metazoen aus den Tierstämmen Plathelminthes (Plattwürmer) und Nematoda (Rundwürmer). Eine Übersicht zur Taxonomie bietet Tab. 10.**1**.

Tabelle 10.**1** Übersicht zur Taxonomie der im Text erwähnten Helminthen

Stamm ▪ Klasse	**Ordnung**	**Gattung**
Plathelminthes		
▪ **Trematodea** (= Trematoda)	Strigeidida	*Schistosoma, Bilharziella, Trichobilharzia*
	Echinostomida	*Fasciola, Fasciolopsis, Echinostoma*
	Plagiorchiida	*Dicrocoelium, Paragonimus*
	Opisthorchiida	*Opisthorchis, Clonorchis, Heterophyes, Metagonimus*
▪ **Cestodea** (= Cestoda)	Pseudophyllida	*Diphyllobothrium*
	Cyclophyllida	*Taenia, Echinococcus, Hymenolepis*
Nematoda		
▪ **Secernentea**	Rhabditida	*Strongyloides*
	Strongylida	*Ancylostoma, Necator, Trichostrongylus, Angiostrongylus*
	Oxyurida	*Enterobius*
	Ascaridida	*Asacaris, Toxocara, Baylisascaris, Anisakis, Phocanema, Contracaecum*
	Spirurida	*Wuchereria, Brugia, Loa, Onchocerca, Mansonella, Dracunculus*
▪ **Adenophorea**	Enoplida	*Trichuris, Trichinella*

Eier und Larven wichtiger Helminthen

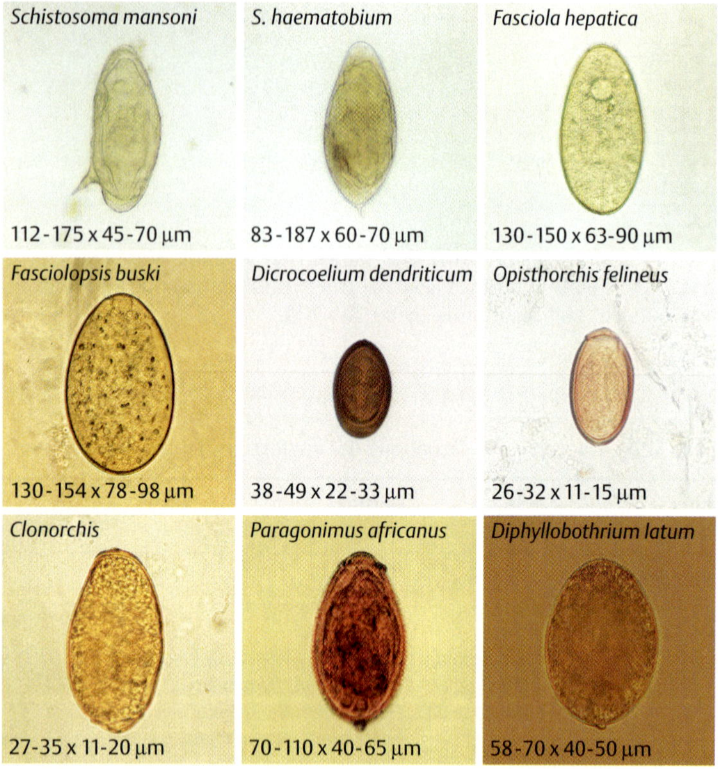

Abb. 10.**1** Differentialdiagnose der Eier wichtiger Helminthen (Trematoden, Zestoden und Nematoden) sowie der Larven von *Strongyloides stercoralis*. Abbildungen sind nicht im gleichen Maßstab, daher Größenangaben beachten! (Aufnahmen von Hymenolepsis und Enterobius: H. Mehlhorn, Düsseldorf.) (s. a. S. 591)

Eier und Larven wichtiger Helminthen

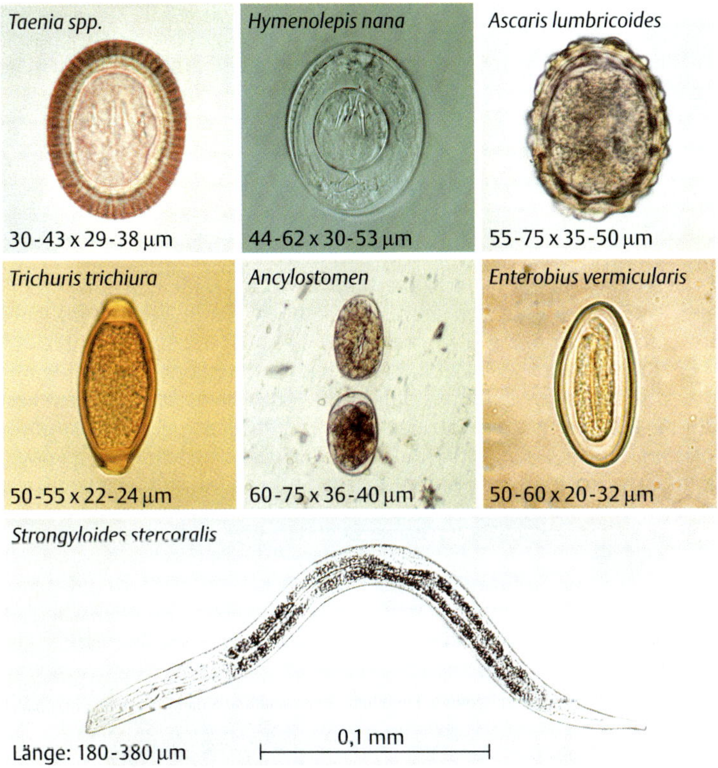

Abb. 10.**1** *Fortsetzung*

Trematoda (Saugwürmer)

Allgemeines. Die bei Menschen parasitierenden Trematodenarten sind dorsoventral abgeplattet und haben eine ovale bis lanzettförmige Gestalt, mit Ausnahme der fadenartigen Schistosomen. Als Haftorgane dienen Saugnäpfe (trema: Loch, Öffnung), und zwar ein Mundsaugnapf, der die Mundöffnung umgibt und mit dem Ösophagus sowie dem blind endenden Darm in Verbindung steht, und ein ventral gelegener Bauchsaugnapf. Die Körperoberfläche ist von einem kernhaltigen, oberflächlich zu einem Synzytium verschmolzenen

Integument bedeckt, durch das Stoffe aus der Umgebung aufgenommen werden können. Die meisten Arten sind Zwitter; nur bei den Schistosomen sind die Geschlechter getrennt. Im Entwicklungszyklus fungieren Schnecken als erste und bei einigen Arten Arthropoden oder Fische als zweite Zwischenwirte.

Schistosoma (Pärchenegel)

Erreger der Schistosomose oder Bilharziose

■ Die Schistosomose (Bilharziose) ist mit etwa 200 Millionen infizierter Personen eine der wichtigsten Tropenkrankheiten, deren Verbreitung an das Vorkommen bestimmter Zwischenwirte (Süßwasserschnecken) gebunden ist. Die Infektion des Menschen erfolgt bei Gewässerkontakt durch Eindringen von *Schistosoma*-Zerkarien in die Haut. *Schistosoma haematobium* verursacht die Blasenschistosomose, *S. mansoni, S. japonicum, S. intercalatum* und *S. mekongi* sind Erreger der Darmschistomose. Die Diagnose kann ätiologisch durch Nachweis von *Schistosoma*-Eiern im Stuhl oder Urin sowie von spezifischen Antikörpern im Serum gesichert werden. ■

Erregerarten und Vorkommen. Nach dem deutschen Arzt Th. Bilharz, der 1851 *Schistosoma haematobium* im Blutgefäßsystem des Menschen entdeckte, wird die Schistosomose auch als Bilharziose bezeichnet. Die Schistosomose kommt in 74 tropischen oder subtropischen Ländern von Afrika, Südamerika und Asien endemisch vor (Abb. 10.**2**). Die Zahl der mit Schistosomen infizierten Menschen wird auf 200 Millionen geschätzt (WHO, 1996).

Die wichtigsten humanpathogenen Arten sind *Schistosoma haematobium* (Verbreitung: Afrika, Naher Osten, Herd an indischer Westküste), *S. mansoni* (Afrika, Karibik, Länder an der südamerikanischen Ostküste) und *S. japonicum* (Südostasien und Westpazifik, vor allem China, Indonesien, Philippinen, nicht mehr in Japan). *S. intercalatum* tritt fokal in Zentral- und Westafrika auf, *S. mekongi* kommt in Laos, Kambodscha und Thailand vor (WHO, 1993).

Morphologie und Entwicklung. Die einzelnen *Schistosoma*-Arten lassen sich aufgrund morphologischer Kriterien voneinander unterscheiden (Tab. 10.**2**). Das relativ dicke Männchen formt mit den Seitenrändern des Körpers eine ventrale Rinne (Canalis gynaecophorus) und schließt das mehr fadenförmige Weibchen darin ein. Dadurch erscheint der Körper des Männchens wie längsgespalten (schizein: spalten; soma: Körper) (Abb. 10.**3**). Die adulten Parasiten leben im Lumen von Venen. Weitere Angaben sind in Tab. 10.**2** zusammengefaßt, Abb. 10.**4** (S. 563) zeigt den Entwicklungszyklus.

Verbreitung von Schistosomen

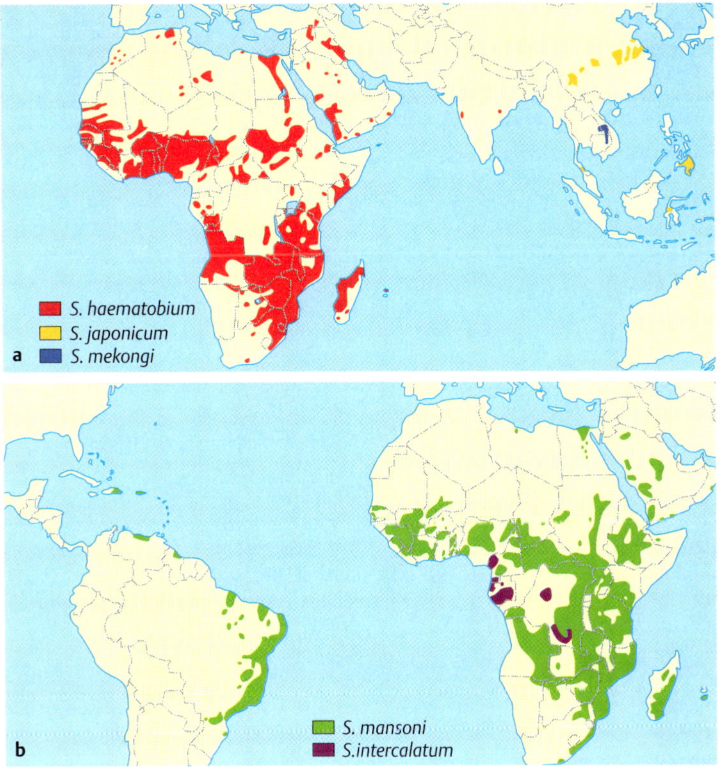

Abb. 10.**2** **a** *Schistosoma haematobium, S. japonicum* und *S. mekongi;* **b** *S. mansoni* und *S. intercalatum*. (Nach WHO Technical Report Series No. 830. Genf: World Health Organization: 1993.)

Schistosoma mansoni-Pärchen

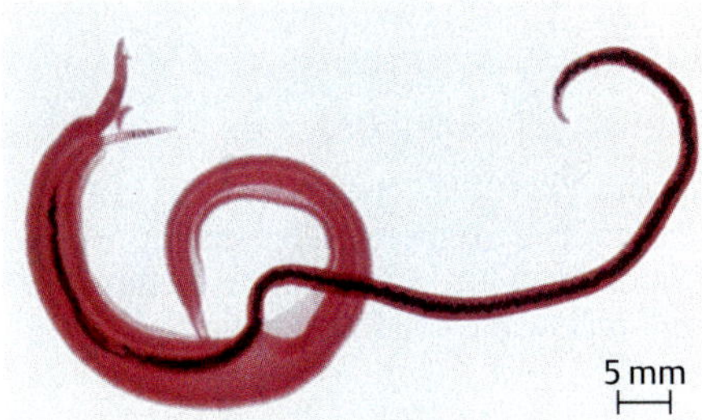

Abb. 10.**3** Das fadenförmige Weibchen befindet sich in einer Rinne im Körper des Männchens.

Tabelle 10.2 Schistosoma-Arten des Menschen[1]

Schistosoma-Art und Länge (mm)	**Hauptlokalisation der Adultstadien**[2]	**Eier: Merkmale, Maße (µm) und Ausscheidung** (A)	**Z: Zwischenwirte (Schnecken), R: Tiere als Reservoirwirte** [4]
S. haematobium ♂: 7 – 15 ♀: 9 – 20	Venengeflechte im kleinen Becken (Harnblase u. a.)	spindelförmig mit Endstachel, 83 – 187 × 60 – 70. A: Harn, selten Stuhl	Z: *Bulinus*-Arten. R: (Affen)
S. intercalatum ♂: 11 – 14 ♀: 13 – 24	Mesenterialvenen	spindelförmig mit Endstachel, 140 – 240 × 50 – 85. A: Stuhl[3]	Z: *Bulinus*-Arten. R: Schafe, Ziegen
S. mansoni ♂: 6 – 10 ♀: 7 – 15	Mesenterialvenen	spindelförmig, mit Seitenstachel, 112 – 175 × 45 – 70. A: Stuhl	Z: *Biomphalaria*-Arten. R: (Paviane, Nagetiere)
S. japonicum ♂: 7 – 20 ♀: 10 – 26	Mesenterialvenen	elliptisch, Seitenstachel winzig oder fehlend, 70 – 100 × 50 – 65. A: Stuhl	Z: *Oncomelania*-Arten. R: Rind, Büffel, Schwein, Hund, Nagetiere u. a.
S. mekongi ♂: 10 – 18 ♀: 14 – 20	Mesenterialvenen	elliptisch, Seitenstachel winzig oder fehlend, 50 – 65 × 30 – 55. A: Stuhl	Z: *Neotricula*-Arten. R: Hund

1 Modifiziert nach Davis in Cook (1996) und WHO (1993).
2 Lokalisation nicht absolut spezifisch; adulte Stadien auch in Gefäßen der Leber, Lunge und seltener in anderen Organen.
3 Im Gegensatz zu *S. haematobium* nach Ziehl-Neelsen anfärbbar.
4 In Klammern: Von untergeordneter oder lokaler Bedeutung.

Die geschlechtsreifen *Schistosoma*-Weibchen legen, bevorzugt in den kleinen Venen des Darmes oder des Urogenitaltraktes, täglich je nach Art etwa 100 – 3500 Eier mit einem unreifen Mirazdium (= Wimperlarve) ab, das während des Aufenthalts im Wirt innerhalb von 6 – 10 Tagen heranreift und etwa 3 Wochen lebensfähig bleibt (Abb. 10.**4**). Am Ablageort liegen die Eier in den

Schistosoma mansoni: Entwicklungszyklus

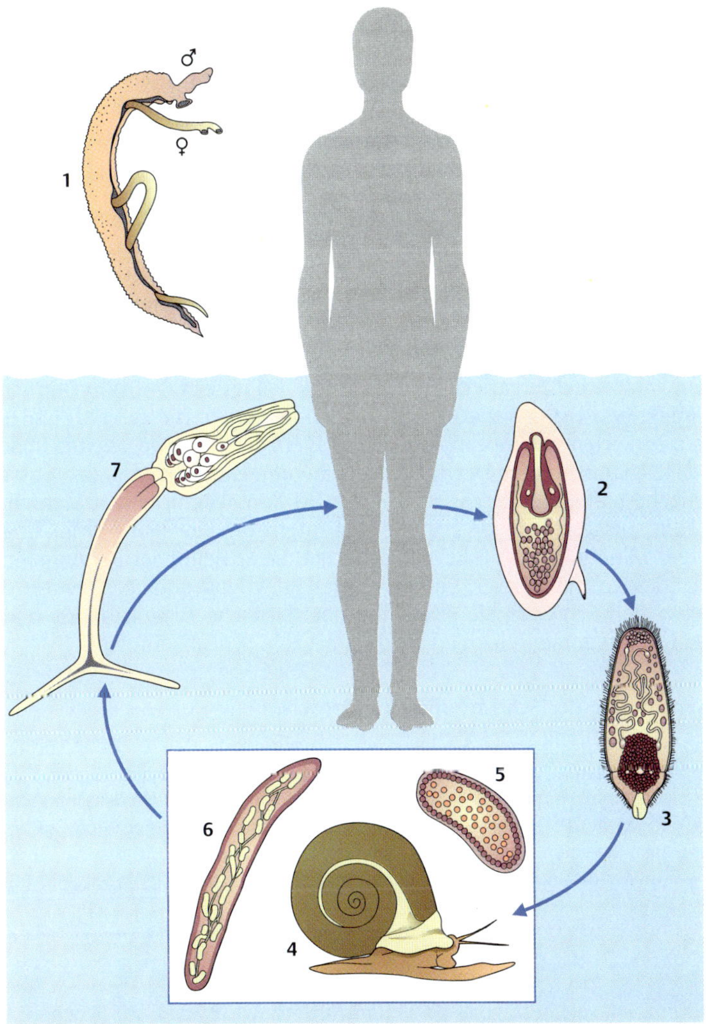

Abb. 10.**4** **1** Männchen und Weibchen; **2** Ei mit Mirazidium; **3** Mirazidium; **4** Zwischenwirt (*Biomphalaria glabrata*); **5** Sporozyste; **6** Tochtersporozyste mit Zerkarien; **7** Gabelschwanzzerkarie. (Nach Piekarski G. Medizinische Parasitologie in Tafeln. 2. Aufl. Berlin: Springer: 1973.)

kleinen Venen kettenförmig aufgereiht, wobei ein enger Kontakt zum Endothel durch eine Schleimschicht auf der Oberfläche der Eier (bei *S. japonicum*), eventuell auch durch den Ei-Stachel (bei *S. mansoni, S. haematobium, S. intercalatum*) begünstigt wird. Ein Teil der Eier penetriert die Gefäßwand sowie das umliegende Gewebe und erreicht schließlich das Lumen der Harnblase oder des Darmes (im Körper verbleibende Eier: s. Pathogenese). Am Penetrationsvorgang sind Enzyme beteiligt, die vom Mirazidium produziert und durch Mikroporen in der Eischale in die Umgebung ausgeschieden werden. Im Stuhl oder Harn gelangen die Eier einige Wochen nach der Infektion an die Außenwelt (s. unten). Geraten sie dabei ins Süßwasser, schlüpfen bei günstigen Umgebungsbedingungen die Mirazidien aus der Eihülle und beginnen mit der Suche nach einem geeigneten Zwischenwirt (Abb. 10.**4**).

Als Zwischenwirte fungieren verschiedene Gattungen und Arten von Süßwasserschnecken (Tab. 10.**2**), in denen sich aus den eingedrungenen Mirazidien durch ungeschlechtliche Vermehrung über Mutter- und Tochtersporozysten zahlreiche Zerkarien entwickeln, die frühestens 3–6 Wochen nach der Infektion ins Wasser auszuschwärmen beginnen. Die ca. 340–520 µm langen Zerkarien sind morphologisch vor allem durch den gegabelten Ruderschwanz charakterisiert. Die frei umherschwimmenden oder an der Wasseroberfläche haftenden Zerkarien dringen bei Kontakt mit einem Menschen mit Hilfe ausgeschiedener Enzyme und intensiver Bewegungen innerhalb weniger Minuten in die Haut ein, selten in die Schleimhaut bei Aufnahme von Zerkarien mit Wasser. Im Verlauf des Infektionsvorganges verliert die Zerkarie den Schwanz, sie streift die oberflächliche Glykokalix ab, bildet ein neues Integument aus und wird damit zum Schistosomulum.

Wanderung der Schistosomen im Menschen

Infektion → Schistosomula durchwandern das subkutane Gewebe → Aufsuchen venöser Kapillaren oder Lymphgefäße → Wanderung über venösen Kreislauf in die rechte Herzkammer und die Lunge → hämatogen in die intrahepatischen Verzweigungen der Pfortader → dort Entwicklung zu adulten Würmern und Paarbildung aus Männchen und Weibchen kurz vor Erreichen der Geschlechtsreife → retrograde Wanderung der Paare in die Mesenterialvenen bzw. die Venengeflechte des kleinen Beckens (Tab. 10.**2**).

Die Präpatenzzeit beträgt je nach *Schistosoma*-Art etwa 4–10 Wochen. Im Endwirt überleben die Schistosomen durchschnittlich 2–5 Jahre, einzelne jedoch 20–40 Jahre.

Epidemiologie. Als autochthone Infektion kommt die Schistosomose in tropischen und subtropischen Gebieten vor. Zwischenwirte für *S. haematobium*,

S. mansoni, S. intercalatum und *S. mekongi* sind aquatische Süßwasserschnecken (Tab. 10.**2**), die stehende oder langsam fließende Gewässer bevorzugen. Bei den Zwischenwirten von *S. japonicum* handelt es sich um amphibisch lebende Schnecken, die sich auch auf feuchtem Boden und an Pflanzen aufhalten, z. B. in Reisfeldern.

Obwohl in die Zyklen aller *Schistosoma*-Arten Tiere mit einbezogen sein können, ist bei den meisten Arten der Mensch das wichtigste Erregerreservoir (Tab. 10.**2**). Bei *S. japonicum* und evtl. auch bei *S. mekongi* haben allerdings Tiere einen erheblichen Anteil an der Ausstreuung von *Schistosoma*-Eiern. Tropenreisende können sich in endemischen Gebieten infizieren, selbst bei einmaligem Gewässerkontakt.

Pathogenese und Krankheitsbild. Pathogenese und Krankheitsverlauf lassen sich in folgende Phasen einteilen:

- **Penetrationsphase:** Eindringen der Zerkarien in die Haut mit reaktionslosem Verlauf oder – besonders bei wiederholter Exposition – mit Juckreiz und Hautveränderungen (Erythem, Papeln), die in wenigen Tagen wieder abklingen.
- In der **akuten Phase** können etwa 2–10 Wochen nach einer starken Erstinfektion neben Fieber u. a. Kopf- und Gliederschmerzen, Urtikaria, Bronchitis, Schmerzen im Oberbauch, Schwellung von Leber, Milz und Lymphknoten, Störungen der Darmfunktion und Eosinophilie auftreten (= Katayama-Syndrom). Aufgrund der Freisetzung von *Schistosoma*-Antigenen steigen die Antikörperspiegel (IgM, IgG, IgA) im Serum rasch an, und es werden Immunkomplexe gebildet, die in den Nieren Glomerulopathien verursachen können. Diese Erscheinungen bestehen einige Tage bis zu mehreren Wochen. Gewöhnlich werden *Schistosoma*-Eier zu Beginn dieses Stadiums noch nicht ausgeschieden (s. Präpatenzzeiten). Bei schwacher Infektion verläuft diese Phase in der Regel latent oder subklinisch.
- **Chronische Phase:** Mit der Eiablage durch die *Schistosoma*-Weibchen und nach einer Inkubationszeit von etwa 2 Monaten oder länger beginnt die pathogenetisch bedeutsamste Phase. Ein erheblicher Anteil der abgelegten Eier (bis > 50 %) verbleibt in den Körpergeweben des Menschen, und zwar nicht nur in der Nähe des Ansiedlungsortes der Würmer (Harnblase, Darm), sondern nach Verschleppung über den Blutkreislauf auch in entfernteren Lokalisationen (vor allem in Leber und Lunge, seltener im ZNS, in der Haut und in anderen Organen), wo sie in kleinen Gefäßen stecken bleiben.

Die etwa 3 Wochen lebensfähigen Mirazidien produzieren Antigene (Proteine, Glykoproteine), die durch die Eischale ins Gewebe austreten und auch noch nach Absterben der Wimperlarve in den Eiern vorhanden sind. Nach Stimulation von T-Lymphozyten entstehen unter Mitwirkung von Zytokinen granulomartige Reaktionsherde (sog. „Pseudotuberkel"). Dabei gruppieren sich um einzelne oder mehrere zentral gelegene Eier vor allem Makrophagen, neutrophile und eosinophile Granulozyten sowie Fibroblasten (Abb. 10.**5**). Diese Herde können konfluieren und Ausgangspunkt größerer, granulomatöser Wucherungen sein, die in das Lumen von Blase oder Darm hineinragen. Die im Gewebe abgelagerten Eier sterben innerhalb von etwa 3 Wochen ab. Sie werden abgebaut oder verkalken, während die Granulome durch Bindegewebe ersetzt werden. Damit entstehen in zunehmendem Maße fibröse Veränderungen.

Entsprechend der Lokalisation der Hauptveränderungen lassen sich verschiedene **Hauptformen der Schistosomose** unterscheiden:

- **Blasenschistosomose (Blasenbilharziose):** Erreger *S. haematobium.*

Inkubation: 10 – 12 Wochen oder länger, **Morbiditätsrate** hoch, bis zu 50 – 70 %.

Symptome und Veränderungen: Hämaturie (vorwiegend der letzten Harnportion), Miktionsbeschwerden, Hyperämie, zunehmende Fibrose, 1 – 2 mm große Knötchen, Nekrosen, Geschwüre und Verkalkung der Blasenwand, Pyelo- und Hydronephrose, Strikturen der Urethra, Veränderungen an den Geschlechtsorganen. In manchen Gebieten wird die Entstehung von Blasenkrebs durch die Infektion mit *S. haematobium* begünstigt.

- **Darmschistosomose (Darmbilharziose):** Erreger hauptsächlich *S. mansoni* und *S. japonicum*, auch *S. mekongi* (selten Rektumveränderungen durch *S. haematobium*).

Inkubation: 4 – 12 Wochen (akute Phase), Monate – Jahre (chronische Phase).

Symptome und Veränderungen: Initialer Infektionsverlauf selten klinisch manifest (s. oben: Katayama-Syndrom), meist latent oder subklinisch. In chronischer Phase fast ausschließlich **Dickdarmveränderungen** mit Hyperämie, granulomatösen Knötchen, Papillomen („Bilharziome"), Ulzerationen, Blutungen und zunehmender Fibrose. Als Symptome der **intestinalen Schistosomose** treten u. a. Bauchschmerzen und blutige Diarrhö in Erscheinung.

- **Hepatolienale Schistosomose:** Erreger vor allem *S. japonicum*, seltener *S. mansoni.*

Die durch Eier verursachte Fibrose um die Pfortaderäste in der Leber („Tonpfeifenstielfibrose" nach Symmers) führt u. a. zur Behinderung des Blutflusses, portaler Hypertonie, Splenomegalie, Aszites sowie zu Hämorrhagien im

Schistosoma-Granulom in der Leber

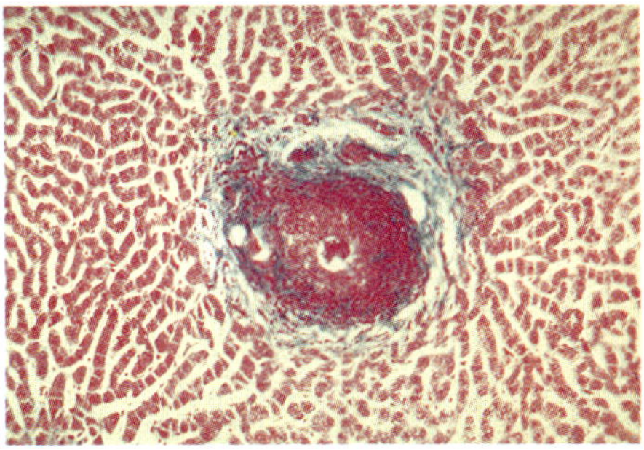

Abb. 10.**5** Im Zentrum des Granuloms ist der Anschnitt eines Eies zu sehen.

Verdauungskanal. **Lungenschistosomose** wird vor allem bei schweren Infektionen mit *S. mansoni* beobachtet, seltener bei Infektionen mit den anderen Arten (einschließlich *S. haematobium*). **Zerebrale Schistosomose** ist bei *S. japonicum*-Befall relativ häufig (bei 2–4%).

- **Zerkariendermatitis.** Hautveränderungen (Juckreiz, Rötung, Quaddeln, Papeln) bei Menschen, verursacht durch (wiederholtes) Eindringen von Zerkarien von Schistosomatiden, die in Vögeln (z. B. *Bilharziella, Trichobilharzia*) oder Säugern parasitieren. Die Infektion kann in Süß- oder Meerwasser weltweit auftreten und wird als „Badedermatitis" („swimmer's itch") bezeichnet. Die Symptome klingen in der Regel nach einigen Tagen ab. Zerkarien humanpathogener Schistosomen können ähnliche, meist mildere, Symptome hervorrufen.

Immunität. In der Bevölkerung endemischer Gebiete steigen Prävalenz und Intensität der *Schistosoma*-Infektionen bis zum 15. Lebensjahr, danach erfolgt ein Rückgang, gewöhnlich verbunden mit reduzierter Eiausscheidung. Dem liegt ein Immunitätsstatus zugrunde, der als „concomitant immunity" bezeichnet wird. Dabei ist der Wirt gegen eine erneute Infektion mit Zerkarien ganz oder teilweise geschützt, die bereits im Körper etablierten Schistosomen werden aber nicht eliminiert und können Jahre bis Jahrzehnte überleben.

Die Immunabwehr richtet sich gegen die in den Körper eingedrungenen, wenige Stunden alten Schistosomula, die auf ihrer Oberfläche eigene Antigene präsentieren. Durch Vermittlung spezifischer Antikörper, die gegen solche Antigene gerichtet sind, und/oder Komplement können junge Schistosomula abgetötet werden, vor allem durch Eosinophile und Makrophagen. Sobald die Schistosomula die Lunge erreicht haben, sind sie gegen solche zytotoxischen Reaktionen resistent. Ursache dafür ist, daß die älteren Schistosomula in der

Lage sind, Wirtsantigene (z. B. Blutgruppen- oder Histokompatibilitätsantigene) zu akquirieren sowie wirtsähnliche Makromoleküle zu synthetisieren und sich damit oberflächlich zu maskieren (= molekulare Mimikrie), so daß sie der Immunabwehr entgehen (= Immunevasion). Daneben sind noch andere mögliche Mechanismen der Immunevasion beschrieben worden, z. B. das Abstreifen von Teilen des Integuments und die Ausscheidung immunsuppressiver Substanzen.

Der aktuelle Immunstatus von *Schistosoma*-infizierten Personen wird offenbar mitbestimmt durch das Verhältnis von Antikörpern, welche die oben erwähnten zytotoxischen Immunreaktionen fördern (IgE, evtl. IgA) oder aber hemmen (IgM, IgG_2 oder IgG_4).

Diagnose. Nach Ablauf der Präpatenz, d. h. frühestens 4 – 10 Wochen nach der Infektion, ist der Nachweis von Eiern im Stuhl bzw. im Urinsediment möglich (Tab. 10.**2**, S. 562). Die Eier lassen sich auch in Biopsien der Darm- oder Blasenwand feststellen. Immundiagnostische Verfahren (Tab. 11.**5**, S. 639) sind besonders nützlich zur Feststellung der Infektion vor Beginn der Eiausscheidung (wichtig bei Tropenrückkehrern!). Bei Blasenschistosomose ist der Nachweis der Mikrohämaturie mittels Teststreifen ein wichtiges diagnostisches Hilfsmittel. In epidemiologischen Studien hat sich die klinische Untersuchung mit Hilfe portabler Ultraschallgeräte als sehr sensitive Methode zur Feststellung von Veränderungen der Leber und des Urogenitaltraktes erwiesen (WHO, 1993).

Therapie. Mittel der Wahl zur Chemotherapie der Schistosomose ist Praziquantel (Biltricide), das eine hohe Wirksamkeit gegen alle *Schistosoma*-Arten hat und gut verträglich ist. Metrifonat (Bilarcil) und Oxamniquin (Mansil, Vansil) wirken nur gegen *S. haematobium* bzw. gegen *S. mansoni*.

Bekämpfung und Prophylaxe. Die Bekämpfung der Schistosomose beruht heute vorwiegend auf der planmäßigen medikamentösen Behandlung bestimmter Bevölkerungsgruppen (WHO, 1993). Dadurch lassen sich Morbidität und Mortalität sowie die Eiausscheidung deutlich reduzieren. Hygienische oder organisatorische Maßnahmen (Bau von Aborten, Verbesserung der Wasserversorgung u. a.) haben zum Ziel, die Ausstreuung von *Schistosoma*-Eiern bzw. Kontakte mit verseuchten Gewässern zu reduzieren. Die Bekämpfung der Zwischenwirtsschnecken mit chemischen Mitteln ist – vor allem aus ökologischen Gründen – sehr in den Hintergrund getreten.

Zur individuellen Prophylaxe ist in *Schistosoma*-Gebieten Hautkontakt mit natürlichen oder künstlichen Gewässern (Süßwasser) zu vermeiden. Möglicherweise mit Zerkarien kontaminiertes Trinkwasser muß abgekocht, chloriert oder durch Filtration dekontaminiert werden.

Fasciola hepatica (Großer Leberegel) und F. gigantica (Riesenleberegel)

Erreger der Fasziolose

Fasciola hepatica und *F. gigantica* sind häufige Gallengangsparasiten von Hauswiederkäuern. In ihrem Entwicklungszyklus dienen Süßwasserschnekken als Zwischenwirte. Menschen infizieren sich akzidentell durch Genuß von Pflanzen (z. B. Wasserkresse), an denen infektiöse Stadien (Metazerkarien) der Parasiten haften.

Vorkommen. *Fasciola hepatica* ist ein weltweit verbreiteter, bedeutsamer Parasit von Hauswiederkäuern, der aber auch andere Tiere befällt. Sporadischer oder endemischer *F. hepatica*-Befall bei Menschen wurde bisher aus rund 50 Ländern/Regionen aller Kontinente gemeldet (WHO, 1995). Aus Asien und Afrika sind auch Infektionen des Menschen mit dem bis zu 7,5 cm langen Riesenleberegel (*F. gigantica*) bekannt. Die Zahl der mit *F. hepatica* oder *F. gigantica* infizierten Personen wird auf 2,4 Millionen geschätzt (WHO, 1995).

Leberegel

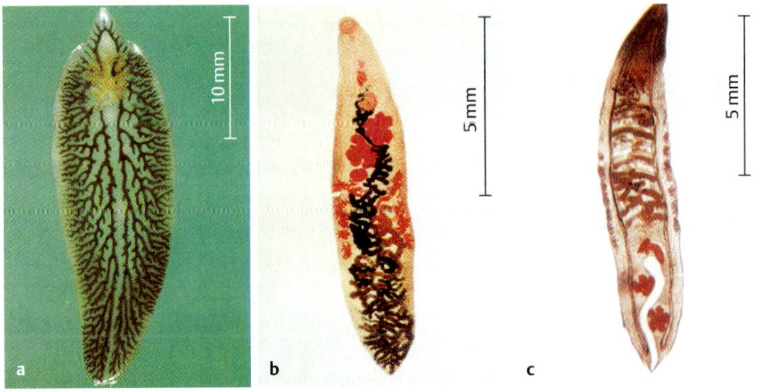

Abb. 10.**6** **a** *Fasciola hepatica*, adultes Stadium mit blutgefüllten Darmverzweigungen; **b** *Dicrocoelium dendriticum*, adultes Stadium; **c** *Opisthorchis felineus*, adultes Stadium (Aufnahme a: K. Wolff, Zürich; c: V. Kumar, Antwerpen).

Erreger, Entwicklung und Epidemiologie. *F. hepatica* ist ein abgeplatteter, einem Lorbeerblatt ähnelnder Parasit, etwa 2–5 cm lang und maximal 1 cm breit. Besondere Kennzeichen sind der vom übrigen Körper etwas abgesetzte „Kopfkonus" und die starke Verzweigung verschiedener innerer Organe (Abb. 10.**6a**).

Die adulten Leberegel parasitieren in den Gallengängen. Sie produzieren große (etwa 130 × 85 μm), goldgelb gefärbte, gedeckelte Eier (Abb. 10.**1**, S. 558), die über die Gallenwege und den Darmkanal des Wirtes an die Außenwelt gelangen. Unter günstigen Bedingungen entwickelt sich innerhalb einiger Wochen im Ei eine bewimperte Larve, das Mirazidium, welches ausschlüpft und in eine Süßwasserschnecke (in Mitteleuropa *Lymnaea truncatula*) eindringt und sich zur Sporozyste umformt. Über weitere, ungeschlechtliche Vermehrungsstadien (Redien) entstehen schließlich mit einem Schwanz versehene Zerkarien, die in das Wasser ausschwärmen. Nach kurzer Zeit setzen sie sich an Pflanzenteilen fest, wo sie sich enzystieren und damit zu infektionsfähigen Metazerkarien werden, die mit pflanzlicher Nahrung von Endwirten aufgenommen werden können. Beim Menschen stellt der Genuß metazerkarienbehafteter Wasserkresse eine der möglichen Infektionsquellen dar.

Die im Dünndarm schlüpfenden juvenilen Leberegel durchdringen die Darmwand und wandern über die Peritonealhöhle in die Leber ein. Nach einer etwa 6–7 Wochen langen Migration durch das Leberparenchym gelangen die Parasiten schließlich in die Gallenwege, wo sie geschlechtsreif werden. Frühestens 2–3 Monate nach der Infektion beginnt die Eiausscheidung.

Krankheitsbild. Die Infektion kann inapparent verlaufen oder nach einer Inkubationszeit von 4–6 Wochen mit Abdominalschmerzen, Hepatomegalie, Fieber, Leukozytose und Eosinophile (akute Phase) bzw. mit hepatocholangitischen Erscheinungen (chronische Phase) und Anämie einhergehen. Gelegentlich wandern die Parasiten auch in andere Organe ein.

Diagnose. Leukozytose, Eosinophilie und Erhöhung leberspezifischer Enzyme im Serum sind vor allem während der Wanderphase der Leberegel zu erwarten. Der Nachweis der Eier (Abb. 10.**1**, S. 558) im Stuhl oder Duodenalsaft gelingt frühestens 2–3 Monate nach der Infektion. Bei Patienten aus Asien sind differentialdiagnostisch Eier der Dünndarmparasiten *Echinostoma* und *Fasciolopsis* (Abb. 10.**1**) zu berücksichtigen, die denen von *Fasciola* sehr ähneln. Zum Antikörpernachweis im Serum stehen mehrere serologische Verfahren zur Verfügung (Tab. 11.**5**, S. 639).

Therapie und Prophylaxe. Das bei Haustieren eingesetzte Triclabendazol (Fasinex) ist auch bei Fasziolose des Menschen gut wirksam und verträglich (ad usum humanum nicht registriert). Durch Verzicht auf den Verzehr roher

Wasserkresse und anderer möglicherweise mit Metazerkarien behafteter Pflanzenteile kann die Infektion vermieden werden.

Dicrocoelium dendriticum

Kleiner Leberegel, Lanzettegel (Erreger der Dikrozöliose)

Dicrocoelium dendriticum

Der Lanzettegel (0,5 – 1 × 0,2 cm) (Abb. 10.**6b**), ein Gallengangsparasit von Schaf, Rind u. a. pflanzenfressenden Tieren, tritt in der nördlichen Hemisphäre regional gehäuft auf (u. a. Süddeutschland, Österreich, Schweiz) und entwickelt sich in einem Zyklus mit zwei Zwischenwirten (gehäusetragende Landschnecken und Ameisen). Menschen infizieren sich durch zufällige Aufnahme von Ameisen, die infektiöse Metazerkarien des Lanzettegels enthalten. Solche Infektionen sind selten; sie verlaufen symptomlos oder sind mit milden Abdominal- und Leberbeschwerden verbunden. Die Diagnose erfolgt durch Nachweis der Eier im Stuhl (40 × 25 µm, oval, dunkelbraun, enthalten ein Mirazidium mit zwei runden „Keimkernen") (Abb. 10.**1**, S. 558). Der Verzehr befallener Rinder- oder Schafleber kann zur Eiausscheidung im Stuhl führen, ohne daß eine Infektion vorliegt (Darmpassage). Differentialdiagnostisch sind die Eier von *Opisthorchis* und *Clonorchis* in Betracht zu ziehen (Abb. 10.**1**). Chemotherapeutisch erwies sich in Tierversuchen Praziquantel als wirksam (s. auch Opisthorchiose).

Opisthorchis und Clonorchis (Katzenleberegel und Chinesischer Leberegel)

Erreger der Opisthorchiose bzw. der Clonorchiose

■ Leberegel der Gattungen *Opisthorchis* und *Clonorchis* kommen vor allem in Osteuropa und Asien vor. In den Zyklus sind zwei Zwischenwirte eingeschaltet (Wasserschnecken, Fische). Die Infektion erfolgt mit Rohfisch, der infektiöse Stadien (Metazerkarien) enthält. Die Diagnose basiert vor allem auf dem Nachweis von Eiern im Stuhl oder Duodenalaspirat. ■

Erreger und Vorkommen. Die Vertreter dieser Gattungen ähneln in Größe (Länge: 1 – 2 cm) und Form dem Lanzettegel (*Dicrocoelium dendriticum*). Unterscheidungsmerkmale bieten Lage und Struktur der Hoden (ophisten: hinten; orchis: Hoden; klon: Zweig) (Abb. 10.**6c**).

Opisthorchis felineus kommt in Fluß- und Seegebieten Mittel- und Osteuropas sowie asiatischer Länder der ehemaligen Sowjetunion vor; *Opisthorchis viverrini* tritt in Thailand, Laos und Kambodscha auf; *Clonorchis sinensis* ist in

Rußland und asiatischen Ländern verbreitet (u. a. China, Taiwan, Vietnam, Japan, Korea). Die Zahl der mit diesen drei Trematoden-Arten infizierten Personen wird auf 17 Millionen geschätzt, etwa 350 Millionen sind infektionsgefährdet (WHO, 1995).

Entwicklung und Epidemiologie. Endwirte von *Opisthorchis*- und *Clonorchis*-Arten sind fischfressende Säugetiere (Katze, Hund, Schwein u. a.) sowie der Mensch, in denen die Trematoden die Gallengänge besiedeln. Die Entwicklung ist an verschiedene Arten von Wasserschnecken (*Bithynia* u. a.) als erste und Süßwasserfische als zweite Zwischenwirte gebunden. Die infektiösen Metazerkarien befinden sich in der Muskulatur der Fische und gelangen beim Genuß roher Fischgerichte in den Darm des Endwirtes und von dort über den Ductus choledochus in die Gallengänge. Die Präpatenzzeit beträgt 4 Wochen.

Pathogenese und Krankheitsbild. Befall mit *Opisthorchis* und *Clonorchis* verursacht Wucherungen des Gallengangepithels, zystenartige Erweiterungen und fibröse Verdickungen der Gallengänge sowie Bindegewebsvermehrung im Leberparenchym. In Endemiegebieten von *C. sinensis* und *O. viverrini* wurde eine Häufung von Gallengangkarzinomen festgestellt. Klinische Symptome bei stärkerem Befall sind u. a.: variables Fieber, hepato-cholangitische Symptome mit Hepatomegalie, Leukozytose, Schmerzen im Oberbauch und Durchfall.

Diagnose, Therapie und Prophylaxe. Die Diagnose erfolgt durch den Nachweis der Eier (26–35 µm lang) im Stuhl oder im Duodenalsaft (Abb. 10.**1**, S. 558). Differentialdiagnostisch sind Eier von *Heterophyes heterophyes* und *Metagonimus yokogawai* zu berücksichtigen. Serumantikörper lassen sich bei einem Teil der Infizierten nachweisen. Zur Behandlung ist Praziquantel (Biltricide) das Mittel der Wahl, auch kann Albendazol (Zentel) eingesetzt werden. Eine sichere Prophylaxe bildet das Kochen oder Braten der Fische, da die Metazerkarien bereits bei + 70 °C absterben, oder das Tiefgefrieren bei – 10 °C für 5 Tage (WHO, 1995).

Paragonimus (Lungenegel)

Erreger der Paragonimose

■ Lungenegel der Gattung *Paragonimus*, endemisch in Gebieten Asiens, Afrikas und Amerikas, parasitieren in Zysten der Lunge und verursachen ein tuberkuloseähnliches Krankheitsbild. Nach Entwicklung in zwei Zwischenwirten (Süßwasserschnecken und Krebse) können infektiöse Stadien (Metazerkarien) beim Verzehr roher Krebse auf Menschen übergehen. Eier der Parasiten sind im Sputum oder Stuhl nachweisbar. ■

Vorkommen. Als Parasiten bei Menschen sind 9 *Paragonimus*-Arten bekannt, die in Ost- und Südostasien (*Paragonimus westermani, Paragonimus heterotremus* u. a. Arten), im westlichen und südlichen Afrika (*Paragonimus africanus* und *Paragonimus uterobilateralis*, in Nordamerika (*Paragonimus kellicotti*) sowie in Mittel- und Südamerika (*Paragonimus mexicanus* u. a.) vorkommen. Die Zahl der Infizierten wird auf etwa 21 Millionen geschätzt (WHO, 1995).

Erreger, Entwicklung und Epidemiologie. Mit ihrer plumpen, kaffeebohnenähnlichen Körpergestalt weichen die etwa 7 – 15 mm langen *Paragonimus*-Arten im Aussehen von anderen Trematoden ab. Ansiedlungsort der geschlechtsreifen Parasiten sind zystenartige Erweiterungen in der Lunge, die in der Regel Verbindung zum Bronchialbaum besitzen. Die von den adulten Würmern abgesetzten, gelbbraun gefärbten, gedeckelten Eier (etwa 80 × 50 μm) gelangen in die Luftwege und werden mit dem Sputum oder im Stuhl an die Außenwelt befördert (Abb. 10.**1**). Die weitere Entwicklung vollzieht sich im Wasser, wo im Ei ein Mirazidium entsteht, das ausschlüpft und in einen Zwischenwirt eindringt. In den als erste Zwischenwirte dienenden Süßwasserschnecken (*Semisulcospira* und zahlreiche andere Gattungen) entstehen eiförmige Zerkarien mit kurzem Schwanz. Die Zerkarien enzystieren sich in zweiten Zwischenwirten (Krustazeen: Krebsen/Krabben) und entwickeln sich somit zu infektiösen Metazerkarien. Werden diese beim Verzehr roher Krustazeen von einem geeigneten Endwirt aufgenommen, schlüpfen die jungen Trematoden im Dünndarm aus und wandern durch die Peritonealhöhle zum Diaphragma und schließlich in die Lunge. Die Präpatenzzeit beträgt 2 – 3 Monate. Vom normalen Wanderweg abgekommene Parasiten können in verschiedene Organe gelangen (z. B. Gehirn oder Haut). Mit dem Blut ausgeschwemmte Eier induzieren in verschiedenen Organen entzündliche Granulome.

Abgesehen von Menschen spielen krebsfressende Säugetiere (Feliden, Kaniden, Schweine u. a.) als Erregerreservoire epidemiologisch eine wesentliche Rolle. Junge Lungenegel können sich in der Muskulatur von Schweinen und anderen „Transportwirten" ansiedeln und beim Verzehr rohen Fleisches dieser Tiere in den Menschen gelangen.

Krankheitsbild. Klinisch stehen im typischen Fall Lungenerscheinungen (chronischer Husten, blutiger Auswurf, Thorakalschmerz) im Vordergrund, doch können auf dem normalen Weg wandernde oder verirrte Parasiten auch Abdominal-, Leber- und Pankreasbeschwerden, ZNS-Störungen oder Hautveränderungen (Schwellungen, Knoten) hervorrufen.

Diagnose, Therapie und Prophylaxe. Die ätiologische Diagnose erfolgt durch den Nachweis der Eier im Sputum bzw. im Stuhl (Abb. 10.**1**, S. 558). Im Serum sind Antikörper nachweisbar (Tab. 11.**5**, S. 639). Differentialdiagnostisch ist insbesondere Tuberkulose zu berücksichtigen. Mittel der Wahl zur Chemotherapie ist Praziquantel (Biltricide). Eine sichere Vorbeugemaßnahme ist das Kochen der Krabben- und Krebsgerichte.

Cestoda (Bandwürmer)

Allgemeines. Im Dünndarm des Menschen können verschiedene Bandwurmarten (kestos: Band) aus der Gruppe der niederen (*Pseudophyllida*) bzw. der höheren (*Cyclophyllida*) Zestoden parasitieren. Diese Zestodenarten sind Zwitter und bestehen aus dem Kopf (Skolex), einer ungegliederten Wachstumszone und einer Kette von Gliedern (Proglottiden). Da Verdauungsorgane fehlen, werden Nährstoffe durch das resorbierende Integument aufgenommen. Die Entwicklung der Zestoden verläuft über einen oder zwei Zwischenwirte.

Der Mensch ist auch für Larvenstadien (Finnen, Metazestoden) verschiedener Bandwurmarten empfänglich. Sie entwickeln sich in Körpergeweben und entfalten im allgemeinen eine größere Schadwirkung als die intestinalen Stadien der Zestoden.

Taenia saginata, Taenia solium und Taenia asiatica

Erreger der Taeniose bzw. der Zystizerkose

■ Die Taeniose ist eine Dünndarminfektion des Menschen mit *Taenia*-Arten. Für *T. saginata* sind Rinder Zwischenwirte, in deren Muskulatur sich Metazestoden (Finnen, Zystizerken) entwickeln, die mit rohem Fleisch vom Menschen aufgenommen werden können. Die Infektion verläuft inapparent oder mit milden intestinalen Symptomen. Bei *T. solium* entwickeln sich die Metazestoden im Schwein und akzidentell auch im Menschen (ZNS, Augen, Muskulatur, Haut), bei dem sie die Zystizerkose hervorrufen. *T. asiatica* ist mit *T. saginata* nahe verwandt, die Finnen entwickeln sich aber vorwiegend in der Leber von Schweinen. ■

Taenia saginata

Erreger der *T. saginata*-Taeniose

Vorkommen. Diese Art ist kosmopolitisch verbreitet; die Zahl der infizierten Menschen wird auf etwa 40 – 60 Millionen geschätzt. Ein Indikator der Häufigkeit ist die Prävalenz der durch *T. saginata* verursachten Zystizerkose des Rindes, die in Europa mit 0,3 – 6 % niedrig ist, in einigen außereuropäischen Regionen aber Werte von über 50 % erreichen kann.

Erreger, Entwicklung und Epidemiologie (s. Abb. 10.**8**, S. 577). *T. saginata* (taenia: Band; saginatus: gemästet) wird bis zu 10 m lang und hat einen Skolex mit 4 Saugnäpfen, aber ohne Hakenkränze. Die Proglottiden am Ende der Gliederkette sind länger als breit, jede enthält einen baumartig verzweigten Uterus mit 80 000 – 100 000 Eiern (= gravide Glieder) (Abb. 10.**7c,d**). Die Eier werden bei der Abtrennung einer Proglottis von der Bandwurmkette im Darmlumen oder erst an der Außenwelt frei. Sie sind klein (Durchmesser ca. 30 – 40 µm) und rund (Abb. 10.**1**, S. 559). Die äußere Hülle bildet die dikke, bräunlich gefärbte, radiär gestreifte Embryophore. Im Inneren befindet sich eine mit 3 Hakenpaaren bewehrte Onkosphäre. Die Tenazität der Eier

Zestoden

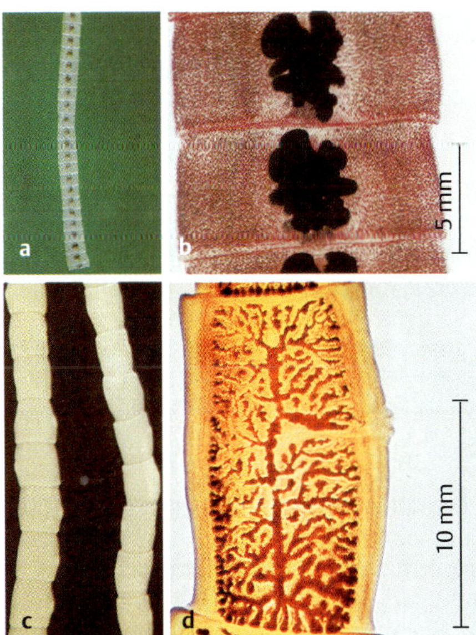

Abb. 10.**7** **a** Gliederkette (Strobila) von *Diphyllobothrium sp.*, ungefärbt; **b** Strobila von *Diphyllobothrium latum*, gefärbt; **c** Strobila von *Taenia saginata*, ungefärbt; **d** gravide Proglottis von *T. saginata*, gefärbt; **e** Finne von *T. saginata* in der Muskulatur vom Rind (Aufnahme e: Institut für Parasitologie der Tierärztlichen Hochschule Hannover).

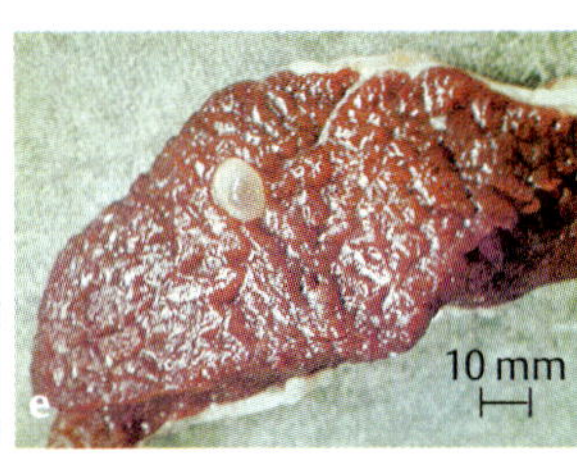

ist beträchtlich; sie können in feuchtem Milieu wochen- bis monatelang infektiös bleiben. In Fäzes von Bandwurmträgern gelangen sie direkt oder über Abwasser auf Weideflächen oder Futtermittel. Nach Aufnahme der Eier durch Rinder (oder Büffel) schlüpfen im Dünndarm die Onkosphären aus. Sie wandern in die Darmwand ein und werden durch den Blutstrom in die quergestreifte Muskulatur transportiert, wo sie innerhalb von 3–4 Monaten zu den infektionstüchtigen, etwa erbsengroßen Metazestoden oder Finnen (= Cysticercus bovis) heranwachsen, die mit Flüssigkeit gefüllte Blasen mit je einer Skolexanlage darstellen (Abb. 10.**7e**).

Der Mensch infiziert sich durch Aufnahme rohen oder halbrohen, finnenhaltigen Rindfleisches. Im Dünndarm stülpt die Finne den Skolex aus, heftet sich an der Mukosa des oberen Dünndarmabschnittes an und wächst zum adulten Bandwurm heran, der Jahre bis Jahrzehnte am Leben bleiben kann. Etwa 2–3 Monate nach der Infektion werden die ersten graviden Glieder abgestoßen, die dann in den Fäzes erscheinen oder auch ohne Defäkation den Darm verlassen können. Die Glieder sind noch eine Zeitlang aktiv beweglich und wandern häufig aus dem Stuhl aus.

Pathogenese und Krankheitsbild. *T. saginata* kann bei einem Teil der Infizierten im Dünndarm morphologische Veränderungen (Zottendeformation, Proliferation der Enterozyten, zellige Infiltration der Mukosa u. a.) sowie Funktionsstörungen hervorrufen. Im Blut tritt manchmal Eosinophile auf. In etwa 25 % der Fälle verläuft die Infektion symptomlos. Krankheitszeichen sind u. a. Nausea, Erbrechen, Oberbauchschmerzen, Durchfall oder Obstipation und Hungergefühl. Erneute Infektionen sind möglich, da sich keine ausreichende Immunität ausbildet.

Diagnose. Der *Taenia*-Befall läßt sich leicht diagnostizieren, wenn die etwa 1 cm langen und 0,7 cm breiten Glieder im Stuhl abgehen (Abb. 10.**7 c, d**). Eine Artbestimmung an den graviden Proglottiden ist morphologisch oft nicht möglich, sie gelingt heute aber mit Hilfe der PCR. Die unregelmäßig im Stuhl ausgeschiedenen Eier von *T. saginata* lassen sich von den *T. solium*-Eiern nicht unterscheiden (Abb. 10.**1**, S. 559). Neuerdings können mit einem ELISA im Stuhlsaft Koproantigene nachgewiesen und dadurch Infektionen auch dann diagnostiziert werden, wenn weder Proglottiden noch Eier zur Ausscheidung gelangen.

Therapie und Prophylaxe. Zur Chemotherapie ist Praziquantel (Cesol) Mittel der Wahl. Außerdem werden Paromomycin (Humatin), Albendazol (Zentel) oder Mebendazol (Vermox) eingesetzt. Schwerpunkte der prophylaktischen Maßnahmen sind die Abwasserreinigung und die Erfassung der Finnenträger bei der Schlachttieruntersuchung. Stark finniges Fleisch ist genußuntauglich, in schwach finnigem werden die Bandwurmfinnen durch Tiefgefrieren abge-

Taenia saginata und _T. solium_: Entwicklungszyklus

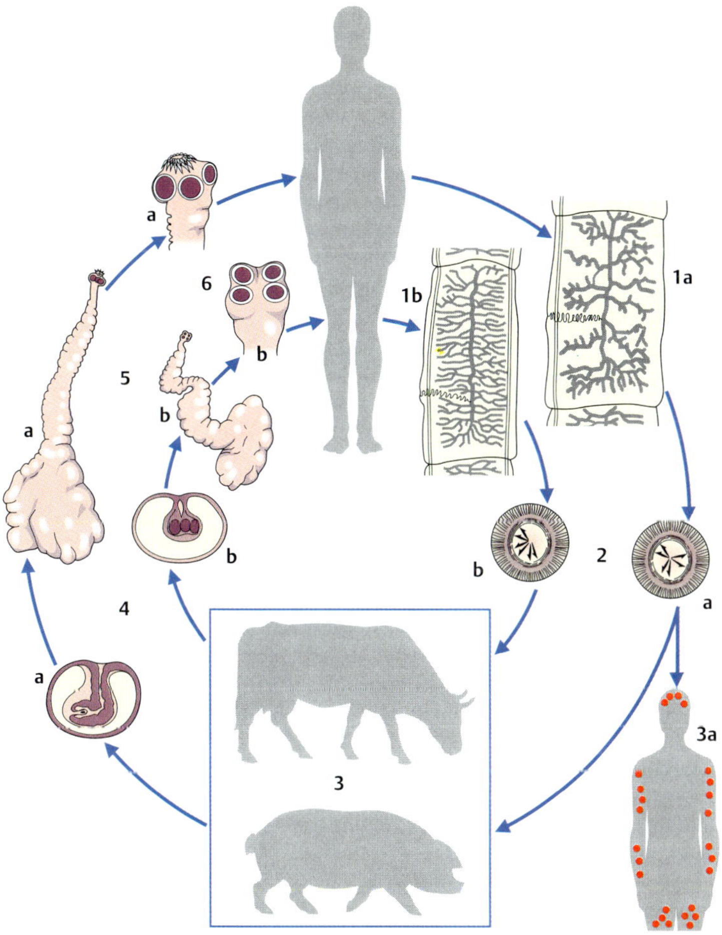

Abb. 10.**8** **1a,b** Eihaltiges, gravides Glied von *T. solium* (**a**) und *T. saginata* (**b**); **2** freie *Taenia*-Eier; **3** natürliche Zwischenwirte für *T. saginata* (Rind) und *T. solium* (Schwein); **3a** Mensch als akzidenteller Zwischenwirt für *T. solium*; **4a,b** infektionstüchtige Finnen von *T. solium* (**a**) und *T. saginata* (**b**); **5a,b** gleiche Finnen mit ausgestülpter Kopfanlage; **6a,b** „bewaffneter" Kopf von *T. solium* (**a**) und „unbewaffneter" von *T. saginata* (**b**) aus dem Dünndarm des Menschen. (Nach Piekarski G. Medizinische Parasitologie in Tafeln. 2. Aufl. Berlin: Springer: 1973.)

tötet. Eine individuelle Prophylaxe besteht im Verzicht auf Genuß rohen und nicht tiefgefrorenen Rindfleisches.

Taenia asiatica

Erreger der *T. asiatica*-Taeniose

In Südostasien (Taiwan, Korea, Indonesien, Philippinen, Thailand) kommt als Dünndarmparasit des Menschen *T. asiatica* vor, die nach neuesten genetischen Untersuchungen mit *T. saginata* sehr nahe verwandt ist und eine Unterart dieser Spezies darstellt (=*T. saginata asiatica*). *T. asiatica* unterscheidet sich von *T. saginata* in einigen morphologischen Merkmalen; ihre Finnen entwickeln sich vorwiegend in der Leber von Schweinen, aber auch in Rind, Ziege und Affenarten.

Taenia solium

Erreger der *T. solium*-Taeniose und der Zystizerkose

Vorkommen. *T. solium* tritt vor allem in unterentwickelten ländlichen Gebieten von Zentral- und Südamerika, Afrika und Asien endemisch auf, sporadisch auch in Ost- und Südeuropa. In nichtendemischen Gebieten (z. B. Mitteleuropa, USA) werden in zunehmendem Maße importierte Fälle von Zystizerkose diagnostiziert.

Erreger und Entwicklung. *T. solium* (solium von sosl, arabisch: Kette) ist mit 3–4 m Länge kleiner als *T. saginata*. Der Skolex von *T. solium* hat außer den 4 Saugnäpfen ein mit doppeltem Hakenkranz bewaffnetes Rostellum (Abb. 10.**8**). In den graviden Gliedern ist die Anzahl der Seitenäste des Uterus mit 7–13 gewöhnlich kleiner als bei *T. saginata* (meistens > 15).

Die Entwicklung verläuft ähnlich wie bei *T. saginata*, doch ist für *T. solium* das Schwein Zwischenwirt, in dem sich die Finne (Metazestode), Cysticercus cellulosae, in 2–3 Monaten zur Infektionsreife entwickelt.

Pathogenese und Krankheitsbild. Der Befall des Darmes mit *T. solium* verursacht keine oder nur geringfügige Störungen, ähnlich wie bei einer Infektion mit *T. saginata*.

Diagnose, Therapie und Prophylaxe. Für die Diagnose und die Therapie gelten die für *T. saginata* gegebenen Empfehlungen. Zur Prophylaxe ist das Kochen oder Tiefgefrieren (–20 °C für mindestens 24 h) des Schweinefleisches anzuraten.

Zystizerkose

Erreger und Epidemiologie. Die als Cysticercus cellulosae bezeichneten Finnen von *T. solium* können sich in verschiedenen Organen des Menschen ansiedeln (Abb. 10.**8**) und das Krankheitsbild der Zystizerkose verursachen. Die Infektion erfolgt unter unhygienischen Bedingungen durch die perorale Aufnahme von Eiern aus den Fäzes von Bandwurmträgern (exogene Autoinfektion oder Fremdinfektion). Andererseits ist es möglich, daß im Verdauungskanal des Menschen Eier aus graviden Proglottiden frei werden und die ausgeschlüpften Onkosphären eine Infektion verursachen (endogene Autoinfektion). In einigen Ländern Lateinamerikas, Asiens und Afrikas ist die Zystizerkose des Menschen häufig, wie hohe Seroprävalenzraten bis über 10 % anzeigen.

Krankheitsbild. Besonders gravierend ist die Zystizerkose des zentralen Nervensystems (Neurozystizerkose) oder des Auges (okuläre Zystizerkose). Im ZNS siedeln sich die Finnen vorwiegend im Großhirn, in den Ventrikeln und im Subarachnoidalraum an; sie können epileptiforme Anfälle, erhöhten intrakranialen Druck und andere neurologische Symptome verursachen. Eine Ansiedelung der Finnen ist auch in der Haut, im Herzen und in der Skelettmuskulatur möglich.

Diagnose. Bei Lokalisation der Finnen in der Haut kann die Palpation erste Hinweise für das Vorliegen einer Zystizerkose liefern. Hilfsmittel zur Feststellung des Befalls innerer Organe sind bildgebende Verfahren und immundiagnostische Methoden (Tab. 11.**5**, S. 639). Bei Verwendung von gereinigten Glykoprotein Antigenen aus Metazestoden von *T. solium* lassen sich bei Patienten mit zerebraler Zystizerkose in über 90 % der Fälle Antikörper im Serum mit Hilfe des „Western blot" nachweisen.

Therapie. Praziquantel (Cesol) in Kombination mit Kortikosteroiden hat sich in einem erheblichen Teil der behandelten Fälle (auch bei Neurozystizerkose) als wirksam erwiesen, wenn die Finnen noch nicht verkalkt waren. Diese Therapie erfordert eine gute Überwachung der Patienten. Auch Albendazol (Zentel) wird zur Therapie eingesetzt.

Echinococcus

Erreger der Echinokokkose

Die wichtigsten Arten der Gattung *Echinococcus* sind *Echinococcus granulosus* (Darmparasit vor allem des Hundes) und *E. multilocularis* (Darmparasit von Fuchsarten, selten von Hund und Katze), die beide auch in Europa vorkommen und deren Metazestoden die zystische Echinokokkose bzw. die alveoläre Echinokokkose des Menschen verursachen. Die Infektion des Menschen erfolgt durch perorale Aufnahme der *Echinococcus*-Eier, aus denen sich bei zystischer Echinokokkose Metazestoden in Form flüssigkeitsgefüllter, größerer Blasen entwickeln, vor allem in Leber und Lunge. Bei alveolärer Echinokokkose wird primär fast immer die Leber befallen, in der die Metazestoden in Form kleinblasiger Konglomerate tumorähnlich proliferieren; sekundär kann Metastasierung in andere Organe erfolgen. Zur Diagnose werden bildgebende Verfahren und immundiagnostische Methoden eingesetzt. Die Behandlung erfolgt chirurgisch und/oder chemotherapeutisch.

Erreger-Arten. *Echinococcus*-Arten sind kleine Bandwürmer, die im Dünndarm von Karnivoren parasitieren und Eier produzieren, die an die Außenwelt gelangen. Nach peroraler Aufnahme der Bandwürmer entwickeln sich in den natürlichen Zwischenwirten (verschiedene Säugetierarten) und akzidentell auch im Menschen sowie anderen Fehlwirten (diese spielen im Entwicklungszyklus keine Rolle) pathogene Larvalstadien (Finnen, Metazestoden). Zur Zeit sind 4 *Echinococcus*-Arten anerkannt, und zwar *Echinococcus granulosus, E. multilocularis. E. vogeli* und *E. oligarthrus*, die alle humanpathogen sind. Von *E. granulosus* existieren verschiedene Stämme (s. unten).

Echinococcus granulosus

Erreger der zystischen Echinokokkose (ZE)

Vorkommen. *E. granulosus* ist weltweit mit regional unterschiedlicher Prävalenz verbreitet. Diese Art kommt u. a. in Mittelmeerländern, im Nahen Osten, in Nord- und Ostafrika, in Mittel- und Südamerika sowie in verschiedenen Gebieten Asiens und Australiens häufig vor. In Nord- und Mitteleuropa ist der Parasit selten geworden; die Mehrzahl der dort diagnostizierten Fälle von ZE des Menschen ist importiert, vor allem aus Mittelmeerländern. In manchen Gebieten kommen *E. granulosus* und *E. multilocularis* gemeinsam vor.

Echinococcus granulosus und _E. multilocularis_: Entwicklungszyklus

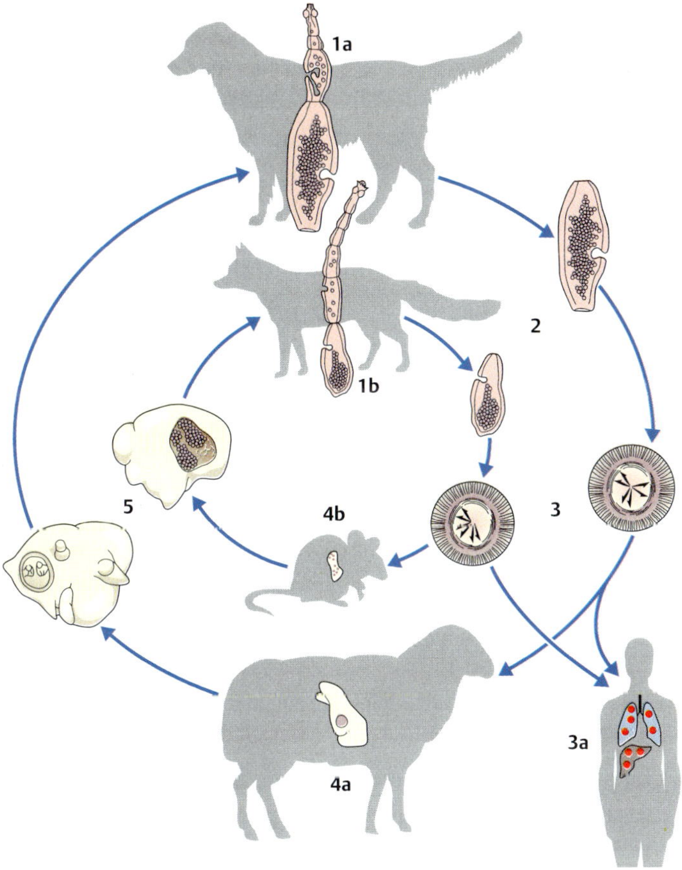

Abb. 10.**9** **1a,b** Adulte Parasiten in Endwirten: *E. granulosus* im Hund, *E. multilocularis* im Rotfuchs (selten Hund und Katze); **2** eihaltige, gravide Glieder; **3** *Echinococcus*-Eier, Infektion natürlicher Zwischenwirte bzw. des Menschen (**3a**); **4** natürliche Zwischenwirte: für *E. granulosus*; Schaf, Rind, Pferd und andere Ungulaten (**4a**), für *E. multilocularis*: Nagetiere (**4b**); **5** Finnen (Metazestoden) in der Leber der Zwischenwirte.

Morphologie und Entwicklung

- **Adultstadium.** *E. granulosus* ist ein 4–7 mm langer Bandwurm mit häkchenbewehrtem Skolex und typischerweise 3 (2–6) Proglottiden. Ein auffallendes Merkmal ist der mit seitlichen Aussackungen versehene Uterus, der bis zu 1500 Eier enthält (Abb. 10.**10a**).

- **End- und Zwischenwirte.** Wichtigster Endwirt für *E. granulosus* ist der Hund; regional spielen auch andere Kaniden (Schakal, Dingo und andere Wildkaniden) eine Rolle. Als Zwischenwirte fungieren u. a. Hauswiederkäuer, Schwein, Pferd, Kamel und andere Pflanzenfresser.

- **Entwicklungszyklus** (Abb. 10.**9**). Im Dünndarm der Endwirte leben die erwachsenen Bandwürmer etwa 6 Monate, nur wenige bis zu 2 Jahren (Abb. 10.**10c**). Aus graviden Proglottiden werden bereits im Darm Eier freigesetzt und mit dem Kot ausgeschieden, oder sie gelangen innerhalb der Bandwurmglieder in die Außenwelt. Die Eier (Durchmesser ca. 30–40 µm) sind fast kugelig, enthalten eine Onkosphäre und haben eine radiär gestreifte Hülle. Sie sind von den Eiern der *Taenia*-Arten der Fleischfresser und des Menschen morphologisch nicht zu unterscheiden (vergl. Abb. 10.**1**, S. 559).

  Die Infektion von Zwischenwirten, Menschen oder anderen Fehlwirten erfolgt durch perorale Aufnahme von Eiern. Aus diesen werden im Dünndarm die Onkosphären frei, sie dringen in die Darmwand ein und gelangen auf dem Blutweg in die Leber, zum Teil auch in die Lunge und in andere Organe. Aus den Onkosphären entstehen zunächst kleine Bläschen, die allmählich zu Finnen (= Metazestoden) heranwachsen.

- Die **Finne** von *E. granulosus* (auch als „Hydatide" bezeichnet; hydatis = Wasserblase) stellt im typischen Fall eine mit Flüssigkeit gefüllte, ein- oder mehrkammerige Blase dar, deren Wand aus der inneren, zellulären Keimschicht und der äußeren, azellulären Lamellarschicht (= Kutikularschicht) besteht und außen von einer vom Wirt stammenden Bindegewebeschicht umschlossen ist (Abb. 10.**10d,f**). Frühestens 5–6 Monate nach

Abb. 10.**10** **a** *Echinococcus granulosus*, adult; **b** *E. multilocularis*, adult; **c** Darm von Hund mit *E. granulosus*; **d** zystische Echinokokkose des Menschen: Mutterzyste von *E. granulosus* in der Leber mit Tochterzysten; **e** alveoläre Echinokokkose in der Leber; **f** Zyste von *E. granulosus*: histologischer Schnitt durch die Zystenwand; **g** Schnitt durch *E. multilocularis* in der Leber des Menschen; **h** Schnitt durch Metazestoden von *E. multilocularis* mit Kopfanlagen aus einem Nagetier; **i** isolierte Kopfanlagen von *E. granulosus*. (Aufnahme d: A. Akovbiantz, Waidspital Zürich.) ▶

Echinococcus granulosus und *E. multilocularis*

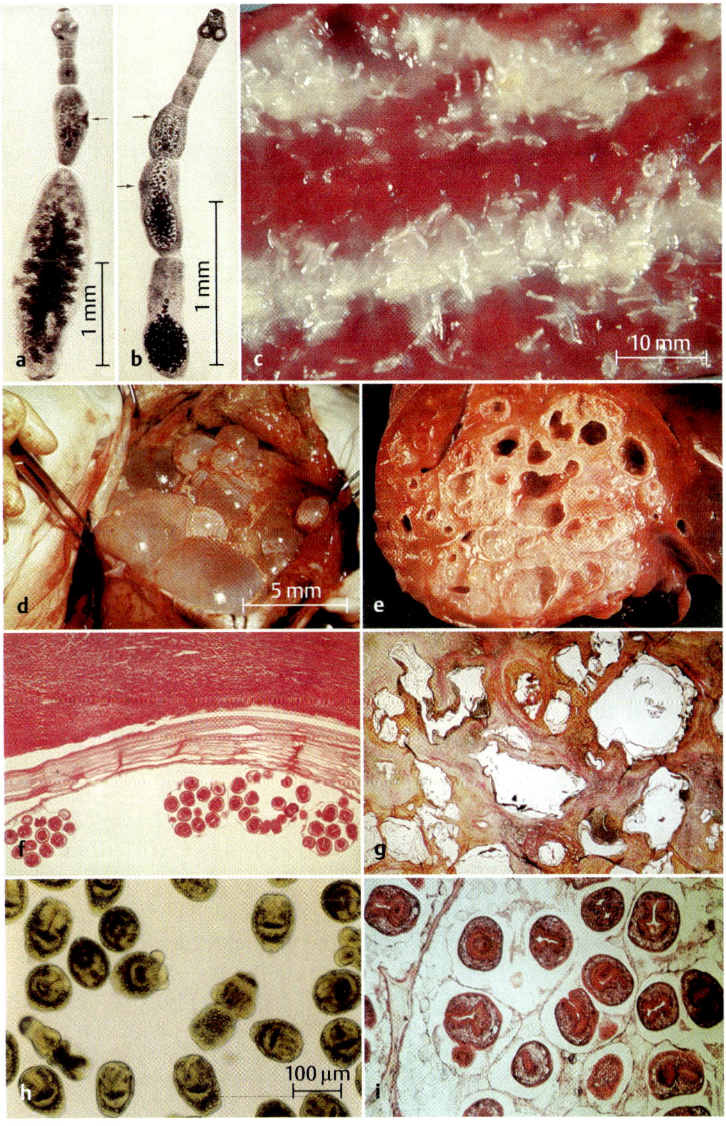

10

der Infektion entstehen an der Keimschicht Brutkapseln und in ihnen oft zahlreiche Kopfanlagen (Protoskolizes) mit 4 Saugnäpfen und doppeltem Hakenkranz (Abb. 10.**10h**). Nach Platzen der dünnen Brutkapseln findet man freie Protoskolizes in der Hydatidenflüssigkeit. Letztere bilden zusammen mit Brutkapseln, deren Trümmern und Kalkkörperchen den sog. „Hydatidensand". Die Größe der Finnen ist abhängig von ihrem Alter und anderen Faktoren. Im Menschen liegt ihr Durchmesser meist bei 1 – 15 cm, kann aber zwischen wenigen Millimetern und > 20 cm schwanken. Im Menschen findet man relativ häufig Finnen, die kleinere Tochterblasen enthalten.

Der Entwicklungskreislauf ist dann geschlossen, wenn Karnivoren mit Schlachtabfällen (Innereien) oder Beutetieren Finnen von *E. granulosus* aufnehmen, die reife Protoskolizes enthalten, aus denen sich im Dünndarm innerhalb von 5 – 8 Wochen geschlechtsreife Stadien entwickeln.

Epidemiologie. Von *E. granulosus* existieren verschiedene Stämme, die sich morphologisch, biologisch und genetisch unterscheiden, zum Teil auch in ihrer Infektiosität und Virulenz für den Menschen. Weltweit am wichtigsten und für die Mehrzahl der Fälle beim Menschen verantwortlich ist der sog. „Schafstamm", der sich in einem Zyklus zwischen Hund und Schaf (und einigen anderen, aber weniger bedeutsamen Zwischenwirten) entwickelt.

Der Mensch infiziert sich durch perorale Aufnahme von *Echinococcus*-Eiern bei direktem Kontakt mit den Bandwurmträgern oder indirekt durch kontaminierte Nahrungsmittel oder Trinkwasser. Die *Echinococcus*-Eier sind in feuchtem Milieu monatelang lebensfähig und können auch überwintern. Bei Austrocknung sterben sie rasch ab. Sie lassen sich durch Hitze (75 – 100 °C) in wenigen Minuten und durch Tiefgefrieren bei –70 bis –80 °C innerhalb von 4 bzw. 2 Tagen abtöten; die üblichen chemischen Desinfektionsmittel sind unwirksam.

Die jährliche Inzidenz der ZE schwankt regional von Einzelfällen bis zu Höchstwerten von etwa 200 Fällen pro 100 000 Einwohner.

Pathogenese und Krankheitsbild. Einige klinische Parameter der ZE des Menschen sind in Tab. 10.**3** vergleichend zur alveolären Echinokokkose (AE) dargestellt.

Die ZE verläuft initial und in einem Teil der Fälle (bis > 30 %) dauerhaft asymptomatisch, besonders wenn nur kleine, gut abgekapselte oder verkalkte Zysten vorliegen. Symptome treten nach Monaten oder Jahren dann auf, wenn eine oder mehrere Zysten durch ihre Größe, ihr expansives Wachstum und ihre Lokalisation die Organfunktionen beeinträchtigen (Tab. 10.**3**). Akute Symptome können nach spontaner, traumatisch oder intraoperativ verursachter Zystenruptur auftreten, wobei das Freiwerden antigen-

Tabelle 10.**3** Klinische Parameter zur zystischen und alveolären Echinokokkose des Menschen[1]

Klinische Parameter	**Zystische Echinokokkose** Erreger: *E. granulosus*	**Alveoläre Echinokokkose** Erreger: *E. multilocularis*
Inkubationszeit:	Monate bis einige Jahre	> 5 – 15 Jahre
Finne:		
▪ typische Form:	Zysten (s. Text)	alveoläre Konglomerate (s. Text)
▪ Wachstum:	expansiv	infiltrativ, wie bösartiger Tumor
primär betroffene Organe:	Leber (60 – 70 %), Lunge (15 – 25 %), seltener Milz, Nieren, Muskel, ZNS u. a. ca. 70 % der Patienten mit solitären Zysten	Leber (98 – 100 %)
Komplikationen:	sekundäre Echinokokkose[2] vor allem Peritoneal- und Pleurahöhle	Metastasierung in Abdominalorgane, Lunge, Gehirn, Knochen u. a.
Manifestation der Erkrankung in Altersgruppen: Mittelwert und (Extremwerte[3])	38 Jahre (3 – 86)	> 54 Jahre (20 – 84)
Symptome:	abhängig von Lokalisation, Größe und Zahl der Zysten	abhängig von Ausdehnung der Veränderungen in Leber und anderen Organen
▪ Leber:	Oberbauchschmerzen, Hepatomegalie, Cholestase, Gelbsucht u. a.	Oberbauchschmerzen, Gelbsucht, Gewichtsverlust, auch Fieber, Anämie
▪ Lunge:	Thorakalschmerzen, Husten, Auswurf, Dyspnoe u. a.	Thorakalschmerz u. a.
▪ ZNS:	neurologische Symptome	neurologische Symptome
Letalität bei unbehandelten Patienten:	keine genauen Angaben	sehr hoch: > 94 – 100 %

1 Weitere Informationen bei Amman und Eckert: Gastroenterol. Clin. N. Amer. 1996: 25:655-689.
2 Erklärung siehe Text.
3 Nach einer Studie in der Schweiz.

haltiger Hydatidenflüssigkeit Erscheinungen des anaphylaktischen Schocks auslösen kann. Außerdem besteht dabei die Gefahr der Ausstreuung von Protiskolizes, aus denen sich im Menschen neue Zysten entwickeln können (= sekundäre zystische Echinokokkose). Zystenrupturen können aber auch zu Spontanheilungen führen.

Diagnose. Die Diagnose beruht auf der Feststellung der Zysten mit Hilfe bildgebender Verfahren (Ultrasonographie, Computertomographie, Thorax-Röntgen u. a.) in Verbindung mit dem serologischen Antikörpernachweis (Tab. 11.**5**, S. 638). Spezifische Antikörper treten bei ca. 90 – 100 % der Patienten mit zystischer Leberechinokokkose auf, aber nur bei ca. 60 – 80 % der Fälle mit Lungenechinokokkose. Auf die Punktion der Zysten zu diagnostischen Zwecken sollte wegen der oben beschriebenen Risiken (sekundäre Echinokokkose, anaphylaktische Reaktionen) möglichst verzichtet werden.

Therapie. Durch chirurgische Entfernung der Echinokokkenzysten ist Heilung möglich. Inoperable Patienten (z. B. bei multiplem Befall von Leber und Lunge) können chemotherapeutisch mit Albendazol (Zentel) oder Mebendazol (Vermox 500 mg) behandelt werden. Dabei ist in ca. 30 % der Fälle mit Heilung und ca. 30 – 50 % mit Besserung zu rechnen (WHO, 1996). Eine weitere, noch in Evaluation befindliche Therapiemöglichkeit ist PAIR (**P**uncture-**A**spiration-**I**njection-**R**easpiration): Nach Punktion der Zysten (beachte: nicht alle Zysten sind zur Punktion geeignet, z. B. Lungenzysten!) unter Ultraschallkontrolle wird ein großer Teil der Hydatidenflüssigkeit abgesaugt, dann ein adäquates Volumen 95 % Äthanol in die Zystenhöhle injiziert, 15 Min. darin belassen und wieder abgesaugt. Bei sachgerechter Ausführung von PAIR gelingt es offenbar recht häufig, durch Äthanol die Keimschicht und die Protoskolizes abzutöten; es fehlen jedoch noch Langzeiterfahrungen. Daher wird zur Zeit empfohlen, PAIR mit einer medikamentellen Kurzzeitbehandlung zu kombinieren (WHO, 1996).

Bekämpfung und Prophylaxe. Die Bekämpfung der ZE des Menschen beruht auf regelmäßigen Massenbehandlungen der Hunde gegen *E. granulosus*, der Verhinderung des Zugangs von Hunden zu Innereien von Haus- und Wildtieren sowie auf der zahlenmäßigen Kontrolle der Hundepopulation. In Endemiegebieten ist besondere Hygiene beim Umgang mit Hunden angezeigt.

Echinococcus multilocularis

Erreger der alveolären Echinokokkose (AE)

E. multilocularis ist in der nördlichen Hemisphäre weit verbreitet, mit Endemiegebieten in Europa (Belgien, Zentral- und Ostfrankreich, Luxemburg, Schweiz, Liechtenstein, Deutschland, Österreich, Tschechien, Polen), Asien

(Türkei, Iran, GUS, bis Japan) und Nordamerika (Alaska, Kanada, nördliche und zentrale Staaten der USA) (Abb. 10.**10**), Nach neuesten Untersuchungen kommt der Parasit bei Füchsen in 12 der 16 Bundesländer in Deutschland, in 21 von 26 Kantonen/Halbkantonen der Schweiz und in 6 der 9 Bundesländer von Österreich vor. Die Prävalenzraten bei Füchsen schwanken von < 1 bis > 50 %.

Verbreitung von *Echinococcus multilocularis*

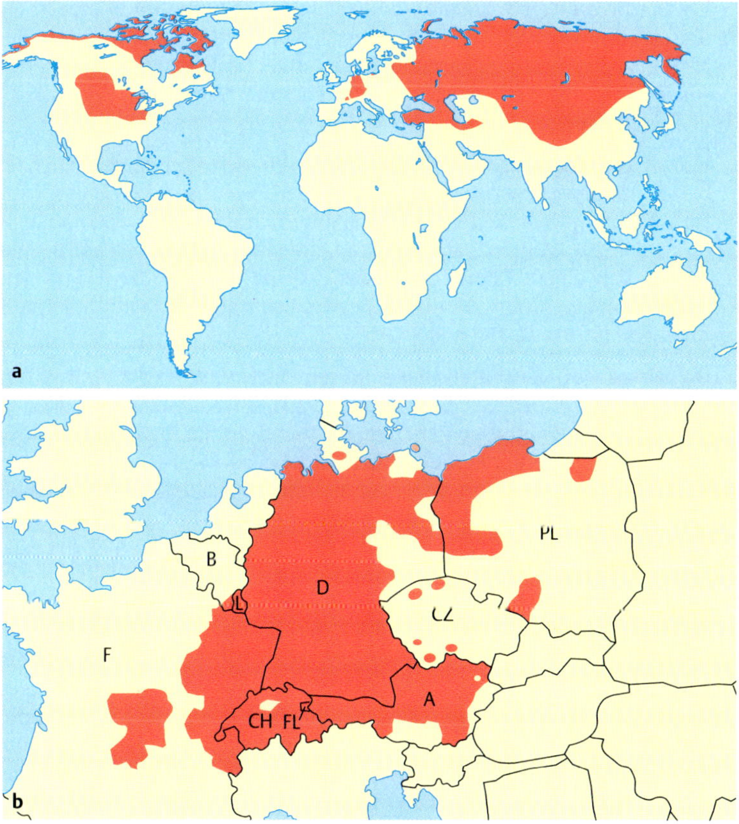

Abb. 10.**11** **a** Globale Verbreitung (Stand: 1995); **b** Verbreitung in Mitteleuropa (Stand: 1996). (Nach Eckert J. Berl. Münch. tierärztl. Wschr. 1996:109:202 – 210; dort weitere Quellenangaben.)

Morphologie und Entwicklung

- **Adultstadium.** *E. multilocularis* erreicht nur eine Länge von etwa 2–4 mm, er hat typischerweise 5 Proglottiden (2–6) und ist durch einen sackförmigen Uterus charakterisiert, der bis zu 200 Eier enthält (Abb. 10.**10b**).

- **Endwirte, Zwischenwirte und Fehlwirte.** Für *E. multilocularis* sind Rot- und Polarfuchs die bedeutendsten Endwirte, doch können auch andere Wildkarnivoren (z. B. Coyote) sowie selten auch Hund und Katze Träger dieser Bandwurmart sein. Als Zwischenwirte fungieren hauptsächlich Nagetiere (Feldmaus, Schermaus, Bisam u. a.). Fehlwirte sind der Mensch sowie verschiedene Tierarten wie Affenarten, Haus- und Wildschwein und sogar Hunde.

- **Entwicklungszyklus.** Der Zyklus von *E. multilocularis* verläuft ähnlich wie bei *E. granulosus* (Abb. 10.**9**). In natürlichen Zwischenwirten entwickeln sich in der Finne (Beschreibung siehe unten) im Verlauf von 40–60 Tagen Protoskolizes. Werden Zwischenwirte, die Finnen mit Protoskolizes enthalten, von einem Endwirt verzehrt, wächst im Dünndarm eine neue Bandwurmgeneration heran, die bereits nach 26–28 Tagen infektionstüchtige Eier produzieren kann.

- Die **Finne** von *E. multilocularis* besteht aus einem Konglomerat von alveolärer Struktur, zusammengesetzt aus mikroskopisch kleinen bis maximal ca. 3 cm großen Bläschen, die von Granulations- oder Bindegewebe umschlossen sind. Der Aufbau des Einzelbläschens entspricht im Prinzip dem bei Finnen von *E. granulosus*, doch enthalten sie meist eine gallertige Masse. Zur Bildung von (wenigen) Protoskolizes kommt es bei *E. multilocularis*-Finnen im Menschen nur selten (bis 10 % der Fälle) (Abb. 10.**10e, g, i**).

  Pathogenetisch bedeutsam ist die Tatsache, daß die Einzelbläschen durch exogene Sprossung proliferieren können und von der Keimschicht dünne, zelluläre Ausläufer wurzelartig in das umliegende Gewebe eindringen. Davon abgelöste und durch den Kreislauf verbreitete Zellen sind vermutlich an der Metastasenbildung beteiligt. Demnach proliferiert die Finne wie ein bösartiger Tumor. Im Menschen erreichen die Finnenkonglomerate Durchmesser bis zu 20 cm, sie können zentral nekrotisieren und eine Zerfallshöhle aufweisen.

Epidemiologie. In Europa entwickelt sich *E. multilocularis* vorwiegend in einem silvatischen Zyklus mit dem Rotfuchs als Endwirt, der die Hauptinfektionsquelle für Menschen darstellt. Hunde und Katzen können durch Verzehr finnenhaltiger Kleinsäuger zu Trägern von *E. multilocularis* werden.

In der Außenwelt sind die Eier von *E. multilocularis* ähnlich resistent wie jene von *E. granulosus*. Für die Übertragung der Eier auf den Menschen kommen folgende Wege in Betracht:

- Die Kontamination der Hände beim Berühren von Endwirten, an deren Fell Eier von *E. multilocularis* haften, oder bei Arbeiten mit durch Fuchslosung kontaminierter Erde oder Pflanzen,
- die Aufnahme kontaminierter Nahrungsmittel (Wildbeeren, Gemüse usw.) oder kontaminierten Trinkwassers.

Die tatsächliche Bedeutung der möglichen Wege ist allerdings nicht bekannt.

Trotz des häufigen Vorkommens und der weiten Verbreitung von *E. multilocularis* bei Füchsen ist die Inzidenz der alveolären Echinokokkose des Menschen derzeit gering. Die in den letzten Jahren in Frankreich, Deutschland, Österreich und in der Schweiz ermittelten Inzidenzraten pro 100 000 Einwohner und Jahr schwankten zwischen 0,02 und 1,4 Fällen. Nicht auszuschließen ist allerdings, daß die wachsenden Fuchspopulationen und andere Faktoren in Zukunft zu einer Steigerung der Inzidenzraten führen könnten.

Pathogenese und Krankheitsbild. Die initiale Phase verläuft immer asymptomatisch. Nach einer langen Inkubationszeit von meist 10 – 15 Jahren kann sich die Infektion klinisch in einer Lebersymptomatik manifestieren, die jener bei einem bösartigen Tumor ähnelt (Tab. 10.**3**). Der Krankheitsverlauf ist schleichend-chronisch mit einer Dauer von einigen Wochen bis Jahren. Die Letalitätsrate bei unbehandelten Patienten ist mit > 94 % sehr hoch. Spontanheilungen sind möglich, doch ist deren Häufigkeit nicht bekannt.

Diagnose. Das diagnostische Vorgehen bei AE entspricht dem bei ZE. Für den serologischen Antikörpernachweis stehen besonders sensible und spezifische Methoden zur Verfügung (ELISA, Western blot) (Tab. 11.**5**, S. 639).

Therapie. Die totale Entfernung des Parasiten durch radikale Operation bietet Heilungsaussichten, ist aber nur selten möglich (bei 20 – 40 % der klinisch manifesten Fälle). Da wegen des infiltrativen Wachstums der Finne von *E. multilocularis* nie mit Sicherheit festgestellt werden kann, ob alle Teile des Parasiten entfernt worden sind, muß auch nach vermeintlicher Radikaloperation eine Chemotherapie mit Mebendazol (Vermox 500 mg) oder Albendazol (Zentel) von mindestens 2 Jahren Dauer angeschlossen werden mit Überwachung des Patienten bis zu 10 Jahren. Jahrelange oder lebenslange Dauertherapie ist in inoperablen Fällen oder nach Lebertransplantation wegen AE notwendig (WHO, 1996). Diese Therapie ist aufwendig und teuer. Langzeitstudien haben gezeigt, daß die Chemotherapie in Kombination mit anderen medizinischen Maßnahmen bei der Mehrzahl der Patienten zur signifikanten Lebensverlängerung und Steigerung der Lebensqualität führt.

Bekämpfung und Prophylaxe. Zur medikamentösen Bekämpfung von *E. multilocularis* in der Fuchspopulation werden derzeit Versuche unternommen, doch steht noch kein etabliertes, wirksames Verfahren zur Verfügung. Zur persönlichen Prophylaxe werden in Endemiegebieten u. a. besondere Vorsichtsmaßnahmen beim Umgang mit potentiell infizierten Füchsen und anderen Endwirten, das gründliche Waschen oder besser das Kochen niedrigwachsender Wild- und Kulturpflanzen und von Fallobst vor dem Verzehr sowie das Waschen der Hände nach Erdarbeiten empfohlen. Personen, die Kontakt mit nachweislich oder wahrscheinlich infizierten Endwirten hatten, häufig mit Füchsen umgehen oder einem anderen konkreten Infektionsrisiko ausgesetzt waren oder sind, können vorsorgliche Blutuntersuchungen auf Antikörper gegen *E. multilocularis* durchführen lassen (Ziele: Ausschluß oder Früherkennung der Infektion).

Echinococcus vogeli und *E. oligarthrus*

Erreger der polyzystischen Echinokokkose bzw. der *E. oligarthrus*-Echinokokkose

Diese beiden in Mittel- und Südamerika vorkommenden Arten entwickeln sich in Wildtierzyklen mit Waldhund und Paka bzw. mit Wildfeliden und Aguti, Paka u. a. als wichtigsten End- bzw. Zwischenwirten. *E. vogeli* verursacht beim Menschen die polyzystische Echinokokkose der Leber, Lunge u. a. Organe. Bisher ist bei Menschen nur ein Einzelfall einer *E. oligarthrus*-Infektion mit retroorbitaler Lokalisation von Zysten bekannt.

Hymenolepis nana (Zwergbandwurm)

Erreger der Hymenolepiose, des Zwergbandwurmbefalls

Vorkommen, Morphologie und Entwicklung. *Hymenolepis nana* (1 – 4 cm, selten bis 9 cm lang, 1 mm breit) ist ein weltweit verbreiteter Dünndarmparasit mit den höchsten Prävalenzraten in warmen Ländern und bei Kindern. Endwirte sind Nagetiere und Mensch. Die Infektion erfolgt durch perorale Aufnahme von Eiern, aus denen im Dünndarm Onkosphären schlüpfen, die in die Zotten eindringen und sich dort zu Larven (Zystizerkoiden) entwickeln. Diese kehren in das Darmlumen zurück und entwickeln sich in 2 – 3 Wochen zu adulten Bandwürmern. Außerdem ist bei *H. nana* noch eine Entwicklung mit Einschaltung eines Zwischenwirts möglich (Insekten: Flöhe, Speckkäfer usw.). Die nahe verwandte Art *Hymenolepis diminuta* (10 – 60 cm) kommt beim Menschen seltener vor. An der Entwicklung dieser Art sind stets Zwischenwirte (Flöhe, Käfer, Schaben usw.) beteiligt.

Krankheitsbild und Diagnose. Die Infektion verläuft oft latent, manchmal treten unbestimmte Magen- und Darmbeschwerden auf. Die Eier (elliptisch, 40 × 60 μm, Abb. 10.**1**, S. 559) werden bereits im Darm frei und sind mit den üblichen Stuhluntersuchungen nachweisbar.

Therapie und Prophylaxe. Zur Behandlung werden Praziquantel (Cesol) oder Albendazol (Zentel) eingesetzt. Allgemeine Hygienemaßnahmen und Behandlung der befallenen Personen dienen der Prophylaxe.

Diphyllobothrium latum („Fischbandwurm", Breiter Grubenkopfbandwurm)

Erreger der Diphyllobothriose

Vorkommen, Erreger und Entwicklung. Der in Binnenseegebieten von Europa (Rußland, Finnland, Skandinavien, Schweiz, Italien u. a.), Asien und Amerika vorkommende Bandwurm parasitiert im Dünndarm des Menschen und fischfressender Säugetiere wie Schwein, Hund und Katze. Der 2–15 m lange Parasit trägt am Kopf zwei schlitzförmige Sauggruben und setzt sich aus zahlreichen (bis 4000) Proglottiden zusammen (Abb. 10.**7a,b**, S. 575). Die ovalen, goldgelb gefärbten und mit einem Deckel versehenen Eier (70 × 50 μm) ähneln denen von Trematoden (Abb. 10.**1**, S. 558). Die Entwicklung erfolgt über Kleinkrebse als erste und Süßwasserfische als zweite Zwischenwirte. Der Mensch infiziert sich durch Verzehr roher oder ungenügend erhitzter Fische, die infektiöse Stadien (Plerozerkoide) des Bandwurmes enthalten. Die Entwicklung zum geschlechtsreifen Bandwurm kann in 18 Tagen abgeschlossen sein.

Krankheitsbild. Klinisch verläuft der *Diphyllobothrium*-Befall häufig symptomlos oder es bestehen leichte gastrointestinale Beschwerden und bei etwa 2% der Bandwurmträger Anämie, die auf den Entzug von Vitamin B_{12} durch den Bandwurm zurückzuführen ist.

Diagnose, Therapie und Prophylaxe. Die Diagnose erfolgt durch den Einachweis im Stuhl; manchmal gehen auch Proglottiden ab. Zur Therapie eignet sich Praziquantel (Cesol). Prophylaktische Maßnahmen sind die Hygienisierung der Abwässer und der Verzicht auf ungenügend erhitzte Fischspeisen. Die Plerozerkoide können durch Kochen oder Tiefgefrieren (24 Std. bei –18 °C oder 72 Std. bei –10 °C) abgetötet werden.

Nematoda (Rundwürmer oder Fadenwürmer)

Allgemeines. Die Nematoden (nema: Faden) sind spindelförmige, unsegmentierte, wenige Millimeter bis etwa 1 m lange und getrenntgeschlechtliche Parasiten, die mit einem komplex aufgebauten Integument und einem Verdauungstrakt ausgestattet sind. Die Männchen sind meist kleiner als die Weibchen und mit Begattungsorganen ausgerüstet, die arttypische Merkmale aufweisen. Die Entwicklung verläuft vom Ei über 4 Larvenstadien zu den adulten Nematoden und ist mit 4 Häutungen verbunden. Einige Arten benötigen für ihre Entwicklung einen Zwischenwirt.

Intestinale Nematoden

Ascaris lumbricoides (Spulwurm), Hakenwürmer (*Ancylostoma*-Arten und *Necator americanus*) und *Strongyloides stercoralis* (Zwergfadenwurm) sind Dünndarmparasiten des Menschen, *Trichuris trichiura* (Peitschenwurm) und *Enterobius vermicularis* (Madenwurm) parasitieren im Dickdarm. Infektionswege und Entwicklungszyklen sind bei diesen Parasiten unterschiedlich. In warmen Ländern erworbene Infektionen mit *S. stercoralis* können über viele Jahre latent persistieren, bei Immundefizienz aktiviert werden und zu lebensbedrohlichen systemischen Infektionen führen. Daher ist in Verdachtsfällen sorgfältige diagnostische Abklärung erforderlich.

Ascaris lumbricoides (Spulwurm)

Erreger der Askariose

Vorkommen. Der Spulwurm des Menschen ist weltweit verbreitet. Die Zahl infizierter Menschen wird auf etwa 1 Milliarde geschätzt. Hauptendemiegebiete sind Länder in Südostasien, Afrika und Lateinamerika mit Prävalenzraten von ca. 10 – 97 %. In Mitteleuropa sind autochthone Infektionen selten.

Ascaris lumbricoides

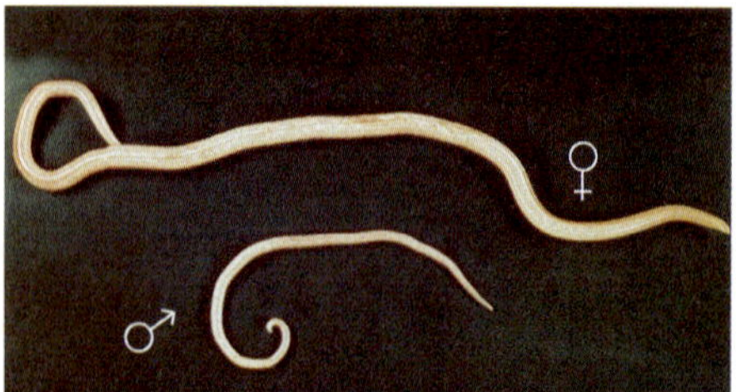

Abb. 10.**12** Männchen und Weibchen von *Ascaris.*

Erreger und Entwicklung. Die im Dünndarm lebenden adulten Askariden (ascaris: Eingeweidewurm) sind 15 – 40 cm lang, etwa bleistiftdick und gelblich-rosa gefärbt (Abb. 10.**12**). Die geschlechtsreifen Spulwurmweibchen produzieren täglich etwa 200 000 Eier, die mit den Fäzes in ungefurchtem Zustand ausgeschieden werden. Die etwa 60 × 45 µm großen, rund-ovalen Eier sind durch eine dicke Schale mit bräunlicher Färbung und unregelmäßiger Oberflächenstruktur charakterisiert (Abb. 10.**13**). Bei optimalen Temperaturen von + 20 – 25 °C sowie ausreichender Feuchtigkeit und Sauerstoffzutritt entwickelt sich im Ei innerhalb von etwa 3 – 6 Wochen eine infektionsfähige Larve (Larve des 2. Stadiums = Zweitlarve).

***Ascaris lumbricoides* und *Trichuris trichiura*: Entwicklungszyklen**

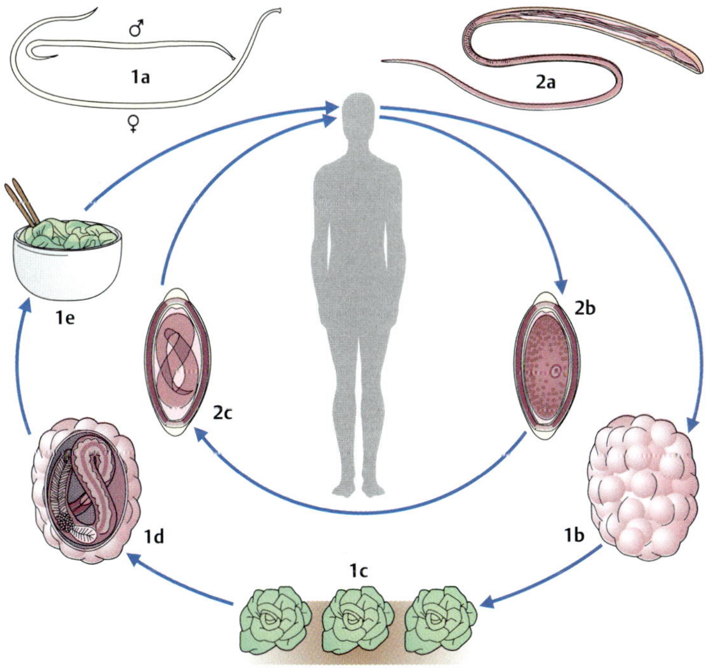

Abb. 10.**13** **1a** Adulte Stadien von *A. lumbricoides*; **1b** frisch ausgeschiedenes Ei, noch nicht infektiös; **1c** Kontamination von Gemüse mit Eiern; **1d** infektiöses Ei mit Larve; **1e** Aufnahme infektiöser Eier mit kontaminierter Nahrung. **2a** Adultes Stadium von *T. trichiura*; **2b** frisches ausgeschiedenes Ei, nicht infektiös; **2c** infektiöses Ei mit Larve. (Bei *T. trichiura* bestehen ähnliche Übertragungswege wie bei *Ascaris*.)

10

Die Ansteckung des Menschen erfolgt peroral durch Aufnahme larvenhaltiger Eier. Die im oberen Dünndarm ausgeschlüpften Larven dringen in Venen der Darmwand ein. Sie gelangen im Blutstrom zunächst in die Leber und 4 – 7 Tage nach der Infektion zur Lunge, wo sie das Kapillarnetz verlassen und in die Alveolen einwandern. In der Leber bzw. in der Lunge häuten sie sich zu 3. und 4. Stadien. Über Trachea und Pharynx („trachelaer Wanderweg") erreichen sie schließlich den Verdauungskanal, wo im Dünndarm die Häutung zum 5. Stadium und die weitere Differenzierung zu Adulten erfolgen. Die Präpatenzzeit dauert 7 – 9 Wochen. Die Lebensdauer der Parasiten beträgt 12 – 18 Monate.

Epidemiologie. Erregerreservoir ist der Mensch. Die ausgeschiedenen Eier sind in feuchter Umgebung (z. B. Erde, Abwasser) jahrelang lebensfähig, doch sind sie gegen Austrocknung empfindlich. Die infektionstüchtigen *Ascaris*-Eier können mit kontaminierten Nahrungsmitteln, mit Erde (Geophagie bei Kindern!) und seltener im Trinkwasser in den Menschen gelangen. In Endemiegebieten sind Prävalenz und Intensität des *A. lumbricoides*-Befalles bei Kindern am höchsten.

Pathogenese und Krankheitsbild. Leichter Befall verläuft häufig latent. Bei stärkeren Infektionen treten während der **Wanderphase der Larven** in der Lunge Hämorrhagien und entzündliche Infiltrationen auf, die im Röntgenbild als Verschattungen in Erscheinung treten (Löffler-Syndrom). Zugleich liegt oft eine Bluteosinophilie vor. Dieses Syndrom kann mit Husten, Dyspnoe und leichtem Fieber einhergehen.

In der **intestinalen Phase** der Infektion kommt es nur bei einem Teil der Infizierten zu klinischen Erscheinungen: Abdominalbeschwerden mit Nausea, Erbrechen, Schmerzen und Durchfall. Gelegentlich wandern Askariden in den Magen, in den Pankreasgang oder in die Gallenwege ein und verursachen entsprechende Symptome. Die Infektion oder häufiger Kontakt mit den flüchtigen *Ascaris*-Antigenen (Laborpersonal!) kann zur Allergie führen.

Diagnose. Der Befall mit geschlechtsreifen Spulwürmern läßt sich durch den Nachweis der Eier im Stuhl feststellen (Abb. 10.**1** u. 10.**13**). Wandernde *Ascaris*-Larven sind serologisch durch Antikörpernachweis (vor allem spezifisches IgE) erfaßbar, doch wird diese Möglichkeit in der Praxis kaum genutzt.

Therapie. Pyrantelpamoat (Cobantril), Mebendazol (Vermox) und Albendazol (Zentel) sind gegen Darmstadien von *Ascaris* hochwirksam. Wanderstadien werden bei üblicher Dosierung nicht erfaßt. Wegen möglicher Nachschübe ist daher die Behandlung nach 2 – 3 Wochen zu wiederholen.

Prophylaxe. Allgemeine Hygienemaßnahmen wie Abwasserreinigung, gute Körper- und Nahrungsmittelhygiene (Waschen von Obst und Gemüse, Kochen der Nahrungsmittel usw.) sowie regelmäßige anthelminthische Behandlungen befallener Personen in endemischen Gebieten dienen der Vorbeuge bzw. Bekämpfung.

Trichuris trichiura (Peitschenwurm)

Erreger der Trichuriose

Vorkommen. *Trichuris trichiura* kommt bei Menschen und Affen vor. Dieser Parasit ist zwar weltweit verbreitet, doch findet man ihn – wie *Ascaris lumbricoides* – am häufigsten in feuchtwarmen Gebieten mit niedrigem Hygienestandard (Prävalenz um 2–90 %). Die Zahl der Infizierten wird auf 350–500 Millionen geschätzt.

Erreger, Entwicklung und Epidemiologie (Abb. 10.**13**). Mit dem Namen „Peitschenwurm" ist die Gestalt dieser 3–5 cm langen Nematoden charakterisiert, deren Körper aus einem haardünnen Vorderteil und einem dickeren, peitschenstielähnlichen Hinterabschnitt besteht. Die adulten Nematoden leben im Dickdarm, vorwiegend im Zäkum. Die Weibchen scheiden pro Tag 2000–14 000 dickschalige, gelbbraun gefärbte, etwa 50–60 µm lange Eier aus, die an ihrer typischen zitronenförmigen Gestalt und den hyalinen Polpfröpfen leicht identifizierbar sind (Abb. 10.**1**, s. 559). Innerhalb weniger Wochen entwickelt sich im Ei eine infektiöse Larve. In feuchtem Milieu bleiben *Trichuris*-Eier monate- bis jahrelang lebensfähig.

Nach peroraler Aufnahme infektionstüchtiger Eier schlüpfen die Larven im Darmkanal, sie wandern in die Schleimhaut ein und kehren nach einer etwa 10tägigen histotropen Phase in das Darmlumen zurück, wo sich die adulten Stadien entwickeln und mit dem haardünnen Vorderkörper in der Mukosa verankert bleiben. Die Präpatenzzeit beträgt 2 1/2–3 Monate, die Lebensdauer der Parasiten bis zu einigen Jahren.

Feuchtwarmes Klima und unhygienische Lebensweise begünstigen die Infektion, die auf den gleichen Wegen wie bei *Ascaris* erfolgt.

Pathogenese und Krankheitsbild. Die mit dem dünnen Vorderteil in der Schleimhaut verankerten Peitschenwürmer nehmen Blut auf. Schwache Infektionen verursachen keine Störungen. Bei starkem Befall mit einigen hundert bis mehreren tausend Peitschenwürmern entstehen katarrhalische oder hämorrhagische Dickdarmentzündungen.

Diagnose, Therapie und Prophylaxe. Der *Trichuris*-Befall wird durch den Einachweis im Stuhl diagnostiziert (Abb. 10.**1**, S. 559). Wirksame Medikamente sind Mebendazol (Vermox) und Albendazol (Zentel). Die Prophylaxe entspricht der bei Askariose.

Ancylostoma und Necator (Hakenwürmer)

Erreger der Ancylostomatidose, des Hakenwurmbefalls

Erreger und Verbreitung. *Ancylostoma duodenale, A. ceylanicum* und *Necator americanus* sind Dünndarmparasiten des Menschen und Erreger von Enteritis und Anämie. Die Infektion erfolgt vorwiegend perkutan. Als Ursache einer eosinophilen Enteritis bei Menschen ist kürzlich auch *Ancylostoma caninum* des Hundes identifiziert worden. Larven verschiedener Hakenwurmarten von Hunden und anderen Karnivoren können beim Menschen in die Haut eindringen und das Krankheitsbild der „Larva migrans externa" hervorrufen (S. 617).

Vorkommen. Der Hakenwurmbefall des Menschen ist vor allem in den Subtropen und Tropen verbreitet (u. a. Südeuropa, Afrika, Asien, südliche USA, Zentral- und Südamerika). Die Anzahl der infizierten Personen wird auf 900 Millionen geschätzt. In Mitteleuropa findet man Hakenwürmer vor allem bei Rückkehrern aus den Tropen oder bei Gastarbeitern aus südlichen Ländern.

Morphologie, Entwicklung und Epidemiologie (Abb. 10.**14**). Die Hakenwürmer des Menschen sind 0,7 – 1,8 cm lange Nematoden mit hakenförmig nach dorsal abgebogenem Vorderende (ankylos: krumm; stoma: Mund; necator: Töter). Ihre große Mundkapsel trägt am Eingang zahnartige Strukturen (*Ancylostoma*) oder schneidende Platten (*Necator*). Die von den Weibchen im Dünndarm abgesetzten dünnschaligen, wenige Furchungszellen enthaltenden ovalen Eier (etwa 55 – 60 µm lang) gelangen mit den Fäzes ins Freie. Hier entsteht in etwa 1 – 2 Tagen die Erstlarve, welche die Eihülle verläßt und sich nach 2 Häutungen zur infektionsfähigen Drittlarve entwickelt. Da bei der 2. Häutung die abgelöste Kutikula nicht abgeworfen wird, ist die Drittlarve von einer besonderen Hülle, der sog. „Scheide", umschlossen. Diese Larven sind gegen Trockenheit empfindlich; in feuchtem Boden oder in Wasser bleiben sie jedoch etwa 1 Monat lebensfähig. Höhere Temperaturen (Optimum: 20 – 30 °C) und ausreichende Feuchtigkeit begünstigen die Entwicklung in der Außenwelt.

Die Ansteckung des Menschen erfolgt vorwiegend auf perkutanem Weg. Arbeiten in Reisfeldern, Barfußgehen auf kontaminiertem Grund und ähnliche Faktoren begünstigen die Infektion. Während des Eindringens in die Haut entledigen sich die Larven der Scheide und wandern in Lymph- und Blutgefäße ein. Im Blutstrom gelangen sie über die rechte Herzkammer zur Lunge und auf dem „trachealen Wanderweg" (vgl. *Ascaris*) in den Dünndarm, wo sie geschlechtsreif werden. Die Präpatenzzeit beträgt 5 – 7 Wochen oder länger (Grund: verzögerte Entwicklung der Larven). Nach oraler Infektion ist wahrscheinlich auch eine direkte Entwicklung im Darm ohne Körper-

Entwicklungszyklus von Hakenwürmern

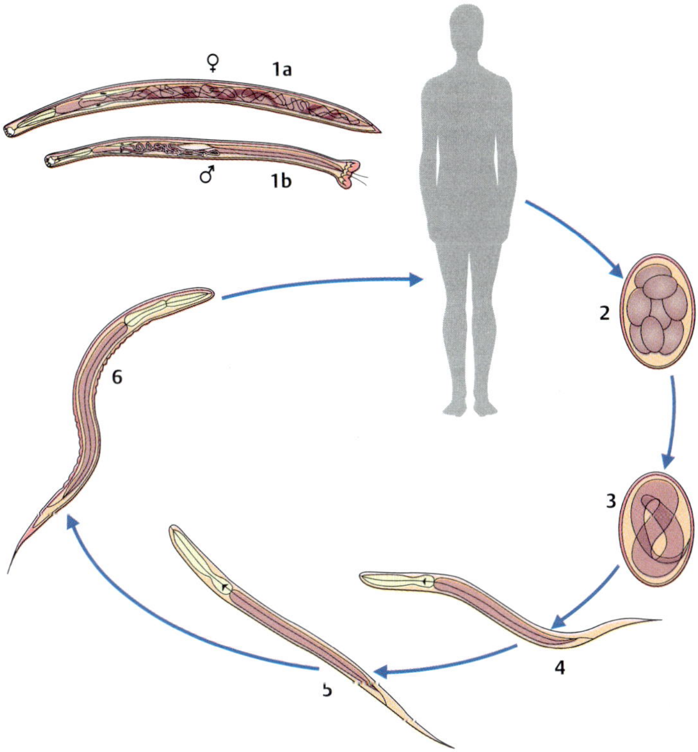

Abb. 10.**14** **1** Weiblicher und männlicher Hakenwurm; **2** im Stuhl ausgeschiedenes Hakenwurmei mit Furchungszellen (Blastomeren); **3** Entwicklung der Larve I im Ei; **4** ausgeschlüpfte Larve I; **5** Larve II; **6** Larve III mit Scheide, infektiöses Stadium.

wanderung möglich. Die Lebensdauer der Parasiten im Darm des Menschen kann 1 – 15 Jahre betragen.

Krankheitsbild. Hakenwürmer sind Blutsauger, sie beschädigen mit der Mundkapsel die Schleimhaut und induzieren Entzündungserscheinungen. Die Darmveränderungen bedingen Durchfall mit blutigen Beimengungen, Steatorrhö, Appetitmangel, Nausea, Blähungen und Bauchschmerzen. Allgemeine Erscheinungen sind die durch ständigen Blutverlust entstehende

Eisenmangelanämie, durch Albuminaustritt verursachte Ödeme und der aus verminderter Nahrungsaufnahme und aus Absorptionsstörungen resultierende Gewichtsverlust. Häufig besteht Bluteosinophilie. Ein schwacher Befall wirkt sich klinisch nicht oder nur geringfügig aus.

Diagnose. Die Diagnose wird durch den Nachweis der Eier bei der Stuhluntersuchung gesichert. Die Eier sind dünnschalig und oval; sie enthalten in frischem Zustand nur 2–8 Furchungszellen (Abb. 10.**1** u. 10.**14**). Bei Eiern in älteren Stuhlproben liegt eine größere Anzahl Furchungszellen vor, so daß sie nicht von den Eiern der selten vorkommenden *Trichostrongyliden*-Arten unterscheidbar sind. In diesem Fall muß eine Kultur zur Züchtung der Drittlarven angelegt und eine Differentialdiagnose aufgrund der Larvenidentifikation gestellt werden. Im Serum sind bei einem Teil der Infizierten Antikörper nachweisbar.

Therapie. Medikamente mit guter Wirkung gegen Hakenwürmer sind u. a.: Pyrantelpamoat (Cobantril), Mebendazol (Vermox) und Albendazol (Zentel).

Prophylaxe und Bekämpfung. Zur Vorbeugung und Bekämpfung können folgende Maßnahmen ergriffen werden: die planmäßige medikamentöse Behandlung der Bevölkerung in Endemiegebieten, die Eindämmung der Ausstreuung von Hakenwurmeiern durch sachgerechte Beseitigung der Fäkalien und Abwässer sowie die Einschränkung der perkutanen Infektion durch Tragen von festen Schuhen. Schließlich sei auch hier auf die persönlichen Hygienemaßnahmen hingewiesen.

Strongyloides stercoralis und S. fuelleborni (Zwergfadenwürmer)

Erreger der Strongyloidose

Erreger und Vorkommen. *Strongyloides stercoralis*, ein Parasit von Mensch, Hund und Affen, kommt vorwiegend in feuchtwarmen Gebieten vor, selten in Zonen mit gemäßigtem Klima (z. B. Süd- und Osteuropa). Weltweit sind etwa 50–100 Millionen Personen infiziert (WHO, 1995). *Strongyloides fuelleborni* ist hauptsächlich ein Parasit von Affen in Afrika, parasitiert aber auch im Menschen.

Morphologie, Entwicklung und Epidemiologie (Abb. 10.**15**). Parasitisch existieren nur *Strongyloides*-Weibchen, die 2–3 mm lang sind und in der Epithelschicht des Dünndarmes leben, wo sie parthenogenetisch Eier erzeugen. Bereits während der Darmpassage schlüpfen aus den Eiern Erstlarven (0,2–0,3 mm Länge) aus, die im Stuhl ausgeschieden werden. Bei Befall mit *S. fuelleborni* erfolgt Ausscheidung von Eiern. Innerhalb weniger Tage entwickeln sich aus ihnen die infektionsfähigen Drittlarven.

***Strongyloides stercoralis*: Entwicklungszyklus**

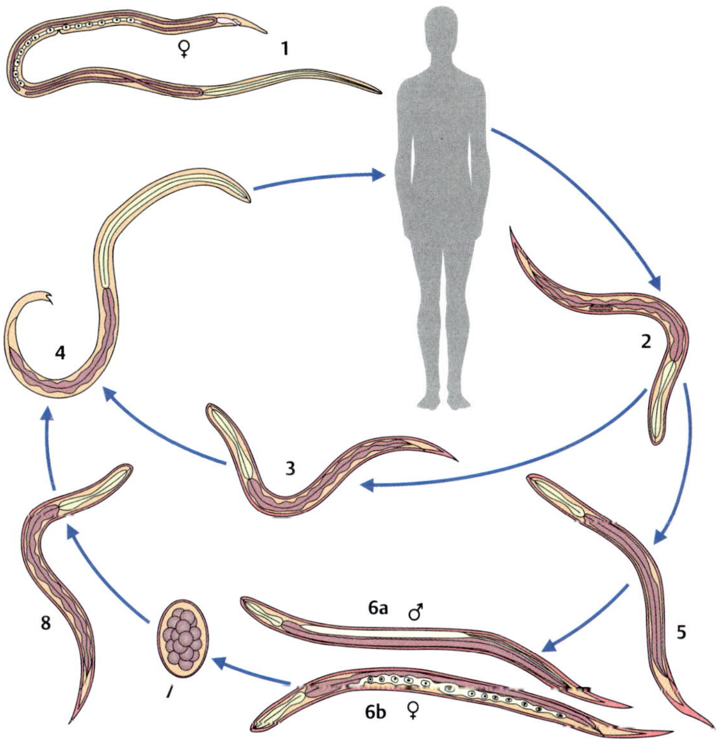

Abb. 10.**15** **1** Weibchen von *Strongyloides* aus dem Dünndarm; **2** Im Stuhl ausgeschiedene Larve I; **3** Larve II; **4** infektiöse Larve III; **5** Entwicklung der Larve I über vier Häutungen zu adulten Stadien (**6**); **6a** freilebendes Männchen; **6b** freilebendes Weibchen; **7** Ei von der freilebenden Generation; **8** aus dem Ei geschlüpfte Larve, die sich durch zwei Häutungen zur infektiösen Larve entwickelt (wie 4).

Unter gewissen Bedingungen kann sich aus den Erstlarven eine freilebende Generation von Männchen und Weibchen entwickeln. Aus den befruchteten Eiern der Weibchen dieser Generation gehen wiederum Geschlechtsformen oder aber infektionsfähige Larven hervor. Aufgrund dieser exogenen Vermehrung ist eine massive Umweltkontamination mit *Strongyloides*-Larven möglich. Die Drittlarven sind gegen Austrocknung sehr empfindlich; bei ausreichender Feuchtigkeit bleiben sie 2–3 Wochen lang lebensfähig.

Der parasitische Abschnitt des Entwicklungszyklus ähnelt dem der Hakenwürmer, da auch bei *Strongyloides* die Infektion perkutan erfolgt und die Larven ihren Ansiedlungsort im Dünndarm auf dem trachealen Wanderweg erreichen. Die Präpatenzzeit beträgt mindestens 17 Tage. Auch eine Übertragung von *Strongyloides*-Larven durch die Muttermilch ist möglich.

Als Besonderheit ist die Möglichkeit der Autoinfektion zu erwähnen. Die Erstlarven vermögen sich bereits im Darmkanal oder in der Analspalte in infektiöse Larven umzuwandeln und vom Dickdarm oder der perianalen Haut aus in den Organismus einzudringen. Durch ständige Autoinfektionen kann die Infektion bei Immunkompetenten über viele Jahre unbemerkt persistieren (s. unten).

Reservoir für *S. stercoralis* ist vorwiegend der Mensch; von Affen und Hunden ausgehende Infektionen sind zwar auch möglich, aber unbedeutend.

Pathogenese und Krankheitsbild.

- **Hautveränderungen** beim Eindringen der Larven von *Strongyloides*-Arten des Menschen treten besonders bei sensibilisierten Personen in Erscheinung. Larven tierpathogener *Strongyloides*-Arten können das Bild der „Larva migrans externa“ erzeugen (S. 617).
- In der **Lunge** rufen die Wanderlarven Hämorrhagien und entzündliche Reaktionen hervor, die sich klinisch in Husten und pneumonischen Symptomen manifestieren.
- In der **intestinalen Phase** verursacht *Strongyloides* bei starkem Befall katarrhalische, ödematöse oder ulzerative Enteritiden und auch Kolitiden.
- **Systemische Infektion.** Der *Strongyloides*-Befall kann infolge von Autoinfektionen über viele Jahre latent persistieren, bei Störungen der Immunabwehr, z. B. bei AIDS oder Behandlungen mit Immunsuppressiva, aktiviert werden und zu massiven systemischen Infektionen führen, bei denen *Strongyloides*-Larven in der Kolonwand, in der Wand der Mesenterialgefäße, in den Gallengängen oder in anderen Organen gefunden werden. Besonders in solchen Fällen sind auch geschlechtsreife Weibchen in der Lunge, seltener in anderen Organen anzutreffen.

Diagnose. Der Nachweis der Larven (Abb. 10.**1**, S. 559) von *S. stercoralis* mittels Baermann-Trichter und/oder Larvenkultur gelingt nur bei etwa 60 – 70 % der Infizierten (Einachweis im Flotationsverfahren bei *S. fuelleborni*). Bessere Resultate soll die Untersuchung von Duodenalsaft erbringen. Bei etwa 85 % der immunkompetenten Personen, die Larven von *S. stercoralis* im Stuhl ausscheiden, lassen sich Antikörper im Serum nachweisen. Kreuzreaktionen treten bei Befall mit anderen Helminthen auf, vor allem bei Filariose (Tab. 11.**5**, S. 639).

Therapie und Prophylaxe. Therapeutisch werden vor allem Albendazol (Zentel) und Mebendazol (Vermox) eingesetzt. Die Maßnahmen zur Prophylaxe sind ähnlich wie bei Hakenwürmern. Bei Tropenrückkehrern sind vor Einleitung immunsuppressiver Maßnahmen (z. B. Nierentransplantation) gründliche Untersuchungen auf *Strongyloides*-Befall wichtig.

Enterobius vermicularis (Madenwurm)

Erreger der Enterobiose oder der Oxyurose

Vorkommen. Der Madenwurm kommt in allen Teilen der Welt vor, er ist auch ein häufiger Parasit in Zonen gemäßigten Klimas und in entwickelten Ländern. Am häufigsten befallen sind Kinder im Alter von 5 – 9 Jahren und Erwachsene der Altersgruppen zwischen 30 und 50 Jahren.

Erreger, Entwicklung und Epidemiologie. Der zu den Oxyuren gehörende *Enterobius vermicularis* hat eine auffallend weiße Farbe. Die Männchen sind 2 – 5 mm lang; die Weibchen messen 8 – 13 mm. Der Körper der Weibchen endet in einem dünnen, spitzen Schwanz (daher: „Pfriemenschwänze“).

Die geschlechtsreifen Madenwürmer leben auf der Mukosa des Dickdarmes sowie des unteren Dünndarmes. Nach der Kopulation sterben die Männchen bald ab. Die Weibchen wandern zum Anus, verlassen meist nachts den Sphinkter und wandern danach auf der Perianalhaut umher, wobei jedes Weibchen ca. 10 000 Eier ablegt, die von einer klebrigen Eiweißschicht umhüllt sind und dadurch an der Haut haften. Bei starkem Befall werden oft zahlreiche lebende Madenwürmer ausgeschieden und sind als bewegliche Gebilde auf der Oberfläche der Fäzes leicht erkennbar.

Die Eier (50 × 30 µm) sind leicht asymmetrisch, längsoval und dünnschalig (Abb. 10.**11**). Ihre klebrige Oberfläche begünstigt das Haften der Eier an der Haut und an Gegenständen. Frisch abgelegte Eier enthalten einen Embryo, der sich bei Hauttemperatur in etwa 2 Tagen zur infektionsfähigen Erstlarve entwickelt. Von der Haut abgefallene Eier bleiben in feuchter Umgebung 2 – 3 Wochen lebensfähig.

Die Ansteckung erfolgt vorwiegend auf peroralem Wege. Sie wird durch verschiedene Übertragungsweisen ermöglicht (im Kindesalter digitale Übertragung der Eier von der Analgegend zum Mund; bei älteren Kindern und Erwachsenen Kontaktübertragung). Die klebrigen Eier bleiben an Spielzeug, Gebrauchsgegenständen usw. haften oder werden im Staub aufgewirbelt und so verbreitet. Im Darmkanal schlüpfen aus den aufgenommenen Eiern Larven, die sich durch mehrere Häutungen innerhalb von 5 – 6 Wochen zur Geschlechtsreife entwickeln. Weiterhin scheint die Möglichkeit einer „Retroinfektion“ zu bestehen. In diesem Falle sollen infektionsfähige Larven bereits am Anus frei werden und in den Darm zurückwandern.

Pathogenese und Krankheitsbild. Die auf der Mukosa des Dickdarmes lebenden Madenwürmer sind ziemlich harmlos. Gelegentlich dringen Entwicklungsformen in die Wand des Dickdarmes und der Appendix, in die Vagina, den Uterus, den Eileiter und die Bauchhöhle ein und verursachen Entzündungserscheinungen.

Enterobius erzeugt vor allem einen starken Juckreiz. Nervöse Störungen, Entwicklungsverzögerung, Gewichtsabnahme, Appetitverlust und andere unspezifische Erscheinungen können die Folge sein. In der Analgegend entstehen Kratzeffekte und ekzematöse Hautveränderungen, die sich manchmal auf die gesamte Körperhaut ausbreiten.

Diagnose. Die aufgrund der klinischen Symptome gestellte Verdachtsdiagnose kann durch den Nachweis von spontan mit den Fäzes abgegangenen Madenwürmern und durch die Feststellung der an der Perianalhaut abgelegten Eier gesichert werden (Abb. 10.**11**). Zum Einachweis genügen die üblichen Stuhluntersuchungsmethoden nicht; am besten hat sich die „Klebestreifenmethode“ bewährt (S. 636).

Therapie und Prophylaxe. Zur Behandlung sind folgende Mittel geeignet: Pyrviniumpamoat (Molevac), Pyrantelpamoat (Cobantril), Mebendazol (Vermox) und Albendazol (Zentel). Reinfektionen sind leicht möglich. Daher muß die Behandlung in der Regel ein- bis mehrfach wiederholt und auf alle potentiellen Parasitenträger (z. B. Mitglieder einer Familie, eines Kindergartens) ausgedehnt und mit Prophylaxe-Maßnahmen kombiniert werden. Ziel der Prophylaxe ist die Verhinderung der Eiausstreuung durch Waschen der Perianalhaut (besonders am Morgen), Abdecken der Perianalhaut mit Salben, Sauberhalten der Hände, Auskochen der Wäsche und Reinigung kontaminierter Gegenstände mit heißem Wasser.

Infektionen der Gewebe und des Gefäßsystems mit Nematoden

In dieser Gruppe werden die Filarien, der Medinawurm und *Trichinella* besprochen. Ferner sind Infektionen berücksichtigt, deren Ursache Larven verschiedener Nematodenarten von Tieren sind.

Filariida

Erreger von lymphatischer Filariose, Filariosis bancrofti, Filariosis malayi

Die zur Ordnung der Spirurida gehörenden Nematoden der Familien Filariidae und Onchocercidae werden hier unter dem Sammelbegriff Filarien zusammengefaßt. In der Entwicklung der Filarien fungieren Mücken bzw. Fliegen als Zwischenwirte und Überträger. Diese Filariosen sind in tropischen Regionen endemisch; in anderen Gebieten treten sie gelegentlich als importierte Fälle auf. Die bedeutendste Filariose ist die Onchozerkose, deren Erreger *Onchocerca volvulus* durch Kriebelmücken übertragen wird. Mikrofilarien dieser Art können schwere Hautveränderungen und Augenschäden bis zur Blindheit verursachen. Die Diagnose der Onchozerkose erfolgt klinisch, durch Nachweis von Mikrofilarien in der Haut und in den Augen sowie von Antikörpern im Serum. Weitere Filarioseformen sind die lymphatische Filariose (Ursache: *Wuchereria bancrofti, Brugia*-Arten) und die Loaose (Ursache: *Loa loa*).

Allgemeines. Die Filarien sind fadenförmige (filum: Faden) Nematoden. Die Länge der Adultstadien (= Makrofilarien) der beim Menschen vorkommenden Arten schwankt zwischen 2 und 50 cm, wobei die Weibchen größer sind als die Männchen. Die Weibchen setzen embryonierte Eier ab oder gebären Larven, die als Mikrofilarien (= Mf) bezeichnet werden. Die Mikrofilarien sind etwa 0,2 – 0,3 mm lange, schlangenförmige Gebilde, die von der ausgedehnten Eihülle umgeben bleiben (bescheidete Mikrofilarien) oder aus dieser schlüpfen (unbescheidete Mikrofilarien) (Abb. 10.**17**). Sie erscheinen vorwiegend in der Haut oder im Blut (Tab. 10.**4**).

Aufgrund des zeitlichen Auftretens der Mikrofilarien im peripheren Blut unterscheidet man nichtperiodische Filarienarten, deren Mikrofilarien stets nachweisbar sind, von den periodischen Spezies, bei denen ein Maximum der Mikrofilariendichte im Blut während der Nacht (nachtperiodisch) oder am Tag (tagperiodisch) besteht. In Anpassung an die Schwankungen der Mikrofilarämie fungieren nacht- oder tagaktive Insekten als Zwischenwirte.

Entwicklung von Filarien

Insekt: → Aufnahme von Mikrofilarien bei Blutmahlzeit → Entwicklung in Thoraxmuskulatur über 2 Häutungen zur infektiösen Larve → Wanderung zu Mundwerkzeugen und Übertragung bei nächster Blutmahlzeit auf einen Wirt.
Mensch: → Wanderung zu definitiven Lokalisationen und Weiterentwicklung über 2 weitere Häutungen zur Geschlechtsreife.

Wuchereria bancrofti und Brugia-Arten

Erreger der lymphatischen Filariose

Vorkommen. Nach Angaben der WHO (1992) sind etwa 73 Millionen Menschen mit *Wuchereria bancrofti* und 6 Millionen mit *Brugia*-Arten infiziert. Einige Kurzinformationen zur geographischen Verbreitung finden sich in Tab. 10.**4**. Als natürlicher Endwirt für *W. bancrofti* ist nur der Mensch bekannt. Für die am weitesten verbreiteten *Brugia*-Stämme ist der Mensch Reservoir; einige Stämme kommen auch bei Tieren vor (Katzen, Hunde und Affen).

Entwicklung und Epidemiologie. Zwischenwirte für *W. bancrofti* und *B. malayi* sind Stechmückenarten verschiedener Gattungen mit Nacht- oder Tagaktivität (Tab. 10.**4**). Die Entwicklung infektiöser Larven in den Insekten ist nur bei hoher Temperatur und Luftfeuchtigkeit möglich; bei *Wuchereria bancrofti* dauert sie bei + 28 °C etwa 12 Tage. Nach der Infektion eines Menschen siedeln sich Filarien in den Lymphgefäßen und in den Lymphknoten an, wo sie geschlechtsreif werden. Mikrofilarien (Mf) treten im Blut frühestens nach 3 Monaten (*B. malayi, B. timori*) bzw. nach 7 – 8 Monaten (*W. bancrofti*) auf. Angaben über ihre Kennzeichen sind der Tab. 10.**4** und der Abb. 10.**17** zu entnehmen. Die adulten Parasiten leben mehrere Jahre.

Pathogenese und Krankheitsbild. Die durch *W. bancrofti* und *Brugia*-Arten verursachten pathologischen Zustände sind einander sehr ähnlich. Erste Krankheitserscheinungen können bereits einen Monat nach der Infektion auftreten; meist dauert jedoch die Inkubationszeit 5 – 12 Monate oder länger. Die möglichen Verlaufsformen lassen sich wie folgt zusammenfassen:

- **Symptomlose Infektion,** jedoch mit Mikrofilarämie, die jahrelang persistieren kann.
- **Symptomatische akute Infektion:** Entzündlich-allergische Reaktionen im Lymphsystem, ausgelöst durch Filarien → Schwellung von Lymphknoten, Lymphangitis, rezidivierende Fieberschübe, allgemeines Unwohlsein, Schwellungen an Beinen, Armen, Skrotum, Mammae; Funikulitis, Orchitis.
- **Symptomatische chronische Infektion:** chronisch-obstruierende Veränderungen des Lymphsystems → Behinderung/Blockade des Lymphflusses und Erweiterung von Lymphgefäßen („Lymphvarizen") → derbe, durch Bindegewebszubildung verursachte Schwellungen von Lymphknoten, Extremitäten (vor allem der Beine), („Elephantiasis"), des Skrotums usw., Haut verdickt (Abb. 10.**16**). Beim Platzen von Lymphgefäßen Lymph- oder Chylurie, Chylozele usw. Dieses Krankheitsbild entwickelt sich bei Einheimischen langsam innerhalb von 10 – 15 Jahren nach der akuten Phase, bei Eingewanderten im allgemeinen früher.

Tabelle 10.**4** Filarienarten des Menschen

Art und Länge (cm)	**Verbreitung**	**Überträger**	**Lokalisation der Adulten**	**Mikrofilarien: Kennzeichen und Auftreten**[1]	**Pathologie**
Wuchereria bancrofti ♂: 2,4 – 4,0 ♀: 5,0 – 10,0	Südostasien, Pazifik, trop. Afrika, Karibik, trop. Südamerika	**Mücken:** *Culex, Anopheles, Aedes*	Lymphsystem	244 – 296 µm, bescheidet. Blut, nacht-, tag- oder subperiodisch[2]	Lymphangitis und -adenitis, Elephantiasis
Brugia malayi ♂: 2,2 – 2,5 ♀: 4,3 – 6,0	Süd- und Ostasien	**Mücken:** *Anopheles, Aedes, Mansonia*	Lymphsystem	177 – 230 µm, bescheidet. Blut, nacht- oder subperiodisch	Lymphangitis und -adenitis, Elephantiasis
Brugia timori	Indonesien	**Mücken:** *Anopheles*		nachtperiodisch	
Loa loa ♂: 3,3 – 3,4 ♀: 5,0 – 7,0	Tropisches Afrika	**Fliegen:** *Chrysops*	subkutanes Bindegewebe	250 – 300 µm bescheidet. Blut, tagperiodisch	Hautschwellungen, Befall der Konjunktiva
Onchocerca volvulus ♂: 2,0 – 4,5 ♀: 23 – 50	Afrika, Zentral- und Südamerika	**Mücken:** *Simulium*	subkutanes Bindegewebe	221 – 358 µm, unbescheidet. Haut, nicht periodisch	Hautknoten, Dermatitis, Augenveränderungen
Mansonella perstans ♂: 1,5 ♀: 7,0 – 8,0	Afrika, Südamerika	**Mücken:** *Culicoides*	Peritoneal- und Pleurahöhle	190 – 200 µm, unbescheidet. Blut, nacht-subperiodisch	meist apathogen
Mansonella streptocerca ♂: [3] ♀: [3]	Tropisches Afrika	**Mücken:** *Culicoides*	subkutanes Bindegewebe	180 – 240 µm, unbescheidet. Haut, nicht periodisch	Hautödem, Dermatitis
Mansonella ozzardi ♂: [3] ♀: 6,5 – 8,1	Zentral- und Südamerika	**Mücken:** *Culicoides*	Peritonealhöhle	173 – 240 µm, unbescheidet. Blut (nicht periodisch)	meist apathogen

[1] Nähere Angaben zur Differenzierung der Mikrofilarien in Abb. 10.**1**. [2] Subperiodisch: wenig ausgeprägte Periodizität. [3] Es liegen keine genauen Angaben vor.

Nematodenbefall

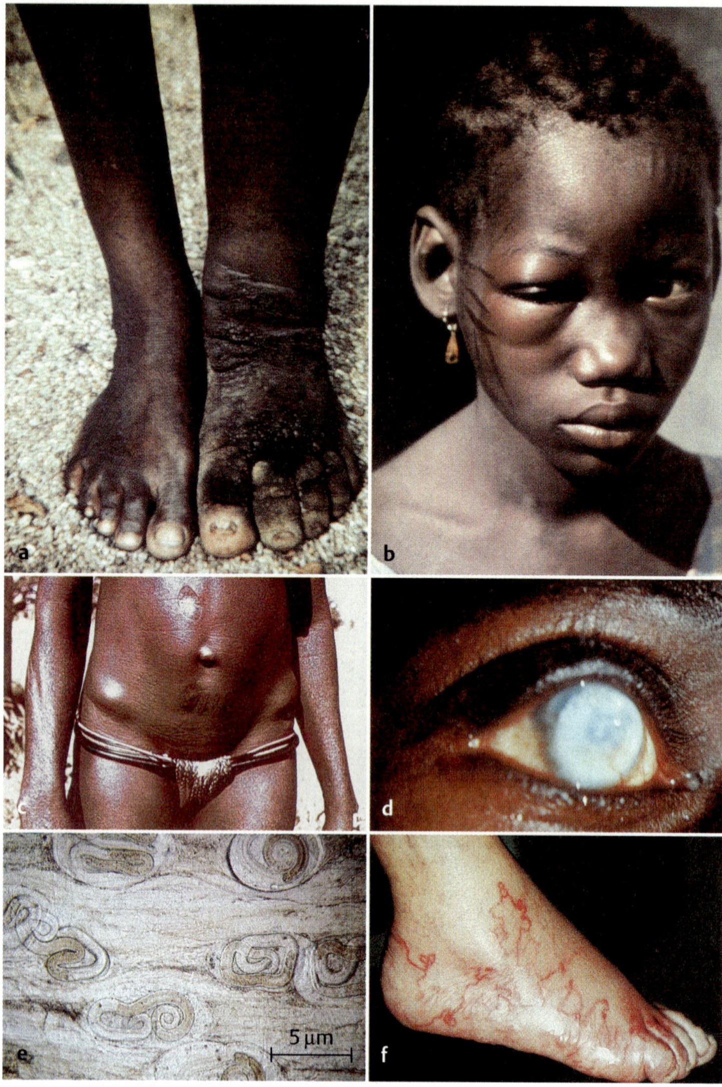

◀ Abb. 10.**16** **a** Befall mit *Wuchereria bancrofti*: Elephantiasis; **b** Befall mit *Loa loa*: Lidschwellung; **c** Onchozerkose: Hautknoten, verursacht durch *Onchocerca vovulus*; **d** Erblindung durch *O. volvulus*; **e** *Trichinella spiralis*; Larven in der Muskulatur der Ratte; **f** *Larva migrans externa*. (Aufnahmen a, b, d: Tropeninstitut Tübingen, c: Tropeninstitut Amsterdam; f Dermatologische Klinik der Universität Zürich.)

- **Tropische, pulmonale Eosinophilie:** Syndrom mit Husten, asthmoiden Lungenbeschwerden, hoher Bluteosinophilie, Lymphknotenschwellung und hohen Konzentrationen von Serumantikörpern (einschließlich IgE) gegen Filarienantigene. Keine Mikrofilarien im Blut nachweisbar, zum Teil aber in Lymphknoten und Lunge. Es handelt sich um eine allergische Reaktion auf Antigene von Filarien.

Diagnose. Die Krankheit wird aufgrund der klinischen Erscheinungen, die oft mit Eosinophilie einhergehen, und des Nachweises von Mikrofilarien im Blut diagnostiziert. Die Blutproben müssen nötigenfalls nachts entnommen werden (Tab. 10.**4**, s. auch S. 605). Die Mikrofilarien der verschiedenen Arten lassen sich in gefärbten Ausstrichen differenzieren (Tab. 10.**4**, Abb. 10.**17**) und auch durch DNA-Proben artspezifisch identifizieren. In verschiedenen Stadien der Infektion sind keine Mikrofilarien im Blut nachweisbar (= okkulte Infektion). Besonders in solchen Fällen können immundiagnostische Verfahren wertvolle Hinweise geben (Nachweis gruppenspezifischer Antikörper, spezifischer IgE- und IgG-Subklassen sowie zirkulierender Antigene; Tab. 11.**5**, S. 639).

Therapie. Zur Behandlung wird das vor allem gegen Mikrofilarien und weniger gegen Makrofilarien wirksame Diäthylcarbamazin (Banocide, Hetrazan) eingesetzt, und zwar unter Kortikoidschutz, der sich gegen fieberhaft-allergische und zum Teil schwere Nebenwirkungen richtet, die infolge der Freisetzung von Parasitenantigenen auftreten können. Nach neuen Untersuchungen hat Ivermectin die gleiche Wirkung wie Diäthylcarbamazin. Spätschäden sprechen naturgemäß auf die Chemotherapie nicht an; sie können zum Teil chirurgisch behandelt werden.

Bekämpfung und Prophylaxe. Durch Bekämpfung der Überträgermücken wie bei der Malaria (S. 545) und Chemoprophylaxe mit Diäthylcarbamazin (Einzeldosis 1 × pro Jahr oder Verabreichung im Kochsalz während 9–12 Monaten) läßt sich der Mikrofilarienbefall in der Bevölkerung von Endemiegebieten reduzieren. Der gleiche Effekt ist auch mit einer Einmaldosis von Ivermectin zu erzielen (WHO, 1996). Zur individuellen Prophylaxe gelten die Empfehlungen zum Schutz vor Mückenstichen wie bei der Malaria.

Mikrofilarien verschiedener Filarienarten

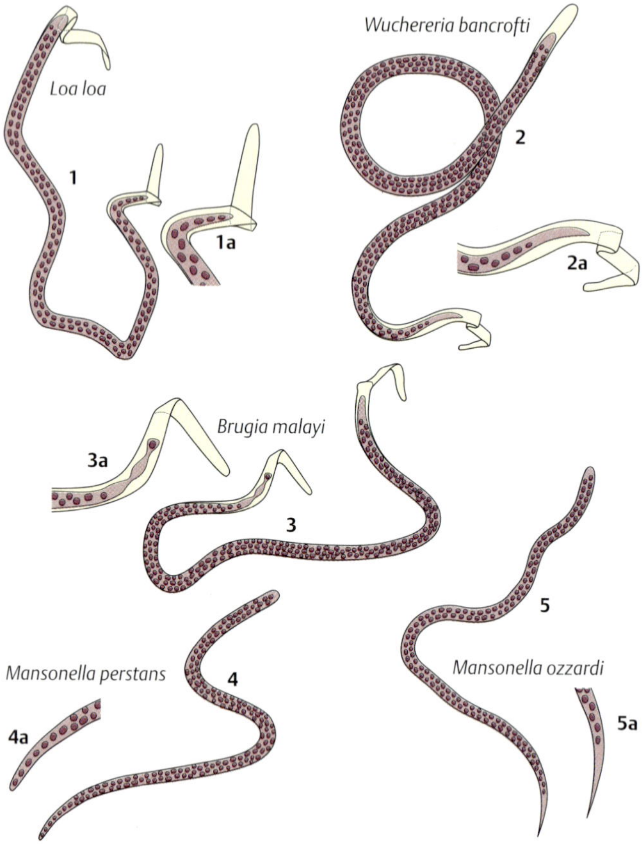

Abb. 10.**17** Differentialdiagnose der im Blut des Menschen nachweisbaren Mikrofilarien: Bescheidet, groß: **1** *Loa loa*: Schwanzende (**1a**) mit mehreren Kernen; **2** *Wuchereria bancrofti*: Schwanzende (**2a**) ohne Kerne; **3** *Brugia malayi*: Schwanzende (**3a**) mit Einzelkern. Ohne Scheide, kleiner: **4** *Mansonella perstans*: Schwanzende (**4a**) abgerundet mit dicht, oft in Mehrfachreihen gelagerten Kernen bis fast zur Schwanzspitze; **5** *Mansonella ozzardi*: Schwanzende (**5a**) spitz, Spitze frei von Kernen.

Loa Loa

Erreger der Loaose, Loiasis, *Loa-Loa*-Infektion

Vorkommen, Entwicklung und Epidemiologie. Mit dieser als „Wanderfilarie“ bezeichneten Filarie sind in tropischen Regenwaldgebieten von West-, Zentral- und Ostafrika 13 Millionen Menschen infiziert (WHO, 1995).

Die adulten Parasiten (Tab. 10.**4**) und die präadulten Formen leben im Unterhautbindegewebe, in dem sie umherwandern. Erwachsene Filarien siedeln sich auch unter der Konjunktiva an. Die Mikrofilarien treten periodisch auf und halten sich tagsüber im peripheren Blut auf (Tab. 10.**4**, Abb. 10.**17**). Dementsprechend sind tagaktive Fliegenarten aus der Gruppe der Bremsen (Tabanidae, *Chrysops*-Arten) Zwischenwirte. Die *Chrysops*-Weibchen nehmen Blut auf; sie stechen am Tage an schattigen Plätzen oder in Behausungen, wobei sie die infektiösen Larven von *Loa loa* übertragen können. Die Präpatenzzeit beträgt 5 – 6 Monate. In einigen Fällen erscheinen auch bei länger bestehender Infektion keine Mikrofilarien im Blut. Die adulten Filarien leben mehrere Jahre.

Pathogenese und Krankheitsbild. Krankheitserscheinungen können 2 – 12 Monate nach der Infektion auftreten. Sie sind wahrscheinlich vorwiegend allergisch bedingt. Die im Bindegewebe umherwandernden Filarien verursachen an Gliedmaßen, Gesicht und Körper ödematöse Hautschwellungen („Calabar“- oder „Kamerun-Schwellungen“) und juckende Knötchen (Abb. 10.**16b**). Die Infektion ist oft von einer Bluteosinophilie begleitet. Einwanderung eines Parasiten unter die Konjunktiva hat Tränenfluß, Rötungen und andere Symptome zur Folge.

Diagnose, Therapie und Prophylaxe. Die Diagnose stützt sich auf die typischen klinischen Symptome, den Nachweis adulter Parasiten in der Unterhaut oder in der Konjunktiva bzw. der Mikrofilarien im peripheren Blut, das während des Tages zu entnehmen ist (Tab. 10.**4**, Abb. 10.**17**) (Immundiagnostik s. S. 607). Zur Therapie wird Diäthylcarbamazin eingesetzt, das die Mikrofilarien abtötet und nach längerer Therapiedauer auch die Makrofilarien schädigt. Dabei können erhebliche Nebenwirkungen auftreten, u. a. Meningoenzephalitis! Ivermectin hat eine gute Wirkung auf Mikrofilarien und in höherer Dosierung evtl. auch auf adulte Stadien.

Mansonella-Arten

Hinsichtlich der differentialdiagnostisch zu berücksichtigenden *Mansonella*-Arten sei auf Tab. 10.**4** und Abb. 10.**17** verwiesen.

Onchocerca volvulus

Erreger der Onchozerkose

Diese Filarienart ist Erreger der Onchozerkose, die sich hauptsächlich in Hautveränderungen, Lymphadenopathie und Augenschäden manifestiert. Letztere bedingen die erhebliche Bedeutung der Infektion.

Vorkommen. *Onchocerca volvulus* kommt endemisch in 28 Ländern im tropischen Afrika (Atlantikküste bis zum Roten Meer) und im südlichen Arabien (Jemen) sowie in 6 Ländern von Mittel- und Südamerika vor (Mexiko, Guatemala, Kolumbien, Venezuela, Brasilien, Ecuador). Nach Angaben der WHO (1995) sind derzeit etwa 17,6 Millionen Personen infiziert und etwa 267 000 durch Onchozerkose erblindet.

Entwicklung. Die adulten Onchozerken leben frei im Binde- und Fettgewebe, meist jedoch knäuelartig aufgewunden innerhalb von Bindegewebsknoten in der Subkutis oder in tieferen Gewebsschichten (Abb. 10.**16c**). Die Lebensdauer der geschlechtsreifen Parasiten erstreckt sich bis zu 15 Jahren.

Die *Onchocerca*-Weibchen produzieren Mikrofilarien, die in Gewebsspalten der Knoten und der Haut leben. Vom Ansiedlungsort der Weibchen aus wandern sie wohl vorwiegend in den Lymphspalten der Dermis in andere Hautpartien und befallen auch die Augen, vor allem beim Sitz der Knoten am Kopf oder in der oberen Körperregion. Über die Lymphbahnen können die Mikrofilarien in den Blutstrom eindringen und auch im Urin, im Sputum und in der Zerebrospinalflüssigkeit erscheinen. Die relativ großen Mikrofilarien haben keine Scheide (Tab. 10.**4**); ihre Lebensdauer im Menschen beträgt 6–30 Monate.

Zwischenwirte und Überträger sind Simuliiden (Kriebelmücken, sog. „black flies"). Die Entwicklung der von den Kriebelmücken auf den Menschen übertragenen Infektionslarven bis zur Geschlechtsreife nimmt viele Monate in Anspruch. Mikrofilarien sind in der Haut meist nach 12–15 Monaten (7– > 24 Monate) nachweisbar (Präpatenzzeit).

Epidemiologie. Reservoir für *O. volvulus* ist nur der Mensch. Die Onchozerkose tritt herdförmig entlang der Flußläufe auf, in denen sich die Larven und Puppen der Kriebelmücken entwickeln. In bezug darauf wird die durch Onchozerkose verursachte Blindheit auch „Flußblindheit" („river blindness") genannt. Infektionshäufigkeit und -intensität sowie Schwere der Erkrankung und Rate der Augenschädigungen nehmen in endemischen Gebieten bei der betroffenen Bevölkerung etwa bis zum 50. Lebensjahr zu. In hochendemischen Gebieten werden Infektionsraten von nahezu 100 % und Erblindungen bei 1 %–30 % der Erwachsenen beobachtet.

Pathogenese und Krankheitsbild. Pathogenetisch lassen sich Reaktionen gegen adulte Parasiten und gegen Mikrofilarien unterscheiden. Diese Reaktionen werden durch den Immunstatus des Infizierten beeinflußt.

- **Reaktionen gegen adulte Parasiten:** Einschluß adulter Filarien in fibröse Knoten (Onchozerkome) von meist 0,5 – 2 cm (manchmal bis 6 cm) Durchmesser in Subkutis an Beckenkamm, Rippen, Kopfhaut usw., seltener in tieferliegendem Gewebe. Knotenbildung etwa 1 – 2 Jahre nach der Infektion, sie verursacht keine oder nur geringe Beschwerden (Abb. 10.**16c**).
- **Reaktionen gegen Mikrofilarien:** Mikrofilarien erscheinen etwa 12 – 15 (7 – 24) Monate nach der Infektion in der Haut. Erste Symptome treten nach ca. 15 – 18 Monaten auf: u. a. Pruritus, Verlust der Hautelastizität mit hängenden Hautfalten, Pigmentverschiebung („Leopardenhaut") und Lymphknotenschwellungen; Bluteosinophilie kann vorhanden sein.
- **Augenveränderungen:** „Schneeflockenartige" Hornhauttrübungen, im späteren Stadium sklerosierende Keratitis, die häufigste Erblindungsursache ist, Chorioretinitis sowie Neuritis und Atrophie der Sehnerven; Tendenz zum bilateralen Auftreten dieser Schäden (Abb. 10.**16d**).

Diagnose

- **Adulte Parasiten.** Onchozerkome lassen sich durch Palpation und Ultrasonographie identifizieren. Der Parasitennachweis kann durch operative Entfernung und Untersuchung von Hautknoten erbracht werden.
- **Mikrofilarien** sind in der Haut nach Ablauf der Präpatenzzeit mit Hilfe der „Skin-snip"-Methode nachweisbar (s. S. 640). Zum artspezifischen Nachweis von *Onchocerca*-DNA (Oncho-150 repeat) in Hautproben steht heute eine PCR zur Verfügung. Lebende oder tote Mikrofilarien lassen sich in der Kornea oder in der vorderen Augenkammer mit Hilfe der Spaltlampe oder eines Ophthalmoskops feststellen. Ferner können mit verschiedenen Methoden und Antigenen (u. a. mit rekombinanten Antigenen) Antikörper im Serum nachgewiesen werden (Tab. 11.**5**, S. 639).

10

Therapie. Behandlungsmöglichkeiten sind die operative Entfernung der Knoten und die Chemotherapie. Chemotherapeutisch wird in Ausnahmefällen das recht toxische Suramin (Bayer 205) gegen die adulten Filarien eingesetzt (ärztliche Überwachung im Spital erforderlich!). Ivermectin ist in niedriger Dosierung gegen Mikrofilarien hochwirksam (s. Prophylaxe) und hat in höherer Dosis und bei wiederholter Applikation auch einen gewissen Effekt gegen Makrofilarien (WHO, 1995).

Prophylaxe und Bekämpfung. Ein gewisser Schutz vor Stichen durch Kriebelmücken kann durch entsprechende Kleidung und Einreiben der Haut mit Repellentien erreicht werden (s. Malaria). Durch Einleiten von Insektiziden in Fließgewässer zur selektiven Vernichtung der Entwicklungsstadien von Simulien konnten in großen, von der WHO in Afrika durchgeführten Programmen regional beachtliche Bekämpfungserfolge erzielt werden (WHO, 1995). Seit 1987 werden in Endemiegebieten Massenbehandlungen der Bevölkerung mit niedrigen Dosen von Ivermectin (Mectizan) (0,15 mg/kg Körpergewicht) 1–2 mal pro Jahr vorgenommen. Dadurch kann die Mikrofilariendichte in der Haut des Menschen für die Dauer bis zu 12 Monaten drastisch gesenkt werden. Auch Mikrofilarien in den Augen werden beeinflußt. Dadurch werden Erkrankungen verhütet und die Erregerübertragung reduziert oder ganz unterbunden. Der simultane Einsatz von Vektorkontrolle und Massenbehandlungen mit Ivermectin bietet die größten Erfolgsaussichten auf eine effektive Kontrolle oder Eradikation der Onchozerkose.

Dracunculus medinensis (Medina-, Guinea- oder Drachenwurm)

Erreger der Drakunkulose, Medinawurmkrankheit

Vorkommen. Dieser filarienähnliche, zur Ordnung Spirurida gehörende Parasit des Menschen ist in Afrika, südlich der Sahara (Gürtel von Mauretanien bis Südsudan), im Yemen und in Indien verbreitet (Inzidenz s. unten).

Erreger, Entwicklung und Epidemiologie. Die Männchen sind 1–4 cm lang, die Weibchen 50–100 cm. Letztere leben im subkutanen Bindegewebe, zu 90 % an Füßen oder Beinen, sie wandern etwa 10–12 Monate nach der Infektion unter die Hautoberfläche und verursachen die Bildung einer Blase, die nach einigen Tagen platzt. Bei Wasserkontakt der befallenen Hautpartie strecken die Weibchen ihr Vorderende etwas hervor und entlassen zahlreiche Larven, die von Flohkrebsen (*Cyclops*) aufgenommen werden und sich in ihnen zu infektiösen Larvenstadien entwickeln. Die Infektion des Menschen erfolgt durch Aufnahme von Trinkwasser, das infizierte Zwischenwirte enthält. Die Übertragung erfolgt in saisonaler Abhängigkeit von Trocken- und Regenzeiten. Vom Darm des Menschen wandern die Parasiten ins Bindegewebe.

Diagnose, Krankheitsbild und Therapie. Die Diagnose erfolgt i. d. R. aufgrund der klinischen Erscheinungen (Ulkus an Extremitäten, in ca. 30 % bakterielle Sekundärinfektionen). Die mechanische Entfernung des Parasiten durch Aufwickeln auf ein Holzstäbchen ist die älteste Therapiemethode. Zur Chemotherapie werden u. a. Metronidazol (Flagyl) und Mebendazol (Vermox) eingesetzt.

Bekämpfung. Filtration oder Abkochen des Wassers bietet einen sicheren Schutz vor der Infektion. Seit einigen Jahren führt die WHO in den Endemiegebieten ▶

Fortsetzung: ***Dracunculus medinensis***

ein Bekämpfungsprogramm durch, das vorwiegend auf Aufklärung der Bevölkerung und der Filtration des Trinkwassers mit einfachen Tuchfiltern oder mit Nylonfiltern beruht. Die jährliche Inzidenz ist von 3,5 Millionen Fällen 1986 auf etwa 100 000 im Jahr 1995 zurückgegangen (WHO, 1997).

Trichinella

Erreger der Trichinellose

Menschen können sich durch Aufnahme von rohem Fleisch (vom Schwein, Wildschwein, Pferd und anderen Tierarten) mit Larven verschiedener *Trichinella*-Arten infizieren. Aus den Larven entwickeln sich Adultstadien, die den Dünndarm besiedeln, wo die Weibchen Larven produzieren, die von der Darmschleimhaut aus über die Lymph- und Blutbahn in die Skelettmuskulatur gelangen, dort in Muskelzellen eindringen und sich einkapseln (Ausnahme: *Trichinella pseudospiralis*). Das Krankheitsbild der Trichinellose wird durch intestinale und muskuläre Symptome geprägt. Die Diagnose der Trichinellose erfolgt durch Muskelbiopsie und durch Antikörpernachweis im Serum.

Erreger-Arten und Vorkommen. Aufgrund typischer Enzymmuster und DNA-Sequenzen und gewisser biologischer Merkmale werden heute 5 *Trichinella*-Arten unterschieden, die unterschiedliche, zum Teil auch überlappende Verbreitungsgebiete haben (Tab. 10.**5**).

Die am weitesten verbreitete und wichtigste Art ist *Trichinella spiralis*, die sich in einem vorwiegend domestischen Zyklus entwickelt. In Europa ist die Prävalenz von *Trichinella* im allgemeinen gering. Dennoch kam es während der letzten Jahre in mehreren Ländern (u. a. Deutschland, Frankreich, Italien, Spanien) zu größeren Ausbrüchen von Trichinellose bei Menschen, von denen jeweils einige hundert Personen betroffen waren.

Morphologie und Entwicklung (Abb. 10.**18**). Die Männchen von *Trichinella spiralis* sind ca. 1 – 2 mm lang und die Weibchen ca. 2 – 4 mm. Ein markantes Merkmal ist der zweiteilige Ösophagus mit einem vorderen muskulösen und einem hinteren Teil, der aus Drüsenzellen („Stichozyten") besteht. Die Längenmaße der anderen Arten liegen in der gleichen Größenordnung; sie sind morphologisch nicht differenzierbar, mit Ausnahme von *T. pseudospiralis*, bei der die Kapselbildung bei den Muskellarven fehlt (s. unten).

Die Entwicklung wird hier exemplarisch für *T. spiralis* beschrieben. Die Infektion des Menschen oder anderer Wirte erfolgt durch Aufnahme von Fleisch, das eingekapselte infektiöse *Trichinella*-Larven enthält. Unter dem

Tabelle 10.**5** *Trichinella*-Arten

***Trichinella*-Arten**[1]	**Verbreitung**	**Zyklustyp und wichtige Wirte** (Auswahl)	**Frostresistenz**
T. spiralis	Weltweit, gemäßigte Klimazonen, vorwiegend in nördlicher Hemisphäre	Domestisch. Schwein, Pferd, Kamel, Wildschwein, Hund, Ratte, Mensch	gering
T. nativa	Arktische und andere nördliche Gebiete: Europa, Nordamerika, Asien	Silvatisch. Eisbär, Polarfuchs, Wildschwein, Mensch	hoch
T. britovi	Gemäßigte Klimazonen, u. a. Mitteleuropa	Silvatisch. Rotfuchs, Wolf, Wildkatze, Schwein, Pferd, Mensch	gering
T. nelsoni	Äquatoriales Afrika	Silvatisch. Wildkarnivoren, Wildschwein u. a., Mensch	gering
T. pseudospiralis[1]	Kaukasien, Kasachstan, Indien, USA, Australien	Säuger, Vögel, Mensch	gering

[1] Bei *T. pseudospiralis* fehlt die Kapselbildung bei den Muskellarven (s. auch Text).

Einfluß der Verdauungssäfte werden diese frei und siedeln sich in Epithelzellen des Dünndarmes an, wo innerhalb weniger Tage nach 4 Häutungen geschlechtsreife Stadien entstehen. Nach der Kopulation sterben die Männchen bald ab; die Weibchen leben etwa 4–6 Wochen. Jedes Weibchen setzt etwa 200–1500 Larven ab (um 100 μm lang), die in die Lamina propria eindringen. Auf dem Lymph-Blut-Weg gelangen die Larven in Organe und Körpergewebe. Eine Weiterentwicklung erfolgt jedoch nur in der quergestreiften Skelettmuskulatur, in der sie frühestens 5–7 Tage nach der Infektion anzutreffen sind.

Die Larven dringen in Muskelfasern ein, die dadurch gewöhnlich nicht zerstört werden. Etwa 2 Wochen p. i. beginnt die befallene Muskelzelle, den Parasiten durch Ablagerung hyalinen und fibrillären Materials innerhalb des Sarkolemms einzukapseln. Die Kapselbildung ist nach 4–6 Wochen abgeschlossen. Die ca. 0,2–0,9 mm langen Kapseln haben eine ovale, zitronenförmige Gestalt; an den Polen bilden sich Granulationsgewebe bzw. Fettzellen (Abb. 10.**16e**). Von den Polen ausgehend, kann die Kapsel allmählich verkalken.

Die *Trichinella*-Larven liegen zunächst gestreckt in der Muskelzelle; bis zur 3. Woche p. i. rollen sie sich spiralig ein (diese Einrollung fehlt bei *T. pseudospiralis*). In diesem Zeitraum erreichen sie nach weiterer Differenzierung die Infektiosität. Eingekapselt sind sie im Wirt jahrelang lebensfähig (Nach-

Trichinella spiralis: Entwicklungszyklus

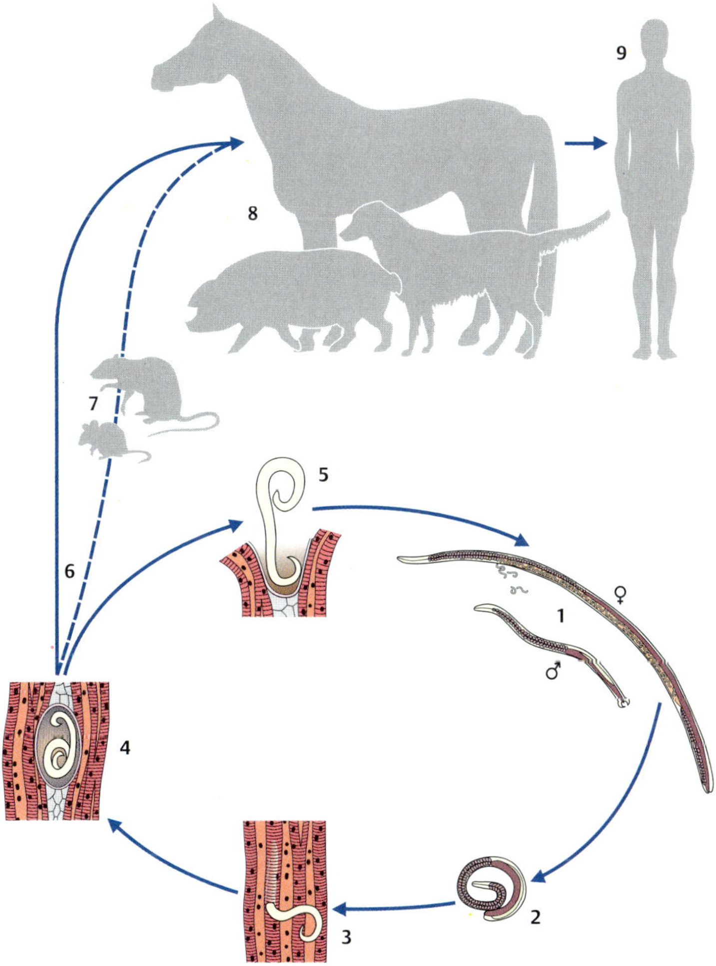

Abb. 10.**18** **1** Männchen und Weibchen im Dünndarm; **2** von Weibchen produzierte Larve; **3** Larve beim Eindringen in Muskelzelle; **4** in Muskulatur eingekapselte Larve; **5** Freiwerden der Larve aus der Kapsel nach peroraler Aufnahme durch einen Wirt; **6** Infektion von Wirten mit Muskellarven; **7** Nager als Wirte; **8** Haustiere als Wirte; **9** Übertragung der Parasiten auf den Menschen durch trichinellöses Fleisch.

weis beim Menschen bis zu 31 Jahren). Der Entwicklungskreislauf schließt sich bei Aufnahme infektiöser Muskeltrichinellen durch einen anderen Wirt.

Epidemiologie. In vielen Ländern existiert die Trichinellose als „Naturherdinfektion" in einem silvatischen Zyklus unter wildlebenden Tieren, vor allem Wildkarnivoren. Solche Zyklen haben *T. nativa, T. britovi, T. nelsoni* und *T. pseudospiralis* (Tab. 10.**5**), kommen aber auch bei *T. spiralis* vor. Der Mensch kann sich aus solchen Zyklen infizieren, wenn er z. B. trichinellöses und nicht genügend erhitztes Fleisch von Wildschwein und Bär verzehrt. Silvatische Zyklen können auf die „Naturherde" beschränkt bleiben, ohne auf Hausschweine oder andere Haustiere überzugreifen. Eine solche Situation liegt bezüglich *T. britovi* z. B. in der Schweiz vor. Infektionen des Menschen erfolgen am häufigsten aus dem domestischen Zyklus mit *T. spiralis.*

Eingekapselte Muskeltrichinellen sind sehr widerstandsfähig. In faulendem Fleisch bleiben sie mindestens 4 Monate infektiös. Bei Kühlung (+ 2 – 4 °C) überleben sie in der Muskulatur 300 Tage; durch Tiefgefrieren bei –25 °C werden sie innerhalb von 10 – 20 Tagen abgetötet. Dies gilt jedoch nicht für kälteresistente Arten wie *T. nativa*, die selbst bei –20 °C viele Monate infektiös bleiben (Tab. 10.**5**). Hitze wirkt schnell letal, Trocknen und Pökeln jedoch nicht.

Infektionsquellen für den Menschen sind rohe oder ungenügend erhitzte bzw. gefrorene Fleischprodukte von Tieren, vorwiegend von Haus- und Wildschweinen, seltener von Pferden, Bären, Hunden und anderen Tierarten. Infektionen sind auch mit trichinellösem Trocken- und Pökelfleisch möglich.

Krankheitsbild. Grad und Dauer der klinischen Erscheinungen hängen von der Infektionsdosis und der Vermehrungsrate der Trichinellen ab. Schon 50 – 70 Larven von *T. spiralis* vermögen beim Menschen Krankheitserscheinungen auszulösen. Die anderen Arten sind offenbar weniger humanpathogen. Im Infektionsverlauf sind 2 Phasen zu unterscheiden:

- **Intestinale Phase:** *Inkubation:* 1 – 7 Tage. Symptome: Nausea, Erbrechen, gastrointestinale Störungen, mit Durchfall, leichtem Fieber und anderen Symptomen. Latenter Verlauf ist möglich.

- **Extraintestinale Phase:** *Inkubation* 7 Tage oder länger. Symptome, verursacht durch Einwanderung der *Trichinella*-Larven in die Körpergewebe: Myositis mit Muskelschmerzen und -steifheit, Atem- und Schluckbeschwerden, Fieber, Lid- und Gesichtsödem, Hautexanthem. Gefürchtete Komplikationen sind Myokarditis und Meningoenzephalitis.

  Bluteosinophilie, erhöhte Aktivität von Lactatdehydrogenase, Myokinase und Kreatinphosphokinase im Serum und Kreatinurie sind weitere Charakteristika.

Die meisten Todesfälle ereignen sich 4–6 Wochen nach der Infektion. Dauer der akuten Erscheinungen je nach Schwere der Erkrankung etwa 1–6 Wochen. Darauf folgt häufig Genesung, es können aber auch über längere Zeit rheumatoide Erscheinungen oder andere Beschwerden (z. Herzmuskelschäden) bestehen bleiben.

Diagnose. Eine Diagnose während der intestinalen Phase ist schwierig und gelingt nur selten durch Nachweis von Trichinellen im Stuhl oder Duodenalsaft. Während der extraintestinalen Phase sind *Trichinella*-Larven in Muskelbiopsieproben im Quetschpräparat oder histologisch nachweisbar. Ab der 3. Woche p. i. treten Serumantikörper auf (Tab. 11.**5**, S. 638). Klinisch-chemische Befunde (s. oben) liefern weitere diagnostische Hinweise.

Therapie und Prophylaxe. Zur Therapie werden Mebendazol (Vermox 500 mg) und Albendazol (Zentel) in Kombination mit Prednisolon (zur Kontrolle allergischer Reaktionen) empfohlen (WHO, 1995). Hitze über 80 °C tötet Trichinellen im Fleisch ab. Am sichersten ist ausreichendes Kochen oder Braten. (Tiefgefrieren evtl. unsicher – s. oben!). Prophylaktische Fleischuntersuchungen bei Haus- und Wildtieren auf *Trichinella*-Befall sowie die Vermeidung der Verfütterung roher Fleischabfälle an Hausschweine sind wichtige Maßnahmen der Bekämpfung.

Infektionen durch Nematodenlarven

„Larva migrans externa" und „Larva migrans interna" sind durch wandernde Nematodenlarven verursachte Erkrankungen. Erstere ist eine Hauterkrankung, meist ausgelöst durch Larven tierpathogener Hakenwurm- oder *Strongyloides*-Arten. Bei der „Larva migrans interna" wandern Nematodenlarven in inneren Organen, z. B. bei der Toxokarose. Dabei erfolgt die Infektion durch perorale Aufnahme infektiöser Eier von Spulwürmern der Gattung *Toxocara*, die im Kot von Hunden, Füchsen oder Katzen in die Umwelt gelangen (u. a. Infektionsgefahr für Kinder auf kontaminierten Spielplätzen!). Die Wanderlarven von *Toxocara* können im Menschen Schädigungen von Leber, Lunge, ZNS und Auge verursachen.

Larva migrans externa oder Larva migrans cutanea (LMC) („Hautmaulwurf", „creeping eruption")

Erreger. Als LMC bezeichnet man ein Syndrom, das durch die Wanderung larvaler Parasiten in der Haut von Fremdwirten entsteht. Für den Menschen sind ätiologisch vor allem Hakenwurmarten von Hund und Katze (u. a. *Ancy-*

lostoma braziliense, Ancylostoma caninum) sowie *Strongyloides*-Arten verschiedener Wirte von Bedeutung. Auch humanpathogene Nematodenarten sowie Larven von Insekten (*Hypoderma, Gasterophilus* u. a.) kommen als Ursache in Betracht.

Krankheitsbild. Die infektiösen Larven der oben erwähnten Hakenwurmarten können bei Kontakt mit kontaminiertem Boden (z. B. an Badestränden) in die Haut des Menschen (Füße, Hände, andere Körperregionen) eindringen und täglich in der Dermis einige Millimeter bis Zentimeter umherwandern. Dadurch entstehen Papeln, gewundene und entzündlich veränderte Bohrgänge sowie Juckreiz (Abb. 10.**16f**). Selten dringen die Larven weiter in den Körper vor, in dem sie im allgemeinen nicht geschlechtsreif werden (s. jedoch S. 596). In der Haut vermögen die Larven einige Wochen bis Monate zu persistieren, dann sterben sie ab.

Diagnose und Therapie. Die Diagnose kann meist aufgrund des klinischen Bildes gestellt werden, an dem die Vielzahl der etwa 1–2 mm breiten und mehrere Zentimeter langen Bohrgänge besonders auffällig ist. Zur Behandlung werden empfohlen: lokale Applikation von Thiabendazol-Salbe (15 %ig), Betupfen mit Ivermectin-Lösung, Vereisen mit Äthylchlorid-Spray oder perorale Behandlung mit Albendazol (Zentel).

Larva migrans interna oder Larva migrans visceralis (LMV)

Erreger. Als Erreger dieser Erkrankung sind vor allem Larven von Nematoden aus der Gruppe der Spulwürmer von Haus- und Wildtieren wichtig (u. a. *Toxocara canis* vom Hund und Fuchs, *T. mystax* von der Katze, *Baylisascaris procyonis* vom Waschbären, Spulwurmarten von Meeressäugern). Als Beispiele werden hier die Toxokarose, Anisakiose und die Angiostrongylose besprochen.

Toxocara

Erreger der Toxokarose

Verbreitung, Entwicklung und Epidemiologie. In allen Teilen der Welt sind Hunde, Katzen und Füchse, besonders Jungtiere, häufig mit adulten *Toxocara*-Spulwürmern befallen. Diese leben im Dünndarm und scheiden gewöhnlich große Mengen von Eiern aus. Im Freien entwickelt sich im Ei innerhalb von 2–3 Wochen eine infektionsfähige Zweitlarve.

Die Ansteckung des Menschen erfolgt durch die akzidentelle perorale Aufnahme infektionstüchtiger Eier. Besonders gefährdet sind Kinder, die engen Kontakt mit Hunden und Katzen pflegen. Die *Toxocara*-Eier können am Fell der Tiere oder an Gegenständen haften bzw. in den Boden oder auf pflanzliche Nahrungsmittel gelangen. In vielen Städten innerhalb und außerhalb Europas ist ein ziemlich hoher Kontaminationsgrad öffentlicher Anlagen und von Kinderspielplätzen (Sandkästen: < 1 bis > 50 %) mit *Toxocara*-Eiern nachgewiesen worden. Durch serologische Untersuchungen mit einem spezifischen ELISA wurden in Deutschland, Österreich und der Schweiz bei 1,4–8,3 % gesunder Personen Antikörper nachgewiesen, in der Slowakei bei 13,6 %.

Nach der Infektion verlassen die *Toxocara*-Larven im Dünndarm die Eihüllen, dringen in die Darmwand ein und gelangen auf dem Blutweg in Leber, Lunge, ZNS, Auge, Körpermuskulatur und andere Organsysteme. Werden die Larven im Kapillarfilter festgehalten, verlassen sie das Gefäßsystem und beginnen eine Wanderung im betroffenen Organ. Folgen davon sind Blutungen und Gewebszerstörungen sowie entzündliche Reaktionen mit Bildung granulomatöser Herde. Lebende Larven werden in allen Organen außer dem ZNS bindegewebig eingekapselt, doch können sie die Kapsel verlassen und weiterwandern. Die Larven sind in der Lage, jahrelang am Leben zu bleiben (bei Affen mindestens 10 Jahre). Nur äußerst selten entwickeln sich im Darm des Menschen adulte *Toxocara*-Stadien.

Krankheitsbild. Klinisch zeigen einige Patienten Eosinophilie und Hepatomegalie („Eosinophilie-Hepatomegalie-Syndrom"). In anderen Fällen treten kurze Fieberepisoden, milde gastrointestinale Störungen, asthmatische Attacken, pneumonische Erscheinungen, Lymphadenopathie und urtikarielle Hautveränderungen auf. Damit verbunden sind Leukozytose und hohe Eosinophilie. Augenbefall äußert sich meist als Endophthalmitis oder Chorioretinitis. Auch wurden durch *Toxocara* bedingte zentralnervöse Störungen mit Lähmungserscheinungen oder epileptiformen Anfällen beschrieben. Insgesamt gesehen ist das klinische Bild sehr vielgestaltig und unspezifisch. Die Infektion verläuft aber in den meisten Fällen latent.

Diagnose. Verdacht auf Toxokarose besteht bei persistierender Eosinophilie und anderen oben beschriebenen Erscheinungen. In Leberbiopsien können manchmal granulomatöse Veränderungen, aber nur äußerst selten Larven nachgewiesen werden. Daher bieten immundiagnostische Verfahren meist die einzige Möglichkeit zur ätiologischen Abklärung. Positive Seroreaktionen sind bereits 4 Wochen nach der Infektion zu erwarten. Zur Immundiagnose steht ein sensibler (> 90 %) und sehr spezifischer ELISA zur Verfügung, in dem exkretorisch/sekretorische, in vitro gewonnene Antigene von *Toxocara*-Larven eingesetzt werden (Tab. 11.**5**, S. 639).

Therapie und Prophylaxe. Therapeutische Maßnahmen mit Albendazol (Zentel) sind auf symptomatische Fälle zu beschränken. Die Prophylaxe besteht in der Bekämpfung des *Toxocara*-Befalles bei Hunden und Katzen, besonders bei Jungtieren, und der Reduktion der Umweltkontamination, besonders von Kinderspielplätzen, durch Kot von Hunden, Katzen und Füchsen.

Anisakis und *Angiostrongylus*

Anisakis

Erreger der Anisakiose

Anisakis und verwandte Spulwurmgattungen (*Phocanema, Contracaecum*), leben im Darm von Meeressäugern bzw. -vögeln. Larven dieser Parasiten, die mit rohem Seefisch in den Menschen gelangen, sind als Erreger eosinophiler Granulome des Magen-Darm-Traktes bekannt („Heringswurmkrankheit"). In den letzten Jahren sind die meisten Fälle aus Japan beschrieben worden. Eine sichere Verhütung der Infektion ist durch Tiefgefrieren der Fische möglich (−20 °C mindestens 12 – 24 Stunden). Seit Einführung dieser Maßnahme in den Niederlanden sind dort keine Fälle mehr beobachtet worden.

Angiostrongylus

Erreger der Angiostrongylose

Der im südlichen Asien und der Pazifikregion vorkommende, in der Lunge von Ratten parasitierende *Angiostrongylus cantonensis* wurde als Ursache einer eosinophilen Meningoenzephalitis des Menschen identifiziert. Larvalstadien des Parasiten konnten im Gehirn, Rückenmark und Auge zuvor erkrankter Personen nachgewiesen werden. Die Infektion erfolgt durch Verzehr roher Zwischenwirte (Schnecken) und Transportwirte (Krebstiere), die infektiöse Larven von *A. cantonensis* enthalten.

Der vor allem in Zentral- und Südamerika verbreitete *Angiostrongylus costaricensis* parasitiert in Mesenterialgefäßen von Baumwollratten und seltener in anderen Tierarten. Beim Menschen führt die Infektion durch akzidentelle Aufnahme larvenhaltiger Schnecken zur Entstehung entzündlicher Granulome der Darmwand.

11 Arthropoden

Bei den meisten der parasitisch lebenden Arthropoden (Gliederfüßler) handelt es sich um Ektoparasiten, die sich ständig oder zeitweise an einem Wirt aufhalten und als sog. Lästlinge, als Erreger von Hautkrankheiten und/oder als Vektoren von Viren, Bakterien, Protozoen oder Helminthen eine erhebliche medizinische Bedeutung besitzen. Einige Arten oder Entwicklungsstadien von Arthropoden sind in der Lage, in tiefere Gewebeschichten der Haut, in Körperöffnungen oder in Wunden einzudringen und sich ähnlich wie Endoparasiten zu verhalten. Im folgenden Kapitel wird nur eine kleine Auswahl der medizinisch wichtigen Arthropoden vorgestellt (Tab. 11.**1**), vor

Tabelle 11.**1** Übersicht zur Taxonomie der im Text erwähnten Arthropoden

Unterstamm ■ **Klasse**	**Ordnung*** ■ **Unterordnung**	**Gattung**
Chelicerata		
■ **Arachnea**	Ixodida (Zecken)	*Ixodes, Dermacentor, Rhipicephalus, Haemaphysalis*
	Mesostigmata[1] (Milben)	*Dermanyssus*
	Prostigmata[2] (Milben)	*Cheyletiella*
	Astigmata[3] (Milben)	*Sarcoptes, Notoedres, Psoroptes, Tyrophagus, Tyroglyphus, Glyciphagus, Dermatophagoides*
Tracheata (Antennata)		
■ **Insecta**	Anoplurida (Läuse)	*Pediculus, Phthirus*
	Dipterida (Zweiflügler)	
	■ Nematocerina (Mücken)	*Anopheles, Culex, Aedes, Simulium, Phlebotomus, Lutzomyia*
	■ Brachycerina (Fliegen)	*Glossina, Musca, Sarcophaga, Calliphora, Wohlfartia, Lucilia, Dermatobia, Cordylobia, Hypoderma, Gasterophilus*
	Siphonapterida (Flöhe)	*Pulex, Ctenocephalides, Ceratophyllus, Archaeopsylla, Xenopsylla, Tunga u. a.*

* Synonyma: [1] Gamasida [2] Actinedida [3] Acaridida.

allem jene, die in Mitteleuropa von Bedeutung sind. Bezüglich näherer Angaben sei auf die Literatur verwiesen (Mumcuoglu und Rufli 1983; Steigleder 1992; Lane und Crosskey 1993; Seitz und Maier 1994; Aspöck 1996; Hiepe und Aeschlimann 1996).

Die Zecken und Milben gehören zu den Spinnentieren (Arachnea), die anderen hier erwähnten Arthropoden zu den Insekten.

Zecken (Ixodida)

Allgemeines. Die Ordnung der Ixodida umfaßt 2 Familien, und zwar die *Argasidae* (Lederzecken) und die *Ixodidae* (Schildzecken). Letztere haben weltweit die größte Bedeutung. Hier können nur die Ixodidae berücksichtigt werden.

In West- und Mitteleuropa gibt es rund 20 Schildzeckenarten, die den Gattungen *Ixodes, Rhipicephalus, Dermacentor* und *Haemaphysalis* angehören. Die wichtigsten Art ist *Ixodes ricinus* („Holzbock"), die etwa 90% der gesamten Zeckenfauna ausmacht. Die Bedeutung dieser Zeckenart beruht auf ihrer Vektorfunktion, vor allem für die Erreger der Zeckenborreliose (s. S. 325ff.), der Zeckenenzephalitis (= Frühsommer-Meningoenzephalitis, FSME), aber auch anderer Infektionskrankheiten von Menschen und Tieren. Außer durch *I. ricinus* werden Menschen in Mitteleuropa gelegentlich durch andere Zeckenarten befallen, auf die aber hier nicht näher eingegangen werden kann.

Ixodes ricinus

Überträger der Erreger von Zeckenborreliose und Zeckenenzephalitis

■ *Ixodes ricinus*, auch „Holzbock" genannt, ist die häufigste Schildzeckenart in Mitteleuropa, der als Vektor der Erreger von Zeckenborreliose und Zeckenenzephalitis (Frühsommer-Meningoenzephalitis, FSME) eine besondere Bedeutung zukommt. In der Haut haftende Zecken sollten möglichst rasch mechanisch entfernt werden, um das Infektionsrisiko zu mindern. ■

Morphologie. *Männchen*: Etwa 2–3 mm lang mit stärker chitinisiertem Schild, der den ganzen Rücken bedeckt. *Weibchen*: 3–4 mm, vollgesogen bis 12 mm lang. Rückenschild bedeckt nur den vorderen Teil des Rückens (Abb. 11.**1a**). Adulte und Nymphen (etwa 1 mm lang) haben 4 Beinpaare, die kleineren Larven (etwa 0,5 mm lang) nur 3 Beinpaare. Die Zecken besitzen stechende Mundwerkzeuge (daher Zeckenstich und nicht Zeckenbiß!)

Am Menschen parasitierende Arthropoden

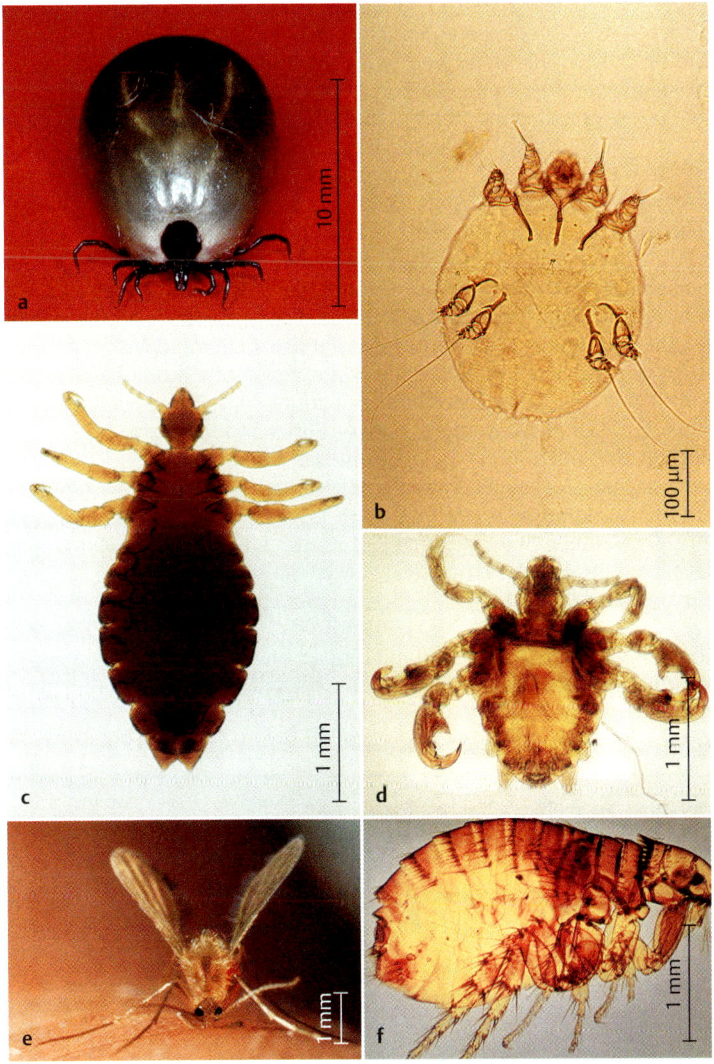

Abb. 11.1 **a** *Ixodes ricinus*, vollgesogenes Weibchen; **b** *Sarcoptes scabiei*, Weibchen; **c** Kleiderlaus; **d** Filzlaus; **e** Sandmücke (*Phlebotomus papatasi*) beim Blutsaugen; **f** Hundefloh (*Ctenocephalides canis*). (Aufnahme e: H.M. Seitz, Institut für Medizinische Parasitologie, Bonn.)

Biologie. Während ihrer Entwicklung sind die verschiedenen Stadien von *I. ricinus* auf Blutmahlzeiten an Vertebraten angewiesen. Nach Auswahl einer geeigneten Ansitzstelle auf einem Wirt stechen die weiblichen Zecken ihre Mundwerkzeuge innerhalb von etwa 10 Minuten in die Haut ein, und zwar ziemlich tief bis in die Subkutis. Mit stilettartigen Organen, den Chelizeren, schneiden sie eine Wunde, in die ein unpaares, tannenzapfenähnliches, mit Widerhaken besetztes Organ, das Hypostom, nachgeschoben wird, das die Zecke in der Wunde verankert. Zusätzlich wird eine Substanz, der sog. Zement, ausgeschieden, die das Hypostom an den Rändern verkittet. Während des Saugaktes sondern die Zecken große Mengen von Speichel ab, der u. a. zytolytische Stoffe enthält. Beim Saugen nehmen die Zecken Blut, Gewebeflüssigkeit und verdaute Gewebeteile auf. Während einer solchen Mahlzeit nimmt das Gewicht der Weibchen stark zu, und sie sehen im prall gefüllten Zustand einem Rizinussamen ähnlich. Epidemiologisch wichtig ist, daß mit dem Speichel Krankheitserreger aufgenommen und bei einer Blutmahlzeit des folgenden Entwicklungsstadiums der Zecke wieder in einen Vertebraten inokuliert werden können (horizontale Übertragung). Zeckenweibchen sind auch in der Lage, bestimmte Krankheitserreger transovarial auf die nächste Zeckengeneration zu übertragen (vertikale Übertragung).

Die Entwicklung von *I. ricinus* ist in Tab. 11.**2** zusammengefaßt. Die Gesamtentwicklungszeit kann durch Phasen der Inaktivität und Hungerperioden (maximales Hungervermögen je nach Stadium maximal 13 – 37 Monate) unterbrochen sein und daher 1 – 3 Jahre betragen.

Epidemiologie. *I. ricinus* kommt in Europa weit verbreitet vor, und zwar sowohl im Flachland als auch in bergigen Gebieten bis um 800 – 1000 m ü. M.,

Tabelle 11.**2** Entwicklungszyklus von *Ixodes ricinus*

	Ei →	**Larve** →	**Nymphe** →	**Imago**
Habitat:	Boden	Boden und Pflanzen, Blutsaugen am Wirt		
Wirtsgruppen:	–	Nager, Vögel, (Mensch)[2]	Vögel, Säuger[1], Mensch	Haus- und Wildwiederkäuer, Hunde, Katzen, Pferde u. a. Tierarten[1], Mensch
Dauer des Blutsaugens in Tagen	–	2 – 6	3 – 7	5 – 14

[1] Viele verschiedene Wirtstierarten: in Europa etwa 35; [2] selten

selten auch in höheren Lagen. Bevorzugte Biotope sind Nadel-, Laub- und Mischwälder mit viel Unterholz und einer dichten Grünzone. Dort halten sich die verschiedenen Entwicklungsstadien der Zecken dicht über dem Boden (vor allem die Larven und Nymphen) oder etwas höher (bis etwa 80 – 100 cm) an Gräsern, Farnen und Zweigen auf, wo sie auf geeignete Wirte lauern. Beim Vorbeiziehen der Wirte lassen sie sich auf diese fallen oder an deren Haut abstreifen. *I. ricinus* wird bei Temperaturen > 7 – 10 °C aktiv. Die Maxima der Zeckenaktivität sind im Mai/Juni und August/Oktober zu verzeichnen.

Die große epidemiologische Bedeutung von *I. ricinus* beruht auf der Vektorfunktion für die Erreger der Zeckenborreliose (*Borrelia burgdorferi*, S. 325ff.) und der Zeckenenzephalitis (Frühsommer-Meningoenzephalitis) (FSME-Virus, S. 452f.).

Diagnose. Der Befall mit *I. ricinus* wird makroskopisch diagnostiziert, eventuell mit Hilfe einer Lupe. Die Artbestimmung muß durch einen Spezialisten erfolgen. Nicht selten weisen Stichreaktionen, vor allem das bei Borreliose auftretende Erythema chronicum migrans, indirekt auf früheren Zeckenbefall hin.

Maßnahmen gegen Zeckenbefall. Zur Vorbeuge sollten Zeckenbiotope mit dichtem Unterholz, Farnen und hohen Gräsern möglichst gemieden werden. Beim Aufenthalt in Zeckenbiotopen ist es empfehlenswert, zweckmäßige Kleidung zu tragen: Schuhe, lange Socken, lange Hosen (evtl. Hosenbeine in die Socken stecken), dicht schließende lange Ärmel. Das Besprühen der Kleidung (Socken, distale Ränder von Hosenbeinen und Ärmeln) mit Akariziden kann zusätzlichen Schutz verleihen, besonders wenn dafür Pyrethroide eingesetzt werden, die eine gewisse Repellentwirkung haben (z. B. Flumethrin: Baygon). Auf die Haut aufzutragende Repellentien (s. Malaria) wirken gegen Zecken meist nur unzureichend.

Nach Aufenthalt in einem Zeckenbiotop den Körper und die Gliedmaßen absuchen und bei Feststellung von Zecken diese möglichst rasch mechanisch entfernen (Zecken nicht vorher mit Öl oder anderen Stoffen betupfen!). Allfällige Stichstellen sind in den nächsten 4 Wochen auf Zeichen von Rötung (Erythem), Schwellung und Entzündung zu beobachten. Das Auftreten eines „wandernden", sich vergrößernden Erythems (Erythema migrans) ist ein sicheres Zeichen für eine Infektion mit *B. burgdorferi*. Dieses Erythem tritt aber nur bei einem Teil der Infizierten auf.

Milben

Sarcoptes scabiei

Erreger der Skabies (= Krätze)

■ *Sarcoptes scabiei var. hominis* ist die Ursache der Skabies des Menschen, die sich durch starken Juckreiz, Milbengänge in der Epidermis sowie Knötchen und Pusteln manifestiert. Die Ansteckung erfolgt von Mensch zu Mensch. Auch verschiedene Milbenarten von Tieren können sich auf der Haut des Menschen ansiedeln, ohne sich zu vermehren, und Symptome der „Pseudoskabies" verursachen. ■

Vorkommen. In Europa ist die durch *Sarcoptes scabiei var. hominis* verursachte Skabies des Menschen nicht häufig, sie tritt aber immer wieder auf, gelegentlich epidemisch in Schulklassen, Familien und anderen Gruppen (s. Epidemiologie).

Morphologie und Biologie. *Sarcoptes scabiei*: Etwa 0,2–0,5 mm lange Milben mit ovoidem Körper. Adulte und Nymphen mit 4 Beinpaaren (Abb. 11.**1b**), Larven mit 3 Beinpaaren. Nach Übertragung auf den Menschen dringen die Milbenweibchen in die Epidermis ein und beginnen gewundene Gänge anzulegen, die gewöhnlich 4–5 mm und manchmal auch bis zu 10 mm lang werden. Bereits wenige Stunden danach beginnt die Ablage von Eiern, aus denen nach einigen Tagen die sechsbeinigen Larven schlüpfen. Durch weitere Differenzierung in Verbindung mit Häutungen entstehen aus den Larven zunächst Protonymphen (Nymphe I), dann Telonymphen (Nymphe II) und schließlich die adulten Männchen und Weibchen. Die gesamte Entwicklung dauert etwa 2–3 Wochen. Die Lebensdauer der Weibchen beträgt 4–6 Wochen.

Epidemiologie. Die Übertragung erfolgt bei engen Kontakten (Sexualpartner, Familienangehörige, Schulkinder, Pflegepersonal) von Mensch zu Mensch. Die Milbenweibchen wandern dabei auf die Haut eines neuen Wirtes über. Mittelbare Übertragbarkeit durch Kleidung (Unterwäsche), Bettzeug usw. spielt eine untergeordnete Rolle, ist aber bei Bekämpfungsmaßnahmen in Betracht zu ziehen. Ohne den Wirt sterben die Milben in der Regel innerhalb weniger Tage ab. Von Tieren ausgehende Ansteckungen mit Milben ereignen sich bei engem Hautkontakt zwischen Tier und Mensch.

Krankheitsbild. Ein frühes Zeichen eines erstmaligen Befalles mit *Sarcoptes*-Milben ist die **Primäreffloreszenz** mit bis zu 2–4 mm, manchmal bis 10 mm langen Milbengängen, die fadenförmig und unregelmäßig gewunden wie ein Bleistiftstrich aussehen. Am Ende des Milbenganges befindet sich in einer kleinen Auftreibung ein Milbenweibchen.

Nach einer Patenzzeit von etwa 4–5 Wochen, in der sich eine durch Milbenantigene induzierte Überempfindlichkeit entwickelt, kommt es zum **Skabies-Exanthem**, das sich durch lokalen oder generalisierten **Juckreiz** manifestiert, der sich vor allem abends bei Bettwärme bemerkbar macht. Als Hautveränderungen entwickeln sich ein papulöses oder papulovesikuläres Exanthem und Läsionen durch Kratzeffekte. Diese Veränderungen finden sich bei Erwachsenen vorwiegend in den Interdigitalräumen, an den Fingerseitenflächen, Handgelenken, Fußknöcheln und in der Genitalregion, bei Kindern gelegentlich auch im Gesicht.

Eine besondere Form der Erkrankung ist die **Scabies crustosa** (früher: Scabies norvegica), die bei Patienten mit gestörter Immunabwehr auftritt, durch starke krustöse, schuppende Veränderungen auffällt, besonders im Kopf- und Halsbereich, und hochansteckend ist, weil sich die Milben massenhaft vermehren.

Diagnose und Bekämpfung. Anamnese und klinisches Bild sind für die Diagnose wichtig, die durch die Identifikation der Parasiten ätiologisch bestätigt wird (Abb. 11.**1b**). Mit einem Skalpell wird eine Papel tangential abgetragen, das Material in 10%iger Kalilauge mazeriert und aufgehellt und anschließend mikroskopisch auf Milben untersucht. Milben können auch aus Gängen nach Skarifikation der Haut mit Hilfe einer Nadel oder durch Aufdrücken eines Tesafilmstreifens isoliert werden. Die Behandlung erfolgt durch topische Anwendung von Hexachlorcyclohexan[HCH]-Gel (Jacutin-Gel). Eine neue Möglichkeit ist die perorale Therapie mit Ivermectin (Mectizan). Die Unter- und Bettwäsche ist bei mindestens 50 °C zu waschen.

Andere Milben

Milben aus den Ordnungen Astigmata (z. B. *Sarcoptes scabiei var. suis, S. scabiei var. canis, Notoedres cati, Psoroptes ovis*), Prostigmata (z. B. *Cheyletiella*) oder Mesostigmata (z. B. *Dermanyssus*) können von Wirbeltieren (meist Haustieren) auf den Menschen übergehen, sich vorübergehend auf oder in der Haut ansiedeln, ohne sich zu vermehren und verschiedenartige, mit Juckreiz einhergehende Hautveränderungen verursachen, die sich meist spontan zurückbilden, wenn Reinfestationen ausbleiben. Wichtig ist die Verhinderung der Infestation durch Behandlung der milbentragenden Tiere.

Einige Gruppen freilebender Milben sind als Erreger von Allergien bedeutsam. Die sog. Vorratsmilben (z. B. *Glyciphagus, Tyrophagus, Tyroglyphus*) entwickeln sich vor allem in pflanzlichen Substraten (Getreide, Mehl usw.) und können bei ▶

Fortsetzung: **Andere Milben**

Menschen Rhinopathie, Asthma bronchiale und Hautexantheme („Bäckerekzem") verursachen, wenn milbenhaltiger Staub wiederholt in Hautkontakt kommt oder inhaliert wird. Weit verbreitet und recht häufig treten in Wohnungen mehrere Arten von Hausstaubmilben auf (vor allem *Dermatophagoides pteronyssinus*), die eine wichtige Ursache der „Hausstauballergie" (Dermatitis, Inhalationsallergie) darstellen.

Insekten

Läuse (Anoplurida)

Erreger der Anopluridose (Pediculose), des Läusebefalles

Arten und Vorkommen. Beim Menschen kommen 2 Arten von Läusen vor, von denen eine in 2 Unterarten aufgeteilt wird (Tab. 11.**3**). Davon sind in Mitteleuropa die Kopf- und die Filzlaus von praktischer Bedeutung. Der Befall mit Läusen wird auch als Pediculose bezeichnet.

Morphologie und Biologie. Läuse sind dorsoventral abgeplattete, etwa 1 – 4 mm lange, flügellose Insekten mit reduzierten Augen, kurzen (fünfgliedrigen) Antennen, stechend-saugenden Mundwerkzeugen und kräftigen Klammerfüßen zum Festhalten an Haaren (Abb. 11.**1c**).

Die Entwicklung der Läuse geht von den Eiern aus (auch als Nissen bezeichnet), die an den Haaren mit einem Kitt angeheftet werden. Die Entwicklung führt dann durch Wachstum und Häutungen über 3 Larvenstadien zu den Adulten. Die Läuse leben ständig am Wirt, Männchen und Weibchen

Tabelle 11.**3** Läuse des Menschen

Art	Hauptlokalisation (Aufenthalt der Läuse und Eiablage)
Pediculus humanus capitis (Kopflaus)	behaarte Kopfhaut, seltener Bartbereich
Pediculus humanus corporis (Körper- oder Kleiderlaus)	Säume, Nähte und Falten von Kleidern
Phthirus pubis (Filz- oder Schamlaus)	behaarter Schambereich, selten Abdominal-, Axillar- u. Bartregion sowie Augenbrauen und Augenwimpern.

sind hämatophag und benötigen häufig Blutmahlzeiten. Da sich die Läuse streng wirtsspezifisch verhalten, kommen Tiere als Ansteckungsquelle für den Läusebefall des Menschen nicht in Betracht.

Medizinische Bedeutung. Alle Läusearten sind in der Lage, Erreger verschiedener Krankheiten zu übertragen, u. a.: *Rickettsia prowazekii* (Fleckfieber); *R. typhi* (murines Fleckfieber); *R. quintana* (Wolhynisches Fieber); *Borrelia recurrentis* (epidemisches Rückfallfieber). Epidemiologisch am wichtigsten ist in Ländern außerhalb Europas die Übertragung von *R. prowazekii* durch Kleiderläuse. In Mitteleuropa beruht die Bedeutung der Läuse nicht auf ihrer Vektorfunktion, sondern auf ihrer direkten Schadwirkung durch die Stiche (s. unten).

Pediculus humanus capitis (Kopflaus)

Morphologie. Körper längsoval, Länge 2,2 – 4,0 mm, von der Kleiderlaus morphologisch nur schwer zu unterscheiden. Nissen 0,5 – 0,8 mm lang.

Biologie. Lokalisation vorwiegend im Bereich des **Kopfhaares**, und zwar an der Haarbasis in Hautnähe. Entwicklungsdauer vom Ei bis zu den Adulten: 17 Tage. Lebensdauer der Adulten am Menschen etwa 1 Monat, in der Umwelt bei Zimmertemperatur bis zu 1 Woche.

Epidemiologie. Immer wieder kommt es zu epidemischem Auftreten des Kopflausbefalles, vor allem in Schulen und Kindergärten und auch bei verwahrlosten Personen. Am häufigsten sind Kinder und Frauen befallen. Etwa 60 % der Personen weisen einen geringen Befall mit < als 10 adulten Läusen auf, bei anderen liegen höhere Befallsraten vor (bis über 1000 Läuse).

Die Übertragung erfolgt *vorwiegend* durch engen Körperkontakt (Mutter-Kind-Kontakte, spielende Kinder usw.). Die mittelbare Übertragung durch Mützen, Kissen, Kopfstützen usw. spielt epidemiologisch eine geringe Rolle.

Krankheitsbild

- Juckreiz und Kratzeffekte im Bereich des behaarten Kopfes, Nissen an Haaren nachweisbar, vor allem retroaurikulär;
- zum Teil Dermatose der Kopfhaut, vor allem an der nuchalen Haargrenze: zunächst kleinpapulös, später nässend und verkrustend;
- gelegentlich auch generalisierende Dermatose in anderen Körperbereichen, verursacht durch allergische Reaktionen auf Läuse-Antigene;
- objektivierbare und subjektive Symptome können in bis zu 20 % der Fälle fehlen.

Diagnose und Bekämpfung. Die Diagnose erfolgt aufgrund der Symptome und des Nachweises von Läusen und/oder von Nissen.

Wichtig sind epidemiologische Abklärungen bezüglich der möglichen Ansteckungsquellen (z. B. in Schulen). Bei Befall von Gruppen sind immer alle Kontaktpersonen in die Behandlung einzubeziehen, z. B. ganze Schulklassen und die Familienmitglieder läusebefallener Schüler.

Zur Behandlung stehen Insektizide verschiedener Wirkstoffgruppen zur Verfügung, u. a. Pyrethrum-Spray (A-Par) Permethrin-Spülcreme (Loxazol), Malathion-Präparate (Prioderm, Lusap) oder Gel (Jacutin). (Beachte: Mögliche Insektizidresistenz der Läuse!) Unterstützend können die Spülung der Haare mit lauwarmem 5 %igem Essigwasser und die mechanische Entfernung von Nissen mit einem „Läusekamm“ wirken. Mit Läusen in Kontakt gekommene Kleidungsstücke, Kissen usw. sind zu entwesen (s. Kleiderlaus).

Pediculus humanus corporis (Kleiderlaus)

Vorkommen und Morphologie. In Mitteleuropa sehr selten. Körper längsoval. Länge: 2,7 – 4,7 mm, von der Kopflaus nur schwer unterscheidbar (Abb. 11.**1c**).

Biologie. Lokalisation vorwiegend an der **Kleidung**, wo Nissen an Kleiderfasern abgelegt werden. Die Läuse kommen nur zum Blutsaugen an den Wirt.

Entwicklungsdauer etwa 3 Wochen, Lebensdauer am Wirt in der Regel 4 – 5 Wochen, selten bis zu 2 Monaten; in der Umwelt bei 10 – 20 °C etwa 1 Woche und bei 0 – 10 °C ca. 10 Tage lebensfähig.

Klinik und Diagnose. Stichreaktionen am Körper, besonders im Bereich der Unterwäsche, weisen auf Läusebefall hin. Zur Diagnose wird die Kleidung auf Nissen und Läuse inspiziert.

Bekämpfung. Wechseln von Kleidern, Wäsche und Bettzeug und bei > 60 °C für mindestens 15 Minuten waschen, chemisch reinigen oder mit Insektiziden behandeln. Letzteres gilt auch für Matratzen, Kissen, Kleiderschränke usw.

Phthirus pubis (Filz- oder Schamlaus)

Vorkommen. Die Filzlaus kommt in Mitteleuropa relativ häufig vor. Erwachsene sind häufiger befallen als Kinder und Männer häufiger als Frauen.

Morphologie. Von der Kopf- und Kleiderlaus deutlich unterscheidbar: Klein, Länge 1,3 – 1,6 mm, Körperform „trapezoid“ oder „krabbenähnlich“ (Abb. 11.**1d**).

Biologie. Vor allem in behaarten Partien des **Scham- und Perianalbereiches**, seltener im Abdominalbereich, an Haaren der Brustwarzen, an Barthaaren sowie Augenbrauen und Augenwimpern.

Entwicklungsdauer 3–4 Wochen. Vom Wirt getrennt, sterben Filzläuse bei Zimmertemperatur innerhalb von 2 Tagen.

Epidemiologie. Die Übertragung der Filzläuse erfolgt fast ausschließlich durch engen Körperkontakt (Geschlechtsverkehr bei Erwachsenen, Kontakte von Eltern mit ihren Kindern). Eine mittelbare Übertragung durch gemeinsame Benutzung von Betten, Wäsche usw. ist möglich, spielt jedoch eine untergeordnete Rolle.

Krankheitsbild

- Juckreiz und Kratzeffekte in der Schamgegend oder in anderen Lebensbereichen der Läuse (s. oben).
- Bei einigen Patienten typische, wenige Millimeter bis 1 cm große, schieferblaue Flecken (Maculae coeruleae. Macula = Fleck; coeruleus = blau, schwärzlich).

Diagnose und Bekämpfung. die Diagnose erfolgt wie beim Kopflausbefall. Dabei sind außer dem Schambereich auch die möglichen anderen Lokalisationen zu inspizieren.

Die Behandlung erfolgt mit Insektiziden, z. B. mit HCH-Präparaten (z. B. Jacutin-Emulsion) oder anderen Wirkstoffen (A-Par-Spray, Lusap-Shampoo, s. auch Kopflausbefall). Wichtig ist, die Kontaktpersonen zu ermitteln und nötigenfalls zu behandeln.

Mücken und Fliegen

Rolle als Vektoren. Viele Arten von Mücken (Unterordnung: Nematocerina) sind wichtige Vektoren von Krankheitserregern, z. B. *Anopheles*-Mücken von Erregern der Malaria oder Phlebotomen (Schmetterlingsmücken) (Abb. 11.**1e**) von Erregern der Leishmaniose (s. Kapitel 9). Außerdem übertragen Stechmücken auch zahlreiche andere Erreger, z. B. Virus-Arten, und dies nicht nur in den Tropen, sondern auch in Mitteleuropa (s. Aspöck, 1996).

Ähnliches gilt auch für zahlreiche Arten von Fliegen (Unterordnung: Brachycerina), z. B. für Glossinen, die Vektoren der Erreger der Schlafkrankheit. Fliegen sind auch in der Lage, verschiedenartige Erreger (Bakterien, Parasiten) mechanisch zu verschleppen.

Stichreaktionen. Stiche von Mücken und Fliegen können mehr oder weniger ausgeprägte Primärreaktionen in der Haut verursachen (z. B. Freilandmücken der Gattung *Aedes* oder Kriebelmücken der Familie Simuliidae) oder auch allergische Hautreaktionen hervorrufen.

Myiasis. Larven (Maden) verschiedener Fliegenarten können sich in der Haut, in Hautläsionen und in Körperöffnungen ansiedeln und Gewebeschäden verursachen. Solche Erkrankungen werden als Myiasis bezeichnet. Dabei sind verschiedene Formen zu unterscheiden, von denen die wichtigsten in Tab. 11.**4** zusammengefaßt sind. In Mitteleuropa waren in den letzten Jahren vermehrt Fälle von Wundmyiasis und anderen Formen zu verzeichnen, offenbar bedingt durch die für die Fliegenentwicklung günstigen Warmwetterperioden.

Tabelle 11.**4** Wichtige Formen der Myiasis des Menschen

Form der Myiasis	Art des Befalles	Erreger (Gattungen) (Auswahl)
Hautmyiasis		
■ Furunkulöse Myiasis	Beulenbildung durch Larven	*Dermatobia, Cordylobia*
■ „Hautmaulwurf"	Tunnelbildung durch Larven in Epidermis	*Hypoderma, Gasterophilus*
■ Wundmyiasis	Ablage von Eiern oder Larven in Wunden	*Sarcophaga, Calliphora, Musca, Wohlfahrtia, Lucilia*
Andere Formen		
■ Nasopharyngeale, okuläre, aurikuläre und urogenitale Myiasis	Ablage von Eiern oder Larven in Nasenöffnungen, Gehörgang, Vulva usw.	*Sarcophaga, Calliphora, Musca, Wohlfahrtia, Lucilia*

Flöhe

Erreger des Flohbefalles

Arten und Vorkommen. Von den weltweit beschriebenen rund 2500 Floharten kommen etwa 100 in Mitteleuropa vor, von denen die medizinisch wichtigen vorwiegend den Familien der Pulicidae und Ceratophyllidae angehören. Der als „Menschenfloh" bekannte *Pulex irritans* ist selten anzutreffen, doch werden Menschen häufig von Flöhen befallen, die bevorzugt an Tieren parasitieren, z.B. von dem Hundefloh (*Ctenocephalides canis*), dem Katzenfloh (*Ctenocephalides felis*), vom Igelfloh (*Archaeopsylla erinacei*) oder vom Vogelfloh (*Ceratophyllus gallinae*). Alle Floharten haben eine geringe Wirtsspezifität und können daher verschiedene Tierarten und den Menschen befallen.

Aufgrund ihrer Lebensweise nehmen die Sandflöhe (Familie: Tungidae) eine Sonderstellung ein. Davon ist die im tropischen Afrika sowie in Zentral- und Südamerika vorkommende Art *Tunga penetrans* die wichtigste. In Mitteleuropa wird Sandflohbefall nicht selten bei Tropenreisenden beobachtet.

Flöhe der Familien Pulicidae und Ceratophyllidae

Morphologie. Flöhe dieser Gruppe sind ca. 2 – 5 mm lang, seitlich abgeplattet, flügellos und mit 3 Beinpaaren ausgestattet, wobei die Hinterbeine besonders kräftig als Sprungbeine entwickelt sind. Die Mundwerkzeuge sind vom stechend-saugenden Typ, die Antennen kurz. Am Kopf und am ersten Brustsegment können Stachelkämme (Ctenidien) ausgebildet sein (Abb. 11.**1f**).

Entwicklung. Flöhe dieser Gruppe sind Ektoparasiten bei Menschen und verschiedenen Tierarten. Sie nehmen häufig eine Blutmahlzeit auf, die zur Eiablage während 1 – 3 Monaten benötigt wird. Die meisten Eier fallen vom Wirt ab und entwickeln sich in Schlupfwinkeln weiter (z. B in Fußbodenspalten, unter Teppichrändern, Liegekissen von Hunden und oder Katzen, in Vogelnestern). Die Entwicklung verläuft vom Ei über 3 Larvenstadien, 1 Puppenstadium bis zu den Adulten und dauert unter optimalen Bedingungen 3 – 4 Wochen; sie kann sich jedoch in Abhängigkeit von den Umweltbedingungen um Wochen verzögern. Für die larvale Entwicklung besonders günstig sind Temperaturen um 20 – 25 °C und eine relative Luftfeuchte > 50 %. Die Lebensdauer erwachsener Flöhe schwankt zwischen einigen Wochen bis zu 1 Jahr, wobei große Hungerperioden eingeschaltet sein können, Eier und Puppen überleben bis zu 8 bzw. 5 Monaten. Daher können in Wohnungen Populationen von Hunde- und Katzenflöhen monatelang persistieren, wenn keine Bekämpfungsmaßnahmen durchgeführt werden.

Epidemiologie. Die Flöhe dieser Gruppe sind periodische Ektoparasiten, deren Adultstadien sich vorwiegend am Wirt aufhalten, während die Larven und Puppen in der Umgebung ihrer Wirte im sog. „Nestbereich“ leben. Allgemein ist darauf hinzuweisen, daß Flöhe nur eine geringe Wirtsspezifität besitzen, jedoch eine sog. Nestspezifität haben und daher bestimmte Biotope und Wirte bevorzugen. Gelangt ein anderer Wirt in den Nestbereich, z. B. der Mensch in den Nestbereich von Hundeflöhen, kann er von diesen befallen werden. Flöhe fungieren in gewissen Regionen als Vektoren für Viren, Bakterien, Rickettsien, Protozoen und Helminthen. Am wichtigsten sind Flöhe (meistens Flöhe von Nagern der Gattung *Xenopsylla*, aber auch andere) als Überträger des Pest-Erregers, *Yersinia pestis* (z. B. Pestepidemie in Indien, 1994) (S. 288f.).

Krankheitsbild

Die Hautreaktionen auf Flohstiche lassen sich in verschiedene Phasen einteilen:

- **Frühreaktion:** In 5–30 Minuten nach dem Stich bildet sich unter Juckreiz um eine punktförmige Hämorrhagie (Stichstelle) eine Rötung (Erythem) mit oder ohne zentrale Quaddel.
- **Spätreaktion:** Nach 12–24 Stunden Bildung von juckenden Papeln mit umgebendem Erythem (bis Handtellergröße), manchmal mit zentralem Bläschen oder eitriger Pustel; Persistenz der Reaktionen bis 1–2 Wochen.
- **Prädilektionsstellen für Veränderungen:** Extremitäten, Hals, Nacken, Schultern, selten Stamm. Reaktion in der Regel multipel in Gruppen, zum Teil in Reihen angeordnet.

Diagnose und Bekämpfung. Die Diagnose wird aufgrund der Hautveränderungen und der Anamnese gestellt. Am Körper des Menschen sind Flöhe nur selten zu finden. Wichtig sind die Anamnese, die Feststellung des Flohbefalles an potentiellen Wirten (Hund, Katze, Igel, Vögel usw.) bzw. in ihrer Umgebung und die Identifikation der gefundenen Flöhe. Die genaue Identifikation der Flöhe ermöglicht gezielte Bekämpfungsmaßnahmen.

Flöhe der Familie Tungidae (Sandflöhe)

Erreger der Tungiose

Morphologie und Biologie. *Tunga penetrans*, der Sandfloh, befällt Menschen und verschiedene Tierarten. Die Männchen, junge Weibchen und andere Entwicklungsstadien leben im sandigen Boden. Die begatteten Weibchen sind sehr aktiv und versuchen, einen Wirt zu erreichen. Ist dies der Fall, dringen sie mit dem Vorderende voran in die Haut ein und schwellen innerhalb von 1–2 Wochen von ursprünglich 1–2 mm Länge stark an, manchmal bis auf Erbsengröße. Sie legen während etwa 2 Wochen Eier und sterben dann ab.

Krankheitsbild

- Läsionen vor allem an den Fußsohlen und zwischen den Zehen, seltener an anderen Körperstellen.
- Bildung bis erbsengroßer, schmerzhafter, geröteter Knötchen mit kraterförmiger, zentraler Eindellung. Entzündliche und manchmal eitrige Infiltration des Herdes.

Diagnose, Therapie und Prophylaxe. Die Diagnose wird aufgrund der recht charakteristischen Hautveränderungen gestellt und durch parasitologische und/oder histologische Untersuchungen des aus den Herden entfernten Materials bestätigt. Die Behandlung besteht in der mechanischen Entfernung des Flohweibchens unter Lokalanästhesie und Bekämpfung der Sekundärinfektion. Zur Prophylaxe wird empfohlen, die Füße durch gut abschließende Schuhe zu schützen.

Anhang zu den Kapiteln 9 – 11

Labordiagnose von Parasitosen

Dieser Abschnitt enthält einige Kurzinformationen zur Einsendung von Untersuchungsmaterial und zu den heute bestehenden Möglichkeiten der Diagnostik von Parasitosen. Bezüglich näherer Angaben sei auf die Spezialliteratur verwiesen (Gillespie und Hawkey 1995; Mehlhorn et al. 1995).

- Von besonderer Wichtigkeit für das Untersuchungslabor sind neben den üblichen Angaben zum Patienten Hinweise über Ort und Zeit eines eventuellen Tropenaufenthaltes sowie auf Vorbehandlungen und klinische Symptome.

Materialeinsendung

Von wesentlicher Bedeutung ist die sachgerechte Materialeinsendung, die je nach nachzuweisender Erregerart oder -gruppe unterschiedlich sein kann, wie aus den folgenden Angaben hervorgeht.

Stuhl

- **Amöben, *Giardia:*** Stuhl konserviert in SAF- oder MF-Lösung. Erbsengroßes (ca. 1 g) Stück frischen (lebenswarmen!) Stuhls zu 10 ml SAF- oder MF-Lösung zufügen (SAF: **S**odiumacetate-**A**cetic-acid-**F**ormalin; MF: **M**erthiolat-**F**ormalin); intensiv schütteln und einsenden. Bei negativem Befund und weiterbestehendem Verdacht Untersuchung 1- bis 2mal an verschiedenen Tagen wiederholen. Es können auch zur Erstuntersuchung 2 – 3 Proben von verschiedenen Tagen eingesandt werden. Einsenderöhrchen mit Lösung vom Labor anfordern.
  Wichtig: Die Einnahme von Medikamenten kann die Ausscheidung von Amöben und *Giardia* beeinträchtigen.
- **Kryptosporidien:** Etwa 1 g Stuhl in 10 ml Formalin 10 %ig oder in SAF.
- **Microsporidien:** 1 g Stuhl in 10 ml Formalin 10 %ig.

- **Helminthen-Eier** (ohne *Enterobius*): 1 – 2 Proben von SAF- oder MF-Stuhl oder besser 10 – 20 g Nativstuhl. Mit größeren Mengen von Nativstuhl können Anreicherungsverfahren durchgeführt und dadurch die Nachweismöglichkeiten verbessert werden.

- ***Enterobius* (Oxyuren)-Eier:** Klebestreifen auf Objektträgern.
  Durchsichtigen Klebestreifen von etwa 4 cm Länge und 1 cm Breite morgens auf Perianalhaut drücken, abziehen, mit Klebeschicht glatt auf Objektträger pressen und einsenden bzw. selbst mikroskopisch untersuchen.

- **Larven von *Strongyloides* oder Hakenwürmern:** Etwa 10 – 20 g Nativstuhl zur Durchführung des Auswanderverfahrens nach Baermann und einer Larvenkultur.

- **Koproantigene:** Zum Nachweis von Antigenen, die im Stuhl ausgeschieden werden (Koproantigene), stehen heute für Giardia und Cryptosporidium kommerziell erhältliche Kits (ELISA oder für Immunfluoreszenz-Tests) zur Verfügung. Die Materialeinsendung richtet sich nach den Vorschriften der betreffenden Tests und ist von dem Untersuchungslabor zu erfragen.

Blut

- **Erreger der Malaria und andere Blutprotozoen:**
  2 – 4 dünne Blutausstriche in üblicher Weise anfertigen und lufttrocken einsenden (überbringen oder per Expreß schicken). Sie werden zum Nachweis von Blutprotozoen im Labor nach Giemsa gefärbt.

Zusätzlich möglichst 1 – 2 „Dicke Tropfen“: Einen großen Blutstropfen (ca. 1,5 cm Durchmesser) auf fettfreiem Ojektträger einige Stunden gut trocknen lassen und einsenden.

Zusätzlich für Antigennachweis von *Plasmodium falciparum* (ParaSight F-Test): 5 – 10 ml Blut mit EDTA.

Wichtig: Blutentnahme vor Therapiebeginn, möglichst zu Beginn eines Fieberanfalles.

- **Mikrofilarien:** 10 ml Blut mit EDTA.
  Wichtig: Periodizität der Mikrofilarien (Tab. 10.**4**, S. 605) beachten, entsprechend Blutentnahme in der Nacht oder während des Tages.

Serum

- **Antikörper gegen verschiedene Parasiten:** 5 ml Serum oder 10 ml Vollblut (beides ohne Zusätze) (s. auch Tab. 11.**6**, S. 638).

Liquor

- **Antikörper gegen Taenia solium** (Verdacht auf Zystizerkose): 1 – 2 ml Liquor ohne Zusätze.
- **Trypanosomen:** 1 – 2 ml Liquor ohne Zusätze.

Bronchial-Proben

- ***Pneumocystis carinii:*** Induziertes Sputum oder 20 ml Bronchiallavage.

Urin

- ***Schistosoma*-Eier:** Sediment (etwa 20 ml) Urin vom Nachmittag oder eines 24-Stunden-Absatzes.

Kultureller Nachweis von Leishmanien

- **Viszerale Leishmaniose:** Punktionsmaterial von Lymphknoten oder Knochenmark unter sterilen Entnahmebedingungen sofort in Kulturmedium überführen, das vom Labor angefordert werden kann.
- **Hautleishmaniose:** Gewebe von den Randpartien der Läsion entnehmen (nach oberflächlicher Desinfektion) und in Kulturmedium überführen.

Material für die Polymerase-Ketten-Reaktion (PCR)

Die PCR wird heute zum Nachweis oder zur Identifikation verschiedener Arten von Parasiten eingesetzt, z. B. von Leishmanien, Toxoplasmen, Microsporidien, *Pneumocystis carinii, Echinococcus*, und Mikrofilarien. Dazu können – je nach Parasitenart – Punktat-, Biopsie- oder Gewebeproben, Blut (mit Zusatz von EDTA oder Heparin), Sputum oder anderes Material in nativem Zustand eingesandt werden. Für gewisse Proben (Rücksprache mit dem Labor) eignet sich auch die Fixierung in 70 %igem Äthanol.

Tabelle 11.5 Immundiagnostik bei Parasiten des Menschen: Auswahl einiger in europäischen Laboratorien etablierter Verfahren zum Nachweis von Antikörpern bzw. von Koproantigen

Parasitosen	Methoden		
	IIF	ELISA	andere Tests
Infektionen mit Protozoen			
Amöbose (Infektion mit *Entamoeba histolytica*)			
▪ intestinale Form	+	+	IEP, PHA, Koproantigen
▪ extraintestinale Form	+	+	IEP, PHA
Giardiose	–	–	Koproantigen
Kryptosporidiose	–	–	Koproantigen
Malaria	+	+	Antigen von *Plasmodium falciparum*
Toxoplasmose	+	+	IgM, (IgA) SFT, KBR
Afrikanische Trypanosomose	+	+	PHA
Amerikanische Trypanosomose	+	+	LA
Leishmaniose (Kala-Azar)	+	+	PHA
Infektionen mit Helminthen			
Schistosomose (Bilharziose)	+	+	IEP
Fasziolose	+	+	IEP
Paragonimose		+	PHA
Echinokokkose	+	+	IEP, IgE, IgG_4
Zystizerkose		+	EITB
Taeniose	–	–	Koproantigen
Toxokarose		+	IgE
Filariose	+	+	IgE
Onchozerkose	+	+	IgE

Tabelle 11.5 *Fortsetzung: Immundiagnostik bei Parasiten des Menschen*

Parasitosen	**Methoden**		
	IIF	ELISA	andere Tests
Trichinellose	+	+	
Strongyloidose	+	+	
Ascariose		+	

Abkürzungen: **ELISA:** Enzyme-linked Immunosorbent Assay; **EITB:** Enzyme-linked Immunoelectrotransfer Blot („Western Blot"); **IEP:** Immunelektrophorese; **IIF:** Indirekte Immunfluoreszenz; **IgA, IgG, IgE** bzw. **IgM:** Nachweis parasitenspezifischer Immunglobulin-Klassen. IgG2, IgG4: Nachweis parasitenspezifischer IgG-Subtypen; **KBR:** Komplementbindungsreaktion; **LA:** Latexagglutination; **PHA:** passive Hämagglutination, häufig auch als IHA = indirekte Hämagglutination bezeichnet; **SFT:** Sabin-Feldman-Test.

Gewebeproben und Parasiten

- **„Skin snip":** Zum Nachweis von Mikrofilarien in der Haut. Etwa 5 mm^2 große Hautprobe mit Nadel und Skalpell oberflächlich und ohne Eröffnung von Blutgefäßen am Beckenkamm, Oberschenkel oder an anderer geeigneter Stelle entnehmen, sofort in 0,9%ige NaCl-Lösung überführen und an Labor per Express einsenden oder überbringen.
- **Operationspräparate, Biopsien** usw. in üblicher Weise in 4%igem Formalin fixieren oder fertige Schnittpräparate einsenden. Bandwurmglieder in etwas Flüssigkeit (physiologische Kochsalzlösung) einlegen, Arthropoden in 70%igem Äthanol fixieren. Einsendung anderer Parasiten nach Rücksprache mit dem Labor.

Immundiagnostik: Serologische Verfahren

Eine Reihe von Parasitosen ist indirekt durch Antikörpernachweis im Serum feststellbar. Eine Auswahl der diesbezüglichen Möglichkeiten ist in Tab. 11.**6** zusammengefaßt. Die Interpretation serologischer Befunde bei Parasitosen erfordert spezielle Erfahrungen. Rücksprachen mit dem Untersuchungslabor sind daher in unklaren Fällen zu empfehlen. Bei einigen Parasitosen werden auch Verfahren zum Nachweis zirkulierender Antigene diagnostisch eingesetzt.

VI Infektionen der einzelnen Organsysteme

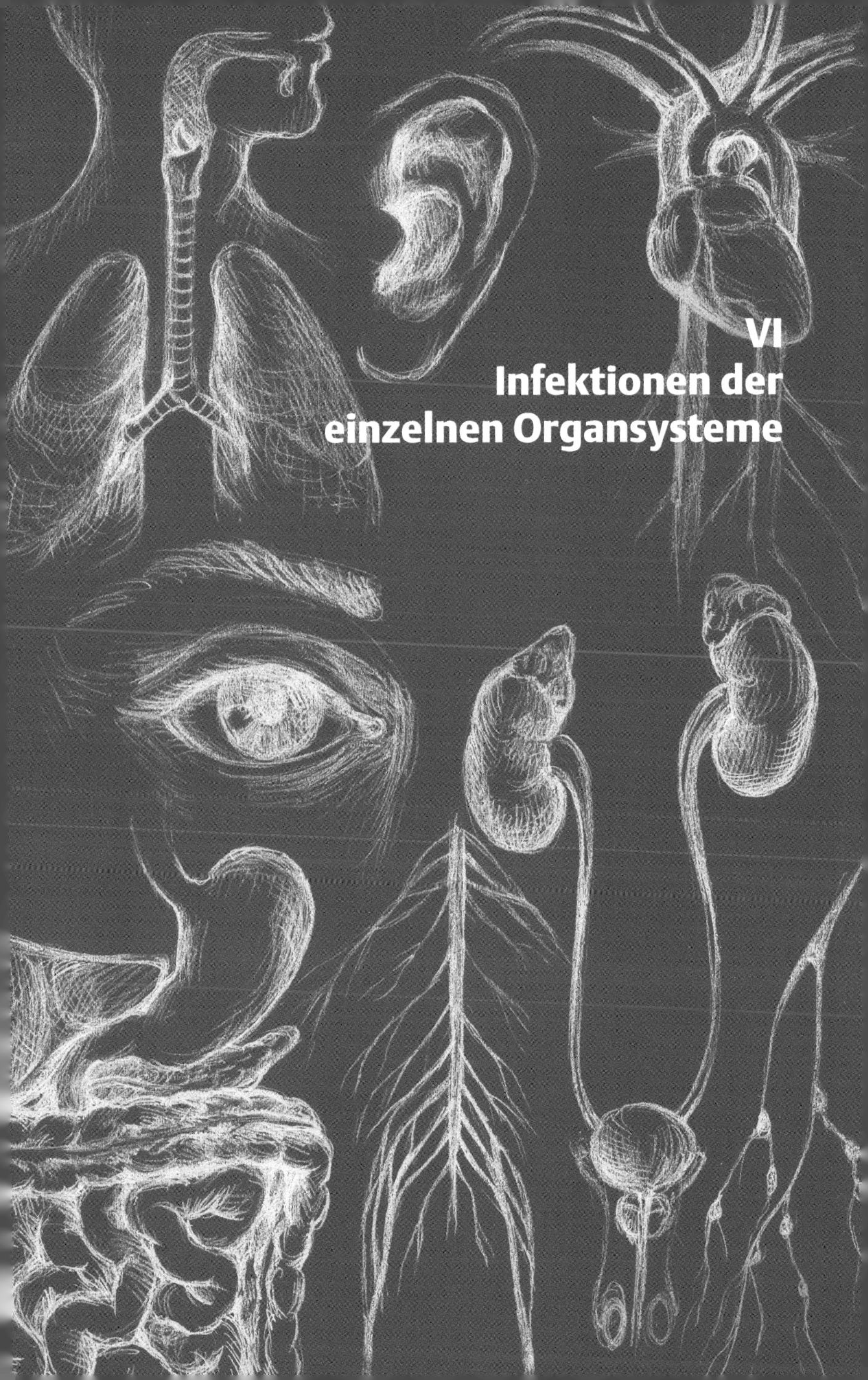

Die medizinische Mikrobiologie vermittelt die Grundlagen vom Entstehen der Infektionskrankheiten. Da Infektionskrankheiten durch infektiöse Erreger verursacht werden, steht zwangsläufig das pathogene Agens im Vordergrund der Thematik. Dementsprechend beruht der Aufbau aller Lehrbücher der medizinischen Mikrobiologie auf der Systematik der Mikroorganismen. Auch im vorliegenden Lehrbuch wurde nicht anders verfahren. Die klinische Praxis stellt jedoch andere Anforderungen. Dort wird der Arzt mit einem Problem konfrontiert, das ein Organ oder Organsystem betrifft. Eine Kurzinformation über die in Frage kommenden Erreger wäre deshalb nützlich.

Neben der Aufgabe, die Grundlagen vom Entstehen der Infektionskrankheiten dazulegen, umfaßt eine weitere, für die Patientenbeurteilung unmittelbar relevante Anforderung an die medizinische Mikrobiologie die Labordiagnose der Infektionskrankheiten. Um die Lücke zwischen dem notwendigen Grundlagenwissen einerseits und mehr praktischen Aspekten der ärztlichen Tätigkeit andererseits zu füllen, wurde deshalb das Kapitel 12 geschaffen. Die in Tabellenform gehaltenen Informationen zur Ätiologie und Labordiagnose sind in 12 Abschnitte, die Infektionen der wichtigsten Organe und Organsysteme umfassen, gegliedert. Falls mehrere Organsysteme durch eine Infektion betroffen sind, wird die spezifische Krankheit bei dem System aufgeführt, das am schwersten und/oder am häufigsten befallen ist oder an dem sich die Krankheit besonders deutlich manifestiert. Die Erreger werden dann aber zusätzlich bei den weiteren Organmanifestationen ebenfalls genannt. In den Tabellen sind die jeweils häufigsten Erreger fett hervorgehoben. Ausführliche Informationen über die klinischen Aspekte der Infektionskrankheiten, die über die Ätiologie und Labordiagnose hinausgehen, können den Lehrbüchern der inneren Medizin oder Spezialbüchern über Infektionskrankheiten (s. Literatur am Schluß des Buches) entnommen werden. Das labordiagnostische Vorgehen zur Abklärung der verschiedenen Infektionen mußte in den Tabellen kurz gehalten werden. Der Arzt muß sich ohnehin bei der Abklärung einer Infektion auf die Methoden beziehen, sie sein Labor für ihn bereit hält, denn jedes Labor bietet den Ärzten einen laborspezifischen Set an Tests an. Das gilt vor allem für die zahlreichen möglichen Tests zum Antikörpernachweis (= Serologie). Die wichtigsten serologischen Tests sind aber entweder bei den betreffenden Erregern in diesem Buch aufgeführt oder in den Tabellen 7.**7**, S. 418 und 11.**5** , S. 639, zusammengefaßt.

12 Ätiologie und Labordiagnose in tabellarischer Übersicht

F.H. Kayser, J. Eckert und K.A. Bienz

Tabelle 12.1 **Oberer Respirationstrakt**

Infektion	Wichtigste Erreger*	Labordiagnose
Rhinitis (Schnupfen)	**Rhinoviren** Coronaviren Myxoviren Adenoviren	Labordiagnose nicht empfohlen
Sinusitis	*Streptococcus pneumoniae* *Haemophilus influenzae* *Staphylococcus aureus* *Moraxella catarrhalis* (Kinder) *Streptococcus pyogenes* selten Anaerobier	Mikroskopie und Kultur aus Sinussekret/Eiter (Punktat) oder aus Sinusspülflüssigkeit
	Myxoviren Adenoviren	Serologie
	Rhinoviren Coronaviren	Labordiagnose nicht empfohlen
Pharyngitis/Tonsillitis/ Gingivitis/Stomatitis		
Viren	**Adenoviren** Myxoviren RS-Virus	evtl. Isolierung oder Direktnachweis aus Rachenspülflüssigkeit oder Nasensekret; Serologie
Herpangina	Coxsackie-Viren Gruppe A	evtl. Isolierung
Gingivitis/ Stomatitis	Herpes-simplex-Virus	Isolierung Serologie
infektiöse Mononukleose	**Epstein-Barr-Virus**	Serologie
	Zytomegalievirus	Kultur aus Rachenspülflüssigkeit und Urin; Serologie

* Häufige Erreger sind fett hervorgehoben.

Fortsetzung Tabelle 12.1 **Oberer Respirationstrakt**

Infektion	Wichtigste Erreger	Labordiagnose
Bakterien	***Streptococcus pyogenes*** (A) selten Streptokokken der Gruppen B, C oder G	Kultur von Abstrich; evtl. Antigennachweis im Abstrichmaterial
Angina Plaut-Vincent	***Treponema vincentii*** + anaerobe Mischflora	Mikroskopie von Abstrich
akute nekrotisierende ulzeröse Gingivostomatitis	***Treponema vincentii*** + anaerobe Mischflora	Mikroskopie von Abstrich
Diphtherie	***Corynebacterium diphtheriae***	(Mikroskopie), Kultur von Abstrich
akute Laryngotracheobronchitis (Pseudokrupp)	**Parainfluenzaviren** **Influenzaviren** **Respiratory-syncytial-Virus** **Adenoviren** Enteroviren	Isolierung aus Rachenspülflüssigkeit oder Bronchialsekret, kombiniert mit Serologie
	Rhinoviren	Labordiagnose nicht empfohlen
Epiglottitis	***Haemophilus influenzae*** (meist Serovar „b“) Seltener: *Streptococcus pneumoniae* *Staphylococcus aureus* *Streptococcus pyogenes*	Blutkultur: Kultur aus Abstrich (cave Atemstillstand)

Tabelle 12.2 **Tiefer Respirationstrakt**

Infektion	Wichtigste Erreger	Labordiagnose
akute Bronchitis/ Bronchiolitis	**Respiratory-syncytial-Virus** **Parainfluenzaviren** **Influenzaviren** Typ A Adenoviren	Serologie, kombiniert mit Isolierung aus Rachenspülflüssigkeit oder Bronchialsekret
	Rhinoviren	nicht empfohlen
	Myxoplasma pneumoniae	Serologie
Pertussis	*Bordetella pertussis*	Kultur; spezielle Materialentnahme und Transport beachten

12

Fortsetzung Tabelle 12.**2** **Tiefer Respirationstrakt**

Infektion	Wichtigste Erreger	Labordiagnose
chronische Bronchitis (akute Exazerbation)	***Streptococcus pneumoniae*** *Haemophilus influenzae* *Moraxella catarrhalis*	Kultur aus Sputum oder Bronchialsekret
Tuberkulose	***Mycobacterium tuberculosis*** andere Mykobakterien	Mikroskopie und Kultur (Dauer: 3–6–8 Wochen)
Pneumonie *Viren* (15–20 %)	**Parainfluenzaviren** (Kinder) **Respiratory-syncytial-Virus** (Kinder) **Influenzaviren** **Adenoviren**	Serologie, kombiniert mit Isolierung aus Rachenspülflüssigkeit oder Bronchialsekret oder Antigennachweis im Nasensekret
	Epstein-Barr-Virus	Serologie
	Zytomegalievirus Masernvirus	Serologie, kombiniert mit Isolierung aus Rachenspülflüssigkeit oder Bronchialsekret; bei Verdacht auf ZMV-Pneumonie Antigennachweis oder In-situ-Hybridisierung versuchen
	pulmonale Hantaviren (USA)	Serologie
	Enteroviren	Isolierung aus Rachenspülflüssigkeit oder Bronchialsekret
	Rhinoviren	routinemäßige Labordiagnose nicht empfohlen
Bakterien (80–90 %) „Praxis"-Pneumonie	***Streptococcus pneumoniae* (30 %)** seltener: *Haemophilus influenza* (5 %) *Staphylococcus aureus* (5 %) *Klebsiella pneumoniae* *Legionella pneumophila* anaerobe Mischflora (Aspiration)	Mikroskopie und Kultur aus expektoriertem Sputum, besser aus transtrachealem oder bronchialem Aspirat, aus bronchoalveolärer Lavage oder aus Biopsiematerial. Bei Verdacht auf Anaerobier ist expektroriertes Sputum ungeeignet. Bei Verdacht auf Anaerobier spezielle Transportgefäße verwenden

Fortsetzung Tabelle 12.**2** **Tiefer Respirationstrakt**

Infektion	Wichtigste Erreger	Labordiagnose
	Mycoplasma pneumoniae (10 %)	Serologie
	Coxiella burnettii	
	Chlamydia psittaci *Chlamydia pneumoniae*	mit KBR nur gattungsspezifische Antikörper nachweisbar
„Krankenhaus"-Pneumonie	***Enterobacteriaceae*** ***Pseudomonas aeruginosa*** ***Staphylococcus aureus***	s. bei „Praxis-Pneumonie"
Pilze	*Aspergillus*-Arten *Candida*-Arten *Cryptococcus neoformans* *Histoplasma capsulatum* *Coccidioides immitis* *Blastomyces*-Arten *Mucoraceae*	Mikroskopie und Kultur, am besten aus transtrachealem oder bronchialem Aspirat, aus bronchoalveolärer Lavage oder Lungenbiopsie. Serologie oft möglich (s. Kap. 5)
Protozoen	*Pneumocystis carinii* (zum Reich der Pilze gehörend)	Erregernachweis aus „induziertem" Sputum oder Bronchiallavage durch Mikroskopie, Immunfluoreszenz oder DNA-Nachweis
	Toxoplasma gondii	Serologie
Helminthen	*Echinococcus* Arten	Serologie
	Schistosoma-Arten	Serologie; Wurmeier im Stuhl
	Toxocara canis (Larven)	Serologie
	Ascaris lumbricoides (Larven)	Serologie (spez. IgE) (Wurmeier im Stuhl)
	Paragonismus-Arten	Wurmeier im Stuhl und Sputum; Serologie
Empyem	***Streptococcus pneumoniae*** ***Staphylococcus aureus*** ***Streptococcus pyogenes*** zahlreiche weitere Bakterien als Erreger möglich	Mikroskopie und Kultur

Fortsetzung Tabelle 12.**2** **Tiefer Respirationstrakt**

Infektion	Wichtigste Erreger	Labordiagnose
Lungenabszeß nekrotisierende Pneumonie	**meist endogene Infektion mit einer Mischflora aus gramnegativen/grampositiven Anaerobiern** zahlreiche weitere Bakerien als Erreger möglich	Mikroskopie und Kultur aus transtraechealem oder bronchialem Aspirat, aus bronchoalveolärer Lavage oder Lungenbiopsie. Transport im Medium für Anaerobier
	Candida-Arten *Aspergillus*-Arten *Mucoraceae*	Mikroskopie und Kultur, evtl. auch Serologie

Tabelle 12.**3** **Urogenitaltrakt**

Infektion	Wichtigste Erreger	Labordiagnose
Urethrozytitis Pyelonephritis	***Escherichia coli*** weitere *Enterobacteriaceae* *Pseudomonas aeruginosa* Enterokokken *Staphylococcus aureus* *Staphylococcus saprophyticus* (Frau)	Mikroskopie und Kultur; im Mittelstrahlurin signifikante Bakteriurie (S. 203) bestimmen
	selten: *Candida*-Arten *Aspergillus*-Arten *Cryptococcus neoformans*	Mikroskopie und Kultur
Prostatitis	***Escherichia coli*** weitere *Enterobacteriaceae* *Pseudomonas aeruginosa* Enterokokken Staphylococcus aureus Neisseria gonorrhoeae Chlamydia trachomatis	Mikroskopie und Kultur Material: Prostatasekret und Urin. Zur Beurteilung quantitative Harnbakteriologie notwendig. Für Chlamydiennachweis direkte Immunfluoreszenz oder EIA oder Zellkultur oder DNA-Nachweis
unspezifische Urethritis	***Chlamydia trachomatis***	Mikroskopie (direkte Immunfluoreszenz) oder Antigennachweis durch EIA oder Zellkultur oder DNA-Nachweis

Fortsetzung Tabelle 12.**3** **Urogenitaltrakt**

Infektion	**Wichtigste Erreger**	**Labordiagnose**
	Mycoplasma hominis *Ureaplasma urealyticum*	Kultur (Spezialmedien)
Urethralsyndrom (Frau)	*Chlamydia trachomatis* (30 %) *Escherichia coli* (30 %) *Staphylococcus saprophyticus* (5 – 10 %) unbekannte Erreger (20 %)	s. unspezifische Urethritis Kultur aus Urin, Keimzahl oft $\leq 10^4$/ml
Microsporidose	*Enzephalitozoon*-Arten	Mikroskopie von Urinsediment. Evtl. DNA-Nachweis (PCR)
Nephropathia epidemica	*Hantaan-/Puumula*-Virus	Serologie
Tuberkulose	*Mycobacterium tuberculosis*	Mikroskopie und Kultur Urin: 3 getrennte Morgenurine, je 30 – 50 ml
Listeriose (Gravidität)	*Listeria monocytogenes*	Mikroskopie und Kultur aus Zervix- und Vaginalsekret, von Lochien, evtl. Blutkultur
Schistosomose	*Schistosoma haematobium*	Mikroskopie des Urinsedimentes; Serologie
Vulvovaginitis	Herpes-simplex-Virus	Isolierung oder Antigennachweis aus Sekret
	Candida-Arten	Mikroskopie, evtl. Kultur
	Trichomonas vaginalis	Mikroskopie (nativ). 2 Objektträger mit luftgetrocknetem Sekret einschicken (für Giemsa-Färbung oder Immunfluoreszenz), evtl. Kultur aus Sekret
unspezifische Vaginitis (Vaginose)	oft mehrere Bakterien beteiligt *Gardnerella vaginalis* *Mycoplasma hominis* *Mobiluncus mulieri* *Mobiluncus curtisii* gramnegative Anaerobier	Mikroskopie und Kultur aus Sekret versuchen. Im Präparat „clue cells“. Interpretation vieler Befunde problematisch, da Keime der Normalflora

Fortsetzung Tabelle 12.**3** **Urogenitaltrakt**

Infektion	Wichtigste Erreger	Labordiagnose
Zervizitis Endometritis Oophoritis Salpingitis Pelveoperitonitis	***Neisseria gonorrhoeae*** ***Chlamydia trachomatis*** **anaerobe Mischflora** seltener: *Enterobacteriaceae* *Streptococcus*-Arten *Gardnerella vaginalis* *Mycoplasma hominis* *Mycobacterium tuberculosis*	Mikroskopie und Kultur aus Abstrichmaterial. Transportmedien verwenden. Für Chlamydiennachweis direkte Immunfluoreszenz oder Antigennachweis mit EIA oder Zellkultur oder DNA-Nachweis. Zum Nachweis von Gonokokken DNA-Technologie ebenfalls möglich

Tabelle 12.**4** **Genitaltrakt (venerische Infektionen)**

Infektion	Wichtigste Erreger	Labordiagnose
Gonorrhö	*Neisseria gonorrhoeae*	Mikroskopie (2 Objektträger für Gram-Färbung und Immunfluoreszenz) einschicken; Kultur (Abstrich in Spezialtransportmedium); Antigennachweis mittels Antikörpern im Abstrichmaterial; DNA-Nachweis
Syphilis, Lues	*Treponema pallidum* (subsp. *pallidum*)	Mikroskopie (Dunkelfeld) von Material aus Effloreszenzen des Stadiums I und II. **Serologie** (Grunddiagnostik s. S. 323)
Lymphogranuloma venereum	*Chlamydia trachomatis* (L-Serovare)	Mikroskopie (direkte Immunfluoreszenz) von Eiter. Zellkultur oder DNA-Nachweis
Ulcus molle (Weicher Schanker)	*Haemophilus ducreyi*	Mikroskopie von Eiter Kultur (recht schwierig)
Granuloma inguinale	*Calymmatobacterium granulomatis*	Mikroskopie mit Geschabsel oder Biopsiematerial (Donovan-Körper); Kultur (Hühnerei oder Spezialmedien)

Tabelle 12.**5** **Gastrointestinaltrakt**

Infektion	Wichtigste Erreger	Labordiagnose
Gastroenteritis/Enterokolitis		
Viren	**Rotaviren** Adenoviren Selten: Enteroviren Corona-, Astro-, Calici-, Norwalk-Viren	direkter Virusnachweis mittels Elektronenmikroskopie (Speziallabors) oder direkter Nachweis mittels immunologischer Methoden (z. B. EIA)
Bakterien	*Staphylococcus aureus* (Enterotoxine A – E)	Toxinnachweis (mit Antikörpern) in Nahrung und Stuhl
	Clostridium perfringens (Lebensmittel)	Kultur (quantitativ) aus Nahrung und Stuhl
	Vibrio parahaemolyticus (Lebensmittel, Meerestiere)	Kultur aus Stuhl
	E. coli (EPEC, ETEC, EIEC, EHEC)	keine einfachen Tests zur Differenzierung von EPEC, ETEC, EIEC und EHEC vorhanden; evtl. Kultur aus Stuhl und Identifizierung der Pathovare mit DNA-Technik; Serovar kann Hinweis geben
	Campylobacter jejuni	Kultur aus Stuhl
	Yersinia enterocolitica	Kultur aus Stuhl
	Bacillus cereus	Kultur aus Stuhl
pseudomembranöse Kolitis	*Clostridium difficile*	Toxinnachweis (Zellkultur) im Stuhl
Shigellose (Dysenterie)	*Shigella*-Arten	Kultur aus Stuhl
Salmonellose		
enteritische Form	*Salmonella enterica* (enteritische Serovare)	Kultur aus Stuhl
typhöse Form	*Salmonella enterica* (typhöse Serovare) (bei Prädisposition evtl. enteritische Salmonellen)	Kultur aus Blut und Stuhl; Serologie (Gruber-Widal nur beschränkte Aussagekraft)
Cholera	*Vibrio cholerae*	Kultur aus Stuhl und evtl. Erbrochenem

12

Fortsetzung Tabelle 12.**5** **Gastrointestinaltrakt**

Infektion	Wichtigste Erreger	Labordiagnose
Protozoen		
Amöbiasis	*Entamoeba histolytica*	Mikroskopie von Stuhl, evtl. DNA-Nachweis; Serologie
Giardiose	*Giardia lamblia*	Mikroskopie von Stuhl und evtl. Duodenalsaft
Kryptosporidiose	*Cryptosporidium*	Mikroskopie von Stuhl
Microsporidose	*Enterocytozoon bieneusi*	Mikroskopie von Stuhl
Cyclosporose	*Cyclospora cayetanensis*	Mikroskopischer Nachweis von Oozysten im Stuhl
Sarkozystiose	*Sarcocystis*-Arten	Mikroskopie von Stuhl
Isosporose	*Isospora belli*	Mikroskopie von Stuhl
Blastozystiose	*Blastocystis homini*	Mikroskopie von Stuhl
Helminthen		
Trematoden-infekte	*Schistosoma*-Arten	mikroskopischer Nachweis von Wurmeiern im Stuhl; Serologie
	Fasciolopsis buski	mikroskopischer Nachweis von Wurmeiern im Stuhl
	Heterophyes heterophyes und andere	mikroskopischer Nachweis von Wurmeiern im Stuhl
Zestodeninfekte	*Taenia*-Arten *Hymenolepis*-Arten *Diphyllobothrium*-Arten	mikroskopischer Nachweis von Wurmeiern und/oder Gliedern im Stuhl
Nematodeninfekte	*Ascaris lumbricoides* *Trichuris trichiura* *Ancylostoma*- und *Necator*-Arten	mikroskopischer Nachweis von Wurmeiern im Stuhl
	Strongyloides stercoralis	mikroskopischer und kultureller Nachweis von Larven im Stuhl (Serologie)
	Enterobius vermicularis	mikroskopischer Nachweis von Wurmeiern (Analklebestreifen auf Objektträger) oder von Würmern im Stuhl

Tabelle 12.6 **Verdauungsdrüsen und Peritonealraum**

Infektion	**Wichtigste Erreger**	**Labordiagnose**
Hepatitis	Hepatitis-A-Virus	Serologie (IgM)
	Hepatitis-B-Virus	Serologie, Antigen- und Antikörpernachweis im Blut
	Hepatitis-C-Virus	Serologie, PCR
	Hepatitis-D-Virus	Serologie
	Hepatitis-E-Virus	noch keine Verfahren anerkannt
	Hepatitis-F- und -G-Virus	noch keine Verfahren vorhanden
Mumps (Parotitis epidemica)	Mumpsvirus (Paramyxovirus)	Serologie
Gelbfieber (Leber)	Gelbfiebervirus (Flavivirus)	Serologie (Speziallabor), evtl. Isolierung (Speziallabor)
Zytomegalie (Leber)	Zytomegalievirus (Herpesvirus)	Isolierung aus Speichel, Urin und evtl. Biopsiematerial. Antigennachweis oder In-situ-Hybridisierung
Leptospirose (Leber)	*Leptospira interrogans* (verschiedene Serovare)	Serologie; Kultur aus Urin und Blut
Cholezystitis Cholangitis	***E. coli*** weitere *Enterobacteriaceae* gramnegative Anaerobier	Kultur aus Galle
	Fasciola hepatica	Wurmeier im Stuhl; Serologie
	Opisthorchis *Clonorchis* *Dicrocoelium*	Wurmeier im Stuhl
Pankreatitis Pankreasabszeß	*Enterobacteriaceae* *Staphylococcus aureus* *Streptococcus*-Arten *Pseudomonas*-Arten Anaerobier	Mikroskopie und Kultur aus Eiter (Punktat oder Biopsie, falls Materialentnahme möglich)

Fortsetzung Tabelle 12.**6** **Verdauungsdrüsen und Peritonealraum**

Infektion	**Wichtigste Erreger**	**Labordiagnose**
Leberabszeß	meist bakterielle Mischflora: *E. coli* weitere *Enterobacteriaceae* gramnegative Anaerobier grampositive Anaerobier *Staphylococcus aureus* *Streptococcus pyogenes* *Streptococcus milleri*	Mikroskopie und Kultur aus Eiter, falls Materialentnahme möglich (Punktat, Biopsie, Operationspräparat)
	Entamoeba histolytica	Serologie
Milzabszeß	*Staphylococcus*-Arten (bei Endokarditis) *Streptococcus*-Arten (bei Endokarditis) *Enterobacteriaceae* *Bacteroidaceae* grampositive Anaerobier	Mikroskopie und Kultur aus Eiter, falls Materialentnahme möglich; Blutkultur
Peritonitis		
primäre Peritonitis (selten; meist durch hämatogene Streuung)	*Streptococcus pneumoniae* *Streptococcus pyogenes* gramnegative/grampositive Anaerobier; *Enterobacteriaceae; Selten Mycobacterium tuberculosis*	Mikroskopie und Kultur aus Eiter, Materialentnahme während Laparotomie, evtl. durch Punktion
sekundäre Peritonitis (endogene Infektion durch Darmbakterien)	meist aerob-anaerobe Mischflora *Enterobacteriaceae* *Bacteroidaceae* grampositive Anaerobier	Mikroskopie und Kultur aus Eiter (Materialentnahme während Laparotomie, evtl. durch Punktion)
Peritonitis nach Peritonealdialyse (CAPD)	grampositive Bakterien (60–80 %): *Staphylococcus*-Arten *Streptococcus*-Arten *Corynebacterium*-Arten gramnegative Bakterien (15–30 %): *Enterobacteriaceae* *Pseudomonas*-Arten *Acinetobacter*-Arten *Candida*-Arten (selten)	Mikroskopie und Kultur aus trüber Dialyseflüssigkeit. Anreicherung (z. B. Filtration oder Zentrifugation) notwendig

Fortsetzung Tabelle 12.6 **Verdauungsdrüsen und Peritonealraum**

Infektion	**Wichtigste Erreger**	**Labordiagnose**
intraperitoneale Abszesse	meist aerob-anaerobe Mischflora: *Enterobacteriaceae* *Staphylococcus aureus* gramnegative/grampositive Anaerobier *Streptococcus milleri*	Mikroskopie und Kultur aus Eiter (Materialentnahme während Laparotomie, evtl. durch Punktion)
Protozoeninfekte (Leber)		
viszerale Leishmaniose (Kala-Azar)	*Leishmania donovani* *Leishmania infantum*	mikroskopischer Nachweis und Kultur aus Lymphknoten- oder Knochenmarkpunktat; DNA-Nachweis; Serologie
Trematodeninfekte (Leber, Gallenwege)		
Schistosomose	*Schistosoma mansoni*	mikroskopischer Nachweis von Wurmeiern im Stuhl; Serologie
Fasziolose	*Fasciola hepatica*	mikroskopischer Nachweis von Wurmeiern im Stuhl; Serologie
Opisthorchiose Clonorchiose Dikrozöliose	*Opisthorchis*-Arten *Clonorchis sinensis* *Dicrocoelium dendriticum*	mikroskopischer Nachweis von Wurmeiern im Stuhl
Zestodeninfekte		
Echinokokkose (Leber, Peritonealhöhle)	*Echinococcus granulosus* *Echinococcus multilocularis*	Serologie

Tabelle 12.7 **Nervensystem**

Infektion	Wichtigste Erreger	Labordiagnose
Meningitis		
Viren	**Enteroviren** **Herpes-simplex-Virus** **Mumpsvirus**	Isolierung aus Liquor, Stuhl, Rachenspülflüssigkeit; Serologie bei Verdacht auf Herpes und Mumps. Genomnachweis im Liquor.
	Togaviren Bunyaviren Arenaviren	bei tropischen Virosen Virusisolierung aus Liquor und Blut sowie Serologie im Speziallabor
	Lymphozytäre-Chorio-meningitis-Virus Zeckenenzephalitisvirus (Flavivirus)	Serologie aus Blut, evtl. aus Liquor
Bakterien	***Neisseria meningitidis*** (~ 20 %) ***Streptococcus pneumoniae*** (~ 30 %) ***Haemophilus influenzae b*** Kinder. Abnahme aufgrund Vakzination selten: *Enterobacteriaceae* (Senium) *Mycobacterium tuberculosis* *Leptospira interrogans* *Listeria monocytogenes* Neonatologie: *E. coli* Streptokokken Gruppe B	Mikroskopie und Kultur von Liquor; evtl. Antigennachweis (Schnelltest)
Pilze	*Cryptococcus neoformans* *Candida*-Arten *Coccidioides immitis*	Mikroskopie und Kultur von Liquor; Antigennachweis; Serologie

Fortsetzung Tabelle 12.7 **Nervensystem**

Infektion	Wichtigste Erreger	Labordiagnose
Enzephalomyelitis		
Viren	**Masernvirus** Epstein-Barr-Virus	Serologie
	HIV **Herpes-simplex-Virus** Varizella/Zoster-Virus Zytomegalievirus Adenovirus	Isolierung und PCR aus Hirnbiopsie, PCR aus Liquor versuchen
	Mumpsvirus	Zusätzlich: Isolierung aus Rachenspülflüssigkeit
	Enteroviren	Zusätzlich: Isolierung aus Stuhl
	Togaviren Bunyaviren Arenaviren	bei tropischen Virosen Serologie in Speziallabors
	Lyssavirus	Immunfluoreszenz mit Hirnmaterial (Autopsie); Abklatschpräparat der Kornea
	Zeckenenzephalitisvirus	Serologie
Bakterien	*Rickettsia*-Arten *Brucella*-Arten	Serologie
	Borrelia burgdorferi *Leptospira interrogans*	Serologie und Kultur aus Liquor und Blut
	Treponema pallidum	Syphillis-Serologie
	Borrelia-Arten *Listeria monocytogenes*	Mikroskopie und Kultur aus Liquor und Blut versuchen
	Mycobacterium tuberculosis	Mikroskopie und Kultur aus Liquor; evtl. DNA-Nachweis
Pilze	*Cryptococcus neoformans* *Aspergillus*-Arten *Mucoraceae*	Mikroskopie und Kultur von Liquor versuchen. *Cryptococcus-Antigen* im Liquor. Serologie.
	Naegleria fowleri *Acanthamoeba*-Arten	Mikroskopie (Liquor)

Fortsetzung Tabelle 12.**7** **Nervensystem**

Infektion	Wichtigste Erreger	Labordiagnose
Protozoen	*Toxoplasma gondii*	Serologie, Mikroskopie, Zellkultur, DNA-Nachweis (Liquor)
	Trypanosoma b. gambiense *Trypanosoma b. rhodesiense*	Mikroskopie (Liquor); Serologie
	Plasmodium falciparum	Mikroskopie (Blut); Serologie
Helminthen	*Taenia-solium*-Zystizerkose	Serologie
	Echinococcus granulosus *Echinococcus multilocularis*	Serologie
	Toxocara canis *Toxocara mystax*	Serologie
Hirnabszeß Epiduralabszeß subdurales Empyem	*Streptococcus milleri* Anaerobier (Bacteroides) *Enterobacteriaceae* *Staphylococcus aureus*	Mikroskopie und Kultur von Eiter
	Mucoraceae *Aspergillus*-Arten *Candida*-Arten	Mikroskopie und Kultur von Eiter; Serologie
	Toxoplasma gondii	Serologie; Mikroskopie, Erregerisolation (Liquor)
Tetanus	*Clostridium tetani*	Toxin (Tierversuch) im Wundexzidat; Mikroskopie und Kultur aus Exzidat versuchen
Botulismus	*Clostridium botulinum*	Toxinnachweis im Blut oder in Nahrung (Tierversuch)
Lepra (periphere Nerven)	*Mycobacterium leprae*	Mikroskopie von Biopsiematerial oder von Geschabsel aus Nasenschleimhaut

Tabelle 12.8 **Kardiovaskuläres System**

Infektion	Wichtigste Erreger	Labordiagnose
Endokarditis	*Streptococcus*-Arten (60–80%) *Staphylococcus*-Arten (20–35%) gramnegative Stäbchen (2–13%) zahlreiche weitere Bakterienarten (5%) Pilze (2–4%) Kultur negativ (5–25%)	**Blutkultur**, 3mal pro Tag im Abstand von jeweils mehreren Stunden. Minimum: 1 Stunde. 5–10 ml Venenblut in je eine aerobe und anaerobe Flasche
Myokarditis/Perikarditis		
Viren	**Enteroviren** Adenoviren Herpesvirusgruppe Myxoviren Paramyxoviren	Serologie, evtl. in Kombination mit Isolierung aus Punktat
Bakterien	***Staphylococcus aureus*** ***Streptococcus pneumoniae*** ***Enterobacteriaceae***	Mikroskopie und Kultur aus Punktat
	Mycobacterium tuberculosis	evtl. DNA-Nachweis aus Punktat
	Mycoplasma pneumoniae	Serologie; evtl. Kultur
	Neisseria-Arten gramnegative Anaerobier *Actinomyces*-Arten *Nocardia*-Arten	Mikroskopie und Kultur aus Punktat
	Rickettsia-Arten *Chlamydia trachomatis*	Serologie
Pilze	***Candida*-Arten** ***Aspergillus*-Arten** *Cryptococcus neoformans* *Histoplasma capsulatum* *Mucoraceae*	Serologie, evtl. in Kombination mit Kultur und Mikroskopie aus Punktat
Protozoen	*Entamoeba histolytica* *Toxoplasma gondii* *Trypanosoma cruzi*	Serologie
Helminthen	*Echinococcus granulosus*	Serologie

Tabelle 12.**9** **Hämatopoetisches und lymphoretikuläres System**

Infektion	Wichtigste Erreger	Labordiagnose
AIDS	HIV-1; HIV-2	Serologie: EIA, Western Blot. Genomnachweis mit Gen-Sonde (PCR). Evtl. Antigennachweis oder Virusisolierung
infektiöse Mononukleose	**Epstein-Barr-Virus**	Serologie
	Zytomegalievirus	Isolierung aus Urin und Speichel; Serologie
Brucellose	*Brucella abortus* *Brucella melitensis*	Blutkultur, 3mal pro Tag; 5–10 ml Venenblut in je 1 aerobe und anaerobe Flasche. Bebrütung bis zu 4 Wochen notwendig. Deshalb Brucellenverdacht mitteilen. Serologie
Tularämie	*Francisella tularensis*	Kultur aus Lymphknotenbiopsie und Blut; Serologie
Pest	*Yersinia pestis*	Mikroskopie und Kultur aus Buboneneiter, evtl. aus Sputum (Lungenpest)
Melioidose	*Burkholderia pseudomallei*	Mikroskopie und Kultur aus Sputum, Abszeßeiter oder Blut
Rotz	*Burkholderia mallei*	Mikroskopie und Kultur aus Nasensekret, Abszeßeiter oder Blut
Rattenbißfieber	*Streptobacillus moniliformis*	Kultur aus Material von Läsion
Sodoku	*Spirillum minus*	mikroskopischer Nachweis im Blut oder Wundsekret versuchen

Fortsetzung Tabelle 12.9 **Hämatopoetisches und lymphoretikuläres System**

Infektion	Wichtigste Erreger	Labordiagnose
Oroyafieber Verruga peruana	*Bartonella bacilliformis*	Blutkultur
Rückfallfieber	*Borrelia recurrentis* *Borrelia duttonii* weitere Borrelien	Mikroskopie (Giemsa) im Blut während Fieberanstieg
bakterielle Angiomatose	*Bartonella henselae*	Serologie; evtl. Mikroskopie und Kultur aus Lymphknotenbiopsie
Katzen-Kratz-Krankheit	*Bartonella henselae* *Afipia felis* (selten)	Mikroskopie von Punktionseiter. Warthin-Starry-Silberfärbung. Kultur auf Spezialmedium (schwierig)
Malaria	*Plasmodium*-Arten	Mikroskopie (Blutausstrich, dicker Tropfen); Antigennachweis durch Parasight-Test; Serologie (nicht bei akuter Malaria)
Babesiose	Babesia-Arten	Mikroskopie von Blutausstrichen
Toxoplasmose	*Toxoplasma gondii*	Serologie
Kala-Azar	*Leishmania donovani* *Leishmania infantum*	Serologie; Mikroskopie und Kultur von Lymphknoten- oder Knochenmarkpunktat
Filariose (lymphatische)	*Wuchereria bancrofti* *Brugia malayi*	mikroskopischer Nachweis von Mikrofilarien im Nachtblut; Serologie

Tabelle 12.**10** **Haut und subkutane Bindegewebe** (Lokalinfektionen oder Systeminfektionen mit vorwiegend kutaner Manifestation)

Infektion	Wichtigste Erreger	Labordiagnose
a) Viren		
Pocken	Variolavirus Parapoxviren (Orfvirus, Melkerknotenvirus)	Elektronenmikroskopie von Pustelinhalt; Isolierung (Hühnerei, Zellkultur); Serologie, Speziallabor
Herpes	Herpes-simplex-Virus	Elektronenmikroskopie von Bläscheninhalt; Isolierung
Varizellen (Windpocken)	Varizella-/Zoster-Virus	Serologie (IgG, IgM); Elektronenmikroskopie von Bläscheninhalt; Isolierung
Masern (Morbilli)	Masernvirus	evtl. Isolierung aus Rachenspülwasser und Urin; Serologie
Röteln	Rubeolavirus	Serologie
hämorrhagische Fieber	Bunyaviren (Hantaanvirus) Arenaviren Flaviviren (Dengueviren) Marburg-Virus Ebola-Virus	Serologie (Speziallabor); evtl. Isolierung aus Blut oder Leber; evtl. Tierversuch; Labordiagnose nur in Speziallabors möglich
Molluscum contagiosum	Molluscum-contagiosum-Virus	Mikroskopie von Hautläsionen; Molluscumkörper
Warzen Papillome	Papillomavirus	Genomnachweis mit DNA-Sonde oder Elektronenmikroskopie
Erythema infectiosum	Parvovirus B19	Serologie
Exanthema subitum	humanes Herpesvirus 6 (HHV-6)	Serologie

Fortsetzung Tabelle 12.**10** **Haut und subkutane Bindegewebe**

Infektion	Wichtigste Erreger	Labordiagnose
b) Bakterien und Pilze		
Furunkel Karbunkel Pemphigus Follikulitis Impetigo Erysipel nekrotisierende Fasziitis	***Staphylococcus aureus*** ***Streptococcus pyogenes***	Mikroskopie und Kultur aus Abstrich oder Eiter
gangränöse Zellulitis	**Oft Mischflora:** *Clostridium*-Arten *Bacteroidaceae* *Pseudomonas*-Arten *Enterobacteriaceae*	Mikroskopie aus Abstrich oder Eiter. Transportmedium für Anaerobier verwenden
Erysipeloid	*Erysipelothrix rhusiopathiae*	Mikroskopie und Kultur aus Abstrich von Hautläsionen
Erythema chronicum migrans	*Borrelia burgdorferi*	Serologie (Antikörper)
Hautanthrax	*Bacillus anthracis*	Mikroskopie und Kultur aus Abstrich von Hautläsionen
Lepra	*Mycobacterium leprae*	Mikroskopie (Ziehl-Neelsen-Färbung) aus Hautläsionen (Biopsie) oder Geschabsel von Nasenschleimhaut
Rickettsiosen (Fleckfieber und weitere)	*Rickettsia*-Arten	Serologie, evtl. Kultur (Hühnerei) oder Tierversuch
nichtvenerische Treponematosen (endemische Syphilis, Pinta, Frambösie)	*Treponema pallidum* (subsp. *endemicum*) *Treponema pallidum* (subsp. *pertenue*) *Treponema carateum*	Mikroskopie aus Material von Effloreszenzen versuchen; Serologie (Syphilistests)
Maduramykose/ Myzetom		

Fortsetzung Tabelle 12.**10** **Haut und subkutane Bindegewebe**

Infektion	Wichtigste Erreger	Labordiagnose
Bakterien	*Nocardia brasiliensis* *Actinomadura madurae* *Streptomyces somaliensis*	Mikroskopie und Kultur aus Material von Läsionen
Pilze	*Madurella*-Arten *Pseudoallescheria*-Arten *Aspergillus*-Arten	Mikroskopie und Kultur aus Material von Läsionen
Dermatomykosen	Dermatophyten *Candida*-Arten	Mikroskopie und Kultur von Hautschuppen
Sporotrichose	*Sporothrix schenckii*	Mikroskopie und Kultur aus Eiter von Läsionen
Chromomykose	*Phialophora verrucosa* *Fonsecaea pedrosoi* *Cladosporium carrionii* *Wangiella dermatitidis*	Mikroskopie und Kultur aus Eiter von Läsionen
c) Protozoen, Helminthen und Arthropoden		
kutane Leishmaniose	*Leishmania tropica* *Leishmania major*	Mikroskopie und Kultur aus Biopsie von Läsionen; DNA-Nachweis (PCR)
amerikanische Hautleishmaniose	*Leishmania braziliensis* *Leishmania mexicana*	Mikroskopie und Kultur aus Biopsie von Haut- und Schleimhautläsionen; DNA-Nachweis (PCR)
Zerkariendermatitis	Zerkarien von *Schistosoma*-Arten	Serologie
Larva migrans externa (Hautmaulwurf)	Larven von *Ancylostoma*-Arten	klinische Diagnose
Onchozerkose	*Onchocerca volvulus* (Mikrofilarien)	mikroskopischer Nachweis von Mikrofilarien in der Haut mit Hilfe der „Skin-snip"-Methode; Serologie
Loaose	*Loa loa* (Wanderfilarie)	mikroskopischer Nachweis von Mikrofilarien im Tagblut; Serologie

Fortsetzung Tabelle 12.**10** **Haut und subkutane Bindegewebe**

Infektion	Wichtigste Erreger	Labordiagnose
Zystizerkose	*Taenia solium*	Serologie (Radiologie)
Drakunkulose	*Dracunculus*-Arten	klinische Diagnose
Zeckenbefall	*Ixodes ricinus* u. a. Arten	Adspektion der Haut
Skabies	*Sarcoptes scabiei*	Mikroskopie
Läusebefall	*Pediculus*-Arten, *Phthirus pubis*	Adspektion von Haaren, Haut, Kleidung (bei Kleiderläusen) auf Läuse und Eier
Myiasis	Fliegenlarven	Adspektion
Flohbefall	*Ctenocephalides* u. a. Arten, meist von Tieren	Nachweis von Flöhen und Flohkot an Tieren und in deren Umgebung
Sandflohbefall	*Tunga penetrans*	klinische Diagnose, evtl. Histologie

Tabelle 12.**11** **Bewegungsapparat**

Infektion	Wichtigste Erreger	Labordiagnose
Pleurodynie epidemische Myalgie (Bornholm)	**Coxsackie-Viren** *der Gruppe B* (evtl. ECHO-Viren)	Isolierung aus Stuhl und Rachenspülflüssigkeit; Serologie
Gasbrand/Gasödem	***Clostridium perfringens*** weitere Klostridienarten	Mikroskopie und Kultur aus Wundsekret. Transport des Materials im Transportsystem für Anaerobier
Trichinellose	*Trichinella spiralis*	mikroskopischer Nachweis in Muskelbiopsie; Serologie
Zystizerkose	*Taenia solium*	Serologie (Radiologie)

Fortsetzung Tabelle 12.**11** **Bewegungsapparat**

Infektion	Wichtigste Erreger	Labordiagnose
Osteomyelitis/Ostitis	***Staphylococcus aureus*** koagulasenegative Staphylokokken *Streptococcus*-Arten *Enterobactericeae* *Pseudomonas*-Arten grampositive und gramnegative Anaerobier (selten)	mikroskopischer und kultureller Nachweis, am besten aus Biopsie oder Operationsmaterial. Abstrich von Fistelgang nicht geeignet
septische Arthritis	***Staphylococcus aureus*** *Streptococcus pyogenes* *Streptococcus pneumoniae* *Haemophilus influenzae* *Neisseria gonorrhoeae* *Enterobacteriaceae* *Pseudomonas*-Arten	Mikroskopie und Kultur aus Synovialflüssigkeit, gleichzeitig Blutkultur

Tabelle 12.**12** **Augen und Ohren**

Infektion	Wichtigste Erreger	Labordiagnose
Trachom	*Chlamydia trachomatis*	mikroskopischer Nachweis von Einschlüssen in Konjunktivalzellen (Giemsa-Färbung); direkte Immunfluoreszenz; Zellkultur; Antigennachweis mittels EIA; DNA-Nachweis. Serologie
Konjunktivitis/ Skleritis		
Viren	Adenoviren Enteroviren Orthomyxoviren (Influenzaviren) Paramyxoviren (Masernvirus)	Isolierung aus Abstrich

Fortsetzung Tabelle 12.12 **Augen und Ohren**

Infektion	Wichtigste Erreger	Labordiagnose
Bakterien	*Neisseria*-Arten *Streptococcus*-Arten *Staphylococcus aureus* *Haemophilus*-Arten *Enterobacteriaceae* *Pseudomonas*-Arten *Mycobacterium*-Arten *Moraxella lacunata*	mikroskopischer und kultureller Nachweis in Konjunktivalsekret oder in Geschabsel
	Chlamydia trachomatis (Einschlußkonjunktivitis)	s. bei Trachom (S. 666)
	Treponema pallidum	Serologie (Grunddiagnostik)
Pilze	*Candida*-Arten *Sporothrix schenckii* (Tropfen)	mikroskopischer und kultureller Nachweis im Konjunktivalsekret oder in Geschabsel
Helminthen	*Onchocerca volvulus*	mikroskopischer Nachweis von Mikrofilarien in Haut- (evtl. Bindehaut-)Biopsie; Serologie
	Loa loa	mikroskopischer Nachweis von Mikrofilarien im Tagblut; Serologie
Keratitis		
Viren	Herpes-simplex-Viren Adenoviren Varizellen-/Zoster-Virus	Isolierung aus Abstrich oder Korneageschabsel
Bakterien	*Staphylococcus*-Arten *Streptococcus*-Arten *Neisseria gonorrhoeae* *Enterobacteriaceae* *Pseudomonas*-Arten *Bacillus*-Arten *Mycobacterium*-Arten *Moraxella lacunata* *Actinomyces*-Arten *Nocardia*-Arten	mikroskopischer und kultureller Nachweis in Abstrich oder Korneageschabsel
	Chlamydia trachomatis	s. bei Trachom (S. 666)
	Treponema pallidum	Serologie (Grunddiagnostik)

Fortsetzung Tabelle 12.**12** **Augen und Ohren**

Infektion	Wichtigste Erreger	Labordiagnose
Pilze	*Candida*-Arten *Aspergillus*-Arten *Fusarium solani*	mikroskopischer und kultureller Nachweis in Abstrich oder Korneageschabsel
Protozoen	*Acanthamoeba*	Kultur und Mikroskopie aus Spülflüssigkeit von Konjunktiva und evtl. Kontaktlinsen
Endoophthalmitis		
Viren	Herpes-simplex-Virus Varizella-/Zoster-Virus Zytomegalievirus Masernvirus Rötelnvirus	Isolierung und DNA-Nachweis (PCR) aus Kammerwasser, evtl. aus Material von Glaskörper; evtl. Serologie mit Kammerwasser
Bakterien	*Staphylococcus*-Arten *Streptococcus*-Arten *Neisseria gonorrhoeae* *Enterobacteriaceae* *Pseudomonas*-Arten *Bacillus*-Arten *Mycobacterium-Arten* *Moraxella lacunata* *Actinomyces*-Arten *Nocardia*-Arten	mikroskopischer und kultureller Nachweis aus Kammerwasser, evtl. aus Glaskörpermaterial
	Chlamydia trachomatis	Kultur und DNA-Nachweis aus Kammerwasser, evtl. aus Glaskörpermaterial; Serologie
	Treponema pallidum	Serologie (Grunddiagnostik)
Pilze	*Candida*-Arten *Aspergillus*-Arten *Blastomyces dermatitidis* *Histoplasma capsulatum* *Mucoraceae* *Sporothrix schenckii* *Fusarium*-Arten *Trichosporon*-Arten	mikroskopischer und kultureller Nachweis aus Kammerwasser, evtl. aus Glaskörpermaterial

Fortsetzung Tabelle 12.**12** **Augen und Ohren**

Infektion	Wichtigste Erreger	Labordiagnose
Protozoen	*Acanthamoeba* sp.	Mikroskopie und Kultur (Konjuktivalflüssigkeit und/ oder Waschflüssigkeit von Kontaktlinsen).
	Toxoplasma gondii	Serologie
Helminthen	*Onchocerca volvulus*	direkter Nachweis von Mikrofilarien im Kammerwasser mit Spaltlampe; Serologie
	Toxocara canis	Serologie
	Taenia solium (Finnen)	Serologie
Otitis externa	***Pseudomonas*-Arten** *Staphylococcus aureus* *Streptococcus pyogenes*	Mikroskopie und Kultur von Abstrichmaterial
	Aspergillus-Arten *Candida*-Arten	Mikroskopie und Kultur von Abstrichmaterial
Otitis media	***Streptococcus pneumoniae*** ***Haemophilus influenzae*** *Streptococcus pyogenes* *Staphylococcus aureus* *Moraxella catarrhalis* (Kinder) Respiratorische Viren (25 %)	Mikroskopie und Kultur von Mittelohrpunktat. Evtl. Kultur aus Mittelohrpunktat

Literatur

Medizinische Mikrobiologie und Infektiologie

Benenson AS. Control of Communicable Diseases in Man. 16th ed. Washington/D.C.: American Public Health Association; 1995.

Bennett JV, Brachman PS. Hospital Infections. 3rd ed. Boston: Little Brown; 1992.

Borneff J. Hygiene. 5. Aufl. Stuttgart: Thieme; 1991.

Brandis H, Eggers HJ, Köhler W, Pulverer G. Lehrbuch der Medizinischen Mikrobiologie. 7. Aufl. Stuttgart: Fischer; 1994.

Burkhard F. Mikrobiologische Diagnostik. Stuttgart: Thieme; 1992.

Hahn H, Falke D, Klein P. Medizinische Mikrobiologie. 2. Aufl. Berlin: Springer; 1994.

Joklik WK, Willett HP, Amos DB, Wildert CM. Zinsser Microbiology. 20th ed. Prentice-Hall International; 1992.

Mandell GL, Bennett JE, Dolin, R. Principles and Practice of Infectious Diseases. 4th ed. Churchill Livingstone; 1995.

Murray PR, Baron EJ, Pfaller MA, Tenover FC, Yolken RH. Manual of Clinical Microbiology. 6th ed. Washington/D.C.: American Society of Microbiology; 1995.

Siegenthaler WW, Kaufmann W, Hornborstel H, Waller HD. Lehrbuch der Inneren Medizin. 3. Aufl. Stuttgart: Thieme; 1992.

Wallhäuser KH. Praxis der Sterilisation, Desinfektion, Konservierung. 5. Aufl. Stuttgart: Thieme; 1995.

Immunologie

Keller R. Immunologie und Immunpathologie. 4. Aufl. Stuttgart: Thieme; 1994.

Roitt IM, Brostoff J, Male DK. Kurzes Lehrbuch der Immunologie. 3. Aufl. Stuttgart: Thieme; 1995.

Janeway CA, Travers P. Immunologie. Heidelberg: Spektrum Akademischer Verlag; 1995.

Paul WE. Fundamental Immunology. 3rd ed. Raven Press; 1993.

Kuby J. Immunology. 3rd ed. New York: Freeman; 1997.

Rose NR, De Macario EC, Fahey JL, Friedman H, Penn GM: Manual of Clinical Laboratory Immunology. 4th ed. Washington/D.C.: American Society of Microbiology; 1992.

Bakteriologie

Holt JB. Bergey's Manual of Systematic Bacteriology. Bd. 1–4. Baltimore: Williams & Wilkins; 1984–1989.

Knippers R. Molekulare Genetik. 6. Aufl. Stuttgart: Thieme; 1995.

Lorian V, Antibiotics in Laboratory Medicine. 4th ed. Baltimore: Williams & Wilkins; 1996.

Schlegel HG. Allgemeine Mikrobiologie. 7. Aufl. Stuttgart: Thieme; 1992.

Simon C, Stille W. Antibiotika-Therapie in Klinik und Praxis. 9. Aufl. Stuttgart: Schattauer; 1997.

Snyder L, Champness W. Molecular Genetics of Bacteria. Washington/D.C.: American Society of Microbiology; 1997.

Mykologie

De Hoog GS, Guarro J. Atlas of Clinical Fungi. Baarn (Holland): Centralbureau voor Schimmelcultures; 1995.

Müller E, Loeffler W. Mykologie. Grundriß für Naturwissenschaftler und Mediziner. 5. Aufl. Stuttgart: Thieme; 1992.

Kwan-Chung KJ, Bennett JE. Medical Mycology. Philadelphia: Lea & Febiger; 1992.

Richardson MD, Warnock DW. Fungal Infection: Diagnosis and Management. 2nd ed. London: Blackwell Scientific Publications; 1997.

Virologie

Evans AS. Viral Infections of Humans: Epidemiology and Control. 4th ed. New York: Plenum Medical Book; 1997.

Fields DM, Knipe PM, Howley PM. Fields Virology. 3rd ed. Philadelphia: Lippincott-Raven; 1996.

Lennette EH: Laboratory Diagnosis of Viral Infections. 2nd ed. New York: Dekker; 1992.

Parasitologie

Abdi YA, Gustafsson LL, Ericsson Ö, Hellgren U. Handbook of Drugs for Tropical Parasitic Infections. 2nd ed. London: Taylor & Francis; 1995.

Aspöck H. Stechmücken als Virusüberträger in Mitteleuropa. Nova Acta Leopoldina 1996:71:37 – 55.

Aspöck H, Husslein P, Janisch H, Möse JR, Pollak A, Vander-Möse A, Winter R. Toxoplasmose. Gynäkologisch-geburtshilfliche Rundschau 1994:34:50 – 51.

Cook GC, ed. Manson's Tropical Diseases. 20th ed. London: Saunders; 1996.

Gillespie SH, Hawkey PM, eds. Medical Parasitology. A Practical Approach. Oxford: Oxford University Press; 1995.

Hiepe T, Aeschlimann A, Hrsg. Arthropoden als Vektoren von Krankheitserregern. Nova Acta Leopoldina 1996:71:1 – 167.

Kreier JP, Baker JR, eds. Parasitic Protozoa. Vol. 1 – 10. San Diego: Academic Press; 1991.

Lane RP, Crosskey RW, eds. Medical Insects and Arachnids. London: Chapmann & Hall; 1993.

Lang W, Hrsg. Tropenmedizin in Klinik und Praxis. Stuttgart: Thieme; 1993.

Mehlhorn H, Eichenlaub D, Löscher T, Peters W. Diagnostik und Therapie der Parasitosen des Menschen. Stuttgart: Fischer; 1995.

Mumcuoglu Y, Rufli T. Dermatologische Entomologie. Erlangen: Perimed; 1982.

Röllinghoff M, Rommel M, Hrsg. Immunologische und molekulare Parasitologie. Jena: Fischer; 1994.

Seitz HM, Maier W. Medizinische Parasitologie. In: Brandis H, Eggers HJ, Köhler W, Pulverer G, Hrsg. Lehrbuch der Medizinischen Mikrobiologie. 7. Aufl. Stuttgart: Fischer; 1994:641 – 92.

Wernsdorfer WH, McGregor IA, eds. Malaria. Vol. 1 and 2. Edinburgh: Churchill Livingstone; 1988.
WHO: Drugs Used in Parasitic Diseases. Genf: World Health Organization; 1995.
WHO: Control of Foodborne Trematode Infections. WHO Technical Report Series. Genf: World Health Organization 1995.
WHO: International Travel and Health 1996. Genf: World Health Organization; 1996.

Sachverzeichnis

Mit T markierte Seitenzahlen verweisen auf Tabellen

A

B

D

E

F

G

J

K

L

N

O

P

Q

R

S

T

U

V

W

X

Y